개정판(제7판)

모금이 세상을 바꾼다
- 모금의 기법과 실천적 사례

모금이 세상을 바꾼다—모금의 기법과 실천적 사례
1판 1쇄 펴냄 2017년 6월 15일

지은이 킴 클라인
옮긴이 이형진
펴낸이 이형진
펴낸곳 도서출판 아르케 출판등록 1999. 2. 25. 제 2-2759호
강원도 홍천군 내촌면 연계동길 97-12
대표전화 (02)336-4784~5 팩시밀리 (02)6442-5295
E-Mail arche21@gmail.com | Homepage www.arche.co.kr

값 28,000 원

ⓒ 아르케, 2017

ISBN 978-89-5803-150-5 04300

Fundraising for Social Change, 7th edition(9781119209775/1119209773) by Kim Klein
Copyright ⓒ2016 by Kim Klein.
All Rights reserved.
This Korean edition was published by Arche Publishing House in 2017 by arrangement with John Wiley & Sons International Rights, Inc. through KCC(Korea Copyright Center Inc.), Seoul.

이 책은 (주)한국저작권센터(KCC)를 통한 저작권자와의 독점계약으로 아르케에서 출간되었습니다. 저작권법에 의해 한국 내에서 보호를 받는 저작물이므로 무단전재와 복제를 금합니다.

아름다운재단 기부문화총서 ④

'개정판 7th'
FUNDRAISING FOR SOCIAL CHANGE

모금의 기법과
실천적 사례

모금이 세상을 바꾼다

킴 클라인 지음
이형진 옮김

아르케

■ 차례

감사의 글　_13
7판 머리말　_14

제I부 새로운 것과 낡은 것

제1장 비영리단체와 모금　_19
　　비영리부문의 규모와 구조　_21
　　비영리를 위한 자금은 어디서 오는가?　_22
　　누가 기부한 돈을 받는가?　_29

제2장 모금에도 철학이 필요해　_33

제3장 돈을 어디에 쓸 것인지 명확히 하자　_37
　　단체설명서란?　_37
　　왜 여러분의 단체는 존재하는가? 여러분이 가장 믿는 것은?　_40
　　단체의 목적과 목표는? 우리가 해야 할 일은?　_42
　　지금까지 성취한 것은?　_44
　　단체에 누가 참여하며 어떻게 운영되는가?　_45
　　단체를 운영하려면 자금이 얼마나 필요하며 어디에서 구해야 하는가?　_46
　　전략기획서 작성　_47
　　단체설명서 작성　_48

제4장 모금 시작 전에 알아야만 할 것들　49
　　기부자 다양화하기　_50
　　기부할 사람에게 요청하기　_51
　　사람들은 왜 기부하는가?　_52
　　모금은 누구나 할 수 있다　_54

제5장 좋은 이사회의 중요성　_57

　　이사회와 모금　_59
　　시간과 돈　_61
　　유급직원의 역할　_62
　　우리 이사진은 한 푼도 갖고 있질 못하다　_63
　　이사회의 일반적인 문제와 해결방안　_64
　　이사회문제를 넘어서　_69
　　신규 이사 모집은 모금활동을 돕는다　_70
　　오리엔테이션　_71
　　자문위원회　_72
　　모금활동에 자원활동가의 활용　_75

제II부 요청하라, 감사를 표하라, 그리고 또 다시 요청하라

제6장 재정적 필요와 모금 전략　_79

　　연간 예산　_79
　　한 해 동안 여러 번 요청하기　_80
　　새로운 기부자 유치하기　_81
　　시설개량자본금의 필요　_82
　　영구기금과 비축금　_83
　　모든 기부자를 향한 3가지 목표　_86
　　세 가지 전략 유형　_87
　　시간은 절약할 수 없다　_89

제7장 감사하기가 먼저　_91

　　사람들은 감사편지를 좋아한다　_93
　　내 말대로 하지 마세요　_94
　　바로 지금 한다　_95
　　실행 방법과 내용　_95
　　컴퓨터로 만든 감사편지의 예　_96
　　감사전화　_100
　　일반적인 질문　_101

제8장 기부 요청에 편해지는 방법　_103

　　우리가 기부 요청을 두려워하는 이유　_104

구체적인 두려움 _108

제9장 진짜 잠재 기부자를 찾아라 _113
잠재적 기부자에게 요청하라 _114
잠재 기부자리스트 작성단계 _121

제10장 기부를 요청하는 법 _127
가장 공식적인 접근법 _128
1, 2단계만 필요할 때도 있다 _129
이메일 혹은 편지 _130
전화 _132
만남 _135

제11장 기부자 분류와 관계강화 _143
분류 _144
기타 세분화 _147
기부자들과 연락 유지하기 _149

제Ⅲ부 기부자 확보 및 유지 전략

제12장 다중채널모금 _155

제13장 성공한 대규모 기부 요청이 가진 공통점 _161
훌륭한 리스트 _163
요청 심리학 이해하기 _167
테스트와 평가하기 _169

제14장 우편모금 _175
확보: 신규 기부자 확보 _177
유지: 반복 기부 유도 _178
업그레이드: 기부 갱신 유도 _180
소규모 단체의 우편모금 _180
우편모금을 위한 기부자 명단 개발 _183
우편모금 패키지 만들기 _184
우편모금 요청 패키지 _184
인센티브와 프리미엄 _197

기부 갱신을 요청하는 우편 _199

제15장 온라인모금 _203

조사하고 연구하기 _205
웹사이트와 이메일리스트 구축에 집중하기 _206
단체의 웹사이트로 트래픽 유도하기 _209
이메일 _210

제16장 전화모금 _219

전화모금의 기본 테크닉 _220
전화모금 당일 저녁 _229
전화모금 이후 _230
전화모금 홍보 _232
전화모금의 기타 활용 _233

제17장 특별행사 _239

특별행사 참석자들의 유형 _241
모금 행사의 선택 _242
특별행사 기획 _246
위원회가 할 일 _247
꼭 챙겨야 할 것들 _250
평가 _252

제18장 서비스에 대한 자발적인 수수료 _255

무엇에 대한 비용지급인가? _257
자발적 수수료 _258
수수료 징수 방식을 도입할 때 _262
전화 또는 이메일로 서비스를 제공할 때 _262

제19장 방문과 캔버싱 기부 요청 _265

장점과 단점 _266
캔버싱 진행에 필요한 요소 _267
캔버싱 착수 _268
가가호호 캔버싱 진행자의 일과 _273
캔버싱을 통해 확보된 기부자 유지하기 _274

제20장 모금 기회 포착 _277
모금 기회 포착을 위한 2주일 일과 _278
일상에서 모금 기회를 찾자 _281

제IV부 작은 기부에서 큰 기부로 − 현재 기부자 초대하기

제21장 고액 기부 프로그램 _289
목표 설정 _291
기부금 예상 규모 결정하기 _292
몇 명에게 기부를 요청할 것인가? _294
고액 기부 요청을 위한 물품 _295
고액 기부자와의 관계 유지 _297
고액 기부 갱신 _300
첫해가 가장 힘들다 _304

제22장 자동이체 약정 기부자 프로그램 만들기와 유지하기 _305
자동이체 약정 기부자 프로그램 만들기 _306
진행 중인 프로모션 _312
월정 기부 모집하기 _312
자동이체 약정 프로그램 유지하기 _313

제23장 유산 기부 _315
유산 기부 프로그램의 준비 _316
유산 기부에 관한 논의 준비 _317
유언장의 중요성 _318
유언장 작성의 동기 부여 _319
유산 기부 _320
보험 및 퇴직 기금을 활용한 기부 _323
기부자에게 유산 기부 프로그램을 소개할 때 _324

제24장 기금 설립 _329
영구기금의 정의 _329
영구기금의 장점 _330
영구기금의 단점 _331
영구기금 또는 비축금 설치에 앞서 고려할 사항 _332

영구기금 승인 _334

제V부 고액 모금을 위한 캠페인 전략

제25장 대규모 캠페인들의 공통점 _341
1단계: 목표를 정하고 기부금 분포표를 작성하라 _342
2단계: 시간표를 정하라 _343
3단계: 기부 요청팀을 만들어라 _343
4단계: 잠재 기부자의 리스트를 모아 정리하라 _345
5단계: 기부를 요청하라 _348

제26장 시설개량자본금 캠페인 _351
시설개량자본금 캠페인을 가장 잘 활용하는 방법 _352
시설개량자본금 캠페인의 시작 _353
캠페인 진행의 네 단계 _358
캠페인 이후 _363

제27장 영구기금 캠페인 _365
목표 세우기 _366
기부 요청팀 _368
후원을 위해 사례가 분명해야 한다 _369

제28장 타당성 조사 _371
타당성 조사는 누가 시행하는가? _371
타당성 조사를 할 것인가? _372
타당성 조사로 알 수 있는 것 _374
캠페인의 성공 _375

제VI부 예산과 계획

제29장 예산 개발 _379
제1단계: 지출과 수입을 별도로 추정한다 _380
제2단계: 만나서 비교하고 협의한다 _385
지속적인 모니터링 _389

제30장 모금 계획안 만들기 _391

1단계: 목표액을 정한다 _391
2단계: 각각의 수입 전략의 구체적 내용을 설명한다 _392
3단계: 개인 기부 요청을 위한 계획을 만든다 _392
4단계: 각 범주별로 필요한 기부자 수를 결정하고, 이를 전략과 연결한다 _393
5단계: 일정에 따라 구체적으로 계획안을 작성하고, 업무 내용을 기재한다
예산은 줄이지 마라 _394

제31장 깨끗한 돈과 더러운 돈에 대한 끝나지 않는 질문 _401

제32장 재정 위기를 극복하는 방법 _405

현금흐름 _406
적자 지출 _407
심각한 회계상의 오류, 자금관리 부실 및 횡령 _407

제VII부 모금 관리

제33장 모금을 위한 인프라 _411

가이드라인 _412
허비하는 시간에 유의하라 _413
일정표 _415
실천 계획 _418

제34장 자원개발 책임자의 채용 _421

모금가 또는 자원개발 책임자의 역할 _422
모금가의 업무 _423
문제 해결 _424
모금가의 급여 _426
유능한 자원개발 책임자를 찾는 방법 _428

제35장 컨설턴트, 코치, 멘토, 트레이너의 활용 _433

컨설턴트 _434
트레이너 _434
멘토 _434
코치 _435

컨설턴트와 일하기 _435
모금 컨설턴트가 할 수 있는 일 _436
모금 컨설턴트가 할 수 없는 일 _437
컨설턴트를 선정하는 방법 _438
컨설턴트의 수수료 _440
기적을 만드는 사람은 없다 _441

제36장 불안에 대처하는 방법 _442
자원활동가와 대리인을 구한다 _442
우선순위를 명확히 한다 _443
일의 결과와 자신을 분리한다 _444
자신이 통제할 수 없는 외부의 힘이 있음을 인정하자 _444
자신을 돌본다 _445

제Ⅷ부 당신이 바로 모금가다

제37장 미리 알아야 할 것은 알아야 한다 _449
모금을 위해 필요한 정보 _450
양질의 데이터베이스를 보유하라 _451
기부자 기록의 중요성 _453
리스트를 잘 유지하라 _454
파일시스템 _456
유지하고 지키기 _456

제38장 사무총장과 함께 일하기 _459
좋은 관계 유지하기 _460
방어적 태도 _464

제39장 자원활동가와 함께 일하기 _467
사람들을 초대해 모금에 참여시켜라 _469
모금 프로그램에 대해 자원활동가들에게 충분한 오리엔테이션을 제공한다 _471
자원활동가가 가장 선호하는 모금 전략을 선택하도록 돕는다 _472
적당한 수준에서 만족해야 한다 _473
진심에서 우러나온 감사를 자주 표현한다 _474

자원활동가에게 쉴 시간을 준다 _474

제40장 윤리적 딜레마와 마주쳤을 때 _475
세 가지 도덕적인 딜레마 _476
세 가지 도구 _478

제IX부 특수 환경에서 모금하기

제41장 농촌 지역에서의 모금 _487
농촌 지역에 대한 많은 정의 _487
농촌 지역에서 원하는 금액만큼 모금할 수 있다 _491
잠재 기부자 _493
모금을 위한 전략 _496
결론 _499

제42장 연합단체를 위한 모금 _501
문제점 조사 _502
몇 가지 해결책 _504

제43장 자원활동가만으로 운영되는 단체 _507
새로운 자원활동가를 위한 효과적 오리엔테이션 _509
자원활동가 찾기 _511

제44장 사업을 막 시작할 때 _515

찾아보기 _519

■ 감사의 글

 이 책의 집필에 도움 준 모든 사람을 언급하는 것은 불가능하다. 내 워크숍에 참석한 사람들, 온라인 칼럼, '디어 킴'(Dear Kim)을 통해 질문을 던졌던 사람들, 의뢰인들, 이사진으로 함께 일했던 사람들, 모금을 위해 자원봉사활동을 했던 사람들 모두가 이 책의 집필에 도움을 줬다.
 그렇지만 몇몇 사람은 언급하고 넘어가야 할 것 같다. 우선, 내 인생과 일의 파트너인 스테파니 로스는 거의 30년을 나와 함께 일하면서 모금과 조직 개발에 대한 그녀의 경험과 지식을 공유해 왔다. 그녀는 내 옆에 있으면서 기초가 흔들리지 않게 나를 잘 잡아 주었고 매일 웃음이 떠나지 않게 해주었다. 나는 또한 클라인엔로스 컨설팅(Klein and Roth Consulting)의 팀멤버인 낸시 오토, 로나 퍼난데즈, 스탄 요기에게 감사의 인사를 전하고 싶다.
 끝으로, 1978년 나를 모금 분야로 들어서게 해준 나의 오랜 친구인 마델린 스텔마크에게도 깊은 감사를 보낸다.

■ 7판 머리말

　이 책은 입문서이자 지침서다. 비영리단체 대부분의 예산 규모라 할 수 있는 250만 달러 이하의 예산을 가진 단체가 개인 기부자를 대상으로 성공적인 모금을 하고자 할 때 계획을 수립하고, 유지하고, 확장하는 데 필요한 정보를 제공하고자 하는 것이 이 책의 목표다. 많은 수의 개인 기부자가 매년 비영리단체의 중요한 활동을 지원하고 있으며, 이러한 지원은 단체로 하여금 어떤 구속이나 속박 없이 사명을 실천해 나갈 수 있는 자유를 부여한다. 이 책은 특히 2~3명의 직원과 많은 자원활동가를 통해 운영되는 비영리단체에게 도움이 될 것이다.

　내가 집필한 모금에 대한 모든 책과 마찬가지로 이 책도 나의 경험과 관찰을 토대로 집필되었다. 제1판, 2판, 3판은 사회 변화를 추구하는 소규모 단체를 위한 모금 관련 정보가 거의 없었던 탓에 이를 위해 집필되었다. 내 책의 대부분은 비영리단체의 학습을 위한 것인데 대규모의 주류 단체에 의해 주로 사용되는 전통적인 모금 전략을 어떻게 소규모 단체의 것으로 만들어 내느냐가 주된 주제였다. 그러나 자원개발 부서의 책임자로서, 사무총장으로서, 그리고 트레이너와 컨설턴트로서 쌓아 온 경험 속에서 적극적이고 활동적인 단체가 공유해야만 하는 엄청난 양의 정보를 갖고는 있지만 이를 정리된 것으로 집필할 시간이 없다는 사실을 알게 되었다. 이 책의 제4판과 5판은 관련 분야 연구 결과와 문헌을 참고했다. 물론 이들 책도 역시 나의 많은 경험이 토대가 되었다.

제6판 그리고 특히 이번에 출간하는 제7판에서 언급한 지식이란 것은 더는 공급 부족의 상태는 아니다. 왜냐하면, 누구도 검색 사이트에 가서 모금에 대한 자신의 궁금함을 입력하면 수많은 웹사이트, 논문, 영상자료, 사례, 개개인의 의견 등을 찾을 수 있다. 따라서 7판에서는 추가된 가치와 이슈가 무엇인지에 대해 좀 더 집중하고자 한다. 즉, 해결 방법을 위한(how-to) 정보 자원의 보고라 할 수 있는 인터넷은 할 수 없는데 이 책이 할 수 있는 것은 무엇일까? 이런 질문에 답하기 위해 나는 통합된 정보에 초점을 맞췄다. 이를 통해 많은 시간을 절약하고, 간결하면서도 쉬운 용어로 그리고 내가 아는 한 진실이라고 확신하는 정제된 정보를 토대로 관련 전략을 서술하고자 한다. 즉 여기서 언급하려고 하는 것들은 사회변화를 추구하는 중소규모의 단체를 포함, 모든 종류의 비영리단체를 위한 것이다. 그렇다고 여기서 언급한 전략이 모든 상황에 적용 가능하다는 뜻은 아니며, 모금과 관련된 모든 가능한 방법을 서술한 것도 아니다. 다만, 여러분의 단체와 이슈에 적용 가능한 것이 무엇인지를 탐색할 수 있도록 틀을 제시하고, 이를 통해 새로이 출현하는 모금 아이디어를 어떻게 판단하고 적용할지에 대해 도움을 주고자 한다.

몇 개의 장은 그 끝에 '온라인 콘텐츠'라는 참고자료를 덧붙였다. 이는 해당 장의 정보를 보완하기 위한 자료로 추가적인 비용 없이 누구든지 확인하고 볼 수 있으며, 종종 업데이트되는 '자원 섹션'(Resource Section)이란 곳도 참고가 된다. 이 책을 텍스트북으로 사용하는 교사나 트레이너를 위한 무료 강사 지침서도 있으니 다운로드 등 사용법에 대해서는 '온라인 콘텐츠'의 관련 내용을 참고하기 바란다(Wiley, 혹은 www.kleinandroth.com에서 다운받을 수 있다). 혹시 질문, 코멘트, 이의제기, 기타 자료 등등 문의할 내용이 있으면 웹사이트나 이메일(kim@kleinandroth.com)로 연락해 주면 고맙겠다.

만일 이 책이 도움이 된다면 내가 쓴 다른 책도 읽어보기를 권하고 싶다. 또한 모금 관련 격월간 저널인 *Grassroots Fundraising Journal*도 모금 전략과 이 분야 변화상을 이해하는 데 도움이 된다.

그렇지만, 여러분이 어떻게 모금할 것인가라는 관심 속에서 이 책을 읽고 이를 어떻게 적용할지 워크숍에도 가보고, 혹은 컨설턴트도 고용해보고 한 후에도 궁극적인 문제 하나가 여러분 앞에 남게 된다. 즉 이를 실제로 어떻게 여러분의 현실에 적용해 운영할 것인가의 이슈다. 스포츠팀의 선수들과 마찬가지로 모든 이론과 설명은 직접 현장에 나가 실천해 볼 때까지 그다지 도움이 되지는 않는다. 집중, 훈련과 실천, 전략과 함께할 때 비로소 여러분의 팀은 승리할 수 있다. 마찬가지로 모든 구성원이 참여하는 모금 프로그램을 만들어 가는 데 모든 힘을 투여한다면 여러분의 단체는 필요한 자금을 모금하는 데 성공할 수 있을 것이다.

요청하지 않으면 누구도 기부하지 않는다. "오늘도 누군가가 또 다른 누군가에게 기부 요청을 해야만 한다." 여러분의 좌우명으로 삼기를 바라면서 ….

제 I 부
새로운 것과 낡은 것

&OCS

나는 일을 위해서도 그리고 나 자신의 즐거움을 위해서도 여행을 한다. 즐거움을 위해 여행할 때는 지도를 한두 개 가지고 다니면서 어디에 머무를지, 목적지까지 가는 동안 무엇을 보고 즐길지 예상을 해본다. 내가 원하는 곳에 와서는 변한 모습을 보고 놀라기도 하지만, 변하지 않고 그대로인 것을 보고 똑같이 놀란다. 제I부에서는 모금이라는 고속도로를 달려갈 것이다. 우리는 새롭고도 흥미진진한 아이디어를 살펴보기도 하고, 여러분의 모금 인생을 수월하게 만들 수 있는 혁신이 무엇인지도 경험하게 될 것이다. 또한, 우리는 대중의 관심이 집중된 새로운 아이디어와 전략에 대해서도 간략히 살펴보면서 이미 사라져버린 오래된 수사와 비유도 되새겨 볼 것이다. 우리에게 가장 큰 흥미를 유발할 수 있는 것, 그래서 **많은 시간을 보내게 될 수밖에 없는 것은 모금의 원리다.** 이는 불경기와 호경기를 거치며, 서로 다른 세대와 인구 구성을 거치며, 기술적 혁신을 거치며, 그리고 모든 종류의 정치적 변화를 거치면서도 변하지 않는 진실로 남아 있다.

제I부는 비영리부문을 개관하는 것으로 시작한다. 어떻게 성장하고 변화해왔는지, 모금에 대해 우리는 얼마나 알고 있으며 얼마나 모금을 해야 성공적이라 하는지 등등이 이와 관련된 주제다. 이를 개관함으로써 여러분이 맞닥뜨린 문제가 비영리부문 전체를 통틀어 얼마나 사실에 부합하는 것인지를 이해할 수 있을 것이며, 그런 연후에 모금 철학의 중요성에 대해 논의를 진전시켜 나갈 것이다. 즉, **단체의 사업을 지속하는 데 필요한 자원을 어떻게 마련해야만 하는지에 대한 자신의 신념과 믿음은 무엇일까** 하는

꽃

물음과 답이다. 여러분이 생각하는 이상적인 것과 일정한 타협을 해야 할지도 모를 일이지만, 초기에 이에 대한 답을 구하지 못한다면 언제 타협을 해야 할지, 여러분의 단체를 그야말로 논란과 문제의 늪으로 빠뜨릴지 알지 못할 것이다. 이와 함께 다음 장에서는 모든 모금활동에 적용 가능한 몇 가지 주요한 원칙에 대해 언급한다. 이러한 이해를 바탕으로 제I부의 마지막 장, 즉 모금 전략을 어떻게 만들어 가야 하는지, 이사회의 역할과 기능을 포함하여 누가 모금을 해야만 하는지 등에 대해 살펴본다.

제1장

비영리단체와 모금

이 장에서는 비영리부문의 규모와 구조, 중대한 변화, 절대 변하지 않는 것들에 대해 기본적 이해를 돕고자 한다. 비영리(nonprofit)라는 단어는 공익을 위한 단체, 주주나 소유주에게 이익 배당의 의무가 없는 단체를 구분하기 위해 사용한다. 국세청으로부터 비영리 지위를 획득한 단체는 면세, 기부, 자원활동가들의 무상노동 등을 통해 실제로는 보조를 받고 있으며, 이를 통해 수익창출보다는 사명을 지키고 실현하는 데 더 큰 중점을 두고 있다. 물론 기업도 공익을 위해 일할 수 있으며, 사업을 지속하기 위해서는 수익성이 있어야 한다. 지난 40년 동안 비영리라는 단어는 자선(charity)이라는 단어를 대신하여 쓰였는데, 점점 더 많은 비영리단체가 커뮤니티조직, 애드보커시, 예술프로그램, 환경보호와 같이 아주 엄격하게 구분하자면 '자선적'이지는 않은 분야에서 일해오고 있기 때문이다. 또한, 자선이라는 단어는 노블리스 오블리제(재산이 많은 사람들이 덜 가진 사람들을 도와야 한다는 의미)라는 느낌을 담고 있기도 한데, 진보적인 비영리단체들은 사람들을 '위하여' 일하는 것보다는 사람들과 '함께' 일하기를 원하기 때문에 이런 의미와 생각에 거부감을 갖고 있다.

많은 사람이 비영리라는 용어 역시 부적절하다고 주장한다. 왜냐하면 그것이 '아니다'라는 부정어로 전체 부문을 표현하려 하기 때문이다. 따라서 지역편익단체(CBO, community benefit organization)라는 용어를 대체해서 사용할 것을 제안해 왔다. 미국 이외의 대부분 국가에서는 정부와 구분하는 의미에서 비영리단체를 '비정부기구'(NGOs) 혹은 '시민사회단체'(CSOs)로 칭하고 있으며 격식이 없는 모임이나 일시적 연대와 운동도 포함한다. 이 책에서는 대부분의 경우 비영리라는 단어를 사용할 것인데, 이는 한계가 있기는 하지만, 미국 내의 비영리부문을 설명하는 데 가장 흔하게 사용되고 있고 이해하기 쉬운 용어이기 때문이다. 나는 개별적인 비영리 조직체를 설명할 때 대부분 단체(organization)나 에이전시(agency)라는 단어를 사용할 것이다. 만약 지역사회 편익을 위해 설립된 단체이지만 정부의 역할을 대신 하지 않는다면 종종 NGO라는 용어를 사용하기도 하고, 지역사회를 위해 활동하는 단체에 중점을 둔다면 CBO라는 단어를 사용하기도 할 것이다.

'필란트로피'(philanthropy)라는 단어는 '사람에 대한 사랑'을 의미하는 희랍어 두 단어가 만난 것이다. 현대에 들어 이러한 선의 혹은 인도주의적인 행위는 가치 있는 대의를 위해 자산이나 금전 또는 자원봉사활동 시간을 기부하는 것으로 표현되곤 한다. 마찬가지로, '채러티'(charity)란 단어도 이와 비슷하게 '사랑'을 뜻하는 라틴어에서 나온 것으로 이때 사랑이란 조건 없는 자애심, 동정심, 좋은 일을 하고자 노력하는 행위를 의미한다. 이 두 단어의 뿌리는 비영리단체 활동을 왜 하는지, 왜 존재하는지 근본적인 이유를 우리에게 다시 되새기게 한다. 바로 좋은 일과 선행을 통해 사람에 대한 사랑을 표현하는 것이다.

자선가(philanthropist), 즉 자선(philanthropy)을 실천하는 사람은 종종 엄청난 금액의 돈을 기부하는 나이 든 부자라고 생각하기 쉽다. 사실 선의로 무엇이든지 기부하는 사람은 다 자선가라고 할 수 있는데도 말이다. 자선이란 단어는 재단 혹은 재단의 지원금을 설명하고자 할 때 쓰이기도 한다. "그녀는 자선 업계에서 일해요"라는 말은 그녀가 자선재단(philanthropic foundation)에서 일하고 있다는 뜻이기도 하다. 최근 들어 자선이라는 단어는 모금과 관련하여 사용됐는데, 특히 한 조직 내에서 어떻게 '자선 문화'(culture of philanthropy)를 만들어 갈 것인가라는 주제와 관련된 기사에서 자주 언급된다(검색엔진에 '자선 문화'를 입력하면 수많은 기사가 검색될 것이다). 물론 이러한 다양한 쓰임이 타당하지만, 그 말의 근본에는 훨씬 광범위하고 포괄적인 의미가 있음을 기억할 필요가 있다.*

---

* **역주** '자선', '박애', '나눔' 등의 의미로 영어권에서는 '필란트로피'(philanthropy), '채러티'(charity) 등의 용어가 사용된다. 이들 용어는 서로 별다른 구분 없이 사용하기도 하지만 역사적, 문화적 의미를 함축하고 있어 서로 구별하여 사용되기도 한다. 이와 관련된 자세한 내용은 『필란트로피란 무엇인가』(Understanding

비영리부문의 규모와 구조

지난 반세기 동안 자선분야에서 가장 큰 변화는 비영리부문의 성장이라고 분명히 말할 수 있을 것 같다. 전체 고용에서 차지하는 비율로 보면 미국 내 비영리부문은 세계에서 다섯 번째로 큰 규모이다. 네덜란드가 가장 크고 그 뒤로 캐나다, 벨기에, 아일랜드 순이다.*

만약 미국 내 비영리부문이 단일산업이라면 가장 큰 세 가지 산업 중 하나가 될지도 모른다. 노동인구의 약 10%를 차지하고, 국내총생산의 약 5%를 차지하기 때문이다. 2015년에는 미국에서 170만 개의 단체가 국세청에 비영리단체로 등록되었다.

수백만 개의 소규모 풀뿌리단체들은 정부에 등록되어 있지 않으며, 면세 지위를 갖고 있지도 않다. 이제 막 시작한 신생단체, 이웃끼리의 모임처럼 돈이 거의 들지 않는 단체, 공터를 청소하거나 시위를 위해 일회적으로 모인 단체, 주나 연방정부와 구조적인 연관을 원하지 않는 단체 등이 여기에 해당한다.

비영리부문이 점차 커지고 복잡해지면서 정부와 학계, 그리고 다수의 일반 대중들의 관심을 얻고 있다. 물론 지방정부나 주정부, 연방정부의 규제가 계속 강화되고 있기는 하지만, 일반 대중의 관심이 증가하고 개인 후원자들의 비중이 커짐에 따라 비영리단체는 회계와 인사관리, 모금활동 등에서 통상적으로 요구되는 윤리 기준을 자발적으로 준수하고, 이를 통해 상당한 수준의 자율적 규제를 이뤄가고 있다. '비영리'라는 지위는 대중에게서 책임을 위탁받았다는 의미이며, '비과세' 혹은 '면세'란 사실상 일반 국민이 그 비용을 지불한다는 말이다. 따라서 일반 대중으로부터 자금을 지원받는 단체라면 공식적으로 면세 지위를 갖고 있지 않다고 해도 정부에 등록된 비영리단체와 마찬가지로 성실하게 단체를 운영하고, 기부자에 대한 신용을 지키며, 이해관계자에게 최고 품질의 서비스를 제공할 윤리적 의무가 있다.

Philanghropy: Its Meaning and Mission)를 참조할 것.
* 다른 국가들의 비영리부문에 대한 정보는 레스터 설러본 외 *Global Civil Society: Dimensions of the Nonprofit Sector*와 Michael Hall 외 *The Canadian Nonprofit and Voluntary Sector in Comparative Perspective*를 참고. 둘 다 ImagineCanada.ca에서 확인 가능.

비영리를 위한 자금은 어디서 오는가?

수백만 명의 자원이 동원되는 중요한 사업에서 대체로 그러한 것처럼 기부와 자선에 대해서도 잘못된 통념이 존재한다.

하지만, 놀랍게도 비영리단체는 오로지 금전적 기부만을 받는 것이 아니고 서비스 수수료, 물품 판매, 투자 수입, 그리고 단체의 사업 수익같이 다양한 통로를 통해 수입을 얻고 있다. 이러한 모금방식은 걸스카우트 쿠키판매, 굿윌스토어, 시에라클럽의 달력, 카드, 책 등 판매사업에 이르기까지 다양하다. 병원이나 대학의 경우, 벌어들인 수입이 가장 큰 몫을 차지하지만, 실제로 비영리단체의 총수입 중 55%가 벌어들인 수입이고 기금을 통해 얻은 투자수입이 5% 정도 포함된다. 그리고 비영리단체 수입의 32%는 우리가 '공공부문'이라고 부르는 정부지원으로부터 온다. 1980년대부터 정부가 지원금을 대폭 축소하면서 그 지원 금액이 상당이 줄어들긴 했지만, 정부 지원금은 아직도 여러 단체의 주요한 수입원이다. 이는 재정적인 변화뿐만 아니라 정부 역할과 공익을 위한 민간 지원의 역할에 대한 정치철학의 변화이기도 하다(제2장 참조).

비영리단체가 얻는 수입의 나머지 13%는 개인, 재단, 기업을 포함한 민간부문에서 나온다. 이 책에서 도움을 얻고자 하는 단체라면 대부분의 사업비를 이들 민간부문에서 얻어야 하는 곳일 것이다. 그러나 놀랍게도 생전 혹은 사후의 유증을 통한 개인의 기부가 민간부문 모금의 80%를 차지하고 있으며, 이는 재단과 기업 기부금을 합한 것보다 훨씬 많다. 물론 수수료, 사업 소득 등 벌어들이는 수입의 대부분은 대형 병원이나 대학에 의해 이뤄지고, 정부지원의 상당 부분이 정부지원 서비스 에이전시와 대학연구기관에 사용되고 있다. 결국, 이 책이 초점을 맞추고 있는 소규모 비영리단체는 수입의 대부분을 민간부문으로부터 모금해야만 하는 것이다.

따라서 이 책은 개인기부자로 구성된 거대한 시장에서 어떻게 모금할 것인가에 초점을 맞춘다. 또한 비영리부문 사업과 활동이 자원활동가들이 헌신한 시간에 의해 가능하다는 사실을 인식하는 것은 중요하다. 미국에서는 6,400만 명이 넘는 사람들이 정기적으로 자원봉사활동을 하는데 이는 거의 800만 개의 상근직업과 맞먹는 것이며 3,000억 달러가 넘는 가치에 달한다. 따라서 이들 자원활동가가 없이 비영리부문이 존재한다는 것은 어불성설이다.

연구결과에 나타난 비영리부문

그동안 미국을 비롯한 여러 나라에서 비영리단체와 그들의 수입원에 대한 많은 연구가 이루어졌다. 이들 연구의 목적은 대부분 누가, 무엇을, 누구에게, 왜 기부하는가를 파악하려는 것이다. 가장 널리 활용되는 보고서는 기부연구소(Giving Institute)와 인디아나대학교가 매년 펴내는 『기빙유에스에이』(Giving USA)다. 1935년 처음 발행된 이래로 해마다 누가 정확히 얼마의 돈을 비영리단체에 기부했는가? 그리고 그 돈은 어디에서 오는지를 집계해 오고 있다. 수년에 걸친 연구는 민간부문의 기부 출처를 생존해 있는 개인, 유증(개인 사망 시 비영리단체에 기부하도록 약속해 놓은 현금이나 현물), 재단, 기업 네 가지로 나눠 보여준다. 이들 네 출처에서 나오는 기부금품의 비율은 변동률이 매년 2~3% 포인트에 불과할 정도로 거의 일정하며, 개인 기부(유증 포함)의 비율이 재단이나 기업보다 9배 정도 많은 비중을 차지한다.

이러한 현실을 가장 잘 보여주는 숫자들이 있다. 예시한 표는 2014년에 이루어진 민간부문 기부 현황을 잘 나타내 준다.

이런 사실을 볼 때, 모금하려면 누구를 만나야 하는지는 이미 정해져 있다고 할 수 있다. 민간부문에서 비영리단체의 최대 지원자는 바로 개인이다.

누가 기부하는가?

그다음에 당연히 따라 나오는 질문은 그들이 도대체 누구인가라는 것이다. 그런데 여기에는 복잡한 변수가 많아 답을 하기가 좀 더 까다롭다. 연구 방법에 따라 이에 대한 답이 달라지기도 하지만, 기부에는 연구자가 알아내기 어려운 여러 측면이 있기 때문이다.

개인 기부를 측정하는 데는 아래와 같은 방법이 있다.

- 세금신고서에 기부 항목을 적어 넣은 사람들의 세금 환급을 분석해서 추징하

민간부문 기부, 2014
총 기부액: 3,583억 8천만 달러

(출처: *GIVING USA ANNUAL REPORT*, 2015)

기부액	민간부문 기부액에서 차지하는 비율
개인 2,585억 1,000만 달러	72%
유증 281억 3,000만 달러	8%
재단 539억 7,000만 달러	15%
기업 177억 7,000만 달러	5%

는 방법
- 임의로 선정한 표본집단을 대상으로 기부에 관한 설문조사를 해서 추정하는 방법
- 자선단체의 세금신고서인 미연방 국세청 990신고서나 설문을 통해서 알아낸 자선단체의 수입을 앞의 두 조사 결과와 비교하는 방법

이렇게 수집한 자료는 기부자의 나이나 소득 등 인구통계학적인 분류를 적용하거나 특정 기부자 집단이 서너 해에 걸쳐 보인 기부 패턴을 살펴보는 식으로 더욱 상세히 분석할 수 있다. 또 기부하는 사람들과 기부하지 않는 사람들의 특징을 비교하거나 포커스그룹을 구성해서 왜 (그리고 누구에게) 사람들이 기부하는지 혹은 기부하지 않는지를 알아봄으로써 더욱 많은 정보를 얻을 수 있다.

누가, 얼마나 기부하는지에 대한 조사 결과의 차이는 대개는 채택한 연구방법에 달렸다. 『기빙유에스에이』는 항목화된(itemized) 소득신고서를 참고한다. 약 600여 비영리단체의 연대 모임인 인디펜던트섹터(Independent Sector)는 서면 및 전화 설문을 바탕으로 한다. 단지 30%의 미국인만이 소득보고 시 공제 내용을 항목화하기 때문에 『기빙유에스에이』의 조사결과는 한계가 있을 수밖에 없다. 약식 신고서를 사용하는 나머지 70%의 미국인은 기부금 총액이 기본 공제액을 초과하지 않기 때문에 세금공제 혜택을 받지 못한다. 70%의 사람이 내는 기부금의 상당 액수는 아마도 누락될 수밖에 없다.

이같이 일부 연구는 상당 액수가 누락된다고 보고해왔지만, 소득신고서에

기부금을 항목화해서 공제 신청을 한 사람들은 그들의 기부 액수를 얼마나 부풀렸을까? 혹은 그 반대일까? 글쎄, 여기에 답하기는 쉽지 않다. 또 전화로 기부에 관한 설문조사를 할 때도 응답자들은 자신의 관대함을 과장하려고 하지 않을까? 그게 어느 정도일까? 이 질문에도 답하기는 쉽지 않다. 물론 비영리단체에 낸 돈이 얼마였는지 잊어버리는 사람들도 있을 것이다. 세금공제와 같은 인센티브가 없다면 더 그럴 것이다. 부풀려진 금액과 누락된 금액을 더하면 대충 맞아떨어질지도 모르겠다.

누가 기부하는지 알아내기 어렵게 만드는 또 다른 변수도 존재한다. 다음과 같은 것들이다.

- 대다수 사람은 해마다 일해서 번 돈, 즉 근로소득으로 기부하지만, 일부 부자들은 기존의 자산에서 기부금을 낸다. 기부금을 비교하는 연구에는 단지 소득 대비 기부액을 비교하는 것도 있고, 단순 기부액을 비교하는 것도 있다. 그래서 연구 결과가 다르게 나타날 수 있다. 소득은 낮지만, 집, 주식, 채권, 사업, 예술품 등과 같이 자산이 많은 가정이 있는가 하면, 소득도 낮고 자산도 없는 가정이 있을 수도 있다. 따라서 이런 유형의 자산을 현금화하기는 쉽지 않지만, 자산을 가진 사람이 그렇지 못한 사람보다 기부할 수 있는 경제력이 더 크다고 예측할 수 있다.
- 기부 규모를 지역별로 비교하는 연구에서는 보통 생활비를 계산에서 빠뜨리는 오류를 범하기도 한다. 예를 들어, 두 지역의 평균 소득이 똑같이 4만 달러지만 한 지역의 주거비가 다른 지역에 비해 두 배나 많이 든다고 가정해보자. 그러면 주거비가 비싼 지역에 사는 사람들의 기부 수준이 낮게 나타날 가능성이 매우 크다. 하지만, 생활비를 염두에 둔다면 양쪽 모두 관대하다는 측면에서는 같을지도 모른다.
- 대부분의 연구가 공식적인 자선 기부에 초점을 맞추고 있다. 그러나 거리 노숙자에게 주는 돈이나 외국에 있는 가족에게 송금하는 돈, 친구에게 학비를 대주거나 가난한 집에 몇 달 치 집세를 내주는 돈 등 기록되지 않는 수많은 행위를 모두 포함한다면 기부 총액이 훨씬 올라갈 것이고 기부자의 인구통계학적 차이도 더 명확히 드러날 것이다.

비영리단체의 소득신고 내역을 보면 얼마나 많은 사람이 기부금을 내는지 정확하게 알 수 있을 것 같지만, 이것 역시 별로 믿을만한 자료가 아님을 일깨워 주는 두 가지 이유가 있다. 첫째는 앞서 말한 것처럼 개인이 기부하는 금액의 상당 부분이 꼭 등록된 자선단체로 흘러들어 가지는 않는다는 점이다. 둘째는 종교기관의 경우(비영리부문의 1/3을 구성하고 있고 기부액의 약 1/3 정도를 차지), 반드시 소득신고서를 제출할 필요는 없다(반 정도의 종교기관이 자발적으로 제출하기도 하지만). 왜냐하면, 이는 종교와 국가를 분리하고자 하는 원칙 때문이기도 하다. 자, 이제 누가 돈을 내는지, 얼마나 내는지, 어디다 내는지 알아내려는 시도가 왜 어려운지를 알았을 것이다. 즉, 대다수 사람은 소득신고서에 기부 내역을 적지 않는다. 또 상당수의 비영리단체가 수입원을 신고하지 않는다.

그럼에도 불구하고 누가 기부를 했는지, 지난 10년 동안 미국의 경제상황 변화에 따라 기부 흐름에 어떤 영향을 미쳤는지에 대한 연구조사가 있다. 여러 해 동안 미국의 기부금은 상당 부분 중산층과 근로자 계층에서 나왔지만, 기부의 증가분은 고액 순자산 보유자한테서 왔다. 중산층 붕괴의 한 원인인 수입 증가분의 불균형이 이런 변화의 이면에 존재한다. 1988년의 인디펜던트 섹터 보고서를 보면 전체 기부의 82%가 연간 소득 6만 5,000달러 이하인 가구에서 나왔다는 것을 알 수 있다. 미연방 국세청 자료에 의하면 전체 가구의 92%는 연간 소득이 10만 달러 이하다. 『기빙유에스에이』 2009년호에 따르면 이들이 낸 기부금이 전체 기부금의 52%에 불과하다. 따라서 소득이 좀 더 나은 사람들이 여전히 기부금의 대부분을 내고 있긴 하지만, 부유한 사람들은 지난 수세기보다도 더 많은 기부를 하고 있으며, 순자산가치가 500만 달러 이상의 가구(전체가구의 1%)가 낸 기부금품이 전체의 28%를 차지했음을 알 수 있다. 이는 1990년대의 고액 순자산 보유자가 기부한 금액보다 훨씬 높아졌음을 의미한다.

현재 미국의 최고 부유층과 최 극빈층의 역사상 가장 큰 간극은 일부 부유한 사람으로 하여금(그들이 정치적으로 좌편에 있건 우편에 있건 상관없이) 그들의 특별한 관심사에 수백만 달러의 돈을 기부하게 한다. 물론 대부분의 사람은 평소에 생활필수품을 살 수 있는 정도의 금액을 기부하는 반면에 말이다. 이와는 달리 수입 대비 기부의 비율과 관련해서는 2013년 『아틀랜틱』(The Atlantic)은 "가장 부유한 미국인

들은 수입의 1.3%를 기부하고, 극빈층은 3.2%를 기부한다"고 보도하기도 했
다(www.theatlantic.com/maazine/archive/2013/04/why-the-rich-dont-give/309254/).

『크로니클 오브 필란트로피』(The Chronicle of Philanthropy)는 "2014년 미국은 어떻게 기부를 하는가"라는 제목의 특별 기사에서 다음과 같이 보도했다. "미국의 늘어나는 빈부격차는 국가 전체의 관대함의 모습을 바꾸고 있다. … 가장 잘 사는 미국인은 점점 수입의 더 적은 몫을 기부하고, 빈곤층이나 중간층의 미국인은 자신의 지갑을 더 깊이 파고 있다."

기부자가 기부한다

전 세계적으로 대부분 사람들은 불황기와 호황기에 상관없이 모두 기부를 한다. 내가 모금세계에 있으며 배운 가장 중요한 것 중 하나는 보유 재산과 기부금액은 전혀 상관이 없다는 점이다. 사람들은 때때로 금액이 많건 적건 간에 전 재산을 기부하기도 하고, 때로는 그들이 부자건 빈자건 간에 전혀 기부하지 않기도 한다. 물론 사람들 대부분은 어느 정도의 기부는 한다. 어떤 이는 좀 더 관대하게 또 어떤 이는 그렇지 않게 하는 것이 무엇인지 생각해보는 것이 흥미롭기는 하지만, 기부자들에 모금의 노력을 집중하여 그들로 하여금 여러분의 단체에 기부하도록 이끄는 것이 훨씬 더 생산적인 일임을 알게 될 것이다.

정확히 누가 어디에 돈을 내는지 알아내는 일이 어렵기는 하지만, 그래도 수많은 연구를 통해 알게 된 사실이 있다. 이는 여러 해에 걸쳐 전 세계 모금 전문가들의 경험에서 도출한 것이다.

- 미국과 캐나다 성인들은 열에 일곱 정도가 기부한다. 지역을 좀 더 세분화해보면 더욱 흥미로운 차이가 드러난다. 하와이에서는 성인 열에 아홉이 기부를 하고, 알래스카에서는 열에 여섯이 기부를 한다. 내 고향인 콜로라도주 보울더의 경우는 인근 도시 덴버보다 기부 인구의 비율이 낮다. 브리티시 컬럼비아보다 노바 스코시아 사람들이 기부를 더 많이 한다.세계적으로는 어떤지 살펴보는 것도 흥미롭다. 덴마크 사람들은 세금을 무척 많이 내면서도 인구의 90%가 기부를 한다. 한국인은 64%가, 필리핀인은 80%가 기부한다. 기부금의 50%에서 80%를 차지할 정도로 상당한 비중을 담당하고 있는 계층은 중산층과 저소득층 기부자이며, 수적으로도

(이들이 기부자의 대다수를 차지한다).
- 비영리단체에 기부금을 내는 사람들 중 거의 대부분은 다섯 곳에서 많게는 열다섯 곳에 기부를 한다.
- 공적 부조를 받는 사람의 20%가 기부금을 내며, 백만장자의 97%도 기부금을 낸다.
- 자원봉사활동을 하는 사람이 그렇지 않은 사람보다 기부금을 더 많이 낸다.
- 투표하는 사람보다 기부금을 내는 사람의 숫자가 더 많다.
- 종교단체나 영성단체 소속 여부에 상관없이 기부자의 대다수는 스스로를 종교적이거나 영적인 사람이라고 생각한다.
- 마지막으로, 기부해 달라는 권유를 받으면 사람들은 기부한다. 이 사실은 이 책에서 앞으로 수없이 되풀이하게 될 것이다.

그럼에도 불구하고, 연구 방법과 고려한 변수가 무엇이었건 간에 많은 미국인이 기부하고, 또 기부 행위를 뿌듯하게 생각하며, 미국이 기부를 많이 하는 인심 좋은 나라임을 보여주는 연구가 계속해서 나오고 있다. 더불어 중산층과 저소득층 기부자가 내는 돈이 전체 기부금의 상당한 비중을 차지한다는 사실과 이런 기부금 총액이 매년 꾸준히 늘어나고 있다는 사실도 밝혀지고 있다. 어떤 유형의 모금가건 간에 매일 아침 자기 자신에게 "결국 기부자가 기부한다"라는 말을 되풀이 할 필요가 있다. 내가 만약 용기 내어 문신을 새긴다면, 내 팔뚝에 바로 그 문장을 새길 것이다. 돈을 쓰는 사람이 결국 기부를 하기 때문이다. 우리처럼 기부를 요청하는 사람이 기부자에게 기본적으로 해야 할 말은 바로 "저희 단체를 한 번 생각해 주십시오"라는 말이다. 결국 돈은 기부될 것이고 그 돈은 우리 단체에 가든지 혹은 다른 단체로 갈 것이다.

단체가 보유한 개별기부자에 대한 방대한 기본 자료는 모금과 관련하여 신뢰할 만한 자료이며, 개별기부의 증가는 단체의 성장과 자급자족에 대단히 중요하다. 무엇보다도 가장 중요한 것은 개별기부자의 방대한 기본 자료에 토대를 두는 것이고, 이를 통해 해당 단체가 자기 결정을 내릴 수 있는 능력을 함양시킬 수 있다는 점이다. 즉, 어떤 재단이나 기업, 혹은 정부 기관이 기부하느냐에 맞추어서 프로그램의 우선순위를 둘 필요가 없다는 뜻이다.

2014년도 기부금 사용처

기부금 사용처	금액	비율
종교	1,149억만 달러	32%
교육	546억 2,000만	15%
보건의료	421억만	12%
재단에 대한 지원**	421억 2,000만	12%
복지	303억 7,000만	8.0%
공익*	262억 9,000만	7.0%
예술, 문화, 인문	172억 3,000만	5.0%
국제	151억만	4.0%
환경 및 동물	105억만	3.0%
개인에 대한 재단 지원금	64억 2,000만	2.0%

** 지역사회와 사립재단에 대한 기부를 포함(출처: Giving USA, Annual Report, 2015)

누가 기부한 돈을 받는가?

민간부문의 기부를 제대로 이해하려면 누가 기부금을 내는지뿐 아니라 누가 받는지도 살펴보아야 한다. 역시 『기빙유에스에이』에 따르면, 매년 약간의 변화가 있기는 하지만, 기부금의 사용처에도 일정한 패턴이 있음을 알 수 있다. 미국을 예로 보면, 총기부금의 3분의 1에 약간 못 미치는 금액이 종교 부문에 돌아간다. 그보다 훨씬 적은 비율로 교육이 2위를 차지하고, 보건의료, 복지, 예술 등이 3위로 그 뒤를 따르며, 그 외의 나머지 부문에서 남은 기부금을 조금씩 나눠 가진다.

종교단체에 대한 기부

종교를 하나의 범주로 묶어서 보면 총기부금의 3분의 1가량이 여기에 기부된다(내가 이 분야에 입문했을 때인 1976년 이래로 1/2에서 감소함). 하지만, 종교분야에 대한 재단의 지원은 아주 미미한 수준이며, 기업 기부는 거의 없다고 봐야 한다. 종교단체가 모금하는 방법을 보면 거기서 많은 것을 배울 수 있다. 언뜻 보면 천국이나,

베푸는 삶의 축복, 나누지 않는 자는 불지옥에 떨어진다는 위협 때문에 사람들이 종교기관에 돈을 낸다고 생각하기 쉽다. 물론 그러한 경우도 없지는 않겠지만, 종교가 얼마나 다양하게 표현되는지를 생각하면 보상과 위협 이론만으로는 부족해 보인다. 어떤 종교는 영생을 믿지 않고, 신의 존재를 믿지 않는 종교도 있기 때문이다. 영생이나 신을 믿는 종교라고 해도 성숙한 어른이 순전히 보상에 대한 기대나 처벌에 대한 두려움 때문에 그렇게 많은 기부를 한다고 생각하기는 어렵다.

그렇다면 종교단체가 어떻게 전체 민간 기부의 3분의 1을 차지하는 것일까? 종교기관이 사람들에게 소중한 가치와 헌신을 불어넣어 주기는 하지만, 그렇게 많은 기부를 받을 수 있는 이유는(이것이 바로 성공적인 모금의 핵심이다) **바로 기부를 요청하기 때문이다.**

개신교나 가톨릭 교회를 예로 들어보자(다른 종교를 믿는 사람들도 다음 사항을 자신의 종교와 비교해보라). 그들은 다음과 같은 방법으로 돈을 모은다.

- 사람들이 예배나 미사를 드리러 올 때마다, 즉 일주일에 적어도 한 번은 헌금에 대해 이야기를 한다.
- 사람들이 돈을 내기 쉽게 만든다. 예배 시간에 모든 사람에게 헌금 바구니를 돌려서 잔돈부터 고액 수표까지 받는다. 다른 교회 사람, 어쩌다 한 번씩 교회에 나오는 사람, 꼬박꼬박 매주 교회에 나오는 사람을 가리지 않고 모든 사람에게 똑같이 돈을 낼 기회를 준다. 그러면서 상대방의 기분이 상할까를 걱정하지 않는다. "필리스 프론퓨 씨한테는 바구니 돌리지 마세요. 새 카펫을 산 지 얼마 안 됐거든요", "조는 얼마 전에 실직했으니 건너뛰세요"라는 말을 절대 하지 않는다.
- 매주 교회에 나오지 않는 사람들도 돈을 내기 편하게 만들어준다. 대부분 교회는 1년에 한 번 정도 친양 캠페인이나 선 교인 헌금 주간을 설정한다. 많은 교회는 가정 심방을 하면서 그 해의 헌금 약정을 받는다. 그래서 주별, 월별, 분기 별로 약속한 금액을 나눠 내거나 한꺼번에 헌금을 내도록 하는 것이다. 이렇게 여러 차례에 걸쳐 나누어 내면 일시금보다 훨씬 더 많은 헌금을 받을 수 있다.
- 다양한 프로그램을 제공해서 신자들이 원하는 곳에 돈을 낼 수 있게 한다.

청소년 프로그램에 관심이 있으면 청소년 프로그램에 돈을 내고, 아니면 제단 꽃꽂이에 필요한 꽃값이나 해외 선교에 필요한 돈을 낼 수도 있다. 장학금, 노숙자 쉼터, 푸드뱅크 등 사회복지서비스를 운영하는 교회도 많다. 교회 가꾸기를 좋아하는 사람들은 새 찬송가집이나 새 유리창, 고급 오르간, 교회 신축 등에 기부할 수 있다.

마지막으로, 교회는 신자들이 헌금을 내는 것만큼 교회도 신자들에게 도움이 된다는 태도로 모금에 임한다. 다시 말해, 모금을 통해서 어떤 일을 원하는 사람과 그 일을 하는 기관 사이의 거래 관계가 형성된다는 것이다. 자신의 믿음을 유지하는 데 예배당이 중요한 사람은 그 건물을 유지하는 데 필요한 돈을 내야 하는 것이다. 헌금을 통해 사람들은 신앙공동체의 일원이 되고자 하는 자신의 욕구를 표현하고, 또 자신의 헌신을 실현한다.

모든 비영리단체는 종교기관의 이와 같은 사례를 참고해 다양한 모금 기법을 정착시켜야 한다. 다음 장에서는 그 방법에 대해서 이야기해보자.

> **온라인 콘텐츠**[*]
> - "Unintended Consequences: How Income Inequality Affects Fundraising,"
>   Kim Klein, Grassroots Fundraising Journal, May/June 2015

---

[*] **역주** 각 장에 표시된 '온라인 콘텐츠'는 http://www.wiley.com/go/fundraisingforsocialchange7e 에서 다운로드할 수 있음.

제2장

모금에도 철학이 필요해

여기 미래를 정확하게 예측하기로 소문난 심령술사(psychic)가 있다고 상상해보자. 여러분은 그녀에게 찾아가 간절한 마음으로 묻는다. "우리 비영리단체가 가장 효과적으로 모금하는 방법이 무엇일까요?" 심령술사는 유리구슬을 들여다보며 다음과 같이 답한다. "걱정하지 않아도 되겠는걸요. 재단이면 재단, 기업이면 기업, 부자든 가난한 사람이든 여러분 단체에 서로 기부하겠다고 하는군요. 물론 정부 지원도 마찬가지고요. 여러분이 어디에 요청을 하든지 원하는 만큼 충분히 모금할 수 있겠는데요."

이런 상상이 현실이 된다면 여러분의 단체는 모금을 위해 어떤 결정을 내리겠는가? 여러분은 아마도 **어떤 유형의 모금이 단체의 사명에 가장 적합한지**를 생각할 것이고 이와 동시에 **가장 수월하게 관리할 수 있는 유형의 모금이 무엇인지**를 곰곰이 생각하게 될 것이다. 그러고는 이들 두 질문에 대한 답이 항상 동일한 유형의 모금을 가리키지는 않는다는 사실을 이내 인식하게 될 것이다. 간단한 예를 들어보자. 10명의 고액 기부자를 관리하는 것이 1,000명의 소액 기부자를 관리하는 것보다는 수월할 것이다. 그러나 고액 기부자 중 한 명이 X라는 활동을 해주기를 원한다거나 현재 행하고 있는 Y라는 활동을 별로 좋아하지 않는다면, 그리고 단체가 추구하고자 하는 변화와 지향점 때문에 해당 기부자가 기부를 한다면, 어느 순간 기부자에게 순응하는 태도에 기초한 수월한 모금 관리 방식은 단체의 사명과 서로 충돌할 수도 있다.

단체의 사명을 완수해 가는 데 어떤 종류의 자금원이 가장 적합한지를 고민하지 않는다면 이는 다양한 사회문제의 원인이 될 수 있다. 예컨대 과거 공립학교 재정의 대부분은 시민들이 낸 세금으로 충당했지만, 지금은 대부분의 공립학교가 민관파트너십을 통해 이를 해결해 가고 있다. 즉 정부 지원금으로는 가장 기본적인 필요만 충족시키고, 예술 프로그램, 음악 교육, 도서관, 운동복, 각종 물품 등은 부모와 동문들의 자발적인 모금을 통해 해결한다. 차터 스쿨(Charter Schools)은 공공과 민간의 자원을 토대로 영리와 비영리에 의해 운영되는 혼합된 형태의 특별한 사례라 할 수 있다. 이러한 독특한 결합으로 얻게 되는 몇 가지 이점이 있는데, 예컨대 차터 스쿨 부모들은 그들 스스로 학교를 위한 모금에 참여하기 때문에 학교 운영에 적극적인 관심을 보이게 되고, 따라서 그들의 자녀인 학생들도 학교 교육이 당연히 얻어지는 것으로 생각하지 않는다는 점이다. 그렇지만, 이런 형태의 학교가 탄생하게 된 것은 공립학교의 운영자금이 어떤 방식으로 충당되어야 하는지 국가적 차원에서 어떤 공론의 장도 존재하지 않았음을 반영하는 것이기도 하다. 1980년대 이래로 경제불황은 세수의 감소와 이로 인한 학교 교육의 질 저하라는 현상을 초래했다. 이를 목격한 많은 지역사회에서 모금활동에 적극적으로 뛰어들게 되었고 일부 지역사회에서는 증세라는 결과를 얻어 내기도 했지만, 대부분의 지역사회에서는 고통받는 부모들 스스로가 자녀들을 위한 양질의 교육을 위해 점점 더 많은 짐을 떠안을 수밖에 없었다. 직장을 하나만 다니는 부모들은 퇴근 후 어느 정도 여유가 있어 학부모회(PTAs, Parent-Teacher Association)나 사친회(PTOs, Parent-Teacher Organization)를 기반으로 모금활동을 하지만, 하나 이상의 직장을 갖고 있거나 또 다른 문제로 모금활동을 할 수 없는 부모들도 있기 때문에 이들이 속한 지역의 공립학교는 불이익을 감당할 수밖에 없다.

우리는 민감하고 신속하게 반응할 줄 아는 공동체에 살고 있으며, 이런 반응이 큰 도움이 될 때 우리는 행복을 느끼며 만족감을 느낀다. 우리는 또한 자연 재해가 발생하면 신속하게 대응하며 수술을 받을 형편이 되지 않는 사람이 있거나 화재로 집을 잃은 가족이 발생하면 이들을 돕기 위해 적극적으로 나선다. 그렇지만 구조적 변화, 즉 비영리단체가 사회문제의 근본 원인을 해결하기 위해 무엇을 어떻게 해야 할지에 대한 깊은 성찰 없이 대증적인 접근 방식만을 취하고 있는 것이 현실이다. 결국 큰 그림을 볼 수 있는 안목의 부재는 또 다른 사회문제를 초래하는 원인이 되곤 한다.

1975년 이후 비영리부문의 성장세를 그래프로 그려 살펴보면 비영리단체의 수가 약 500% 증가했다는 것을 알 수 있다. 1970년대 미국 내 약 30만 개였던 비영리단체 수는 2005년에 이르러 약 150만 개까지 증가했다. 여기에 아동 빈곤, 고등학교 자퇴율, 마약 중독, 자살, 유아 사망률, 환경파괴, 증오범죄 등과 관련된 사회문제 지표를 나타내는 그래프를 겹쳐놓으면, 이들 긴급한 사회적 이슈 해결을 위해 설립된 비영리단체의 증가가 사회문제 지표의 감소를 가져왔을 것이라 짐작할 수 있다. 그렇지만 비영리부문의 성장과 함께 주요 사회문제 지표 또한 증가한 것을 확인할 수 있다. 물론 이러한 상황이 비영리부문만의 책임일 수도 있지만 그보다는 오히려 비영리단체들의 노력이 아니었다면 사회문제의 양상은 더욱더 심각해졌을 것이라고 대부분의 사람들은 생각할 것이다. 하지만, 우리 스스로에게 자문해 봐야 한다. 제1장에서 언급한 것처럼 노동 인구의 10%를 차지하는 미국 내 가장 규모 있는 단일 산업군 중 하나인 비영리부문이 왜 사회문제의 감소에 좀 더 많은 영향을 미치지 못했는지를 말이다.

이들 이슈에 대한 총체적 분석은 이 책의 목적에서 많이 벗어난 것이기는 하지만, 한 가지 분명한 사실은 민간 및 공공 지원의 역할에 대한 논의를 이끌어 내는 데 비영리부문은 실패했으며, 이는 빈곤과 인종차별과 같은 가장 어려운 사회문제 해결에 대한 진전을 이뤄내는 데 실패했다는 것과 무관하지 않다. 또한 민간 재단과 기부자지정기금(donor-advised funds) 수 및 규모 증가는 미국의 빈약한 조세제도와 정책 때문에 초래된 상위 5% 미국인의 재산 증식에 따른 직접적인 결과라 할 수 있다. 그러나 다행스럽게도 일부 재력가들이 자신의 부의 일부를 기꺼이 사회에 환원하고 있으며, 이는 충분히 박수 보낼 만한 일이다. 그렇다면 사회변화를 위한 모금에서 왜 이들의 기부가 중요한가? 지난 15년간 '사회정의 주창단체'(social justice organization)를 지원하는 재단의 수가 지속적으로 증가하고 있으며, 이들 단체의 70~80%, 심지어 90%가 재단 지원을 받고 있다. 따라서 단체의 책임자는 기부자 만족도 증진, 기부자회의 참석, 같은 영역의 단체와 재단, 프로그램 오피서, 전반적인 동향 등 모금과 관련된 정보 공유 등에 많은 시간을 보낸다. 하지만, 재단 지원은 단체의 지지기반 확보도, 장기적 안정성도 담보해 주지 않으며, 게다가 이들 단체가 어떤 활동을 가장 하고 싶어 하는지도 재단의 지원 정책에 적극적으로 반영하지 않는다. 이러한 것들은 재정적 안정성을 위해 여러분이 치러야 하는 대가라고 할 수 있으며 단기적으로 이를 부정하기는 어렵다. 그러나 이런 단기적인 재정적 안정성만이 여러분 단체의 모금활동에 주요 동인이 되어선 안 된다.

나는 재단 지원금의 고갈 또는 정부 지원의 중단 때문에 개인 기부자들로부터 모금하고자 하는 단체를 많이 만난다. 그러나 개인 기부자는 하나의 대비책이다. "우리에게 다른 선택이 없기 때문에 개인 기부자를 대상으로 하는 모금 계획이 필요하다"고 내게 말하는 사람들도 있다. 그렇지만 단언컨대 이는 모금을 해야만 하는 좋은 이유는 아니다. 만약 여러분이 개인 기부자를 대상으로 모금을 하고자 한다면, 이것이 여러분의 단체를 위한 최상의 방법인지를 생각해봐야만 한다. 왜냐하면, 대부분의 경우 개인을 상대로 한 모금은 가장 어려운 모금 방법이기 때문이고 이를 위해서는 돈을 기부할 뿐만 아니라 모금할 많은 사람이 필요하기 때문이다. 개인 모금은 매우 세심한 절차가 필요하며, 성공적 결과를 얻으려면 다양한 전략도 필요하다.

지속가능한 단체는 모금에 대한 철학에서부터 출발한다. 모금 철학에 대한 논의는 어느 때나 가능한 것이지만, 시작부터 모금 철학에 대해 이야기하는 것이 가장 바람직하다.

한 가지 이상적인 방법으로 대다수의 단체를 만족시킬 수는 없다. 많은 공공 보건 이슈가 사적 차원에서 결정, 관리 운영되고, 종종 재단은 저소득층 개인들로부터 모금하기에는 비현실적인 액수의 돈을 신생 단체에게 제공하기도 한다. 하지만, 그 전에 여러분이 어떤 지향점을 향해 가고 있는지에 대해 알 필요가 있으며, 왜 지금과 같은 방법으로 모금을 하게 되었는지, 좀 더 나은 대안이 있는지, 있다면 그것이 무엇인지 등의 모금을 둘러 싼 다양한 이슈에 대해 이사회, 직원, 자원활동가 등을 포함한 단체 구성원들이 인식의 지평을 확대하고 심화시킬 필요가 있다.

제3장

돈을 어디에 쓸 것인지 명확히 하자

첫 번째 장에서 개인으로부터 모금하는 것이 중요하다는 사실, 그리고 무엇이 사람들로 하여금 기부하게 하는지 그 동기에 대해 살펴봤다. **본격적인 모금을 하기 전에 여러분은 무엇을 위해 모금을 하는지 그 이유에 대해 분명히 할 필요가 있다.** 전통적으로 이런 것을 '후원을 해야 하는 사유'라고 통칭하면서 '단체설명서'(case statement)라고 표기했다.

모금을 시작하기 전에 여러분의 단체가 왜 존재하며 무엇을 하는지를 분명히 밝혀야 한다. 이 문서에는 단체가 추구하는 목적, 이를 달성하는 방법, 그렇게 할 수 있는 단체의 역량 등이 상세히 설명되어야 하며 직원과 이사, 그리고 핵심 자원활동가를 위한 내부용으로 사용한다. 그렇다고 완전 대외비 문서는 아니지만, 단체와 관계가 없는 사람에게는 흥미롭지 않을 것이다. 이 문서에 사용된 표현과 아이디어는 웹사이트, 팸플릿, 기금신청서, 보고서, 연설문 등의 '외부'와 관련된 문건을 제작하는 데 사용할 수도 있을 것이다. 단체와 밀접한 관계를 맺고 있는 사람들은 단체설명서에 적힌 내용에 모두 동의해야 하며 외부용으로 만들어진 모든 문건은 이 설명서의 내용과 일관성을 유지해야 한다.

단체설명서란?

단체설명서 작성법을 이해하는 가장 쉬운 방법은 여러분 단체에 가장 관심 있는 사람들이 물어볼 만한 질문을 순서대로 추측해 보는 것이다(괄호 안에는 해당 질문과 관련된 단체설명서의 섹션을 명기했다).

- "단체가 존재하는 이유는 무엇입니까?"(비전선언문 vision statement)
- "단체가 가장 신뢰하는 것은 무엇입니까?"(사명선언문 mission statement)
- "신뢰하는 것과 관련하여 단체는 무슨 일을 합니까?"(목적 goal)
- "그 목적을 어떻게 달성할 것입니까?"(목표 objective 혹은 성과 outcome)
- "누가 단체 운영에 참여하고 있으며 어떻게 운영합니까?"(구조 structure)
- "단체를 운영하는 데 비용은 어느 정도 소요되며, 그것의 출처는 어디입니까?"
  (예산과 모금 계획 budget and fundraising plan)

이들 각각의 질문에 대해 간략하면서도 명료하게 명시할 필요가 있다. 대개 사명 및 비전 선언문은 하나로 통합되어 있는 경우가 많다. 그렇지만 이를 구분하는 경우, 비전선언문은 단체가 더 이상 필요하지 않은 세상을 묘사하기도 한다(예를 들어, "에이즈 없는 세상" 그리고 사명선언문은 전반적인 사업 추진에 대한 믿음을 서술한다. 예를 들면 "보건의료는 권리이지 특권이 아니라고 우리는 믿는다"와 같은 식이다).* 다중적 이슈를 추구하는 단체의 경우, 여러 가지 다양한 목적을 몇 개의 선언문에 요약하여 기술하기도 한다.

대다수 단체는 자신의 단체설명서에 목표를 명시하지는 않는다. 대신 연혁 섹션에 단체가 무엇을 성취했는지에 초점을 맞춰 명기한다. 오래된 단체일수록 가장 의미 있는 성과를 포함시켜 나타내야 할 필요가 있을 것이다. 이런 내용을 여러분의 단체에 맞게 적용해 보도록 하자.

> 나의 초기 멘토인 헨리 로쏘는 단체설명서와 관련하여 매우 중요한 말을 해주었다. "네가 비영리조직에서 일하고 있다고 누군가에게 이야기하면 그 사람은 당연히 무엇을 하는 비영리조직이냐고 물어볼 것이다. 그런 상황이 오면 그 질문에 바로 답하지 마라. 내가 신뢰하는 것이 무엇인지 먼저 말을 하고 내가 하는 일을 이야기해 줘라. 만일 내가 하는 일을 먼저 이야기한다면 상대방은 바로 흥미를 잃어버릴 것이다. 사람들은 보통 가슴으로 뭔가를 먼저 느끼고 그 다음 머리로 판단한다. 내가 무슨 일을 하는지 말하기 전에 서로 공유하는 어떤 믿음이 존재한다는 것을 알게 하라."

---

* **역주** 이 책에서는 단체가 존재하는 이유를 비전선언문에 서술한다고 되어 있지만, 일반적으로 사명(mission)은 조직의 존재 이유를, 비전(vision)은 조직의 미래상을 나타내며 선언문(statement)에 이를 구체화시켜 서술한다.

이러한 내용을 하나의 문서로 만들어 단체의 주요 구성원들이 함께 검토하고 숙지하면 많은 시간을 절약할 수 있고, 이사들과 직원, 자원활동가들이 개인적인 기부 요청 편지나 연설문, 기부자와의 대화에서 일관성을 갖고 단체에 대한 정보와 철학을 전달할 수 있다. 또 단체가 목적을 달성하기 위해서는 구성원들의 모금 노력이 중요함을 다시 한 번 상기시켜주는 역할도 한다. 단체설명서를 잘 만들면 구성원들이 단체의 대의를 믿고 지지하며 직원과 자원활동가들의 사기를 북돋우는 데 큰 도움이 된다. 단체설명서에 기록된 단체의 목적, 연혁, 예산, 모금 계획 등은 해마다 다시 검토해야 한다. 적어도 1년에 한 번은 문서 내용을 전체적으로 검토해서 모두가 그 내용에 동의하는지, 단체의 활동을 잘 설명하고 있는지 등을 다시 검토해야 한다.

이사회를 시작할 때마다 왜 여러분 단체가 존재해야 하며 가장 신뢰하는 것이 무엇인지를 상기시키는 것이 바람직하다. 지역 ACLU(American Civil Liberties Union)의 이사 한 분이 내게 말하기를, 우리 이사장은 회의를 시작할 때 환영의 인사와 함께, "우리가 지금 이곳에 있다는 사실을 기억합시다"라는 말로 항상 시작해서 "권리장전은 스스로를 지켜낼 수 없기 때문에"라고 함께 제창함으로써 끝난다고 했다. 이런 관례는 아무리 피곤해 하는 이사진조차도 똑바로 일어나 회의의 내용에 집중하게 한다. 모금이 성공적이기 위해서는 열정과 헌신이 최전선에 있어야 하며 가장 중심적인 것이 되어야 한다.

다음은 각각의 질문에 대해 어떻게 답해야 하는지에 대한 좀 더 구체적인 설명이다.

> **비전선언문과 사명선언문 서술을 위한 힌트**
>
> "왜냐하면", "우리는 믿는다" 혹은 "사람들", "어린이들", "미래"와 같은 명사로 시작해라. 하기 위해, 제공하기 위해, 돕기 위해 등 동사의 부정사형 사용을 피해라. 부정사형은 목표를 서술할 때 쓰는 언어이기 때문이다.

왜 여러분의 단체는 존재하는가? 여러분이 가장 믿는 것은?

이들 질문에 대한 답은 모든 프로그램의 기초가 된다. 단체의 구성원은 흔히 "왜 우리가 존재하는지 안다"는 사실을 주장하면서 전문 용어로 가득 찬 그들의 활동과 사업에 대해 설명할 것이다. 예를 들어, 한 여성경제개발 프로그램은 이런 선언문을 갖고 있다. "우리는 소외된 여성의 부정적인 심리적 메시지를 강렬하고 새로운 네러티브로 변화시키기 위해 실행 가능한 본보기를 제공함으로써 이들이 자신의 미래에 대한 행위자가 될 수 있게 돕는다."

이 단체는 상당히 우수하기는 하지만, 선언문이 갖는 본질을 숨기고 있는 것처럼 보인다. 모금과 관련하여 이 단체가 나에게 도움을 요청해 왔고, 내가 사명선언문이 뭐냐고 물었을 때 이사진이나 스텝 어느 누구도 사명선언문을 제대로 이야기해 주지 못했다. 결국 나는 이 단체가 출소한 여성으로 하여금 창업을 하거나 구직에 도움을 주는 곳이라는 것을 알게 되었다. 이 단체는 그룹 지원, 고용주 옹호활동, 기술훈련, 인터뷰 및 일터에서 입을 의류 제공 등을 통해 한 해에 출소한 여성 20여 명에게 정규직 일자리를 구해줄 정도로 성공적이었다.

의미 있는 선언문을 만들기 위해 노력할 때 단체의 모든 구성원을 참여시키는 것은 상당히 중요하다. "출소한 여성"이라는 표현은 문제가 될 수 있는 문구다. 이 문구는 이해하기는 쉽지만 사람들 대부분은 출소한 여성을 전과자라고 일터에서 차별할 수도 있다고 생각한다. 따라서 선언문에는 수감되었거나 출소했다는 어떤 표현도 있어서는 안 된다는 사실에 동의했다. 믿는 바를 단순하고 명확하게 표현할 것을 주문했고 결국 다음과 같은 선언문을 만들어 냈다.

- 비전선언문: 우리는 모두가 만족스러운 일자리에 접근할 수 있는 세상을 상상한다.
- 사명선언문: 좋은 일자리를 찾아서 갖고, 유지하는 것, 그리고 좋은 직원을 채용하고 유지하는 것은 유사한 기술과 능력이며, 이는 학습하고 실천해야만 한다.

이 비전 및 사명선언문은 간단하고 기억하기가 용이하며, 이사진이 이들을 사용하면서 자신이 대화를 시작하는 데 상당히 뛰어난 사람이라는 사실을 발견하게 된다. 비전선언문은 일의 유형이 어떠한지 논의할 수 있게 하며 특정 일자리가 성취감을 고취할 수 있는지 여부를 판단할 수 있게 한다. 사명선언문은 고용주로 하여금 어떻게 피고용자를 좀 더 세심하게 배려할 수 있는지에 대해 검토하고 생각하게 하며 일정 수익도 지속적으로 보장한다. 이런 유형의 서론적인 성격을 갖는 선언문은 당연히 단체의 사업과 활동 그리고 이를 통해 이룬 성공이 수반되어야 함은 물론이다.

여기 또 다른 사례가 있다. 경제 지식 교육을 주된 사업으로 하는 어느 교육단체는 다음과 같은 사명선언문을 갖고 있다. "진정한 인간의 자유는 모든 사람이 경제적인 압박을 받지 않는 데서 시작합니다. 경제가 작동하는 방식과 그것을 바꾸는 방법을 아는 것이 자유의 출발점입니다." 이 단체는 건실한 경제를 구축하기 위해서는 위험한 작업장이나 임금 차별, 유해물질 불법 폐기, 열악한 주거환경과 빈곤 등 바람직하지 않은 관행을 철폐해야 한다고 믿으며, 이런 부당한 현실을 바꾸기 위해 대중을 교육하는 것을 목적으로 한다. 특히 이 단체는 이런 사명을 실천하면서 몇 가지 주요한 변화를 이뤄왔다. 처음에는 주어진 예산 내에서 어떻게 살아야 하는지 그리고 저축 계획은 어떻게 세워야 하는지에 대한 실제적인 기술을 가르쳤지만, 지금은 좀 더 광범위한 경제적 지식, 예를 들어 도로나 공립학교 보수 운영비용을 누가 어떻게 지불하는지, 각각의 세금이 공정하게 부과되는지 등에 대한 것도 포함한다. 아울러 국가의 기본적인 경제구조의 변화와 개혁을 위한 애드보커시 활동 등을 포함, 그 범위를 한층 더 확대해 왔다. 물론 지금도 실질적인 기술을 가르치지만, 학생들이 좀 더 큰 그림을 이해할 수 있도록 안내하고 있다. 이 단체의 비전이 그러하듯이, 사명선언문 역시도 단체로 하여금 사업과 활동에 대한 좀 더 확장된 관점을 포괄할 수 있도록 한다.

조직은 비전선언문과 사명선언문을 만들고 유지하는 데 관심을 두고 진지하게 생각할 필요가 있다. 이들 선언문은 모든 프로그램에 영향을 끼치며 실제로 단체의 방향을 설정하기도 한다. 만일 단어 선택 등 글쓰기에 주의를 기울이지 않거나 급하게 만들어지면 동의를 얻기 힘들어지고 이를 해결하기 위해서는 몇 개월의 시간이 걸릴지도 모른다. 더구나 모금과 의사소통에 더 많은 영향을 주게 되고, 이는 후원자를 혼동하게 해 기부가 감소하는 결과를 초래하게 된다.

비전선언문은 한 문장 이상 되어서는 안 된다는 사실을 기억하라. 사실상 그것은 흔히 태그 라인이나 슬로건이 되기도 한다. 예를 들면, 캘리포니아 지역에 적정 주택의 제공과 주거복지를 지향하는 소규모 단체는 "적정 주택의 제공은 지역사회를 풍요롭게 한다"를, 인종차별철폐 및 인종 정의를 지향하는 단체는 "우리는 방법을 찾거나 만든다"를 태그 라인으로 사용한다. 양쪽 모두 일반 사람들이 기억하고 전하기 쉽게 사명이나 비전은 짧게 서술되어 왔다. 사명선언문 역시 짧게 서술되어야 하는데 사람들이 기억하고 다른 사람에게 전하기 쉽도록 두 문장 정도로 구성되어야 한다. 두 선언문의 목적은 잠재적 기부자의 관심을 끌어 단체에 대해 더 많은 것을 알게 하고, 현행 기부자에게는 새로운 활력을 불어 넣고자 하는 것이기 때문이기도 하다.

우리는 광고, 경고, 지시, 알람, 시그널 등등 수많은 메시지 세계 속에 산다. 일부 전문가가 말하기를, 우리가 집을 나서게 되면 하루에 3,000개 이상의 메시지에 노출된다고 한다. 우리의 의식은 이들 대부분에 신경 쓰지 않지만, 잠재의식은 이를 걸러내느라 바쁘다. 이런 외부적 자극 이외에도 우리는 자기 자신의 걱정과 근심, 계획, 몽상 등을 갖고 있기도 하다. 그것이 놀랄만한 일이라도 사람들의 마음속에 여러분의 단체와 욕구는 그렇게 중요하게 다가오지는 않는다. 그들로 하여금 여러분 단체에 관심을 두도록 해야 하며 이런 상태가 오랫동안 유지될 수 있도록 해야만 한다.

단체의 목적과 목표는? 우리가 해야 할 일은?

목적(goal)은 문제를 해결하기 위해 단체가 무엇을 할 것인가를 설명하고 단체의 철학을 제시하는 것으로, 목적을 이루게 되면 그것에 대해 더 많은 것을 연혁에 서술할 수 있다.

목적은 '제공하기 위해', '하기 위해', '모니터링하기 위해', '교육하기 위해' 등과 같이 항상 동사의 부정사형으로 시작한다. 예를 들어, "오래 된 숲을 영원히 보존하기 위해서", "모든 초등학교 어린이들에게 갈등 해결 방법을 가르치기 위해", "유방암의 치료법을 찾기 위해" 등이 그런 예다.

목표

목표(objective)는 단체가 자신의 목적을 어떻게 달성하고자 하는지 그 방법을 서술한 것이다. 바람직한 목표는 쉽게 만들 수 있어야 하고 'SMART'라는 약어로 표기되는 원칙을 따르면 성취할 수 있어야 한다. 즉, 목표는 구체적이고(Specific), 측정 가능하고(Measurable), 성취 가능하고(Achievable), 현실적이고(Realistic), 시간제한이 있어야(Time-limited) 한다. 1990년대 목표(objective) 지향적인 생각이 결과(outcome)를 추구하는 형태로 바뀌기 시작했다. 대다수의 재단이 '결과기반 평가'(outcome-based evaluation)라 불리는 과정을 채택해서 성취하고자 하는 것과 실제 성취한 것을 비교 평가하고 이런 결과를 토대로 지원 여부를 결정하고자 했다. 최근에 이는 다시 재단의 요청에 따라 '임팩트'(impact)라는 용어로 대체되어 왔다. 즉, 비영리단체의 활동이 의도한 지원대상자에게 미치는 임팩트가 무엇인지를 요구하기 시작했던 것이다. 목표, 결과, 임팩트는 같은 것은 아니며, 특히 어떤 단체에는 결과나 임팩트가 그들이 하고자 했던 것을 더 잘 표현하는 개념일 수도 있다. 내부 이해관계자를 위한 단체설명서는 "우리의 목적을 성취하기 위해 우리는 어떻게 해야 하는가"라는 질문에 답하는 것이 가장 중요하다. 그렇지만 외부 이해관계자에게 여러분 단체 혹은 프로그램을 상세히 설명하고자 한다면, 결과, 목표, 임팩트 혹은 더 적당한 표현이나 용어가 있다면 어떤 것이든 선택할 수 있다.

목적과 목표의 주된 차이는 목적은 필요한 만큼 오랫동안 지속될 수 있으나, 목표는 보통 최대 1년 안에 단체가 달성하고자 하는 내용으로 구성된다는 것이다. 그런 다음, 이 목표를 평가하고 다음 해에 맞는 목표를 다시 작성한다. 목표는 1년마다 평가되거나 목표 속에 평가기간을 구체화시킬 수 있다. 앞서 살펴본 경제 지식 교육을 위한 단체의 예를 들면, "9월과 10월 두 달

동안 청소년을 위한 주말 과정을 운영할 계획입니다. 두 과정은 스페인어로, 한 과정은 광둥어로, 나머지 일곱 과정은 영어로 진행할 예정입니다. 각 과정은 최소한 15명에서 최대한 25명으로 구성되고, 학습효과 평가를 위해 사전, 사후 테스트가 시행될 것이고 그 결과는 다음 번 커리큘럼 개정에 반영될 것입니다." 아울러 이 프로그램의 목표에 대한 결과는 각기 달리 표현될 수도 있다. 즉, "참여자는 예산 작성의 기초를, 신용카드가 어떻게 작동하는지를, 단리와 복리법에 대해, 어떤 종류의 세금을 내며 이는 무엇을 위해 사용되는지를 이해하게 될 것입니다. 이를 통해 대개의 참여자들은 현명한 경제적, 재무적 판단을 할 수 있는 능력과 함께 이에 대한 확신을 갖게 될 것입니다."

지금까지 성취한 것은?

연혁은 해당 단체를 누가 언제 만들었는지를 요약한 것으로, 주요 프로그램이 변해온 과정과 그 성과에 대해 약술한다. 단체가 그동안 달성한 목표를 설명하면서 단체 존립의 필요성을 문서로 만들 기회를 얻는다. 목표 혹은 결과가 구체적일수록 연혁은 더욱 극적으로 돋보일 것이다. 단체의 그간의 기록은 기부자의 주목을 끌 수 있는 가장 중요한 요소다. 따라서 **단체의 성과를 측정하고, 기록하고 출간하여 널리 알리는 방법**을 분명하게 할 필요가 있으며 이는 모금 **활동과 관련하여 상당히** 중요하다.

또한 단체의 연혁은 흔히 지원신청서나 웹사이트의 콘텐츠로서 활용된다. 이를 통해 여러분의 단체가 계획했던 것을 이미 완수했다는 단순한 이유를 근거로 현재 계획하고 있는 것도 여러분 단체가 완수할 수 있다는 사실을 기부자 혹은 지원기관으로 하여금 확신하게 하는 데 큰 역할을 하게 된다.

> **우리는 신생 단체다. 그렇다면 연혁과 약사는?**
>
> 만일 신생 단체라면 특별하게 언급할 연혁이 없다고 생각할지도 모른다. 그렇지만 여러분 단체와 유사한 또 다른 단체가 있을 것이고 그곳으로부터 배우는 것이 있을 것이다. 그리고 단체를 처음으로 발기해서 지금까지 함께 노력하고 참여한 사람들의 역사도 존재할 것이다. 이를 단체설명서 연혁 란에 채워 우리가 다루고자 하는 이슈를 어떻게

> 해결해 갈지, 기존의 것에 합류하는 대신 왜 새로운 단체를 만들기로 결정했는지에 대한 새로운 생각과 아이디어를 이야기하면 된다. 기부자는 기부자와 지원기관 사이에 있는 수많은 비영리조직으로 인해 좌절감을 느끼기도 한다. 따라서 새로운 단체는 단체 설명서에 "새로운 조직의 필요"와 같은 타이틀로 별도의 지면을 할애할 수도 있다. 단체설명서를 만들기 위해 꼭 긴 역사가 필요한 것이 아니라는 사실을 염두에 둬라. 새로운 단체에 기부하길 원하는 기부자도 있으며, 대개의 사람이 지난 5년과 같이 여러분과 함께하지 않을 수도 있다. 그들은 출발점에 있기를 좋아하고, 스스로를 혁신가, 첨단적인 사색가, 위험 감수자라고 생각하기 좋아한다. 따라서 새로운 단체가 기존의 것과는 다른 것을 주장할지라도 신뢰를 구축해 나가기 위해서는 선행한 단체로부터 얻을 수 있는 통찰과 의견, 주장을 지속적으로 활용할 수 있어야만 한다.

연혁의 분량에 제한이 있는 것은 아니지만, 주요 사건을 요약한 것으로 충분할 것이며, 좀 더 상세한 정보를 원하는 사람들을 위해 연간사업보고서나 웹사이트를 참조하게 하는 것도 좋은 생각이다.

단체에 누가 참여하며 어떻게 운영되는가?

구조를 보면 단체가 구성된 방식이 단체의 사명과 일치하는 것을 알 수 있다. 구조에서는 직원 및 이사회의 규모, 구성, 지배 구조 등에 대해 설명한다. 몇 가지 예를 들면, "우리는 함께 일하는 직원이 4명 있다." 혹은 "이사회는 11명으로 구성되어 있으며, 그 구성원은 현재 서비스 지원대상자 3명, 이전 서비스 지원대상자 5명, 이전 직원 3명이다. 따라서 우리 단체의 의사결정은 관련 사업에 가장 관심이 많으며 그 영향을 잘 알고 있는 사람들로 이뤄져 있다" 등과 같다. 복잡하거나 평범하지 않은 구조를 가진 단체는 이 구조 영역이 상당히 길 것이고, 구조가 단순 명확한 단체라면 짧을 것이다.

단체의 구조는 책무성 문제와 직결된다. 일례로, 다인종 집단이 거주하는 지역에 비영리단체가 설립되었는데 그 이사회가 백인으로만 구성되어 있다면 과연 이 단체가 지역민들을 바르게 대변할 수 있겠는가? 저소득층 지역에 어떤 단체가 설립되었는데 이사회가 지역민을 배제한 채 고소득 전문가로만 구성되어 있다면 권력 문제를 바라보는 단체의 관점에 심각한 왜곡 현상이 발생할 수도 있다.

자신이 기부하려는 단체가 스스로 정한 사명과 목적의 의미를 잘 알고 있는지를 알아보기 위해 단체 구조에 대한 정보를 요구하는 기부자가 점점 늘어나고 있다. 구조 섹션에는 또한 이사진의 간략한 약력, 직원들의 경력, (그리고 해당 사항이 있는 경우) 회원이나 자원활동가 및 지부의 숫자 등 관련 통계도 삽입할 수 있다.

단체를 운영하려면 자금이 얼마나 필요하며 어디에서 구해야 하는가?

단체설명서 중 이 부분은 두 부문으로 나뉜다. 하나는 모금 계획이고 다른 하나는 예산이 포함된 재무제표다.

모금계획은 해당 단체가 다양한 자금원을 가졌는지, 그리고 모금 과정을 잘 이해하고 있는지를 보여준다. 모금 계획은 단체의 모든 수입원을 보여주고, 어떻게 수입을 증가시킬 것인지 또는 어떻게 재정 목표를 달성할 것인지에 대해 설명한다. 앞서 언급한 구조 섹션과 마찬가지로 모금 계획도 단체의 활동이 사명과 일치하는지를 보여줄 것이다. 예를 들어, 어느 환경단체가 석유회사와 목재회사에서 대부분의 사업비를 지원받고, 지역을 기반으로 하는 단체가 특정 재단으로부터만 지원을 받는다면 두 단체 모두 모금 및 자금조달 전략과 사명 사이의 일관성에 대해 많은 의문이 제기될 것이다. 이와는 대조적으로, 동문과 학부모로부터 지원을 받는 고교 중도탈락 감소를 위한 단체 혹은 지역사회의 주민과 사업체로부터 전적으로 지원을 받고 있는 두실 보존 및 미화 난체외 같은 경우, 이들 단체를 원하고 필요로 하는 사람들은 바로 이들 단체로부터 혜택을 받는 사람이다.

재무제표를 보면 단체가 전체 사업비와 분야별 지출에서 돈을 현명하게 쓰고 있는지를 알 수 있고 지출 내역도 추적할 수 있다. 회계 감사보고서 혹은 적어도 손익계산서와 대차대조표로 이루어진 재무제표는 보통 단체의 연간사업보고서에 포함되어 있다. 예산은 해당 회계연도에 예상되는 수입과 지출을 기록한 것으로, "이사회의 재정분과위원회에서 매월 회계보고서를 검토하고 전체 이사회에서는 분기별로 이 보고서를 검토한다. 수입과 지출은 다른 단체 및 업계 표준과 비교하며 사업에 필요한 예산을 모금하는 데 헌신하며, 지출이 현명하고 성실하게 이뤄지도록 최선을 다한다" 등과 같이 재무 상태가 모니터되고 관리되는 방식에 대한 설명이 있어야 한다.

전략기획서 작성

사람들은 흔히 "단체설명서와 전략기획서의 차이가 무엇인가?"라는 질문을 한다. '단체설명서'는 단체는 어떤 것이며 어떻게 운영되는지를 설명하는 청사진이라고 한다면, '전략기획서'는 일반적으로 향후 2년, 3년, 혹은 5년 동안의 단체 활동 및 사업 계획이다. 단체설명서 없이 전략기획 과정을 시작하는 것은 소위 모래 위에 집을 짓는, 즉 사상누각이라 할 수 있다. 단체설명서는 전략기획의 기초가 된다. 또한 전략기획은 내적 외적 환경과 실체를 검토하고 확인하면서(일명 SWOT분석, 즉 조직 내부의 장점과 단점, 조직 외부의 기회, 위협 요인 분석이 필요) 사회인구적 흐름, 외부 평가, 그리고 실질적이고 야심적이며 사명 지향적 목표를 달성하기 위한 다양한 정보 등에 대한 연구조사를 수행한다. 잘 만들어진 단체설명서는 전략기획, 특히 목적과 목표에 필요한 요소를 포함, 단체의 최신 기록과 그 평가 결과를 제공한다. 전략기획은 단체를 개선하는 데 도움을 줄 수 있으며 종종 단체의 목적을 재정의하기도 한다. 따라서 단체설명서와 전략기획은 항상 함께 이뤄지기는 하지만, 서로를 대체할 수는 없다.

전략기획이 마술탄환은 아니다. 대개의 단체가 전략기획이 실천적인 차원에서는 부족한 점이 많다는 사실을 발견해 왔다. 왜냐하면, 지속적으로 변화하는 외부 환경을 충분하게 반영할 수 없기 때문이다. 지금은 사람들이 '전략기획'은 듣기는 좋으나 분명한 정의가 부재하다고 말하곤 한다. 중요한 것은 모든 직원과 이사진이 지속적으로 함께하면서 문제 해결책과 이와 관련된 아이디어를 이야기하는 것이다. 한두 사람의 비전을 가진 리더에 의존하는 단체는 그들이 단체를 떠나거나 혹은 더 이상 미래 지향적 비전을 제시하지 않으면 문제가 발행하기 쉽다. 전략기획, 전략적 사고, 전략경영에 대한 참고문헌은 차고 넘치지만, 우리의 목적을 위해서는 지원을 이끌어낼 수 있는 확고하고도 충분한 생각에 기초한 단체설명서가 필요하며, 이는 단체를 둘러싼 변동과 우선순위의 잦은 변화에 잘 대처하기 위한 매우 강력한 기초가 된다.

단체설명서 작성

단체설명서는 보통 소위원회에서 작성하지만, 이사회와 직원, 주요 자원활동가가 모두 그 내용, 특히 단체의 목적과 사명에 동의해야 한다. 계획을 실행할 사람들이 마음에 내켜 하지 않거나 실행할 수 없다고 생각하면 자신들의 임무를 수행하는 데 전력을 기울이지 않을 것이다. 따라서 충분한 시간을 할애해서 단체설명서를 다듬는 것이 중요하다. 시간을 아껴서 일을 더 많이 하려고 이사회가 사명선언문과 목적을 대충 승인해 버린다면 참가자들이 열의를 보이지 않고 모금활동에도 전력을 기울이지 않는 등 두고두고 문제가 될 것이다.

제4장
모금 시작 전에 알아야만 할 것들

이 장은 모든 모금활동에 적용할 수 있는 몇 가지 중요한 질문으로 구성되어 있다. 즉, 왜 모금을 하는가, 어디로부터 기부금이 오는가, 왜 사람들은 비영리단체에 기부하는가, 누가 모금을 할 수 있는가가 그것이다.

"모금의 목적은 무엇인가?" 이 질문에서부터 시작해보자. "돈을 모으는 것"이라고 대답한다면 틀린 답이다. 해마다 지속적으로 모금할 수 있는 유일한 방법은 여러분의 단체에 소속감을 느끼는 개인 기부자를 발굴하고 이를 통해 광범위한 기부자 베이스를 구축하는 것이다. 그렇다면 **모금의 목적은 이러한 관계를 구축하는 것**이 된다. 좀 더 간단히 말해, 모금의 목적은 돈을 모으는 것이 아니라 기부자를 모으는 것이다. **돈을 원하는 것이 아니라 기부하는 사람을 원해야 한다.** 그 사람들이 기부하게 하고, 자신들이 받는 대접과 자신들이 낸 돈으로 단체가 하는 일이 마음에 들어 자꾸만 돈을 더 내고 싶게 만들어야 한다. 그러면 이들은 단체의 이야기를 주변에 퍼뜨려 기부금뿐 아니라 새 기부자들까지도 끌어 모을 것이다.

돈을 모으는 것이 아니라 기부자 베이스를 만드는 데 초점을 두면 홍보 우편모금과 같이 첫해에는 돈이 모이지 않는 전략이나 유산 기부처럼 기부자가 사망하기 전까지는 기부금을 받을 수 없는 전략도 선택할 수 있다. 또 돈이 필요할 때만 기부자를 아는 척하고 그렇지 않을 때는 거들떠보지도 않는 현금인출기로 볼 것이 아니라, 한 명 한 명을 소중한 인간으로 생각하고 이들과 지속적인 관계를 맺어야 한다는 뜻이다. 모금 전략을 짤 때는 단기 계획과 상기 계획 모두를 염두에 두고 다음 달에 나타날 결과뿐 아니라 몇 년 후에 나타날 결과도 예상해야 한다.

기부자 다양화하기

기부자의 관심을 끌고 이를 유지하는 데 집중한다는 것은 **잠재적 기부자의 범위를 확장함으로써 기부원을 다양화하는 것**이다. 즉 소액이든 고액이든 기부할 수 있는 다양한 개인 기부자로부터 기부를 받는다는 것을 의미한다. 다양화란 한 개인, 하나의 자금원, 하나의 전략에만 의존하는 것이 아니기 때문이다. 여기에 특정 비율이 존재하는 것은 아니나, 몇몇 기부자나 지원기관을 상실할 수도 있으며, 어떤 전략은 아주 잘못된 채로 기능하고 있을 수도 있다. 이는 경제학, 판매, 투자 등의 기초적인 규칙, 즉 성공의 규모에 따른 노력의 소산이기도 하다. 다양화는 또한 모금을 도와줄 사람의 숫자를 늘리는 것, 이들의 모금 기술을 다양화하는 것과도 관련이 있다. 다변화 혹은 다양화는 새삼스런 주제가 아니다. 한 가지 기술만 가진 사람보다 여러 기술을 가진 사람이 일자리를 잘 찾는 것은 당연하다. 투자자들도 한 가지 주식에만 투자하는 것이 아니라 다양한 재테크 도구를 활용한다. 지나칠 정도로 한두 재단에 혹은 비영리단체의 주요 수입원인 정부 지원에 의존적이었기 때문에 수많은 비영리단체가 심각할 정도로 활동을 축소하거나 아예 문을 닫을 수밖에 없었다.

 그럼에도 불구하고 1년 예산을 한방에 모을 수 있는 꿈의 이벤트 혹은 특별한 크라우드펀딩을 궁리하거나, 필요한 자금을 한꺼번에 몰아줄 개인이나 재단 또는 기업을 찾아다니거나, 다른 사람의 도움 없이 혼자서 모금을 책임져줄 완벽한 모금가 한 명을 고용하려는 단체가 아직도 많이 존재한다. 또는 제대로 된 모금 전략 하나만 있으면 돈 걱정은 사라질 것으로 생각한다. 안타깝게도 그런 모금 전략이나 활동가는 존재하지 않는다. **기부원을 다변화하지 않는 단체는 오래 살아남을 수 없다는 것, 이것이 우리 앞에 놓인 현실이다.**

 단체가 하나의 기부원에서 얻을 수 있는 수입의 최대 비율은 얼마나 될까? 이런 식으로 한 번 생각해보자. 어떤 단체가 지원받는 돈 중 30%를 잃으면 어렵기는 하겠지만 그래도 살아남을 수는 있을 것이다. 하지만, 30% 이상을 잃으면 규모가 아주 큰 단체를 빼고는 상당한 위기에 봉착할 것이다. 바로 이런 이유 때문에 어떤 단체건 한 기부원에서 2~3년 이상 연속으로 30%가 넘는 자금을 받으면 안 된다. 즉 수입의 30% 이상이 회비에서 오는 것은 괜찮지만, 회원 한 사람한테서 30%가 넘는 돈을 받으면 안 된다는 것이다. 미연방 국세청은 이를 '3분의 1 법칙'이라고 부른다. 개인이건 재단이건 기업이건 3년 이상 하나의 자금 출처에서 전체 수입의 3분의 1 이상을 조달하는 단체는 '공공자선단체'(public charity)의 자격을 갖추지 못한 것으로 본다. 이 상황이 수년간 계속되면 해당 단체는 501(c)(3) 지위를 잃을 수가 있다. 공공자선단체가 조세 혜택을 유지하기 위해서는 불특정 다수의 일반 대중으로부터 지원을 받아야 하며, 한두 사람의 취미가 되어서는 안 된다. 자금 출처가 얼마나 다양해야 건강한 수준인가에 대한 모범답안은 없다. 단체의 예산 규모, 지역, 사업에 따라 많이 다를 것이다. 그러나 더 많은 사람을 끌어들이고 더 많은 모금 방법을 활용할수록 좋은 것은 분명하다.

기부할 사람에게 요청하기

광범위한 기부자 베이스를 구축하려면 기부에 대한 동기부여가 무엇인지 이해해야 한다. 1장에서 언급했듯이, 미국 성인의 약 70%가 정기적으로 기부하며 그들 중 대부분은 5~15개 정도의 비영리단체를 후원한다. 따라서 모금에 대한 노력은 이들이 선택하는 단체 중 하나가 되는 것이어야 한다. 만일 새로이 기부자가 되려는 젊은이들에게 다가서려는 특별한 목적의 프로그램이 아닌 한, 기부자가 아니었던 사람이 처음으로 기부하려는 단체가 되기 위해 많은 노력을 기울이지 마라.

통상적으로 기부하지 않은 사람은 자신의 습관을 바꾸기가 쉽지 않다. 즉, 그들이 자신에게 맞는 올바른 NGO를 못 찾은 것이 아니라 그들은 그냥 기부자가 아닐 따름이다. 기부하는 사람은 기부한다. 그들은 여러분의 단체에 혹은 또 다른 단체에 기부할 것이며, 그렇다고 해서 자신의 가족을 위해 음식을, 자신 아이들을 위해 신발 구하는 것을 부정하지는 않는다. 여러분 단체가 해야 할 일은 그들이 지원하고자 하는 단체 중 하나가 되는 것이다. 그러기 위해서 먼저 여러분은 무엇이 기부자가 되게 하는지 조사하고 검토해봐야 한다. 이런 과정 속에서 여러분이 전 세계를 대상으로 한 주요 기부자라 가정하고 무엇이 여러분을 기부자로 만드는지 생각해 봐라.

사람들은 왜 기부하는가?

사람들이 비영리단체에 기부하는 이유는 다양하다. 그러나 거듭되는 연구 결과는 사람들이 **기부하는 이유는 무엇보다도 기부해달라는 부탁을 받고**, 이를 계기로 평소 관심을 두던 일에 대해 다시 한 번 생각하게 되었기 때문이다. 사람들은 기부한 특정 단체의 이름보다는 어떻게 부탁해 왔는지를 더 잘 기억한다. 물론 기부 요청에 응답하는 이유와 동기는 직접적인 요청과 응답에서부터 신앙에 기초한 전통에 이르기까지 매우 광범위하다. 어떤 단체에서 보내주는 소식지가 좋아서 기부하는 사람도 있고, 공짜 손가방이나 자동차 범퍼 스티커 같은 물건을 받는 게 좋아서 기부하는 사람도 있다. 주변 사람들이 모두 그 단체에 돈을 내기 때문에 같이 기부하는 사람도 있고, 집안 전통이기 때문에 기부하는 사람도 있다. 또한 기부금을 내야만 해당 단체가 제공하는 서비스(강좌, 공연, 수영장 입장권 등)를 받을 수 있기 때문에 기부하는 사람도 있다.

좀 더 이타적인 차원에 이르면 이유는 더욱 많아진다. 사람들은 특정 이슈에 관심이 있어서, 단체의 대의를 지지해서, 단체의 문제 진단과 해결책이 옳다고 생각해서 기부한다. 자기 자신이나 아는 사람이 해당 단체의 서비스 수혜자(알코올중독자, 학대받는 여성 및 아동, 실직자, 노숙자)가 되었던 적이 있기 때문에 또는 역으로 자기 자신이나 아는 사람이 그러한 집단에 속하지 않는 걸 감사하는 마음 때문에 기부하기도 한다.

어떤 사람들은 가진 것이 정말 많아서 또는 과거의 일에 대한 죄책감 때문에 기부하기도 한다. 기부하면 구원이나 영생을 보장받을 수 있지 않을까 해서 기부하는 사람들도 있다.

사람들은 흔히 어떤 집단이 자신의 이상을 구현하고, 페미니스트나 환경운동가, 평화주의자, 평등한 인권을 옹호하는 사람, 좋은 부모, 성실한 시민 등 스스로 중요하다고 믿는 자신의 이미지를 강화시켜주기 때문에 기부한다. 기부를 통해 "나는 마음이 따뜻한 사람이야", "나는 다른 사람들을 깊이 배려하지", "나는 다른 사람들을 돕고 있어"라고 말할 수 있는 것이다.

단체에 기부하는 것을 좋은 일이라고 여기던 참에 친구나 자신이 존경하는 사람이 개인적으로 부탁을 해오면 사람들은 대체로 이 기부 요청자에게 자신이 도의적인 사람, 너그러운 사람임을 보여주고 싶어 한다.

기부를 부추기는 주요한 요인들이 이러한 데도 불구하고 대부분의 비영리단체는 그보다 설득력이 떨어지는 동기에 호소한다. 바로 "우리는 돈이 필요해요"와 "여러분이 기부하신 돈은 세금공제가 됩니다"이다. 이런 구호로는 다른 단체와 차별화될 수가 없다. 비영리단체는 다들 돈이 필요하고, 실제로 대부분의 단체가 돈이 모자라는 상황이다. 기부금이 세금공제가 된다는 사실을 내세우는 것도 좋은 방법이기는 하지만, 수천 개의 다른 비영리단체도 세금공제 혜택을 주기는 마찬가지다. 게다가 대부분의 미국인은 소득 신고 시 공제 항목에 기부금을 적지 않는 약식신고서를 작성하기 때문에 공제 혜택을 받지 못한다. 궁핍하다거나 세금 혜택이 있다는 것만으로는 단체를 차별화시킬 수 없다. 유명 모금가인 케이 스프링켈 그레이스가 말하길, "**사람들은 우리가 원하기 때문에 기부하는 것이 아니라 우리가 그들의 필요를 충족할 수 있기 때문에 기부한다.**"

기부하는 미국인의 70%는 집단적인 힘이 아니고는 이뤄낼 수 없는 일을 해주는 대가로 비영리단체에 돈을 낸다. 인종차별주의나 공해, 기아 문제에 대해 개인이 할 수 있는 일은 거의 없다. 따라서 개인이 이와 같은 중대한 사회문제에 참여할 방법은 관련 단체의 일부가 되는 것이다. 또 한 개인이 공연장이나 박물관이나 대안학교가 될 수도 없는 노릇이다. 그래서 단체가 기부자를 필요로 하는 것만큼 기부자도 단체를 필요로 한다. 기부금은 이들 단체가 하는 일에 대해 일종의 교환물로 내놓는 것이 된다. 이런 의미에서 보면 기부금이란 실제로 서비스 수수료인 셈이다.

기부자들은 비영리단체만이 할 수 있는 일을 위해 대가를 지불한다. 인송자

별, 대기오염, 세계빈곤 등의 문제를 한 개인이 해결하기는 어렵다. 어린이 돌보기, 방과후 학교, 보건의료와 같은 서비스도 한 개인이 제공할 수 없다. 개인은 단지 단체의 한 부분으로서 이들 사회문제 해결에 기여할 수 있다. 분명한 개인이 극장일 수도, 박물관일 수도, 대안학교일 수도 없지만, 많은 사람이 이들 기관을 통해 학습을 하거나 여가를 즐길 수 있다. 단체가 기부자를 원하는 만큼 기부자도 단체가 필요하고, 기부자가 낸 기부금은 단체가 수행한 일과 교환되는 것이다.

모금은 누구나 할 수 있다

모금은 배우기가 쉽다. 소규모 단체는 무엇보다 이 사실을 알아야 한다. 필자가 모금분야에 종사한 이래 모금을 하나의 '학문 분야'로서 점차 강조해 왔다. 그래서 최근에는 모금을 가르치는 학과가 생기고, 비영리 경영학 과정에 모금 강좌가 개설되기도 한다. 모금 관련한 자격증을 제공하는 전문기관도 있으며 직업적으로 모금하는 모금 전문가도 점점 늘어나는 추세다. 이런 모든 것은 비영리부문의 발전에 이바지한다. 그러나 우수한 모금가에게 정말 중요한 것은 강좌나 학위, 자격증이 아니다. 이런 것들이 성공적인 모금가가 되기 위해 진정으로 필요한 세 가지, 즉 **상식, 대의를 위한 헌신, 사람에 대한 기본적인 애정**을 결코 대체할 수는 없다. 어렸을 때부터 "어른이 되면 난 모금을 할 거야"라고 꿈꾸는 사람은 없다. 대신, 어떤 이상이나 대의에 마음이 끌리고 그와 관련된 일을 하는 단체에 마음이 끌린다. 그리고 그 단체가 대의를 추구하는 데 돈이 필요하다면 모금사업에 나도 힘을 보태기로 마음먹는다. 모금활동이 대의에 동참하는 가장 좋은 방법도 아니고, 돈을 요구해야 한다는 생각이 처음에는 내키지 않거나 겁이 나기도 한다. 하지만, 시간이 흐르고 경험이 쌓이면 모금이 생각했던 것만큼 어렵지 않다는 것을 알게 되고 결국에는 모금활동이 좋아질지도 모를 일이다. 사람들은 자신이 믿는 대의에 돈을 기부하면서 자신을 **뿌듯하게 생각하고, 누군가에게 기부를 권유하면서 자신이 중요하게 생각하는 가치와 신념을 표출할 수 있는 기회를 얻게 된다는 사실을 깨닫는다.**

모금을 부탁받은 사람들은 흔히 자신이 기부할 때 겪는 일과 기부를 권할 때 겪는 일을 혼동한다. 그렇지만 둘 사이에는 실제로 큰 차이가 있다. 사람들은 기부하는 것은 좋아하지만 기부를 요청하는 일은 충분히 익숙해지기 전까지는 그다지 좋아하지 않는다. 잠재 기부자들은 오히려 우쭐한 기분을 느끼거나, 대의에 동참하게 된 걸 좋아하면서 얼마나 낼 수 있을지 고민하고 있거나, 아니면 부탁하는 사람이 불편해하지 않을까 걱정하고 있을 가능성이 많다.

기부를 권유하면서 불편한 느낌을 갖는 것은 정상적인 현상이다. 제8장에서는 이처럼 불편한 기분에 대처하는 방법에 대해 자세히 이야기할 것이다. 여기서는 일단 **자신이 기부하는 것과 기부를 요청하는 일은 매우 다른 경험**이란 점, 더구나 이런 일이 동시에 일어나는 상황에서조차도 그러하다는 점만은 확실히 하도록 하자. 모금할 때는 자신이 기부를 요청할 때 느끼는 불편한 감정보다는 기부할 때 좋아지는 점이 무엇인가를 생각해볼 필요가 있다.

다양한 모금 방법을 활용하는 단체는 단체 구성원들이 지닌 능력과 재능을 모금에 활용할 수 있다. 모금에 대해 더 많이 알고 성공적인 모금활동을 경험하고 나면 자원활동가와 이사 모두 기꺼이 새로운 전략을 배우려 할 것이고, 모금을 편하게 생각하고 좋아하게 될 것이다. 혹자는 한두 개의 기부원만 가진 단체와 한두 명의 모금가만 두고 있는 단체가 별로 다를 것이 없다고 생각할지도 모르지만, 사정은 그렇지 않다. 소규모 단체 중에는 기부원이 제한적인 것도 문제지만 모금을 할 사람이 너무 모자라서 문제인 곳도 많다. 다음 장에서는 적절한 모금 전략을 수립하는 방법과 자원활동가들로 모금팀을 구성하는 방법에 대해 논의해보자.

제5장

좋은 이사회의 중요성

몇 시간 만이라도 비영리단체에서 일해 본 사람이라면, 모금과 관련하여 대부분의 단체를 괴롭히는 문제 중 하나가 **모금활동에 열성적으로 참여하고자 하는 이사진을 구하는 것**이 매우 어렵다는 점이라는 것을 알게 될 것이다. 이런 문제 때문에 이를 위한 소규모의 산업이 형성되고 이에 종사하는 사람들이 생겨나게 되었다. 즉 이사진을 어떻게 훈련시키고 모금을 위한 이사회 혹은 위원회를 어떻게 구축하며, 또 이들에게 나눠 줄 학습 자료는 어떻게 만들어야 하는지 등등이 이들 산업의 내용이 되었다. 또한 모금을 위한 위원회 혹은 이사회를 통합하여 운영할 수 있는지 혹은 해야만 하는지 여부를 놓고 논란을 벌이는 또 다른 소규모의 산업과 사람들이 생겨나기도 했다.

솔직하게 말하자면, 나는 약간의 예외가 있기는 하지만 이사회는 기부금도 내야 하고 모금도 할 필요가 있으며, 이런 기대를 충족시킬 수 있는 이사회를 실제로 구축할 수 있다고 믿는 측에 속한다. 더구나 이는 부유한 이사진을 꼭 필요로 하지도 않으며, 부자들과 연줄을 갖고 있는 이사진이 전제가 되는 것도 아니다. 모금에 적극인 이사회가 소수라는 사실이 종종 나를 낙담시키기도 하지만 나의 믿음을 완전히 없애버리지는 못한다. 왜냐하면 나는 이 모델이 제대로 작동하는 것을 목격해 왔고, 그렇게 되면 아주 건강하고 역동적인 단체로서 그 역할을 다할 수 있기 때문이다.

이사회가 제대로 자신의 역할을 다하지 못하는 주된 세 가지 이유는 다음과 같다. 나는 이 장에서 이들 문제를 좀 더 구체적으로 다뤄보려고 한다.

1. 이사진이 자신의 일이 무엇인지 모른다.
2. 책무성이 없다. 즉 일을 했을 때 제대로 된 평가도 없고, 일을 안 했을 때 제재도 없다.
3. 모금 요청을 싫어하는 정서가 모금활동 면제의 변명 이유가 된다.

우선 첫 번째 문제로부터 출발해 보자. 그것은 하나의 구조로서 이사회가 갖는 타당성과 이에 대한 이해의 부재로부터 연유한다.

NGO부문이 발전된 나라 혹은 발전 중인 나라에서는 성격상 비영리적인 일을 하는 조직이 재정적 보조 없이 영리적 경제체제에서 그리 오래 버티지는 못한다는 인식은 일반적이다. 정부가 비영리단체에 제공하는 가장 우선적인 도움은 세제 혜택, 즉 세금의 경감이다. 미국에서는 과거 몇십 년 동안 관련법이 마련되어 금전적으로 비영리단체를 돕는 기부자에게는 세금공제 혜택을 주고, 비영리단체에는 다양한 면세 혜택을 제공했다. 이 법의 근거는 미연방국세청 세법 501이다. 혜택이 가장 많아 미국 내 대부분 비영리단체가 이미 갖고 있거나 앞으로 갖기를 원하는 지위는 교육, 종교, 자선 등의 사업을 하는 501(c)(3)이다. 501(c)(3)의 지위를 획득한 단체는 다양한 법인세를 면제받고, 기부자들에게 세금공제 혜택을 줄 수 있으며, 개인이나 소기업은 이용할 수 없는 재단과 기업 지원금을 이용할 수 있고, 미국 내에서 대량으로 우편을 발송할 때 우편료를 감액 받으며, 연방 및 주 차원에서 각종 세금을 면제받는다. 501(c)(3) **비영리단체가 누리는 면세와 보조금 혜택은 납세자들이 낸 세금**에서 나오는 것이기 때문에, 즉 이로 인해 세수가 줄어드는 것이기 때문에 정부는 비영리단체가 누리는 혜택에 대해 **책임과 의무를 부여하는 구조를 만들었고 그 구조가 바로 이사회다.**

이사회의 목적은 단체를 관리 통제하고 효과적으로 운영하는 것이다. 단체가 면세 지위를 얻으려면 이사로서의 법적 의무를 이행하기로 동의한 사람들의 명단을 정부에 제출해야 한다. 이사들은 해당 단체가 다음 사항을 준수하도록 할 의무가 있다.

- 주 및 연방법 테두리 내에서 운영한다.

- 정직하게 수입을 얻고 책임감 있게 사용한다.
- 사명을 수행하는 데 가장 효과적인 프로그램과 절차를 채택한다.

이사의 책임은 뉴욕주 비영리법인법에 잘 요약되어 있으며, 다른 여러 주에서 이 법을 채택했다. 이 법률에 따르면 이사는 "통상의 신중한 사람이 선의에 따라 유사한 상황에서, 그리고 그 지위에서 행하는 근면성과 관심, 그리고 능력에 따라 일한다." 여기에서 핵심은 "신중한 사람"에게서 관찰되는 "근면성, 관심, 능력"이다. 이는 매우 중요한 책임이며 이사진이 심각하게 고려하고 실천해야만 하는 내용이기도 하다.

주주와는 달리, 어떤 누구도 비영리단체를 소유할 수 없다. 그러나 '소유'라는 의미에 가장 근접한 자가 이사진이라 할 수 있다. 이사진은 단체에 대한 헌신과 장기적인 비전 때문에 선출된 사람들이다. 비즈니스개선위원회(Council of Better Business Bureaus)가 지적한 바대로 "후원에 의존하는 비영리단체의 이사가 되는 일은 상당한 책임을 요하며, 따라서 가볍게 공익적인 일을 한다는 생각으로 이 자리를 수락해서는 안 된다."

이사의 책임은 크게 몇 가지로 분류할 수 있다. 이사진으로 하여금 이러한 책임을 이행하게 하기 위해 특정 비영리단체가 어떤 것을 어떻게 선택하느냐는 전체 이사의 수, 유급직원의 수, 단체의 자금원 및 단체의 연혁에 따라 다를 수 있을 것이다.

비영리부문의 세계적인 성장세와 함께 이사진의 책임에 대한 이해를 돕는 일, 이사진이 최선을 다할 수 있도록 돕는 일, 이사회를 위한 단체의 가장 적합한 구조와 과정 구축을 돕는 일 등은 이미 스스로가 하나의 산업이 되었다.

우리의 목적과 관련하여 앞에서 살펴본 의무의 논리적 귀결인 모금에 대한 이사진의 두 가지 책임에 초점을 맞춰보도록 하자.

이사회와 모금

이사진은 모금과 관련하여 두 가지 임무가 있다. 그리고 누군가를 이사로 초빙할 때 이 임무에 대해서 분명하게 이야기해야 한다. 이들 임무이자 의무는

자연스럽게 그것이 갖는 구조로부터 연유한다. 즉,

- 각각의 이사진 자신에게 기부는 중요하며, **단체를 위해 반드시 기부해야만** 한다.
- 각각의 이사진은 단체에 도움이 되는 **모금행사에 반드시 참석해야**만 한다.

모금과 관련하여 이사진이 리더십을 가져야만 하는 이유는 간단하다. 그들은 단체를 위한 법적 책임이 있으며, 이런 책임을 기꺼이 지겠다고 했기 때문이다. 이사진은 모범을 보임으로써 이 단체가 지원할 만한 가치가 있으며 이사 자신이 그것을 확신하고 있음을 보여줘야 한다. 이사들이 주도적으로 모금할 때 단체의 회원들과 직원들이 개인 기부자나 기업, 재단 등에 가서 "우리 이사들은 전적으로 단체에 헌신하고 있으며, 이사진 모두가 기부와 모금활동에 적극적으로 참여하고 있다"라고 자신 있게 말할 수 있을 것이다. 이런 자세는 그들의 모금활동에 큰 도움이 된다. 개인 기부자와 재단은 이사회가 모금활동에서 하는 역할이 무엇인지에 관심을 갖고 있으며, 이사회가 적극적으로 활동하는 단체에 대해 긍정적인 평가를 한다.

이사들은 또 사람들에게 돈을 요구해야 한다는 두려움 때문에 모금에 참여하기를 꺼린다. 모금 전략 중에는 이사들이 개인 기부자들을 직접 만나 기부를 요청해야 하는 일이 많은 것은 사실이다. 그러나 이것도 일종의 기술이어서 **학습을 통해 습득**할 수 있고 이 때문에 **모든 이사진이 기부 요청과 관련한 교육을 받아야** 한다(제8장 참조).

그러나 모금 전략이 다양하면 일부 이사들은 기부금을 직접 요청하지 않는 모금 전략에 참여할 수도 있다. 어떤 이사는 가애 기부를 요청하고, 다른 이사들은 특별행사를 계획하거나, 기부 요청 편지를 쓰거나, 중소기업에 연락해 보거나, 온라인 소식지를 발송하거나, 상품을 마케팅하거나, 감사편지를 쓰거나, 봉투를 붙이거나, 자료를 입력하는 일 등을 할 수 있다. 모금 경험이 없는 이사들은 쉬운 일(예: 추첨 복권 20장 판매)부터 시작해서 점점 어려운 일(예: 1,000달러 기부 요청)로 전환해 가는 등 각자의 관심과 능력에 따라 일을 분담하는 것도 좋은 방법이다. 또 어떤 모금사업에는 모든 이사진의 참여와 도움이 필요하지만, 어떤 사업은 한두 사람의 힘으로 충분한 경우가 있다(예: 봉사활동에 대해 설명하기 또는 기부 요청 편지 쓰기).

사람들은 이사의 임무와 활동에 대해 세 가지 그릇된 믿음을 갖고 있는데, 이런 것들이 모금에 참여하는 데 방해가 되곤 한다. 첫째, 이사들은 자신의 시간을 기부하고 있기 때문에 기부금을 낼 필요가 없다고 생각하는 것이다. 이들은 "시간이 돈이다"라고 말한다. 둘째, 단체에 모금 담당 직원이 있으면 이사들은 모금 업무가 그 직원의 소관이라고 생각한다. 셋째, 이사회가 주로 '무일푼'인 사람들로 구성되었을지도 모른다고 생각한다. 이 세 가지 잘못된 믿음에서 빨리 벗어나야 한다.

시간과 돈

시간은 돈이 아니다. 우리가 가진 시간의 양은 24시간으로 모두 같다. 그러나 가진 돈의 양은 다르다. 시간은 재생이 불가능해서 하루가 지나가면 결코 되돌릴 수 없다. 돈은 재생이 가능하다. 돈은 벌고, 쓰고, 더 많이 벌 수 있다. 또 전화국에 가서 시간을 내 자원봉사를 하는 것으로 전화요금을 지불할 수 없다. 자신의 시간으로 직원 급여를 지불하거나 사무실 비품을 살 수 없다. 많은 사람에게 시간은 소중한 자원이다. 그럼에도 사람들은 시간을 내달라는 부탁은 쉽게 하면서 돈을 내달라는 부탁은 아주 꺼려한다. 모금교육을 할 때 나는 다음과 같은 예를 사용하곤 한다. "만약 어떤 이사가 수요일 저녁 회의와 관련해서 세 명에게 전화하는 일을 맡았다면 그(녀)는 어렵지 않게 그 일을 할 것입니다. 그리고 두 명만 회의에 참석했더라도 해당 이사는 그것을 자신의 일로 생각하거나 자기가 책임을 다하지 못한 것으로 생각하지 않을 것입니다. 하지만, 그 이사가 이 세 명에게 100달러씩 기부해 달라고 요청하는 일을 맡았다면, 이 일을 편안한 마음으로 수행하기 위해서는 이 임무를 수행하기 전에 아마도 기부금 요청 방법을 먼저 배워야만 할 것입니다." 나는 돈을 요청하는 방법에 대해 강의를 해달라는 부탁은 많이 받았지만, 시간을 요청하는 방법에 대해 교육을 해달라는 말은 들어본 적이 없다.

시간과 돈을 비교하는 것은 사과와 아스팔트를 비교하는 것과 같다. 충분한 자금을 갖고 있지 않으면 우리는 창의적인 자원활동가의 시간을 낭비하는 것이고, 자원활동가를 적절히 활용하지 못하면 기부자의 돈을 낭비하는 것이다. **이사진은 시간과 돈이 각각의 역할이 있고 둘 다 매우 중요하지만, 기여하는 바는 서로 다르다는 점도 이해해야** 한다. 이 둘 중 하나에만 기여하겠다는 사람은 단체의 소중한 자원이 될지언정 이사가 되기에는 부족하다.

유급직원의 역할

모금 담당 직원은 모금에서 구체적인 역할을 담당한다. 즉 모금 전략을 기획하고, 모금활동을 조정하고, 기록하고, 기부 연장을 요청하는 것과 같은 일상적인 모금활동을 수행하며, 이사를 대신해서 기부 요청 편지를 쓰고, 이사들과 함께 모금 계획을 수립하고, 개인적으로 기부를 요청하는 자리에 이사와 함께 배석한다. 또 모금 담당 직원은 대체로 재단이나 정부기관에 지원을 요청하는 일을 전적으로 담당한다. 그리고 효과적인 모금활동에 필요한 모든 지원 업무를 맡는다. 사무총장과 자원개발 책임자는 사람을 직접 만나 모금을 할 때 편안하게 진행할 필요가 있으며 이는 이사진과 자원봉사자들에게 모범이 될 수 있어야 한다. 그러나 다양한 모금 계획을 지속하는 데 필요한 모든 일을 한 명 혹은 몇 명의 사람이 도맡아 하는 것은 불가능하다. 단체가 한두 개의 자금원에 의존하는 것이 현명하지 않은 것처럼 한두 사람에게 모금을 의존하는 것도 현명하지 않다.

모든 이사진이 모금활동에 참여해야 하는 마지막 이유는 일을 공평하게 분담하기 위해서다. 모금일을 좋아하는 사람은 거의 없기 때문에 모든 이사는 자신이 해야 할 몫이 무엇인지 잘 알고 있어야 한다. 어떤 사람은 모금을 도맡아 하고, 어떤 사람은 정책만 만들고 있다면 불만이 생기지 않을 수 없다. 아울러 어떤 이사는 기부하는데, 어떤 이사는 전혀 기부를 안 한다면 여기에도 불만이 생길 것이다. 기부를 한 이사는 자신은 기부했으니 다른 일에서는 빠져도 된다고 생각하거나 다른 이사들보다 더 많은 권한을 가져야 한다고 생각할 수 있다. 기부를 안 한 이사는 자신이 모든 뒤치다꺼리를 도맡아 하고 있으며, 기부를 한 이사가 더 많은 권한을 갖고 있다고 생각할지도 모른다.

기부금을 내는 일을 포함해 **모든 이사가 각자의 능력 하에서 모금에 온 힘을 기울이고 있다는 인식이 공유될 때** 이사회가 가장 원활하게 운영될 수 있고 이사들도 기꺼이 모금에 책임을 지고자 할 것이다.

우리 이사진은 한 푼도 갖고 있지 못하다

사회변화를 추구하는 단체가 지원대상자를 포함한 외부 이해관계자의 대표성과 인종적 다양성을 담보하기 원하는 것은 옳다. 우리도 분명 새롭고 젊은 리더십을 원하며, 이전에는 이사진에 포함되지 못했을 사람들에게도 그 기회를 주고 싶어 한다. 만일 우리 단체가 진정으로 다양한 이사진을 갖고 있다면, 재정적으로 풍부하지 못한 사람도 이사진에 있어야 할 것이다. 그들은 하나 또는 두 가지 이상의 직업을 갖고 있을지도 모르고, 공공 부조로 살고 있거나 학자금 상환에 힘들어하는 등 많은 재정적 어려움을 겪고 있을지도 모른다. 이들에 대해 "그들은 돈이 없기 때문에 기부를 할 수 없다"고 단순히 이야기하는 것은 어렵지 않다. 그렇지만 단 한 푼도 없는 사람은 없다. **기부자가 된다는 것은 아무 것도 기부하지 않는다는 것이 아니라 뭔가를 하는 것이다. 1센트라도 기부하면 기부자가 된다.** 나는 이사진이 100달러, 1,000달러를 낼 수 없다고 한다면 이를 믿지만, 1달러도 낼 수 없다고 하면 이를 믿을 수 없다. 빈자들이 부자들보다 자신의 수입에서 차지하는 기부 비율이 훨씬 높다는 사실을 여러 증거가 분명하게 보여주고 있다. 만일 이사진이 여러분 단체에 기부하고 있지 않다면 그리고 이들이 기부를 전혀 하지 않은 성인 인구 30% 내에 들지 않는다면, 이들은 다른 곳에 지금 기부하고 있다고 봐야 한다. 이사진 서로가 각기 얼마나 기부하고 있는지 알 필요는 없으며, 단지 "우리는 모두 100% 기부에 참여하고 있고, 지금까지 5,943달러를 모금해서 이제 8만 7,000달러를 더 모금하면 된다"는 사실만 알면 된다.

이사회의 일반적인 문제와 해결방안

이사회마다 각기 다른 문제를 안고 있기는 하겠지만, 공통으로 나타나는 문제도 많다. 이들 문제는 흔히 모금과 관련된 것은 아니지만, 효과적인 모금을 위해 방해가 되기도 한다. 그중 몇 가지 문제와 이에 대한 해결책을 살펴보도록 하자.

이사들에게 너무 많은 것을 기대한다

비영리단체는 자원활동가를 최대한 활용하여 유급직원의 역할을 보완하고자 한다. 소규모 단체일수록 자원활동가는 더 많은 책임을 지고 점점 유급직원처럼 되어간다. 어느 정도까지는 별문제가 없지만, 이사진이 애초 동의한 것보다 더 많은 일을 감당할 때가 생긴다. 매달 서너 차례의 회의에 참석하고 전화하는 데 몇 시간을 소비하다 보면, 이사들은 서서히 전화 걸기와 회의에 빠지는 일이 잦아지고 임기가 하루빨리 끝나기만을 기다리게 될 것이다.

다음의 원칙을 따르면 이러한 상황을 피하거나 바꿀 수 있다.

- 이사는 자신에게 부여된 책임 한도를 넘어서는 역할에 대해 거절할 권리가 있음을 알아야 한다.
- 직원과 이사는 이사회에 할당된 일에도 시작과 끝이 있음을 분명히 해야 한다. 따라서 추가 업무가 불가피할 때 이를 위한 특별 회의가 한 달이나 두 달 이상 지속되지 않아야 하며, 일이 끝나면 이후 몇 개월간은 최소한의 역할을 넘는 요구는 하지 말아야 한다.
- 이사는 시간을 어떻게 활용하는지도 잘 살펴봐야 한다. (특히 집행위원회나 운영위원회의) 이사는 다음과 같은 질문을 해야 한다. "이 모든 회의가 과연 필요할까? 두 사람에게 부과되었던 일을 한 사람이 할 수 있을까? 네 사람이 하기로 했던 일을 두 사람이 할 수 있을까?" 전화 회의를 활용하거나 이메일로 일상 업무를 대신할 수 있는지도 고려해봐야 한다.
- 이사는 전문성이 없는 분야에 대해서는 의사결정을 요구받지 말아야 한다. 때로는 전문가를 불러 조언을 듣고, 단체 운영 및 모금과 관련된 교육을 받아야 할 때도 있다.

이사 개개인이 스스로 일을 너무 많이 하고 있다고 느낀다

이사회가 이사진 각각의 시간에 대해 배려하기는 하지만, 이 문제는 애초에 이사에게 정기 이사회 참석 외에는 별다른 일이 없을 것이라는 잘못된 인상을 심어줬거나, 이사 자신이 단체 이사직 외에도 다른 할 일이 많기 때문이다. 후자의 경우, 자신이 맡은 일 중 어느 것도 만족스럽게 해내지 못하기 때문에, 사실상 이 단체를 위해서 그다지 많은 일을 하지 않았더라도 일이 너무 많다고 생각한다.

명료하고 정확한 이사직 직무설명서 혹은 이사직 수락 동의서가 있으면 이런 문제를 해결하는 데 도움이 될 것이다. 여기에 한 가지 요령이 있다. 아무에게나 이사가 되어달라고 요구하지 말자. 어떤 사람에게 이사직을 요청할 때 왜 그(녀)가 유능한 이사가 되리라 생각하는지, 기대하는 바는 무엇인지 등에 대해 말해줘야 한다. 반응이 시원치 않다고 판단되면 더는 요청할 필요가 없다. "글쎄요, 제가 시간이 있는지 모르겠네요"라고 대답하는 사람에게 단체의 중요한 일을 맡길 수는 없다. 이사도 하나의 직업이며, 또 직업이라고 생각하고 접근할 필요가 있다.

이사회가 의사결정을 회피한다

이사진이 계속해서 행동을 미루고 사안을 위원회나 직원들에게 넘겨 더 논의하고 조사해 보라고 요구하는 경우다. 이러한 경우는 보통 이사회의 리더십이 부족하기 때문에 발생한다. 따라서 이사장은 결단력 있는 태도를 보일 수 있는 사례를 만들어 가야 한다. 또 결정을 내리기 전에 이사들이 관련된 모든 요소를 다 파악하기란 현실적으로 불가능하며, 따라서 상황이 계속 바뀌더라도 일단 행동은 취해야 한다는 점을 지적해야 한다.

모임을 준비하는 사람은 항상 각 안건에 시간제한을 두고, 회의를 시작할 때 참석자들에게 이를 일러준다. 각 안건에 할당된 시간이 끝나면 의장은 "이 안건에 할당된 시간이 다 되었습니다. 이제 결정을 내립시다"라고 환기시킨다. 의장이나 진행자가 이렇게 하지 않으면 이사들 스스로 시간을 제한하고 결정 시한을 정해야 한다. 변경할 수 없는 결정은 없다. 모든 결정은 실행에 옮겨졌더라도 제대로 작동하지 않는다면 다시 수정, 확장, 변경할 수 있다.

결정을 내리고 잊어버린다

이렇게 되면 이사회가 결정한 사항을 이행하지 못하고 결국 수개월 혹은 수년 이내에 같은 문제에 대해 다시 결정을 내려야 하는 일이 발생할 것이다. 또 이사진이 자신감을 잃고 자신의 일을 무의미한 것으로 느끼게 된다. 이를 해결하기 위해서는 세 가지 정도의 방법이 있다. 하나는 어떤 한 사람을 정해 결정 사항을 기록하고 이사들에게 상기시키는 일을 맡기는 것이다. 이사회 비서를 담당하는 직원 또는 이사회에서 임명한 서기가 이를 담당할 수 있다. 두 번째는 (이사회 회의록과는 구분되는) 이사회 결정 사항을 노트북이나 구글문서와 같은 웹클라우드에 보관하는 보완적인 방법이다. 이를 통해 회의 도중일지라도 안건을 설정하고자 할 때 쉽게 접근할 수가 있다. 또한 결정된 사항은 항목별로 구분되어 이사회가 개최될 때마다 모두 쉽게 참고할 수 있도록 할 수 있다. 이사장과 집행위원회는 결정사항을 자주 확인함으로써 그 내용에 대해 좀 더 익숙하게 된다.

마지막으로, 모든 이사진은 회의록 사본을 읽어야 하며, 이사회를 개최할 때마다 사본을 갖고 있어야만 한다. 이사회가 어떤 결정을 내려야 할 때 너무 서두르면 안 된다. 이론의 여지가 있는 주제가 기록되는 경우라면 특히 그러하다. 이사장 혹은 서기는 이사회에 참석한 이사진에게 다음과 같은 질문을 해야만 한다. 즉 "롭, 당신의 수정 내용이 정확하게 반영되었는지 확인하고 싶습니다", 혹은 "메리, 예산 내용 수정이 제대로 되었는지 당신이 확인해 주실 수 있는지요?" 이런 방식을 통해 이사진은 회의록의 해당 부분을 재확인함으로써 관련 내용을 좀 더 확실하게 읽고 점검하게 된다.

책무성이 부재하다

이사회를 괴롭히는 문제 중 책무성(accountability)은 가장 진지하게 고려해야 할 이슈다. 나는 과거 40년 동안 미국뿐만 아니라 해외 여러 나라 여러 단체의 이사회와 함께 일을 했었다. 이 과정에서 나는, 이사로서 그들의 책임에 대해 진지하게 토론하고, 동의한 내용에 엄숙하게 사인하고, 단체의 사명과 목적을 추인은 했지만 그들이 하고자 했던 일을 실천하지 않음으로써 아무런 일도 일어나지 않는 것을 목격했다.

이사진은 계급, 가족, 직장 등 인간들이 만든 어떤 그룹과도 같다. 자리를 파하고 떠날 때 모든 사람이 정리정돈을 해야만 하는 규칙이 여러분의 직장에 있다고 가정해보자. 그러나 예견한 대로 그레이는 접시와 컵을 싱크대에 그냥 놓아둔다. 사람들은 직원 미팅 때 주의를 환기시키고자 이를 간접적으로 언급한다. 그레이 쪽을 응시하면서 "누군가 접시를 싱크대에 그냥 놓고 갔어요", 혹은 "누군지 모르지만 다른 사람의 접시 때문에 제가 좀 피곤하네요." 그의 뒤에서 사람들이 말하기를, "집에서 아내나 부모 혹은 엄마가 이런 식의 행동을 참아 줄 수 있다고 생각하세요? 저는 그렇지 않다고 생각합니다." 그렇지만 아무도 "그레이, 이 접시 당신 것인가요? 당신이 좀 닦아주실 수 있나요?"라고 말해 본 적이 없다. 머지않아 다른 사람들도 자신의 접시를 싱크대에 놓아둘 것이고, 그레이만이 문제를 일으킨 유일한 장본인은 아닐 것이다. 디토 이사진 중 한 명인 준은 이번 행사를 위해 자신의 식당에서 음식을 기부할 것이라고 했지만 그렇게 하지 않았고, 단체는 하는 수 없이 구입을 해야만 했다. 봅은 기부 갱신을 다섯 사람에게 요청하겠다고 했지만 실천에 옮기지 않았고 기부자들은 직원의 연락을 받고서야 갱신을 했다. 자신의 말을 항상 실천하는 마지는 특별한 불만이 없으면 준과 밥이 이사진에 계속 머물 것이라고 했지만 아무런 일도 일어나지 않았다. 그러고는 곧 마지는 자신의 약속 역시도 지키지 않았다.

이사회의 책무성 실천은 사실상 매우 간단하다. 즉, 사람들이 뭔가를 하겠다고 하고 그것이 기록되고 누군가 그것을 실천하도록 상기해 줬을 때 그 일이 완료되고 이사회로부터 칭송을 받으면서 감사 인사를 받는다. 상기시켜 주기 위해 한 번 혹은 두 번에 걸친 시도 후에 아직도 일이 처리되지 않았다면, 이사장 혹은 이사진 중 누군가가 무슨 일이 일어났는지, 특별히 다르게 이뤄질 수 있는 일이 있는지, 어떤 것이 일의 진행을 가능히게 할 것인지에 대해 물어볼 것이다. 그러고는 앞서 살펴본 그레이의 예와 같이, 사람들이 그(녀)는 뭔가를 할 것이라고 하지만 그렇지 않은 일이 지속된다면, 이사장은 당사자를 사적으로 만나 그(녀)가 이사가 되는 것을 진정으로 원하는지 여부를 물어야 한다. 책무성은 그레이와 같은 사람을 벌하고자 하는 것이 아니다. **책무성은 부분적으로는 뭔가를 하겠다고 하면 반드시 실천하는 사람을 보상함으로써, 그리고 그들로 하여금 신뢰받는 사람들과 함께하게 함으로써 그룹의 일이 무리없이 이뤄지도록** 하는 것이다.

만일 자신의 약속을 꼭 지키는, 늘 감사하는 그리고 일이 상대적으로 공평하게 나눠지는 분위기를 만들고자 한다면, 그렇게 어려운 대화를 많이 할 필요는 없을 것이다.

나는 고인이 된 친구 비키 쿼트만으로부터 책무성에 대한 많은 것을 배웠다. 그녀는 내가 첫 번째 사무총장 직을 맡았던 알팔레치안 지역기금(Appalachian Community Fund)의 이사장이었다. 우리는 아팔레치안 카운티가 속한 네 개 주, 즉 웨스트버지니아, 버지니아, 켄터키, 테네시를 대표하는 이사회를 구성했다. 이사진에는 석탄 광부, 시민권 및 반빈곤 활동가, 예술가, 교사, 지역조직가, 도서관 사서, 법률구조를 하는 법조인 등이 포함되어 있었다. 일부는 많은 교육을 받았지만 일부는 읽고 쓰는 것이 어려운 사람도 있었다. 모두가 다 이사회에 이사진으로서의 경험은 전무했다. 그 중 두 사람은 부자였고 몇몇은 가난했다.

비키가 말하길, "규칙에 있는 모든 것을 모든 사람이 명확히 이해하고 동의하고 실행한다면 잘 운영될 것입니다." 첫 번째 이사회에 앞서 모든 사람이 합의한 것 하나는 정시에 회의를 시작한다는 것이었다. 서로 소개하고 알기 위한 첫 번째 모임은 예정대로 오전 10시에 시작했고 대부분의 사람이 제 시간에 참석했다. 그러나 세 명이 11시 15분경에 나타났고 비키는 회의록을 기록하는 직원에게 누가 오고 안 왔으며, 누가 지각했는지를 기록하라고 지시했다. 나는 좀 놀랐고 이사회가 끝난 다음 비키에게 "누가 늦었다는 것을 이사회 회의록에 적을 수는 없지 않습니까?"라고 물었다. 그녀는 "잘 보십시오. 또 다시 이런 것을 기록에 남길 일은 없을 것입니다." 실제로 그랬다. 그녀가 이사장으로 재임하는 동안 어느 누구도 지각을 하지는 않았다.

첫 번째 세 번의 미팅에서 미리 보내준 회의자료를 꼼꼼하게 읽지 않고 이사회에 나온다고 그녀가 판단하게 되면, "여러분이 회의에 오기 전에 충분히 준비할 시간은 있으십니까?"라고 조용히 물을 것이다. 만일 사람들이 아니라고 하면, "네 좋습니다. 우리는 모두 바쁘니까요. 결정이 끝날 때까지 남아 주셨으면 합니다"라고 답할 것이다. 그리고

> 그녀는 이사회에서 "투표할 수 있는 분은 지금 하세요"라고 말할 것이다. 누군가 투표할 수 없었다는 말을 전해들은 세 번째 이사회 이후, 준비를 안 해 오는 사람은 거의 없었다. 비키는 그 이사회를 위해 높은 수준의 기준을 만들었다. 그녀는 조합을 이루기 힘든 사람들이 모여 잘 해 나갈 것이고 궁극적으로는 매우 활동적인 이사회가 되리라고 믿었다. 그리고 실제 그렇게 만들었다. 나는 그녀에게서 한 가지 배운 사실이 있다. 시간과 약속을 이행하지 않는 것을 보고도 참는다면, 그것은 사람을 결코 신뢰하지 않는다는 뜻이라는 사실이다. 그것이 이사회를 혼란에 빠뜨리는 내가 아는 가장 빠른 지름길이기도 하다.

이사회문제를 넘어서

위에서 언급한 문제들 외에도 성격상의 갈등이나 정치적인 견해의 차이 또는 직원과 이사회 간의 갈등 역시 단체의 역량을 약화시킬 수 있다. 이사회와 직원 사이에 발생하는 문제는 스스로 해결하지 못하거나 때로는 무엇이 문제인지조차도 모를 수가 있다. 이 경우, 이사회와 직원은 주저하지 말고 도움을 구해야 한다. 조직 컨설턴트나 중재자가 단체의 문제를 찾아내고 해결을 도와줄 수 있다. 이사회 입장에서는 이렇게 외부의 도움을 얻어야 할 만큼 상황이 극단으로 치닫는 것이 썩 내키지는 않겠지만 사실 이것은 누구의 잘못도 아니다. 오히려 이런 상황을 해결하기 위해 아무런 도움도 요청하지 않는 것이 이사회와 직원의 직무태만이 될 것이다.

어떤 갈등은 창조적인 힘을 끌어낼 수도 있기 때문에 이사회와 직원들이 어려운 토론이나 쟁점을 피할 필요가 없다. 때로는 프로그램위원회와 재정위원회 사이에, 기존 이사와 신규 이사들 사이에, 이사회와 사무국 직원들 사이에 긴장이 고조되기도 한다. 오랫동안 시민사회단체의 이사와 자문가로 활동해온 칼 매티아슨은 『어느 이사의 고백』(Confession of a Board Member)이라는 책에서 이렇게 말했다. "이사회를 진행하는 동안 긴장되고 심장 박동이 빨라지는 것을 느끼며 중대한 사안이 걸려 있음을 자각했던 순간이 한 번도 없었다면, 그리고 그러한 모임이 두세 번 계속된다면, 그 단체는 문제가 있다는 것이 내 생각이다."

신규 이사 모집은 모금활동을 돕는다

일반적으로 이사회에는 유력 인사가 포함되어야만 한다고 생각한다. 즉 은행장, 성공한 사업가, 정치인, 기업CEO와 같은 사람들을 일컫는다. 이들은 권력과 돈의 연줄을 갖고 있음으로 해서 이사진으로는 이상적이라 할 수 있을 것이다. 그렇지만 단체 입장에서는 누가 유력인사고 실력자인지 그 기준을 정할 필요가 있다. 지역사회 내에서 가장 유력 인사라고 인식되는 사람은 비록 단체를 위해 봉사하겠다고 하더라도 이사진으로서는 적절하지 않을 수 있다. 왜냐하면 그런 사람일수록 단체에 대한 헌신과 봉사에 대해 열정도 관심도 없을 가능성이 높다. 이사진에 부자도 유명인도 없으며, 전통적 엘리트도 없지만, 성공적으로 사업을 수행하는 수많은 단체가 존재한다. 이들은 단체가 무엇을 원하고 해야 하는지를 명확히 인식하고 있으며, 이를 위한 정확한 연결고리를 갖고 있다. 단체의 사명에 대한 믿음과 의지가 전통적 엘리트 혹은 부유함보다 훨씬 중요한 것이다.

　가장 중요한 것은 기존 이사들과 신규 이사들이 단체의 목표와 목적을 달성하기 위해 서로 이해하고 감사하고 노력해야 한다는 것이다. **일에 대한 열망, 헌신, 의지가 가장 우선적인 자격조건**이다. 다른 모든 요건은 학습할 수 있고, 필요한 기술은 다양한 구성원들을 통해 얻을 수 있으며 또 상호 간에 서로 보고 배울 수 있다.

　이사 후보로 고려해 볼 수 있는 사람은 기존 이사의 친구나 친척, 직원, 전 이사나 직원, 현 기부자나 서비스 수혜자 등이다. 이상적으로 가장 가능성이 있는 후보는 그동안 단체에 시간과 돈을 기부해온 사람이다.

　이사장은 이사 후보들에게 이메일을 보내면서 이사직에 관심이 있는지를 묻고 이사 후보로 선정한 이유를 상세하게 알려줘야 한다. 또 며칠 내로 전화를 걸어 이에 대해 좀 더 자세히 설명할 수 있도록 약속을 잡겠다고 쓴다. 초청 상대가 기존 이사의 친구, 직원 혹은 오랫동안 자원활동을 해온 사람이더라도 이사직은 막중한 책임과 헌신을 요하는 일이며 이러한 초대를 받는다는 것이 상당히 명예로운 일임을 명시해야 한다. 이메일을 보내고 나면, 이사 후보를 아는 사람이 직접 이사가 되는 것에 대해 그 사람에게 이야기해준다. 아무도 아는 사람이 없다면, 두 명의 이사가 그 사람을 함께 만날 수 있다. 이사 후보가 만나서 논의할 시간이 없다고 한다면 아마 이사가 되더라도 시간을 내기 어려울 가능성이 크기 때문에 후보 명단에서 제외하는 것이 바람직하다.

이사직 수행에 필요한 시간과 모금 역할에 대해 논의하는 것은 매우 중요하다. 이때 이사의 헌신과 책임성에 대해 너무 쉬운 일처럼 이야기하지 않는 것이 좋다. 할 일이 많다는 사실을 나중에 알고 후회하는 것보다는 처음 들었던 것보다 일이 그리 많지 않다고 생각하는 것이 더 바람직할 것이다.

> UC버클리 대학교 사회복지대학원 모금과목 수업 수강생들은 비영리단체에서 자원활동을 해야 한다. 한 학생이 내 수업을 들으며 불법체류 난민을 위한 단체를 위한 모금활동을 돕기로 했다. 그는 23세 청년이었고 자신이 하고자 하는 일에 대해 잘 알고 있었으며, 매우 열정적이었고, 학습에 대한 열 또한 높았다(그 자신도 두 살 때 멕시코에서 이곳으로 왔다). 그는 단체를 위해 2,500달러 정도를 크라우드펀딩을 통해 모금할 기획을 하고 있었다. 최근 나를 복도에서 만나 세우고는 흥미진진한 일이 있는데 한번 상상해 보라고 했다. 나는 그가 복권에 당첨되거나, 대학원에 진학했거나 혹은 사랑에 빠졌을 것이라 생각했다. 그러고는 "그게 뭔데?"라고 물으니, 그가 답했다. "1만 5,000달러 매칭 모금캠페인을 이끌어달라는 요청을 받았고, 결국 모금 팀의 리더가 되었어요! 전 빨리 그날이 왔으면 해요." 그는 매우 행복해 보였다.
>
> 사람들은 모금위원회에 참여한다든지 캠페인의 리더가 된다든지 하는 것을 결코 원하지 않을 것이라고 보통 지레 짐작하지만, 이것이 얼마나 잘못된 것인지를 다시 돌아보게 하는 계기가 되었다. 모금의 리더십을 발견해 간다는 것은 부분적으로 사고방식, 즉 모금은 도전이자 보상이며, 힘든 일이지만 재미있는 일이라는 것을 전하는 것이기도 하다. 그렇지만 모금에 대해 아직은 잘 알지 못하는 젊은 청년에게 모금에 대한 자신의 부정적인 견해와 모호성을 전하는 것은 그로 하여금 첫 단추를 잘못 끼우게 하는 것일 수 있다. 그의 열정은 대의를 위한 모금이 얼마나 흥미진진한 일인지, 그리고 사람들에게 참여하라고 요청할 때 전해야 할 가장 필요한 것이 무엇인지를 다시 깨우쳐 줬다.

오리엔테이션

이사 후보가 위촉을 수락하면 기존 이사 중 한 명이 새로운 이사의 '친구'가

되어줘야 한다. 그래서 친구가 된 이사는 새로운 이사를 첫 이사회에 데리고 오고, 처음 두세 달 동안은 한 달에 한 번 정도 만나 점심이나 저녁 시간을 같이한다. 아울러 이사회의 기능과 책임, 사업 등에 대한 질문에 답하고 함께 논의한다. 새로운 이사들은 간혹 뜻하지 않게 어려운 질문을 던져 기존 이사들을 당황하게 하기도 하고 전체 이사회에서 발언하는 것을 수줍어하기도 한다. 새로 영입된 이사들이 좀 더 쉽게 궁금증을 해결할 수 있다면 더 빨리 새로운 환경에 적응할 수 있을 것이다.

신규 이사들에게는 단체에 관한 자료들을 보내야 한다. 여기에는 이사의 역할을 명시한 문서, 정관, 단체설명서와 함께 조직표, 현재 연간 예산, 브로셔 및 기타 홍보 자료, 이사 및 직원의 이름과 주소, 전화번호 등이 포함된다.

이사진은 자신이 도움이 된다고 느낄 때, 그리고 분명한 책임을 줄 때 가장 큰 능력을 발휘한다. 또 다른 사람들이 자신에게 기대하고 있으며 그들 역시 온 힘을 기울인다는 것을 알 때 헌신과 책임을 다할 수 있다. 이렇게 첫 출발을 한다면 이사회는 별 어려움 없이 잘 운영될 것이다.

자문위원회

다수의 소규모 단체들은 이사회 외에도 자문위원회를 구성한다. 이 위원회는 보통 모금활동을 포함해 단체의 여러 사업을 운영하는 데 도움이 되는 사람들로 구성된다. 할 일이 늘어나고 이사회를 대신하는 것도 아니지만, 자문위원회가 있으면 전문가(의사, 학자, 언론인, 성직자 등)에게 자문하거나, 모금활동을 확장하거나(이사가 아닌 사람들을 특별모금행사에 초대하거나 특별 기부 요청), 간행물 편집위원회를 구성하는 등 다양하게 활용할 수 있다. 어떤 면에서 보면 자문위원회는 행정적인 단위로서, 이사회와 달리 법적 요건이나 존속기간, 달성해야 할 목표가 없다. 또 단 한 명이 될 수도 있고 200명이 될 수도 있다.

자문위원회는 그 기능에 따라 지역사회이사회, 보조위원회, 사업단, 위원회, 자문회의 등 다양한 명칭을 가진다. 어떤 자문위원회는 자주 모이지만, 어떤 경우는 회의를 전혀 안 할 수도 있다. 또 단체가 자문위원들의 허락을 받아

자문위원 명단을 단체 우편물 상단에 표기하기도 한다. 내가 아는 어떤 단체의 자문위원회는 맡은 일을 완수한 후 처음으로 회의를 소집하여 당일 해산하기도 했다.

모금활동만을 위한 자문위원회를 구성할 수도 있다. 이 위원회는 전반적인 단체 운영에 대한 최종 책임이 없으므로 자문위원들이 이사의 자격조건에 따를 필요는 없다. 또 이사회와 같이 인구학적 다양성 원칙을 지키지 않아도 된다.

사람들은 보통 자문위원회에 참여하는 것을 좋아한다. 이사와 같은 법적, 재정적 책임을 지지 않고도 단체를 위해 일정한 역할을 담당할 수 있기 때문이다.

언제 자문위원회를 구성할 것인가

어떤 단체들은 자문위원회가 모금문제를 바로 해결해주리라 생각하기도 한다. 그래서 "내년에는 올해보다 3배 이상 모금을 해야 하는데, 이사회 혼자서 하기도 어렵고 그렇다고 이사를 새로 영입하는 것도 여건상 마땅치 않다. 그러니 10명 정도의 부유한 사람들에게 모금자문위원이 되어달라고 요청해서 필요한 추가 자금을 모금하자"라고 쉽게 생각한다.

여기에는 두 가지 문제점이 있다. 첫째, "10명의 부유한 사람들"을 찾는 일이 쉽지 않다. 그 일이 쉽다면 이 단체는 이미 튼튼한 고액 기부자 프로그램이 있을 것이다. 둘째, 부유한 사람들은 그렇지 않은 사람들보다 만나기가 더 어렵다. 또 부자라고 해서 '부자가 아닌' 사람보다 기부금을 더 낸다는 보장도 없다.

그러나 다음과 같은 상황에서는 자문위원회가 모금활동에 도움이 될 수도 있다.

- 이사회가 모금에 온갖 노력을 하고 있으나 이것만으로 충분하지 않은 상황이다. 이때 자문위원회가 적극적이고 열성적으로 이사회의 활동을 보완할 수 있다면 아주 효과적이다.
- 일시적인 프로젝트를 위한 추가 자금이 필요한 때도 있다. 여기에는 시설개량 자본금 캠페인, 기금 프로젝트, 또는 추가 직원과 경비가 소요되는 일시적인

프로그램 등이 있다. 자문위원회는 보통 3년 미만의 기간 동안 특정한 총액을 또는 해마다 특정 금액을 모금하기로 약정할 수 있다.
- 소규모 사업을 운영하거나 1년에 한 번 대규모 특별행사를 개최하는 데 도움이 필요한 단체가 있다. 소규모 사업을 운영하는 자문위원회는 한시적인 기구가 아니므로 보조위원회라고 부른다.
- 어떤 단체가 기업이나 자영업체, 봉사단체, 종교기관 등으로부터 기부를 받고자 한다. 위의 각 분야에서 일하는 사람들로 자문위원회를 구성하여 캠페인을 계획하고 자문위원들은 자신의 동료에게 기부를 요청할 수 있다.

자문위원회의 구성

자문위원회가 유용하리라고 결정하면 이 위원회에 대한 단체의 기대를 분명하게 문서로 정리한다. 이때도 이사직 수락 동의서와 같이 구체적이고 명료하게 내용을 작성한다. 모금 자문위원회라면 모금액 목표와 위원회 활동에 소요될 것으로 예상하는 시간(월또는 행사단위), 참가할 회의의 수 등을 정한다. 또 모금 방법도 제안한다. 만약 모금 방법을 잘 몰라서 자문위원회를 구성하는 것이라면 처음부터 자문위원들에게 이 점을 알려야 한다.

자문위원회에 대한 기대를 솔직하게 이야기한다. 단체의 목표를 이야기하고 그 목표를 완수할 수 있는 사람을 선택한다. 자문위원을 선택할 때는 이사를 선택할 때와 같은 우선순위를 그대로 적용한다. 가장 중요한 점은 단체에 대한 헌신도가 높아야 하며 모금을 통해 그 헌신을 보여줄 의지가 있어야 한다는 것이다.

일단 자문위원회를 구성하면 자문위원들의 활동에 필요한 지원을 해야 한다. 이사장이나 위임받은 사람이 자문위원회로부터 보고도 받고, 자문위원회 위원장에게 전화나 편지로 자주 연락하여 자문위원회의 노고에 감사를 표해야 한다. 모든 자문위원에게 자문위원회 회의록을 보내고, 자주 전화를 거는 등 고액 기부자와 같이 대우해야 한다(사실 이들도 고액 기부자다).

자문위원회가 방향을 잘 잡아가도록 돕는다. 처음 몇 달은 다소 정체된 듯 보이겠지만, 일단 위원회가 사업을 진행하고 자리를 잡으면 매해 상당 액수의 모금을 할 수 있을 것이다.

모금활동에 자원활동가 활용

많은 단체가 자문위원회에 더하여 또는 자문위원회를 대신하여 이사가 아닌 자원활동가들로 소위원회(5명에서 11명 정도)를 구성한다. 이런 구조에서는 상임위원회가 없고, 대신 특정 시기의 특정 사업에 따라 각 위원회를 구성한다. 예를 들어, 이사 두 명이 고액 기부 캠페인을 준비하고 있다. 이들은 6주 동안 5만 달러를 목표로 정하고 이를 위해 다섯 명을 추가로 모집하려고 한다. 그러나 이 다섯 사람은 단체의 활동에는 관심이 많지만, 이사직은 원치 않으며, 짧은 기간이라면 기꺼이 열심히 일할 의향이 있다. 이러한 단체에서는 대부분의 기존 이사들이나 이사 후보들이 처음에 이런 임시위원회에서 활동한 사람들이다. 이후에 이사로 위촉받는 것은 일을 잘해낸 데 대한 일종의 보상이다.

온라인 콘텐츠

- "How Does Your Board Measure Up?" Stephanie Roth, in *Raise More Money: The Best of Grassroots Fundraising Journal*, Kim Klein and Stephanie Roth eds., Wiley, 2001
- *Sample Fundrasing Pledge Form(Board of Director)*, created by Stephanie Roth
- "Finding the Right Fundraising Structure for Your Board," Priscilla Hung, *Grassroots Fundraising Journal*, Jan/Feb 2012

제 II 부

요청하라, 감사를 표하라, 그리고 또 다시 요청하라

ഔര

몇 년 전, 한 여성이 나의 워크숍을 자신의 동료에게 트위터로 실시간 업데이트 하면서 140자보다 훨씬 적은 위의 타이틀로 압축해 보내줬다는 얘기를 해주었다. 나는 이 제목이 꽤 훌륭한 요약이라고 생각했다. 물론 후에 그녀의 계속되는 트위터가 관계구축을 강조하고 있어 더 기쁘게 생각했다. 이번 섹션과 다음 섹션에서는 이 트위터가 갖는 의미에 대해 상세하게 살펴보고자 한다.

나는 이번 섹션에서 모금 문화를 만드는 데 필요한 기본적인 것을 다루고자 하며, 여러분이 필요로 하는 모금의 종류와 이런 필요를 충족시켜 줄 수 있는 기부금 유형과의 관계로부터 시작할 것이다. 그리고 트위터 문장 중앙에 언급된 '감사를 표하라'는 말이 정확히 무슨 의미인지, 좋은 감사문이란 어떤 것인지 등에 대해 논의를 확장해 가 보고자 한다(한 가지 팁을 주자면, 여러분이 만약 이 책을 계속해서 읽을 시간이 없다면 감사에 대해 언급한 장만 읽어라. 그러면 좀 더 많은 돈을 모금할 수 있을 것이다).

왜 대다수의 사람이 기부 요청을 어려워하는지 그 이유를 탐색하는 것을 포함, 여러분과 여러분의 팀이 기부 요청을 좀 더 편안하게 느낄 수 있도록 돕는 데 나는 상당히 많은 시간을 사용하곤 한다. 그리고 모금의 주요 요소가 무엇인지 그 요인을 비교하고 검토하는 데도 많은 시간을 보내곤 하는데 지금까지 얻은 결론은 다름 아닌 요청 대상, 즉 기부를 요청할 사람들에 대한 것이다. 다시 말하자면, **모금의 성공 비결은 누군가에게 무턱대고 기부금을 요청하는 것이 아니라, 요청할 예상 후보에 대해 미리 알아보는 것에 있다**는 사실이다. 마지막으로 직접적인 기부 요청을 위한 실행 계획에 대해서도 구체적으로 알아볼 것이다. 여기에는 1달러 기부를 위한 복권 혹은 1민 달러 정도의 규모를 가진 자본금캠페인 방법도 포함된다.

기부자 베이스(donor base)를 구축하는 것은 돈을 벌기 위해 기꺼이 돈을 쓸 줄 아는 판단력을 겸비한 감각과 함께 지속적인 노력과 세심함이 있어야 하는 아주 힘든 일이다. 또한, 모든 전략이 모든 단체에 일률적으로 적용되지는 않기 때문에 각각의 단체는 해당 단체에 가장 적합한 전략을 찾아내야만 한다. 이와 동시에, 각자가 지닌 재정 문제를 모조리 해결해줄 수 있을 것 같은 마법을 발견하기 위해 모든 방법과 전략을 다 사용해보고 싶더라도 이런 유혹으로부터 과감히 벗어날 줄도 알아야 한다. 왜냐하면, 대개 각 단체에 가장 유용하고 적합한 전략은 수년간의 실험과 평가, 그리고 이를 기초로 한 새로운 기획의 과정을 거치면서 다져온 것들이며, 다른 모금 전략과 서로 경쟁하거나 협력하면서 지속적으로 발전되어 온 것이기 때문이다.

이 섹션의 마무리 장은 기부자들을 소그룹으로 세분화함으로써 기부자들이 기부를 통해 바라는 것에 좀 더 효과적으로 대응할 방법에 대해 설명한다. 이러한 전략은 궁극적으로 해당 단체에 대한 기부자의 충성도를 심화시키는 데 도움이 된다.

개인기부자를 대상으로 하는 경우, 기부한 경험이 없는 사람들을 기부하도록 설득하는 일, 그리고 그들이 다시 기부하도록 요청하는 일은 총 작업시간의 40 또는 50%를 차지한다. 이 장에서는 해당 시간을 가장 효과적으로 쓸 방법에 대해서도 살펴볼 것이다.

제6장

재정적 필요와 모금 전략

단체의 재정적 필요는 크게 세 가지다. 단체를 운영하기 위해 해마다 연간 예산이 필요하고, 건물을 고치거나 단체의 업무 능력을 향상하기 위한 시설개량 자본이 필요하며, 안정적으로 재정을 확보하고 장기적인 계획을 지원할 수 있는 기금이나 비축금 등을 통한 항구적인 수입이 필요하다.

연간 예산

많은 단체가 해당 연도의 사업 자금을 모금하는 데 시간 대부분을 할애한다. 이러한 모금을 보통 연간 모금이라고 칭한다. 연간 예산 모금에는 인터넷, 우편, 특별 이벤트, 전화모금, 직접 방문 등과 같은 방법이 사용된다. 연간 모금의 목적은 새로운 기부자를 확보하고 동시에 기존 기부자가 다시 기부하도록 독려하거나 가능하면 그들로부터 더 많은 기부를 유도하는 것이다.

모금의 기본적인 목적은 지속적으로 기부하는 기부자 베이스를 구축하는 것이다. 따라서 개인이 어떤 과정을 통해 단체의 기부자가 되며, 단체에 대한 충성도가 높아지고, 높아진 충성도가 다시 기부액 증가로 나타나는가를 분석하는 일은 아주 유용하다.

이전에 한 번도 기부하지 않았던 사람이 해마다 정기적으로 또는 1년에 몇 번씩 단체에 돈을 내는 헌신적인 기부자로 성장하는 경우는 보통 다음 세 단계를 거친다. 먼저, 이전에 어디서 들었거나 읽은 적이 있는 단체로부터 기부요청을 받으면 기분이 좋아져서 충동적으로 기부한다. 이것이 기부의 시작이며 첫 번째 단계다. 이와 같은 기부를 '충동적인' 기부라고 한다. 이처럼 처음에 충동적으로 낸 기부금은 대체로 액수가 크지만, 그것이 기부자의 실제 기부 능력을 반영하는 것은 아니며 단체에 대한 기부자의 지식과 헌신도도 상당히 낮다. 이제 단체는 이 기부자를 두 번째 단계로 끌어올리기 위해 또 다른 노력을 기울이게 된다. 단체는 기부자에게 신속하게 감사의 뜻을 전달하고, 그해에 몇 번 더 다른 사업과 관련하여 추가 기부를 요청할 것이다. 기부자는 주로 전화나 특별행사 초대, 개인적인 편지 등 몇 가지 전형적인 방법을 통해 기부 요청을 받을 것이다.

만일 기부자가 3년 이상 지속적으로 기부하면 '습관적인' 기부자로 불린다. 습관적인 기부자는 자신을 단체의 일원으로 생각하며 단체의 사업과 성과에 관심을 둔다. 습관적인 기부자 중 일부는 기부금 이상의 헌신도를 가지며 더 많은 기부 역량을 갖고 있다. 이들을 찾아내서 더 많은 기부를 요청하는 일이 고액 기부자 프로그램의 기초가 된다.

이 기부자가 다른 단체보다 여러분의 단체에 더 많은 기부금을 내면 세 번째 단계인 '사려 깊은' 기부자로 이동한다. 이제 이들은 습관적으로 기부하는 것이 아니라 자신의 능력으로 할 수 있는 일이 무엇인가를 생각하고, 한 단체에 집중적으로 기부함으로써 자신의 다른 기부활동에 어떤 영향을 미칠지도 생각한다.

기부를 한 번도 해보지 않은 사람을 초보 기부자로, 그다음 습관적인 기부자로, 그리고 다시 사려 깊은 기부자로 발전시켜가는 과정은 연간 모금 운동을 설계할 때 핵심적으로 고려할 사항이다. 매년 일정한 수입을 유지하려면 상당수의 신규 기부자를 지속적으로 발굴해야 하며, 상당수의 일반 기부자를 고액 기부자로 전환해야 한다. 또한 시니 사례 추가석으로 기부를 요청하여 모든 기부자가 추가적인 기부 기회를 갖도록 해야 한다.

한 해 동안 여러 번 요청하기

어떤 사람은 한 단체에서 한 해 동안 서너 번씩 기부 요청 받는 것을 달가워하지 않는다. 하지만, 한 사람이 그렇다고 해서 다른 모든 사람도 그러리라 생각할 수는 없다. 이 주제에 대해서는 기억해야 할 몇 가지가 있는데 가장 중요한 것은 다른 모든 모금활동에 대한 파문효과 여부다. 바로 어떤 기부자가 달가워하지 않은 것(예를 들면 1년에 서너 번씩 기부를 요청받는 것)이 대부분 기부자가 똑같이 느끼는 것은 절대로 아니라는 점이다. 특히 여러분이 몇 개의 다른 모금 전략을 사용하고 있을 경우, 사람들 대부분은 기부 요청을 몇 번이나 받는지 인식조차 못한다.

어떤 기부자는 요청을 받을 때마다 매번 돈을 내기도 하지만, 대부분은 1년에 서너 번 정도가 적당하다고 생각한다. 왜냐하면, 그들이 가진 현금의 흐름에도 기복이 있기 때문이다. 내가 만약 내 자동차에 네 개의 새 타이어를 갈아야겠다고 마음먹은 바로 그날 내가 선호하는 단체로부터 기부 요청을 받는다면 그 요청은 즉시 거절될 것이다. 그렇지만 내가 소득세를 환급받은 주에 요청을 받는다면 바로 기부 요청에 응할 것이다. 물론 사람들은 각자 서로 다른 것들을 선호한다. 예를 들면, 내가 해당 단체의 이슈와 관련된 영화 시사회 행사에 초대를 받았다면 즉시 세 명의 친구들에게 알려서 나와 같이 갈 수 있는지를 알아보지 "세상에나, 또야!"라고 생각하진 않을 것이다.

그러나 모금이라는 것은 상호관계를 만들어 가는 과정이므로 만약 기부자가 "나는 1년에 한 번만 기부할 테니 한 번만 요청해주세요"라고 말했다면 추가 기부 요청 대상자 명단에서 그 이름을 빼줘야 할 것이다. 또 "더는 전화하지 말아주세요"라고 요구하면 해당 파일에 표시를 해두고 더는 전화하지 않도록 해야 한다.

새로운 기부자 유치하기

일반적인 단체를 기준으로 보면 신규 기부자 중 약 20%에서 30%가 두 번째 기부를 하고, 약 65%에서 75%는 기존 기부자다. 여러분 단체에 기부해 줄 것을 요청했을 때 사람들 대부분은 아니라고 대답할 것이고 한 번 기부한 사람조차도 두 번째 기부를 하지 않는다는 것이 엄연한 사실이다. 간단히 이야기하자면 작년에 1,500명이 기부했다면 올해에는 1,000명을 넘기기 힘들 것이란 뜻이다. 그래서 여러분은 또 다시 500명의 신규 기부자를 유치함으로써 기존 숫자를 유지할 수 있을 것이다. 모금 전략을 만들어 갈 때 신규 기부자만을 유치하기 위한 전략이 필요한 이유다.

기부자 손실률이 3분의 1에 못 미치는 단체는 아마도 전체 기부자 수가 많지 않을 것이다 - 거의 모든 단체가 해마다 갱신하는 기부자가 소수 있다. 이때는 신규 기부자를 유치해야 할 정도로 규모를 키워야 할 것이다. 기부자 손실률이 3분의 1 이상이면 기부자를 유지하기 위한 노력이 충분치 않은 것이며, 대부분 풀뿌리단체의 경우, 기부자에게 자주 기부 요청을 하지 않으며 기부 시에도 감사의 뜻을 전하지 않는다는 뜻이다. 기부자들은 현재 자신이 기부하고 있는 모든 단체로부터 1년에 서너 번씩 기부를 요청받고 있으며, 그 외 다른 단체에서도 기부를 요청받고 있음을 기억해야 한다. 따라서 여러분의 단체가 1년에 몇 번 기부를 요청하더라도 기부자의 입장에서는 수많은 기부 요청 중 극히 미미한 부분에 불과할 것이다. 실제로 기부를 중단한 사람 중 대다수는 단체에서 기부를 요청받은 사실을 기억하지 못하며, 의도적으로 기부를 중단한 것은 아니라고 말할 것이다. 따라서 기부자를 지속적으로 유지하기 위해서는 그들만을 위한 몇 가지 전략이 필요하다.

마지막으로, 기존 기부자가 추가적으로 기부를 하는 것이 아니라 더 큰 규모의 기부를 하게 하기 위한 전략이 필요하다. 이를 업그레이드 전략이라고 한다. 제Ⅱ부와 제Ⅲ부에서는 유지와 업그레이드를 위한 다양한 전략과 그 사용에 대해 논의할 것이다.

시설개량자본금의 필요

단체는 연간 예산과 그에 따른 모금 전략 외에도 설비개량을 위한 추가 자금을 모아야 한다. 이 자본금은 새 컴퓨터를 구입하거나 건물을 구입하고 보수하는 데 사용하기 위해 비축하는 돈이다. 이러한 비용은 연간 예산으로는 감당하기 어려울 정도로 부담이 크거나 연간 예산에 속하지 않는다. 시설개량자본금을 기부하는 기부자 대부분은 연간 예산에도 성의껏 기부를 해왔다. 이들은 단체에 대해 잘 알고 있고, 단체의 대의를 지지하며, 특별 기부를 통해 단체를 도울 수 있는 자원을 가진 사람들이다. 여기서 자원이란 주식, 채권, 부동산 또는 큰 수입원이 될 만한 기타 재원을 말한다. 이 같은 유형의 기부는 기부자가 평생 서너 번만 하게 되며, 일반적으로 직접 만난 자리에서 요청한다(제26장 참조).

영구기금과 비축금

영구기금(endowment) 혹은 비축금(reserve fund)은 돈을 투자하는 저축 계정이다. 해마다 이러한 저축 계정에서 발생한 이자를 연간 예산에 보태 쓰지만 투자된 원금은 쓰지 않는다. 영구기금은 여러 가지 방법으로 모금한다. 그러나 가장 일반적인 기금원은 유산 기부다. 어떤 측면에서 유산 기부는 가장 사려 깊은 기부이며 해당 단체에 대한 깊고 변함없는 헌신을 보여준다. 또한 기부자 자신이 사망한 후에도 해당 단체가 지속적으로 존재하며 중요한 역할을 수행할 것이라는 기부자의 신뢰를 반영한 것이다. 단체는 다양한 방법으로 기부자에게 기금 기부를 요청하지만, 실제로 그러한 기부를 하는 사람은 개인적으로 단체와 연관된 사람들이다. 영구기금은 비축금보다 훨씬 더 영구적이기 때문에(사회 변화를 목적으로 하는 단체 대부분이 지향하는 것처럼) 미래의 어느 시점에 이르러 자신들의 사업이 더는 필요하지 않기를 바라는 단체는 이러한 기금을 받는 것에 대해 신중하게 생각할 것이다. 그러나 비축금으로는 돈을 저축할 수 있고 그 이자를 사용할 수 있으며 때로는 원금도 사용할 수 있다(영구기금을 설정하는 방법은 제23장과 제27장 참조).

> **지나 제너러스의 이야기**
>
> 다음 시나리오를 통해 한 번도 기부한 적이 없던 사람이 사려 깊은 기부자로, 그 후 단체에 유산을 기증하는 기부자로 바뀌어 가는 모습을 살펴보고 그 동기에 대해서도 생각해보자.
>
> 지나는 피곤하고 지친 채로 집에 온다. 지루하고 힘든 하루였다. 그녀는 고양이에게

먹이를 주고 신발을 벗어 던진 채 그날 온 우편물을 대충 훑어본다. 대부분 쓸데없는 광고물이다. 하지만, 우편물 하나가 눈길을 끈다. 자세히 보니 여성 노숙자와 그 아이들을 보호하는 일을 하는 지역 쉼터에서 보낸 것으로 별로 화려하지도 않고 디자인도 엉성한 우편물이다. 여성주의에 관심이 많은 지나는 편지를 뜯어 대충 읽어보고 적은 액수지만 기부하기로 한다. 그리고 저녁을 준비하면서 35달러를 수표에 적어 반송봉투에 넣어둔다. 다음날 그녀는 반송봉투를 우편함에 넣고는 이내 그 단체에 대해 잊어버린다.

하지만, 지나가 이렇게 충동적으로 한 기부는 그녀의 기부 능력을 정확히 보여주는 것도 아니고 지역 쉼터에 대한 헌신도를 보여주는 것도 아니다. 노숙자 쉼터는 이제 충동적인 기부자인 지나를 습관적인 기부자로 전환하기 위해 노력해야 한다. 며칠 동안 지나는 직장과 집을 왕복하는 일상을 반복한다. 그리고 어느 날 우편물 중에 쉼터에서 온 감사편지를 발견하고는 "답장까지 보내다니 고마운 일이군"하고 혼잣말을 중얼거린다. 그녀는 다시 한 번 자신이 기부한 것에 대해 뿌듯해하면서 그 쉼터의 이름을 기억한다.

그 후 몇 달 동안 지나는 쉼터 소식지를 받고 우연히 쉼터 근처를 지나게 된다. 그리고 석 달 후에 지나는 쉼터로부터 또 한 통의 편지를 받는다. 쉼터는 이 편지에서 다시 한 번 감사의 뜻을 전달하면서 쉼터 아동들의 놀이터 장비를 구매하도록 추가로 기부해 달라고 요청한다. 지나는 이 요청을 받아들여 50달러를 다시 기부하고 지난번처럼 쉼터에서 감사편지를 받는다. 3개월 후에 그녀는 다시 쉼터로부터 시청이 일부 지원하는 직업훈련 프로그램과 관련해 기부해달라는 요청을 받는다. 지나는 이것이 매우 중요한 프로그램이라는 것을 알고 있지만 차의 타이어를 두 개나 교체해야 하기 때문에 이번에는 기부하지 못한다.

그 후 다시 석 달쯤 지나(처음기부한때로부터 아홉 달이 될 즈음) 지나는 쉼터의 오픈하우스에 초대를 받아 처음으로 쉼터를 방문하게 된다. 그녀는 쉼터를 돌아본 후 그곳의 이사들과 대표를 만난다. 오픈하우스에 참가한 사람들은 모두 당일 모금 행사에 참여하고 25달러 정도의 기부 요청을 받는다. 지나는 다시 25달러를 기부한다. 이후 두 달 동안 이런 일이 반복되고 지나는 몇 번에 걸쳐 쉼터의 행사에 참여한다. 또 휴일에는 호텔에 투숙할 때마다 가져온 샴푸, 컨디셔너, 비누 등을 쉼터에 가져간다. 그 후 그녀는 기부를 요청하는 전화모금 phone a thon에 참여해달리는 요청을 받고 다른 기부자에게 전화하면서 저녁 시간을 보낸다. 이제 쉼터의 처지에서 보면 지나는 충동적인 기부자에서 습관적인 기부자로 전환된 것이다. 기부 요청을 받을 때마다 그녀는 자신의 능력 한도 내에서 기부한다.

이제 그녀는 자신을 단체의 일원으로 생각하며 친구들에게 종종 쉼터에 대해 이야기를 한다. 2년 동안 지나는 우편 기부 요청이나 특별행사를 통해 적은 액수지만 해마다 두세 번씩 일정 금액을 기부하고, 이후 쉼터의 한 이사로부터 연간 250달러 정도를 기부해줄 수 있는지를 묻는, 해당 이사가 직접 서명한 개인적인 편지를 받는다. 이 편지에서 이사는 그동안 그녀가 쉼터를 지원해준 데 대해 감사의 마음을 전하고 쉼터의 중요성을 다시 한 번 부각하면서 지나가 이 기부에 대해 생각해보고 자신이 며칠 후에 전화할 테니 그때 결정해달라고 요청한다. 지나는 이제 이 단체가 자신에게 얼마나 중요한가? 자신이 이 정도의 기부를 감당할 수 있는가? 이 단체에 250달러를 기부할 정도로 충분한 관심을 두고 있는가? 결정을 내리기 전에 이사에게 물어봐야 할 것은 무엇인가? 등이 단체에 대해 심각하게 생각해 봐야 하는 시점에 도달했다. 그녀가 어떤 결정을 내리든 지나는 이미 사려 깊은 기부자 단계에 진입해 있다. 그녀는 250달러를 기부할 수도 있고 100달러를 기부할 수도 있다. 혹은 계속해서 예전처럼 1년에 서너 번 소액을 기부할 수도 있다. 그러나 이제 쉼터에 대한 자신의 기부를 심각하게 생각해봐야 한다. 지나는 쉼터 이사와 통화한 후 250달러를 기부하기로 한다. 그 후 3년 정도가 지나면서 지나와 쉼터의 관계는 우편 기부와 같은 일반적인 단계에서 단기 프로젝트의 자원봉사나 행사 참석 등과 같은 다소 사적인 관계로 발전했고 그다음에는 이사로부터 직접 기부 요청을 받는 아주 개인적인 관계로 발전했다. 그 후로도 몇 년에 걸쳐 지나는 시간이나 돈을 기부해달라는 요청을 받는다. 5년 동안 쉼터의 일반 기부자였던 지나는 이제 1년에 1,000달러를 기부하는 고정 기부자가 되었다.

그 해에 쉼터는 새 건물을 사들이기로 한다. 건물 구입비는 150만 달러 정도가 필요하지만, 이 건물을 통해 현장에서 많은 프로그램을 운영할 수 있고 궁극적으로는 하나의 쉼터 모델을 제시할 수 있을 것이다. 쉼터는 건물 구입비를 충당하기 위해 주 정부와 연방정부에 요청해서 지원금을 받는다. 또 재단 두 곳에서 25만 달러, 몇몇 기업에서 5만 달러를 지원받는다. 그리고 나머지 25만 달러를 개인 기부자에게서 지원받을 계획이다. 그래서 쉼터는 개인 기부자에게 정기 기부금 외에 건물 구매를 위한 특별 기부를 요청하는 모금 캠페인을 벌인다. 쉼터는 지나가 믿을 만한 자원활동가이며 성실한 핵심기부자이기 때문에 특별모금위원회에 참여해 달라고 요청한다. 지나는 이 위원회에 참가하는 것뿐 아니라, 예기치 않게 이모로부터 1만 달러의 유산을 물려받아 이를 전부 기부하기로 한다. 그리고 그 돈을 의미 있게 사용한 것에 대해 매우 흡족해한다.

캠페인이 끝난 후 지나는 이사가 되어달라는 요청을 받는다. 그리고 다음 해에 쉼터에서 유산 기부 프로그램을 시작할 때 재산 대부분을 쉼터에 물려주도록 자신의 유언장을 고쳐 쓴다. 매우 헌신적인 기부자가 이 단계로 이동하는 것은 자연스러운 일로 지나역시 이 결정을 매우 기쁘게 생각한다. 그러나 쉼터 처지에서 보면 이것은 신중하게 계획한 결과이며 기부자와의 관계를 발전시키기 위해 노력한 결과이기도 하다.

모든 기부자를 향한 3가지 목표

단체는 모든 기부자와 관련하여 세 가지 목표를 갖는다. 첫 번째 목표는 한 개인을 사려 깊은 기부자가 되도록 이끄는 것이다. 다시 말해, 해마다 그들이 할 수 있는 최대의 기부를 하도록 돕는 것이다(이러한 기부는 보통 기부자가 열심히 일해서 벌어들인 연간 수입에서 나온다). 두 번째 목표는 가능한 많은 기부자가 시설개량자본금이나 특별 캠페인에 기부하도록 이끄는 것이다. 이를 굳이 단체의 주요 자본재 개량 프로젝트와 연관시킬 필요는 없다. 그러나 이러한 기부는 상당히 이례적이며 기부자 평생에 서너 번 아니면 딱 한 번 할 수 있는 유형이다. 시설개량자본금 기부는 개인의 저축이나 유산, 기타 동산 등 기부자의 자산에서 나온다. 따라서 기부자가 매년 이 같은 자산을 기부할 수는 없으므로 보통 단체의 특별한 목적을 위해 기부한다. 세 번째 목표는 모든 기부자가 유언장을 작성할 때 여러분의 단체를 떠올리도록 하거나 재산 일부를 단체에 남겨주도록 유도하는 것이다. 유산 기부는 기부자가 생존할 당시 이루어지지만 실제로 기부를 받는 것은 기부자가 사망한 이후다. 따라서 유산 기부는 일생에 단 한 번 이루어진다.

대다수의 소규모 단체들은 다양한 전략을 활용해서 연간 기부를 확보하고 유지, 업그레이드할 수만 있다면 대체로 잘 운영될 것이다. 그러나 시간이 지나면 시설개량자본금 기부나 영구기금 기부를 고려할 필요가 있을 것이므로 이러한 기부를 독려하는 모금 전략에 대해 알아두어야 할 것이다. 풀뿌리단체는 유산이나 자산 기부, 예술품, 유가증권 등을 기부받기도 한다. 기부자가 단체를 위해 무엇을 할 의향이 있는지, 그리고 무엇을 할 수 있는지를 알아보려면 직접 물어보는 수밖에 없다.

단체 수요와 기부금 매칭

단체 수요	기부자 기부원
연간	연간 수입
시설개량 자금	자산(저축, 동산, 주식)
영구기금	부동산

세 가지 전략 유형

개인, 재단, 기업, 정부 등 기부원이 누구냐에 상관없이 모든 전략은 기부원과의 관계를 구축하는 문제로 직결되기 때문에 기부자와의 관계를 형성하고 발전시켜 나가는 전략을 이해하는 것이 중요하다. 모금 전략은 크게 기부자 확보, 유지, 업그레이드로 분류할 수 있으며, 이것은 기부자가 충동적인 기부에서 습관적인 기부, 그리고 사려 깊은 기부로 발전하는 사이클과도 직접적인 관련성이 있다. 각각의 전략을 위한 특정 모금방식을 결정하고 수행하는 방법에 대해서는 이 책의 제II부와 제III부에 자세히 나와 있다.

확보전략

이 전략의 주요 목적은 기부하지 않는 사람을 기부하도록 이끄는 것이다. 온라인요청, 크라우드펀딩, 우편물을 통한 요청, 혹은 특별행사 등이 가장 일반적인 신규기부자 확보전략이다. 일반적으로 확보전략을 통해 충동적인 기부자들을 확보하며, 이렇게 모은 기부금은 단체의 연간 예산으로 사용한다. 기부자를 처음 기부하게끔 하는 주된 목적은 앞으로 재기부를 요청할 수 있도록 하기 위함이다. 사실상 최초의 기부에서 나오는 수입은 그다지 중요하지 않다. 어쩌면 기부금을 받기까지 쓴 비용이 더 많을 수도 있다(제14장 참조).

유지전략

이 전략은 습관적인 기부자가 될 때까지 두 번, 세 번 기부자에게 기부기회를 주는 것이다. 유지 전략을 통해 모금한 기부금도 연간 예산으로 사용한다. 적은 액수라도 정기적으로 기부하는 기부자는 개별 기부프로그램의 주요 수입원이며 큰 금액을 기부하는 사람만큼 중요하다. 2000년대 초반의 경제 침체기 동안 방대한 개별 기부자자료를 보유하고 있던 단체는 예산을 삭감하지 않아도 되었다. 이에 반해 규모가 큰 기부금이나 재단 지원금에 주된 힘을 쏟았던 단체는 그들의 수입이 감소하는 것을 목격해야 했고, 때때로 아주 급격히 감소하는 난제도 있었다. 주가가 폭락하면서 기부금도 폭락했다. 그러나 경제 침체기에도 불구하고 직장을 유지하고 있었던 사람 중 많은 수가 계속해서 기부하였다. 따라서 단체들은 많은 액수를 기부하는 소수가 아니라 적은 양이라도 가진 것을 기부하는 다수의 기부자로부터 재정적 안정감이 확보될 수 있음을 알게 되었다. 게다가 이처럼 정기적으로 기부하는 소액기부자는 저비용으로도 유지 가능하다. 그들은 자신의 기부금이 단체를 위해 어떤 일을 했는지에 대한 정보만 알면 지속적으로 기부하고, 최소한의 형태라 할 수 있는 감사편지와 전화만으로도 기부하기 때문이다.

업그레이드 전략

이 전략의 목적은 기부자들이 앞서 기부한 것보다 더 많은 금액을 기부하도록, 즉 정기적으로 더 많은 기부를 하고 나중에는 그들의 자산이나 유산을 기부하도록 권하는 데 있다. 업그레이드는 우편이나 전화, 특별행사를 통해 이루어지기도 하지만, 거의 대부분은 개인적인 만남과 요청을 통해 이루어진다. 업그레이드 전략은 습관적인 기부자를 사려 깊은 기부자로 전환하기 위한 것이다. 사려 깊은 기부자가 하는 기부는 모금 캠페인이나 기부의 성격에 따라 연간 예산, 시설개량자본금, 영구기금에 사용될 것이다. 모금 계획을 세울 때는 각 전략 옆에 기부자 확보를 위한 것인지, 유지를 위한 것인지, 아니면 업그레이드를 위한 것인지를 메모한 다음, 각각이 해당 목적에 맞는 최선의 전략인지를 점검해야 한다(제30장 참조).

전략을 바르게 사용하는 방법

이스트사이드 노인복지회는 몇 번의 하우스파티를 개최하여 모금활동을 시작하기로 했다. 전체 이사 중 7명은 자신의 집에서 파티를 열어 모금할 예정이나, 집에서 파티하기 어려운 나머지 5명의 이사는 초대, 음식, 청소 등을 맡아 하기로 했다.

파티의 목적은 오로지 모금을 위한 것이었고, 어느 누구도 이 파티를 통해 새로운 기부자를 발굴하거나, 기존 기부자를 유지 또는 업그레이드할 것이라고는 생각하지 않았다. 이사들은 각자의 파티에서 다양한 사람을 만났다. 그중에는 현 기부자도 있었고, 노인복지회에 대해서는 전혀 모르지만, 친구의 초대를 받아 우연히 오게 된 사람도 있었고,

옆집에 살아서 또는 공짜 음식 때문에 온 사람들도 있었다. 하지만, 파티를 준비할 때 초청자 명단을 만들 시간이 없었고 이사들 대부분이 같은 지역을 돌아다니면서 초청장을 나눠줬기 때문에 하나 이상의 하우스파티에 초대받은 사람들도 꽤 있었다. 하우스파티를 통해 대략 6,000달러 정도를 모금하였으므로 시간이나 에너지 낭비라고는 볼 수 없지만 어떤 사람들은 여러 파티에 중복으로 초대받은 데 대해 불평하기도 했다. 또 파티에 온 많은 사람이 기부하지는 않았다. 다음 해에 이 단체는 같은 전략을 사용했으나 이번에는 모금 방법을 좀 더 신중하게 기획하기로 했다. 우선, 한 사람이 여러 파티에 중복으로 초대되지 않도록 체계적인 초청인 목록을 만들었다. 그리고 이전에 기부하지 않은 사람이 기부하도록 독려하기 위해 기존 기부자와 함께 시간을 보내도록 별도의 파티를 준비했다. 파티에서 기부를 요청하는 방법도 다양화했다.

한 이사는 파티에 참석한 모든 사람에게 35달러의 기부만 요청하고 여타 부담은 전혀 주지 않았다. 또 다른 이사는 자신이 먼저 기부하면 친구들이 따라서 기부할 것으로 생각해서 자신도 기부하고 다른 손님들은 50달러에서 250달러 정도를 기부하게 하는 목표를 세웠다. 아주 근사한 집을 소유한 어떤 이사는 기존 기부자를 위해 멋진 파티를 계획했다. 이 파티는 기존 기부자를 업그레이드하기 위한 전략으로, 초대된 기부자들은 현재 기부금보다 더 많이 기부할 가능성이 있는 사람들이다. 이들은 이사들과 만나 단체의 대의나 사업과 관련된 정치 사안에 대해 함께 이야기를 나눌 수 있고, 또 단체에 사업을 제안할 기회도 얻는다. 이 파티는 15명 이하로 제한되며 파티가 끝난 후에는 참가자들에게 500달러의 기부를 해달라고 요청할 계획이다.

이렇게 각 파티의 목적을 명확히 하고 그에 따라 준비함으로써 지난해보다 400%나 많은 2만 5,000달러를 모금하였다. 아울러 40명의 신규 기부자를 얻고 기존 기부자 15명을 업그레이드하면서 어떤 불평도 듣지 않았다. 그리고 예기치 않게도 3명의 기부자가 자신의 집에서 모금 파티를 하고 싶다고 제안하기도 했다.

시간은 절약할 수 없다

소규모의 단체가 신중하게 모금 전략을 세워야 하는 궁극적인 이유는 불필요한 에너지를 낭비하지 않고 현명하게 사업을 진행해서 소기의 목적을 달성해야 하기 때문이다. 위의 하우스파티 사례에서 보았듯이, 이 단체는 1년 전과 달리 좀 더 시간을 투자하여 전략을 신중하게 짰기 때문에 네 배나 많은 돈을 모을 수 있었다. 예산이 넉넉지 않은 소규모 단체의 경우, 준비 부족이나 부수의로 말미암은 결과를 감당하기가 쉽지 않다.

  수년 동안 비영리단체에서 일해 온 내 경험으로 볼 때 시간은 절대 절약할 수 없다. 여러분은 자신의 시간을 앞부분에 배치해서 철저하게 준비하고 일을 잘 진행하는 데 쓸 수 있는가 하면, 시간을 뒷부분까지 아껴 두었다가 엉망진창이 된 사태를 해결하고, 기부자들의 불만을 처리하고, 목표액을 채우지 못해서 또 다른 모금을 기획하는 데 사용할 수도 있다. 이 책은 시간을 앞부분에 배치하고자 하는 사람들을 위한 것이다.

> **온라인 콘텐츠**
>
> - The Ladder of Engagement: One way to Consider Organizational Growth and Individual Donors

제7장

감사하기가 먼저

모금 일을 시작한 지 얼마 되지 않았을 때 감사편지에 대한 소중한 교훈을 배운 적이 있다. 여성보건권 애드보커시 활동을 하는 단체에서 일할 때였다. 이곳은 극도의 업무 과부하 상태에 있는 직원 두 명과 40명의 자원활동가가 함께 운영하는 곳으로, 여성의 건강을 위협하는 피임도구를 폭로함으로써 시장에서 이러한 제품을 몰아내는 한편, 출산권과 관련된 논쟁에서 승리를 거둠으로써 일반 대중의 지지를 받고 있는 단체였다. 내가 그곳에서 일을 시작하기 서너 달 전, 신문에서 이 단체의 활동에 대한 기사를 읽은 한 여성이 25달러를 보내왔다. 단체는 이 여성에게 감사편지는 보내지 않았지만, 소식지와 더불어 간간이 연락을 취했다. 그리고 1년 후, 단체가 기부 갱신을 요청하는 편지를 보냈을 때 이 여성은 보지도 않고 그 편지를 휴지통에 던져버렸다.

나중에 이 여성은 자신의 친구 한 명이 이 단체에서 자원봉사를 하고 있다는 사실을 알게 되었다. 이 여성은 자원활동가인 친구에게 이렇게 말했다. "소문은 그럴싸하지만, 기부금을 보내도 감사하다는 편지 한 장 보낼 줄 모르는 곳이야. 재정적으로 건전한 곳인지, 내 돈이 제대로 쓰이는지 알 수가 없다고."

친구는 단체를 감쌌다. "우리는 정말 열심히 일하고 있어. 다른 일들이 너무 바빠서 감사편지를 보내지 못한 거야. 네 기부를 알아주지 않았다고 해서 우리가 돈을 제대로 쓰지 않는다고 의심하는 건 좀 억울하다고 생각해."

그 여성 기부자가 응수했다. "억울하긴. 감사편지는 내가 그 단체와 접촉할 수 있는 유일한 창구야. 폭넓은 기부자 베이스가 필요하다고 해놓고서는 후원자한테 아무 관심도 안 보이다니…. 하지만, 네가 그 단체에서 일하니까, 기부하기는 할게." 그러면서 15달러를 다시 기부했다(이 책 전체에서 지속적으로 강조하듯이, 개인을 상대로 한 모금 요청의 힘에 주목하라).

이 단체가 나를 고용한 것은 이 기부자가 20달러와 15달러 사이의 금액을 기부할 때였다. 겨우 연필을 잡을 수 있을 때 생일 선물을 보내주신 나의 할머니께 감사편지를 쓴 것에서 시작해서 내가 처음 모금 일을 시작했던 신학교가 받은 기부 한 건 한 건에 대해 감사편지를 쓸 때까지 나는 감사편지를 쓰는 환경에서 자랐다. 그러다 보니 나는 굳이 깊이 생각할 것도 없이, 그 15달러에 대해 잽싸게 세 줄짜리 감사편지를 썼다. "보내주신 15달러는 잘 받았습니다. 감사합니다. 선생님께서는 저희 재정에 도움을 주신 것뿐만 아니라, 저희에게 큰 용기도 불어넣어 주셨습니다. 계속 연락드리겠습니다."

2주일 후, 이 여성이 100달러를 보내왔다. 나는 또 한 번 감사편지를 휘갈겨 보내면서 기부자의 관대함에 대한 내용을 한 줄 덧붙였다. 몇 달 후, 1,500달러가 다시 도착했다. 이번에는 감사하다는 내용에 더해 한번 만나보고 싶다는 편지를 썼다. 만나 보니 경제적으로 상당히 부유층에 속하며, 여권 신장 운동에 대한 후원도 많이 하는 사람이었다. 그 여성은 자신이 기부할 때 보통 적은 금액에서 시작해서 기부를 받은 단체가 어떤 반응을 보이는지 살펴본다고 했다. 소액 기부자까지 제대로 대접하는 곳인지를 먼저 본다는 것이다. "500달러나 1,000달러를 기부하면 거의 모든 단체가 감사 표시를 하죠. **많은 풀뿌리단체가 자기들은 '기부자를 차별하지 않는다, 누구나 다 환영한다'고 듣기 좋은 소릴 하지만, 실제로는 지원금을 주는 재단의 프로그램 담당자나 고액 기부자들한테만 신경을 쓰는 것 같아요.**" 그러면서 자신은 얼마를 기부하든 모든 기부자가 소중하게 생각하는 단체에만 기부하기로 마음먹었다고 했다. 나는 그녀가 겨우 3줄짜리 변변치 못한 감사편지에 감동했다는 사실이 무척 당황스러웠지만, 그 사람에게는 똑같은 내용을 인쇄해서 이름만 바꿔 보내는 장문의 편지보다 짧지만 개인적인 내 편지가 훨씬 나았던 것이다. 그리고 3줄이라도 아무런 감사 표시가 없는 것보다는 훨씬 나았던 건 두말할 필요도 없다.

나는 그 이후에도 손으로 쓴 간단한 감사편지나, 타이핑한 편지라도 뒤에 추신을 써 붙였을 때 다른 어떤 형태의 감사보다 기부자의 충성도를 높이는 데 도움이 된다는 사실을 거듭 경험했다. 하지만, 안타깝게도 많은 단체가 감사편지를 대충 처리하거나 거의 신경을 쓰지 않는 경향이 있다. 기부를 받은 지 한참 후에 보내거나, 개인적인 언급이 전혀 없이 미리 인쇄해 놓은 카드나 편지를 그냥 보내거나, 심지어는 아예 보내지 않기도 한다. 이러한 행위는 어떤 이유로든 정당화될 수 없다. 하지만, 감사편지는 그 중요성에도 불구하고 너무 쉽게 업무 순위에서 맨 뒤로 미뤄 놓는 일이 비일비재하다. 이제 그 우선순위를 앞으로 갖다 놓아야 한다. 그래서 이 장의 제목도 '감사하기가 먼저' 라고 정했다.

사람들은 감사편지를 좋아한다

어려움에 처한 자원개발 책임자들은 사람들이 왜 그렇게 감사편지를 좋아하는지 그 이유를 나에게 물어보곤 한다. 더 많은 돈을 들여 만든 더 많은 정보를 가진 알림서비스나 웹사이트와 같은 전달 수단보다 훨씬 더 좋아하는 이유는 무엇일까? 이유는 아마 여러 가지일 것이다. 앞에 언급한 부유한 기부자처럼 어떤 사람들은 감사편지 자체를 해당 단체가 기부자를 소중히 여긴다는 징표로 여긴다. 그런가 하면 단순히 기부금이 잘 도착했고 단체가 기부를 고맙게 여긴다는 것을 확인하기만 하면 되는 사람도 있을 것이다. 반면에 이들 행위에 대한 어느 정도의 지식을 가진 일부 자기 계몽적인 사람들은 옳은 일을 했다는 것에 대해 따뜻한 느낌을 가질지도 모른다. 이보다는 덜 하지만 우리 대다수는 좋은 일을 하고 있다는 사실을 다른 사람이 알아주길 원한다. 감사편지는 겸허하고 품위가 있어야 하며, 무엇보다도 한 일이 옳다는 사실을 알려줘야 한다(250달러 넘는 기부금에 대해서는 법에 따라 돈을 받았다는 내용의 답신을 보내야 한다).

이유야 무엇이든, **모금가는 기부자들이 감사를 중요시한다는 점만 알면 된다.** 조직의 사명과 목적에 어긋나지 않는 선에서 기부자가 좋아하는 일을 해주면 기부자의 충성도도 그만큼 올라간다. 충성도가 높은 기부자는 기부를 실천에 옮기는 기부자이자, 그(녀)의 친구들에게 단체에 대해 자주 이야기할 가능성이 높다. 이런 기부자는 매년 할 수 있는 만큼 점점 더 큰 기부를 하게 된다.

내 말대로 하지 마세요

감사편지가 필요 없다고 하는 기부자, 거기서 더 나아가 감사편지는 시간 낭비, 돈 낭비라고 주장하는 기부자는 어떨까?

기부자가 아무리 감사편지가 필요 없다고 하더라도 전화 혹은 이메일 등 어떤 식으로든 감사를 표해야 한다. 250달러가 넘는 기부금을 냈다면, 이에 대해서는 반드시 영수증을 발행하도록 규정되어 있다는 사실과 함께 진심으로 그 기부에 감사하기 때문에 이를 준수해야만 한다는 사실을 설명해줘야 한다. 언제나 진심으로 단체의 시간을 절약해주려고 하는 사람들이 있다. 하지만, 이런 사람들에게 어떤 식으로든 감사를 표하면 이들을 더욱 충실한 기부자로 만들 수 있다. "그렇게 하지 않으셔도 돼요." "정말 필요 없어요"라는 말은 사실 "이렇게 시간을 들여 줘서 고마워요. 나한테 이런 걸 알려주려고 애쓰는 사람이 있다는 게 믿어지지가 않아요"라는 뜻일 때가 흔하다.

감사편지를 달가워하지 않는 기부자는 여러분의 단체와 아주 밀접한 사람일 가능성이 높다 — 예를 들면, 자원활동가, 이사진, 단체에서 보통 일하는 사람. 모임 연락을 하면서 감사전화를 할 수 있다. "50달러를 기부해주셔서 감사하다는 말씀을 드리려고 전화했어요. 정말 잘 쓰겠습니다. 참, 수요일 저녁 7시에 마쥐의 집에서 재정문제 때문에 모이기로 한 것 잊지 마세요."

내 경험상 다른 조건들이 모두 같다면 감사를 표할 때 기부자를 계속 유지할 가능성이 커지고, 감사를 표하지 않으면 기부자를 잃을 가능성이 커진다. 물론, 이 규칙에도 예외는 있다. 하지만, 누가 진짜 예외가 될지, 누가 예외인 척하는지는 알아낼 도리가 없다. 그러니 그런 걱정을 할 것이 아니라 그냥 모든 기부자에게 감사편지를 쓰자.

바로 지금 한다

기부자에게 가장 효율적으로 감사 표시를 하는 방법은 무엇이며, 누가 그 일을 하는 것이 좋을까? 감사 표시에서 가장 중요한 것은 그 일을 하는 사람이 누구든 간에 기부를 받는 즉시 해야 한다는 것이다. 기부를 받은 지 사흘 이내에 하는 것이 가장 이상적이고, 어떤 상황에서도 일주일이 넘으면 안 된다. 단체로부터 오는 공식적인 감사편지를 꼭 해당 기부자를 아는 사람이 할 필요는 없다. 그러나 그 사람에게 알려는 줘야 하며, 그 사람으로 하여금 해당 기부자에게 개인적으로 감사를 표시할 수 있게 해 줘야 한다(또 다른 감사의 표시는 할 필요가 없다. 전화 혹은 이메일로도 충분하다).

모금활동이 제대로 되면 모르는 사람들에게서도 수십 건의 기부를 받게 될 것이다. 이들에게 보내는 감사편지는 여러분이 지휘하면서 협력하면서 자원활동가와 이사가 쓰게 하면 된다. 컴퓨터로 쓰는 감사편지를 쓰는 일에 직접 모금을 꺼리는 이사들을 참여시키는 것은 괜찮은 방법이다. 감사편지 역시 모금활동의 일환이기 때문이다.

실행 방법과 내용

일전에 내가 좋아하는 단체로부터 전화를 받은 적이 있었지만 결코 기부한 적은 없었다. 전화를 건 사람은 매우 매력적이었고 열정적이었으며 그들은 대규모 모금 캠페인을 진행 중이었다. 나는 바로 100달러를 기부했다. 얼마 후 나는 감사편지를 받았는데 그 편지는 "친애하는 벗에게"로 시작했지만 "벗에게" 부분은 두 줄로 지운 후에 내 이름을 적어 놓았다(이러한 식의 표현이 나에게는 벗이라는 생각을 전혀 느끼게 하지는 못하게 했지만, 그것은 개인적인 것이고 모든 사람에게 적용될 수 있는 것은 아니다). 감사편지는 이어서 "＿＿＿달러를 기부해 주셔서 감사합니다"라고 금액 부분의 빈 공간을 마련하고 여기에 100달러를 써 넣었다. 감사편지의 마지막 줄에는 "기부에 대한 대가로 어떤 물품이나 서비스도 제공되지 않습니다"라고 적혀 있었고 그 뒤에 "진심을 담아"라는 끝인사와 CEO의 서명이 뒤따랐다. 나는 강한 허탈감을 느낄 수밖에 없었다. 이 캠페인에는 어떤 일이 일어났을까? 지속할 수 있었을까? 내가 사기를 당한 것일까? 이 캠페인을 위해 100달러는 충분한 금액이 되지는 못했을까? 내 경험상 이와 같은 예는 매우 흔하다. 수많은 요청을 하고 사람들은 기부하고, 단체가 열정을 만들어내기는커녕 생각도 없고 영혼도 없는 감사 표시와 함께 단체는 매우 빠른 속도로 소멸한다.

감사편지는 유일한 대응이기 때문에 여러분은 기부자가 읽을 것이라고 확신할 수 있다. 따라서 여러분은 감사편지를 위해 흥미로운 내용을 채우는 데 시간을 할애할 수 있으며 그 내용 또한 가능한 한 기부 요청과 같은 내용으로 만든다. 대부분의 데이터베이스 프로그램은 감사편지를 자동으로 만들게 되어 있어, 이미 프로그램화된 노트의 내용을 바꿔야 함에도 불구하고 이를 잊어버린다. 비록 요청은 아주 일반적인 것이라 하더라도 감사편지의 내용은 특별할 수밖에 없으며 매 2개월마다 교체해 줘야 한다. 더구나 가능한 한 개인적인 편지 구절도 추가해야만 한다. 온라인 기부자도 영수증을 자동으로 받지만 그 내용 또한 교체해 주는 것이 당연하다.

컴퓨터로 만든 감사편지의 예

변화된 내용을 컴퓨터로 만들어 담은 감사편지의 예가 있다. 첫 번째 것은 현재 필요를 충족하려면 현재 어떤 것이 필요한지 기부자가 즉각적으로 알 수 있게 한 좋은 사례다.

프리다 선생님께,

보내주신 기부금 100달러는 감사히 잘 받았습니다. 저희 쉼터 활동에 바로 사용하도록 하겠습니다. 마침 휴게실에 있는 커피메이커를 바꿔야 할 참인데 꼭 알맞은 때에 기부를 해주셨네요. 덕분에 새 대용량 커피메이커를 할인된 가격에 구입할 수 있었습니다. 보내주신 기부금이 아니었더라면 불가능했을 것입니다.

다음 달에 열리는 미술품 경매에도 선생님께서 참석하실 수 있기를 바랍니다. 저명한 지역 예술가들의 작품과 더불어, 저희 쉼터 이용자들의 그림과 조각작품도 몇 점 선보일 것입니다. 다음 주쯤 1장 혹은 2장의 초청장을 받으실 것입니다.

다시 한 번 기부금을 보내주신 데 대해 감사드립니다! 다음에 다시 연락드리겠습니다.

프로그램에 좀 더 초점을 맞춘 예는 다음과 같다.

애니 매 선생님께,

방금 저희 지원대상자 한 분의 퇴거명령 취소 공판에 다녀왔습니다. 저희가 승소한 데다 배상금까지 받게 되어 정말 기분이 좋습니다. 그러고 나서 우편물을 훑어보는데, 선생님께서 보내신 35달러가 있었습니다! 정말 기쁘게 잘 받았습니다. 선생님께서도 이번 승리에 한몫을 해주신 것 같은 기분입니다.

혹은

어제 저녁 지역모임에 얼마나 많은 분이 오셨는지 아마 믿기 어려우실 겁니다. 다해서 50명이 넘었지요! 모두 이번 소각장 계획에 대해 무척 분개하셨습니다. 어제의 모임을 보고 저는 우리가 이 계획을 무산시키고 재활용쓰레기 법안을 통과시킬 수 있을 것이라는 자신감을 얻었습니다. 선생님께서 보내주신 50달러는 전단을 만들어 돌리고 전화 홍보를 하는 데 큰 도움이 될 것입니다. 이러한 중요한 시기에 저희를 생각해주셔서 정말 감사합니다. 선생님과 같은 후원자께 기부금을 받을 때 저희는 정말 힘이 납니다.

매칭 캠페인을 진행하고 있거나 연간 기부 목표액이 있을 때는 그것도 언급할 수 있다.

선생님께서 보내주신 100달러에는 같은 금액이 매칭 기부될 것입니다. 선생님의 기부 덕분에 총기부금이 두 달 만에 무려 2,000달러에 이르게 되었습니다!

만일 기부자가 일정 기간 동안 기부를 해왔다면, 다음과 같이 감사편지를 쓸 수 있을 것이다.

선생님께서는 5년여 동안 저희를 아낌없이 도와주셨습니다. 선생님의 지속적인 지원이 승리를 위한 원동력이 되있다는 사실을 일려 드리고 싶이 이렇게 감시의 편지를 드립니다.

- 학교 폭력 예방을 위한 교과목 의무적 개설
- Giant Oil Corporation의 내부고발자를 위한 법률지원 제공
- 성폭력과 괴롭힘 방지 대책 및 내규 마련 불이행 회사에 대한 벌금 부여 법률 통과

이런 일들은 긴 싸움인지라 아직 끝나지 않았음을 저희는 잘 알고 있으며, 선생님께서 우리와 함께해 주셨기 때문에 가능했다는 사실도 잘 알고 있습니다. 앞으로도 선생님의 지속적인 지지가 저희에게는 큰 힘이 될 것입니다.

컴퓨터로 만든 편지에 사적인 편지 내용 추가하기

기부자가 잘 알지 못하는 사람으로부터 "사적인 편지"를 받는 일은 흔해졌지만 그것이 갖는 효과도 아울러 잃게 되었다. 손편지의 내용이 너무 평이하고 단조롭다는 점이 부분적으로 문제가 될 뿐만 아니라, "다시 감사드립니다!" 혹은 "선생님의 기부가 진정으로 큰 도움이 되었습니다"와 같은 문구는 사적인 것이 아니다. 만일 사적이고 개인적인 문구를 추가하고자 한다면 그것이 흥미롭게 그리고 초청받은 느낌이 들게 해야 한다. "만일 선생님께서 오는 토요일 솔라노 스트리트 패어(Solano Street Fair)에 오신다면, 우리 부스에 오셔서 자신을 소개해 주십시오. 제가 거기에 있으면서 최고의 날로 만들어 드리겠습니다." "우리 웹사이트에 있는 인포그래픽을 한 번 확인해 보십시오. 그것에 대한 피드백을 올려놓았습니다. 어떻게 생각하시는지요?" 혹은 "선생님께서 그린스트리트 근처에 사시는 줄 알고 있습니다. 그린과 마켓에 있는 아이스크림 가게는 종업원들에게 최저생활임금을 지급하기로 합의한 최초의 소규모 기업체입니다. 선생님께서 오신다면, 그들에게 고마움을 느끼게 될 것입니다."

다른 말로 하자면, 만일 사적인 성격의 편지를 추가하고자 한다면, 그 내용이 편지 받는 사람과 일정한 연관성을 갖도록 해야만 한다는 것이다.

손으로 쓴 감사편지

데이터베이스는 사적인 편지를 쓸 수 있게 프로그램화할 수 있기 때문에 손으로 쓴 감사편지는 장기 기부자, 상시 기부자, 자원활동가인 기부자, 기부자로서 기대되는 것 이상의 도움을 주는 기부자 등을 위해 사용되어야만 한다. 일

부 단체는 모든 감사편지를 손으로 직접 쓰기 위해 많은 시간을 할애한다. 그들이 기부자 개발을 위해 시간을 들여가면서 무엇을 하고 있는지 의아해 하면서도 손편지를 활용하는 것에 대해서는 전적으로 찬성한다. 여러분은 손편지의 활용을 신중하게 고려하고 있을 수 있다. 그래서 만일 누군가가 그것을 받게 된다면 이는 실제로 매우 특별한 것이다.

카드 혹은 일반 용지 절반 사이즈 앞면 위에는 단체의 로고를, 아래 혹은 뒷면에는 사명선언문을 인쇄하라. 카드에는 글을 쓸 공간이 많지 않기 때문에 짧은 문장 몇 개면 충분하다. 큰 편지지 한 장에 휑하니 서너 줄 쓰는 것보다는 이렇게 카드를 쓰는 것이 훨씬 낫다.

감사편지는 사무실에서 쓰는 것이 좋다. 집에 가져가면 미뤄두고 싶은 유혹이 클 것이기 때문에 집에서 쓰는 건 성실하고 믿을 수 있는 사람에게만 시켜야 한다. 또 기부 내역은 비밀이랄 것까지는 없어도 남의 집 거실에 돌아다닐 것도 아니다. 손으로 쓴 감사편지는 필체만 읽을 수 있으면 된다. 형태도 간단하다.

> 선생님의 _____달러 기부에 대해 감사 말씀 전합니다. 우리는 이 기부금을 [*프로그램 명칭 혹은 가장 최근 이슈*]를 위해 쓸 예정입니다. 선생님과 같은 분들의 기부는 우리 단체의 성공을 위해 매우 중요합니다. 다시 한 번 선생님의 기부에 감사드립니다.
>
> [*이름*]
> ○○○ 이사회

편지를 쓰는 사람이 당사자를 안다면, 그(녀)는 같은 포맷을 쓰되, 좀 더 개인적인 내용을 추가한다. 예를 들어, "선생님의 고양이 프로피가 난소적출수술로부터 빨리 회복되기를 기원하겠습니다"와 같은 문구를 추가할 수 있을 것이다.

친근함을 담은 같은 내용의 인쇄 편지

감사편지 중에서 효과가 가장 낮지만 어쩔 수 없이 종종 활용하게 되는 것이 같은 내용의 인쇄 편지다. 하나의 편지를 인쇄해서 여러 사람에게 보낼 때는 그렇게 한꺼번에 편지를 보낼 수밖에 없는 신나는 사건에 대해 알려준다. 예를 한번 들어 보자.

> 최근에 보내주신 기부금에 감사드립니다. 그리고 개인적으로 감사편지를 보내드리지 못하는 점을 양해해 주시길 부탁드립니다. 기부자 한 분 한 분께 따로 편지를 드리지는 못하지만, 보내주신 기부에 대한 감사의 마음이 덜한 것은 결코 아닙니다. 네팔에 의료품을 보내도록 기부를 해주십사 요청을 했는데, 이에 대한 기부자분들의 응답이 예상을 훨씬 뛰어넘는 수준이어서 저희 모두 지금 무척 감동하고 있습니다. 몇 주 내로 이번 활동에 대한 결과보고서를 보내드리겠습니다. 지금 저희 직원들은 쉴 새 없이 의료품을 포장하고 있습니다. 여러분께서 구입할 수 있도록 도와주신 물건들입니다. 우리 웹사이트에 가셔서 네팔 현장의 상황을 보시면서 도움을 줄 수 있는 또 다른 방법이 없는지 생각해 주시면 감사하겠습니다.

감사편지에 특정 기부금 액수를 명기하게 되면(250달러 이상의 기부에 요청되는) 이는 영수증의 역할도 한다. 또한 모든 감사편지에는 "기부에 대한 대가로 어떤 물품이나 서비스도 제공되지 않습니다"라는 문장을 단체의 사명선언문 및 로고와 함께 작은 글씨로 미리 인쇄해 둘 수도 있다.

감사전화

기부자가 매우 친한 사이라면, 자주 기부하는 기부자라면, 혹은 한 번에 250달러 이상씩 기부하는 기부자라면 기부금이 들어오자마자 전화를 해서 직접 감사의 뜻을 표시해야 한다. 일반적으로 자동응답기에 메시지를 남기거나 비서에게 전하는 경우가 많기 때문에 그리 많은 시간이 들지는 않는다. 메시지를 남길 때는 기부 액수에 대해서는 말하지 않으며, 단지 "오늘 선생님이 기부금을 받았습니다. 단지 매우 감사하다는 인사를 드리기 위해 연락했습니다. 선생님 덕분에 우리 모금 목표에 아주 근접해 가고 있습니다. 조만간 공식적인 감사편지가 갈 것입니다. 항상 건승하시길 기원하겠습니다" 정도가 좋다. 만일 기부자와 직접 통화가 되더라도 길게 이야기하지 않는 것이 좋다. 내용은 자동응답기에 남기려고 했던 것과 거의 비슷하다고 할 수 있다. 어떤 기부자는 이야기하고 싶어 하는 분위기일 때도 있다. 이때 전화를 했다면 몇 분간 대화를 나눌 수도 있을 것이고, 이는 모금 요청 없이도 기부자를 알 수 있는 좋은 방법 중 하나가 된다.

같은 내용이 인쇄된 감사편지를 보내야 할 필요가 있을 때 기부자에게 전화를 걸어 감사의 뜻을 전할 수도 있다. 이런 유형의 전화는 적어도 1시간 안에 50명 정도의 기부자와 통화를 할 수 있는 자원활동가에게 맡겨야만 한다. 누군가에라도 전화했을 때 "선생님의 시간을 너무 많이 빼앗고 싶지 않습니다. 다만, 선생님의 기부에 대해 감사의 인사를 전하고 싶어서 전화 드렸습니다. 조만간에 영수증이 우편으로 전달될 것입니다"라고 말할 수 있을 것이다. 또한 감사전화를 하게 되면 인쇄된 감사편지 위에 직접 뭔가를 쓰지 않아도 되기 때문에 상당히 효과적이기도 하다.

일반적인 질문

감사편지와 관련해서 남은 일반적인 질문은 세 가지다.

이메일로 감사편지를 보내도 좋은가?
- 만일 정기적으로 누군가에게 이메일로 연락을 하고 있다면, 감사편지를 이런 방식으로 보내도 무방하다. 그러나 일반적인 방법으로는 사용하지 않는 것이 좋다. 언젠가 이메일이 종이 편지를 대체할 것이지만, 아직까지 그 정도에 이르지는 않은 것 같다. 재래식 우편이 점점 사라져 가지만 그렇기 때문에 사람들이 그것에 가치를 두고 있는 것도 사실이다. 따라서 당분간은 종이 편지를 사용하는 것이 좋다(250달러 이상의 기부의 경우, 비록 현재 이메일로 기부자와 접촉을 하고 있더라도, 기록을 위해서라도 감사편지는 일반 우편으로 보내야 한다).

기부자를 모르는 경우는 호칭을 어떻게 해야 하는가?
- 이때는 이름만 적거나, 성과 이름을 다 적거나(친애하는 존 스미스 선생님께), 아니면 성만 적을 수도(친애하는 스미스 선생님께) 있다. 여기에는 맞거나 틀린 답이 없으며 누구의 기분도 상하지 않고 피해 갈 방법은 없다. "친애하는 스미스 선생님께" "친애하는 존스 부인"처럼 성만 적는 편이 그나마 가장 나은 방법이 될

수 있을 것이다. 물론 기부자가 적은 것을 그대로 따라 적는 방법도 있다. 편지에 "알폰스 프리마 베라 부인"이라고 서명되어 있으면 똑같은 호칭을 사용해 답변하는 것이다. 기부자가 남성인지 여성인지 애매할 때는 그냥 "친애하는 기부자님께"라고 쓰자. 격식을 따지지 않는 그룹에서는 "친애하는 테리", "친애하는 린"이라고 쓸 수도 있다.

- 인사말에 너무 많은 시간을 들이지 말자. 나 역시 "친애하는 클라인 선생님께"라고 시작하는 감사편지를 많이 받다 보니 이런 표현이 아주 상투적이라는 것을 잘 안다. 하지만, 그렇다고 해서 내가 그 단체에 대한 기부를 중단할 일은 아니다. 이름만 보고도 자신의 성별을 알아내지 못하거나 Mr.나 Ms., Mrs. 같은 것을 틀렸다고 기부를 그만두는 사람은 어차피 그리 충성도가 높은 사람이 아니다. 이보다 훨씬 더 중요한 것은 바로 이름의 철자를 틀리지 않는 것이다. 사람들은 자기 이름에 훨씬 더 신경을 쓴다.

모든 기부자에게 감사편지를 할 것인가?

- 대답은 언제나 '예스'다. 25달러나 5달러, 500달러가 기부자에게 어떤 의미가 있는지는 알 수 없다. 감사편지에서는 같은 금액 또는 그 이상의 기부를 다시 받고 싶어 한다는 인상을 줄 필요가 있다. 각 기부자에게 감사편지가 얼마나 중요한 역할을 하는지도 미리 알 수 없다. 그러니 굳이 모험할 이유가 있겠는가?

기부를 받으면 언제나 감사편지를 보낸다. 감사편지는 기부자와 단체를 연결해주는 끈이다. 다음번 기부만이 아니라 기부자에게서 받을 수 있는 모든 지원을 위해서 길을 닦는다고 생각하고 감사편지를 쓰자.

제8장

기부 요청에 편해지는 방법

모금의 가장 효과적인 방법은 아는 사람에게 개인적으로 기부를 요청하는 것이다. 자신이 지지하는 대의에 자신의 형편에서 적당한 금액을 기부하고 있는 것으로 알려진 모든 사람에게 기부를 부탁하면 그중 절반은 얼마든 내놓을 것이다(이런 사람들을 '잠재 기부자'라고 한다. 물론, 여러분이 아는 사람들 모두가 이 세 기준에 다 들어맞지는 않을 것이다). 이렇게 기부 요청에 응하는 절반의 사람 중 또 절반은 여러분이 요청한 만큼의 금액을 낼 것이고, 나머지 절반은 거기에 못 미치는 금액을 낼 것이다.

이만하면 다른 어떤 모금 방법보다 응답률이 훨씬 높은 것이다(우편으로 기부를 권할 때 기대할 수 있는 응답률은 1%, 전화모금 시에는 5% 정도다). 게다가 직접 만날 때는 요청할 수 있는 기부금의 액수도 훨씬 크다. 우편이나 전화모금으로 5,000달러나 1만 달러를 청하는 일은 거의 없거니와 어리석은 일이기도 하다. 그러나 잠재 기부자가 원래 기부를 하는 사람이고, 그만한 금액을 감당할 수 있으며, 단체의 대의에 관심이 있다는 것을 알고 있을 때에는 그만한 금액을 요청하려면 직접 만나서 요청하는 것이 바람직하다.

최근에 기부한 이유가 무엇인지를 묻는 연구에서 응답자의 80% 정도가 **"기부를 요청받았기 때문"**이라고 답했다. 물론, 가구 방문이나 걸스카우트의 쿠키 판매, 복권 판매, 구세군 냄비, 길에서 구걸하는 걸인에 이르기까지 직접 얼굴을 맞대고 돈을 요청하는 방법은 무수히 많다. 이러한 형태의 개인적인 요청은 기부를 요청하는 사람과 잠재적인 기부자가 서로 모르는 경우 성공률이 50%에 못 미치지만, 그래도 직접 내면하지 않는 다른 방법들보다는 성공률이 높다. 고액 기부 프로그램, 시설개량자본금 캠페인, 유산 기증 운동 등 상당한 금액을 모금할 수 있는 전략들은 개인적으로 요청하지 않으면 성공하기가 어렵다.

그럼에도 불구하고, 개인적인 기부 요청은 실천에 옮기기가 가장 어려운 전략에 속한다. 왜냐하면, 우리 대부분은 다른 사람에게 돈을 달라고 하는 행동은 무례해서는 안 될 일이라고 배웠기 때문이다. 그러나 모금을 중요시하는 단체, 특히 해마다 최소 500달러씩 내는 기부자의 수를 늘리고 싶은 단체들은 반드시 직접 만나서 기부를 요청하는 방법을 배워야 한다.

우리가 기부 요청을 두려워하는 이유

다른 사람에게 돈을 요구해야 한다는 생각만으로도 마음이 괴롭고 끔찍하고 불안할 것이다. 하지만, 여러분만 그런 것이 아니다. 그것을 아무렇지도 않게 생각하는 사람은 아마 자신의 마음을 단련시켜 더는 불안해하지 않게 되었거나 매우 자유로운 가정환경에서 자랐을 것이다. 또는 돈에 대한 이야기를 금기시하지 않는 문화권에서 온 사람일 수도 있다.

우리가 갖는 불안감의 근원을 찾아내려면 먼저 미국이라는 나라에서 돈이 하는 역할에 대해 생각해 보고, 남에게 무언가를 요청할 때 우리의 태도에 영향을 끼치는 청교도적인 윤리에 대해 살펴볼 필요가 있다.

우리 대부분은 가장 친한 친구나 가족을 제외한 다른 사람과는 돈과 섹스, 종교, 죽음, 정치에 대해 이야기해서는 안 된다고 배웠다. 때로는 정신 질환, 나이, 인종 등도 이 금기 목록에 포함되는데 지역과 세대에 따라 어떤 주제는 특히 더 꺼려지는 경향이 있다.

그러나 돈에 대한 금기는 다른 것보다 훨씬 강하다. 우리는 상대방의 월급이 얼마인지, 차나 집은 얼마를 주고 샀는지 묻는 것이 매우 무례한 행동이라고 배웠다. 심지어는 오늘날에도 배우자의 월급이 얼마인지, 부모는 얼마나 버는지, 친한 친구들의 월급은 얼마인지 모르는 경우가 많다. 또 경제가 어떻게 돌아가는지 모르는 사람이 허다하다. 주식시장의 호황과 불황이 무엇을 말하는지, 여러 경제지수의 등락이 무엇을 의미하는지 매일 읽고 들어도 그 뜻을 알지 못한다. 지난 30년간 여러 시민단체는 경제 지식이 공동체의 삶에서 매우 중요한 요소라는 점을 인식하였다. 그러나 경제가 어떻게 작동하는지, 그 가능성은 무엇인지에 대한 대중의 무관심을 돌리려면 앞으로 최소한 수십 년은 더 걸릴 것이다.

많은 사람이 신약성경에 "돈은 악의 근원이다"라고 쓰여 있다고 잘못 알고 있다. 그러나 실제로 바울은 디모데에게 보낸 편지에서 "돈에 애착을 갖는 것은 모든 악의 근원이다. 지나치게 돈을 추구하는 일부 사람들이 신앙을 저버리고 슬픔과 고통을 겪게 되었다"라고 쓰고 있다(신약디모데전서 6:10). 돈 자체는 선하거나 악한 것이 아니다. 돈은 그저 종이나 금속으로 만들어진 물건에 불과하다. 지속적인 가치나 도덕성을 지니는 것이 아니라 그저 잘 쓰이거나 나쁘게 쓰일 뿐이다. 우리는 돈으로 총을 살 수도 있고 꽃을 살 수도 있다. 선한 사람들도 악한 사람들만큼이나 돈이 필요하다. 돈은 단지 교환의 수단일 뿐이다.

사람들은 또 돈이 갖는 힘을 애써 낮춰 말하고 불행한 부자들에 대해 이야기할 때 "돈으로 행복을 살 수는 없다"고 말한다. 하지만, 마음속으로는 대부분 자신에게 돈이 많다면 더 행복할 것으로 생각한다. 시간이 지남에 따라 돈에 대한 사회적인 금기도 변해 오늘날은 그 어느 때보다 복잡한 메시지를 갖게 되었다. 일례로, 1990년대 당시 컴퓨터 업계에 종사하던 많은 젊은이가 서른 살이 되기 전에 백만장자가 되지 못하면 자신을 낙오자라고 생각했다(나는 이걸 볼 때마다 어쩌면 이렇게 생각이 짧을까 하고 통탄한다. 전 세계 인구의 몇 %가 빈곤 속에 살고 있으며 매일 얼마나 많은 어린이가 굶주림으로 죽어가고 있는가). 요즘에는 적어도 100만 달러 정도는 저축해야 은퇴해서 편히 살 수 있다고 말한다. 하지만, 이는 대부분의 미국 노동자들에게는 꿈같은 이야기다. 대기업들을 보면 실제로는 계속 적자를 내는데도 투자자들의 낙관으로 근근이 유지만 되면 성공했다고 생각한다. 안타깝게도, 돈에 대한 우리의 태도가 변하긴 했는데 바람직한 방향은 아니다.

돈은 신비와 환상에 가려져 있다. 사람들은 대부분 친구의 월급이 얼마인지, 옆집 사람은 얼마나 상속을 받았는지, 최고 갑부들의 생활은 어떠한지 알고 싶어 한다. 미국은 계급이 없는 능력 위주의 사회라고 하지만, 사실은 상대방의 재산이 얼마인지, 그리고 그 재산을 얼마나 오래 갖고 있었는지에 따라

계급을 구분하고 서로의 자리를 정한다. 결과적으로 사람들의 인생에서 돈이 차지하는 자리가 매우 크다고 생각하는 것이다. 돈은 비밀로 하기 때문에 더 매혹적으로 보인다는 점에서 섹스와 같다. 그러나 우리가 어렸을 때 상상했던 섹스가 사실이 아니었던 것처럼 돈도 마찬가지다. 코미디언인 케이트 클린턴은 자기가 어렸을 때 섹스에 대해 이렇게 배웠다고 말한다. "섹스는 더러운 것이야. 사랑하는 사람을 위해 아껴둬야 해." 이 이야기는 돈과 연관 지어서도 생각해볼 수 있다. "돈은 사악한 것이야. 많이 벌어야 해."

돈 이야기에 대한 금기 때문에 생기는 한 가지 현상은 돈에 대해 알고자 하는 사람만이 그것을 통제할 수 있다는 것이다. 미국에서는 베일에 가려진 소수의 엘리트 계층이 스스로 벌었거나 상속받음으로써 대부분의 부를 거머쥐고 있다. 누가 돈을 통제하는지, 돈을 통제하려면 어떻게 해야 하는지 일반인들이 모를수록 지배계급에는 도움이 된다. 다른 사람들의 월급에 대해 물어보지 않으면 누구는 백인 남자라서 더 받고 누구는 여자라서 덜 받는다는 사실도 모를 것이다. 우리가 기초 경제학에 대해 알지 못하면 생산수단을 통제하지 못하고, 어떠한 세금제도가 옳은지 알지 못하며, 비영리단체에 자금을 적절히 제공하지 못하고, 궁극적으로는 공정한 부의 분배라는 시민운동의 주요 목표도 달성하지 못할 것이다.

정치 활동가들과 사회변혁운동에 참여하는 사람들은 효과적이고 윤리적인 방식으로 돈을 모금하는 방법, 신중하게 관리하는 방법, 현명하게 쓰는 방법에 대해 배워야 한다. 실제로 돈을 요구하는 방법을 포함하여 돈에 대해 배우고자 하지 않는 활동가들은 결국 자신들이 바꾸고자 하는 바로 그 체제와 타협하는 꼴이 된다.

돈을 요구한다는 생각은 또 하나의 장벽에 부딪히는데, 이는 대체로 청교도 문화로부터 물려받은 것이다. 우리 문화에 유입된 청교도적 윤리는 개신교도가 아닌 사람들에게도 영향을 끼쳐 우리의 감정과 행동에 수많은 메시지를 전달한다. 일례로, 청교도 윤리는 "선량한 사람이라면 누구나 일한 만큼 얻을 것이다. 다른 사람에게 무언가를 달라고 해야 하는 사람은 의지가 약한 사람이다. 강한 사람들은 자족한 생활을 할 수 있기 때문이다(그러니 아무것도 달라고 하지 않을 것이다. 의지가 약한 사람은 열심히 일하지 않았기 때문에 그것을 받을 자격이 없다"고 가르친다. 이러한 생각을 가장 잘 반영한 것이 바로 정부에 대한 국민들의 불신이고 정부가 우리의 돈을 낭비한다는 생각이다.

이러한 믿음은 보수와 진보라는 정치적 성향에 상관없이 나이와 인종, 모든 종교에서 공통으로 발견되는데 다음 두 가지 경우는 예외다.

- 하나는 다른 나라다. 다른 나라들도 돈에 대해 다양하게 금기시 하고 있지만, 미국만큼 모순되는 국가는 없다. 돈에 대해 우리가 가진 금기가 세계적으로 공통된 현상은 아니다.
- 또 하나는 아이들이다. 아이들은 아무렇지도 않게 돈을 요구한다. 아이들은 '자급적이며 공손한 사람은 돈을 요구하지 않는다'는 생각에 얽매이지 않고 계속해서 돈을 달라고 한다. 돈에 대한 금기는 우리가 태어날 때부터 자연스럽게 가진 것이 아니다.

돈에 대한 생각은 우리가 배워서 습득하는 것이기 때문에 그 생각을 바꿀 수도 있다. 작가인 어슐라 르귄은 어느 책에서 이렇게 기술한 적이 있다. "나는 선생들로부터는 거의 배운 것이 없다. 대신 내가 학교에서 배운 지식을 180도 바꿔주는 사람들로부터 많은 것을 배웠다. 바로 '그건 학교에서 잘못 가르친 것이니까 더는 고민할 필요가 없어'라고 말해준 사람들이다."

사회변화를 위한 모금활동은 우리에게 필요한 돈을 모으는 것이 일차적인 목적이지만 장기적인 관점에서 보면 돈에 대해 건강한 자세를 갖게 하고 많은 사람에게 모금이 얼마나 소중한 일인가를 깨닫도록 돕는 일이다.

돈에 대해 갖는 부담스러운 생각을 없애려면 먼저 자신이 자라온 환경을 돌아보고, 성인이 된 지금은 돈에 대해 어떻게 생각하기를 원하는지 정리해 보는 것이 도움된다. 그러려면 시간을 들여 노력해야 하지만, 그 결과로 돈에 대해 좀 더 건강하고 새로운 태도를 얻게 될 것이다.

구체적인 두려움

돈을 요구하는 일에 대한 금기가 이렇게 강한데도 불구하고 그 일을 하는 사람들이 있다는 사실이 놀랍지 않은가! 금기를 극복하는 첫 번째 단계는 우리가 불편해하는 근원적인 이유를 찾아내는 일이다. 그다음으로, 다른 사람에게 돈을 요구했을 때 발생할 일에 대해 우리가 갖고 있는 두려움을 살펴보자. 우리가 갖고 있는 두려움을 이성적으로 살펴보면 대개 그 두려움이 사라지거나 아니면 적어도 감당할 수 있는 수준으로 줄어드는 경우가 많다. 돈을 요구하는 일에 대한 두려움은 다음 세 가지 범주로 나눌 수 있다.

- 절대 일어나지 않을 상황("그 사람이 나를 때릴지도 몰라." "돈을 요청하다가 내가 심장마비로 죽으면 어쩌지?")
- 훈련과 준비로 피할 수 있는 상황("말문이 막혀서 머릿속이 깜깜해질 거야." "묻는 말에 대답을 못해서 상대방이 나를 바보라고 생각할 거야.")
- 50% 정도의 확률로 반드시 일어날 상황("상대방이 거절할 거야.")

마지막 범주인 '반드시 일어날 상황'에 대해서 대부분의 사람은 상대방이 거절할 것이라는 두려움 외에도, 그러다 우정에 금이 가지 않을까, 친구가 기부하면 나도 그에 대한 보답으로 그 친구가 지지하는 단체에 기부해야 하지 않을까 하는 걱정을 한다. 여기에 대해 좀 더 자세히 살펴보자.

"그 사람이 싫다고 할 거야"

거절은 모금가가 갖는 가장 큰 두려움이다. 하지만, 안타깝게도 "예"라는 말을 듣는 횟수만큼 "아니오"라는 말을 들을 것이다. 따라서 거절을 당하더라도 상심하지 않아야 한다. 이 문제는 우리의 기부 요청이 상대방 인생에서는 단 한 순간일 뿐이라고 생각하면 쉽다. 여러분이 기부를 요청하기 전에 그 사람에게는 수천 가지의 일이 발생했을 것이다. 물론 그 일들은 여러분과는 아무 상관이 없지만, 그 사람이 기부 요청을 수락할 것인지에는 영향을 끼칠 것이다. 예를 들어, 아이에게 치아 교정을 해줘야 하거나, 차의 타이어를 교체해야 하거나, 고객으로부터 제때에 수금을 못했을 수 있다. 이러한 일들은 상대방이 감당할 수 있는 기부금 액수에 영향을 끼칠 것이다. 잠재 기부자는 여러분이 일하고 있는 단체에 대해 긍정적으로 생각하고 성공하기를 바랄 테지만 그 순간에는 이미 다른 곳에 돈을 사용했거나 올해는 다른 곳에 먼저 기부하기로 마음먹었을 가능성이 있다. 이혼이나 가족의 죽음, 두통 등 돈과 무관한 일들도 기부에 영향을 끼친다. 이러한 일들은 여러분이 미리 알 수 있는 것도 아니고 상대방이 말하지 않는 한 앞으로도 절대 모를 일이기 때문에 여러분의 잘못이 아니다.

개인적으로 거부당한 느낌이 드는 건 상대방의 반응을 잘못 해석하여 자신을 그 상황에 연관시키기 때문이다.

모금가로서 반드시 기억해야 할 것은 상대방이 거절할 권리가 있으며 거절하는 이유를 설명하지 않아도 된다는 점이다. 대부분의 경우, 왜 기부 요청을 거절했는지 알지 못할 것이다. 이때 모금가가 할 일은 왜 거절당했는가를 걱정하며 상심하지 말고 그냥 다음 잠재 기부자에게로 가는 것이다.

"친구에게 기부를 권했다가는 우정에 금이 갈 거야"

사람들은 우정을 지키려면 돈 관계를 멀리해야 한다고 생각한다. 돈이 개입되면 관계가 복잡해지고 친구와 멀어지기 쉽다는 것이다. 그러나 친구들이 가장 좋은 잠재 기부자가 되는 경우가 많다. 왜냐하면, 대의에 대한 헌신과 열정을 알기 때문이다. 친구들은 여러분의 삶에 관심을 두고 여러분의 성공과 행복을 바란다. 친구들의 경우, 기부 요청을 받지 않았을 때 더 상처받는 경우가 많다는 사실을 알고 놀라워하는 사람들이 많다. 그들은 왜 여러분이 하는 일에서 자기를 소외시켰는지 이해하지 못할 것이다.

더 나아가, 여러분이 상대방의 거절을 편하게 받아들인다면 친구도 거기에 대해 그렇게 큰 부담을 갖지 않을 것이다. 그리고 기부 요청을 받더라도 마치 두 사람의 우정이 그 문제 하나로 좌우지될 것처럼 생각하지는 않을 것이다. 기부 요청에 대해 친구가 승낙을 해주면 좋겠지만 거절해도 괜찮다는 점을 분명히 보여주는 것이 중요하다

"네게 지금 다른 어떤 일들이 있는지는 모르지만 가능하면 여기에 동참해

주면 좋겠어" 등의 말을 해보자.

"그 사람은 내 요청을 받아들이겠지만, 그 대가로 내게 다른 부탁을 할 거야. 그럼 나는 싫든 좋든 그걸 들어줘야겠지"

이와 같은 주고받기 상황이 발생하는 경우가 있는데, 어떤 사람들과는 매우 자주 일어난다. 나중에 내가 아쉬울 때를 생각해서 친구의 기부 요청을 승낙하거나, 친구가 나의 기부 요청을 들어주었기 때문에 나중에 나도 친구의 요청을 들어줘야 한다고 생각하는 것은 모금이 아니다. 그것은 그저 돈을 교환하는 것으로, 각자 자신의 일에 자신의 돈을 쓰기가 더 쉽고 불필요한 수고를 더는 일일 것이다. 또 의무감 때문에 마지못해 기부하는 사람은 지속적인 기부자가 되지 못한다. 그들은 자신의 친구가 일을 그만두면 바로 기부를 중단할 것이다.

여러분의 요청에 따라 어떤 사람이 기부하더라도 그 사람에게 빚을 진 것은 아니다. 다만, 단체가 모금한 목적에 따라 현명하게 그 돈을 사용하도록 할 책임이 있다. 단체가 정직하고 사업을 잘한다면 기부자에 대한 의무를 다한 것이다. 모금가는 모금활동에서 눈에 보이는 이득을 얻지 않는다. 모금의 이유를 설명하고 상대방이 거기에 공감하면 기부를 할 것이다. 이로써 여러분은 이미 여러분이 지지하는 대의를 위해 노력한 것이다. 감사편지를 보내고 진심으로 감사하는 태도를 보이는 것 외에는 기부자에게 빚진 것이 없다. 이후에 기부자가 다른 부탁을 하면 이전에 그 사람이 단체에 기부했는지와 상관없이 결정해야 한다. 물론 그(녀)가 하는 일을 도울 수는 있지만 그래야 할 의무는 없다. 만약 기부하는 대신 무언가를 요구할 것 같다면 그 사람에게는 기부를 요청하지 않는 것이 좋다. 아무 조건 없이 기부할 사람은 수없이 많다.

누군가에게 돈을 요구하는 일은 끔찍한 일이 아니라 사실 누군가에게 부탁하는 일이다. 여러분의 단체가 추구하는 목적에 공감하는 일을 중요하게 생각하는 사람이라면 거기에 동참하기를 원할 것이다. **기부는 자신이 할 수 있는 것보다 훨씬 더 큰 사회적 대의에 동참하는 간단하고 효과적인 방법이다.** 아울러 '기부자가 기부한다'는 사실을 기억하라. 기부해 본 사람이 기부를 할 것이고, 결국 여러분의 단체에 기부할 것인가 혹은 다른 단체에 기부할 것인가의 문제다.

더구나, 기부 요청에 대한 두려움은 어떤 실체가 있어서 그런 것은 아니다. 이 점에서 다른 두려움과는 매우 다르다고 할 수 있다. 예를 들면, 개를 두려워하는 사람은 개에 대한 나쁜 경험을 가지고 있는 경우가 일반적이다. 그렇지만 기부 요청을 두려워하는 사람은 그런 경험을 갖고 있지는 않다. 그들의 두려움은 일어날 수도 있는 가상의 현실을 가정한 것에 불과하다. 따라서 더 많이 요청할수록 덜 두려워진다. 왜냐하면 무엇이 일어날지 알게 될 것이고 그것이 별 것 아니라는 사실을 곧 인식할 것이기 때문이다. 잠재 기부자는 큰 금액이 아니라면 예라고 대답할 수도 있고, 이러한 결정을 바로 내리지 않아도 되며, 누군가에게 이야기할 필요도 없고, 또한 일정 시점까지 실제 기부는 미룰 수도 있으며, "지금은 아니에요"라고 혹은 좀 더 분명하게 "할 수 없어요"라고 말할 수도 있는 것이다.

많은 자원활동가는 연습을 통해서만 돈을 요청할 때의 두려움을 극복할 수 있다고 말한다. 처음으로 기부를 요청할 때 두려움이 전혀 없을 수는 없다. 다만, 그 두려움을 통제할 수 있어야 한다. 자신이 믿는 소명이 자신의 두려움보다 더 큰지를 자신에게 물어보라. 모금가는 기부를 요청할 때 두려움이 앞서면 "당신이 나서지 말고 당신이 믿는 소명과 대의가 말하게 하라"는 말을 자주 한다. 요점은, 여러분이 단체에 충분한 사명감을 갖는다면 그 단체의 활동을 지속하는 데 필요한 일을 할 것이고 거기에는 기부를 요청하는 일도 포함된다는 것이다.

온라인 콘텐츠

- Why Are People Afraid to Ask for Money? by Klein Kim

제9장

진짜 잠재 기부자를 찾아라

여러분이 돈을 요청하는 것에 대해 갖는 모든 염려와 걱정을 해결하고자 하는 데 너무 많은 시간을 낭비하지 마라. 물론 그렇지 않은 사람들도 있지만, 여러분이 그 과정을 편안하게 받아들이긴 어려울 것이고, 여러분이 관심을 두고 있는 단체들을 위해 할 수 있는 일 중 아마도 가장 내키지 않는 일일 테니 말이다. 직장 내 차별에 관한 이슈를 다루는 단체에서 일하고 있는 나의 친구는 다음과 같이 말한 적이 있다. "난 돈을 요청하는 일이 정말 싫어. 하지만, 회사가 성차별 이슈를 회피하는 것도 싫어. 그래서 난 그냥 다 큰 어른처럼 해버리는 거야."

여러분이 더 많이 시도할수록 두려움은 덜할 것이다. 실제로 나는 몇 해 전에 수천 명의 사람에게 기부를 요청했었는데 그때 깨달은 것은 내가 요청한 사람들이 승낙하든지 안 하든지 사실상 별로 신경을 쓰지 않았다는 점이다. 물론 그들이 내 요청을 받아들일 때엔 훨씬 행복했고 거절을 때엔 기분이 썩 좋지는 않았다. 하지만, 대부분의 경우 그들이 나의 요청에 귀를 기울여 주었다는 것에 감사하고 있었고, 나는 그들이 뭐라고 응답했든 간에 또 다른 사람에게 요청할 예정이었다.

이번 장에서 우리가 다루려고 하는 것은 성공적인 모금에서 가장 주요 변수인 '누구에게 요청할 것인가?'에 대한 것이고, 그 다음 장에서는 '어떻게 요청할 것인가?'에 대해 좀 더 자세히 살펴볼 것이다.

잠재적 기부자에게 요청하라

모금에 관해 하는 말 중 "**여러분이 일단 요청하면 요청하지 않을 때보다 기부를 받을 확률이 높다**"는 말이 있다. 이 말이 틀린 말은 아니지만, 여러분이 지나가는 사람에게 무작위로 요청하는 것보다는 잠재적인 기부자에게 요청할 때 그 확률은 훨씬 높아질 것이다.

모든 모금작업은 우리가 하는 일에 관심을 둘만한 사람들에게 최대한 집중해서 이뤄져야 한다. 하지만, 개인적인 권유나 간청은 1 대 1로 이루어지는 경우가 대부분이므로 요청할 특정인을 알아보는 것에 많은 시간을 쏟을 필요가 있다. 이메일이나 우편으로 하는 기부 요청은 관심이 있을만한 수십 혹은 수천 명의 사람들에게 보내지만, 우리는 그들의 이름을 하나하나 확인하지는 않는다. 직접적인 요청은 우리가 개인 혹은 커플에게 개별적으로 요청할 때만 쓰는 전략이다. 이 경우 우리는 좀 더 많은 기부를 할 수 있는 사람들에게 집중하게 된다.

규모가 큰 단체들에서는 보통 개인적인 요청으로 최소 2,500달러나 종종 5,000달러, 혹은 그 이상의 기부금을 요청한다. 그러나 작은 단체의 경우, 1,000달러 혹은 그 이상을 낼 수 있는 기부자들 역시 개인적인 요청작업에 걸리는 시간만큼의 가치가 있는 사람들이며, 250달러나 그 이상의 적정 기부 금액을 책정해 놓음으로써 더 많은 사람이 주요 기부자가 될 기회를 열어놓을 수 있다. 250달러에서 1,000달러라는 금액은 개인적으로는 요청하기 어려운 금액임에도 말이다.

물론 기부금의 액수가 여러분이 방문할 사람들을 결정하는 유일한 요인은 아니다. 여러분은 오래된 기부자를 만날 수도 있고, 큰 액수를 기부하지는 못하지만 존경받고 있으며 나른 이들로 하여금 여러분을 찾아 올 수 있도록 해 줄 수 있는 사람을 만날 수도 있을 것이다. 여러분은 또한 주요 기부자들의 가족을 방문하거나 기부금 대신 현물을 줄 수 있는 상인들을 방문할 수도 있다. 최대한 많은 수의 지지자를 만나보고 그들과 개인적인 만남을 위해 최대한 많은 사람을 고용하길 바란다. 그러나 동시에 우리가 가진 시간은 한정되어 있기 때문에 이러한 일을 가장 잘 수행할 방법을 강구해야 하며, 방문을 통해 잠재적인 기부자가 기부할 수 있는 돈, 시간, 다른 사람에게 소개할 가능성 등을 증가시킬 수 있도록 하여 우리가 쏟는 노력이 헛되지 않게 해야 할 것이다.

어떤 사람을 잠재적인 기부자로 볼 수 있을 것인가라는 질문은 다음과 같이 풀이될 수 있다. "내가 만약 만남을 준비하는 시간을 포함한 30분~60분의 시간을 투자하여 어떤 사람에게 30분~60분 동안 만나달라고 요청을 했을 때, 짧은 시간 동안 다소 공식적인 형식으로 만났을 때보다도 훨씬 큰 규모의 기부를 할 가능성이 있는가? 있다면 그 증거는 무엇인가?"

어떤 사람이 여러분의 시간을 투자할 만한 가치가 있는 잠재적 기부자인지를 결정하는 데는 다음과 같은 세 가지 주요한 자격조건이 있다.

- 여러분이 요청하는 금액을 기부할 수 있는 능력(Ability)
- 대의 혹은 그와 비슷한 것에 대한 믿음과 공감(Belief)
- 그룹 내 다른 사람과의 인맥(Contact) – 기부를 요청할 수 있거나 자신의 이름을 사용하도록 허락하는 사람의 존재

여러분이 누군가에게서 위의 항목에 대해 긍정적이면서도 입증할 만한 증거를 찾게 된다면 그 사람이 바로 잠재 기부자이다. 만약 한두 가지가 충족되지 않을 경우에는 '가능성 있는(potential) 잠재 기부자,' 때로는 약칭으로 '관심 대상'(suspect)이라고 부를 수도 있다. 이제 각각의 항목을 가장 중요한 순서대로 좀 더 자세히 살펴보도록 하자.

인맥(Contact)

인맥은 세 가지 항목 중 가장 중요하면서도 가장 간과하기 쉬운 항목이다. 여러분이 해당 잠재 기부자를 잘 알고 있는가? 여러분의 인맥 중 그를 아는 사람이 있는가? 인맥이 없는 채로 사적이고 개별적인 요청을 하기는 어렵다. 여러분의 단체와 해당 잠재 기부자 사이에 어떤 연결고리도 없기 때문이다.

누군가와 여러분의 단체가 인맥을 갖는 방법은 세 가지 경우이다.

- 이사회의 이사, 직원, 혹은 자원활동가가 그 사람을 아는 경우
- 이사회의 이사, 직원, 혹은 자원활동가가 그 사람을 아는 누군가를 알고 있는 경우, 그리고 그 누군가가 여러분이 그 혹은 그녀의 이름을 사용해도 좋다고 하거나("메리 존스씨가 저더러 연락을 해보라고 하더군요"와 같은 경우), 또는 더 좋은 예로, 여러분을 대신하여 연락할 의사가 있는 경우("조, 저 메리에요. 제가 정말 훌륭한 단체에 기부하고 있는데 당신도 거기 직원들을 좀 만나서 그 단체에 대해 설명을 듣고 기부에 참여했으면 해요.")
- 그 사람이 현재 여러분 단체의 기부자이지만 단체의 누구도 그 사람을 잘 알지 못하는 경우. 이 경우엔 여러분이 연락하여 이렇게 말할 수 있다. "우리가 아직 서로에 대한 이해는 부족하지만 _____에 대해 헌신하고 있다는 점은 같네요. 저희 단체가 이제 막 시작하려는 흥미로운 프로젝트에 대해 이야기를 좀 나누고 싶은데요."

믿음과 공감(Belief)

아직 기부자가 아닌 사람이 왜 중요한 기부자가 될 수 있는지, 혹은 현재 기부를 이미 하는 사람이 왜 더 큰 규모의 기부를 할 수 있는지 제3장에서 언급한 단체설명서로 돌아가 생각해보자. 여러분이 공통적으로 갖는 가치는 무엇인가? 잠재 기부자가 이미 여러분의 단체와 비슷한 성격의 단체를 지원하고 있다면 그 단체는? 가능한 모든 공통점을 찾는 데 시야를 넓히고 창의적으로 사고하라. 예를 들어, 아이들을 위한 단체에 기부하는 사람들은 그들이 물려줄 세계 안에서 아이들이 자라날 환경에 대해 걱정하고 있기 때문에 환경문제에도 관심이 많다. 그리고 환경단체에 기부하는 사람들은 건강문제에 관심이 많을 가능성이 크며, 도서관에 기부하는 사람들은 문맹퇴치 프로그램이나 창의성 교육프로젝트를 통해 사람들이 독서의 가치를 깨달을 수 있도록 도울 것이다. 반면, 지역사회 단체에 기부하는 사람들은 교향악단에도 기부할 것이고, 인종적 정의를 위한 프로그램에 기부하는 사람들은 박물관의 큰 후원자일 수도 있다. 다시 말해, 우리 중 대부분은 다양한 관심사를 갖고 있기 때문에 한 사람의 잠재적 기부자가 여러분의 대의에 보이는 관심을 포함하여 단지

한두 가지의 정보만으로 결론을 내리기는 어렵다는 것이다.

각자가 지향하는 가치 이외에 어떤 요소가 기부자로 하여금 여러분의 단체를 지지할 수 있도록 동기를 부여하는지 해당 리스트를 만들어보라. 리스트는 가능한 한 세부적일수록 좋다. 그리고 직원들, 이사들, 주요 자원활동 봉사자들과 이 작업을 함께하라. 왜냐하면, 이들은 이미 시간과 돈, 재능 등 소중한 기부를 하고 있는 사람들이기 때문이다. 이제 여러분은 이 리스트를 갖고 가능성이 있는 잠재 기부자들을 가려낼 수 있을 것이다.

예를 들어 보자, 한 생식정의(reproductive justice) 단체는 대부분 미용실에서 종사하는 여성 직원들이 일상적으로 사용하는 매니큐어와 매니큐어 제거제(remover), 염색약과 같은 제품에 들어 있는 화학약품이 생식기관에 미치는 영향에 대해 교육하는 일이 주요 사업 활동이다. 이 단체는 기부할 만한 사람에게 동기를 부여할 요소를 연구하다가 놀랄만한 사실을 발견하였다. 직장 내 환경이 생식기관에 해를 끼치면 안 된다거나 독소가 없어야 한다거나, 혹은 자신들이 어떤 환경에 노출되어 있고 자신의 권리는 무엇인지 이해하는 것처럼, 누구나 예상할 수 있는 것을 넘어서는 미의 기준에 대해 질문을 던져보자는 것이었다. 그리고 이를 통해 여성들로 하여금 미용실 고객이 되게끔 유도해보자는 것이었다. 규모가 작은 미용실들은 대부분 이민자 가족이 소유하고 운영을 하고 있는데, 이 생식정의 단체는 이들 사업가가 세금혜택을 받아 더욱 중요하고 필요한 제품을 제공할 수 있는 사업을 시작할 수 있도록 해야 한다고 제안했다. 이러한 제안을 토대로 단체는 학교에서 성 고정관념 해소를 위한 프로그램을 운영하게 되었고, 이를 위한 기부자를 발굴했다. 아울러 이들 기부자를 소규모 자영업자연합회에 가입하도록 유도하기도 했다. 이 연합회는 신선한 과일과 야채를 파는 노점상, 자전거숍, 재활용센터와 같은 동네 자영업자들이 모여 만든 단체로 동네 활성화를 위한 사업계획에 관심을 두고 있었다. 이러한 사업의 일환으로 연합회는 그동안 주류판매점 주인들이 다른 업종으로 전환할 수 있도록 돕는 일에 힘을 써왔고 미용실 주인 일부 가운데 지지자를 발견하기도 했다. 이처럼 생식정의 단체는 이미 널리 알려진 건강이나 노동자의 정의 실천 및 가치라는 기존의 사명을 넘어 그 영역을 확장해감에 따라 새로운 기부자를 발굴함과 동시에 단체 사업에 새로운 접근방식을 도입하게 되었다.

유사한 가치를 찾는 것과 더불어 잠재 기부자를 단체의 대의에 연결할 수 있을만한 다른 어떤 것을 찾는 것은 중요하다. 예컨대, 여러분의 단체가 잠재 기부자의 가족이 사는 동네와 이웃들을 위해 일하고 있는지? 만약 여러분의 단체에 서비스 대상자가 있다면, 그들이 해당 잠재 기부자의 사업에 고객이 되어 이들이 제공하는 서비스 또는 상품을 애용하고 있는지와 같은 것이 그런 것이다.

잠재 기부자를 조사하다가 그들이 여러분의 대의에 공감하지 않으리라고 생각하여 성급히 결론을 내리는 일은 없어야 한다. 예술계에 기부하는 많은 기부자가 검열에 관심이 많아서 자연스럽게 시민의 자유권을 보장하는 일에 힘쓰는 단체에 기부할 가능성이 많다. 또한, 환경단체를 지지하는 사람들은 빈곤이 환경파괴의 원인이자 결과임을 인식하고 있기 때문에 빈곤퇴치 프로그램들에 기부할 수도 있다. 사람들은 다른 측면에서 보면 지지했을지도 모르는 전통이나 믿었을지도 모르는 종교적 신념에 강하게 동의하지 않을 수도 있다. 예를 들어, 많은 카톨릭 신자가 낙태를 찬성하고 있고, 많은 유대인이 이스라엘을 비판하고 있는 것처럼 말이다. 우리는 정체성 중 어느 한 가지 측면만으로는 판단할 수 없는 거대한 문맥 속에서 살고 있다. 이 때문에 단 하나의 정보만으로 결론을 내리는 일은 특별히 주의해야만 하며, 이를 소홀히 하게 되면 잠재 기부자를 찾는 데 많은 어려움에 부닥치게 될 것이다.

물론 가치가 잠재 기부자들이 지닌 유일한 동기는 아닐 것이다. 그들은 다른 사람들에게 좀 더 관대하게 보이고 싶어 할지도 모르며, 그들의 자녀에게 좋은 본보기가 되고 싶어 할 수도 있을 것이고, 그들이 직접적으로 봉사를 할 수 없는 대의에 기부하고 싶어 할지도 모른다. 어쩌면 그들은 사회적 이슈만큼이나 단체가 사용하고 있는 전략 자체를 신뢰하고 있을 수도 있다. 그래서 이러한 행위에 대한 이야기가 기록될 때 그들은 단순히 역사의 옳은 편에 서 있기를 원할지도 모른다. 우리는 모두 기부에 대한 다양한 동기가 있고, 그 동기 중 어떤 것 – 예를 들어 관대해 보이고 싶어 하는 것과 같이 – 은 현재 기부하는 다른 단체에게도 적용될 것이다. 여러분이 여러분 단체의 가치나 행동에 대해 좀 더 구체적인 의견을 갖고 있을수록 여러분의 잠재 기부자를 찾는 일은 더욱 명료해질 것이다.

나는 이미 여러분에게 넓은 시야를 갖고 창의적으로 사고하라고 조언한 바가 있다. 하지만, 너무 흥분하여 열광하지는 마라. 때때로 사람들이 나에게 "모든 사람이 우리의 대의를 믿고 있어요"라고 말하며 빈곤에 처한 아이들을 위한 유치원프로그램을 어떻게 진전시킬지를 설명하거나 혹은 집에서만 생활하는 노인들에게 음식을 가져다줄 수도 있을 것이다. 비록 "모두"가 그런 아이디어에 찬성할지도 모르지만(물론 소수 사람은 반대할 수도 있다), 우리는 모두 지지하기 위한 돈보다도 지지하고 싶은 훨씬 더 많은 대의를 갖고 있다. 여러분은 지금 여러분이 잘되기를 바라거나 심지어는 온라인 청원사이트에 서명할지도 모르는 사람들로부터 여러분의 단체에 큰 액수의 기부를 할 사람들로 리스트로 좁혀가는 중이다.

능력(Ability)

알파벳 순서로는 A가 가장 먼저지만, 능력(ability)이라는 항목은 사실 잠재 기부자를 파악하는 데 가장 덜 중요한 요소이다. 어떤 단체의 자원활동가나 직원이 돈을 잘 쓰면서 단체의 대의에 공감하는 친구나 동료를 두었다면 그 사람이 작은 액수라도 어떤 형태로든 기부할 능력을 갖추고 있다고 가정하기 쉬울 것이다. 하지만, 여기서 이런 질문을 한다면 어떨까? "그들에게 어느 정도의 액수를 요청해야만 할까?"

모금가들이 저지르는 가장 큰 실수 중 하나는 사람들이 기부할 수 있는 액수가 그들이 보유한 재산과 관계가 있다고 보는 것이다. 물론 어떤 사람이 가진 돈의 액수가 그 사람이 한 번에 기부할 수 있는 금액에 영향을 미칠 수는 있지만, 사람들은 때때로 매달 소액기부를 함으로써 한 번에 큰 금액을 기부하는 것보다 더 많은 양의 기부를 하는 예도 있다. 부자 다수는 그들이 실제로 하는 기부보다 더 많은 금액을 기부할 수 있는 반면, 가난한 사람들은 그들이 가진 얼마 안 되는 재산 중의 많은 비율을 기부하기도 한다. 증권중개인,

은행가나 재무설계사는 사람들이 얼마나 재산이 많이 있는지에 관심이 있는데 이는 사람들이 재산을 불릴 수 있도록 아이디어를 제시하고 관련 상품을 팔기 위함이다. 반면에 **모금가는 사람들이 얼마나 기부할 수 있는지에 관심이 있기 때문에 사람들이 '가진 것'이 아닌 '주는 것'에 초점을 맞춘다.**

어떤 사람이 얼마나 기부할 수 있는지를 파악하기 위해 가장 먼저 여러분은 그 사람이 돈을 잘 쓰는 사람인지를 알아내야 한다. 그러기 위해서는 여러분의 연줄을 통해 이 잠재 기부자가 지지하는 또 다른 단체가 있는지 물어보고, 해당 단체의 뉴스레터, 연간보고서, 프로그램 등에 수록된 기부자리스트를 살펴봐라. 그리고 그가 하는 말을 주의 깊게 들어라. 그가 많은 수의 이메일을 받는 것을 불평하고 있지는 않을까?("저는 모든 리스트에 올라와 있는 것 같다고요.") 그렇다면 아마도 그는 온라인기부를 하는 사람일 것이다. 혹시 그가 너무 많은 전화를 받는 것에 대해 불평하고 있지는 않을까?("저녁을 먹으려고만 하면 전화벨이 울려요. 시민의 자유나 극장이나 지구온난화에 관한 전화죠.") 물론 이러한 전화는 무작위적이지는 않다. 대개는 전화통화로 기부하는 사람들에게 가는 전화다. 그렇다면 그 사람이 엄청 바쁜가? 무엇 때문에 바쁜가? 법률구조협회의 이사회 미팅으로? 국제여성의 날 행사를 위한 단체의 일로? 난민을 위한 자원활동 일로? 아니면 미술관에서 안내원을 하느라? 정치 후보를 위해 일하느라? 이와 연관된 이 모든 것들이 비영리 분야의 대의와 관련하여 매우 활발하게 참여하고 있음을 보여준다고 할 수 있다.

다음으로는 가능한 기부금의 액수를 결정해야 하는데 아래의 가이드라인이 유용하다. 물론 그 사람이 여러분의 대의에 관심이 있다는 전제하에 말이다.

누군가가 100달러에서 499달러까지 기부할 수 있는지를 알아내기 위해서는 생계를 유지할 정도의 임금을 주는 직장에서 일하고 있는지, 아이들, 배우자, 친척 노인 등 많은 사람을 부양하고 있지는 않은지, 그리고 이 정도의 액수를 또 다른 비영리단체에 기부한 적이 있는지 등에 대해 조금 더 알아볼 필요가 있다.

만약 누군가가 500달러에서 1,000달러까지의 금액을 기부할 수 있는지를 알아내려면 그가 꽤 괜찮은 보수를 받는 직장에서 일하거나 퇴직금을 갖고 있거나 혹은 같은 조건을 지닌 누군가와 함께 살고 있는지 알아야 할 것이다. 그리고 이 정도의 금액을 기부하는 사람은 대개 대식구를 홀로 부양하는 사람은 아닐 것이다.

만약 누군가가 1,500달러 이상의 금액을 기부할 수 있는지 알고 싶다면, 조금 더 많은 정보가 필요한데, 특히 그가 다른 비영리단체에 그 정도의 금액을 기부한 적이 있는지를 알아야 한다. 하지만, 사실 가장 중요한 것은 여러분 단체에 이미 어느 정도 기부를 한 경험이 있는지를 알아보는 것이다. 그가 얼마나 부자이고 관대한지와는 별개로, 작은 단체에 1,500달러 정도의 큰 액수를 기부할 가능성은 거의 없다(나는 이미 3장 '기부자 업그레이드 전략'에서 이 점을 이야기했다).

결국, 여러분은 어떤 사람이 얼마의 액수를 기부할 것인지에 대해 완벽히 알 수는 없을 것이다. 왜냐하면, 그가 처한 환경을 다 알 수도 없고, 그가 기부할 수 있다고 생각하는 금액 또한 매일 변하기 때문이다. 여러분은 그저 최선의 추측을 통해 요청할 뿐이다. 사람들은 자기 능력을 넘어설 정도의 많은 돈을 무례하게 요청받는 경우는 거의 없다. 오히려 여러분이 재정적으로 그만큼 성공했으리라 사람들이 생각해 주는 것만으로도 어깨가 으쓱할 일 아닌가.

잠재 기부자리스트 작성단계

이제 여러분은 잠재 기부자를 식별하는 법을 알았으니, 여러분의 자원활동가와 담당 직원은 잠재 기부자리스트를 작성해야 한다. 그 첫 번째 단계는 직접 만나서 주요 잠재 기부자리스트(Master Prospect List)에 올릴 사람들을 찾아야 한다. 그리고 모든 이름을 한 곳에 모아 공유함으로써 한 사람 이상의 직원으로부터 중복 요청을 받는 일이 없도록 해야 한다. 또한, 이처럼 그룹으로 세팅을 해 놓으면 요청을 하는 사람들이 이 과정에 대해 더 관심을 두게 되고 더 많은 이름을 올릴 수도 있으며, 훨씬 많은 열정을 가지고 일을 할 수 있게 된다. 게다가 한 사람 이상이 잠재 기부자를 알게 되면 더 많은 정보를 수집하고 확인할 수 있다.

모금컨설턴트인 스테파니 로스는 주요 잠재 기부자리스트 작성을 위한 가장 수월한 방법을 개발하였다. 즉, 회의에 참석한 모든 사람 각자가 알거나 전화를 걸면 알 법한 사람들의 리스트를 작성하게 한다(See Prospect Identification List). 참석자들은 "그는 나를 싫어해", "그녀는 짠순이야" 혹은 "난 그녀에게 물어볼 수가 없어!"와 같은 말들로 사전 검열을 해서는 안 되며, 아는 사람들의 리스트만을 작성해야 한다. 여기에 이름을 올린 사람 일부가 잠재 기부자가 된다. 또한, 꼭 기억해야 할 것은 단지 참석자가 잠재 기부자를 안다고 해서 기부 요청자가 되진 않을 것이라는 점이다. 기부 요청자는 잠재 기부자 각각이 누구인지 확인된 다음 결정해야 할 것이다.

잠재 기부자 식별 리스트

작성자(*잠재 기부자를 알고 있는 사람*):

내가 아는 사람	우리의 대의를 믿고 공감한다	평소 기부한다	요청할 기부액

각각 이름 옆에는 잠재 기부자가 단체의 대의를 믿고 공감하는지에 대한 체크사항이 있다. 만약 리스트를 작성하는 사람이 이에 대한 확신이 없다면 물음표를 기재하면 된다. 그렇게 하면 대의에 공감하지 않는 사람들의 이름을 모두 제외할 수 있게 된다. 이제 단체의 대의를 신뢰하고 공감하는 사람들의 이름 옆에 그들이 평소 기부하는지 표시를 할 수 있다. 만약 이 부분을 잘 모른다면 역시 물음표를 기입한다. 그러면 기부를 하지 않는 사람들도 역시 제외하게 된다. 이제 남은 사람들(알고 있는 이들 중에 대의에 공감하고 기부하는 사람들)의 이름 옆에 요청할 기부액, 즉 해당 잠재 기부자들의 예상 기부액을 적는다. 금액의 양은 상관없지만, 이 작업은 대개는 500달러에서 2,500달러 사이의 금액을

기부할 수 있는 사람을 찾기 위한 활동이므로, 만약 리스트를 작성하는 사람이 금액에 대한 확신이 없다면 그냥 물음표를 써넣으면 된다. 자, 이제 어느 정도 완성된 잠재 기부자리스트가 만들어졌다. 즉, 모든 분류 항목에 대해 어느 정도 확실하게 대답할 수 있는 사람들의 리스트가 만들어진 것이다. 그다음으로는, 각자가 자신이 작성한 리스트를 큰 소리로 읽고 다른 한 사람이 이름과 연락할 사람의 이름을 스프레드시트 프로그램에 입력하면 된다. 만약 다른 누군가가 잠재 기부자를 잘 안다면 그가 현재 정보를 확인해주거나 다른 정보를 첨가해줄 수 있다. 주요 잠재 기부자리스트는 바로 아래와 같은 형태다.

주요 잠재 기부자 리스트

잠재 기부자	연락할 사람 (잠재 기부자를 알고 있는 사람)	기부 요청자	기부 요청액	비고

다음 단계는 리스트에 있는 사람 중 대의 공감 및 기부 여부에 대해 물음표로 표시한 사람들의 이름을 큰 소리로 읽고 혹시 다른 누군가가 누락된 정보를 채울 수 있는지 살펴본다. 만약 누구도 그들을 잘 모른다면 그 사람은 잠재 기부자가 될 수 없고, 누군가가 그들을 알고 있다면 주요 잠재 기부자리스트로 옮겨 적거나 추가 정보를 통해 제외할 수 있다.

최종리스트—누군가는 알고 있고, 대의에 대한 신뢰와 공감이 존재하고, 특정 금액의 기부가 가능하다고 여겨지는 사람들의 리스트—가 만들어지고 나면, 이제 누가 각각의 잠재 기부자에게 요청할지를 결정하게 된다. 이는 잠재 기부자들과 가장 좋은 관계에 있는 사람이 누구인지, 누가 기꺼이 이들에게 요청할 의사가 있는지, 그리고 잠재 기부자들이 가장 편안함을 느낄 사람이 누구인지에 따라 결정된다. 예를 들어 잠재 기부자의 친한 친구와 잠재 기부자가 높이 평가하고 좋아하는 직장 혹은 사업 동료 사이에서 결정해야 한다고 하자. 언뜻 보기에는 친구가 요청해야 한다고 생각하겠지만, 오히려 이 상황을 사업가적인 방법으로 설명해줄 수 있는 직장 혹은 사업 동료가 더 적합할 수 있다. 물론 궁극적으로 가장 적합한 요청자는 그 일을 가장 잘 해낼 수 있는 사람이 되어야 할 것이다.

이제 요청자는 각자의 잠재 기부자리스트를 손안에 쥐게 된다. 이 주요 잠재 기부자리스트로부터 잠재 기부자의 정보에 관한 좀 더 세부적인 데이터베이스가 구축될 것이다. 요청자는 각 잠재 기부자에 대한 기록의 복사본을 갖게 되며, 해당 단체는 그들의 데이터베이스에서 어떤 항목 값을 이용할 것인지 결정해야 한다.

아래는 여러분이 각각의 잠재 기부자들에 대해 알아야 할 사항을 적어놓은 포괄적인 잠재 기부자 기록과 관련된 샘플이다. 여러분이 500달러의 기부액을 요청할 사람보다 2,500달러를 요청할 사람에 대해 더 많은 것을 알아야 한다는 점을 꼭 명심하라. 여러분이 사람들을 통해 더 많은 것을 알게 되면 데이터베이스의 정보도 추가되거나 수정될 수 있다. 최종적으로 잠재 기부자의 최소 절반 정도가 기부자가 되며, 각자의 정보를 기록해놓는 것은 도움이 된다. 특히 아래와 같은 종류의 정보는 기록되어 있어야 한다.

잠재 기부자 기록

날짜: _____
이름: _____
주소(직장): _____
주소(집): _____
전화번호: (직장)_____ (집)_____ (휴대폰)_____
이메일: _____

연락할 사람(해당 잠재 기부자를 알고 있는 사람): _____
비영리단체에 대한 관심 및 참여 여부(세부적으로 기재)

_____
비영리단체 기부 경험: _____
단체의 일에 대한 관심도: _____
직업: _____
직장명: _____ 기부금 매칭이 가능한가? _____
가족구성원: _____
기타 흥미/취미: _____
가능한 기부금 액수: _____
기타 알면 도움이 될 것들(예: 절반은 이곳에서 생활하고 절반은 쿠바에서 생활함, 전화보다는 이메일 연락을 선호함, 파트너와 함께 결정을 내림 등등):

_____
추천된 기부 요청자: _____
기부 요청자와의 관계: _____
결과: _____

 한두 사람이 이들 정보를 수집하여 체계적으로 기록하는 일은 매우 중요하다. 이는 자원개발 분야 직원이 해야 할 일이며, 만약 여러분의 단체에 이 분야 직원이 없다면 이사진 중 한두 명이 이 임무를 수행해야만 한다. 정보는 정확하고 명확해야 하며 비밀이 유지되어야 한다. 소문만으로 알려진 정보 혹은 기부를 요청하는 데 도움이 되지 않는 것들은 **빼야 한다**("감리교 목사와 바람이 났었음"과 같은 정보는 흥미롭기는 하지만 유용한 정보는 아니다). 어떤 종류의 정보는 다른 단체에게 더 유용할 수도 있다. 수감자와 일을 하는 단체는 잠재 기부자의 가족 중에 수감생활을 한 사람이 있는지를 알고 싶어 할 것이다. 하지만, 그렇지 않다면 해당 정보는 적합하지 않을 것이다. 즉, 역사보존 분야에서 일하는 사람은 지역사회에서 누군가가 얼마나 오랫동안 살았는지를 알고 싶어 할 수 있지만, 동물복지 관계자는 그가 애완동물이나 가축을 키웠는지, 혹은 동물을 좋아했는지에 더 관심을 두고 있을 것이다.
 사실 잠재 기부자 리스트를 작성하기 위해 가장 필요한 것은 여러분의 이름을 그 리스트의 가장 맨 윗줄에 적어놓는 것이다. 모금에서 종종 이야기하는 것 중 하나는, 맨 처음으로 누군가에게 기부를 요청할 때 항상 긍정적인 답을 들어야 한다는 것인데, 첫 번째로 요청할 사람은 바로 당신이어야 하기 때문이다. 즉, 여러분 자신이 지지할 만한 가치가 있는 단체라고 판단하게 되면, 여러분이 알고 있는 누군가가 어느 정도를 기부할 수 있을 것인지에 대한 좀 더 확실한 감을 갖게 될 것이다.

모든 기부 요청자는 스스로 먼저 기부하고, 잠재 기부자에 대해 정확하고 적합한 정보를 수집한 다음, 접촉할 사람들의 리스트를 갖게 될 것이다. 우선 가장 먼저 예스라고 대답해줄 사람을 접촉해야 하겠지만, 그들이 가장 큰 금액을 기부할 사람일 필요는 없다. 그보다 중요한 것은 요청을 거절하게 될 누군가를 맞닥뜨리기 전에 두세 번 정도의 긍정적인 경험을 해보는 것이 좋다. 때로는 가장 까다로운 사람들에게 처음으로 요청하여 '고비를 넘는' 경험을 하려고 하기도 하지만, 그렇게 하지 않아도 된다. 오히려 초기에 누군가로부터 긍정적인 대답을 듣는 경험을 하고 나면 몇몇 어렵고 까다로운 요청을 수월하게 해 나갈 수 있을 것이다.

제10장

기부를 요청하는 법

기부를 요청할 때의 두려움을 완전히 극복하고 편해지려면 시간이 걸리며, 8장에서 언급했듯이, 이러한 전략을 실천하는 데 방해가 되는 심리적, 문화적 장애물에 대해 논의를 하기 위해서는 단체 차원에서 많은 시간을 투자해야 할 필요가 있다. 그렇지만 요청에 대한 순수한 실행계획과 방법에 대해 초점을 맞추는 것도 마찬가지로 중요하다. 종종 몇 시간의 심리적 논의를 거친 후, "그렇지만 미팅에 어떤 옷을 입어야 하지요?" "점심 값은 제가 내야만 하나요?" 혹은 "미팅을 잡기 위해 잠재적 기부자에게 문자를 보내도 되나요?"라고 물을 수도 있다. 흔히 이런 구체적인 것들이 오히려 사람들을 더 머뭇거리게 한다.

이 장에서는 개인적인 요청에 대해 좀 더 구체적인 내용에 대해 살펴보기로 하자. 이는 대개의 경우 일반적으로 적용할 수 있는데 잠재적 기부자의 문화적, 계층적, 개인적 변수를 고려하여 개별적인 기부 요청을 할 필요가 있다. 또한 그 정도는 좀 낮지만 자기 자신에게도 적용해 볼 수 있다. 수집한 정보를 어떻게 적용할 것인가가 고민될 때는 실제 문화와 계층에 뿌리를 둔 것을 자신의 열망과는 분리해야만 한다. 예를 들어, 미국 남부 대부분의 지역과 아시아 문화에서는 정중함과 예의바름에 매우 높은 가치를 둔다. 따라서 요청을 거절하거나 거절할지도 모르는 요청을 하는 것은 결례로 간주된다. 이런 것이 직접적 기부 요청을 어렵게 만들기도 한다. 문화적인 것에 민감한 모금가는, "기부금으로 5,000달러 정도를 생각해 주실 수 있는지요? 나중에 제가 다시 연락드리겠습니다" 혹은 "선생님께서 검토할 정보를 남기고 가겠습니다. 가능하시다면, 선생님께서 저희와 함께하시길 진정으로 기대합니다"와 같은 문구를 사용한다. 다시 말하자면, 기부 요청 미팅에 바로 즉답을 받고자 해서도 안 되며, "OOO달러를 기부해 주실 것으로 믿어도 될까요?"라고 단도직입적으로 물어서도 안 된다.

또 다른 한편으로 나는 사람들의 내부적인 열망에 대해 좀 더 분명하게 알기 위해서 사람들로 하여금 자신의 문화에 대해 이야기하게 한다. 예를 들면, 나에게는 익숙지 않지만 "나의 문화 속에서는 어느 누구도 묻는 것을 원하지 않는다"와 같은 것이다. 서로 선물을 교환하지 않거나 서로 요청하지 않는 문화에 대해 경청해야만 한다. 그렇지만 거의 모든 문화는 요청과 관련하여 여러 다양한 방법을 고안해 왔으며, 이는 종교적인 제도와 기구를 통해 이뤄지기도 했다. 물론 고맙게도 궁극적으로 문화는 변화하게 되어 있다. 예를 들면, 인종차별주의는 우리 문화의 한 부분이기는 하나, 그것이 지속되기를 원하지도 않으며, 그들의 문화 속에 인종차별적인 행동을 합리화하고자 하는 자에 대해서도 관용을 베풀지는 못할 것이다. 제8장에서 이미 언급했듯이, 억압적인 돈에 대한 수많은 문화적 타부와 규범이 존재하며 이에 대해서는 다시 숙고할 필요가 있다.

끝으로 여러분이 누군가에게 기부 요청을 할 때 어떤 일이 일어날지를 아는 유일한 방법은 그것을 행하는 것이다. 적절한 방법을 통해 검증된 잠재적 기부자에게는 요청하는 것으로 대개는 충분하다. 어떤 것이 작동을 하고 안하는지 스스로 확인하라.

가장 공식적인 접근법

잠재 기부자에게 접근하는 가장 격식을 갖추면서 많은 시간이 소요되는 방법은 다음 세 단계로 이루어진다.

1. 단체에 대해 또는 특별히 도움이 필요한 이슈에 대해 설명하는 편지나 이메일을 보낸다. 그러면서 기부를 요청하고 싶다는 것과 만나서 이 문제에 대한 의견을 나누고 싶다는 한두 문장의 글을 끼워 넣는다.

2. 그다음에는 전화를 걸거나 이메일을 보내 만나는 날짜를 정한다.
3. 마지막으로, 직접 만나서 기부를 요청한다.

이메일은 개인적인 모금요청을 하는 데 환상적인 수단이자 선물이다. 왜냐하면, 전화통화의 노력과 시간을 절약해주고, 잠재 기부자로 하여금 요청에 대해 숙고하고 편한 시간에 응답할 수 있게 하며, 여러분도 또한 그 응답에 어떻게 대응할지 생각할 여유를 주기 때문이다. 또 다른 한편으로, 이메일은 잠재 기부자가 받는 여러 통의 이메일들에 묻혀 버릴 수도 있다. 만약 일주일이 지나도 응답이 없다면, 다시 이메일을 보내라. 여전히 응답이 없다면, 전화를 해라. 요즈음에는 점차 전화를 잘 사용하지 않지만, 전화통화는 이메일을 사용하지 않거나 응답하지 않는 잠재 기부자를 위해 여전히 필요한 수단이다.

1, 2단계만 필요할 때도 있다

물론, 자신의 배우자나 아주 친한 친구들에게 요청할 때는 이메일이나 전화는 하지 않고 바로 만나러 나가도 괜찮다. 아마 전화를 걸 필요도 없을 것이다. 그 외에도, 특히 소액 기부를 요청할 때는 편지만으로 충분하며 전화를 할 필요가 없을 것이다. 또 경우에 따라 편지와 전화만으로 충분하고 직접 만날 필요는 없을 수 있다. 전화나 만남이 필요한가는 기부 요청액의 규모와 잠재 기부자에 대해 자신이 알고 있는 바에 따라 결정한다. 어떤 사람들은 자신이 아는 사람의 전화를 받고 선뜻 250달러, 500달러 또는 1,000달러 이상까지 기부하기도 한다. 또 잠재 기부자가 단체나 기부 요청자로부터 멀리 떨어진 곳에 거주한다면 기부 요청자가 찾아오는 것보다는 긴 전화 통화를 더 반길 수 있다. 그(녀)가 고액 기부자라 할지라도 말이다.

하지만, 잠재 기부자가 아무리 너그럽고 온화하고 참여에 적극적인 사람이라도 이메일을 보내고 이에 따른 후속조치를 했을 때(설령 그것이 또 다른 이메일이라도) 기부 가능성이 커지는 것은 인지상정이다. 전화로 부탁을 받을 때보다 직접 만났을 때 기부 금액이 커지는 것은 두말할 것도 없다. 지금 우리는 '내가 감당할 수 있는 정도인가, 또 그 정도의 금액을 이 단체에 기부할 것인가'를 잠재 기부자가 심사숙고해야 할 정도로 큰 액수의 기부금을 요구하고 있다는 사실을 기억하자. 그러려면 잠재 기부자가 궁금해 하고 염려하는 문제에 대해 충분한 시간을 갖고 답을 해주어야 한다. 필요한 이야기를 하려면 30~60분 정도가 걸릴 텐데 직접 만나서 이야기하는 30분은 전화로 하는 30분보다 훨씬 짧게 느껴질 것이다.(만남에 소요되는 시간은 문화별로, 세대별로 각기 다르다. 농촌지역 혹은 자기 고향을 떠난 적이 거의 없는 노인을 만나서 이야기할 때는 일하는 중간 중간에 만날 수밖에 없는 사업가보다는 더 많은 시간을 할애해야 한다. 또한 어떤 문화권에서는 다른 지역보다 훨씬 더 많은 '잡담' 수준의 대화가 존재할 수도 있으며 이는 만남에 소요되는 시간에 포함될 수도 있다).

이메일 혹은 편지

이메일 혹은 편지는 잠재 기부자의 관심을 끌 수 있어야 하며, 약간의 정보를 주되 완전히 결정을 내리기에는 부족한 정도여야 한다. 편지의 길이는 한 페이지를 넘지 않도록 짤막하게 쓰며, 이메일은 더 짧게 쓴다. 이들의 목적은 잠재 기부자에게 전화해서 만날 약속을 잡기 위한 전초전으로 쓰는 것이다. 다시 말해, 편지에서는 여러분이 고액의 기부를 요청할 것이며, 왜 이 기부를 요청하는지, 왜 잠재 기부자가 여기에 관심이 있을 것으로 생각하게 되었는지를 설명할 수 있도록 잠시 시간을 내주기를 바란다는 내용을 간략히 전달한다. 그리고 기부에 대한 확답이나 어떤 방식으로든 단체에 참여하겠다는 약속을 요구하지 않는다. 단지 기부 요청자를 만나 기부에 대해 이야기를 나눠보라고 요청한다. 아래는 그러한 편지의 예문이다.

> **코니 선생님께,**
>
> 지난 몇 년간 제가 우리 지역의 무료 병원에 대해 자주 이야기하는 것을 들으셨을 것입니다. 아시다시피, 최근에 제가 이사로 선출되어 그곳 일에 열심히 참여하고 있습니다. 수많은 방법으로 수많은 사람들에게 봉사할 수 있는 기회가 되기 때문에 저로서는 무척 흥분되는 일이지요! 최근 저희 이사회에서 이동병원을 만들자는 데 합의를 했고 이를 위해 올해 모금 캠페인을 하기로 하였습니다. 다행히 정부지원을 받아 이동병원을 운영하기 위한 버스와 장비를 준비할 수는 있지만, 이를 운영하기 위해서는 추가적인 자원이 필요합니다.

> 올해 말까지 모금 목표는 50,000달러입니다. 저희 이사들도 전원이 기부에 참여해서 총 15,000달러를 모았습니다. 이제 나머지 금액을 위해 선생님과 같은 분들께 도움을 청하고자 합니다. 항상 다른 사람의 귀감이 되시고 이를 통해 지역사회를 이끌어 오신 선생님과 같은 분들이 1,000달러에서 2,000달러 정도의 금액으로 선례를 만들어 주시면 이 일을 추진하는 데 많은 도움이 될 것입니다. 오랫동안 지역 보건의료서비스를 개선하기 위해 활동해오신 선생님께서도 이 캠페인의 성공에 큰 힘이 되어주시기를 희망합니다.
>
> *[단체의 현재 프로그램을 설명하는 짧은 한 문장을 넣는다.]*
>
> 어려운 일을 부탁드리는 줄 알고, 또 이 편지 한 장만으로 선생님께서 결정하시기는 어려우시리라 믿습니다. 그래서 언제 한번 만나 뵙고 직접 말씀을 드리고 싶습니다. 저는 정말 이 편지 한 장에 다 담을 수 없을 만큼 이 병원이 지향하는 목적에 큰 열정을 갖고 있습니다. 다음 주 중에 한번 전화로 연락드리고 찾아뵙겠습니다. 참, 지난주 야구 경기에서 선생님 가족들을 만나 뵙게 되어 정말 반가웠습니다. 안녕히 계십시오.
>
> 왕성 활동가 애니 드림

이 편지는 매우 단도직입적이다. 코니가 편지를 읽으면 무슨 부탁이 있을 것인지, 금액은 얼마인지까지도 알 수 있다. 그리고 무슨 용도로 돈이 쓰이는지도 알며, 이 단체에 기부하는 것이 말도 안 된다고 생각하면 지금 당장 결정할 수도 있다. 그만큼의 고액 기부를 할 수 없다면, 더 적은 금액을 기부해도 괜찮다는 의미가 편지에 포함되어 있다. 또 상대방이 캠페인에 참여하는 일이 매우 중요하다는 말로 시작해서 그를 추켜세웠다. 하지만, 지금 당장 코니가 결정해야 할 일은 없고 이후 전화 올 때만을 기다리면 된다. 지금 뭔가를 해달라고 요청하지 않았다. 대신, 아직은 결정하지 말라고 부탁한 것이다.

이메일로 보낸다면 거의 같은 내용이 될 것이다. 그렇지만 제목 칸에는 "무료병원을 시작하다", "요청", "흥미진진한 캠페인을 시작하다"와 같은 문구로 채워질 수 있을 것이다.

이메일의 마지막 문장은 아마도 "다음 주 함께하실 수 있는 시간이 언제쯤인지 알려주십시오" 정도가 될 것이다. 이메일은 상당히 많은 이점이 있다. 그 중 가장 큰 이점은 전화 통화 없이도 만날 시간을 정할 수 있다는 점이다.

전화

기부 요청자로서 누군가에게 전화하겠다고 말했으면 반드시 전화해야 한다. 먼저 잠재 기부자가 할 만한 질문과 거절 상황에 대비하여 전화 통화를 연습해 본다. 처음 "안녕하세요"라고 말할 때부터 자신이 무슨 말을 할지 명확히 알고 있어야 한다. 여러 사람이 경험한 바로는, 전화모금할 때 말할 내용을 스크립트로 만들어 놓는 것처럼 무슨 말을 할지 미리 적어두면 도움이 된다고 한다(제16장 참조).

전화 통화는 기부 요청에서 어려운 일에 속한다. 만날 약속을 잡는 것이 아주 중요한데, 직접 만나지 않으면 상대방으로부터 기부받을 가능성도 줄어들 것이다. 그래서 기부 요청자는 전화 통화에 큰 부담을 가진다. 게다가 보디랭귀지도 볼 수 없으므로 상대방이 무슨 생각을 하는지 어떻게 느끼는지 알기가 더 어렵다. 상대방이 얼굴을 찌푸리는지, 미소를 짓는지, 바빠서 허둥대는지 알 수가 없다. 또 전화 통화에서 얻은 느낌에 의존하기도 어렵다. 성격 좋은 사람도 전화상으로는 무뚝뚝하거나 피곤하게 들릴 수 있다. 휴대전화로 이야기하면 잘 안 들릴 수 있고 이야기가 끝나기도 전에 통화가 중단될 수도 있다. 어떤 사람들은 전화로 이야기하는 것을 싫어하는데, 이것이 마치 기부 요청자와 이야기하는 것을 싫어하거나 기부 이야기를 꺼리는 것처럼 오해될 수도 있다. 마지막으로, 전화가 울리면 사람들은 항상 하던 일을 멈추고 수화기를 들어야 한다. 그러므로 상대방이 여러분을 아무리 좋아한다고 해도 전화는 훼방꾼이 될 수밖에 없다.

그래서 기부 요청자는 매우 불안해지고 이 불안감 때문에 이야기를 잘 이끌어가지 못하게 된다. 불안한 사람들은 다음에 무슨 말을 할까 생각하느라 상대방이 하는 말을 잘 듣지 못한다. 실제로 통화를 하기 전에 단체 내의 몇몇 사람들과 전화 연습을 해보면 불안감이 좀 줄어들 것이다.

잠재 기부자에게 전화를 걸었을 때 발생할 수 있는 일은 두 가지다. 상대방이 전화를 받거나 받지 않는 것이다.

잠재 기부자가 전화를 받지 않는다

실제로, 약 90%가량은 자동응답기나 음성사서함, 비서, 다른 가족 등 일종의 문지기를 만날 것이다. 이럴 때는 여러분이 전화 받기 편한 시간을 알려 주고 나중에 다시 전화하겠다는 말을 남긴다. 최소한 세 번은 이런 메시지를 남기고, 그래도 연락이 닿지 않으면 그때 포기한다. 메시지는 믿을 만한 것이 못된다. 음성사서함은 실수로 지워지고, 종이에 적어둔 것은 잃어버리며, 숫자를 잘못 적거나 이름을 잘못 적어 누가 전화했는지 알 수가 없고, 여러분에게 전화했으나 통화 중이었을 수 있고, 또는 나중에 전화할 요량으로 번호를 계속 가지고 다녔으나 짬을 내지 못했을 수도 있다. 여러 기부 요청자가 말한 바로는, 사람들은 대체로 밤낮을 가리지 않고 이메일을 쓰기 때문에 전화번호와 이메일 주소를 함께 남기면 적어도 답변은 받을 수 있다고 한다. 무엇보다도, 잠재 기부자와 연락이 되지 않는다고 해서 기부를 거절당했다고 속단하지 말아야 한다. 그렇기는 하지만, 또 소중한 시간을 마냥 낭비하고 있을 수는 없으니, 한 사람에게 세 번 정도 메시지를 남겼는데도 연락이 없으면 그냥 다음 잠재 기부자에게로 넘어가는 것이 낫다.

잠재 기부자에게 연락하려고 열심히 노력했으나 성공하지 못했다면 잠재 기부자의 인맥을 찾아 그 사람에 대해 물어볼 수도 있다. 그러면 잠재 기부자가 현재 외국에 있거나 가족 중에 누가 아파서 간호하고 있다는 이야기 등을 들을 수 있다. 또는 잠재 기부자의 비서를 통해 약속을 정할 수도 있고, 때로는 비서가 기부 요청과 같은 문제를 처리하는 때도 있다. 그러나 가끔은 그 인맥이 여러분이 생각한 것보다 잠재적 기부자와 그리 친하지 않을 수도 있다는 사실을 알게 된다.

기부 요청과 관련하여 내가 알고 있는 대부분의 예는 처음 시작은 그리 순탄하지 못하다는 것이며 잠재적 기부자와의 통화가 전형적인 사례다. 나의 동료가 내가 일하는 단체에 대해 매우 흥미로워 할 것이라는 말과 함께 어떤 사람의 이름을 소개해 주었다. 그는 말하기를, "내 이름을 사용해도 좋다"라고 했고 나는 그렇게 했다. 우선 그에게 전화를 걸어 나를 소개하고는 "팀 브리운이 선생님께 전화를 한번 해보라고 해서 이렇게 연락드리게 되었습니다." 그 잠재적 기부자는 매우 친절하게 답을 했다. "편지를 봤습니다만 저는 팀 브라운이 누군지 잘 모르겠고 팀이란 이름은 제 기억에는 전혀 없습니다." 아직 리스트가 잘 정리 안 돼서 그렇다고 답하는 것이 최선의 대응이었다. 그러고는 마지막으로, "그렇게 이야기해 주셔서 감사합니다. 단지 선생님께서 저희 단체의 활동에 관심이 있으신지 궁금합니다. 시간이 되시면 이에 대해 이야기를 조금 나눠도 좋을는지요?"라고 물었다. 그는 웃으면서, "모든 일이 잘 되길 기원합니다. 그런데 저는 이미 후원하는 단체가 너무 많아서 좀 어려울 것 같습니다"라고 말하고는 전화를 끊었다. 이 일은 리스트를 준 사람에게 던질 몇 가지 질문을 나에게 남겼다. 즉, "이 사람을 어떻게 알게 되었는가?" "그녀를 마지막 본 것이 언제인가?" "그가 우리 단체에 관심 있을 것이라고 생각하게 된 이유는?" 만일 누가 그의 이름이 적힌 리스트를 준 것인지 불분명하다면 그냥 무시하는 것이 좋다.

잠재 기부자와 통화가 되었다

잠재 기부자가 전화를 받았다면, 우선 여러분이 누구인지 밝히고 편한 시간인지, 잠깐 시간을 낼 수 있는지 물어 방해되지 않도록 한다. 이렇게 하는 이유는 직업적으로 모금을 하는 전화와 구분하기 위해서인데 그들은 결코 이런 것들에 대한 양해를 구하지는 않는다. 이런 내용이 확인되었으면 곧바로 전화를 건 목적으로 들어간다. 앞서 이메일이나 편지를 보냈다면 잠재 기부자가 편지를 읽어 보았는지 묻는다. 그리고 기부 요청을 위해 전화를 했다는 사실 혹은 기부 가능성에 대해 만나 논의할 시간을 부탁하려고 전화했다는 점을 분명히 전달한다. 만나기를 원한다고 했다면 전화상으로 기부 요청을 할 필요는 없다.

전화상에서 잠재 기부자가 하는 말은 액면 그대로 받아들이고 숨은 뜻이 있을 것으로 의심하시 않는다. 예를 들어, "이번 달에는 매우 바쁜데요"나 "결정하기 전에 남편/아내와 이야기를 해봐야 해요"라는 말을 "기부하기 싫습니다"로 듣지 않는다. 대신, 첫 번째 답변에는 "네. 잘 알겠습니다. 그럼 제가 다음 달에 한 번 더 연락을 드리면 어떨까요?"라고 하고, 두 번째 답변에는 "그러면 두 분을 제가 함께 만나 뵈면 어떨까요?"라고 말하면 된다. 잠재 기부자가 하는 말은 무조건 사실로 들어야 한다. "올해 기부하기로 계획한 돈을 이미 다른 곳에 기부했다"라고 말하면, 그럼 내년에 우리 단체를 고려해 주시도록 한번 만나 뵙고 설명드리면 어떻겠냐고 물어본다. "직접 만나기 전에 더 많은 정보가 필요하다"고 하면, 무슨 정보가 가장 도움이 될지 물어 오늘 중으로 보내겠다고 하고 잠재 기부자가 정보를 검토한 다음으로 만나는 날짜를 정하면 어떻겠는가 물어볼 수 있다.

잠재 기부자가 발뺌한다고 해서 거절이라고 생각하지 않는다. 실제로, 거액을 기부하는 사람들은 몇 차례 발뺌해서 기부 요청자가 단체의 활동을 얼마나 중요하게 생각하는지, 단체가 실제로 사업을 잘하는지 알아보고자 한다. 특히 지역사회 조직화 사업에서는 이런 경향이 두드러진다. 단체의 대의에 공감하는 것으로 알려진 어떤 잠재 기부자가 한 번 거절 신호를 보냈다고 해서 금세 포기한다면, 과연 그 단체가 기업의 협박에 굴하지 않고 정치권력에 맞서 싸울 수 있을지 어떻게 믿겠는가?

수화기를 들기 전에 고려해야 할 점이 또 하나 있다. 어디에서 전화할 것인가이다. 집에서 할지, 직장에서 할지, 아니면 휴대폰으로 할지 우선 자신에게 물어봐라. 돈에 대한 이야기가 아니라면 어디로 전화하겠는가? 이웃집 사람이라면 아마 집에서 전화할 것이다. 친구라면 보통 어디에서든 전화할 것이고, 직장 동료라면 직장에서 할 것이다. 가능하다면 이런 통화는 웃음을 띠고 일어서서 하는 것이 좋다. 숨을 깊게 쉬면서 편안한 마음으로 그리고 빠르지 않게 중간 중간 쉬어가면서 통화할 수 있을 것이다.

만남

일단 약속을 정했으면 직접 대면 모금을 위해 준비해야 한다. 이 일은 생각만큼 그렇게 두렵지 않다. 우선, 잠재 기부자는 앞서 받은 편지나 전화로 여러분이 기부 이야기를 하리라는 점을 알고 있다. 그러면서도 만나기로 한 것은 여러분의 요청을 대놓고 거절하지는 않을 것이란 뜻이다. 이 잠재 기부자는 승낙을 고려하는 중이다. 기부 요청자가 할 일은 잠재 기부자가 심사숙고에서 확답으로 옮겨가도록 하는 것이다.

만남의 목적은 기부를 얻어내는 것이다. 기부 요청자는 자신감 있고 열정적이며 안정적으로 보여야 한다. 사전에 인터뷰를 잘 준비했다면 그다지 어렵지 않을 것이다. 기부 요청자가 잘 모르는 정보를 보충할 수 있도록 잠재 기부자를 만날 때 단체 직원이나 이사와 함께 나갈 수도 있다. 두 사람이 함께 나갈 때는 누가 이야기를 시작할지, 누가 실제로 기부를 요청할지 미리 정하도록 한다. 누구 한 사람이라도 모든 이야기를 혼자서 다 하지 않도록 주의하는 것이 좋다.

기부 요청자가 할 일은 기부를 요청하는 것이다. 잠재 기부자가 할 일은 기부를 할지 안 할지, 생각할 시간을 달라고 할지, 아니면 거절할지를 결정하는 것이다. 기부 요청자는 잠재 기부자의 응답을 사적으로 받아들이지 않는 것이 중요하다. **상대방이 승낙했다고 해서 훌륭한 모금가이고 거절했다고 해서 실력 없는 모금가인 것이 아니다.** 부탁하는 사람의 숫자가 어느 정도에 이르면, 그중 일정한 비율은 거절하게 되어 있다. 실제로, 여러분이 지난 며칠간 한 번도 거절당하지 않았다면 그동안 여러분이 상당히 많은 수의 사람들에게 묻지 않았다는 증거다.

만남 에티켓

잠재 기부자와 아무리 친한 사이라도 이 만남의 주제는 일이다. 첫 인사는 가볍고 유쾌한 이야기로 시작해서 간단하게 가족이나 친구들에 대한 안부를 묻겠지만, 본론으로 들어가기 전에 너무 오래 수다를 떨지 말아야 한다. 따라서 일찌감치 이렇게 시작하면 도움이 된다. "제가 이 자리에 온 게 OO단체에 기부를 부탁하기 위해서인 건 아시죠? 본론을 이야기하기 전에 우선 선생님 손자가 유치원을 얼마나 좋아하는지 듣고 싶습니다" 혹은 "새끼 고양이들이 좋아할 만한 집을 구하셨는지요?" 등등. 그렇지만 "이번 여름휴가는 어떠셨는지요?" 혹은 "요즘 새로운 것이 있는지요?"와 같이 상당히 광범위한 질문을 하지 않는 것이 좋다. 쉽게 대답할 수 있는 질문을 함으로써 화제를 단체와 모금 목표로 전환해 갈 수 있다.

여러분의 질문에 답을 할 때 진진하게 관심을 보여주는 것이 좋다. 잠재 기부자는 의례적이고 의전적인 것에서 벗어나서 여러분이 질문하고 있다고 생각할 것이다. 그러나 가능한 한 신속하게 만나고자 하는 목적, 즉 모금 이슈로 화제를 전환하는 것이 바람직하다. "이번 여름에 우리 단체는 매우 흥미진진한 일을 추진했는데 이에 대해 선생님께 이야기해드리고 싶습니다", 혹은 "자본금캠페인이 거의 완료되었고 프로그램을 좀 더 확대할 수 있게 되었습니다. 이런 것을 통해 우리가 존재하는 이유를 다시 확인하는 계기가 되었습니다." 이런 식의 대화는 모든 사람을 단체 이슈에 집중하게 하면서 단체의 프로그램 목표를 이루는 데 기부금이 어떻게 도움이 되는지 공감하게 해준다.

다음으로, 잠재 기부자에게 말할 기회를 많이 줄수록 기부 가능성도 커진다. 이야기를 듣기만 하거나 지루한 강의조의 설명을 좋아하는 사람은 아무도 없다. 잠재 기부자에게 여러분의 단체에 대해 아는 게 있는지, 단체가 하는 일에 대한 소식은 어떻게 듣고 있는지 등 상대방이 답변할 수 있는 질문을 던진다. 단체가 하는 일을 지루하게 나열하지 말고 여러분이 단체에 들어와서 한 경험이나 일화 같은 것을 함께 나눈다. "요즘 가장 흥미있는 일은…" 이나 "제가 OO단체에 합류하게 된 것은 제 상황, 또는 의지나 오랜 관심 때문이었지요"와 같은 말이 "저희 단체는 1997년에 해브얼랏재단에서 지원을 받아 처음 시작하게 되었습니다"보다 훨씬 관심을 자극한다.

질문하는 것 외에도 몇 문장 말하고 나서 몇 초씩 쉬는 것도 좋은 방법이다. 잠재 기부자가 거기에 덧붙일 말이 있는지, 질문이나 반대 의견이 있는지를 살펴보자. 잠재 기부자의 말을 이해하지 못했으면 "좀 더 자세히 설명해 주시겠어요?"라고 말한다. 잠재 기부자가 여러분에게 공격적인 발언을 하거나 여러분이 동의하지 않는 말을 할 때는 거기에 동의하는 척하지 않는다. 기부 때문에 자신의 신념을 포기할 것이 아니라, 이견이 있을 때 논쟁으로 빠지지 않으면서도 잠재 기부자의 의견을 반박할 방법이 있는지 궁리할 필요가 있다. "왜 그렇게 말하시는지 이해가 됩니다. 언론에서 그런 인상을 심어주니까요. 하지만, 실제로는…" 이나 "저희도 (사실-사실-사실)…을 발견했습니다. 그래서 이러한 방식으로 프로그램을 설계한 것이지요"라고 말을 할 수 있다. 분노나 방어적인 태도 없이 이렇게 말하면 잠재 기부자도 스스로 허튼사람으로 비치지 않을까 하는 염려 없이 마음을 바꿀 수 있을 것이다.

30분으로 예정한 면담 시간이 다 되어가거나 잠재 기부자가 여러분의 이야기에 흡족해하는 듯 보이면 이제 마무리를 할 때다. 즉 기부를 부탁할 때가 되었다. 한두 문장으로 캠페인의 목표나 단체가 하는 일의 중요성을 다시 언급한다. 그런 다음, 잠재 기부자를 바르게 응시하고 "2,000달러 정도를 지원해주실 수 있겠습니까?" 또는 "500달러에서 1,500달러 사이에서 기부를 해주시면 좋겠습니다" 또는 "5,000달러 정도를 고려해주실 수 있으십니까?"라고 기부를 요청한다. 마무리할 때 마술처럼 술술 통하는 표현이란 없다. 여러분의 성향에 맞는 표현으로 원하는 기부 범위나 특정 기부액을 분명하게 제시하는 것이 중요하다. 그리고 나서는 침묵한다. 이 순간에는 기부 요청자가 대화의 주도권을 포기해야 한다. 드디어 잠재 기부자에게 결정을 맡기는 것이다. 몇 분이 걸리는 것 같더라도 잠재 기부자가 입을 열 때까지 기다린다. 조바심이 날수록 시간은 더디게 흐르는 것처럼 느껴질 것이다. 잠재 기부자를 계속 바라보되 노려보지는 않는다. 여러분은 온 힘을 기울였고 할 말도 다 했으니 이제 한숨 돌리자. 숨을 깊이 들이마셨다가 천천히 내쉰다. 찡그리지 말고 입에는 가벼운 미소를 짓는다. 여유 있고 자신감 있게 보이는 것이 중요하다.

잠재 기부자의 반응

이때 잠재 기부자가 하는 말은 다음 여섯 가지 중 하나다. 약간 다르더라도 요지는 크게 벗어나지 않을 것이다.

1. "예. 도와드리겠습니다." 잠재 기부자에게 감사를 표한다. 고마워하고 기뻐하되 지나치게 감정적으로 반응하지 않도록 한다. 그렇게 반응하면 결정을 하기 전까지는 잠재 기부자가 그렇게 너그러운 사람일 줄 몰랐다는 인상을 줄 수도 있다. 그런 다음, 기부금 전달 방법(수표, 약정, 주식 양도 등 지금 또는 나중)을 결정한다. 가장 쉬운 방법은 "어떻게 기부금을 전달하고 싶으세요?"라고 물어보는 것이다. 방법이 결정되면 다시 한 번 기부자에게 감사를 표하고 자리에서 일어난다.

2. "도와드리고 싶지만, 제안하신 액수가 좀 부담스럽습니다." 이것은 승낙이지

만 기부 금액을 줄이고 싶다는 표현이다. 이때는 "그 금액을 약정하시고 1년에 네 차례로 나눠서 기부하시겠습니까?"라고 물어볼 수 있다. 또는 "편하게 생각하시는 금액은 어느 정도입니까?"나 "어느 정도를 기부하고 싶으십니까?"라고 물어본다. 잠재 기부자와 흥정하려는 유혹은 피하자. 기부자가 기부액을 결정하고 나면 1번의 절차를 따른다.

3. "상당히 큰돈이네요." 이런 말은 보통 뜸을 들이기 위한 것이다. 단체가 제안한 금액을 기부할 수는 있지만, 자신에게 상당히 큰 액수라고 생각한다. 그래서 그 금액이 상당히 크다는 점을 단체가 알아주기를 원하는 것이다. "정말 큰 금액이지요. 이런 큰 액수를 부탁드릴 수 있는 분들은 사실 많지가 않습니다"나 "정말 큰 금액이지요. 그래서 저희가 선생님을 이렇게 직접 만나 뵙고 요청을 드리는 것입니다." 또는 "정말 큰 금액이지요. 그만큼 저희에게 정말 큰 도움이 될 것입니다"라고 말할 수 있다. 그런 다음, 상대방이 결정하도록 다시 침묵한다.

4. "생각을 좀 해봐야겠습니다." 어떤 사람들은 실제로 그 자리에서 마음을 결정하지 못하는데, 이때 답변을 하도록 밀어붙이면 거절할 것이다. "괜찮습니다. 그것이 큰 금액이라는 사실을 저도 알고 있습니다"라고 말하면서 오늘 당장 답을 주지 않아도 된다고 다시 한 번 안심시키는 것이 좋다. 그리고 다시 잠재 기부자에게 "제가 어떤 점을 더 설명해 드리면 생각하시는 데 도움이 되겠습니까?"라고 묻고 질문이 있을 때 답변을 해준다. 그런 다음, "제가 며칠 후에 한번 전화를 드려서 어떻게 결정하셨는지 여쭤볼까요?" 혹은 "이메일로 연락드려도 될까요?"라고 물으며 마무리를 하면서 잠재 기부자가 결정을 내리고 답변할 기한을 정한다.

5. "제 배우자/파트너/다른 사람에게 물어봐야겠습니다." 이런 말은 십중팔구 잠재 기부자가 정말로 다른 사람과 이 일을 의논해야 한다는 뜻이다. 그러나 처음에 만날 약속을 정할 때 잠재 기부자가 이 사실을 언급하지 않았다는 점으로 보아 생각할 시간이 더 필요하다는 뜻일 수도 있다. 때로는 더 궁금한 것이 있거나 단체에 대해 부정적인 생각이 있는데 차마 그 말을 하지 못해서일 수도 있다. 이와 같은 '숨겨진 질문'은 표면으로 끌어낼 필요가 있다. 이때는 "그러실 수 있겠네요. 혹시 배우자께서 궁금해 하실 사항이 있을까요? 제가

지금 설명하겠습니다"라고 물어본다. 그러면 잠재 기부자가 마음속에 담고 있던 생각을 말할 것이다. "제 회계사가 이 단체는 왜 그렇게 많은 돈을 사무 공간에 지출하는지 궁금해 할 것 같은데요." 또는 "제 아내는 왜 이 단체가 '부정직한' 기업으로부터 돈을 받는지, 그리고 그렇게 받은 돈이 단체의 활동에 악영향을 미치고 있지 않은지 의아해할 것 같군요" 등과 같은 말을 할 수도 있을 것이다. 이렇게 이의를 제기해 오면 그것에 대해 답을 줄 수 있어야 한다. 그런 다음에는 잠재 기부자가 배우자/파트너/다른 사람과 언제까지 이야기해서 답변해줄 것인지 대충 일정을 정하고 자리에서 일어난다.

6. "아니요. 기부하지 않겠습니다." 만나기 위해 여기까지 나왔다면 그다지 많이 나올 것 같지 않은 답변이지만 그래도 상대방의 거절 의사를 존중해야 한다. 고개를 끄덕이고 조용히 좀 더 긴 해명을 기다린다. 잠재 기부자는 대개 이유를 대느라 말이 길어질 것이다. "이 단체의 사업 방식에 동의하기가 어렵군요. 이야기를 좀 더 들으면 상황을 이해할 수도 있지 않을까 생각했는데, 그게 아니에요." 또는 "아무래도 그곳 이사장이 제가 좋게 생각하는 분이 아니라 안 되겠습니다." 이때는 기부 요청자가 덩달아서 이사장을 비방하는 데 동조할 필요도 없고, 또 단체 사업과 관련된 그의 일에 대한 것이 아니라면 그를 방어하느라 시간을 들일 필요도 없다. "그분은 저희 단체에서 정말 많은 일을 하셨어요. 하지만, 몇 가지 논쟁적인 것도 있죠"라고 말할 수 있다.

가능성은 아주 희박하지만, 거절의 답변을 들은 후 1분가량을 침묵했는데도 잠재 기부자가 별다른 설명을 제공하지 않을 수도 있다. 이때는 "거절하시는 이유를 좀 설명해주실 수 있습니까?" 또는 "앞으로 다른 분들께도 기부를 요청할 예정인데, 혹시 제가 개선해야 할 점이 있으면 말씀해주시겠습니까?"라고 물어본다. 빙어직이시 않은 태도로 물어본다면, 상대방이 답변할 것이다. 혹시 오해가 있었다면 다시 바로 잡아서 승낙을 얻거나 최소한 "다시 생각해 보겠다"는 말을 들을 수도 있다. 상대방의 마음을 바꾸려고 너무 애쓰면 그 사람의 의견을 존중하지 않는 것처럼 보일 수 있다. 이러한 요청을 한 번 거절한 사람들은 이후 단체에 대해 좀 더 많이 알게 된 다음이나 시간을 갖고 더 생각해 본 후에 승낙으로 바뀌는 경우가 종종 있다.

헤어질 때는 잠재 기부자에게서 긍정적인 대답이 나올 수 있는 질문으로 마무리한다. "주소록에는 계속 선생님 연락처를 갖고 있어도 될까요?" 또는 "미운털 씨가 이사회에서 물러나면 그때 다시 전화드려도 되겠습니까?" 또는 단순히 "여기서 시내로 가려면 어떻게 가야 합니까?"라고 물어도 좋다. 시간을 내준 데 대해 감사를 표하고 자리에서 일어선다. 굳이 말로 하지는 않았지만, 기부 요청자와 잠재 기부자 사이에는 아주 중요한 합의가 있었음을 기억하자. 그들은 기부 요청을 위해 만나달라는 부탁에 동의했다. 그러니 여러분도 그들이 거절할 권리가 있다는 것을 존중해야 한다.

면담 후에는 기부에 대해 어떤 답변을 들었든지 간에 지체하지 말고 감사편지를 보내야 한다. "5,000달러 기부금 약속에 감사드립니다. 저희 CEO에게 선생님의 관대함에 대해 이미 말씀드렸고 큰 변화에 기여하리라 믿습니다" 혹은 "우리 프로그램에 대한 선생님의 솔직하고도 유용한 의견과 관심에 감사드립니다. 우리 직원들과 함께 공유하면서 좀 더 진전된 사항이 있으면 알려드리도록 하겠습니다." 만일 잠재 기부자가 기부를 결정하고 약속한 기부금이 접수되면 단체 명의로 또 한 번의 감사편지를 보낸다.

큰 금액의 기부를 요청하려면 마음이 매우 불안해지기도 한다. 하지만, 상대방에게 승낙을 얻어내면 날아갈 듯이 기쁠 것이다. 또 설령 거절당한다 하더라도 크게 상심할 일은 아니다. 대부분의 사람은 여러분과는 전혀 무관한, 상당히 타당성 있는 이유로 거절하기 때문이다. 연습을 많이 할수록 기부를 요청하는 일도 점점 쉬워진다. 그리고 돈을 요구해야 한다는 불안감을 접어두고 단체가 추구하는 목적을 위해 기부를 요청한다고 생각하면 훨씬 용기가 날 것이다.

온라인 콘텐츠

- Asking for Money: Fifteen Useful Tips, Klein & Roth Consulting
- Tips for Meetings with Donors and Prospects, Klein & Roth Consulting

제11장

기부자 분류와 관계강화

지금쯤이면 기부자가 있다는 것이 베갯잇이나 탁자를 가진 것과는 다른 일이라는 사실을 명확히 인식했기를 바란다. 기부자는 살아 있고 숨을 쉬며 감정과 태도를 가진 존재이고, 150만 개 이상의 비영리단체들이 열심히 찾고자 하는 존재이기도 하다. 분명한 것은 신뢰하고 있는 두 단체에 마음이 끌리고 똑같이 신뢰하지만, 하나는 그들에게 관심을 표시하고 다른 하나는 그렇지 않은 단체 중 하나를 선택해야 한다면, 그 선택의 결과를 예측하기는 그다지 어렵지 않을 것이다. 불가능하기는 하지만, 이상적으로는 기부자의 개인적인 모금선호도에 대해 어느 정도는 알 수도 있을 것이다. 예를 들어, 어떤 기부자가 전화 받는 것을 좋아하는지, 누가 일 년에 한 번 이상은 요청받기를 원하지 않는지, 혹은 누가 종이 뉴스레터는 돈 낭비라고 생각하고 있는지를 말이다. 우리는 또한 기부자 중 누가 그들이 기부하는 단체 중에 우리 단체를 가장 선호하는지, 그리고 누가 우리 단체를 상당히 좋아하기는 하지만, 현재 기부하고 있는 것 이상의 금액을 절대로 기부하지 않을 것인지 등에 대해서도 알 수 있을 것이다.

이처럼 기부자를 분류하는 일을 세분화(segmenting)라고 부르는데 이런저런 변수와 분류를 통해 기부자를 만나기도 하고, 시간과 돈을 절약하기도 한다. 그러나 더 중요한 것은 가능한 한 온 힘을 기울여 기부자와의 관계를 쌓아가도록 한다는 점이다.

여러분은 세분화를 통해 기부자의 요구사항을 수용할 수 있다. 그리고 무엇보다도 만약 한 명의 기부자가 전화 받는 것이 싫다고 했을 때 많은 수의 기부자들이 똑같이 느낄 것으로 생각하게 되는 실수를 면할 수 있다. 내가 아는 몇몇 단체들은 단 한 사람의 기부자가 불평했다는 이유로 복수의 요청을 중지했었다. 50명의 기부자가 평소보다 더 많은 기부금을 냈는데도 말이다! 어떤 때에는 기부자의 요청을 수용하는 것이 매우 쉬운 일이 될 수 있다. 예를 들어 누군가가 여러분의 단체에 35달러와 함께 "저는 일 년에 딱 한 번 기부하니 일 년에 딱 한 번만 연락을 주세요"라고 써진 노트를 보냈다면 추후 일 년 동안은 그 어떤 메일링리스트에도 그의 이름이 오르지 않도록 분명한 표시를 해야 한다. 그는 어떤 행사에도 초대받지 않을 것이고 새로운 요청을 받지도 않을 것이다. 마찬가지로 누군가가 응답카드에 "절대 전화금지"라고 썼다면 절대 전화해서는 안 되며, 이 정보는 그녀의 기부자기록에 반드시 기재되어야 할 것이다. 만약 여러분이 전화번호를 알고 있다고 할지라도 데이터베이스에 절대 입력하지 마라. 데이터베이스에 없으면 여러분이 실수로 전화를 걸 일도 없을 것이다.

세분화의 첫 번째 분류는 아주 간단하다. 기부자들이 단체에 얼마나 오랫동안 기부를 해왔는지(지속성), 그들의 기부금액은 얼마나 되는지(규모), 그리고 같은 해에 그들이 얼마나 자주 기부를 하는지(빈도)다. 이제 각각의 분류 항목을 살펴보자.

분류

지속성

여러분은 지속성이라는 분류 항목을 갖고 두 가지 방법으로 기부자들을 분류할 수 있다:

- 한 번 기부를 했고 두 번째 기부 요청을 아직 받지 않은 기부자들
- 2년 혹은 그 이상 기부를 해온 기부자들

여러모로 가장 중요한 기부자들은 기부금액에 상관없이 수년 동안 기부해온 사람들이다. 만약 여러분의 단체가 어느 정도 운영이 되고 있고 활동 내용

이 우수한 편이라면 5년 혹은 심지어는 10년 이상 기부를 지속해 온 기부자를 위한 하위분류 항목을 만들 수도 있을 것이다.

금액의 크기

후원자 중 대부분이 기부할 수 있는 금액보다 더 큰 금액이 얼마나 되는지 결정하라. 그리고 그만큼 혹은 그 이상 기부할 수 있는 기부자리스트를 작성하라. 어떤 단체는 기준 금액이 100달러일 수도 있지만, 대부분의 경우 250달러 이상이거나 500달러 이상일 것이다.

빈도

일 년에 딱 한 번 기부하는 기부자도 많이 있지만, 요청을 받을 때마다 기부하는 기부자도 다수 있다. 일 년에 두 번 이상 기부하는 사람들의 리스트를 만들어라. 일단 지속성, 금액 크기, 빈도에 따라 기부자를 세분화하고 나면 아래와 같이 분류하라.

- 3년 이상 동안 일 년에 한 번 이상 250달러 혹은 그 이상 기부한 사람
- 3년 이상 동안 일 년에 한 번씩 250달러 이상 기부한 사람
- 3년 이상 동안 한 번 또는 그 이상 100달러에서 249달러 사이의 금액을 기부한 사람

하향순서로 봤을 때, 이들 기부자는 잠재 기부자로 업그레이드하기에 가장 적합한 사람들이고 자원봉사활동의 기회를 고려해 볼 수 있는 이들이기도 하다. 따라서 개별적으로 기부를 요청할 때 이 같은 세분화에 따라야 한다. 그들은 여러분의 단체를 걱정하고 그러한 관심을 수년 동안 표현해 온 사람들이며, 단체에 대해 애정을 갖고 있다는 신호를 보여주는 이들이다. 물론 이들은 개별적인 요청에 긍정적으로 답할 가능성이 매우 크다.

이 리스트를 이사회의 이사들, 믿을 만한 자원활동가들, 그리고 여러분의 지역사회를 잘 알고 있는 신중한 사람들과 함께 공유하라. 그리고 리스트에

있는 사람 중 누가 더 많은 기부를 할 수 있는 사람인지 물어보라. 아마도 제인 스미스는 여러분에게 일 년에 두 번씩 250달러를 기부하고 있고 3년 동안 그렇게 해왔을 것이다. 그런데 한 자원활동가가 얘기하기를, 그녀가 여러분의 단체와 비슷한 성격의 다른 단체에 1,000달러를 기부한 사실을 알고 있으며, 그녀가 두 단체에 대해 항상 호의적이란 것이다. 일반적인 규칙에 의하면 기부자들은 매 3년마다 기부금액을 업그레이드 할 것인지를 요청받을 수도 있기 때문에 이번엔 제인에게 요청할 수 있는 시기를 놓치긴 했지만, 다음에는 1,000달러 정도의 기부가 가능한지 요청해볼 수 있을 것이다.

일 년에 딱 한 번 기부하는 기부자들은 일 년에 한 번 혹은 두 번 요청을 받을 수 있는 반면, 요청할 때마다 기부하는 사람들에게는 해당 연도에 별도의 요청양식을 보낼 수도 있고 혹은 매달 하는 기부프로그램에 가입하도록 요청할 수도 있다. 항상 전화로 기부를 갱신하는 사람들은 전화하기 전에 세 번 이상의 갱신요청편지를 보낼 수 없다. 그 대신, 갱신요청편지를 보낸 후 전화를 할 수는 있다. 온라인 기부만 하는 사람들은 일반우편 리스트에서 이름을 제외해야 한다.

새내기 기부자들

지속성의 하위분류로 이제 막 기부를 시작한 기부자를 들 수 있다. 여러분의 단체에 일회성 기부를 한 사람의 대부분은 재기부를 하지 않는다. 따라서 기부자의 일생 중 가장 취약한 시간은 바로 첫 번째와 두 번째 기부 사이의 시간이다. 일회성 기부를 한 사람들은 기부자 그룹에 가입해줘서 감사하다는 이야기를 듣게 되고, 두 번째 기부를 통해 지속적인 기부를 요청받게 된다. 이러한 기부자들은 수년간 기부를 해온 사람들과는 다른 종류의 요청을 받게 되는데, 100달러 혹은 그 이상 기부자들은 감사편지와 더불어 유선상으로도 감사전화를 받게 된다.

기타 세분화

기부금액의 크기, 지속성, 빈도에 따라 분류하는 것 이외에 어떤 기부자가 행사에만 참가하거나 혹은 오직 하나의 행사에만 참가하는지 주목하라. 이들 기부자에게는 여러분이 보내는 요청편지에 답해준다는 증거를 갖지 않는 한, 일반적인 방식으로 요청할 필요가 없다. 만약 기부자가 중요한 행사에 참석할 때만 기부하기를 3년 이상 반복해왔고 다른 요청에 응하지 않았다면 그 기부자의 주된 충성도는 바로 행사를 향한 것임을 알 수 있다. 만약 일 년 동안 그 기부자가 행사에 참석하지 않았다면, 그에게 행사가 끝난 후 행사가 얼마나 성공적으로 진행되었는지 그리고 그가 없어서 아쉬웠음을 알리는 편지를 보내면서 기부를 요청할 수 있을 것이다.

어떤 기부자는 (투표 독려, 캠페인 단체, 주요 프로젝트 등과 같은) 특정 요청에만 기부하기도 하고 일반적인 요청에는 절대로 기부하지 않기도 한다. 만약 여러분이 특정 요구사항이 있다면 그 요구사항에 맞추어 개별적인 요청을 보낼 수 있을 것이며, 이들이 특정 캠페인을 위한 가장 훌륭한 잠재 기부자이기도 할 것이다.

일 년에 여러 번 기부하는 사람들을 파악하여 한 번 이상의 기부 요청을 보내거나 그들이 매달 정기적인 기부자가 될 수 있는지 확인하기 위해 '서약클럽'(a pledge club)에 가입할 수 있는지를 물어보라. 가능한 모든 방법을 통해 기부자들이 매달 정기적인 기부를 할 수 있는지 요청해야 한다. 하지만, 기부횟수가 잦은 기부자들에게는 서약했을 때에 받을 수 있는 혜택이 명시된 특별한 요청편지를 보내야 한다(매달 정기기부프로그램에 대한 자세한 사항은 23장을 참고하라).

만약 여러분이 1,000명의 기부자 명단이 있거나 데이터 작업에 매우 능숙하다면 다음과 같은 두 가지 세분화 작업을 추가할 수 있을 것이다.

- **만기기부자**(Lapsed Donors) : 1회 이상 기부를 했지만 최근 18~24개월 내에 기부하지 않은 사람들을 되찾는 데 노력을 기울여야 한다(물론 더 오래된 사람들도 있을 것이나 6개월 간격으로 그 기간이 더 늘어날수록 그들을 되찾아오는 데 성공할 확률은 줄어들 것이다). 여러분이 요청할 때 1% 이상이 되돌아온다면 꽤 성공적인 획득전략(acquisition strategy)의 선봉에 서 있는 셈이다. 사람들은 단체와는 상관없이 여러 다른 이유로 기부를

중지하는데, 가장 흔한 두 가지 이유는 그들이 이사하면서 새 주소 보내는 걸 깜빡 잊는 경우(이는 우편주소뿐 아니라 이메일주소도 마찬가지다)와 자신의 인생에서 어떤 중대한 변화를 맞이하는 바람에 모든 일상이 유보되는 경우다. 이혼, 사랑하는 이의 죽음, 중병, 실업 등 사람들이 기부를 중단하거나 잊어버리는 이유는 수없이 많지만 "더는 여러분 단체를 좋아하지 않습니다"라는 식의 이유는 거의 없다. 하지만, 종종 우리는 그런 것을 중단의 이유라고 결론을 내려버린다는 것이 문제다.

- **간헐적 기부자**(Episodic Donors) : 기부자와 관련된 점점 더 새로운 현상들이 생겨나고 있는데 바로 사람들이 간헐적으로 기부한다는 점이다. 이들은 2년 또는 3년 간격으로 종종 나타나길 반복한다는 점을 빼면 앞서 언급한 만기기부자들과 구별해내는 것은 어려운 일이다. 이들은 단체의 구성에 큰 변화가 일어났을 때 종종 기부한다. 그리고 자연재해, 충격적인 성희롱 사건이나 기업이 인권과 건강, 복지 등의 이슈에 대한 책임을 방기하는 경우(식수원에 독극물이 포함된 오염원을 방류하는 것처럼)가 생기면 간헐적인 기부자들은 난데없이 나타나곤 한다. 이들과 협력하는 유일한 방법은 사건이 생길 때마다 대다수 기부자가 정보를 얻게 되는 소셜미디어에 알리는 것이다.

밀입국 농장 노동자들의 권리 신장을 돕는 한 프로그램은 농장 노동자들에게 큰 잘못을 저질렀다는 내용의 기사가 뉴스나 라디오에서 나올 때마다 평소 잘 연락이 되지 않던 기부자들이 기부금을 보낸다는 점을 발견했다. 또한, 해당 단체가 페이스북이나 트위터 같은 소셜미디어를 적극적으로 활용하여 이러한 뉴스를 확산시켰을 때 실제로 기부금이 꾸준히 증가하는 것을 확인할 수 있었다. 그러나 뉴스가 사라지거나 너무 자주 나면 오히려 기부자들은 기부를 중단했다. 이들은 차별, 무차별적인 농약사용, 미국 이민국 직원들로부터 받는 모욕적인 처우 등과 같은 굵직한 사건에 민감하게 반응했고, 매일 일어나는 사소한 사건에는 잘 움직이지 않았다. 그래서 이 단체는 사명이 완수될 때까지 때때로 이와 관련한 끔찍한 오남용, 모욕, 학대 등의 사건이 일어날 수도 있을 것이라 인식하고, 단체의 간헐적인 기부자들을 분류하여 이들 사건을 제대로 알릴 수 있도록 하고 있다. 간헐적 기부자 중 일부는 주요 기부자가 되기도 했지만, 정기적이거나 예측 가능한 형태의 기부를 하고 있지는 않다.

세분화를 어디까지 해야 하는가?

세분화를 어디까지 해야 하는가에 대한 결정은 얼마나 많은 기부자를 보유하고 있느냐에 달렸다. 500명 미만의 기부자를 보유한 단체는 세분화를 하기 어렵겠지만 5,000명 이상의 기부자를 보유한 단체는 십여 개 혹은 그 이상의 세분화 작업이 가능하다. 긴 시간 동안 살펴본 것을 토대로 실제로 작업을 할 수 있는 만큼의 세분화를 하면 단체의 기부자 유지율은 올라갈 것이다. 왜냐하면, 모금프로그램은 단체의 직원이나 행사에 충성도를 가진 기부자가 아니라, 단체 그 자체에 충성도를 지닌 기부자를 관리하는 데 가장 큰 에너지를 쏟기 때문이다.

기부자들과 연락 유지하기

비유해 말하자면, 경제침체기 혹은 세계정세가 불안할 때 충성도가 높은 기부자들은 단체의 주요 수입원일 뿐만 아니라 생명줄이기도 하다. 따라서 여러분의 단체와 그들을 동일시하는 작업은 매우 중요하다. 이 장에서 언급한 대로 기부자의 유형에 따라 요청전략을 다르게 하는 일은 기부자의 충성도를 만들어 가는 하나의 방법이 될 수 있다.

물론 기부자가 응답하는 방식으로 기부금 요청을 한다고 해서 그들과 연락을 유지하는 것은 아니며 이를 위한 유일한 방법 또한 아니다. 그들에게 단체가 하는 일을 알려야 하고, 그들이 친구들과 더불어 단체를 대신해 단체가 하는 일을 널리 알릴 수 있도록 도와야 할 것이다. 지금 당장 기부자와 어떻게 연락을 하고 있는지 진단해보고 그들의 입장이 되어 생각해보라. 만약 여러분이 (기부자의 입장에서) 기부하는 단체에 대해 아는 것이 그저 기부자들이 무엇을 받는지에 관한 것뿐이라면 그 단체의 일원임을 자랑스럽게 생각할 수 있겠는가? 어리둥절하지는 않을까? 흥분되는가? 기부하는 단체가 하는 일에 대한 한결같음을 느낄 수 있는가? 아니면 그런 일이 산발적으로 느껴지지는 않는가?

예를 들어, 공립학교의 학생들과 함께하는 어느 단체에서 3개월 연속 이메일 뉴스레터를 통해 어린 학생들이 정치적 시위에 참여하는 모습의 사진을 실었다고 하자. 아래와 같은 사진의 캡션은 뉴스레터에서 설명되지 않은 이야기를 담고 있었다.

"엘크몬트 고교 학생들, HR2233 시위하다", "레이크쇼어 중학생들, 해리스를 해고하라고 시위하다", "모뉴먼트의 부모들 락커룸 결정 사건에 분노하다."

누구나 이 기사들을 접하면 해당 단체가 대체로 시위나 파업을 통해 일한다는 인상을 받을 것이다. 게다가 이 단체의 감사편지는 컴퓨터로 작성되고, 단지 다음과 같이 인쇄되어 있을 뿐이다. "선생님이 기부하신 ____ 달러의 금액에 진심으로 감사드립니다. 선생님의 기부 덕분에 저희 단체가 공교육 향상을 위해 중요한 일을 수행할 수 있습니다." 물론 기부자들은 그들이 참여하는 자원봉사활동 등을 통해 단체가 하는 일의 추가적인 정보를 접하기도 한다. 그러나 기부자들이 전자 뉴스레터를 통해 접하는 것이 사실은 그들이 단체에 대해 아는 것의 전부라고 해도 과언이 아니다. 만약 단체가 기부자들을 대상으로 짧막한 설문조사를 한다면 아마도 기부자 중 누구도 단체의 과외프로그램이나 열 명의 학생들이 워싱턴DC에서 하는 인턴십프로그램이 있는지 모른다는 사실에 충격을 받을 것이다. 이 흥미로운 프로그램을 통해 단체가 하는 일들이 훨씬 다양한 분야에 걸쳐 있다는 것을 알 수 있다.

이제 이 단체는 그들의 소통방식을 재고해봄으로써 그들이 보내는 전자 뉴스레터가 하나의 프로그램에 대한 좀 더 상세한 내용의 기사를 담고, 기타 프로그램에 대해서는 크고 작은 업데이트 사항을 싣는 것이 좋겠다는 결론을 내릴 것이다. 그뿐만 아니라 기부자에게 보내는 감사편지에는 단체가 하는 일에 대한 한 문단 정도 길이의 설명을 담게 될 것이다. 그렇게 된다면 이제 더 많은 기부금이 들어올 것이고 기부자들은 감사편지에 대한 답장에 "인턴십프로그램에 대한 이야기가 정말 인상적이네요. 학생들에게 아주 좋은 기회가 되었으면 합니다"라고 쓰게 될 것이다. 이는 아마도 당연한 결과일 것이다.

이제 일 년 동안 여러분이 기부자들과 한 소통 과정과 내용을 한번 돌아보자. 그리고 그것이 만일 기부자로서 받은 것의 전부라면 단체가 하는 일에 대해 알 수 있는 것과 알 수 없는 것들이 무엇인지도 살펴보라. 그런 연후에 문제가 무엇이고 어떻게 해결해야 할지 파악할 수 있을 것이다. 그리고 더 나아가 감사편지에 사적인 내용을 추가할 수 있는지도 살펴보라. 혹은 기부자들에게 가끔 편지나 전화로 그들의 노력에 대한 개인적인 감사의 표시를 더 할 수도 있다. 아마도 편지는 이렇게 시작할 것이다. "선생님이 저희 단체에 기부해 주신 지 다섯 해가 지났습니다. 지난 5년 동안 선생님의 기부가 저희 일에 어떤 큰 도움을 주셨는지 말씀드리고 싶습니다." 이런 편지는 기부 갱신을 요청할 때 쉽게 쓸 수 있다. 특별한 요청에 응답해준 기부자에게 감사의 전화를 함으로써 그들은 여러분이 요청한 일을 제대로 해냈다는 사실을 알 수 있다. 이러한 전화 대부분은 보이스메일로 녹음되기도 한다. "존스씨 안녕하세요, DoTheGood의 활동가인 앤서니입니다. 저희는 현재 리치몬드 지역사회를 대상으로 정신건강서비스 확대 사업을 진행 중이고 존스씨의 기부금이 이 사업에 쓰이고 있습니다. 페이스북 페이지를 방문하셔서 확인해 주시면 고맙겠습니다. 진심으로 감사드립니다."

모든 기부금이나 기부에 대한 동기에 감사하고 있지만, 해마다 기부를 받을 수 있는 가장 좋은 방법은 기부자들과 단체의 직원과의 단순한 관계를 넘어 그 이상의 관계를 맺는 것에 있다. 기부자 데이터베이스를 구축하고 유지하면서 리스트를 세분화하고 각각 세분화된 기부자들의 특성에 맞게 대응하기는 쉬우면서도 중요한 일이다.

제 III 부
기부자 확보 및 유지 전략

ಜಿಂಡ

제III부에서는 한 번도 기부해 보지 않은 사람을 기부자로 안내하기 위한 단체의 전략, 즉 우편, 온라인, 전화, 특별 행사, 캔버싱 등에 대해 구체적으로 살펴보고자 하며, 이들이 지속적인 기부자가 되기 위해서는 동일한 전략을 어떻게 구사해야 하는지도 살펴볼 것이다. 나는 우선 모금에서 가장 중요한 개념 중 하나인 '다중채널'(multi-channel) 모금이라 일컬어지는 전략에 대해 살펴보고자 한다. 다중채널이란 어떤 전달 수단을 쓰더라도 같은 메시지를 전달한다는 의미가 있으며 제3장에서 언급한 내용의 실천적 적용이라 할 수 있다.

이는 동일한 메시지를 모든 사람에게 전달하라는 뜻이라기보다는 페이스북에 사람들을 초대해 여러분의 이야기를 하는 것과 우편을 통해 여러분의 이야기를 하는 것의 차이를 고민해 보는 편이 나을 것이라는 뜻이다. 또한, 전화로 여러분의 일을 어떻게 설명하느냐와 트위터에 140자 이내로 포스팅하는 것은 다를 것이다. 그렇지만 이 모든 방법은 여러분의 모금 사례로 다시 돌아가게 한다. 어떤 채널을 사용하든 소통의 목적은 지지와 기부를 독려한다는 의미에서 동일하다.

따라서 우편과 온라인모금 등 모든 공통적인 것을 포함한 전략의 기본적인 내용뿐만 아니라, 이들 전략을 적용한 사례와 방법에 대해 언급할 것이다. 제III부의 끝 부분에서는 단체의 수입이 될 수 있는 자발적인 수수료 기반 서비스(fee-for-service)의 가능성을 살펴보고, 마지막으로 '기회 모금'(opportunistic fundraising)이라는 중요한 주제에 대해서도 이야기할 것이다. 즉 이는 모든 단체가 자신의 스텝들로 하여금 예기치 않은 장소와 상황에서 발생할 수 있는 모금의 기회를 놓치지 않게 하려면 어떻게 교육하고 훈련할 것인가와 관련이 있으며 다중채널모금과는 한 쌍을 이룬다.

기부자를 확보하고 유지하기 위해 적용하는 모든 것들은 제IV부에서도 언급할 기부규모 증가 전략에도 그대로 적용할 수 있다.

제12장

다중채널모금

우리는 기부자에게 정보를 전달하거나 그들이 단체의 기부활동에 참여하게 함으로써 연락을 유지하거나 관계를 구축해나가는 능력을 향상해 왔지만, 그만큼의 일이 늘어난 것도 또한 사실이다. 수년 전에 우리에겐 선택할 방법이 몇 가지 없었다. 즉, 기부자와 연락을 지속할 수 있는 주된 방법은 뉴스레터와 기부 요청을 넣은 우편물을 통해서였던 반면에, 지금은 기부자들을 특별행사장에서 만날 수도 있다. 물론 이것은 신뢰할 만한 방식은 아니다. 그리고 요즘엔 기부자들이 전화 수신을 원치 않는다면 절대로 전화를 걸지 않는다. 우리는 여전히 우편물과 전화라는 방식을 통해 기부자와 계속 만나고 있긴 하지만, 이메일이나 다양한 소셜미디어 플랫폼을 통해 소통하기도 하고 문자로 만나는 경우도 점점 늘어나고 있다.

불행하게도 극소수의 단체들만이 새로운 접촉과 포용의 기회를 위해 모금 방식을 개편하고 있을 뿐이다. 오히려 대다수 단체는 사람들이 집에 방이나 창고, 정원을 여기저기에 하나씩 추가하듯이 전략을 추가하고 있는 실정이다. 몇 년이 지나고 나면 그 집은 뒤죽박죽이 된 스타일로 변할 것이 뻔하고, 결국 새로운 주인이 나타나 거의 모든 구조를 새롭게 꾸미게 될 것이다. 이런 방식으로 운영하는 단체는 기존의 기부자 기반이 붕괴되고 이에 따라 종종 재정적인 어려움을 겪게 된다. 다음에 여러분에게 권하려고 하는 것은 일단 잠시 멈춰 서서 모든 접촉 및 포용 전략을 어떻게 만들어 갈지 곰곰이 생각해보라는 것이다. 그런 연후에 그 결과를 갖고 단체에 대한 일관성 있는 관점을 기부자에게 제공하면서 기부자의 참여를 지속적으로 그리고 우호적인 방법으로 권유하란 것이다. 이것이 바로 '다중채널모금'이라고 불리는 것인데, 간단히 말해서 여러분이 이용하는 모든 미디어를 통해 똑같은 메시지를 전달하는 것이다. 즉, 이를 통해 기부자들이 비영리단체가 추구하는 운영전략이나 각기 서로 다른 프로그램과 서비스 사이에서 연관성을 찾을 수 있도록 도와주면서, 개별적인 기부자가 지닌 특정 관심과 그들이 가장 적극적으로 응답할 만한 기부 요청전략을 찾아내는 것이다.

이러한 다중채널모금 방식의 필요성을 가장 잘 이해하기 위해서는 우선 평범한 기부자의 관점에서 단체를 바라볼 수 있어야 한다.

그레이시 굿퍼슨은 사회정의와 관련된 대의에 다양한 기부를 하고 있다. 그녀의 친구가 이메일을 전달해줬는데 그 내용인즉슨, 어린아이를 키우며 커뮤니티 칼리지에서 공부하는 학생을 위한 무료 돌봄서비스을 위해 어떤 단체에서 크라우드펀딩 캠페인을 하고 있다는 것이었다. 그레이시는 학생들이 공부를 끝마칠 수 있도록 지원을 해줘야 한다는 생각을 하고 그녀의 친구가 보내온 이메일의 링크를 클릭, 기부했다. 그러자 즉시 감사 이메일이 그녀의 편지함에 도착했다. 그레이시는 그 단체가 궁금해져 단체의 웹사이트를 클릭했고 곧 해당 단체가 수행하고 있는 각종 애드보커시 프로그램들을 확인할 수 있었다. 한 달 뒤 그녀는 커뮤니티 칼리지의 또 다른 캠페인에 관한 이메일을 받았고, 50달러 이상의 기부를 하면 달력을 주는 프로그램에 바로 50달러를 기부하고 달력을 받기 위한 주소를 보냈다. 그리고 그녀는 "저희 단체를 위해 50달러를 기부해 주신 데 감사드립니다"라고 쓰인 감사편지를 받았다. 그리고 2주 후 그녀는 다음과 같은 전자 통지를 받았다. "우리 시의 노동자들이 수당을 받지 못하는 일이 생기지 않도록 서명을 부탁드립니다." 그래서 그녀는 서명하기는 했지만, 지난번 무료 돌봄서비스가 어떻게 되었는지 궁금해졌다. 한 달 후에 그녀는 다시 다음과 같은 내용의 우편물을 받았다. "저희 단체의 청원활동에 참여해 주셔서 감사합니다. 매우 성공적으로 진행되어 현재 저희 단체는 주의회에 탄원서를 내려고 합니다." 이 요청서는 돌봄서비스 노동자들이 계약노동자로서 임금을 받지 못하는 것에 대한 캠페인을 준비 중임을 알리고 있었다. 하지만, 이 모든 프로그램이 어떤 관계가 있는지 혼란스러워진 그레이시는 다시 단체의 웹사이트에 들어가 보았다. 물론 사이트엔 무료 돌봄서비스 캠페인과 학생들의 자녀가 계속해서 돌봄서비스를 받을 수 있을 것이라는 커뮤니티칼리지 학장의 사진이 나와 있었다. 그러나 돌봄서비스 노동자에 대한 언급은 전혀 없었다. 그레이시는 이들 노동자도 정당한 대우를 받아야 마땅하다고 생각하여 답장 봉투에 50달러의 수표를 넣어 보냈다. 일주일 후, 그녀는 단체의 페이스북 페이지에 '좋아요'를 눌러달라는 요청의 이메일을 받게 되었고 그녀는 '좋아요'를 눌렀다. 그 단체의 페이스북 페이지는 시청 앞 시위 사진이 있었고 도시 노동자에 초점을 맞춘 공간이었다. 그레이시가 그다음으로 받은 것은 해당 단체가 직원훈련을 위해 받은 지원금에 관한 기사와 직원들 사진 몇 장, 그리고 이사회 연수에 관한 기사가 실린 전자 뉴스레터였다. 하지만, 그레이시는 이들 기사에는 흥미가 없었으므로 이메일을 삭제해 버렸다. 그리고 몇 달 뒤, 그녀는 또 다른 캠페인에 관한 전화를 한 통 받았는데 사실 그녀는 전화 통화내용에 관심을 쏟는 대신, 이번 기회에 도시 노동자 이슈가 어떻게 되었는지를 물어보았다. 그러나 전화를 한 직원은 곧 다시 연락을 주겠다고 했고 그레이시는 이런 상황에 화가 나 기부를 거절하기에 이르렀다. 그녀가 트위터와 텀블러 등을 통해 이 단체에 대해 좀 더 알아본 결과, 또 다른 캠페인을 접하게 되었다. 일 년간의 서로 큰 연관이 없는 여러 개의 기부 요청이 그녀의 이메일과 우편메일, 엄청나게 지루한 전자 뉴스레터들을 통해 들어왔고, 그레이시는 이 단체가 너무 여러 가지 것들을 동시에 산발적으로 하고 있다고 판단해 기부를 중단하기로 최종적으로 결정했다.

한편, 해당 단체에서는 사무총장과 국장이 회의를 진행하며 그들의 다양한 캠페인의 결과를 들여다보고 있었다. 그들은 크라우드펀딩 캠페인이 매우 성공적이었지만 일거리가 너무 많다는 결론을 내렸고, 우편광고 캠페인은 썩 결과가 좋지 못했다고 보았다. 한편, 온라인상의 기부 요청전략은 효과가 조금 있어 새로운 기부자들을 영입할 수 있었다. 실제로 온라인 기부활동이 상당한 증가세를 보이고 있음을 발견했다. 모금을 목적으로 하는 지속적인 전화권유 운동(phone-a-thon)은 새로운 기부금을 들여오긴 했지만, 전화를 받은 기부자들이 전화를 거는 직원들에게 대답하기 어려운 질문들을 많이 했다는 이야기가 나오기도 했다. 가장 실망스러운 것은 기부자 유지율이 상당히 내려갔다는 점이다. 많은 기부자가 한두 번의 기부 이후에 기부를 중단했기 때문에 단체의 사무총장과 국장은 컨설턴트를 고용하여 이러한 문제를 해결하자는 결정을 내렸다.

이런 과정을 통해 고용된 컨설턴트는 이 단체의 모금활동이 서로 단절되어 있음을 이해시키고자 했다. 이 단체의 이사 한 명은 크라우드펀딩을 선호했고 결과는 성공적이었지만, 실제로 그 일을 하지는 않았다. 그리고 사무총장은 광고 우편방식을 좋아하는 반면 국장은 모든 모금방식을 이메일과 소셜미디어로 옮기길 원하고 있다. 이들 각각은 단체의 활동을 알리기 위해 서로 다른 소통전략을 사용하지만, 컨설턴트는 이런 방식이 기부자들에게 혼란만 줄 것이라는 점을 지적했다. 또한 그들은 모금 결과에 대한 각각 다른 측정 방법을 필요로 했다. 예를 들어, 컨설턴트는 우편으로 기부를 요청하는 방식이 효과적일 수 있다고 언급했지만 실제로 이런 기부 요청을 보낼 때마다 온라인을 통해 상당한 기부가 이뤄졌다. 사람들의 관심은 종이요청서에서 컴퓨터로 이동 중인 것이다. 많은 기부자가 우편, 이메일 혹은 전자 통지 등 어떤 식으로 정보를 받든지 간에 회답하며, 돈을 직접 보내기도 하고 온라인으로 기부하기도 한다. 회신을 받지 못하는 유일한 경우는 바로 전자 뉴스레터를 통해서인데 뉴스레터에 기부할 수 있는 사이트 링크 주소가 있음에도 불구하고 그 내용은 대부분의 기부자보다는 단체의 직원이나 이사만 관심을 둘 만한 내부정보로 가득하다고 컨설턴트는 지적한다. 사무총장은 페이스북 포스팅이 들인 노력에 비해 눈에 띄는 응답을 확인할 수 없다고 불평하지만, 컨설턴트는 나른 방법을 소개한다. 즉, 기부자들에게 단체의 웹사이트에 있는 더 많은 정보와 페이스북 페이지에 있는 관련 정보를 바로 연결할 수 있는 링크를 전자 기부 요청서를 통해 보내는 방법이다. 이 요청은 사람들에게 기부 요청뿐만 아니라 해당 정보를 친구들과 공유해달라는 내용도 담고 있다. 또한, 단체는 2개월 내에 우편 혹은 이메일 응답이 없는 기부자를 중심으로 확인 전화를 걸어야 한다. 이후 해당 단체는 후속 캠페인에 이와 같은 과정을 정착시키게 되고 이 같은 다중 플랫폼을 채택함으로써 약 2년여의 시간이 경과할 즈음에 기부자의 숫자나 모금수입 증가를 확인할 수 있게 된다.

다중채널모금 방식은 우선 기부금액이 어느 정도이며, 무엇을 위해 언제까지 모여야 한다는 식의 목표를 개념화할 필요가 있다. 이는 어떤 것은 단문으로 어떤 것은 장문으로 이뤄진 하나의 스토리가 되어 다양한 채널을 통해 어떤 때는 동시에 또 어떤 때는 연속적으로 게재될 것이다. 그리고 이러한 다양한 채널을 통해 모금캠페인의 과정 또한 업데이트될 것이다. 즉 하나의 채널이 다른 채널로 연결되는 흐름을 분석하고, 어느 정도의 응답률을 보인 방식이 어떤 것들이었는지를 살펴본 후에 비로소 모금캠페인의 결과를 측정할 수 있게 된다. 아울러 우편모금과 온라인모금 사이에 존재하던 단절은 이제는 사라져야 한다. 기부자가 페이스북에 포스팅을 하거나 이메일과 메시지를 그들의 친구 열 명에게 전달하거나, 혹은 모금 이외의 활동에 참여하는 것에 이르기까지 권유할 수 있어야 한다. 기부자는 단지 돈을 송금함으로써 여러분의 단체가 하는 일에 박수를 보내는 수동적인 관객이 아니다. 오히려 그들은 실제로 참여할 수 있는 분야가 기부에 그칠지라도 단체가 하는 일에 적극적인 활동을 하는 사람이다. 그러한 기부자와 연락을 유지하는 방법이 무수히 많다는 사실은 기부자가 쉽게 이해하고 친구들에게도 전달할 수 있는 일관성 있는 메시지를 여러분 스스로 갖고 있어야 함을 의미한다.

제13장

성공한 대규모 기부 요청이 가진 공통점

이미 앞 장에서 언급한 것처럼 누군가에게 직접 기부를 요청하는 일은 불안과 걱정을 불러일으키는 일이다. 하지만, 다른 어떤 방식보다도 훨씬 쉽게 기부를 요청할 방법이 있다. 즉 누군가가 여러분이 이야기하는 대의에 관심을 두고 있는지 확인한 후, 그 누군가가 기부하기 위해 고려해야 할 사항이 무엇인지 알아내면 된다(대개는 그 사람에 대한 정보를 통해서, 혹은 직접 물어봄으로써 알 수 있다). 이 방법은 수백 혹은 수천 명의 사람이 여러분 단체의 대의에 흥미를 갖는지를 확인하고 무엇이 궁금한지를 물어보는 것과는 매우 다르다. 그러나 사실 한 번에 한 명의 기부자와 대화를 한다는 점은 불편하기도 하고 비현실적인 방법이기도 해서 실제로는 수백, 수천 명의 사람에게 같은 내용의 기부 요청을 보내는 것이 현실이다. 하지만, 다행인 것은 대중성 혹은 대중의 관심(mass appeal)에 대한 과학이 존재하고 한 번에 여러 사람을 설득할 수 있는 다양한 방법이 있다는 점이다.

우선 첫 번째로, 우편, 이메일, 소셜미디어, 심지어는 전화를 통한 기부 요청의 성공확률마저도 매우 낮다는 사실을 명심해야 한다. 새로운 기부자가 우편과 이메일을 통한 기부 요청에 응답할 확률은 0.5%에서 1% 정도이며, 기부경험이 있는 사람이 응답할 확률은 5%에서 30%다. '핫'(hot)리스트(구체적인 것은 아래 관련 내용 참조)를 대상으로 전화를 건다면 5%의 응답은 받을 수 있을지 모르겠다. 물론 응답률을 높일 방법이 있긴 하지만, 30% 이상으로 높이긴 어렵다. 1회 기부를 했던 사람 중 대부분은 재기부를 하지 않는다. 그리고 같은 해에 처음으로 기부하고 또다시 두 번째 기부를 하는 사람의 수를 '전환율'(conversion rate)이라고 부르는데 대개 25% 정도다. '기부자유지율'(retention rate)은 1회 이상 기부한 사람과 올해 기부를 했고 내년에 적어도 1회 더 기부할 사람들의 비율을 나타내는데 이 비율은 전체 기부자의 60~65%를 차지한다. 따라서 다양한 방법을 통한 요청의 초기응답률이 매우 낮기는 하지만, 그 사람들의 약 4분의 1 정도는 두 번째 기부를 할 사람으로 기대할 수 있다. 그리고 그들의 3분의 2에 가까운 수가 그다음 해에도 기부할 가능성이 있으며, 이처럼 지속적인 기부는 물론 기부자에게 제대로 응답과 대우가 전제되었을 때에 가능하다.

실은 그 어떤 모금 전략보다도 우편과 이메일 방식을 통해 모금의 모든 것들을 경험할 수 있다. 여러분이 요청하고 몇몇 기부자가 관심을 보이며 기부를 했는데, 그리고 나서는 그들과 정기적으로 소통하지 않았다면, 이를 위해 사용한 시간과 돈이 낭비되는 셈이다. 여러분의 관심은 그들을 관리, 유지하고 업그레이드 하는 데 집중되어야 한다. 그럼으로써 소위 투자 대비 수익을 볼 수 있기 때문이다. 유지하기 위해서는 우선 얻어야 한다는 사실을 잊지 마라.

모금에 대해 잘 모르는 사람들은 이처럼 낮은 응답률을 알고 나면 의기소침해질 것이다. 하지만, 기부자를 얻고 유지하는 일은 궁극적으로 자기를 위한 숫자놀음이다. 마케팅 분야의 몇 가지 원칙만 기억한다면, 메시지를 반복하는 것, 그리고 관리 가능한 많은 수의 사람에게 요청하는 것에 일부 토대를 둔 전략을 개발할 수 있을 것이다. 마케팅이론에서 한 사람이 상품을 구매하기 전에 상품명에 적어도 세 번은 노출되어야 한다는 것을 들은 적이 있을 것이다. 그렇다면 상품명을 세 번씩 봤는지 어떻게 알까? 이는 '21의 법칙'이라 하여, 판매자가 고객이 상품명을 실제로 "봤다"고 확신을 하려면 적어도 21번에 걸쳐 상품명이 고객에게 노출되어야 한다고 한다. 그렇게 하면 실제로 고객의 뇌가 상품명을 인식한다는 것이다. 우리가 온종일 하는 일의 상당 부분은 광고, 간판, 뉴스기사 등의 메시지들을 걸러내는 일이다. 이제 내 경험에 비추어 설명을 해보겠다. 나는 많이 지나가 본 적이 있는 복잡한 거리를 운전하여 가고 있다. 내가 한 번도 가본 적이 없는 가게 하나가 망했는데 나는 아무리 생각해도 그 가게에서 무엇을 팔았는지를 기억해낼 수 없다. 나는 알 필요성을 못 느꼈기 때문에 상점의 이름을 내 머릿속에서 걸러내었던 것이다.

이전 장에서 얘기했던 것처럼, 주목할 만하고 일관성이 있는 메시지를 다양한 채널을 통해 다양한 방법으로 전달하는 것만이 여러분의 단체가 잠재적인 기부자들의 관심을 끄는 방법이다. 만약 여러분이 잘 알려진 유명 단체에 속하지 않는다면 기부 요청을 하기 위해 잠재적 대상자를 접촉하는 데 어려움이 있을 것이다. 그렇지만 경험 많은 모금가라면 대부분의 사람이 기부하라고 요청을 받을 때 거절할 것이라는 판에 박힌 뻔한 이야기에서 오히려 도전의식을 갖게 되고, 단체의 사명을 될 수 있으면 널리 홍보하도록 노력한다.

그러기 위해서 많은 수의 사람들의 마음을 움직이고 끌어당겨야 하는 것이 전제되어야 하고 이러한 요청은 다음 세 가지 공통점, 즉, 훌륭한 리스트, 요청 심리학에 대한 이해, 결과 평가라는 요소를 갖고 있음을 기억하라.

훌륭한 리스트

여러분이 이메일을 사용하든, 우편 혹은 전화를 사용하든지 간에 성공이냐 실패냐를 판가름하는 기준은 여러분이 얼마나 훌륭한 리스트를 보유하고 있느냐다. 여기에서는 세 가지 종류의 리스트를 이야기할 수 있는데 상당히 기술적인 용어라 할 수 있지만, HOT, WARM, 그리고 COLD로 명명하여 나눠 볼 수 있다. 이는 각각의 리스트에 올라와 있는 사람들이 기부할 가능성에 따라 나눈 것이다.

핫 리스트(Hot Lists)

핫 리스트는 이미 여러분의 단체에 어느 정도 헌신을 하는 사람들로 구성된다. 한 단체의 가장 중요한 리스트가 무엇이냐고 묻는다면 현재 기부자의 리스트라고 할 것이다. 그리고 두 번째로 중요한 리스트는 현재 기부자의 친구 리스트인데 대부분의 사람은 친구와 자신의 가치, 신념을 공유하기 때문이다. 기부자에게 뉴스레터를 그들의 친구들에게도 전달해 달라고 말하는 것을 잊지 마라. 그리고 기부자가 생각하기에 관심이 있어 할 만한 사람들에게 이메일을 전달하는 식의 캠페인도 해봐라.

잠재 기부자를 얻을 수 있는 또 다른 경로는 바로 여러분의 이사진, 자원활동가와 직원을 통해서일 것이다. 매년 이들에게도 아직 기부자가 아닌 사람의 이름이 쓰인 리스트를 달라고 요청해 볼 수 있다. 물론 아직 기부하지 않은 이사, 직원, 자원활동가 역시 잠재 기부자다.

자원활동가에게 기부를 요청하는 것과 관련하여 한 마디 덧붙이자면 이렇다. 나는 이런 유형의 일을 꺼리는 많은 사람을 만난다. 하지만, 많은 미국인들이 자원활동보다는 기부를 더 많이 하고 있고, 대부분의 자원활동가 또한 기부한다는 사실을 알려주고 나면, 자원활동가들이 자기 단체뿐 아니라 다른 곳에도 기부하고 있다는 사실을 인식하게 된다. 이처럼 자원활동가들이 어딘가에 기부하는 이유는 바로 누군가가 요청했기 때문이다.

웜 리스트(Warm Lists)

웜 리스트는 여러분이 제공하는 서비스를 이용해보거나 혹은 활동에 대해 들어본 적이 있는 사람들, 여러분의 단체와 비슷한 단체에 기부하고 있지만, 단체에 대해 들어본 적이 없는 사람들, 혹은 특별행사에 와 본 적이 있는 사람들로 구성된다. 다시 말해서 이들은 여러분의 단체에 대해 알고 있거나 대의에 관심이 있지만 둘 다의 경우라고 확신하기는 어려운 경우다. 예를 들어, 여러분의 대의와 비슷한 곳에 기부하지만, 단체는 들어본 적이 없는 사람들이나, 행사에 와 본 적은 있지만, 대의가 무엇인지는 잘 몰랐던 사람들의 리스트가 바로 웜 리스트인 것이다.

기부자가 아니면서 특별행사에 참가하는 사람들에게는 행사가 끝난 이후에 기부 요청서를 즉시 보내야 한다. 회원등록 용지를 돌리거나 추첨행사를 통해 그들의 이름, 주소, 이메일 주소 등을 얻어라. 예전에 여러분의 단체에 기부한 적이 있지만 더는 하지 않은 사람들 역시 그들이 정확한 주소를 갖고 있다면 이 리스트에 포함할 수 있다.

만약 여러분의 단체가 전화나 우편, 혹은 온라인을 통해 조언, 소개 등의 서비스를 제공한다면 그들의 이름을 수집하는 시스템을 개발하라. 물론 수집하는 정보가 비밀이거나 주소 수집행위가 어떤 식으로든 부적합하지 않다는 전제하에 말이다. 이 리스트는 단체를 이용하는 모든 사람이 기부하는 것은 아니므로 가장 덜한 웜 리스트라고 할 수 있다. 또한, 제공받은 서비스에 만족했는지를 잘 알 수도 없고 무료로 제공된 정보를 받을 자격이 있다고 느낄 수도 있다. 그렇지만 몇몇 사람은 서비스에 감사할 것이고 뭔가 도울 방법을 찾길 원할 것이다. 또 어떤 사람은 무료로 정보를 받기보다는 유료로 이용하는 편을 선호할 것이다.

이러한 형태의 연락처는 추후 우편이나 이메일로 기부를 요청할 때에 사용하기 위해서는 데이터베이스에 잘 입력해두는 것이 좋다. 사람들이 전화를 걸어오면 문의에 응답하면서 기부 캠페인을 독려하기 위해 단체의 웹사이트에 방문해달라고 요청하라. 기부 요청을 거절하는 사람들은 자신의 이메일 주소 제공을 꺼릴 것이다. 하지만, 미국에서조차 약 15%의 사람이 인터넷을 사용하지 않거나 간헐적 인터넷접속만을 할 수 있는 상황이라는 점을 꼭 기억하라. 인터넷 접속이 불가능한 것은 빈곤, 연령대, 혹은 지리적인 이유에서 비롯된다. 많은 사람이 와이파이나 휴대폰 신호가 매우 간헐적이거나 아예 없는 시골지역에서 살고 있다. 따라서 이러한 잠재 기부자로부터는 그들의 우편주소를 받는 것만이 그들과 연락할 수 있는 유일한 방법일 것이다.

웜 리스트의 또 다른 종류에는 여러분의 단체와 유사한 단체에 속한 사람들의 리스트가 있다. 이들의 명단을 얻기 위해서는 메일링리스트를 빌리거나 교환해야 한다. 사실 그 누구도 현금을 내고 메일링리스트를 구매하지는 않는다. 리스트 브로커 혹은 다른 단체를 통해 리스트를 대여하면서 그 리스트를 정당하게 사용할 권리를 얻게 된다. 특화되어 있거나 회원 숫자가 많은 메일링리스트를 보유하고 있는 단체는 자신의 리스트를 타 단체에 대여해주고 수입을 얻기도 한다. 지금쯤 여러분은 아마도 여러분이 한 단체에 기부하고 나면 몇 주 이내로 비슷한 여러 단체로부터 기부 요청을 받게 될 거라는 사실을 알아차렸을 것이다. 여러분의 이름이 전달된 미디어를 통해 검증된 '구매자'(buyer)임이 밝혀졌으므로 그 이름은 대여 중인 것과 다름없다.

콜드 리스트 (Cold Lists)

콜드 리스트는 일 년 이상 지난 리스트이거나 여러분이 거의 모르거나 혹은 전혀 모르는 사람들로 이루어진 리스트이며, 전화번호부가 가장 좋은 예다. 따라서 콜드 리스트를 사용할 이유는 전혀 없다.

리스트 대여에 대하여

사실 나는 우편이나 이메일을 보내기 위해 리스트를 대여하라고 말하고 싶지는 않다. 이 방법을 사용하기 전에 이름을 수집하기 위한 모든 수단과 방법을 강구해 봐야 할 것이다. 하지만, 많은 단체가 대여를 하고 있으므로 그것이 무엇을 의미하는 것인지 한번 살펴볼 필요는 있다. 우편과 이메일의 가장 큰 차이점이 있다면, 우편은 평판이 좋은 리스트 브로커가 가장 최신의 정확한 기부자리스트를 제공하고 있다는 것이다. 많은 사람들이 수십 년간 이런 유형의 사업을 해오고 있고, 이메일리스트 산업계에도 평판이 좋은 사람들이 있지만, 이 방식은 여전히 혹은 앞으로도 절대 일반화되거나 존경받는 방식이 되기는 어려울 것이다. 그리고 실제로 이메일을 사용해서 모금을 하는 전문가들 역시 반대하고 있다. 그 이유는 단 하나, 스팸메일 때문이다. 여러분은 이메일리스트에 등록되기 원하는 사람들이 해당 리스트에 포함되길 원한다. 그리고 이를 위해 많은 사람이 '이중선택'(double opt-in) 프로세스를 사용하고 있다. 즉, 어떤 사람이 웹사이트의 양식에 자신의 이메일주소를 입력하면 다시 그들에게 리스트가입을 원하는지를 묻는 이메일을 발송한다. 이 프로세스를 통해 여러분의 단체는 스팸메일 발송의 혐의를 벗어나게 되며, 기부 요청을 하기 위한 좀 더 믿을 만한 리스트를 확보하게 된다.

기존의 우편과 관련해서는 전문적인 메일링리스트 브로커들이 사용 가능한 다양한 리스트들을 보유하고 있고 비영리와 영리단체 모두가 그 리스트를 사용한다. 규모가 큰 단체나 경영 컨설턴트에게 괜찮은 리스트브로커의 이름을 물어보거나, 온라인에서 '비영리단체를 위한 메일링리스트 브로커'를 검색해보라. 한 웹사이트를 대강 훑어만 봐도 다음과 같은 것들이 제공된다: 댄스공연의 시즌입장권 보유자, 자연재해에 기부하는 기부자들, 자유주의적인 민주당 지지 기부자들, 동물보호소 문제에 기부하는 기부자들 등등. 이같은 리스트들은 우편번호 순으로 제공되며, 천 개의 이름당 75달러에서 125달러 정도이고, 최소 2,000개에서 5,000개의 이름을 대여해야 한다. 그리고 약간의 추가 금액을 내면 교차명단을 받을 수 있는데, 예를 들어 자연재해에 기부하면서 동물보호소에도 기부하는 기부자들이나 예술분야에 기부하는 자유주의적 민주당 지지자들의 명단을 받을 수 있고, 이 모든 명단을 여러분이 원하는 우편번호순으로 받을 수 있다. 단, 여기에서 주의할 점은 풀뿌리단체들이 종종 의사, 변호사, 증권중개인처럼 수익성이 높은 직업군의 리스트를 요구하는데 마치 이들이 관대한 기부자가 될 거라 믿고 있다는 점이다. 하지만, 중요한 변수가 존재한다. 즉 그들이 단순히 돈을 많이 벌거나 돈이 많은 사람이 아니라 이미 기부자일수 있다는 것이다. 부디 리스트를 대여하여 사용하는 데 신중하기를 바란다.

마지막으로, '회원용'(member only)이나 '요청을 하기 위해 사용하지 말 것'이라고 표시된 리스트는 쓰지 마라. 메일링리스트를 편집하고 획득하기는 비교적 쉬우므로 여러분이 시스템만 갖고 있다면 굳이 공정하지 않은 방법으로 다른 단체의 리스트를 사용할 필요는 없다.

요청 심리학 이해하기

우편, 이메일, 소셜미디어가 스타일이나 글의 길이, 사진과 텍스트의 사용, 그리고 다양한 디테일 등등 탓에 사람들의 마음을 끌어오기는 하지만, 이 모든 것들은 세 가지 중요한 사실에 따라 디자인된 것이다. 즉, 사람들은 짧은 주의 지속력을 갖고 있다는 것, 사람들은 자기 자신에 대해 읽는 것을 즐긴다는 것, 그리고 스토리에 반응한다는 것이다.

사람들은 짧은 주의 지속력을 가지고 있다

여러분이 보낸 기부 요청서를 읽는 사람은 각 문장을 6초에서 8초 사이에 읽어내야 할 것이다. 따라서 각 문장은 유익하거나 다음 문장을 읽기 위해 6초 내지는 8초의 시간을 투자할 만큼의 자극을 줄 수 있어야 한다.

사람들은 자기 자신에 대해 읽는 것을 즐긴다

기부 요청을 받은 사람은 다음의 의문들을 품을 수 있다. "당신들이 나를 조금이라도 알거나 신경을 쓰거나 해?" "당신 단체에 기부하면 내가 더 행복해지고, 내 지위가 높아지거나 내 죄가 경감이 될까?" "내가 전에 기부한 적이 있다는 걸 알기나 할까?"

그러므로 기부 요청은 단체를 언급하는 만큼 적어도 두 번에서 네 번 정도 독자를 언급해야 하는데, 손쉬운 방법은, "선생님께서는 이미 읽으셨을테지만 …", "선생님께서 이렇게 느끼실 거라 생각 …", "선생님이 저와 같다면 이런 것들에 깊은 관심을 …"과 같은 문장을 통해 독자를 대의에 끌어들이는 것이다. 또한, 다른 기부를 요청하거나 기부를 갱신하기 위해서는 이미 그들이 도

왔던 일을 언급할 필요도 있다. "선생님께서 과거에 저희 단체를 도와주셨듯이 …", "선생님께서 기부하신 50달러는 작년 저희 단체에 정말로 귀하게 쓰였습니다", "저희 단체가 선생님과 같은 분들에게 많이 의지하고 있다는 사실을 알리고 싶습니다. …" 이렇게 '선생님'라는 단어를 사용하면 여러분의 기부 요청편지가 독자들에게 말하는 것이 아니라 독자들과 말하는 것처럼 들릴 것이다.

사람들은 스토리에 반응한다

모금과 관련하여 다음과 같은 말이 있다. "사람들은 처음에는 마음으로 물건을 사고 이후엔 머리로 산다." 이 말은 사실이고 대중의 관심을 끌어 기부 요청을 해야만 하는 모금계에서는 특히 그러하다. 기부를 요청할 때에는 프로그램의 혜택을 받은 사람에 대한 이야기나 단체가 변화의 중심 역할을 한 상황, 혹은 요청을 받는 독자에 대한 특정한 이야기로 시작해야 한다. 프로그램이나 성공사례는 사람중심(혹은 단체의 구성원에 따라 동물중심이 될 수도 있다)으로 설명해야 하고 사람들은 이미 많은 이야기를 읽거나 접해오고 있음도 꼭 기억해야만 한다. 그들은 이야기를 듣는 것을 즐기면서도 동시에 그 이야기의 진실성에 대해 회의적일 수도 있으므로, 여러분이 하는 이야기가 실화이며(비록 누군가를 보호하기 위해 약간의 변형을 할지라도) 믿을 만하고 전형적 사례인지를 확인하는 것이 바람직하다(누군가가 "정말 슬픈 이야기네요. 하지만, 그 일이 또 일어나지 않을 테니 전 기부하지 않겠어요"라고 말하는 것을 듣고 싶지는 않을 테니까). 끝으로, 될 수 있으면 이야기는 단체가 하는 일 덕분에 긍정적으로 해결되었음을 알 수 있도록 해야만 한다. 다음 몇 개의 장에서 이런 유형의 이야기 사례를 함께 살펴보도록 하겠다.

우편과 이메일 기부 요청 사이에 가장 큰 차이점은 우편은 내용이 길 때 훨씬 결과가 좋다는 것이다. 한 페이지짜리보다 두 페이지일 때 효과가 있고, 때로는 서너 페이지가 두 페이지보다 효과적일 때도 있다. 반면, 이메일의 경우는 내용이 길어질수록 효과는 낮아진다. 이메일에는 이야기와 기부 요청을 넣을 만한 공간이 충분하지 않다.

테스트와 평가하기

평가는 더 성공적인 기부 요청을 위해 필수적인 과정이므로 기부 요청과 관련된 내용을 잘 기록해두어야 한다. 즉, 얼마나 많은 요청을 보냈는지, 얼마나 많은 사람이 응답했는지, 얼마의 기부금액을 달성했는지, 그리고 지출한 금액 대비 얼마나 모금을 했는지, 요청이 어떻게 개선될 수 있는지 등에 대해서 말이다. 평가는 특히 다중채널모금에서 더욱더 중요한데, 우편을 통한 기부 요청이 온라인 기부에 큰 영향을 미칠 수 있기 때문이고, 페이스북에 성공사례를 포스팅하면 직접 기부와 동시에 온라인 기부를 끌어올 수 있기 때문이다. 이메일 요청 시 각기 다른 제목을 갖고 테스트를 하거나, 모든 요청에서 다른 스토리와 동기를 실어서 테스트해보도록 하라. 어떤 전략이냐에 따라 테스트, 그에 따른 평가가 달라질 수도 있지만, 데이터를 수집하고 숫자를 분석하는 것이 모금 결과를 실제로 향상하는 유일한 방법이다.

기부 요청의 결과를 추적하기 위해서는 특정 요청에 대해 몇 명의 사람이 응답했고 얼마의 금액이 모금되었는지 살펴볼 필요가 있다. 데이터베이스 프로그램이나 스프레드시트를 활용하여 일단 모든 요청에 대한 응답의 총계를 내어보라. 우편에 대한 가장 많은 응답은 대부분 사람이 우편물을 받았다고 생각되는 시점 이후로 첫 4주 동안 도착하게 된다(기부 요청을 보낼 때 여러분의 단체에도 같은 우편물을 보내서 배달 기간이 어느 정도 걸리는지 파악하는 것이 도움이 된다). 응답의 95% 정도가 마지막 2개월 동안 도착하게 될 것이다. 한편 이메일 응답의 경우는 훨씬 속도가 빠른데 90%의 응답이 36시간 이내로 도착하기 때문이다. 90% 정도의 응답을 받았다고 생각되면 다음과 같은 분류를 사용하여 평가 작업을 하라.

- 접수된 기부 건수와 기부금 총액
- 기부금의 형태: 수표, 온라인기부, 자동이체
- 분류에 따른 기부자들의 수(49달러 이하, 50달러~99달러, 100달러~249달러, 등)
- 응답률(응답한 건수를 요청한 건수로 나누기)
- 가장 자주 받은 기부(기부방식)
- 우편의 경우, 우편요금(인쇄금액 포함)

- 직원들이 기획, 작성, 수행하는 데 소요한 시간(이메일과 우편 모두 해당)
- 소득 대비 지출의 비율(기부받은 금액을 지출한 금액으로 나누기). 이메일은 응답률은 낮지만, 훨씬 저렴한 방법
- 기부자들의 코멘트, "다음번엔 좀 더 일찍 보내주세요."

응답률과 기부유형은 평가에서 가장 중요한 데이터항목이다. 우편을 통해 기부받은 총 금액보다도 응답률은 더 중요한 정보를 제공한다. 예를 들어, 어떤 단체가 천 명의 사람들에게 기부 요청을 보냈는데 딱 두 명만 응답을 했다고 하자. 이 경우 응답률은 0.002%. 하지만 한 명이 10달러를, 다른 한 명이 1,500달러라는 큰 액수를 기부했다면? 이사회에서는 우편을 통한 기부 요청이 총 1,510달러의 기부금액을 달성했음을 알게 되겠지만, 응답률은 모르고 있었기 때문에 비슷한 명단 앞으로 더 많은 우편물을 보내기로 한다. 하지만, 그 명단은 사실상 별 쓸모가 없었기 때문에 단체는 돈을 낭비한 셈이 되었고, 우연적인 한 건의 큰 기부금액 때문에 극히 낮은 응답률을 기록했음에도 성공적으로 보였던 것이다.

여러 번의 우편 요청을 한 후에는 모든 평가양식을 모아 어떠한 공통점이 있는지 살펴보라. 어떤 유형의 리스트가 다른 것보다 더 응답률이 높은가? 특정 혜택을 제시한 메일이 제시하지 않은 메일보다 응답률이 높은가? 사실에 따른 것과 스토리에 기반을 둔 것 중 어느 것이 사람들의 마음을 더 끄는가?

여기서 기억해야 할 것은 한 번에 하나의 변수만을 갖고 테스트해야 한다는 점이다. 예를 들어, 우편 요청 시 사람들이 두 가지의 혜택 중 어떤 것에 더 응답을 많이 하는지를 알아보는 것과 편지에 쪽지 동봉 여부를 동시에 테스트할 수는 없다. 또한, 서로 다른 변수에 대한 응답률을 테스트하기 위해서는 동일 리스트를 사용해야만 한다. 서비스클럽의 리스트에서 하나의 변수를, 보건활동가들의 리스트에서 또 다른 변수를 테스트할 수는 없는 것이다.

만약 2,000명 이하의 사람들에게 우편 요청을 했다면 그 결과는 통계적으로 유의미하지는 않을 것이다. 하지만, 만약 여러분의 직감과 모을 수 있는 모든 정보를 이용한다면, 우편프로그램에서 효과적인 것이 무엇이고 왜 그러한지에 대해 경험에 기반을 둔 그럴싸한 추측을 할 수 있다.

잠재적으로 응답 가능성이 큰 리스트를 확보하고, 마음을 움직이는 요청편지를 쓰고, 무엇이 효과적일지 테스트한 이후에 해야 할 일은 **기부자들에게 감사를 표시하고 다시 기부해 달라고 요청함으로써** 이 모든 과정을 마무리 짓는 것이다.

기부 요청에 대한 응답 관리하기

성공적인 우편 요청 이후 기부금을 받는 일처럼 흥분되는 일은 거의 없을 것이다. 우편함에서 모든 반송봉투를 꺼내는 순간, 여러분은 그 봉투들 속에 수표나 신용카드로 결제된 기부금이 있음을 직감한다. 이뿐만 아니라 기부금 리스트가 수록된 리포트를 온라인 서비스업체로부터 받았을 때의 기분은 또 어떠한가. 그럴 땐 그저 기부금을 잘 챙겨놓고 일찍 퇴근하고 싶은 유혹이 따를 것이지만, 기부금을 받는 것은 또 다른 새로운 임무가 기다리고 있음을 의미하기도 한다.

모든 기부자에게 가능하면 기부금을 받은 후부터 72시간 내로 혹은 늦어도 일주일 이내로 감사편지를 보내야 한다. 때로는 이 시간을 맞추지 못하는 경우도 생길지 모른다. 따라서 감사편지를 아예 보내지 않는 것보다는 늦더라도 늦은 감사편지를 보내는 것이 언제나 옳다는 것을 꼭 기억하라(제7장 참조). 기부금을 데이터베이스에 반드시 기록하고 수표는 현금화하거나 신용카드는 되도록 빨리 결제하라. 사람들은 자신이 기부한 단체가 수표를 빨리 입금하지 않거나 자신의 기부금액이 다음 달 카드명세서에 나타나지 않으면 과연 그 단체가 돈이 필요하긴 한 건지 의심할 수 있다.

기부자들에게 매년 여러 번 요청하라

마지막으로 대량의 기부 요청을 가장 효과적으로 하기 위해서 일 년 동안 기부자에게 여러 번의 기부 요청을 해야 한다. 현재의 기부자를 대상으로 한 연이은 기부 요청을 회피하지 마라. 수년간의 테스트를 통해 어떤 기부자들은 요청을 받을 때마다 응답하고, 어떤 이들은 수동적이지만 일 년에 한 번 이상은 응답하는 것으로 알려졌다. 그리고 기부자들이 일 년 동안 여러 번의 기부 요청을 받는 경우, 실제로 기부갱신율이 높아졌다.

많은 단체가 반복적인 요청을 통해 현재 기부자들로부터 충분한 기부금을 받을 수 있고, 새로운 기부자를 찾기 위한 노력을 줄일 수 있다는 사실을 알게 되었다. 대다수의 큰 규모의 단체는 기부자들에게 일 년에 8~12번의 기부 요청을 보내는데 이는 포화 효과를, 또한 많은 기부자에게 소외 효과를 낳을 수도 있다. 수백 개의 사회변화단체의 경험에 의하면, 일 년에 두 번에서 네 번 정도 기부 요청을 보내면 기부금이 많이 증가하고, 기부자들을 괴롭히지 않는 선에서 기부갱신율도 올릴 수 있다.

반복된 기부 요청은 여러 가지 이유로 성공적인 방법이 될 수 있다. 첫째, 한 사람의 현금흐름이 매달 크게 차이가 날 수 있기 때문이다. 지지하는 단체로부터 기부 요청을 받은 어떤 사람이 방금 자동차 보험료를 지불했다고 하자. 이 경우 기부 요청은 물 건너간 셈이다. 하지만, 만약 그 단체가 두 달 정도 지난 후 다시 기부 요청을 한다면 예전보다 돈을 더 많이 갖고 있을지도 그래서 기부하겠다고 할지도 모를 일이다.

둘째, 사람들 대부분은 서로 다른 종류의 기부 요청에 응답하기 때문이다. 일 년에 단 한 번 혹은 두 번의 기부 요청을 보내면 기부자들이 선택할 수 있는 횟수도 그만큼 줄어드는 셈이 된다. 단체들이 종종 발견하는 것은 매년 25달러를 정기적으로 기부하는 기부자는 특정 프로젝트에 대한 기부를 요청받았을 때 50달러나 100달러, 혹은 그 이상의 금액도 기부한다는 점이다. 이처럼 특정 프로젝트에 대한 기부 요청에 응답하는 사람을 '소매거래자'(bricks-and-mortar people)라고 부른다. 그들은 단체를 위해 미디어스팟, 누군가를 위한 일 주일분의 음식, 직업훈련프로그램, 새 빌딩 등과 같은 것들을 '구매'(buy)한다.

우리는 왜 사람들이 기부 요청에 응답하지 않는지를 잘 알지 못한다. 그럼에도 불구하고 많은 이들은 기부자가 기부를 원하지 않는다고 추정한다. 물론 아래와 같은 상황에서 말이다.

- 기부자가 휴가를 떠나서 답을 할 수 없는 상황이다. 계산서나 개인적인 메일이 아닌 이상 삭제되어버린다.

- 기부자가 여러분 단체에 꽤 헌신적임에도 불구하고 개인적인 문제로 현재 아무것도 생각할 수 없는 상태이다.
- 기부 요청서가 중간에서 사라졌다.
- 기부자는 기부하고 싶은 마음이 있었지만, 기부 요청서가 작성하기도 전에 우연히 삭제되어 버렸다.

기부자들은 일 년에 두 번 또는 네 번의 기부 요청 때문에 "귀찮아 죽을 지경"에 이르진 않는다. 오히려 반대로, 단체에서 많은 활동이 벌어지고 있음을 알게 된다. 자신들의 기부가 지속적으로 필요하다는 것을 알게 될 때 충성도는 높아질 것이며, 가장 중요한 것은 특정 기부 요청이 그들의 관심사와 일치할 때 관심을 표현할 좋은 기회가 될 수 있다는 점이다.

사람들이 내게 종종 '기부자 피로감'에 대해 물어올 때가 있다. 우선, 여러분의 피로감을 기부자의 피로감과 헷갈리지 마라. 기부자가 기부 요청에 지치기 훨씬 전에 여러분이 먼저 요청하는 것에 더 많은 피로감을 느끼게 될 테니까 말이다. 두 번째로, 기부자 피로감이 생기는 이유는 대체로 기부자가 사방에서 받는 기부 요청의 어마어마한 양 때문이거나, 기부자가 요청받는 사회문제의 방대함 때문이다. 그러한 과부하를 줄이는 일은 어렵지만, 한 가지 중요한 팁은 12월처럼 모든 사람이 기부 요청을 하는 달에 너무 많은 에너지를 쏟지 말아야 한다는 것이다. 기부 요청을 일 년 중 골고루 분산시키고 현재의 사건에 집중할 수 있도록 해야 한다. 세 번째로, 기부자들은 요청을 받기만 하므로 피로감이 쌓이는 것이다. 다른 말로 하자면, 기부금을 원하지 않을 때에도 여러분이 기부자와 연락을 해서 그 사람이 지금껏 기부한 것에 대한 감사의 표시를 해야 한다. 자, 이제 여러분도 알다시피 지금껏 한 모든 이야기가 튼튼한 지지기반과 이를 토대로 한 관계를 형성하기 위한 작업임을 알 수 있다. 이는 함께하는 사람들을 가장 중심에 놓고 좀 더 긴밀한 관계를 구축해 나갈 때 가능하다.

제14장
우편모금

간단히 설명하자면 우편물에는 여러분의 단체를 위한 기부 요청 편지, 그리고 그 편지를 받은 사람들이 기부금을 보낼 수 있는 반송봉투를 포함한다. 우편은 수백, 수천, 또는 수백만 명의 사람에게 요금 별납의 대량우편을 통해 보내게 된다.

수십 년 동안 그리고 현재까지도 우편은 미국에서 사용하는 요청방식의 가장 흔하고 친근한 방식이며, 캐나다, 호주 및 영국에서도 가장 많이 쓰이는 방식이다. 우편모금이 갖는 오랜 역사와 규모는 모금 전략과 관련하여 가장 많이 연구되고 있으며, 그 효과성을 검증할 수 있는 데이터 또한 많이 존재한다.

어떤 사람들은 우편이 이제는 구시대적인 화석이 되었다고 하지만, 사실 우편은 화석 근처에도 가지 않았다. 이메일과 소셜미디어가 모금에서 새롭고 획기적인 전략으로 부상하고 있기는 하지만, 모금할 때 소셜미디어 플랫폼을 사용하는 단체조차도 여전히 우편을 함께 쓰면서 응답률을 최대화하기 위해 노력하고 있다(제12장 참조). 우편, 이메일, 그리고 소셜미디어 각각은 기부자 혹은 잠재적 기부자를 확보한다는 점에서 비슷한 전략이지만, 그 자리를 서로 대체할 수는 없다. 일반적인 대응에서는 이메일이 우편이나 전화방식보다 우위를 차지하고 있기 때문에 우편은 이제 일반적이지 않은 방식이 되었지만, 이 점이 역으로 수신자들에게는 더욱 매력적인 방식으로 비치기도 한다. 많은 단체가 인식하게 된 점은 우편시장이 여러 이유로 포화상태였던 금세기 초반보다 더 효과적이라는 것이다. 당시에 홍보성 우편을 정말 싫어하는 사람들은 자신의 이름을 우편 메일링 리스트에서 삭제하기 위해 다양한 기관에 가입하기도 했다. 인쇄나 우편비용이 많이 든다는 점에서 환경적인 고민을 하는 많은 단체는 대량 우편홍보 방식을 대폭 줄이면서 이메일과 더불어 개인 우편을 보내거나 온라인 소셜네트워크, 심지어는 문자를 활용하기도 한다. 양은 크게 줄었지만 응답할 가능성이 큰 사람들에게만 집중하여 우편물을 보내는 방식을 사용하면서 우편은 그 역할을 충실히 하고 있다.

우편은 제대로 활용만 한다면 다수의 신규 기부자와 이에 따른 든든한 수입원을 확보할 수 있으며, 우편이 아니었다면 전혀 찾을 수 없었던 기부자도 얻을 수 있다. 단체와는 전혀 인맥이 없는 사람이 단체에서 보내온 우편물 하나를 받아보고 500달러나 1,000달러를 보내왔다는 일화나, 해마다 25달러씩을 보내던 익명의 기부자가 나중에 전 유산을 남겼다는 일화들이 넘쳐난다.

우편을 통한 기부 요청은 아주 간단하다. 단체에 대한 간략한 설명과 단체가 필요로 하는 것을 적은 편지와 우편물을 받은 사람이 기부금을 넣어 반송하기 쉽도록 주소를 미리 적어둔 회신 봉투만 준비하면 된다. 인터넷이 있긴 하지만, 그래도 여전히 가장 많이 쓰이는 모금 전략은 우편이다. "친애하는 스미스 부인"처럼 특정인을 명시하거나 (대량 할인 우편물이 아닌) 일반 우편으로 발송하는 편지는 ─ 물론 편지의 스타일이나 모양을 우편모금 전략에서 따오고 똑같은 내용을 이름만 바꿔서 수십 명에게 보낼 수도 있지만 ─ 정확히 말하면 우편 발송에 속하지 않는다. 미국에서 홍보 우편이란 최소 200통 이상으로, 우체국의 편의를 위해 단체가 우편번호별로 우편물을 분류해야 하고, 우편 요금을 대폭 할인받는 대신 우체국의 반송 우편물 처리에서 가장 후 순위로 밀리는 우편물을 말한다.

젊은이들이 더는 우편에 응답하지 않는다고 주장하는 사람들 탓에 홍보 우편은 이제 죽었다고 주장하는 사람들의 수장이 확대되었다. 그러나 X세대나 밀레니엄세대들이 수표를 봉투에 넣어 우편으로 보내진 않더라도 기부에 대한 온라인옵션을 소개하는 우편요청에는 종종 상당히 많은 온라인 응답을 한다. 밀레니엄세대에게 우편은 한마디로 신기함 그 자체이기 때문이다. 내가 가르치는 대학강의실에서 학부생들이 때때로 신기한 표정으로 우편 요청문을 가지고 온다. "저 이거 우편으로 받았어요. 제 이름이 쓰여 있었다고요!"라고 한 학생이 소리치며 "조심히 다뤄줘!"라는 요청과 함께 다 같이 볼 수 있도록 돌렸다. 그들이 보여준 호기심은 요즘 밀레니엄세대가 정말 우편으로 편지를 거의 받지 않는다는 사실을 일깨워 주었고, 이 점이 오히려 장점으로 작용할 수 있겠다는 생각이 들었다.

우편은 여전히 가장 많은 사람의 손에 직접 메시지를 쥐어 줄 수 있는 가장 값싼 방법이다. 어쨌거나 사람들은 메시지를 손으로 만져볼 수 있으며 한가할 때 천천히 읽어볼 수도 있다. 신중하게 선택한 사람에게 디자인과 문장이 돋보이는 기부 요청편지를 발송하면 아직도 상당한 반응을 이끌어 낼 수 있다. 처음 기부하는 사람들의 응답률이 0.5~1%이고, 이전에 기부한 적이 있는 사람들의 응답률은 10%에 달하기 때문이다. 기존 기부자와 관계를 유지하고 추가 기부를 요청하는 수단으로 우편을 활용하는 단체도 많다. 우편은 제대로만 활용하면 소규모 비영리단체가 쓸 수 있는 가장 효과적인 전략 중 하나가 될 것이다. 이 장에서는 약간 규모가 큰 단체가 홍보 우편을 활용하는 방법에 대해 설명하고, 이어서 소규모 풀뿌리단체가 각자의 환경에 어떻게 적용할 수 있는지 알아볼 것이다.

확보: 신규 기부자 확보

우편 발송을 사용하는 중요한 이유는 신규 기부자를 확보하기 위해서다. 'People for Good'이라는 단체의 경험을 예로 들어보자. 이 단체는 Friends of Progress라는 단체와 기부자 5,000명의 명단을 교환했다.* 'People for Good'은 자신이 보유한 기부자 목록을 Friends of Progress에서 받은 목록과 대조해서 중복되는 이름 300개를 삭제했다. 그리고 Friends of Progress 쪽 리스트 중 중복되지 않은 나머지 사람들에게 기부를 요청하는 우편물을 발송했다. 그중 1%인 40명이 기부했으며 제안된 액수 40달러가 대부분이었고, 나

---

* 전문가 대부분은 5,000명을 적절한 표본 규모로 본다. 즉 5,000명에 대한 응답률이 0.75% 이상일 때 목록 전체를 내싱으로 요청 우편물을 보내야 한다는 것이다(목록 전체의 규모가 더 크다고 가정하고). 만일 응답률이 아주 안 높다면 요청 방법을 바꿔 응답률을 높이기 위해 노력하거나 혹은 목록을 포기해야 한다. 난일 테스트를 위해 2,000명을 사용하면 신뢰도가 떨어질 수밖에 없다.

머지는 25달러에서 500달러까지 다양하게 분포했다. 같은 내용의 기부 요청을 웹사이트에도 포스팅했기 때문에 10명의 새로운 온라인 기부자가 등록해서 전체적으로 1%가 겨우 넘는 응답률을 통해 50명의 새로운 기부자와 총 4,000달러의 모금이 이뤄졌다. 4,700명에게 우편물을 보내는 데 총비용은 7,050달러, 각 우편물 하나당 1.5달러가 들었다(여기에는 우표, 인쇄, 종이, 우편발송 대행 서비스 등이 포함된다).

People for Good이 지불한 순 비용은 3,050달러이고 50명의 기부자를 새로이 확보하는 데 한 명 당 61달러가 소요되었다. 이를 '획득 비용'이라고 하고, 이는 비즈니스를 위한 합당한 지출로 볼 수 있다. 이제 이들 신규 기부자는 다음 단계, 즉 유지 단계로 진행해 가면서 점차 업그레이드시킬 것이다. 다시 말하자면, 우편모금을 시작할 때는 끝까지 갈 생각을 하고 있어야 한다. 왜냐하면, 우편모금은 초기 단계에는 대체로 적자를 보고 가끔은 더 큰 적자를 보기도 하기 때문이다. 투자금을 회수하고 수입을 증가시키려면 어떻게 해야 할까? 다음을 계속 읽어보자.

유지: 반복 기부 유도

신규 기부자를 확보하면 단체는 해당 기부자로부터 정기적인 기부를 유도하기 위해 노력해야 한다. 가장 좋은 방법은 기부를 받은 지 72시간 이내에 감사 표현을 하고 1년에 한 번 이상 추가기부를 요청하는 것이다. 소규모 단체는 기존 기부자들에게 1년에 최소 2~3번은 우편으로 또는 우편과 전화, 특별 행사를 섞어가며 기부를 요청하는 것이 좋다. 그리고 소식지(오프라인 또는 온라인 또는 둘다)에도 기부 요청을 싣는다. 이렇게 자주 기부를 요청한다고 사람들이 싫어하는 것은 아니며, 오히려 기부자에게 단체의 이름을 각인시키는 효과를 낳는다. 또 기부자 각각의 유동적인 자금을 이용할 수도 있다. 우편으로 기부를 요청할 때는 10% 정도의 응답률을 기대할 수 있다. 이 정도면 기부자를 확보하는 데 들인 비용을 회수할 수 있는 수준이다. 한 번 기부한 사람은 대부분 두 번째 기부를 하지 않는다. 그렇지만 두 번 기부하면 그 중 더 많은 수가 세 번째 기부로 옮겨가고, 세 번 기부를 한 사람들은 거의 대부분이 네 번 이상으로 기부를 이어간다는 점을 기억하자. 물론 이것은 단체가 맡은 일을 잘하고 기부자를 합당하게 대접한다고 전제할 때이다.

홍보 우편을 통한 기부자 확보 결과: '대규모' 단체의 경우

[수입]
우편 10,000통 X 1% 응답률 = 100명의 기부자
기부금 최빈값 $40 + 기타 액수의 기부금
수입 = $6,000

100명의 신규 기부자에게 추가 기부 요청 3회 시행
기부 요청 시마다 10%의 응답 = 30명의 추가 기부
수입 = $2,000

100명에게 기부 갱신 요청 편지를 보냄
$50~$500 사이 금액으로 66명이 갱신
수입 = $5,000
총수입 = $13,000

[지출]
주소 목록 대여 혹은 교환, 인쇄, 우편요금, 기타 비용:
10,000통 X $1 = $10,000(발송량이 많을수록 비용 감소)
100명에게 추가 기부 요청: 3회 X 100 X $1.50 = $450
200명에게 기부 갱신 요청 편지 보냄(첫 번째는 100명 전체에게 발송, 두 번째는 첫 번째 요청에 응답하지 않은 사람들에게 발송, 세 번째는 첫째와 두 번째에 모두 응답하지 않은 사람들에게 발송): 200통 X $1.50 = $300
총지출 = $10,750

순수입: 66명 = $2,250
기부자당 순수입 = $34

(참고: 온라인 기부자의 경우, 갱신 및 요청 비용은 더 적을 것임)

업그레이드: 기부 갱신 유도

적극적인 기부자는 최소한 1년에 한 번 기부해서 단체에 대한 헌신도를 보여주는 사람이다. 대부분의 단체에서 기부 갱신율은 66% 정도다. 이 정도면 기부자를 확보하는 데 투자한 비용을 회수하고도 충분히 남는 수준이다. 우편을 통해 확보한 신규 기부자 중 지속적으로 기부를 갱신하여 단체에 대한 헌신도가 높은 것으로 분류된 사람들에게는 자원활동이나 추가 기부, 모금, 시위 참여 등을 부탁할 수 있다. 아마도 다른 방법으로는 이런 사람을 찾기가 어려울 것이다.

우편을 자주 보내는 대규모 단체는 보통 5,000달러에서 5만 달러의 자금을 마련해두고 이를 우편에 끊임없이 투자하기도 한다. 일반적으로 첫 번째 기부 요청을 통해 모금한 금액을 자금으로 만들어 이 돈이 고갈될 때까지 우편모금에 계속 투자하는 것이다. 이러한 자금이 있는 단체는 보통 우편모금 전문가를 고용해서 우편모금 계획을 수립하고 문안, 인쇄, 발송까지 모든 일을 맡긴다. 우편을 통한 기부 요청은 어떤 면에서는 도박과도 같다. 응답률이 0.05%에 불과할 수도 있고 아예 기부자를 한 명도 끌어들이지 못할 수도 있기 때문이다. 그러나 발송 대상 목록을 꼼꼼히 검토하고, 기부자에게 보내는 편지에 정성을 기울이고, 기부 요청 패키지를 끊임없이 고치고 조율해 나간다면, 위험 요소를 완전히 없애지는 못하겠지만, 어느 정도 줄일 수는 있을 것이다.

소규모 단체의 우편모금

소규모 단체들은 지금쯤 "우리 단체한테는 해당이 안 되는 얘기군. 그럴 돈도 없고 우편 발송 명단도 없는데디 빈복 기부든 갱신이는 한두 해는 기다려야 수익이 생기기 시작할 텐데 그때까지 기다릴 여유도 없는 걸"이라고 생각하고 있을 것이다.

너무 절망하지 말자. 소규모 단체라도 우편을 효과적으로 활용할 방법이 있다. 우편 발송비를 줄여서 위험을 줄이면 된다. 동시에 응답률을 끌어올려서 처음 우편물을 보냈을 때 최소한 적자는 면하고 운이 따르면 수익까지 낼 수 있도록 신경 써야 한다.

이 목표를 달성하는 방법은 두 가지다. 바로 발송 대상 목록을 좀 더 정교하게 만드는 것과 발송 대상자의 수를 줄이는 것이다. 위의 예에서는 새로운 목록을 대상으로 한 우편의 응답률로 통상적인 추정치인 1%를 사용했다. 이러한 추정치는 예산을 세우는 데 유용하다. 그러나 우편모금의 전문가인 맬 워릭이 말한 것처럼 "응답률은 단체마다 매우 다르게 나타나고, 같은 단체라도 매번 우편을 보낼 때마다 또 다르게 나타난다. 따라서 이 1%라는 수치를 성공의 척도로 생각하면 잘못된 길로 들어설 수가 있다." 좀 더 큰 금액을 기부해줄 사람을 끌어들이는 일, 완벽히 새로운 기부자 집단을 찾아내는 일, 기부 요청 방식을 시험하는 일 등도 응답률만큼이나 중요할 때가 잦다. 처음 우편물을 보냈을 때는 응답률이 낮았지만 해가 지나면서 기부를 갱신하는 사람들의 비율이 높아진다면, 우편이 효과를 발휘한 것이다. 이렇게 낙관적으로 생각하더라도 소규모 단체에 어쨌든 측정 가능한 척도가 필요하며, 응답률을 바탕으로 수입과 지출 예산을 수립할 수 있을 것이다.

다음 예는 좀 더 규모를 줄이고 발송 대상자 목록도 구체화해서 시나리오를 만든 것이다.

홍보 우편을 통한 기부자 확보 결과: '소규모' 단체의 경우

[수입]
우편 500통 X 2% 응답률 = 10명의 기부자
기부금 최빈값 $40 + 기타 액수의 기부금
수입 = $600

10명의 신규 기부자에게 추가 기부 요청 3회 시행
기부 요청시 마다 10%의 응답 = 3명의 추가 기부($200의 기부금)
수입 = $300

10명에게 기부 갱신 요청 편지를 보냄

> 7명이 갱신
> 수입 = $350
> **총수입** = $1,250
>
> [지출]
> 500통 X $1.50 = $750
> 30명에게 추가 기부 요청 X $1.50 = $45
> 10명에게 기부 갱신 요청 편지를 보냄 = $15
> **총지출** = $810
>
> **순수입**: 6명 = $450
> 기부자당 순수입 = $7
>
> (참고: 우편물을 통해 이뤄진 온라인 기부를 확인하기 위해서는 그들에게 특별한 코드를 부여할 필요가 있음)

위의 예에서 보듯이 우편의 규모가 클 때보다 작을 때 기부자 1인당 평균 순수입이 더 높고 위험성은 낮다. 그러나 우편발송 작업에 수반되는 작업량을 생각하면 이 두 경우 모두 그다지 대단한 수입은 아니다. 또한, 위에서 검토한 비용에는 발송대상자 목록 확보, 기부 요청 패키지 제작, 감사편지 및 소식지 발송 등 기타 작업을 처리하는 데 투여된 직원들의 시간은 포함되지 않았다. 우편모금에서 얻는 수입이 이것밖에 안 된다면 사실 이 전략을 다시 쓰려는 단체는 없을 것이다.

단체는 언제나 확보된 기부자를 적극적으로 유지하고, 그중 더 기부할 수 있는 사람을 찾아내서 추가 기부를 요청할 준비를 하고 있어야 한다. 또 일부에게는 자원활동을 부탁하고, 자원활동을 할 수 없는 사람에게는 다른 기부자를 확보해달라는 부탁도 할 수 있어야 한다. 장기적으로 볼 때 일부 기부자는 단체에 유산을 남기길 수도 있을 것이다.

우편모금을 위한 기부자 명단 개발

제13장에서 제시된 요령과 더불어 다음에 언급하는 것들은 특히 우편 요청 시 중요한 것이니만큼 꼭 기억해두길 바란다. 이름과 주소, 우편번호가 정확한지 확인한다. 이름을 잘못 쓰면 받는 사람의 기분이 상할 것이고, 우편번호를 잘못 쓰면 편지가 엉뚱한 곳으로 배달될 것이다.

나는 단체에 자신의 우편주소록을 공유하라는 이야기를 할 때 많은 저항감과 마주하게 된다. 왜냐하면, 각 단체는 자신의 기부자가 다른 단체를 더 선호하게 되어 더는 자신에게 기부하지 않거나 더 적게 기부할 거라는 위기감을 갖기 때문이다. 하지만, 기부자에 대한 연구에 따르면 이것은 사실이 아니다. 실제로 기부자가 처음으로 기부했던 단체와 비슷한 목표를 지닌 단체를 알게 될수록 첫 단체에 대한 충성심은 더욱 증가한다. 다시 말해, 어떤 사람이 환경단체에 기부하고 또 다른 여러 단체로부터 기부 요청을 받았다고 하자. 그렇다면 그 사람은 이렇게 생각할 것이다. "난 오랫동안 환경파괴에 대해 걱정해 왔는데 많은 단체가 그에 관련된 일을 하고 있다니 정말 잘 된 일이야." 더 나아가 자선단체에 기부하는 대부분의 사람은 대개 5개에서 15개까지의 단체들에 기부하고 있다. 자선단체 대부분은 비슷하다. 즉, 예술단체, 환경단체 혹은 시민의 인권과 자유를 위한 단체다. 하지만, 이들 모든 비영리단체에 비슷한 주제와 논제가 존재한다.

사람들은 매년 후원하는 NGO를 하나에서 두 개 정도 바꾼다. 하나에서 떠나 또 다른 새로운 NGO로 옮겨가는 것이다. 아마도 여러분은 매해 자연감소율로 기부자의 약 3분의 1 정도를 잃게 될 테지만, 단지 주소록을 공유함으로써 잃는 것은 아닐 것이다. 왜냐하면, 여러분의 단체가 아닌 다른 단체의 모금 요청에 대해 거부감을 갖는 사람이 있다면 공유한 주소록에서 자신이 제외된다는 사실을 확실하게 하면 될 일이기 때문이다. 그러기 위해서는 사용하는 주소와 이름을 포함한 명단 공유를 허락한다는 옵션을 제시하고 이에 대한 동의를 구해야 한다. "때때로 저희 단체는 기부자님께서 관심 있을 만한 다른 단체와 명단을 공유하는 경우가 있습니다. 저희가 기부자님의 이를 공유하길 원치 않으셔서 답장을 주시면(혹은 이곳에 표시해주세요) 다른 요청 우편물을 받지 않도록 조치하겠습니다"라는 문장이 쓰인 편지를 보내야 한다. 사람들 대부분은 우편물 받는 것을 좋아하지만, 때로는 그들이 얼마나 많은 우편물을 받으며 사는지 불평하기도 한다.

우편모금 패키지 만들기

우편을 통한 기부 요청은 단순히 편지 한 장을 봉투에 넣어 부치는 것이 아니라 하나의 패키지를 보낸다고 생각해야 한다. 단체의 사업은 모금의 성공에 영향을 미치는 여러 변수 중 하나일 뿐이다. 우편은 기부자가 호기심이 동해서 편지를 읽어보고, 수표에 서명해서, 회신 봉투에 넣을 마음이 생기게끔 '포장'해야 한다. 종이 몇 장으로 그렇게 하기란 쉽지 않다.

이 장에서는 우편모금 패키지의 구성 요소에 대해 알아보고, 우편을 통해 신규, 추가 및 갱신 기부를 요청하는 방법, 기부자가 응답할 때 단체가 할 일, 평가 방법 등을 살펴보고, 다음 장에서는 기부 요청과 관련하여 이메일과 소셜미디어의 활용법에 대해 알아보도록 하자.

우편모금 요청 패키지

일반적인 패키지는 겉봉투, 편지, 회신 카드, 회신 봉투의 네 부분으로 이루어진다.

패키지의 각 요소는 상호보완적이며, 모든 요소가 하나의 단위로 작동해야 받는 사람에게 최대의 효과를 낸다. 먼저 각 요소를 설명하고 나서 전체를 함께 볼 것이다.

겉봉투

호소력 있는 편지를 쓰느라 온갖 노력을 기울였는데 결국 봉투가 호기심을 끌지 못해서 실패하는 경우가 흔히 있다.

일반적인 개인 우편과 업무용 우편은 받는 사람과 보내는 사람의 주소만 있으면 배달이 되므로, 누군가가 분명히 그 편지를 뜯어볼 것으로 추정할 수 있다. 일반 우편에서 봉투는 편지를 배달하기 위한 수단에 불과하다. 하지만, 대량우편으로 보내는 모금 요청 편지에서는 겉봉투가 잠재 기부자의 관심을 끌어 그 안에 무엇이 들어 있는지 보고 싶을 만큼 호기심을 자아내야 한다. 이 경우에는 봉투가 선물 포장과 같다고 할 수 있다. 그 안에 무슨 선물이 들어 있는지 알고 싶게 만들어야 한다. 사실, 선물 포장은 내용물이 무엇인지 알 때도 효과가 있어서 사람들은 그 포장을 벗기면서 기쁨을 느낀다.

최대한 사적인 우편물로 보이게 한다. 우리가 보통 우편물을 어떤 식으로 훑어 보는지 생각해보자. 청구서는 한쪽에 따로 챙겨두고, 광고 전단과 소식지는 한번 훑깃 본 다음에 쓰레기통에 버리거나 나중에 읽으려고 쌓아둔다. 하지만, 누군가 직접 손으로 내 이름을 써서 보낸 봉투를 보면 다른 우편물을 내려놓고 먼저 뜯어볼 것이다. 손으로 쓴 경우가 아니면 아마 단어든 그림이든 뭔가 흥미 있는 내용이 담겨 있는 것처럼 보이는 봉투를 뜯어 볼 것이다. 사회적으로 좋은 명성을 얻고 있는 단체에서 보낸 우편물이나, 주소만으로는 누구인지 잘 알 수 없는 봉투도 뜯어볼 것이다. 주소 라벨이 안쪽에 있어서 뜯어볼 수도 있다. 봉투가 돈을 절약하는 방법을 제공할 때도 뜯어본다. 바쁠 때는 우편물을 던지는 속도가 훨씬 빨라진다. 그런가 하면 해야 할 일을 미루고 미적거리면서 광고물까지 다 읽어보고 앉아 있을 수도 있다. 마케팅 전문가의 추산에 의하면 사람들은 우편물의 70%를 뜯어보지도 않고 버린다고 한다. 그러니 봉투를 디자인할 때는 어떤 것을 제일 먼저 뜯어보는지, 어떤 것은 뜯어보지 않는지 등 자신의 경험을 먼저 생각해보는 것이 좋다. 하지만, 자신의 경험에만 의존해서는 안 된다. 동료나 이웃, 친구들에게 기부 요청 편지를 5통 정도 보여주고, 어떤 것을 제일 먼저 뜯어볼 것 같은지 또는 보자마자 던져버릴 것이 있다면 어떤 것인지 물어본다. 그러면 몇 가지 서로 다른 의견이 나올 것이다. 그래서 언제나 효과가 있는 한 가지 스타일이란 있을 수 없다. 하지만, 손으로 직접 주소를 쓴 봉투만은 예외다. 거의 모든 사람이 이 봉투는 열어볼 것이라는 데 동의한다.

상식을 활용하라. 모금의 원동력은 단체의 사명에서 나온다. 그리고 이 사명의 진실성은 우편봉투 디자인에서도 드러날 수 있다. 두 가지 예를 들어 살펴보자. 성적소수자 권리를 옹호하는 전국 규모의 단체가 있다. 이 단체는 우편으로 기부 요청할 때 발신인 주소를 쓰는 곳에 단체 주소와 함께 반드시 단체의 이니셜이나 재미없는 로고를 사용한다. 사람들은 이런 우편물을 받으면 누가 보냈는지 확인도 하기 전에 치워버린다. 그러나 단체는 이것 때문에 응답률이 낮아지더라도 최소한 우편물을 받는 사람에게 누를 끼치지 않기를 원한다. 어느 동물권리옹호 단체가 실험용 동물의 끔찍한 모습이 실린 사진을 입수했다. 이 사진을 봉투에 인쇄하면 사람들의 눈길을 끌 것이 확실했지만 그렇게 하지 않았다. 어린이들이 볼 수도 있기 때문이다.

만약 여러분 단체가 지방의 한적한 소도시에 위치한다면 여러분으로부터 기부 요청을 받는 사람들은 그들이 사는 카운티나 작은 마을에서 온 모든 편지를 열어볼 것이고, 여러분은 단체의 이름과 반송 주소가 봉투의 앞면에 선명하게 잘 찍혀 있기를 바랄 것이다.

대부분의 우편 요청은 10호 봉투라고 불리는 일반서류봉투에 넣어서 보낸다. 여러분의 기부 요청을 만약 더 작고 신기한 사이즈의 봉투에 넣어 보낸다면 눈에 더 잘 띌 것이다. 사적인 편지는 대개 서류봉투에 넣지 않기 때문에 여러분의 기부 요청이 좀 더 사적으로 보이고 싶다면 더 작은 봉투나 정사각형의 초대장 봉투에 넣는 것이 좋다. 그리고 반송 카드나 편지가 해당 봉투의 사이즈에 맞는지도 꼭 확인해야 한다. 한 가지 주의할 점은 평범하지 않은 사이즈의 봉투나 편지지는 인쇄비용이 더 들 수 있고 때로는 꽤 비싸기도 하므로 최종선택을 하기 전에 여러분의 프린터를 꼭 확인해보라.

가장 효과가 덜한 전략은 흔히 '티저문구'라고 알려진 것을 봉투에 쓰는 방법이다. 그렇다고 해서 이 방법이 완전히 무시되어서도 안 될 것이다. 왜냐하면, 봉투에 글자나 그림, 혹은 사진으로 표현된 티저문구는 보는 이로 하여금 호기심을 자아내고 감정적 반응을 일으키기도 하므로 봉투를 열게 하는 방법이 되기도 하기 때문이다.

봉투의 색깔도 실험해볼 만한 변수이다. 하지만, 색을 고르는 데 글자가 봉투의 색에 가려져서는 안 된다. 또한 밝은색은 시선을 집중시키지만, 가독성 또한 고려되어야만 한다.

편지

홍보 우편물은 문학작품이 아니라는 점을 잊지 말자. 이런 우편물은 영원한 발자취를 남기려고 쓰는 것도 아니고, 오래도록 보관하고 여러 번 읽으면서 깊은 영감을 주려고 쓰는 것도 아니다. 모금편지의 역할은 우선 읽는 사람의 관심을 끌고, 그 관심을 지속시켜 기부하도록 이끄는 것이다. 모금편지를 받은 사람들은 그 편지를 읽을 의무가 없으며 자신의 시간을 할애해서 읽는 것이기 때문에 그 편지가 의도한 목적을 달성하면 기부자는 기부금을 낼 것이다.

편지는 빈 공간이 많고 여백이 넓어야 하며, 글씨체가 명확하고 단순해야 한다. 내용상 꼭 문단을 나눠야 할 때가 아니더라도 한 문단이 2~3문장을 넘어가지 않도록 끊어준다. 영어의 경우 won't, you're, can't, we're와 같이 단어를 줄여 쓰면 공적인 느낌이 줄어든다. 편지는 논문이 아니다. 전문용어나 길고 복잡한 단어는 빼고, 편지가 두세 장을 넘어가는 한이 있더라도 쉽게 풀어쓰는 것이 낫다.

사람들은 편지를 읽는 순서가 있으며, 편지를 다 읽는 사람은 거의 없다

처음부터 끝까지 읽는 사람은 거의 없다. 보통 추신을 먼저 읽는다. 그런 다음 인사말을 읽고, 아무리 긴 편지라도 맺음말은 꼭 읽는다. 맺음말 다음에 추신을 읽는 사람도 있다. 편지를 읽는 사람의 60%는 여기까지 읽은 내용을 바탕으로 기부를 결정하고, 나머지는 읽지 않는다. 나머지 40%는 부분적으로 본문을 읽는데, 보통 번호나 점으로 표시해서 나열한 내용이나 밑줄 친 부분 등 눈에 잘 들어오는 부분을 읽는다. 편지를 전부 다 읽는 사람은 극소수에 불과하다.

추신. 사람들은 보통 추신을 제일 먼저 읽는다. 또는 추신만 읽는 사람들도 있다. 추신은 보통 행동을 제안할 때 쓰인다. "이 편지를 미루지 마세요. 매일 나타나는 새로운 문제를 해결하기 위해 선생님의 도움이 필요합니다"라거나 "4월 15일 이전에 보내주시는 기부금에 대해서는 ○○재단에서 같은 금액을 매칭 지원합니다." "유명 작가의 책을 한정 배포합니다. 지금 50달러 이상 기부하세요"와 같이 즉각 행동을 취하면 보상이 있다는 정보를 제공하기도 한다.

여는 말. 단체가 도움을 준 사람이나 개선한 내용 혹은 편지를 읽는 사람에 대한 이야기, 여러분 단체의 활동으로 긍정적인 변화와 해결책을 마련한 이야기로 편지를 시작하자. 다음 사례를 참고해 보자.

단체가 도움을 준 사람

토니는 2년간 노숙자 생활을 하면서 쉼터를 드나들었습니다. 우리 지역에 있는 노숙자의 절반 정도가 그러듯이, 토니도 풀타임으로 일하고 있지만 아파트 보증금을 낼 돈을 모을 수가 없었습니다. 하지만, 우리 노숙자센터가 전세 보증금을 내준 덕분에 토니는 이번 주에 자기 집으로 돌아갑니다.

여는 말은 여기서 끝난다. 편지 본문에는 직업을 가진 노숙자가 얼마나 많은지, 노숙자의 주택 마련과 직업 훈련 및 보육을 위해 단체가 어떤 일들을 하는지 설명한다. 만약 이 편지를 노숙자센터의 과거 및 현재 기부자에게 보낼 때는 여는 말을 다음과 같이 쓸 수 있다. "하지만, 선생님과 같은 기부자들의 도움으로 저희 노숙자센터는 토니의 전세 보증금을 지불할 수 있었습니다. 토니는 이번 주에 자기 집으로 돌아갑니다."

단체가 변화시킨 상황

그곳은 잡초와 폐타이어 등의 쓰레기로 가득 찬 공터처럼 보였습니다. 그래서 드렉개발회사가 그곳에 시멘트를 깔고 주차장으로 사용하자는 제안을 했을 때 반대한 주민이 거의 없었습니다. 어차피 빈민가에 있었고, 근처 공장에서 일하는 통근자들에게도 주차장이 필요했으니까요. 하지만, 조카메리노 씨는 그곳에 공원을 상상했습니다. 그리고 공원만들

> 기 운동본부에 전화를 걸어 이 공터를 보존할 방법이 있는지 물었습니다. 지금 그곳은 카메리노 공원이 되었습니다. 이런 일이 어떻게 가능했을까요?

여는 말은 여기서 끝난다. 편지의 나머지 부분에서는 공원만들기 운동본부가 어떻게 주택가 주변의 공터나 가로수 없는 거리, 빈 건물 등을 더욱 생기 넘치는 공간으로 바꾸어 놓았는지를 설명한다.

> **이야기의 일부가 되는 독자**
> 리오 델비스타의 주민으로서 지난해 델비스타 호수에 유독성 폐기물 처리장을 유치한다는 계획이 발표되었을 때 저와 마찬가지로 선생님께서도 상당히 놀라셨을 줄 압니다. 하지만, 우리 주민들의 노력으로 이 호수를 보존할 수 있었습니다. 그런데 이제 델비스타 계곡 쪽에 폐기물 처리장을 유치하겠다는 논의가 시작되고 있습니다. 이 계획 역시 우리가 싸워서 막아야 할 것입니다.

편지의 본문은 이 지역이 폐기물 처리장으로 자주 지목되는 이유와 그에 대한 대처 방안을 설명한다.

위의 예는 모두 효과적으로 편지를 시작하고 있다. 따라서 단체가 갖는 우편 발송 목록의 성격, 단체의 이야기, 편지의 독자가 할 수 있는 역할에 따라 위에 예에서 적절한 형태를 골라 사용하면 될 것이다. 또한, 이 모든 이야기는 이메일 기부 요청이나 페이스북에서도 찾을 수 있다. 이메일과 페이스북은 사진과 짧은 동영상을 첨부할 수 있으므로 더욱 유용하다. 기부캠페인은 되도록 다양한 채널을 포함하게 될 것이다.

맺는 말. 사람들이 읽어보는 나머지 한 구절, 편지의 마지막 문단에는 행동을 제시한다. 구체적이고 직접적으로 표현하는 것이 좋다.

> 35달러, 50달러, 75달러, 그 밖에 얼마라도 좋습니다. 편하신 만큼의 금액을 기부해주십시오. 농봉한 봉투를 사용해서 오늘 기부해주십시오.

> 35달러를 기부하시면 분기별로 발행하는 소식지를 받아보실 수 있습니다. 하지만, 무엇보다 중요한 점은 선생님의 기부금으로 치과에 갈 여력이 되지 않는 사람들에게 무료 치과 진료 서비스를 제공할 수 있다는 사실입니다.

회원 등급을 구분하더라도 이에 대한 설명은 최소한으로 줄인다. 마지막 문단은 짧게 쓰고, 회원 등급별 혜택에 대한 설명은 회신 카드에 적는다.

그 밖의 내용. 편지의 나머지 부분에는 단체의 역사, 활동 계획, 이야기, 통계, 성과 등을 담는다. 윗부분과 구분이 되도록 일반적인 문단 나누기가 아닌 다른 방법을 사용한다. 아래와 같이 글머리표 기호를 써서 나눌 수도 있다.

> 저희는 다음과 같은 활동을 했습니다.
> - 2003년도에는 십대 청소년들에게 피임도구 배포를 금지하는 조례가 헌법에 위배된다는 이유로 폐지되었습니다.
> - 우리 지역의 십대 청소년들을 대상으로 생물 시간에 성교육을 시행하게 되었습니다.
> - 저희 단체는 경제적 지불 능력에 상관없이 필요로 하는 사람 누구에게나 피임도구를 제공하고 전문의를 연계하는 유일한 독립의료기관입니다.

혹은 밑줄을 그을 수도 있다.

> <u>차를 몰고 지나가면서 총을 쏘는 사건이 한 달 평균 10건에 달하고, 희생자의 절반 이상이 어린아이들입니다.</u> 이제 주민자치회가 나서야 할 때입니다!

편지에 서명한 사람이 누구인가는 별로 중요하지 않다. 유명한 사람이 서명할 때는 편지의 발송인도 그 사람이 되어야 한다. "분주한 촬영 스케줄 중에 시간을 내서 이렇게 OO 단체에 대해 말씀드릴 수 있게 된 것을 기쁘게 생각합니다." 유명인이 없다면 이사장이나 사무총장이 서명하면 된다. 누군가는 서명하되, 서명자가 두 명 이상이어서는 안 된다. 두 명 이상 서명을 하면 편지가 탄원서처럼 보이기 시작할 것이다. 서명은 읽기 쉽고 깨끗한 필체여야 한다.

회신 카드. 우편 기부 요청에 대한 응답으로 보통 사람들은 기부금을 되돌려 보낸다는 메카니즘에 근거한다. 회신 카드에는 기부 시 혜택과 기부자의 이름, 주소 등을 기재할 수 있도록 하고 반송 봉투를 동봉한다.

회신 카드의 심리학. 기부를 요청하는 편지의 본문에서는 상대방을 '선생님'이라고 호칭하여 읽는 사람이 자신에 대한 이야기인 것처럼 느낄 수 있게 한다. 회신 카드에서도 이 스타일을 유지하고, 잠재 기부자가 단체에 응답하는 것처럼 쓴다. 즉 "저는 …에 동참하겠습니다." "저는 …에 동의합니다." "저는 …를 지지합니다" 등의 문구에 답하도록 한다.

전에 들어본 적이 있거나 자신이 지지하는 단체에서 보낸 우편물일 때는 제일 먼저 편지의 끝 부분으로 가서 얼마를 요구하는지를 확인하는 사람들이 많다. 또 이와 똑같은 이유로 회신 카드를 살펴본다. 회신 카드에 관심이 끌리면 다시 편지로 돌아가서 내용을 읽어볼 수도 있고, 편지는 아예 읽지 않을 수도 있다.

회신 카드는 보통 수표와 함께 봉투에 넣기 좋은 크기로 종이나 카드에 인쇄한다. 편지의 아랫부분을 활용하거나, 별도의 카드나 종이를 써서 회신 카드를 만들면 큰 비용을 들이지 않아도 된다.

지갑처럼 생긴 봉투를 쓸 수도 있다. 이때는 봉투 뒷면의 덮개가 회신 카드가 된다. 이렇게 인쇄하면 보통 비용이 더 들기 때문에 대량 인쇄를 하는 경우가 많다. 한번 인쇄를 하고 나면 더는 변경할 수 없어서 그리 많이 쓰이지는 않는다. 이와 달리 별도의 종이를 써서 회신 카드를 만들면 잠재 기부자가 편지나 봉투 중 하나를 잃어버리더라도 회신 카드에 적힌 단체의 주소를 볼 수 있다는 장점이 있다. 또 기부자들에게 기타 정보를 요청할 일이 있을 때도 이 회신 봉투를 사용할 수 있다.

디자인. 회신 카드에는 가능하면 단체의 로고와 캐치프레이즈를 인쇄해서 잠재 기부자에게 단체의 대의나 사명을 상기시키도록 한다. 단체에 대한 설명

이나 프로젝트 내용을 뒷면에 인쇄하는 곳도 있다. 회신 주소와 웹사이트 주소도 빼놓지 않는다.

가장 까다로운 부분은 아마도 기부자 등급과 등급별 인센티브를 간략하게 집어넣는 문제일 것이다. 일련의 상자꼴 기호를 써서 몇 가지 금액을 차등적으로 제안하고 모든 금액에 같은 인센티브를 제공하는 단체들도 많다. 회원이나 기부금 등급에 따라 인센티브가 차별화되는 경우에는 아래와 같이 먼저 금액을 적고 그다음에 내용을 설명한다.

☐ 35달러: 소식지
☐ 50달러: 소식지와 무료 티셔츠(아래에서 색상과 사이즈 선택)
☐ 월별 약정(최소 10달러): 소식지와 저명한 활동가 로버타 P. 액티비스트의 대표 저서 1권

회원 등급에 이름을 붙이는 것은 이름이 정말 근사하거나 인센티브가 특별하지 않은 한 별 의미가 없다. "일등 후원자", "친구 후원자" 같은 명칭은 사실 거의 의미가 없으며, 불가피하게 기부의 등급을 정하는 셈이 되는데 이것은 피해야 할 일이다.

회신 카드의 나머지 부분에는 기부자의 이름과 주소, 전화번호를 적을 공간과 라벨을 붙이거나 수표 또는 신용카드 결제 방법을 적을 공간을 남겨둔다. 회신 카드에는 누구에게 수표를 지급하는지, 이 기부금이 세금공제가 되는지를 명시해서 응답자가 쉽고 명확하게 기부 방법을 이해할 수 있게 한다.

사람들은 회신 카드에 표시된 몇 가지 금액 중 자신에게 맞는 금액을 선택하거나 편지에서 요청한 금액을 선택할 것이다. 일반적으로 아래와 같이 배열한다.

☐ 35달러 ☐ 50달러 ☐ 75달러 ☐ 100달러 ☐ 기타

제일 높은 금액을 맨 앞에 적고 싶을 수도 있지만, 이것은 효과적인 전략이

아니다. 사람들은 자신의 여력을 넘어서는 금액에는 어차피 관심을 두지 않으며, 금액이 너무 크면 오히려 뒷걸음질 칠 수 있다. 아래와 같이 배열하면 소액 기부는 원치 않는다는 느낌을 줄 것이다.

☐ 500달러   ☐ 250달러   ☐ 100달러   ☐ 기타

반면, 5달러와 같이 받으면 오히려 더 번거로워지는 금액도 적지 않은 것이 좋다. 5달러만 기부하고 싶은 사람은 '기타' 칸에 표시할 것이다. 또 5달러 같은 소액을 제시하면 이보다 큰 금액을 기부할 수 있는 사람들에게서 5달러밖에 받지 못한다.

우편모금을 평가할 때는 각 발송 시기별로 받은 응답을 구분하는 것이 좋다. 이 문제는 우편을 보낼 때마다 회신 카드에 다른 코드를 부여하면 쉽게 해결할 수 있다. 인쇄비가 저렴하면 회신 카드마다 색깔을 달리하거나, 하단 구석에 숫자나 날짜를 넣는 등 회신 카드를 발송할 때마다 조금씩 변화를 준다. 인쇄가 여의치 않을 때는 우편물을 보낼 때마다 회신 카드에 펜으로 작은 점을 찍고, 매회 어떤 색깔의 점을 찍었는지 기록해둔다.

회신 봉투. 회신 봉투는 앞서 언급한 지갑 형태의 봉투 외에도 업무용 반송봉투와 주소가 적혀 있는 평범한 봉투 두 가지 스타일이 있다. 업무용 반송봉투는 반송 우편요금을 단체가 지불한다. 가격은 일반 우편의 두 배지만 실제로 반송된 것에 한해서만 비용을 지불한다. 주소가 적혀 있는 일반 봉투는 기부자가 직접 우표를 붙인다.

소규모 단체는 업무용 반송 우편을 사용할 필요가 없다. 실제로 반송 우편물에 지불한 비용이 기부자들에게 알려지면서 반송 우편 사용을 그만둔 단체들도 적지 않다. 기존 기부자들이 다수 포함된, 실적이 우수한 발송 목록에 대해 우편을 발송하는 경우가 아니면, 회신 봉투에 일반 우표를 붙이는 일은 삼가야 한다. 그만한 비용을 들일 만큼 응답률이 높지 않을 것이기 때문이다. 반면, 비용을 아낀다고 아예 회신 봉투를 안 넣는 일도 없어야 한다. 미리 주소를

적어 놓은 회신 봉투가 들어 있지 않으면 응답률도 현저히 낮아질 것이다.

기타 내용물. 우편을 통한 기부 요청에는 편지와 회신 카드, 회신 봉투가 꼭 필요하다. 하지만, 원한다면 몇 가지 더 추가할 만한 것들이 있다. 이들이 응답률을 높이는 데 기여하는지 여러 변수에 따라 달라지겠지만, 가능성은 있다고 볼 수 있다.

리프트 노트(메모). 여기서 말하는 리프트 노트란 "저희 타이어를 사지 않기로 마음먹은 분만 읽어보세요"와 같이 상업적인 우편 패키지에 들어 있는 것과 비슷한 짧은 글을 말한다. 보통 필기체를 쓰거나 편지 본문과는 다른 필체를 사용한다. 이 리프트 노트는 편지에 서명한 사람과는 다른 사람이 기부자에게 써서 꼭 기부해야만 하는 다른 이유를 제시한다. 노인들의 컴퓨터 학습을 돕는 단체에서 보낸 우편 홍보물을 예로 들어보자. 편지의 서명은 단체의 이사인 주디 블래서티가 했지만, 리프트 노트는 다음과 같이 쓸 수 있다.

> 저는 사실 컴퓨터를 배울 생각이 없었어요. 하지만, 아들을 기쁘게 해주고 싶어서 노인복지관에서 하는 컴퓨터 교실에 등록했죠. 덕분에 이 늙은 고집쟁이가 갖가지 새로운 재주를 배웠답니다! 컴퓨터는 재미도 있지만, 유용하기도 해요. 병원에서 처방받은 약에 대해 찾아보거나, 시민권에 대해 알아보거나, 신용정보를 제공하는 일이 합법적인지도 확인할 수 있죠. 자식들이나 손자, 손녀들과 이메일을 주고받을 수도 있고, 인터넷에서 찾은 정보 덕분에 돈을 절약하거나 생명을 구할 수도 있답니다. 강사들이 모두 자원활동가라서 수강료도 싸죠. 이 단체, 돕고 싶지 않으세요?
>
> 로이스 스미스(82세) 드림

순서상으로 보면 이 메모지는 편지를 읽은 후에 읽어야 할 것 같지만, 사람들 대부분은 메모지를 먼저 읽는다. 그래서 리프트 노트를 읽고 나서 호기심이 생기면 그때야 편지를 집어들고 다시 읽기 시작하는 것이다.

내부 회람. 리프트 노트와 비슷한 경우로, 내부 회람용이란 표현은 읽는 사람에게 비밀문서를 보고 있다는 느낌을 준다. 예를 들어, 파키스탄에서 기아구제 사업을 하는 단체는 아래와 같은 내부 회람 형식을 사용했다.

> 수신: 조(편지에 서명한 이사의 이름)
> 발신: 프레드 스미스 재무부장
> 제목: 최근의 식량 보급량에 관해
>
> 조 이사님, 상당한 기금을 확보하기 전까지는 이 정도의 식량을 지속적으로 보내기 어렵습니다. 이미 예산이 상당히 초과하였는데도 현장에서는 점점 더 많은 요청이 들어오고 있습니다. 의료품도 다 떨어져 갑니다. 이제는 지원을 축소하는 것 외에는 별도리가 없을 것 같습니다.

이 메모의 아래쪽에 조가 다음과 같이 덧붙인다.

> 선생님께 막 편지를 보내려던 참에 우리 직원으로부터 이 편지를 받았습니다. 가능한 한 빨리 선생님의 기부가 필요합니다. 도움을 주십시오. 여러 사람의 생명이 위협받고 있습니다.

단체의 웹사이트에도 이러한 형식의 메모를 넣을 수 있거나 언급할 수 있을 것이고, 페이스북에도 동일하게 올려서 메시지의 일관성을 유지할 수 있다. 그러고 나서 1~2주 후에는 웹사이트에 모금캠페인의 결과가 어떻게 되었는지 꼭 알려야 한다.

자료표. 디자인이 좋고 읽기가 쉬운 자료표를 1페이지 정도 포함해서 사람들의 관심을 끌 수도 있다. 요즘에는 2페이지짜리 편지에 자료표를 첨부하는 단체가 많은데, 이렇게 해서 장문의 편지 못지않은 성과를 낳고 있다고 한다. 자료표를 사용해서 페이지 수를 줄일 수 있는 것은 아니지만 여러 편지에 반복적으로 사용할 수 있기 때문에 편리한 면이 있다. 자료표는 단체의 이름과 로고가 찍힌 공식 문서에 인쇄해야 한다. 그리고 단체가 개인 기부자의 기부에 의존하고 있으며 개인이 할 수 있는 최소한의 기부가 회원 가입이라는 사실을 넣는다. 자료표에 적은 내용은 편지의 내용을 보강하는 동시에, 편지 대신 자료표만 읽는 사람에게도 필요한 내용을 전달할 수 있어야 한다. 자료표는 기부 요청 우편물이 아닌 다른 우편물에 첨부하거나, 집회, 하우스파티, 기타 행사에서 단독으로 배포할 수도 있다.

브로셔. 이상하게도 우편물에 브로셔를 첨부하면 대체로 응답률이 떨어진다. 브로셔는 자료표나 신문기사보다 복잡하고 집중해서 읽어야 한다. 브로셔는 관심을 끌 수는 있지만, 기부를 강조하는 용도가 아닌 탓에 홍보 우편에는 별로 도움이 안 된다. 브로셔는 특별행사를 위해 또는 상세한 정보를 원하는 사람들에게 배포할 목적으로 만든 것이어서 개인적인 기부 요청 편지를 보낼 때 첨부하는 것은 괜찮지만, 홍보 우편에는 부적절하다. 이제 브로셔는 점점 더 웹사이트에 그 자리를 내주고 있다. 이제 여러분은 브로셔보다는 최신식의 매력적인 웹사이트가 더 필요하다.

패키지 포장

편지를 비롯한 모든 첨부물에 오자가 없도록 주의한다. 오자 하나 때문에 문장의 의미가 달라지거나 아주 무의미한 내용이 될 수 있다. 무엇보다 오자가 있으면 일 처리를 제대로 못 하는 단체라는 인상을 준다. 편지와 회신 카드, 회신 봉투 각각에 반송 주소와 인터넷 웹사이트 주소를 꼭 포함한다. 그래야 혹시 회신 봉투를 잃어버려도 단체에 연락할 길이 생긴다. 편지는 깔끔하고 읽기 쉬운 글씨체를 사용해야 하지만, 겉봉투와 회신 카드, 회신 봉투는 보통 더 크고 굵은 글씨체를 사용하는 것이 좋다. 우편물을 통해서만 만나는 기부자들은 오로지 우편물을 통해서 단체에 대한 인상을 형성한다는 점을 기억하자.

글씨 색은 종이 색과 분명하게 대조되는 것을 사용해 가독성을 높인다. 가능하면 나무 펄프를 사용하지 않은 종이나 재생용지를 사용한다. 편지지가 재생용지임을 보여주는 그림을 넣어 이런 사소한 문제에도 주의를 기울이는 단체임을 알린다. 가능하면 노조에 가입한 인쇄소를 골라 노조 마크를 편지와 봉투에 새긴다. 응답률이 반드시 올라가지는 않더라도 눈 밝은 독자들은 단체가 우편 기부를 요청하면서도 작은 부분에서까지 중요한 가치를 지키고 있다는 것을 알고 흐뭇해할 것이다.

발송 전에 전체 우편물에서 임의로 몇 장을 골라 인쇄 상태를 검토한다. 인쇄소의 실수로 중간에 끼어 있는 편지 20여 장이 얼룩져 있거나 백지상태일 수도 있다. 인쇄물을 일일이 검토할 수는 없겠지만, 실수는 잡아낼 수 있을 것이다.

일반 편지처럼 글씨가 적힌 부분을 안으로 접지 말고 바깥쪽을 향하게 접는다. 그러면 봉투에서 편지를 꺼내 종이를 펴거나 뒤집는 수고 없이 곧바로 읽을 수 있을 것이다.

주에 따라서는 우편물을 발송하기 전에 해당 기관에 사본을 보내 승인을 받아야 하거나, 우편물마다 단체의 등록번호를 기재하도록 법으로 정해놓은 곳들이 있다. 따라서 해당 법률을 살펴보고 이에 맞는지 재확인한다.

물론 이러한 모든 내용은 여러분의 웹사이트에서도 찾을 수 있어야 할 것이다.

인센티브와 프리미엄

인센티브 프로그램의 목적은 기부를 한 사람에게 그에 대한 보답으로 여러분의 단체를 긍정적으로 떠올릴 수 있는 것을 선물하고, 여러분의 단체가 하는 일을 알림으로써 기부한 것에 대한 자부심과 재기부를 할 기회를 제공하고자 하는 것이다. 인센티브 프로그램은 아주 정교할 필요는 없으므로 뉴스레터나 전자 뉴스레터 같은 소통방식 정도면 충분하다. 최근에 연구자 페넬로페 버크가 조사한 바로는 기부자들은 냉장고 자석이나 머그잔보다는 그들이 기부한 돈이 잘 쓰였다는 증거나 감사하다는 최소한의 개인적인 인사 정도면 충분히 만족하고 있다는 것이다.

이런 맥락에서 보면 감사편지가 바로 그 첫 번째 '인센티브 프로그램'이 될

다. 앞서 설명한 바와 같이, 감사편지는 기부를 받은 지 72시간 안에 보내야 한다. 실제로 많은 소규모 단체의 인센티브 프로그램은 뉴스레터에 제공되는 단체정보로 충분하다.

프리미엄

프리미엄은 특정한 시기에 행한 기부에 대해 감사를 표하면서 주는 선물이다. 프리미엄의 목적은 좀 더 많은 잠재 기부자를 행동으로 끌어내는 것이기 때문에 이에 대한 정보는 보통 기부 요청 편지의 추신에 포함한다.

> 추신) 12월 1일까지 기부하신 분께는 지역 화가들이 우리 단체에 기부한 그림으로 제작한 달력을 발송해 드립니다.

혹은

> 추신) 기부 갱신자 중 선착순 50분께는 작가의 서명이 들어간 석판화를 보내드립니다. 오늘 기부하세요.

단체는 잠재 기부자가 기부 요청 편지를 잃어버리거나 청구서 더미와 함께 쌓아두는 일을 최대한 방지해야 한다. 프리미엄은 기부자가 지금 당장 행동을 취하도록 부추기는 역할을 한다.

단체로서는 프리미엄으로 제공하기 좋은 것은 이미 보유하고 있는 물품이다. 예컨대, 음악회를 열려고 하는데 입장권 판매가 부진하다고 생각해보자. 날짜를 지정해 그때까지 기부를 갱신하는 사람들에게 무료입장권을 제공한다. 인쇄해 놓은 달력이 많은데 새해가 되기 전에 모두 판매할 가능성은 없어 보인다. 그러면 달력을 프리미엄으로 제공한다.

신규 기부자 확보 사업에서 프리미엄을 사용하려면 우편 비용을 계산할 때 프리미엄 비용도 고려해야 한다. 프리미엄에 나가는 비용이 순수입을 초과하지는 않겠지만 그래도 응답률이 1~2%에 그치면 수입이 하나도 남지 않을 것이다.

뉴스레터 외에 혜택을 제공할 것인지 말 것인지 결정할 때 이미 가진 콘텐츠를 다른 목적에 맞게 수정해보는 작업도 필요하다. 예를 들어, 아직 모금에 참여하지 않은 대다수 사람은 재단에 제출할 보고서가 무엇을 담아 어떻게 보여야 할지 모르고 있다. 여러분이 보유한 가장 최신 보고서 맨 위에 '배포용 아님'을 붙인 후 주요 기부자에게 보내라.

언제 보낼 것인가

우편 전문가들은 1년 중 우편을 보낼 최적의 시기는 바로 준비되었을 때라고 한다. 정말 맞는 말이다. 우편을 보내기가 몹시 나쁘거나 좋을 때가 따로 있는 것이 아니기 때문이다. 가장 좋은 때는 기부 요청의 내용이 생생하게 살아 있고 흥미있을 때다. 연말은 신규 기부자를 확보하는 것보다 기존 기부자를 대상으로 한 기부 요청이 더 적절하다는 것만 기억하자. 우편물은 자연재해(해일, 허리케인, 지진 등) 때문에 발송이 지연될 수도 있다.

단체는 기부자의 구성에 따라 우편 발송 시기를 조절해야 한다. 농부와 교사는 당연히 일정이 다르다. 기부자의 종교와 종교에 대한 헌신도도 어느 정도 영향을 미친다. 선거도 그러하다. 어떤 때는 기부자가 참여하는 타 단체의 활동도 영향을 미칠 수 있다. 따라서 여러 달에 거쳐 우편을 발송하고 그 결과를 추적해서 가장 효과적인 시기를 확인하는 작업이 필요하다.

기부 갱신을 요청하는 우편

두 번째로 우편은 1년 단위로 기부갱신을 요청할 때 사용할 수 있다. 제11장에는 다른 내용의 기부 갱신 요청 편지를 쓰기 위해 기부자를 분류하는 방법이 나와 있다.

갱신 요청 편지는 같은 형식을 따른다. 편지는 먼저 한두 문장으로 단체의 활동과 자립을 유지하는 데 개인 기부자가 얼마나 크게 이바지하는지를 강조한다. 그다음에는 지난해 단체가 거둔 성과를 몇 가지 나열하고, 기부 갱신을 요청한다. 갱신을 요청하는 편지는 한 페이지 이상 길게 쓸 필요가 없다. 하지만, 한 페이지에 너무 많은 내용을 집어넣는 것도 좋지 않고, 반대로 페이지 수를 줄이려고 말을 너무 아끼는 것도 좋지 않다. 내용이 너무 적으면 뭔가 터놓지 않는 듯하거나 지난해에 별로 한 일이 없다는 느낌을 줄 수 있다. 내용이 길어서 한 페이지로 만들기 어렵다면 다음 페이지로 넘어가거나 편지지 뒷면에 내용을 이어 쓴다. 특히, 이 범주의 기부자들에게는 우편물을 통해 얻는 정보가 단체의 활동에 대해 알게 되는 유일한 통로라는 점을 잊지 말자.

갱신 요청 편지에 들어갈 회신 카드는 이 목적에 맞게 따로 디자인해야 한다. 그러면 처음 기부를 부탁받는 사람들과 달리, 이들 기부자는 이미 단체의 일원으로 대접받는다는 느낌을 갖게 된다. 기부 갱신 편지에 넣을 회신 카드는 기부 갱신을 요청할 때뿐만 아니라 다른 사항을 요청할 때도 사용할 수 있다.

여러 단체의 경험으로 볼 때 6~8개월 동안 세 번 정도 갱신 요청 편지를 보내는 것이 효과적이다. 그 후에도 소식이 없는 기부자에게는 전화를 걸어 갱신을 요청한다. 세 번의 편지와 전화에도 반응을 보이지 않는 기부자와 14개월 이상 기부가 끊긴 사람에게는 소식지 발송을 중단한다. 소식지를 한두 번 걸러 아쉬워질 때쯤이 되면 아래와 같은 공지를 한 번 더 보낸다.

> 선생님의 소식을 기다리고 있습니다. 저희는 선생님의 도움이 필요합니다. 저희 단체의 활동을 전해 들으실 수 있도록 다음 호 소식지를 보내드리려고 합니다. 저희의 사업은 모두 선생님과 같은 분의 힘으로 이어지고 있습니다. 동봉한 서식을 사용해 다시 한 번 기부를 부탁드립니다. 만일 이번에 기부하시기 어려우시다면 간략하게나마 그 이유를 저희에게 알려주시면 감사하겠습니다.

여기서 기억해야 할 점이 있다. 많은 기부자가 추가 기부 요청에는 응답하지만, 기부 갱신 요청에는 잘 응답하지 않는다. 올해 기부할 몫은 이미 다 했다고 생각하는 것이다. 따라서 지난 12개월 동안 기부한 적이 있는 사람은 모두 '현재' 기부자로 간주해야 한다. 회원제도가 있는 일부 단체는 기부는 하고 회원 자격은 갱신하지 않은 사람을 소홀히 하는 경향이 있다. 회원의 요건이 특별히 정해져 있다면 몰라도 그렇지 않다면 이는 기부자를 소외시킬 수 있는 어리석은 행동이다. 누군가를 목록에서 제외할 때는 반드시 최소한 지난 14개월 동안 기부 여부를 분명히 확인해야 한다.

대다수의 사회변화를 추구하는 시민사회단체는 직접 참여나 구독할 여력이 없는 사람이라도 단체에 관심만 두고 있다면 계속해서 소식지를 보내준다. 이러한 관행은 두말할 나위 없이 옳은 일이다. 그러나 전혀 연락을 해오지 않는 사람들은 목록에 계속 둘 이유가 없다. 그들은 소식지나 기부 요청 편지를 보내더라도 읽지 않을 것이며 어떤 연유로 자신의 이름이 발송 목록에 올랐는지도 기억하지 못할 가능성이 크다.

10년 동안이나 소식지를 받고도 한 번도 기부하지 않던 사람이 어느 날 10만 달러를 기부하거나 2만 달러 상당의 유산을 단체에 남겼다는 이야기를 간혹 듣는다. 이런 일이 가끔 있는 것은 분명한 사실이며, 어느 단체나 이런 사람이 나타나기를 기다릴 것이다. 그러나 만에 하나 거금을 기부할지도 모른다는 생각에 모든 사람을 발송 목록에 올려 두는 것은 그다지 분별력 있는 행동이 아니다. 이렇게 한번 생각해보자. 소득이 얼마 안 되는 가난한 기부자가 자신의 일당에서 세금을 제하고 난 금액의 절반인 35달러를 기부했다고 하자. 자기가 어렵게 벌어서 낸 돈이 좋은 일에 쓰이리라 생각했는데 알고 보니 몇 년째 소식도 없는 사람들에게 소식지를 보내는 데 쓰이고 있다면 과연 기분이 좋겠는가.

일반적인 규칙으로 정하자. 즉 최소한 12~16개월마다 한 번 이상 가시적인 관심을 보여주는 사람만 적극적인 기부자로 분류해 발송 목록에 보유한다. 그러자면 기부를 하거나, 기부는 하지 않더라도 우편물을 계속해서 받아보고 싶다는 의사를 표명하거나, 자원봉사활동을 해야 한다.

갱신율이 75%를 넘으면 기부자의 수가 너무 적다는 의미일 수 있다. 기부자가 얼마 되지 않는 단체에서는 80%, 심지어 90%의 갱신율을 기록하는 것도 그리 어려운 일이 아니다. 갱신율 60~70%는 조직의 건강을 가리키는 지표다. 다시 말해, 단체가 보유한 기부자의 수가 그만하면 충분하고, 이 책에서 설명하는 다른 여러 전략을 활용할 경우 어느 정도의 고액 기부자를 발굴해낼 가능성이 있다는 뜻이다. 기부자 분포를 보여주는 피라미드는 처음 기부했던 사람이 습관적인 기부자로, 나아가 고액 기부자로 올라갈 때마다 좁아진다. 한 단계 올라갈 때마다 해당 범주에 있는 기부자의 수가 적어지는 것이다. 따라서 맨 꼭대기 층에 적정한 수의 기부자를 보유하려면 맨 아래층에도 적정한 수가 보장되어야 한다.

제15장

온라인모금

온라인모금은 이메일, 단체 웹사이트, 그리고 블로그, 크라우드펀딩, 검색엔진 활용과 같은 다양한 온라인전략과 함께, 그리고 페이스북, 트위터, 텀블러, 링크드인, 인스타그램 등과 같은 소셜미디어를 오프라인활동과 함께 사용하여 모금하는 것이며, 이를 통해 기부자와의 관계를 구축해 나가는 모금 방식이다. 소셜미디어는 누구나 인터넷에 접속만 하면 단체가 하는 일을 확인할 수 있고, 또 의견을 게시할 수 있도록 하는 공간이다. 크라우드펀딩은 많은 기부금을 합쳐서 특정 금액에 이르도록 함으로써 소액기부만을 하는 사람들이 더 큰 보람을 느낄 수 있도록 하는 시스템이다. 크라우드펀딩을 이용하면 모금속도가 굉장히 빨라서 자연재해지역의 현지구호단체나 시간이 제한된 특정 프로젝트에 모금하기가 좋고 많은 정치적 캠페인들을 지원해줄 수 있다. 그러나 인터넷이 제공하는 가장 민주적이며 즉각적인 접속을 통해 주의를 끌어야 하기 때문에 이는 엄청난 경쟁환경에 들어가는 것이기도 하다.

2015년 컬쳐리스트(The Cultureist, http://www.thecyltureist.com/)가 수행한 연구에 의하면 약 25억 명의 사람들이 매일 인터넷을 사용하고 있고 1,440만 명의 사람들이 매일 이메일을 보내며, 14만 개의 새로운 웹사이트들이 매일 생겨나고 있다고 한다. 성공적인 온라인 기부 요청 방법이 있는가 하면, 동시에 수십 개가 시들해지는 것이 현실이다. 둘의 차이점이라 한다면 보유한 리스트의 질과 양, 그리고 보내는 메시지에 얼마나 힘이 있느냐에 달렸다.

그렇다면, 직원이 한두 명이거나 더 적은 소규모의 사회개혁단체의 경우 어떻게 모금에 헌신할 수 있을까? 또한, 자발적인 이사진은 의미 있는 방법으로 어떻게 자신의 능력을 활용할 수 있을까? 첫째, 모든 인터넷 옵션을 훨씬 큰 전략적 도구상자라는 틀 안에서 볼 수 있어야 한다. 모든 인터넷 캠페인의 성공 여부는 가장 기초적인 것에 달렸다고 인터넷 모금전문가는 말할 것이다. 즉, "기부자를 보유하고 있습니까?", "그 기부자를 제대로 대우하고 있습니까?", "기부자와 관계를 형성하는 데 관심이 있습니까?", "이러한 관계를 지속시키는 일을 할 수 있습니까?"와 같은 질문들을 던져야 하는데, 이들 질문에 대한 대답은 모금을 위해 단순히 인터넷을 사용하는 문제를 훨씬 넘어서는 것이다.

온라인모금은 어느 단체든지 간에 가져야 할 전략 중 하나이지만, 그것이 전부가 되어서는 안 된다. 온라인전략은 다른 모든 모금 전략처럼 금방 효과가 나타나지 않기 때문이다. 이메일 리스트를 구축하고 웹사이트로 트래픽을 유도하고 블로그 독자를 만들어 소셜미디어플랫폼에 활발한 팔로우어를 만들어 가는 데에는 꽤 오랜 시간이 걸린다.

온라인전략은 기부자들을 모으기에 매우 훌륭하지만, 이들 기부자를 관리하고 감사편지를 보내고 더 많은 정보를 보내어 업데이트를 해주는 일 등의 작업은 필수적이다. 따라서 이제 우리는 우편모금이라는 페이지를 넘겨야 할 때가 되었다. 많은 단체가 우편방식을 통해 수천 명의 기부자를 모집하긴 했지만, 기부자의 기부금을 토대로 수입을 지속적으로 증가시켜 왔으며, 새로운 기부자를 지속적으로 모집해 왔다. 또한, 이들 단체는 좀 더 사적인 메일, 전화, 감사편지, 개인적인 초대와 요청 등의 방식을 통해 기부자와의 관계를 쌓아옴으로써 이러한 지속성을 유지할 수 있었다. 이제 각각의 전략을 서로 통합하고 보완할 필요가 있다. 내가 가장 선호하는 전략인 1 대 1 만남을 통한 요청을 포함, 그 어떤 전략도 이제는 단 하나만 사용할 수는 없다 과학기술이 할 수 있는 것들이 많아지긴 했지만, 사람들은 여전히 한 명의 소중한 존재로 대우받고 싶어 한다.

이런 것들을 염두에 두면서 이제부터는 각각 단체들이 인터넷모금을 어떻게 활용할 수 있는지 살펴보자.

조사하고 연구하기

수백만 명의 사람들, 비영리단체들과 기업들이 수백 개의 플랫폼을 사용하여 무엇이 효과적이었고 현재에는 또한 무엇이 효과적인가 등 온라인모금에 대한 어떤 실험이 진행 중인지를 알고자 한다면 이에 대한 데이터를 구하는 것은 어려운 일이 아니다. 그러나 그 데이터로부터 무엇을 알게 되었는지 깨닫는 일은 절대 쉽지 않다. 내가 리서치를 좀 더 쉽고 정확하게 이해하기 위해 방문하는 사이트가 두 군데 있는데 엠플러스알(M+R) 연간 벤치마킹보고서 (http://mrbenchmarch.com)와 비영리테크놀로지네트워크(NTEN, (https://www.nten.org)라는 곳이다. 이 웹사이트는 무료정보의 보고이자 관련 분야에서 일하는 우수한 사람들과의 연결이 가능한 곳이다. 세상이 너무 빠른 속도로 변하고 있기 때문에 여러분이 이 책을 더 읽기 전에 두 사이트를 빨리 방문하고 싶어 할지도 모르겠다. 만약 사이트들을 방문해보았다면 기본 원칙에 토대를 둔 모금방식을 보고 다소 놀랐을 것이다.

사이트들은 아래와 같은 특징을 갖고 있다.

- 매력적이고 종합적인 웹사이트
- 소셜미디어의 존재. 페이스북이 가장 흔하지만 다른 미디어도 사용자에 따라 인기가 있음. 여러분의 구성원이 무엇을 사용하는지 알아보라. 예를 들어, 18millionrising.org의 케이든 마크는 이렇게 말하고 있다. "텀블러는 연령대를 축으로 젊은이들, 인종을 축으로 하면 아시아계 미국인과 라틴계 미국인들 쪽에 있다." 다시 말해, 조사와 연구를 통해 여러분의 관심 대상자가 미디어의 어느 공간에서 주로 시간을 보내는지 알 수 있다.
- 기부자, 동료, 언론기자, 이사 등으로 세분화된 이메일리스트. 꼭 세분화된 리스트를 이용하여 여러분이 보낸 이메일 때문에 익사하지 않기를!
- 누군가 여러분에게 연락할 수 있는 연락처나 링크를 웹사이트와 이메일에 꼭 기재하라.

웹사이트와 이메일리스트 구축에 집중하기

인터넷모금의 가장 중요한 요소는 이메일리스트와 웹사이트이다. 이 두 가지에만 집중하고 다른 것에 전혀 신경을 쓰지 않는다고 해도 대중의 관심과 돈을 얻을 수는 있을 것이다. 그렇지만 만약 여러 개의 플랫폼을 사용하면서 가끔 확인만 하고, 이메일리스트 또한 구축하지 않는다면 대부분 시간을 낭비하고 있는 셈이 된다.

만약 여러분이 사무실에서 오픈하우스를 하고 수백 명의 사람이 방문하길 기다린다고 생각해보자. 일의 양이 얼마나 많을지 상상이 가는가? 우선 구석구석 청소를 하고 사진을 걸고 문서를 정리하고, 그리고 나선 아마도 꽃이나 화분을 사야 할 것이다. 즉, 사무실을 사람들에게 자랑할 만한 공간으로 만들어야 한다. 게다가 아마도 오픈하우스를 찾는 사람들이 이렇게 생각하길 원할 것이다. "와우! 이 단체는 많은 일을 하고 있고 이렇게 정성을 들여서 방문객을 환영해주는구나." 이제부터는 여러분의 단체가 하는 일에 관심을 둔 스무 명의 주요 기부자에게 제공할 자료를 만들려면 얼마나 많은 수고가 들지 한번 상상을 해보라. 사진, 그래프, 자료, 표를 고급 폴더에 논리적인 순서로 잘 넣어둬야 할 것이다. 그렇지만 웹사이트는 그러한 모든 것들을 한 번에 보여줄 수 있다. 아마도 수백만 명의 사람들이 단체의 웹사이트를 방문할 것이고, 그들은 가능한 한 쉽게 자료를 찾고 또 기부할 방법을 찾을 수 있기를 원할 것이다.

웹사이트를 그저 저렴하게 구축하려고만 하거나 마케팅 측면의 고려 없이 그저 기술만 갖고 웹사이트를 만들지 마라. 웹디자이너를 고용하는 것은 좋은 투자가 될 수 있다. 웹디자인에 얼마를 투자해야 할 것인지는 단정 지어 말하기 어려운 부분이긴 하지만, 적어도 2,000달러 정도는 투자해야 더 많은 페이지 수와 옵션을 추가할 수 있다. 아주 괜찮은 웹사이트를 만들고 웹 전략까지 갖추려면 아무리 작은 규모의 단체라도 15,000달러 정도는 들여야 하는데 이런 내용에 대해 주요 기부자들이 동의해주길 바랄 것이다. 게다가 이 일은 욕실을 리모델링하는 일과는 달라서 한 번의 비용으로 끝날 일은 아니다. 매 2,

3년 간격으로 웹사이트를 정비해야 하고 그러기 위해서는 직원을 고용하거나 대기시켜서 사이트를 유지하고 불가피하게 발생하는 크고 작은 문제를 해결할 수 있어야 하기 때문이다. 또한, 웹사이트가 모바일에서도 잘 작동할 수 있게 하여야 함을 잊지 마라. 웹사이트를 방문하는 사람 중의 절반 이상은 그들의 스마트폰에서 접속하기 때문이다.

기부자 대다수는 뛰어난 웹사이트의 필요성을 인식하고 있기 때문에 추가 기부를 통해 여러분을 도와주려고 할 것이다. 따라서 수익성이 낮은 모금 전략은 과감히 포기하고 대신 웹사이트 구축에 투자하는 것이 그들에게 보답할 수 있는 또 다른 방법의 하나다. 많은 단체가 웹사이트 구축을 위한 예산을 마련하기 위해 우편발송리스트 중에서 최근 몇 년간 기부한 일이 없거나 거의 하지 않은 사람을 제외하는 방법을 사용해 왔다. 한 단체는 1만 개의 우편발송 리스트와 2,000개의 기부자 명단을 갖고 있었는데 기부자가 아닌 사람을 명단에서 유지 관리하는 일이 년간 한 사람당 2달러가 소요됨을 알고 나서 그 중 5,000개의 이름을 제외했다. 이 단체는 이런 식으로 절약한 1만 달러를 투자하여 웹사이트를 핵심으로 하는 온라인모금프로그램을 만들었다.

웹사이트 구축은 여러분이 누군가와 만나서 상의하고 며칠 후 갑자기 훌륭한 웹사이트가 탄생하는 식의 과정이 아니므로 숨겨진 비용이 분명히 발생한다. 일반적으로 웹사이트 구축작업은 다음과 같은 분류 항목으로 나뉘는데 각 분류 항목에 담당 직원들이 참여해야 한다.

- 기획: 웹사이트에 무엇이 들어가야 하는가? 이 사이트가 어떤 역할을 하길 바라는가? 예를 들어 여러분이 영상을 넣고자 한다면 더 큰 비용이 들어갈 것이다. 또한, 이 단계에서 웹호스트를 결정할 필요가 있을 것이다.
- 사용자 경험(UX)과 사용자 인터페이스(UI): 비주얼 디자인과 더불어 사이트 맵, 와이어프레임(wireframe)을 포함한다. 어떤 배경색과 서체가 사이트 사용에 좀 더 편리할 것인가?
- 프로그래밍과 콘텐츠 서포트: 페이지 간의 이동과 콘텐츠 관리 시스템
- 교육 훈련: 사이트를 변경하고, 유지 보수를 책임질 직원
- 테스팅과 사이트 론칭

웹사이트는 메인페이지뿐만 아니라 모든 웹페이지에 반드시 눈에 띄는 '기부하기' 아이콘이 있어야 한다. 그리고 '기부하기' 버튼은 사용자들이 페이팔(PayPal)처럼 신용카드 결제를 안전하게 할 수 있는 사이트로 연결되어야 한다. 신용카드 결제는 네트워크포굿(Network for Good), 퍼스트기빙(Firstgiving), 클릭잇앤플레지(Click it and Pledge)나 기타 다른 자선 포털 등을 통해 이루어지는데 이 사이트들은 비영리단체가 신용카드나 심지어 담보를 통한 기부금을 모을 수 있게 해준다. 거래하는 은행도 온라인 기부를 받을 수 있는 통로 역할을 할 수 있다(물론 서비스 사용료가 들 것이고 심지어는 기부자가 소액기부를 해도 비용을 지불해야 할 것이다). 그리고 만약 웹사이트에서 기부금을 받는 것 이외에도 상품과 서비스를 판매하고 싶다면 고유의 판매시스템을 고려해야 할 것이다. 판매시스템을 알아보기 위해서는 단체의 포털이 어떤 것을 필요로 하는지 생각할 시간이 필요하다.

여러분 단체의 웹사이트는 출간하는 모든 것과 생김새가 같아야 한다. 간단한 예로, 웹사이트의 로고가 다른 곳에서 사용하는 로고와 일치해야 하는데 사실 이는 놀랍게도 굉장히 자주 간과되고 있는 부분이다. 그리고 연간보고서의 내용 역시 웹사이트에 공개되어야 하며, 사이트 방문자로 하여금 이메일 등록을 하게 하고 가급적 이름을 포함한 필수 정보를 수집하도록 해야 한다.

사실 웹사이트에 대해 가장 잘 배울 방법은 규모가 더 크더라도 여러분의 단체와 비슷한 사명을 가진 단체의 웹사이트를 방문해보는 것이다. 그리고 온라인모금을 성공적으로 하는 단체의 웹사이트도 방문해보면 도움이 된다. 해당 사이트를 기획한 웹디자이너에게 연락해서 얼마의 비용이 들지를 알아보라. 주로 엄청나게 큰 기관들과 일하는 훌륭하고 재능있는 온라인모금회사들은 온라인 마케팅회사와 마찬가지로 아주 적은 비용이나 때로는 무상으로 작은 단체와 일하기도 한다. 그들은 잘 알려지지 않은 단체를 홍보하는 데 도전의식을 가지고 있기 때문에 어쩌면 여러분의 단체가 더 큰 비용을 지불하는 더 큰 단체보다도 더 끌릴 수 있다.

단체의 웹사이트로 트래픽 유도하기

웹사이트를 기획할 때 필요한 요소 중의 하나는 웹사이트 이용자가 누구며 이들을 어떻게 여러분의 웹사이트로 불러들일지에 대한 것이다. 다음에 소개할 방법은 간단하면서도 비용이 적게 드는 방법이라 할 수 있다.

웹사이트 주소가 출판물로 내는 모든 것들 - 여러분의 명함, 이메일 서명, 레터 헤드, 인쇄된 뉴스레터, 온라인 뉴스레터, 그리고 웹사이트 각 페이지의 꼬리말 부분 등등 - 에 들어가도록 하라. 이뿐만 아니라 음성메일과 메시지 혹은 어떤 형태로든 단체의 이름으로 나가는 모든 정보에는 포함해야 한다.

모든 검색엔진(아후, 구글 등)에 등록하라(www.searchenginewatch.com에서 현재의 검색엔진리스트를 찾아볼것). 그리고 웹 매니저에게 요청하여 '메타태그'(meta tag)와 '타이틀'(title) - 웹사이트의 코드 위에 숨겨진 두 가지 항목들 - 이 가능한 많은 연관 단어를 갖게 하여 검색엔진이 단체의 웹사이트로 연동시킬 수 있도록 하는 것이 좋다. 두 개 혹은 세 개의 단어로 단체를 설명할 수 있도록 하여 웹서치를 통해 그 설명이 뜨면 사람들이 웹사이트를 방문하고 싶은 마음이 생기도록 해야 한다. 예를 들어, 내가 만약 단체의 이슈와 관련된 세 개의 단어를 구글이나 다른 검색엔진에서 검색어로 넣으면 여러분 단체의 웹사이트가 가급적 상위 10개의 결과물에 들어가야 한다는 것이다. 같은 예로 "교도소 개혁, 스프링필드, 미주리"라는 단어를 입력하면 미주리주 남서부 지역에서 교도소 개혁을 위해 일하는 단체일 경우 그 단체의 이름이 가장 먼저 나와야 한다는 것이다. 비영리단체의 디렉토리(출판용/온라인용), 서비스제공자, 상공회의소 등에도 여러분의 단체의 우편주소와 함께 웹사이트 주소가 명시되어야 한다.

다른 단체와도 링크를 공유하는 것이 좋다. 특히 여러분 단체와 협력단체로서 상호보완적으로 정보를 제공할 수 있는 단체면 더더욱 좋을 것이다. 그리고 관련 사이트를 자주 방문하여 그들이 단체에 대해 어떻게 표현하고 있는지를 점검해야 한다.

이메일은 사람들이 여러분의 웹사이트를 방문할 수 있는 가장 좋은 통로다. 기부자로 등록하는 사람들에게 그들의 이메일 주소를 요청하여 매달 혹은 분기별로 전자 뉴스레터나 전자 통지 서비스를 제공하라. 이와 같은 소통방법을 통해 웹사이트의 업데이트 상황을 알려줄 수도 있고 하이퍼링크를 통해 더 많은 정보를 확인하게끔 할 수도 있다.

다른 모금 전략도 마찬가지이지만, 절대로 웹사이트상에서 처음부터 끝까지 책임질 수 없는 약속은 하지 않는 것이 좋다. 만약 뉴스레터가 분기별로 발행된다고 했으면 일 년에 두 번이 아니라 분기별로 발행되어야 한다! 나는 등록도 하지 않은 수십 개의 이메일 뉴스레터에 가입이 되어 있다. 요청도 하지 않았는데 사람들을 무조건 리스트에 올리는 것은 옳지 않지만, 더욱 옳지 않은 것은 웹사이트에 등록한 사람들을 리스트에 올리지 않는 것이다. 약속의 실현과 성취(fulfillment) - 약속을 위해 든 시간과 돈 - 는 여러분이 어떻게 기획하느냐에 따라 달라진다는 사실을 꼭 기억하라.

이메일

이메일 리스트를 구축하는 것은 온라인모금에서 가장 중요한 요소다. 모든 회의장소와 단체가 지원하는 행사장소에 등록 용지를 갖다놓아라. 그리고 그 용지에 꼭 기부자 혹은 잠재 기부자와 연락 가능한 이메일주소를 쓸 칸을 넣어라. 여러분은 전자 통지나 행사초대장을 보내거나 뉴스기사를 보내는 것 등 이메일리스트를 다양한 방법으로 사용할 수 있지만, 단체 대부분은 아래와 같은 방식으로 활용하여 모금을 활성화할 것이다.

전자 뉴스레터

전자 뉴스레터는 종이 뉴스레터와는 다르다. 더 많은 내용을 읽어보기 원하는 이들을 위해 웹사이트로 연결해 주는 헤드라인 기사와 하이퍼링크만을 갖고 있기 때문에 훨씬 간결하고, 종이 뉴스레터보다 더 자주 발행하는 것이 가능하다. 단체 대부분은 일 년에 두세 번 발행하는 종이 뉴스레터와 매월 발행하는 전자 뉴스레터를 함께 사용할 때 가장 효과적이라고 본다. 또한, 전자 뉴스레터는 독자들로부터 조언이나 댓글을 받을 수 있기 때문에 그들과 훨씬 많은 상호작용을 할 수 있다. 그리고 모든 전자 뉴스레터는 온라인기부를 할 수 있는 사이트가 포함되어야 한다.

나는 정말 많은 단체와 일을 하고 그만큼 많은 기부를 하고 있기 때문에 매달 엄청난 양의 뉴스레터를 받는다. 이제 대부분의 단체는 기부자와 독자에게 종이 뉴스레터에서 전자 뉴스레터로 갈아타라고 요청하고 있다. 일반적으로 이러한 요청이 상당히 죄책감을 느끼게끔 하는 방식으로 이루어지고 있다. "선생님께서 나무를 아낀 비용을 저희 단체가 더욱 효과적으로 사용할 수 있도록 하시겠습니까?"와 같은 질문으로 말이다. 물론 돈을 낭비하는 것보다는 나무를 아끼는 게 훨씬 나을 거란 생각이 든다. "그러니까, 뉴스레터를 선생님의 우편함에 넣어달라는 요청은 제발 그만 하란 말입니다. 안 그렇습니까, 이기적인 꼰대씨?"(물론 이렇게 표현하지는 않지만, 결론은 이렇단 이야기다). 그래서 나는 한숨을 내쉬고 온라인으로 뉴스레터를 받겠다고 동의를 하곤 한다.

결국 내 스스로에 대해 뿌듯함은 느끼지만 동시에 마음이 좀 복잡해진다. 나는 사실 종이 뉴스레터를 선호하기 때문이다. 나는 종이 뉴스레터를 내 서류가방에 쑤셔 넣고 다니며 지하철에서 읽거나 아침 식사를 하는 동안에 설탕 그릇 아래 받쳐놓기도 한다. 물론 이제는 내 우편함에 도착하는 뉴스레터는 거의 없고 대신 온라인 우편함에는 넘쳐난다. 하지만, 다른 사람들처럼 나 역시 엄청난 이메일을 받으면서도 일일이 확인을 다 못 하기 때문에 읽지 않고 삭제해버리는 뉴스레터들이 대부분이다. 내가 종이 뉴스레터를 받았을 때에는 적어도 80% 이상의 뉴스레터를 읽곤 했었지만, 이제는 이메일 뉴스레터의 10%를 읽을까 말까 하게 되었다.

단체의 입장에서 좀 더 비판적으로 바라보자면, 나는 이 과정에서 그들이 보내는 기부 요청마저 삭제해버리는 바람에 최근 2년간 그들의 요청을 보지 못하게 되었고 이런 이유만으로도 많은 단체에 기부하는 것을 중단하는 셈이 되었다. 틀림없는 사실은, 내가 어떤 단체에 대해 알고 싶다면 그들의 웹사이트를 방문하면 되고 그 사이트에서 뉴스레터를 발견하긴 하지만, 그것을 읽느냐 마느냐 하는 것은 내 의지에 달렸다는 점이다. 나 말고 다른 베이비부머 세대와 이야기를 나누던 중 이런 농담을 한 적이 있다. 우리처럼 나무를 위한 옳은 일을 하고는 싶지만, 여전히 종이 우편물을 받는 것을 선호하는 사람들을 지지하는 온라인모임을 만들어보자고 말이다. 많은 단체가 자신의 기부자들에게 이메일 뉴스레터로 바꿔달라고 요청하고 나서 평상시보다 낮은 기부갱신율을 경험했는데, 이런 이유로 이메일 뉴스레터와 종이 뉴스레터를 함께 사용하라고 조언하고 있다. 그리고 제11장에서 이야기한 것처럼 장기적으로는 세분화 전략을 활용함으로써 전자 뉴스레터로 전환한다고 해서 기부자를 잃는 일은 없도록 해야 할 것이다.

온라인 기부 요청(E-Appeals)

일단 여러분이 기부자와 기부자가 아닌 사람들을 포함하여 누구든지 이메일 리스트에 등록되어 있다면 기부 요청을 할 수 있다. 캠페인에 관심이 있어서 종종 사이트에 방문한다면 온라인 기부 요청이 가장 효과적이다. 긴급 사안에 대해 온라인 기부를 해달라는 요청을 보내고 나서 사나흘 정도가 지나면, 요청을 받지 못한 사람들에게 다시 두 번째 요청을 보내는데 이때 두 번째 요청은 첫 번째로 보낸 요청에서 명시된 목표액을 향해 어느 정도의 진전이 있었는지 강조하는 내용을 싣게 된다. 그렇게 함으로써 아직 기부에 참여하지 않은 이들이 목표액을 채워줄 수 있다는 기대감과 흥분을 심어주게 되는 것이다. 그리고 다시 사나흘 후에는 여전히 기부에 참여하지 않은 이들에게 최종 요청을 보낸다. 이 요청문은 캠페인의 종료가 얼마 남지 않았고 그들이 그 단체의 목표액을 달성할 수 있도록 하는 역할이 되어달라고 이야기할 것이다. 이와 같은 세 단계의 요청방식은 최대의 효과를 불러올 수 있다.

온라인 기부 요청의 구조는 우편요청의 그것보다 조금 더 간결할 뿐 매우 비슷하다.

제목란이 매우 중요한데 50자 이상 넘어가면 안 되고, 만약 여러분의 리스트에 사람이 많다면 다양한 옵션을 테스트해 볼 수 있을 것이다. 제목은 읽는 이가 당장 기부 버튼을 클릭하여야 한다는 일종의 긴급성을 전달해야 한다. 사람들이 바로 기부 요청 메일을 열어보지 않는다면 가상의 파일들 속에 묻혀서 영원히 열리지 않을 것이기 때문이다. 따라서 제목은 봉투 위에 써진 티저 문구나 우편물의 똑똑한 첫 문장과 매우 비슷한 역할을 하는 것이다.

최악의 제목은 여러분이 필요한 것이 무엇인지 직접적으로 이야기하는 방식이다. 따라서 약간의 신비주의를 보여주는 것이 좋다. 짧은 이야기로 시작하거나 동기부여를 하는 방식이 가장 훌륭한 시작이 될 수 있다.

예를 들어, "정말 중대한 뉴스!"라든가 "지금껏 여러분의 기부가 이처럼 필요한 때가 있었을까요?"와 같은 문장은 재미없을 뿐 아니라 특색도 없다.

반대로 다음과 같은 문장들은 어떤가.

- "수학이 안 되네요"라는 문장은 호기심을 자극한다. 이 문장은 교도소개혁의 실제 비용을 대중들에게 알리는 캠페인을 전개한 한 단체의 기부 요청의 첫 문장이었다.
- "여러분이 가능하게 해주었습니다"는 이메일에서 이어지는 이야기의 첫 시작으로 사람들은 뭘 가능하게 했다는 것인지 알기 위해 계속해서 읽어나갈 것이다.
- "자정까지 무료티켓을 드려요!"는 정말 많은 사람을 끌어 모을 것이다.

이제껏 이메일을 열어보게 하려던 제목을 다시 살펴보고 그러한 방식을 적용할 수 있는지 생각하라.

제목이나 이메일의 첫 문장에 긴급함을 알리는 느낌을 줄 수 있도록 하라.

- 제목: 승리와 패배 사이에서 변화를 만드십시오.
- 첫 문장: "저희는 당장 여러분의 도움이 필요합니다. 선거가 이제 열흘 남았습니다. 우리는 5,000명의 새로운 유권자가 필요합니다. 그러기 위해선 7,000달러가 필요합니다."
- 제목: 그들을 추위에 떨게 하지 마세요.
- 첫 문장: "겨울이 다가옵니다. 지난주 기온의 급강하로 50명이 청년보호소에 새로 들어왔고, 이제 30명을 더 수용할 수 있습니다. 1만 달러의 돈이 있다면 우리는 겨우내 사용할 수 있는 공간을 대여할 수 있지만, 그 돈을 닷새 안에 모아야 하는 상황입니다. 도와주시겠습니까?"

인쇄된 편지 요청과 마찬가지로 "여러분"과 "나"를 사용하며, 사적인 이야기도 포함하고 있다. 그러나 온라인 기부 요청은 모든 문장이 매우 간결하고 읽기 쉽게 한 개 또는 길어도 두 개의 문단으로 이루어진다. 추신은 우편요청에서보다 훨씬 적게 쓰인다. 이메일 요청은 훨씬 짧은데 이유는 사람들이 '신문의 상단에 있는' 정보를 읽기 때문이다.(신문 인쇄용지를 쓰던 시절에 사용하던 말이다.) 즉, 사람들이 스크롤해서 내릴 필요 없이 스크린 위에 뜬 제목만 읽는다는 말이다. 특히나 이메일의 절반 이상을 읽는 휴대전화에서는 더더욱 그러하기 때문에 사실 단 몇 개의 단어들만 보일 것이다.

이제 어떤 단체에서 발행한 세 부분으로 나뉜 요청문을 예시로 보도록 하자. 이 단체는 저소득층 지역에 있는 대기업의 공장 굴뚝에서 나오는 오염물질을 막기 위한 활동을 하고 있다. 활동의 일환으로 공장 굴뚝에 집진기 설치를 요구하고, 보건관련 부서로 하여금 대기 오염 행위를 엄중히 단속하도록 탄원운동을 진행해 왔다. 이를 통해 사람들의 이메일주소를 수집했고, 기부 요청문에는 "동참하세요", "지금 기부하세요", "회원등록"과 같은 문장을 링크로 걸어 단체의 온라인 기부페이지로 연결하도록 하였다. "더 보기"와 같은 문장은 독자가 웹사이트의 정보를 얻을 수 있도록 하였고, 해당 페이지에 "기부하기" 버튼을 넣었다. 아래의 요청문에서 링크는 이태리체로 구분하였다.

[첫 번째 요청문]

제목: 깨끗한 공기가 바로 우리 눈앞에 있습니다.

친애하는 메리에게,

모어파크 지역에서 스틸웍이 일으킨 대기오염에 종지부를 찍을 수 있게 도와주신 8,000명 이상의 분들과 더불어 저희를 도와주신 데 진심으로 감사드립니다. '모두에게 깨끗한 공기를'(Clean Air for All) 운동에 *동참*해주심으로써 선생님이 오염과 관련된 *현재의 법률*을 더욱 강화하라는 메시지를 정부 당국에 전한 것입니다.
자, 이제 한 걸음 더 나아가십시오:
'모두에게 깨끗한 공기를'의 *회원*이 되어주십시오.
우리의 목표는 다음번 시의회 회의가 열리기 전에 이백 명의 새로운 회원을 모집하여 단체의 노력 뒤에 숨어 있는 지역의 힘을 보여주는 것입니다. 이에 선생님의 동참을 기다리고 있습니다! 우리의 공동행동이 맺는 결실을 보시게 되실 겁니다.
회원 기부금 35달러와 50달러, 혹은 선생님이 낼 수 있는 만큼 기부를 하시면 대기오염을 막을 수 있도록 압력을 가하고, 현재 모어파크 지역에서 너무도 흔한 천식, 기관지염, 기타 폐질환의 발병을 줄일 수 있는 데 큰 도움이 될 것입니다.
최근 우리 회원들은 다음의 활동을 전개하고 있습니다.

- "가난한 사람들은 별의별 질환에 다 걸리기 마련이다. 내가 왜 그들에게 비난을 받아야 하나?"(*더 보기...*)라는 말로 유명해진 스틸웍 대표의 집 앞에서 시위하기

- 도대체 왜 보건부는 이 이슈에 대해 미적거리고 있는지 시청 공청회를 요구하는 수백 명의 사람들과 함께 하기(*더 보기/...*)
- 학교, 1차 진료기관, 노인센터에서 대기오염과 관련된 많은 문제와 관련하여 공부하고 학습하기(*더 보기/...*)

이 모든 압력과 미디어의 주목 덕분에 스틸웍의 오염행위를 금지시킬 수 있는 가능성이 매우 커졌습니다.
회원 가입이 선생님의 목소리를 높여줄 것입니다! 지금 *가입*하세요.

회원 코디네이터
레이첼 카도자 드림,

그리고 며칠 후, 아래와 같은 두 번째 요청 이메일이 첫 번째 이메일에 답하지 않은 사람들에게 발송되었다.

[두 번째 요청문]

제목: 여러분은 124번 혹은 그 이상이 될 수 있습니다.

친애하는 메리에게,

안녕하세요, 저는 '모두에게 깨끗한 공기를'의 회원입니다. 저는 선생님과 마찬가지로 스틸웍 공장의 인근에 사는 사람들이 정부에 압력을 가해서 우리 지역의 대기오염에 관한 법률을 강화해야 한다고 생각합니다. 당국은 마치 우리가 그 일을 할 수 없을 것처럼 행동하고 있지만, 저는 전혀 그렇지 않다고 말하고 싶습니다. 왜냐하면 우리는 맞설 거니까요, 그리고 이 지역에 사는 수백 명의 사람들도 우리와 함께할 거니까요. 선생님도 저희와 함께해주시겠습니까? 지금 가입하세요.
우리가 바로 이 지역에 살고 있기 때문에 지난 수년간 간과해 왔던 건강문제와 변화를 위한 요구를 하기 위해 움직여야 합니다. 우리 지역에 일어나고 있는 일들은 누구에게나 일어날 수 있기 때문에 모든 사람이 바로 오늘 *가입*할 것을 요청드리는 것입니다. 선생님도 '모두에게 깨끗한 공기를'의 회원이 될 수 있습니다. 우리는 현재 200명의 새로운 회원가입을 위해 달려가고 있습니다. 현재까지 123명입니다! 부디 우리가 시의회에 많은 사람이 깨끗한 공기를 위해 행동하고 있음을 보여줄 수 있도록 도와주십시오.

이곳을 *클릭*하여 회원이 되셔서 35달러, 50달러, 혹은 얼마의 금액이라도 기부해 주십시오.
가입하시면 이메일 서명에 사용할 수 있도록 다운로드 가능한 회원 카드를 보내드릴 예정이며, 봉투에 붙이거나 지갑에 넣어 다닐 수 있는 스티커도 아울러 보내드릴 것입니다.
깨끗한 환경에서 숨쉬길 소망하는 우리 모두를 대표하여 감사드립니다.

이사,
말론 드림

[세 번째 요청문]

제목: 자정 전에 어떤 일이?

친애하는 메리에게,

이제 우리는 자정이 되기 전에 23명의 사람만 더 모으면 200명의 새로운 회원이라는 목표를 달성하게 됩니다! 이 마지막 기회를 잡으십시오! 목요일에 있을 시의회 회의에 *200명의 신입회원*과 함께 갈 수 있도록 도와주세요! 이들과 함께 참여하면 우리의 요청은 한층 더 힘을 실을 수 있을 겁니다. 가입을 위해 지금 *클릭*해주세요.
우리는 선생님이 우리와 마음으로 함께하고 있다는 것을 잘 알고 있습니다. 선생님이 탄원운동, 전화하기와 전단지 돌리기를 도와주신 많은 분 중 한 명이라면 이제는 부디 기부로 동참해주세요. 바로 오늘 회원이 되어주세요!
우리는 기부에 참여해 주신 개개인의 기부자들 덕분에 이제껏 신속하게 캠페인을 진행해 올 수 있었습니다. 선생님의 기부는 우리로 하여금 더욱 독립적이고 큰 목소리를 낼 수 있도록 해줄 것입니다.
자, 이제 기부를 결정하고 수표를 보내주실 시간입니다. 선생님의 *기부*가 이런 일을 가능하게 해줄 것입니다. 이미 기부를 하셨다면 다시 한 번 진심으로 감사드립니다.

'모두에게 깨끗한 공기를' 회계 담당자,
샐리 크로포드 드림

웹사이트의 메인페이지에도 요청문이 실려 있고, 신입회원의 숫자가 이틀에서 사흘 간격으로 업데이트 되고 있다. 이처럼 시간제한적이고 목표지향적인 요청방식은 온라인기부를 장려하는 데 매우 효과적이다. 여러분은 오프라인이나 우편방식을 통해서도 기부를 할 수 있지만 이른 시일 안에 할 수는 없기 때문이다.

크라우드펀딩

크라우드펀딩은 인터넷상에서 짧은 시간 안에 많은 수의 사람들로부터 대개는 소액기부를 통해 모금하는 방식이다. 크라우드펀딩도 마찬가지로 괜찮은 스토리를 통해 서술된 타당성 있는 바람직한 대의, 목표, 타임라인, 연관된 기부자 초청 등과 같이 계속 언급되어 온 방식에 기초한다. 다만, 차이점이 있다면 크라우드펀딩은 킥스타터(KickStarter), 인디에고고(Indiegogo), 고펀드미(GoFundMe), 코즈복스(CauseVox) 등과 같은 특정 플랫폼에서 이루어진다는 점일 것이다(가이드스타의 보도로는 171개의 온라인 기부플랫폼이 있다고 함). 각각의 플랫폼은 조금씩 다른데, 어떤 것은 개인적인 필요에 좀 더 초점을 맞추고 있다("메리는 교정을 해야 하는 데 치과의료보험이 없습니다"). 그리고 어떤 것은 단체에 맞추어져 있다. 여러분은 각 플랫폼을 보고 어떤 것이 단체에 적합한지 알아내야 한다. 그리고 크라우드펀딩 캠페인은 페이스북, 트위터, 텀블러 같은 곳에서 홍보할 수 있다.

크라우드펀딩을 이용할 때 주의해야 할 점은 기부하는 사람들에 대한 정보를 얻기가 매우 어려워서 기부자와 관계를 구축하기 어렵다는 것이다(어떤 플랫폼은 아예 불가능한 곳도 있다). 장기적인 관계를 형성하기 어려워서 작은 단체로서는 크라운드펀딩을 해야 할지 말아야 할지 신중하게 생각해 볼 필요가 있다(크라우드펀딩이 아이디어를 얻고 뭔가를 시작하는 데 대중의 지지를 시험해 볼 수 있는 좋은 방법이라고 언급한 제43장 '새로운 시작' 참조).

이 장에서 우리는 두 개의 온라인모금 전략인 웹사이트와 이메일에 대해 자세히 살펴보았다. 물론 다른 종류의 온라인 전략이 있기는 하지만, 해당 전략을 수행하기 위해서는 훌륭한 웹사이트와 이메일 프로그램을 갖추어야 한다.

사실 온라인모금에서 가장 효과적인 것이 무엇인지 알아보는 가장 좋은 방법은 바로 인터넷상의 많은 사례와 아이디어를 분석해보는 것이다.

    인터넷 모금은 중요하고도 새로운 도구를 우리에게 제공해주며, 그 가능성을 확장시켜 준다. 그러나 결국은 그냥 도구일 뿐이다. 때문에 다른 도구들과 함께 사용해야 함은 아무리 강조해도 지나치지 않다.

제16장

전화모금

교육이나 컨설팅을 하는 과정에서 전화모금에 대해 설명을 할 때는 언제나 예외 없이 강력한 반발에 부딪힌다. 거의 모든 사람이 이렇게 말한다. "전 그런 전화 받는 게 정말 싫어요." "그런 전화가 오면 바로 끊어버리죠." "전화하는 곳에는 절대로 기부하지 않을 거예요." 전화모금은 절대 안 된다는 말들이 네다섯 사람 이어지고 나면 대개 (35살 미만인) 누군가가 이렇게 말한다. "며칠 전 저녁에 도서관에서 전화가 왔었는데, 저는 기부를 했어요." "저도요." 이제 전화로는 절대 기부하지 않는다는 사람이 말을 받을 차례다. "그건 얘기가 다르죠. 도서관이라면 저도 기부할걸요." 그럼 모두 웃음보를 터뜨리고, 드디어 우리는 전화모금이란 넓은 세계를 탐험하기 시작한다.

1985년부터 2003년에 걸쳐 모금 기술로서 텔레마케팅은 성장을 거듭해왔으며, 사람들의 거부 반응에도 불구하고 다양한 인구층에 효과를 발휘해왔다. 이번 세기에 들어와 신용카드에서부터 빗물 홈통에 이르기까지 물건을 판매하기 위한 전화를 저녁 시간에 두세 번 받는 것은 거의 일상이 되었다. 2003년 의회는 대대적인 환호 속에 법안 하나를 통과시켰는데 '광고전화수신거부법'(Do Not Call Act)이 바로 그것이었다. 이 법에 따라 수신거부목록에 자기 번호를 등록하기만 하면 텔레마케팅 전화를 받지 않을 수 있다 (비영리단체는 수신 거부 대상에서 제외된다). 그 결과, 수신거부법은 텔레마케팅 전화의 양을 현저히 줄였다. 그때 이후 10년 동안 이메일이 모든 사람의 통신수단으로 점차 전화를 대체해 갔나. 매일 많은 시간을 전화 통화에 사용하던 사람들은 이제 이메일 답신을 위해 쓴다. 전화는 거의 울리지 않게 되었다. 결정적인 한 방은 문자메세지다.

휴대전화는 누구나 갖고 있고 많은 비즈니스가 텍스트를 통해 이뤄진다. 전화를 통한 소통 문화는 단지 10년이라는 짧은 시간 동안 극적인 변화를 맞이하게 된 것이다.

모금의 기본 원칙은 잠재 기부자와 가까워질수록 기부받을 가능성도 커진다는 것이다. 전화 통화량의 감소는 텔레마케팅의 감소를 의미하지만 비영리단체에게는 대화하고자 하는 사람들에게 다가갈 기회를 확대했다. 전화는 어느 통신회사 광고에서 말하듯, "같이 있는 것 다음으로 좋은 것"이다. 이는 왜 온라인 요청이나 우편보다도 전화모금이 아직도 지속적으로 높은 응답률을 가져오는지, 개인적인 메시지를 갖고 수많은 사람에게 다가갈 수 있는 아주 훌륭한 수단인지 그 이유를 잘 설명한다.

이 장에서 나는 '전화모금'의 전통적 의미에 초점을 맞출 것이다. 그것은 어떤 종류의 전화서비스든지 모든 단체에 응용 가능하고 성공적인 결과를 얻기 위해 자연재해와 같은 것을 필요로 하지 않기 때문이다. 우편모금에서와 마찬가지로, 소규모 단체를 위해 기부자에게 불쾌함을 주지 않고 투입 비용을 최소화할 수 있도록 전화권유운동(phone-a-thon)의 변화 및 적용 방법에 대해 살펴볼 것이다.

소규모 단체가 할 수 있는 두 가지 개선 방법은 우호적인 기부자 목록(현 기부자 및 잠깐 쉬고 있는 기부자, 이사, 자원활동가, 현 기부자의 친구, 유사 단체의 기부자)을 사용하거나, 자원활동가를 전화모금원으로 활용하는 것이다. 저녁 식사를 하는 중에 기부 요청 전화를 받으면 누구나 짜증을 내겠지만, 전문 텔레마케터처럼 매끈하지도 않고 그 역시 자기 시간을 할애하고 있는 자원활동가의 전화라면 성가신 마음도 누그러질 것이다.

전화모금의 기본 테크닉

간단히 말하면 전화모금은 자원활동가들이 잠재 기부자에게 전화를 걸어 단체에 기부해달라고 요청하는 일이다. 전화모금은 자원활동가를 모금활동에 참여시키는 아주 좋은 방법이다. 직접 얼굴을 대면하는 것보다 덜 긴장되고,

기부 요청 방법을 훈련할 수 있기 때문이다.

전화모금은 큰 비용이 들지 않고 응답률이 높아서 수익성 있는 사업이라 할 수 있다. 전화가 연결된 잠재 기부자의 약 5%가 기부하며, 한동안 기부를 중단하고 있던 사람에게 갱신을 요청하면 응답률이 더 높아진다. 그리고 현 기부자들에게 특별 캠페인과 관련한 기부를 요청하면 분명히 더 높은 응답률이 나온다. 드는 비용은 시외전화비, 전화 도중 자원활동가들이 먹고 마실 음식과 음료수, 인쇄비, 수표 기부를 선호하는 사람들을 위한 회신 봉투 혹은 전화 응답이 없는 사람을 위한 우편요금이 전부다(후자는 우편 기부 요청의 형식에 가깝기는 하지만, 전화모금의 후속조치로 좋은 방법이다). 성공적인 전화모금을 위해서는 전화상으로 신용카드를 이용해 기부금을 받을 수 있어야 하며, 웹사이트에서도 기부할 수 있도록 독려해야 한다.

전화모금을 조직하는 일은 한두 사람의 인력이면 충분하다. 준비하는 데 3~4시간이 걸리고 실제 전화를 걸어 모금하는 시간은 한 번에 5시간가량이 소요된다. 전화 걸기도 몇몇 사람이면 모두 감당할 수 있다(필요한 모금 인원을 결정할 때는 다음 공식을 참조).

준비

전화모금은 다음 8단계에 따라 준비한다.

1단계: 전화모금 대상자 목록을 준비한다. 단체에 관심을 표명한 사람, 단체의 서비스 수혜자, 현재 및 과거 기부자 등의 명단을 가지고 전화를 걸 잠재 기부자의 목록을 만든다. 그러나 주요 기준은 여러분 단체의 이름을 알고 있고 단체의 활동에 대해 긍정적 이미지를 가진 사람이 될 것이다. 단체가 주관한 지역사회 모임 참가자, 동창, 유사 단체 기부자 등 모든 사람이 잠재 기부자가 된다. 자원활동가가 이들의 이름과 전화번호가 기재된 마스터 목록을 만들 수 있다(인터넷상에서 전화번호를 찾을 수 없다면 이 사람은 전화 받기를 원하지 않을 가능성이 크다. 이런 사람의 전화번호를 찾기 위해 많은 시간을 쓰지 마라. 확인하기 쉬운 사람만 찾아서 전화를 해라). 전화모금 대상자 목록에는 잠재 기부자의 이름과 전화번호, 단체와의 관계 등을 나타내는 부호(L=기부 중단, FB=전직 이사,

E=행사참여자) 그리고 기타 자원활동가가 전화하는 데 도움이 될 만한 정보를 기재한다. 목록에는 해당 잠재 기부자가 기부했는지, 했다면 얼마나 했는지를 전화 통화 후 기록한다.

1월 중 전화모금: 전화 걸 사람

이름	전화번호	코드	참고	기부 여부	기부액

2단계: 전화 내용 및 결과를 기록할 방법 만들기. 자원활동가는 잠재 기부자의 이름이 기재된 목록을 가지고 있어야 한다. 물론 목록에는 전화통화 결과를 기록할 빈칸이 있어야 한다. 전화통화 후 이 목록은 마스터 목록의 이름과 결과를 확인 대조하기 위해 활용하고 데이터베이스에는 기부 약정을 한 사람들의 이름을 입력한다.

휴대폰과 집 전화 두 가지 전부 갖고 있다면 우선 집 전화로 전화하는 것이 좋다. 그러나 점차 집 전화를 갖지 않기 때문에 어느 곳에서든 통화가 가능할 것이지만 언제 통화하는 것이 좋은지 반드시 확인해 두어야 한다.

통화자가 기록해야 할 항목은 다음과 같다.
- 성사된 기부
- 신용카드 정보(자원활동가가 필요한 데이터를 시스템에 입력할 수 있도록 훈련시켜야 한다. 24시간 내에 기부금을 처리할 것. 되도록 전화모금 중이나 직후에 할 수 있으면 더 좋음)
- 확인된 주소
- 이메일

- 감사편지 발송여부
- 추가정보 요구(발송여부 표시)
- 부재중. 메시지를 남겼는지 여부: ____ 네 ____ 아니오
- 기타 정보: (예, "겨울 내내 플로리다에 거주함: 11월~4월까지 플로리다 주소 사용함" 혹은 "경축행사를 다시 돕기 원함, 통화바람.")

3단계: 전화모금 날짜를 정한다. 날짜를 정하기 전에는 반드시 지역의 다른 행사와 겹치지 않는지를 확인한다. 예를 들어, 다른 단체의 창립기념 행사나 경매가 있는 날에는 전화하지 말아야 한다. 일반적으로는(급여일이 얼마 남지 않은) 월초의 화요일, 수요일, 목요일 저녁 6시에서 9시 사이가 가장 효과적이다.

주말에 전화를 걸어 성공하는 경우도 있겠지만, 날씨가 좋은 날에는 마당에서 헐레벌떡 뛰어 들어오거나, 하던 일을 멈추고 전화를 받는 경우가 많아서 필요 이상으로 사람을 성가시게 할 수 있다. 수요일 저녁 8시라면 마당에 나가 햇볕을 쬐는 사람은 없을 것이다. 텔레비전 프로그램에도 신경을 쓰자. 인기 드라마를 하는 날이나 선거일, 아카데미 시상식이 열리는 날에는 전화하지 말자.

4단계: 대본을 작성한다. 일반적으로 두세 번 통화하고 나면 자원활동가들도 임기응변이 능해진다. 하지만, 처음에는 무슨 말을 할지 미리 대본이 있는 편이 마음을 진정시키는 데 도움이 될 것이다. 대본은 아래와 같이 짧고 요점이 명확해야 한다.

전화모금 대본 샘플

"여보세요. 저는 질 액티비스트이고, Good Organization의 자원활동가입니다. 잠깐 통화가 가능하시겠습니까?"(상대방이 대답하도록 잠깐 말을 멈춘다)

"고맙습니다. 최근 타운홀미팅에 와주셔서 오늘밤 전화를 드리게 되었습니다" 혹은 "저희 단체에 오랜 후원자이신 걸로 알고 있습니다. 감사 인사도 드릴 겸 흥미를 느끼실만한 기회가 있어 이를 전하기 위해 전화드렸습니다" 혹은 "최근에 저희가 보내드린 기부 요청 편지를 받아보신 적이 있는지요?"(잠깐 말을 멈춘다)

다른 말로 하자면, 전화 받을 사람에 대해 보유한 정보 및 참고 자료에 근거해서 대화를 시작하는 것이 좋다. 즉 왜 그 혹은 그녀가 여러분 단체에 관심이 있다고 생각하는가? 단체의 활동에 대해 거의 모르는 듯한 반응을 보이면 "저희 단체는 … 문제에 관심 있는 사람들이 모여 일하는 곳입니다"라고 말하고 나서 15초 정도 또는 두 문장 정도로 간단하게 단체의 활동에 대해 설명해준다.(잠깐 말을 멈춘다)

현 기부자인 경우에는 단체의 활동을 상기시켜준다. "아시다시피 저희는 … 일을 하고 있습니다."

상대가 긍정적인 반응을 보이지 않거나 아예 반응이 없을 때는 이렇게 말한다. "오늘 저희가 목표로 잡은 모금액은 … 달러입니다. 35달러 이상의 기부를 부탁드리고 있습니다. 지금까지 …(인원) 분이 기부를 약속해주셔서 이제 … 달러만 더 모금하면 됩니다. 선생님께서도 기부에 동참해주시지 않겠습니까?"(잠깐 말을 멈춘다)

긍정적인 답변이 나오면 "신용카드로 결제하시겠습니까? 이렇게 하시면 바로 기부하실 수 있습니다."

그렇다고 대답하면 신용카드 번호와 기타 결제에 필요한 정보를 받고 감사 인사를 한다. 만일 개인정보 유출을 우려해 "전화로 신용카드 번호를 알려드리기가 좀 그렇습니다" 혹은 "지금 신용카드를 갖고 있질 않습니다"라고 하면 "괜찮습니다. 제가 반송봉투를 보내드리면 거기에 수표를 넣어 반송해 주시면 어떨까요?" 만일 그렇다고 대답하면 주소를 확인하고 "오늘밤 기부 요청으로 얼마나 모금했는지 기록하고 있습니다. 선생님께서는 얼마를 기부해 주실지 여쭤 봐도 좋을는지요? 이야기해 주시면 총액에 더해서 기록해 두도록 하겠습니다."(잠깐 말을 멈춘다). "대단히 감사합니다."

만일 그 사람이 "나중에 온라인으로 기부할 수 있을까요?"라고 말하며 웹사이트 주소를 알려주고 얼마나 기부할 것인지 다시 묻는다. 이렇게 묻는 것이 다소 어색할 수도 있으나 이 잠재 기부자의 약속을 심각하게 경청하고 있음을 내비추고 있는 것이고 그나 그녀로 하여금 약속을 꼭 지키게끔 독려하는 것이기도 하다.

마지막으로 이메일을 통해 단체의 소식을 때때로 듣고 있는지 물어봐라.
"다시 한 번 감사드립니다. 안녕히 계십시오."

대본에 더해 자원활동가가 대답해야 할 예상 질문과 답변 리스트를 작성하라. "왜 제가 여러분 단체에 대해 이전에는 듣지 못했을까요?" 또는 "돈을 보내기는 했는데 아무런 소식도 받질 못했습니다" 혹은 "우리 마을엔 많은 비영리단체가 있습니다. 그 중 어떤 단체와 함께 일하는지요?" 등등과 같은 질문이 포함하는 것이 좋다.

5단계: 세 종류의 편지와 각 편지에 동봉할 내용물을 준비한다. 세 편지의 예는 다음을 참조한다.

A. 기부를 승낙한 사람에게 보내는 편지

친애하는 선생님께,

오늘 저녁 OOO달러의 기부금과 함께 Good Organization의 활동에 동참해주신 데 깊은 감사를 드립니다. 아시다시피 저희 단체는 선생님과 같은 분들의 기부에 힘입어 운영되고 있습니다. 선생님의 기부는 저희가 ………… (2-3문장으로 설명) 활동을 이어가는 데 큰 힘이 될 것입니다.
동봉한 카드를 작성하셔서 수표나 신용카드 정보와 함께 회신 봉투에 넣어 보내주십시오. 앞으로 저희 소식지를 받아보실 수 있으며 2주 안에 첫 소식지가 도착할 것입니다.

안녕히 계십시오.

OOO (자원활동가 이름) 드림.

회신 카드 형식

이름:
주소:
이메일:
_____달러 기부금을 동봉합니다.

신용카드
  비자/MC 카드로 _____달러를 기부합니다.
  카드번호:
  유효기간:
  카드 소유자 명:
  서명

수표
  수표의 지급 대상은 'Good Organization'으로 해주십시오.
  보내실 곳: 'Good Organization'의 주소
온라인으로 납부하려면 웹사이트(www.goodorganization.org)를 방문해 주십시오.

(수취인 부담 회신 봉투를 동봉할 것)

B. 부재중인 사람에게 보내는 "통화를 하지 못해 안타깝습니다" 편지

이것은 선택적 사항이기는 하지만, 모금에 보탬이 될 뿐만 아니라 여러분의 목록에 있는 모든 사람에게 다가갔다는 자신감을 줄 수 있다.

친애하는 선생님께,

오늘 저녁에 선생님께 전화를 드렸는데 연결이 되지 않아서 이렇게 편지를 보내드립니다. 전화를 드린 이유는 Good Organization의 활동에 동참해주실 것을 (기부를 갱신해주시기를 또는 저희 단체에 대해 좀 더 알려 드리기 위해) 부탁하기 위해서였습니다. Good Organization은 ············(3-5개의 짧은 문장으로 간단히 요약). 올해 저희 프로그램의 핵심 목표는 ······입니다(여기에 쓸 말은 기부 갱신 요청이냐 혹은 신규 기부 요청이냐에 따라 달라진다).
_____달러를 기부하셔서 저희 단체의 중요한 활동에 동참해주십시오. 기부하시는 모든 분께는 저희 단체의 계간 소식지, Right-On Times를 보내드릴 예정입니다. 100달러 이상 __월까지 기부해 주시면 '_____'(책 혹은 달력, 그림)을 함께 받아보실 수 있습니다. 잠시만 시간을 내셔서 편지에 동봉된 저희 단체의 활동 내용을 읽어주십시오. 그리고 회원 가입서를 작성하셔서 수표나 신용카드 결제 정보를 보내주시거나 goodgroup.org에 오셔서 온라인으로 기부해주시면 감사하겠습니다.

안녕히 계십시오.

OOO (자원활동가 이름) 드림

C. 단체에 대해 질문한 사람에게 보내는 편지

친애하는 선생님께,

오늘 저녁에 시간을 내어 저와 통화해 주신 데 대해 감사드립니다.
선생님께서 궁금해하시는 점에 대해 좀 더 자세히 답변해 드리고자 아까 말씀드린 내용과 관련된 정보를 보내드립니다. 더 궁금하신 점이 있으시면 언제든지 저희 사무실로 연락 주십시오. 저희 웹사이트 www.goodgroup.org에 글을 남기셔도 좋습니다.
이 정보가 선생님께서 기부를 결정하시는 데 도움이 되기를 바랍니다. 이 자료를 읽어보시면 저희가 하는 일의 중요성에 대해 선생님께서도 공감하시리라 믿습니다. 어떤 도움이라도 좋습니다. 저희를 후원해주십시오.

> 선생님의 편의를 위해 회원 가입서와 회신 봉투를 동봉했습니다. 저희 홈페이지
> (www.goodgrouporg)에서 온라인으로 기부하실 수도 있습니다. 그럼 선생님의 답변을 기다리
> 겠습니다.
>
> 안녕히 계십시오.
>
> OOO (자원활동가 이름) 드림

두 번째와 세 번째 편지에는 기부자가 관련 정보를 기재해서 보낼 수 있는 회신 카드, 단체에 대한 정보를 제공하는 간단한 보고서, 회신 봉투를 동봉한다. 이때 동봉하는 회신 봉투에는 미리 우표를 붙일 필요가 없다. 목록의 규모가 작고 고속 프린터가 있다면 각각의 개인에 맞춰 쓸 수도 있으며 고성능 복사기가 있다면 필요한 만큼 복사해도 된다.

6단계: 필요한 전화기의 수와 자원활동가 수를 결정한다. 한 사람이 1시간에 30~40통가량의 전화를 하고(물론 통화가 연결되는 사람은 15명 미만이겠지만) 3시간 정도 전화를 걸 수 있다고 생각하면 전화기가 몇 대나 필요할지 계산할 수 있다. 다시 말해, 1명의 자원활동가가 하루 저녁에 할 수 있는 일은(부재중인 사람에게 건 전화까지 포함해서) 100통의 전화를 하고 통화 결과에 따라 편지를 작성해서 부치는 것이다. 대부분은 3시간 동안 연속으로 전화할 수는 없을 것이기 때문에 1~2명의 자원활동가가 더 필요하다. 이렇게 되면 가용한 전화를 모두 쓸 수 있기 때문이다. 목록에 600명이 있다고 하자. 한 사람이 이 전화를 다 처리하자면 15시간이 걸린다(시간당 40통화 기준). 15시간이 소요되는 통화량을 하루에 모두 처리하려면, 자원활동가 1인당 전화기 1대씩을 사용한다고 할 때 5명의 자원활동가와 4~5대의 전화기, 쉬는 시간에 교대할 자원활동가 2명이 필요하다. 전화 거는 일 외에도 편지와 기타 내용물을 봉투에 집어넣고, 필요한 정보를 모두 기록했는지 검토하고 뒷정리를 하는 데 2~3시간 정도(또는 1~2명의 자원활동가가) 더 필요하다.

전화모금을 이틀에 걸쳐 할 수도 있다. 이때 얻을 수 있는 이점은 두 가지다. 하나는 전화 대상자의 수를 늘리거나 자원활동가의 수를 줄일 수 있다는

것, 또 하나는 전날 집에 없었던 사람에게 다음날 다시 통화를 시도할 수 있다는 것이다.

7단계: 전화모금을 할 장소를 구한다. 전화모금은 모두 한 방에 모여서 할 수도 있고, 전화기가 1~2대씩 비치된 방 여러 개에서 할 수도 있다. 사무실에 몇 대의 전화기가 있고 자원활동가 인원과도 맞을 때는 기존 회선만으로 충분할 것이다. 그렇지 않으면 하루 저녁 다른 사무실을 빌려야 하는데, 부동산 중개업소나 여행사, 변호사 사무실, 대규모 사회봉사단체, 통신판매 회사 등이 적당하다. 이렇게 남의 사무실을 대여할 때는 사무실을 어지럽히거나 다른 물건에 손대지 않을 것, 사용 후에 뒷정리를 잘할 것, 장거리 통화료를 따로 지불할 것 등을 약속해야 한다.

소규모 단체는 자원활동가들이 각자 자기 집에서 전화를 걸기도 한다. 이 방법이 특별히 나쁘지 않고 실제 통화량도 비슷하지만 그래도 한곳에 모여서 하는 것이 재미도 있고 더 자극도 될 것이다. 또 집에서 하면 자원활동가들을 감독하고 좀 더 적극적으로 기부를 요청하도록 독려하기도 어렵다. 반대로, 함께 모여서 일할 때는 성공한 통화를 축하하고 불쾌한 기분을 위로해줄 수도 있으며 약정 기부액을 계속 추적할 수도 있다(어쩔 수 없이 집에서 작업하는 경우에는 각 집에 최소 2명씩 모여서 하도록 한다).

8단계: 자원활동가를 모집한다. 전화모금은 새로운 자원활동가를 확보하는 좋은 기회다. 낮에는 시간이 나지 않아 자원활동을 하기 어려운 사람도 저녁에 하는 전화모금에는 참여할 수 있을 것이다. 전화모금은 단기간 동안 단체의 활동에 직접 참여할 기회며, 시작 전에 1시간 정도 교육받는 것을 빼고는 별도의 준비가 없어도 할 수 있는 일이다.

전화모금 당일 저녁

전화모금담당자나 위원회는 다른 사람들보다 최소 30분 전에 일할 장소에 도착해서 책상이나 테이블에 다른 물건이 없도록 깨끗이 치운다. 그래야 낮에 그 책상을 사용했던 사람의 서류와 전화모금 때 사용할 서류가 섞이지 않을 것이다. 책상마다 세 가지 편지와 각각에 동봉할 내용물, 회신 봉투, 겉봉투, 펜 1~2개를 올려둔다. 전화기 옆에는 통화 대상자 목록과 통화 결과를 기록할 카드, 그리고 대본을 놓아둔다.

음료수, 커피, 기타 간단한 스낵도 준비한다. 자원활동가가 저녁 먹을 시간에 도착한다면 피자나 샌드위치 등 간단한 저녁거리도 마련해야 한다. 하지만, 먹을 것 때문에 일이 방해되지 않도록 음식은 사무실 한구석에 둔다. 냅킨, 접시, 포크 등 세세한 것까지 신경을 쓴다. 사무실을 빌려 쓸 때는 쓰레기를 갖고 나와야 한다. 술은 제공하지 않는다.

자원활동가들이 모두 도착해서 서로 인사하고 음식을 먹고 나면 전화모금 준비 단계에 들어간다. 통화 내용을 파악하고 익숙해지도록 대본을 함께 검토한다. 통화 중 받게 될 까다로운 질문을 검토하고 모의 통화로(승낙, 유보, 거절 각각 한 가지씩) 연습해본다. 세 가지 편지의 차이점, 각각에 동봉해야 할 내용물, 카드에 기록해야 하는 정보를 주지시킨다.

최소한 두 번 정도는 연습이 필요하다. 두 사람씩 짝을 지어서 등을 맞대고 앉아 대본대로 연습해보는데, 잠재 기부자 역할을 맡은 사람이 던지는 질문에 즉흥적으로 대답해보기도 한다. 교육을 철저히 하는 곳에서는 각자 다른 방에서 휴대전화를 가지고 실제로 전화 통화를 해보도록 한다. 이러한 준비과정을 통해 자원활동가는 유대감을 키우고, 조정자인 단체 직원은 자원활동가가 실제로 기부 요청을 할 준비가 되었는지 확인할 수 있다. 그런 다음, 이 연습 경험이 어떠했는지 서로 이야기를 나눈다. 이 과정에서 분명히 미리 나눠준 예상 질문 외에 또 다른 질문들이 나타날 것이다.

상대방이 부재중일 때 자동응답기에 메시지를 남길지 아니면 그냥 끊을지도 결정해야 한다. "통화하지 못해 안타깝습니다"라는 편지를 보낼 예정이라면 "저희 활동에 내해 말씀을 나누고 싶었지만, 자리에 안 계셔서 대신 우편으로 자료를 보내드리겠습니다. 도움을 주실 수 있기를 기대합니다"라고 간단한 메시지를 남기도록 한다. 우리가 긴 메시지를 들어도 지루하지 않은 대상은 새로 사귄 애인이나 오래된 친구뿐이다. 그러니 메시지는 짧아야 한다.

오리엔테이션이 끝나고 자원활동가들이 지정된 전화기 앞에 가 앉으면 전화모금위원회에서 각 자원활동가에게 전화를 걸어 통화할 때의 어조와 속도를 조정한다. 몇 사람이 전화 통화를 하는 걸 보고 나면 주저하던 사람들도 용기가 날 것이다. 전화하기를 주저하는 사람이 있다면 (당사자가 원한다면 몰라도) 방 안에 있는 모든 사람이 쳐다보는 가운데 통화 연습을 하지 않도록 배려한다.

단체 직원이나 전화모금특별위원회의 위원 1명은 질문에 답하고 까다로운 전화를 처리해주는 "전천후 수비수" 역할을 맡는다. 이 사람은 또 약정 기부액 통계를 내고, 금액이 계속 증가하는 것을 모든 사람이 볼 수 있도록 칠판에 기록한다(자원활동가들이 여러 곳에 흩어져 있으면 이메일이나 메신저 등을 통해 총 약정액을 수시로 알려준다). 자원활동가들은 변경된 총액을 계속 확인해서 대본을 수정한다.

자원활동가가 원할 때는 언제든 쉴 수 있는 분위기를 만들어 주어야 한다. 하지만, 전체가 한꺼번에 쉬는 일은 없어야 한다.

저녁 9시가 되면 전화 걸기를 멈추고 정리를 시작한다. 먼저, 봉투에 주소를 적고 통화 결과를 적은 기부자 카드를 한데 모은다. 남은 편지와 봉투, 회신 카드도 모은다. 약정받은 총 기부액을 계산하고 자원활동가들에게 그날의 성과를 알려준다. 약정액이 목표에 미달하면 목표가 너무 높았다고 말해준다. 자원활동가들이 풀이 죽은 채로 일을 마치지 않도록 배려해주는 것이 좋다.

9시 반에는 자원활동가들이 모두 돌아가도록 하고, 마지막 뒷정리는 해당 위원회가 맡는다.

전화모금 이후

전화모금이 끝나고 2~3일 지나면 모금에 참여했던 자원활동가 전원에게 감사편지를 보낸다. 사무실을 대여했을 때는 사무실 주인이나 관리인에게도 감사편지를 보낸다. 맡은 역할의 비중에 상관없이 행사 진행에 도움을 준 모든 사람에게 고마움을 표시한다.

기부자 대다수가 신용카드로 기부했다면 거의 모든 기부금을 바로 받아야 할 것이다. 그리고 전화 통화 후 2주 안에는 약정액의 90%가 들어와야 하며, 약정액이 들어올 때마다 감사편지를 보내야 한다. 2주가 지날 즈음에는 기부를 약속한 사람 중에서 아직 돈을 보내지 않은 사람들을 확인하고, 회신 봉투와 카드를 동봉해 다음과 같이 정중하게 기부 약속을 상기시키는 편지를 보낸다. 이런 편지는 보통 한 번만 보내면 된다. 그 이상으로 시간과 돈을 들이는 것은 무의미하다. 어떤 사람들은 일단 기부하겠다고 해놓고 나중에 돈을 보내지 않는 방식으로 거절하기도 한다.

약정자 중에서 기부금을 보내지 않는 사람은 보통 7~10% 정도 된다. 이 비율이 10% 이상이라면 아마 자원활동가가 생각해보겠다고 한 사람까지 기부 승낙이라고 잘못 표기한 경우일 것이다. 그래서 자원활동가에게 정확성이 아주 중요하다는 점과 잠재 기부자가 하는 말을 곡해하지 않고 들은 그대로 받아들여야 한다는 점을 강조해야 한다.

기부 약정을 상기시키는 편지

친애하는 _____선생님께,

선생님께서 _월 _일에 저희 Good Organization에 기부금 약정을 하셨습니다. 이에 이를 다시 알려 드리고자 이 편지를 보내드립니다. 저희 편지와 회신 봉투를 잃어버리셨을 것에 대비해 관련 서류를 다시 동봉합니다. _____달러를 약정해주신 데 다시 한 번 감사드립니다.

안녕히 계십시오.

OOO (자원활동가 이름) 드림

입금된 총 기부액을 계산하고 나면 행사 평가서를 작성한다. 평가서에는 전화 대상자의 수, 전체 약정액, 전체 약정액 중 실제 입금액, 참여한 자원활동가의 수, 전화모금 진행장소(장소를 기부받은 경우), 장소 섭외자 등을 기록하고, 기부

자에게 보낸 편지와 거기에 동봉한 모든 내용물의 사본을 함께 보관한다. 다음 행사 때 처음부터 다시 시작할 필요가 없도록 모든 자료를 잘 보관한다.

전화모금 홍보

전화모금은 단체를 홍보할 좋은 기회다. 또 단체 활동에 대한 지역사회의 인식을 높이고, 라디오나 신문을 통해 단체가 특정 일자에 모금 전화를 할 것임을 미리 고지하는 역할을 한다. 모든 홍보물에 단체의 주소와 전화번호, 홈페이지 주소를 삽입해두면 행사가 시작되기 전에도 관심 있는 사람들은 기부할 것이다. 또한, 다른 채널을 통해 사람들을 초대하는 것도 잊지 말아야 한다. 페이스북, 웹사이트에 전화모금 소식을 포스팅해 사람들로 하여금 전화에 응대하거나 웹사이트를 방문, 기부를 유도하라. 저녁때는 트위터를 통해 현재까지 모금액이 얼마인지 포스팅함으로써 더 많은 기부를 독려할 수 있다.

언론과의 관계가 특별히 돈독하지 않은 한 전화모금 행사는 큰 뉴스거리가 되지 않는다. 따라서 새로운 사업이나 인간적인 흥미를 불러일으키는 이야기 또는 그 밖에 언론의 주목을 받을 만한 기삿거리를 홍보하면서 전화모금을 언급하는 것이 가장 효과적이다.

홍보할 때는 지역사회의 후원이 필요하다는 점을 강조해야 한다. 단체의 운영이 지역민들의 기부금에 의존하고 있다는 사실이나, 앞으로 지역사회의 후원을 바라고 있다는 점을 강조한다. 35달러, 50달러, 100달러의 기부금으로 할 수 있는 일들을 설명하고 작은 기부라도 큰 변화를 만들어낼 수 있다는 점을 알린다.

유명인사의 활용

전화모금에 유명인사를 1~2명 참가시키는 것도 언론의 관심을 끄는 좋은 방법이다. 여기서 유명인사란 인기연예인만이 아니라 시장, 시의회 의원, 존경받는 지역활동가, 대학 총장, 주요 기업의 임원도 포함된다. 유명인사가 참여한다는 사실만으로도 단체의 신뢰도가 올라간다. 또 유명인사의 전화를 받은 사람들은 대체로 그 사실에 우쭐해 하기 마련이다. 이렇게 대중적인 인물에게 참여를 부탁하기 전에는 반드시 그(녀)가 후원자의 호감을 끌어낼 수 있는 사람인지 확인해야 한다.

유명인사는 많은 시간을 할애할 필요 없이 처음 30분만 참여하거나 몇 통화만 하고 멈춰도 괜찮다. 유명인사 입장에서는 행사를 주관하는 비영리단체를 후원하는 것이고, 단체 입장에서 보면 지명도 있는 인사가 참여함으로써 좀 더 쉽게 대중의 호응을 얻을 수 있다.

전화모금의 기타 활용

전화모금 기법은 기부 약정 외의 다른 목적에도 활용할 수 있다. 일반적으로는 잠재 기부자를 확보하기 위해, 우편에 대한 후속 작업으로, 기부를 중단한 사람들에게 기부 갱신을 요청하기 위해서 전화를 활용한다.

잠재 기부자 확보를 위한 전화

이것은 세일즈 기법에서 본뜬 것으로, 다수의 사람에게 전화를 걸어 단체에 대한 기본 정보를 제공하고 더 자세히 알고 싶은지 의향을 묻는 것이다. 더 알고 싶다고 대답하는 사람들은 잠재 기부자로 확보하되 이때 기부를 요청하지는 않는다. 이런 전화를 하는 이유는 이후 우편모금에 활용할 유망한 목록을 만들기 위해서다.

자원활동가는 잠재 후원자와의 통화 도중에 상대방이 단체에 대해 얼마나 알고 있는지, 단체의 사업을 지지하는지 등의 질문을 몇 가지 던져서 그 사람의 관심 정도를 판단한다. 관심이 있다고 판단되면 단체에 대한 정보와 함께 단체를 지원할 수 있는 기부나 후원 방법 등이 담긴 자료를 보낸다. 이 방법은 신규 자원활동가 확보나 입법 청원 및 저지 활동 지원, 프로그램 진행에 필요한 물품(예: 쉼터에 필요한 옷이나 음식물)을 요청하는 데도 유용하다. 우편물을 보낼 때는 회신 봉투를 동봉한다.

이 전략은 모금 측면에서 직접적인 성과를 내지는 않는다. 대신 잠재 기부자를 확보할 수 있다. 일부 기부금이 늘어온다고 해도 전화나 우편 발송 등 관련 작업에 드는 비용을 제하고 나면 수익이 거의 남지 않을 것이다. 그러나 단체는 새로운 잠재 기부자 집단을 얻게 되고, 이듬해에는 그들 중 상당수가 기부 요청에 응답할 가능성이 있다.

이 전략은 아직 후원자를 충분히 확보하지 못한 신생 단체나 인지도가 거의 없는 단체에서 특히 효과적이다. 후보자나 선거공약을 대중들에게 알리고자 하는 정치단체에도 유용하다.

이런 전화에 필요한 대본과 자원활동가 훈련 방식은 일반적인 전화모금과는 다르다. 전화의 목적이 단체에 대한 관심 여부를 확인하고 자료를 보내도 된다는 허락을 받는 것이기 때문이다. 이 전략과 관련한 대본의 예는 다음과 같다.

관심 여부를 확인하기 위한 대본

"안녕하세요. 저는 Guns to Butter Project에서 자원활동을 하는 제인 스미스라고 합니다. 잠깐 말씀을 나누고 싶은데요, 기부를 부탁하는 건 아닙니다. 시간이 괜찮으신지요?" (잠깐 멈춘다) "고맙습니다. 짧게 말씀드리겠습니다. 저희 프로그램에 대해서 들어보신 적이 있으십니까?" (잠깐 멈춘다)

대답이 "아니오" 또는 "별로 들어본 적이 없다"면 다음과 같이 말을 잇는다. "Guns to Butter Project는 경제적 개조 프로그램으로, 우리 지역사회에 건강한 경제와 일자리를 위해 미사일공장과 같은 무기산업은 더는 필요없다는 사실을 믿고 있습니다. 우리 프로젝트에 대해 혹시 들어보신 적이 있으신지요?" (잠깐 멈춘다)

"경제적 개조에 대해 어떻게 생각하시는지요?" (잠깐 멈춘다). 만일 응답이 긍정적이면 계속한다. "그것에 대해서는 많이 알지 못합니다"라는 답을 해 오거나 혹은 때때로 "전혀 동의하지 않습니다"라는 응답이 있을 수 있다. 후자의 경우, "선생님의 솔직한 의견에 감사드리고 시간을 내 주신 데 감사드립니다"라고 공손하게 답한다. 응답이 중간 정도라고 생각하는 경우에는 아래에 명시했듯이, 여러분이 뜻하는 것이 무엇인지에 대해 약간의 이야기를 섞어 좀 더 설명을 한다. 여러분의 의견에 전적으로 동의하는 경우에는 그(녀)의 주소를 묻는 대화의 끝부분으로 바로 이동한다.

"나는 몇 년 전까지도 '경제적 개조'라는 말을 전혀 들어 본 적이 없습니다. 그렇지만 그 의미가 무기 대신에 음식과 같이 지역 사람들에게 필요한 것을 만들 수 있고 일자리도 만들 수 있다는 것을 알고 있습니다. 대단한 일이지요."

"자 그럼 ………… 점에서 좀 더 이야기해 볼까요?" (15초 정도 더 이야기한다)

긍정적인 응답을 한 사람에게는 다음과 같이 대화를 끝낸다. "선생님이 그렇게 느끼신다니 저도 기쁩니다. 우리가 무엇을 하는지 알리기 위해서는 지역사회 구성원의 도움이 필요합니다. 이메일주소나 우편주소를 알려주실 수 있으신지요? 선생님께서 도와주실 수 있는 방법에 대해 알려드리도록 하겠습니다."

만일 "네"라고 답한다면 상대방의 이름과 주소를 확인하고 그(녀)의 시간을 할애해 준데 감사하다는 인사를 전한다.

일부 자원활동가는 모금하는 것이 아닌 탓에 이런 유형의 통화를 선호하기는 하지만, 이와 같은 전화 작업을 위해 자원활동가를 훈련시키려면 훨씬 더 세세한 부분까지 신경을 써야 한다. 상대방의 이야기를 귀 기울여 듣고, 까다로운 질문을 다룰 수 있어야 하며, 포기할 때도 알아야 한다. 기부를 요청할 때보다 통화 시간도 길어진다. 또 사람들의 생각을 바꾸기 위해서가 아니라, 단체 활동에 관심이 있는지만 확인하기 위해 전화했다는 점을 분명히 전달해야 한다.

전화를 거는 사람은 까다로운 질문을 처리하고 깊이 있는 답변을 할 수 있도록 교육을 받아야 하며, 조직이나 이슈에 관한 여러 사실을 숙지하고 있어야 한다.

이러한 전화를 할 때는 별도의 목록이 필요하지 않다. 전화번호부도 좋고, 아무 목록에서나 임의로 골라도 된다. 활동 분야는 전혀 다르지만, 우리 단체와 연관성이 있을 수 있는 다른 단체의 기부자를 대상으로 관심도를 확인해볼 수도 있다. 에이즈 관련 단체가 예술후원단체 서너 곳과 교환해서 얻은 기부자 목록을 가지고 전화를 걸어 자기 단체에 대한 관심 여부를 확인하는 때도 있다. 예술계가 에이즈로 상당한 타격을 입었기 때문에 이 문제에 대한 관심이 상당히 높고 예술단체들도 많은 기부자를 얻었기 때문이다.

이 작업을 위해 전문 텔레마케터를 고용하는 일을 고려해볼 수도 있겠다.

텔레마케터를 고용하면 비용은 나가지만, 대신 반대 의견을 개인적으로 받아들이지 않고 능숙하게 처리할 수 있는 사람을 투입할 수 있다. 평판이 좋은 텔레마케팅 회사가 꽤 있고, 그중에는 비영리단체의 일을 전문적으로 맡아 하는 곳도 있다. 그렇게까지 하기에는 단체의 규모가 너무 작은 예도 있을 것이다. 이때는 텔레마케팅 회사에서 활용하는 프리랜서들을 고용하면 된다. 또는 텔레마케팅 회사에 자원활동가 교육을 부탁할 수도 있을 것이다.

우편에 이어서 하는 후속 전화

이 방법은 잠재 기부자에게 우편을 발송하고 나서 2주 후에도 기부금을 보내지 않은 사람들에게 전화를 거는 경우다. 이 전화의 목적은 우편의 응답률을 높이는 것이다.

필요한 대본은 일상적인 전화모금 대본과 거의 유사하고, 문장 몇 개만 덧붙이면 된다. "그린벨트 프로젝트의 테리 바카라고 합니다. 최근에 저희 활동에 대해 설명한 편지를 보내드렸는데 읽어보셨어요?"라고 말한 다음, 상대방의 대답에 따라 이 장의 첫 부분에서 설명한 것과 똑같은 대본을 사용하면 된다. 편지를 읽었고 단체의 사업에 호의를 보이면 바로 "○○ 달러 기부로 도움을 주시겠습니까?"라고 말한다.

우편으로 보내는 편지에서는 보통 나중에 전화하겠다는 말을 하지 않는다. 되도록 많은 사람이 전화하지 않아도 기부금을 보내주길 바라기 때문이다. 하지만, 어떤 단체는 특정 일자까지 연락을 받지 못하면 전화하겠다고 편지에서 언급하는 등 이 방법을 변형해서 성공하기도 한다.

기부 갱신을 요청하는 전화

앞서 설명한 것처럼 평균적으로 단체 회원의 3분의 1은 다음 해에 기부하지 않는다. 따라서 단체는 이들을 다시 기부자로 전환하는 일에 갱신 요청 예산의 대부분을 사용한다. 보통 한 달 간격으로 2~3번의 갱신 요청 편지를 보내며, 편지의 횟수가 증가할수록 어조가 더 강경하거나 간곡히 부탁하는 형식을 띤다.

두 번째나 세 번째 편지를 보낼 차례가 되면, 편지 대신 직접 전화를 걸 수 있다. 전화를 이용하면 인쇄비와 우표값을 절약하는 것은 물론이고, 기부자들과도 훨씬 더 사적으로 만날 수 있다. 그리고 시간이 지나면서 어떤 기부자가 우편물보다 전화를 선호하는지도 알게 된다. 이들에게는 편지를 보내는 것보다는 매년 전화를 거는 편이 낫다(제11장 참조).

많은 단체가 기부 갱신을 요청하는 전화를 1년에 두 번 정도 시행한다. 두 번째나 세 번째 갱신 요청 편지에 대한 응답률이 2~5%에 불과한 반면, 전화에 대한 응답률은 최소 10%, 때로는 20%까지 오르기도 한다. 결과적으로 회원 손실률이 5% 이상 낮아져서 단체가 최소한 66%의 갱신율을 확보할 수 있게 된다. 때에 따라서는 갱신율이 5% 이상 높아지기도 한다.

갱신 요청 전화는 통상적인 전화모금과 거의 유사하다. 먼저, 우편 발송 목록에서 지난 6개월 사이에 회원 자격이 만료된 사람들을 추려낸다. 회원제 조직이 아니면 기부한 지 13개월 이상 지난 사람들을 고르되, 갱신 시기까지 남은 기간이 1달 미만인 사람은 제외한다(단체의 재정이 극도로 어려운 상태가 아니라면 첫 번째 갱신 요청 편지를 보낸 지 얼마 되지 않아서 전화하는 일은 삼간다).

그다음은 앞에서 설명한 대로 기부 갱신자에 보낼 감사편지와 전화 시 부재중인 사람에게 보낼 편지를 준비한다. 이 편지는 모두 간략하게 작성한다. 회원에게 기부 약속을 상기시키는 것이 목적이기 때문에 단체가 왜 중요한가를 설득하려고 애쓸 필요가 없다. 각 편지에는 회신 봉투와 약정 카드를 동봉한다.

한동안 소식이 없던 기부자가 자원활동가의 전화를 받고 하는 변명은 보통 실직했다, 잊어버렸다, 갱신한 줄 알았다, 갱신 요청 편지를 못 받았다, 막 갱신하려던 참이었는데 마침 전화 잘했다 등이다.

이때 회원이 무슨 말을 하든 곧이곧대로 믿는 것이 중요하다. 기부를 갱신했다는 기록이 없는데도 이미 갱신했다고 주장하는 사람에게 그럼 지불 완료된 수표를 확인해 달라고 요구할 수도 있다. 하지만, 그냥 상대방의 말을 믿고 발송명단에 다시 올려놓는 편이 훨씬 쉽고 생산적인 방법이다. "고객은 항상 옳다." 이 격언을 따르자.

단체가 지향하는 바를 더는 지지하지 않는다거나 특정 사안에 대해 의견이 다르다고 응답하면 거기에 대해 좀 더 자세히 설명해달라고 요청한다. 그렇게 하면 단체의 활동에 대한 사람들의 인식을 알아볼 수 있고, 또 오해가 있다면 오해를 풀어줄 수도 있다.

전화가 다 끝나면 목록을 보고 이미 갱신한 사람, 우편발송 목록에서 삭제해 달라고 요구한 사람, 부재중인 사람을 구분해서 정리한다. 불만사항도 다음과 같은 편지 형식을 써서 그날 바로 처리한다.

> 친애하는 선생님께,
>
> 지난 2년간 소식지를 보내드리지 못한 점 죄송하게 생각합니다. 요청하신 대로 그동안 못 받으신 소식지들을 모두 보내드립니다. 그리고 내년도 우편 발송 목록에 선생님을 준회원으로 기재하겠습니다. 지금까지 선생님께서 보여주신 후원은 저희에게 큰 힘이 되고 있습니다. 다시 한 번 저희의 불찰에 대해 사과드립니다.

지금까지 살펴본 것처럼 풀뿌리단체도 전화모금을 잘 활용할 수 있다. 전화모금은 기부금을 모으고, 잠재 기부자를 발굴하고, 갱신율을 높이고, 기부자와의 사적인 접촉을 확대하는 효과가 있지만, 또 자원활동가가 기부 요청 연습을 할 수 있는 좋은 수단이기도 하다. 전화모금을 통해 자원활동가들이 습득한 기술은 고액 기부 캠페인에서 유용하게 쓸 수 있다.

제17장

특별행사

랜드마크 극장 체인은 다음과 같은 멋진 슬로건을 내세우고 있다: "영화, 그것은 우주적인 언어다." 특별행사에 대해서도 마찬가지로 이야기할 수 있다. 나는 지금까지 미국의 50개 주, 캐나다의 여러 지역, 그리고 22개국에서 모금에 대해 강의해왔다. 하지만, 어디에서건 가장 흔한 모금 전략은 바로 특별행사다. 내가 생각하기에 최초의 동굴인간은 주위를 둘러보고 이렇게 말하지 않았을까 싶다. "우리의 아이들이 검치호랑이로부터 안전하게 놀 수 있는 공간이 필요하군." 그리고 다음과 같은 제안이 있었을 것이다. "자, 그럼 바베큐 모금행사를 하자구." 이번 장에서는 언제 행사를 활용하고, 어떻게 이를 조직할 수 있는지를 살펴보기로 하자.

첫 번째로 특별행사의 정의는 다음과 같다. 특별행사는 단체의 이름을 알리고 참석자에게 유쾌하고 흥미있거나 감동적인 시간을 제공하는 동시에, 행사를 후원하는 단체에도 궁극적으로 이득이 되는 다양한 유형의 모임을 말한다. 즉 특별행사의 형태는 돈을 버느냐 혹은 잃느냐처럼, 얼마만큼의 일을 할 것인가처럼, 그리고 얼마나 많은 사람이 참석할지처럼 사실상 제한이 없다. 아울러 특별행사는 다양성과 유연성을 특징으로 하기 때문에 기부자를 확보하고 유지하고 업그레이드하는 데도 탁월한 전략이다. 폭넓은 개인 기부자 기반을 구축하고자 하는 단체는 1년에 적어도 한두 번은 특별행사를 개최할 필요가 있다.

행사에 대한 오해가 적지 않고 잘못 활용하는 예도 흔하다. 일반적으로 단체는 많은 모금을 하기를 원하고 그렇지 못할 때 낙담하기도 한다. 어떤 단체는 행사 개발을 위해 충분한 준비 시간을 주지 않은 탓에 그냥 행사마다 희비가 엇갈리게 되고, 노력 대비 적은 모금액 때문에 거듭 실망하게 된다. 또한, 특별행사로서 제대로 역할을 하려면 2~3년 정도의 시간이 소요된다는 일반적인 사실을 고려하지 않으며, 그냥 행사마다 또 다른 시작을 할 뿐이다. 더구나 행사가 단순히 모금하는 것 이상의 것을 할 수 있다는 사실을 놓치는 예가 흔하다. 사실상 특별행사의 목적은 다음과 같다.

- 단체에 대한 주의를 환기시켜 특정 시기에 사람들을 끌어 모으기
- 단체의 가시성과 인지도를 확보하기
- 새로운 기부금을 확보하거나 이 단체가 아니면 기부하지 않을 사람들 모으기
  (그렇지만, 다른 확보 전략과 마찬가지로 당장 재정적인 수입이 뒤따르지 않을 수도 있다)

계속되는 행사, 그리고 다른 유형의 모금과 사업 등으로 단체는 점차 사람들에게 알려지게 된다. 이때가 되면 다음과 같은 질문을 통해 단체의 가시성 및 인지도를 측정할 수도 있다. 여러분의 단체를 알려야 하는 사람 중에 실제로 단체를 알고 있는 사람들의 비율은 얼마인가? 이 비율을 가시성 지수라고 한다. 가시성 지수를 측정하려면 우선 단체를 알리고 싶은 대상은 어떤 사람들인지, 이들 잠재 기부자에게 접근하는 방법은 무엇인지 깊이 생각해 보아야 한다. 예를 들어, 지역신문에 일상적으로 단체에 관한 기사가 실리면 그 신문의 독자들은 이 단체를 잘 알게 될 것이다. 그러나 그 신문의 독자가 아닌 사람들도 단체에 대해서 알아야 하는데, 요즘에는 특히 젊은 사람들은 지역신문을 읽지 않는다. 이럴 때는 인쇄 매체는 점차 도움이 되지 않으며 새로운 이해관계자에게 다가가기 위해 다른 형태의 매체로 옮겨갈 필요가 있다. 모금특별행사에서 모금은 부차적인 목표다. 모금이 주된 목적이라면 특별행사보다 더 빠르고 쉬운 방법이 얼마든지 있기 때문이다(현금 흐름이 일시적으로 막혔거나 예상외 지출이 발생해서). 급하게 돈이 필요한 단체라면 그 돈을 얻는 가장 더딘 방법이 바로 특별행사를 진행하는 것임을 알게 될 것이다. 크라우드펀딩, 친구에게 연락하기, 혹은 충성도 높은 기부자에게 이메일하기 등이 더 신속하고 저렴한 방법이 될 것이다. 그렇지만, 또 다른 한편으로는 단체의 목적이 인지도를 높

이고, 신규 회원을 모으고, 여기에 더해 가능하면 모금도 하겠다는 것이라면 특별행사가 아주 좋은 전략이다. 특별행사는 적자가 나거나 간신히 수지타산을 맞추며 끝나는 경우가 많지만, 결과적으로는 홍보와 가시성 측면에서 성공으로 평가되는 경우가 많다.

특별행사 참석자들의 유형

특별행사에 오는 사람들은 단지 행사만 보고 오는 사람과 행사와 단체 후원 두 가지 모두를 위해 오는 사람의 두 범주가 있다. 첫 번째 범주의 사람들은 행사를 주관하는 단체가 어디인지 신경 쓰지 않는다. 이들은 벼룩시장, 댄스파티, 자선영화제, 실내장식 전시회, 경매와 같은 행사에 참석하면서도 주관단체의 이름은 알지 못할 때가 잦다. 소규모 자영업자나 기업들도 이런 행사에서 홍보 책자에 광고를 싣거나, 복권 상품을 기증하거나, 오찬 테이블을 예약하거나, 행사 비용을 후원하는 것이 아니면 단체에 기부하지 않는다는 점에서 위의 일반 참석자와 유사하다. 이 업체들이 원하는 것은 회사를 광고하고 저렴한 비용으로 특정 고객층에 접근할 기회를 높이는 것이다. 특별행사가 아니면 기부를 생각하지도 않았을 개인이나 기업으로부터 받는 기부금은 기부자 '확보'에 해당하지 않는다. 이런 유형의 기부는 단체가 행사를 현명하게 활용하여 추가 수익을 얻은 것에 불과하다. 물론 단체에 관심 있는 사람들을 불러들이는 것도 행사의 목적에 포함되어야 한다. 그러나 농촌지역처럼 인구 규모가 작은 지역에서 광범위한 기부자 베이스를 구축하기가 어려운 단체는 대의를 강조하기 전에 일단 사람을 불러 모으는 일이 중요할 것이다.

행사에 참가하는 두 번째 부류는 행사에도 관심이 있고 단체가 하는 일에도 공감하는 사람들이다. 이들은 특별행사를 통해 처음으로 이 단체의 이름을 들었을 수도 있고, 전부터 알고 있어서 행사도 참석하고 후원도 하는 일석이조의 효과를 노렸을 수도 있다. 예를 들어, 호신술 강좌를 듣고 싶어 했던 여성이 상업적인 체육관보다는 기왕이면 성폭력상담소에서 주최하는 강좌를 선택하는 경우다. 그리고 강좌가 끝난 후 자원활동이나 후원회원으로 대의에 동참하려는 사람도 생길 것이다. 선물은 언제나 공영 라디오방송국에서 하는 바자회에서 사는 사람, 자신이 지지하는 단체에서 주최하는 마라톤 대회에 참가하는 사람도 우편이나 이메일로 관리해야 하는 좋은 잠재 기부자들이다.

단체가 하는 일을 잘 알고 또 적극적으로 지지하고 있지만, 큰돈을 기부할 형편이 안 되거나 한꺼번에 큰돈을 기부하기는 어려운 사람들도 두 번째 부류에 속한다. 이들에게는 15달러짜리 영화관람권을 사거나 25달러짜리 댄스파티에 참가하는 것이 자신의 지지를 표현하는 좋은 방법이 될 것이다.

모금 행사의 선택

모금 행사의 유형을 선택할 때 고려해야 할 기준이 몇 가지 있다. 이 행사가 적절한지, 단체에 어떤 이미지를 가져다줄 것인지, 자원활동 인력은 얼마나 필요한지, 단체의 모금 계획에 잘 들어맞는지가 그것이다.

행사의 적절성

행사의 적절성을 알아보려면, "우리 단체에 대해 전혀 들어본 적이 없는 사람들에게 이 행사를 통해 우리 단체를 어떻게 생각하게 될까?"라고 자문해보면 쉽다. 사람들의 반응이 중립적이거나 호의적일 것 같으면 그 행사는 적절하다고 볼 수 있다. 이 행사만으로 단체를 기억하기가 어려울 것 같다면 그다지 바람직한 행사가 아닐 것이다. 부적절한 행사의 예는 너무나 많다. 그중에서도 교향악단이 파이 먹기 대회를 주최하는 것이나 알코올중독 재활단체가 와인시음대회를 여는 것 등은 극단적인 예에 속한다. 하지만, 적절성 문제가 좀 더 미묘하게 드러나는 때도 있다. 다음 두 사례를 살펴보자.

> **일관성의 문제**
>
> 전 세계 저임금 공장의 노동 착취를 근절하기 위해 활동하는 단체가 오찬 계획을 세웠다. 1,000명에게 초대장을 보내 최소 300명 정도를 행사 당일 확보하는 것이 이들의 계획이다. 이 단체의 모금 담당이사는 75명의 근로자가 일하는 인쇄소에 초대장과 홍보 책자 인쇄를 부탁하며 이 비용을 현물 기부로 해달라고 부탁했다. 그런데 이 인쇄소에서 일하는

근로자를 통해 알게 된 바로는 이 인쇄소는 근로조건이 아주 열악하다. 근로자들이 독성가스에 노출되어 있고 최저 임금을 받는데다 주로 성수기에만 고용되는 비정규직이라는 것이다. 따라서 노조 한 곳에서 이 인쇄소의 노동자들을 조직하려고 애쓰는 중이었다. 그리고 단체의 모금 담당이사에게 전화를 걸어 이 인쇄소에 일을 맡기지 말아 달라고 부탁했다. 그(녀)는 인쇄소의 열악한 근로조건을 설명하면서 노동자들의 권리를 옹호하는 단체가 왜 이 인쇄소에 대해서는 입을 다물고 있느냐며 단체의 일관성 없는 행동을 꼬집었다. 그럼에도 불구하고 초청장 1,000장과 홍보 책자 750권을 공짜로 인쇄해서 5,000달러를 절약하고자 하는 유혹이 너무나 컸다. 모금 담당이사는 노조 관계자의 의견에 공감을 표하면서도 그 인쇄소와 거래를 한다고 해서 노동조건이 더 나빠지는 것은 아니며 거래를 안 한다고 더 좋아질 것도 없지 않으냐고 대답했다.

노조는 이 단체의 행사가 홍보도 잘되고 영향력 있는 사람들이 참석한다는 사실을 알았다. 그래서 행사장 밖에서 이런 내용을 알리기로 했다. 행사를 보이콧하거나 대대적인 시위를 하지 않고 그냥 행사가 열리는 호텔 밖에서 노조원들과 자원활동가들이 그 인쇄소의 열악한 환경을 알리는 전단지를 나눠 주었다. 호텔 근로자와 다른 노조원도 즉석에서 동참하기로 했다. 결국 이 행사는 홍보 면에서 크게 실패하고, 단체는 그 후유증을 쉽게 회복하지 못했으며, 정치적 일관성이 얼마나 중요한지를 뼈저리게 느끼게 되었다.

판단의 문제

서부 대도시에 자리한 어느 여성보건단체는 경품으로 고가의 와인 한 병을 내걸고 홍보 활동을 펼쳤다. 행사 도중에는 여성의 알코올 중독 비율이 높다는 연구 결과가 발표되었다. 여성의 약물 오남용 방지를 위해 일하는 단체가 잠재적인 위험 약물인 알코올을 경품으로 제공하는 것이 과연 적절한가에 대해 조직 내부에서 공방이 벌어졌다. 찬성 측은 알코올 중독자가 인구의 10%에 불과하며 대부분의 경우 알코올은 해가 되지 않는다고 주장했다. 와인을 상품으로 내걸어서 올릴 수 있는 복권판매 수익에 비하면 알코올 중독자가 이 상품을 탈 확률은 희박하다는 것이다. 반대 측은 어떤 피임약의 부작용이 10%라면 그것도 허용하겠느냐고 반박했다. 결국, 이 단체는 잠재적으로라도 해악을 끼칠 수 있는 물품은 홍보할 수는 없다는 결론을 내리고 와인 상품을 취소했다.

단체의 이미지

또 행사가 단체의 이미지에 들어맞는지 또는 단체가 원하는 이미지를 증진하는 데 도움이 되는지 검토해야 한다. 물론 행사의 적절성을 고려할 때도 단체의 이미지를 염두에 두긴 하겠지만, 이미지는 별도의 사안으로 고려해야 할

다. 적절하기는 하지만 기억에 남을 만한 이미지는 창출하지 못하는 행사들도 많다. 예를 들어, 도서관의 경우 헌책이나 중고품 둘 다를 판매할 수 있지만 그래도 헌책을 파는 것이 이미지 증진에 도움이 될 것이다. 래프팅 티켓이나 발레 공연 티켓 모두 좋은 아이템이지만 환경보호단체라면 래프팅 티켓을 선물로 택하는 것이 나아 보인다. 고혈압의 위험성을 알리려는 단체라면 댄스파티보다는 보건박람회를 개최하는 것이 바람직할 것이다. 특별행사의 요점은 행사와 단체의 사명을 연계시켜 장차 정기적인 기부자가 될 만한 사람들을 끌어들이는 것이다.

자원활동 인력

특별행사를 준비하는 데 드는 자원활동 인력을 계산할 때는 행사에 필요한 인원이 몇 명인지, 행사 외에 자원활동 인력이 있어야 하는 곳은 없는지, 행사 당일은 물론 기타 세부 사항을 챙길 사람도 충분한지를 검토해야 한다.

자원활동가의 시간은 잘 계획해서 활용해야 하는 소중한 자원이다. 예를 들어, 잠재적인 고액 기부자와 인맥이 있는 자원활동가에게 일요일 오후에 티셔츠를 파는 일이나 시켜서는 안 될 것이다. 마찬가지로, 사교적인 성격이라 전화 통화하는 것을 좋아하는 사람에게는 장터에서 쿠키를 굽는 일보다 전화모금이나 경매 물품 수집을 맡기는 것이 훨씬 효율적이다. 물론, 자원활동가 자신의 선택이 가장 고려되어야 한다. 하지만, 사람들은 보통 자기가 잘하며 최고의 능력을 발휘할 수 있는 일을 하고 싶어 한다.

준비 자금

대부분의 행사는 준비단계에서 돈이 들어가게 마련이다. 행사 준비 자금은 어떤 사유로 행사를 취소하게 되어 투자금을 모두 손해 보는 상황이 발생하더라도 단체가 감당할 수 있는 수준이어야 한다. 또 이 자금은 이미 확보되어 있어야 한다. 입장료 판매 수익으로 장소 임대료를 충당할 생각을 해서는 안 된다는 것이다. 행사가 취소되면 입장료 환불을 요구하는 사람이 생길 수는 있어도 장소 임대 보증금을 돌려받기는 어렵기 때문이다. 상당한 준비금이 필요한 행사라면 그 돈을 어떻게 마련할지를 미리 계획해야 한다. 그렇지 않으면 단체의 현금 흐름에 문제가 생길 수 있다.

반복 개최 가능성

연례행사로 고정되어 사람들이 매년 그 행사를 기다린다면 단체의 처지에서 볼 때 아주 바람직한 행사일 것이다. 행사를 정할 때 이 점을 고려하면 첫 시도에서 결과가 시원치 않다고 바로 중단하는 일은 없을 것이다. 홍보 효과도 적고 참가자가 소수에 불과할 수도 있다. 그래도 참석한 사람들이 정말 즐거워하고 "후안도 데려왔으면 좋았을 걸", "티파니도 이런 행사가 있다는 걸 알까?" 하는 말들이 들린다면 그 행사는 내년에 다시 시도할 가치가 있다. 같은 수의 인력과 동일한 시간을 투입했을 때 올해보다 모금액이 더 많을 것인지를 생각해보고 행사를 다시 개최할지를 결정한다.

타이밍

행사를 개최하려는 시기에 그 지역에서 다른 일정은 없는지 확인한다. 그래서 유사한 단체의 모금행사와 일정이 겹친다든지, 수많은 댄스파티나 경매 행사 중 하나로 전락하는 일을 방지해야 한다. 특정 집단을 목표로 할 때도 타이밍을 염두에 두어야 한다. 농부들은 파종과 수확 철에 제일 바쁘고, 무슬림은 라마단(Ramadan) 기간에 만찬에 초대했다가는 고맙다는 소리를 듣기 어려울 것이다. 지역 프라이드 퍼레이드(Pride Parade) 기간에 온종일 이뤄지는 명상 행사를 잡으면 해당 행사에서 동성애자를 보기는 어려울 것이다.

큰 그림

마지막으로 고려해야 할 것은 모금 계획 전반에서 이 행사가 어떤 위치를 차지하는가 하는 점이다. 단체의 우편물을 받고 기부하는 사람들이 단체가 주최하는 행사의 주된 참가자라면 이것은 제 살을 깎아 먹는 꼴이다. 이때는 과연 특별행사가 필요한가에 대해 다시 한 번 생각할 필요가 있다. 행사를 해도 홍보 효과가 없거나 새로운 후원자를 끌어들이지 못한다면 특별행사가 과연 우리 단체에 맞는지 생각해 봐야 한다. 기부자 베이스를 분석한 결과, 사려 깊은 기부자의 수를 확대할 필요가 있다고 판단되면, 신규 기부자 확보를 주목적으로 하는 행사는 많이 열 필요가 없다. 다시 말해, 인지도 향상이나 홍보, 신규 자원활동가 확보와 같이 특별행사에서 얻을 수 있는 성과는 기부자 베이스 구축이라는 큰 그림 안에서 고려되어야 한다. 그렇지 않으면 행사에 들인 수고가 거의 허사가 될 것이다.

특별행사 기획

특별행사를 기획하는 일은 생각보다 시간이 오래 걸린다. 일이 어긋나는 경우도 많고, 한 가지 일이 잘못되어 다른 일들이 줄줄이 타격을 받는 경우도 생긴다. 한 번의 실수로 여러 주 동안 공들인 일이 물거품이 될 수도 있다. 따라서 행사를 기획할 때는 다른 어떤 모금 전략보다도 세세한 부분까지 주의를 기울여야 한다.

특별행사위원회

자원활동가를 활용해서 행사를 감독할 소위원회를 구성한다(국제회의, 대규모 축제, 며칠간 계속되는 바자회 등과 같이). 행사의 규모가 커서 자원활동가로만 진행하기가 불가능할 때는 행사기획자를 고용할 수 있다. 특별행사 기획과 진행을 직원에게 맡기는 것은 직원의 시간을 제대로 활용하지 못하는 것이다. 먼저, 직원은 이 분야의 전문가가 아니다. 그리고 직원들이 행사를 준비하느라 소비할 시간과 그 행사를 준비하느라 다른 일을 못하게 되어서 발생하는 기회비용을 계산해보면, 실제로는 애초에 계획한 예산보다 훨씬 큰돈이 들어간다는 것을 알게 될 것이다.

특별행사위원회는 행사의 모든 잡무를 맡아 하는 것이 아니라 행사를 기획하고 조정하는 일을 한다. 행사 기획이 끝나면, 위원회는 이제 가능한 많은 일을 할 수 있는 사람을 찾아야 한다. 위원회의 규모는 다섯 명에서 일곱 명 정도가 적당하다. 더 커지면 신속한 결정을 내리기 어렵고 비생산적이 될 수도 있다. 즉 기획 과정도 오래 걸리고 위원회 회의 자체가 특별행사가 되어버릴 수도 있다. 그렇게 되면 한번 위원회에 참여했던 사람들은 더는 어떤 행사도 맡으려고 하지 않을 것이다. 또 위원의 수가 많더라도 실제로 일하는 사람은 다섯 명에 불과하기 십상이다.

많은 단체가 실제 일을 수행하는 집행위원회를 두고 있으며, 한 가지 일만 하거나 위원의 이름 탓에 참석자를 더 많이 끌어 모을 수 있도록 하는 '명예위원회' 또한 존재한다. 이들 위원회는 서로 구분되어 운영해야 한다.

위원회가 할 일

행사를 성공적으로 치르기 위해서 특별행사위원회가 할 일은 과제(할일) 목록을 작성하고, 예산을 준비하고, 진행 일정을 짜는 것이다.

구체적인 과제 목록

큰 종이를 한 장 놓고 해야 할 일, 마감일, 담당자, 완료 여부를 적고 칸을 나눈다. '과제' 칸에는 해야 할 일을 전부 적는다. '인쇄소에서 입장권 가져오기'나 '이사회에 초청장 보내기'와 같이 아주 사소하고 절대 안 잊어버릴 것 같은 일까지도 모두 목록에 넣는다. '마감일' 칸에는 각각 할 일 옆에 언제까지 그 일을 마쳐야 하는지 시한을 적는다. 그리고 나서 목록을 시간 순서대로 정리하면 해야 할 일의 내용과 순서가 나올 것이다. 그다음에는 누구에게 그 일을 맡길지 정해서 '담당자' 칸에 적는다. '완료 여부' 칸에는 일을 마친 날짜를 기재한다.

스프레드시트를 사용해서 이런 자료를 저장해 놓으면 매년 수정하고 업데이트하기가 쉬워진다. 또 과제 목록을 일부 떼어서 필요한 사람들에게 이메일로 보낼 수도 있다. 마스터 과제 목록을 구글문서나 또 다른 공간에 저장한다는 것은 어디에서든지 사람들이 접근할 수 있다는 것을 의미한다. 따라서 무엇을 했는지, 무엇을 해야 하는지 지속적인 관심을 두는 것이 바람직하며, 모든 사람이 직접 만나지 않더라도 전체 위원들에게 아이디어 혹은 질문을 하고 답변을 들을 수도 있다.

예산 준비

스프레드시트를 이용하여 아래 예에서와 같은 표를 만들어 보자.

행사 예산

비용	예상 지출액	실지출액
항목		
항목		
항목		
총지출		
수입	예상 수입액	실수입액
항목		
항목		
항목		
총수입		
순수입		

과제 목록을 참조하여 금액에 상관없이 예상 비용은 모두 '지출' 칸에 적고, 예상 모금액은 모두 '수입' 칸에 적는다. 목록을 다 채우고 나면 수입에서 지출을 빼 예상 '순수입', 즉 행사의 목표 모금액을 정한다. 예산에는 모든 비용이 포함되도록 하고 간결하면서도 빠진 항목이 없이 정리한다. 예산을 어림짐작으로 산정해서는 안 된다. '예상 식비'나 '예상 인쇄비'를 산정할 때는 서너 군데의 판매자에게 전화를 걸어 금액을 알아보고 실제로 지불하게 될 금액 또는 근사치를 적어야 한다. 비용이 발생하면 각 항목의 '실지출액' 칸에 금액을 적어 넣는다. 모든 비용은 가능하면 행사가 끝난 후에 지불하는 것으로 하고 임대 계약 등에는 반드시 취소 조건을 명시한다. 즉 연회장을 빌리는 데 대여료가 2,000달러이고 보증금이 1,000달러라면 행사 직전에 계약을 취소하더라도 보증금 전액 또는 일부를 환불받을 수 있도록 최대한 유리한 조건을 명시해야 한다는 것이다.

물론 현물 기부를 최대한 많이 확보하도록 해야 한다. 그렇지만 현물 기부를 염두에 두고 예산을 세워서는 안 된다. 또 예산에는 항상 가격을 기재한다. 비용을 산출해 놓아야 만일에 기부를 받지 못하더라도 이에 대비할 수 있고, 예상치 않던 지출이 생겼을 때도 예비비로 쓸 수 있다.

진행 일정

작성해야 할 일을 전부 다 챙겼으면 그 일을 다 해낼 수 있을 정도로 시간이 충분한지 확인해야 한다. 이것은 행사일부터 역으로 계산해보면 쉽다. 예를 들어, 8월 10일 저녁에 댄스파티를 열 계획이라면 8월 10일 아침에는 무엇을 해야 할까? 8월 9일에는? 이 일을 하려면 8월 초에는 무얼 해야 하지? 7월 15일까지 준비가 완료돼야 하는 것은? 이런 식으로 행사 준비를 시작해야 하는 날까지 역으로 짚어 본다. 이렇게 따져보면 남은 시간 안에 행사를 진행하기가 어렵다는 결론이 나올 수도 있다. 그럴 때는 행사를 수정하거나 날짜를 바꿔야 한다. 진행 일정에 맞춰 매주 완수해야 할 과제를 꼼꼼히 살펴보는 과정에서 아직 생각지 못했던 비용이 드러나기도 하고 추가로 해야 할 일이 나타날 수도 있다. 이런 항목이 발견되면 과제 목록과 예산에 추가한다.

계획을 잡는 날부터 행사 당일까지 90일 정도 남아 있더라도 일정이 겹치거나 주말을 제외하면 실제로 일할 수 있는 날은 60일뿐일 수도 있다는 점을 고려한다. 예를 들어, 자원활동가 중에 자녀를 둔 사람이 많을 때는 학교 일정에 따라 개학 첫날이나 학기 마지막 날, 방학, 기타 휴일 등은 비워두어야 한다. 신년에 모금파티를 계획하는 단체는 아마도 없을 것이다. 새해가 되기 이 주일 전부터는 아예 일할 사람을 구하기가 불가능할 것이기 때문이다.

'지속 또는 중단' 날짜를 정한다. 행사 진행 일정을 살펴보면 할 일이 몰려 있는 때가 있는가 하면 비교적 한가한 때도 있다. 일이 몰려 있는 기간에는 여러 과제를 한꺼번에 완수해야 하는 데다 (디자인, 레이아웃, 교정, 인쇄, 초청장 발송처럼) 각각이 서로 연결되어 있는데, 이것을 '과제 덩어리'라고 한다. 이러한 과제 덩어리는 일정표에 정해진 시한 내에 완결되어야 한다. 각각의 과제 덩어리를 마쳐야 하는 마감일이 '지속 또는 중단' 날짜다. 이 날짜가 되면 그때까지의 진행 과정을 평가해서 행사를 계속 진행할 것인지, 아니면 일이 너무 지체되었거나 어긋난 일이 많아서 행사를 취소 또는 수정할 것인지를 결정해야 한다. '지속 또는 중단' 날짜는 비용이 발생할 날짜에도 사용할 수 있다. 초청장을 인쇄소에 보내기 하루 전날도 '지속 또는 중단' 날짜라 할 수 있는데, 이후에 행사가 취소되더라도 이 돈은 어쨌거나 인쇄소에 지불할 것이기 때문이다.

과제 목록과 예산, 진행 일정이 준비되었으면 이제 자원활동가에게 임무를 부여할 차례다. 자원활동가나 거래처에 일을 줄 때는 과제 목록의 '마감일'에 적힌 날짜보다 며칠 당겨서 날짜를 제시한다. 잘 되면 일정보다 앞서 가게 될 테고 그날까지 과제를 마치지 못하더라도 기다릴 수 있는 여유가 있기 때문이다.

꼭 챙겨야 할 것들

다음은 행사를 계획할 때 잘 잊어버리는 것들을 모아 놓은 사전 확인 목록이다.

- 주류판매 허가증: 주류판매 허가증이 필수인지, 엄격하게 적용되고 있는지는 지역에 따라 다르긴 하지만, 여러분 단체가 참석자의 음주운전에 대한 책임을 질지도 모른다는 점을 잊지 말아야 한다. 특별행사에 주류가 없다고 해서, 혹은 즉석에서 현금을 받고 술을 파는 바를 운영한다고 해서 행사가 성공하거나 실패하지 않는다는 사실을 대다수 단체가 인식하게 되었다. 따라서 와인이나 맥주서비스가 필수라고 느낄 필요는 없다. 일반적으로는 알코올 도수가 높은 술은 절대 안 된다.
- 보험(연회장, 강연자, 참석자 등에 대한): 보험은 계약 종류에 따라 다양하다. 연회장이나 회의장 임대료가 저렴할 때는 임차인 측에서 보험을 들어야 하는 때가 잦다. 행사 당일 하루 보험을 들거나 기존 보험에 추가하더라도 2,000달러 정도 들 수 있다.
- 행사 전후에 식음료, 강연자, 공연자, 음향기기 등을 운반할 차량
- 공연자와 강연자 숙소
- 주차: 조명이 되어 있는 주차장이나 때로는 도로변도 가능
- 음식을 제공하는 경우: 쟁반, 접시, 수저, 냅킨, 소금, 후추, 더운 음료용 컵과 찬 음료용 컵, 크림, 설탕
- 냉난방기: 행사 장소에 냉난방기가 있는지, 추가 비용을 내야 하는지, 직접

선풍기나 난방용 히터를 가져갈 것인지 등 결정
- 판매 물품과 입장권을 구입한 사람들에게 발급할 영수증과 신용카드 결제 단말기

다음은 행사 전에 검토해야 할 질문들이다.

- 행사장에 휠체어 접근이 가능한가? 휠체어를 타고 행사장 내의 모든 곳, 특히 화장실 문턱이나 변기, 화장지걸이, 세면대를 이용할 수 있는지 확인한다. 어떤 건물은 현관과 일부 좌석을 제외하고는 휠체어로 움직일 수 없는 데도 '휠체어 사용 가능'이라는 팻말을 달아 놓은 곳도 있다.
- 쓰레기를 언제, 어떤 방식으로 처리할 것인가? 재활용품 수거함과 쓰레기통이 눈에 잘 띄는가?
- 모든 인쇄물을 (온라인과 오프라인 모두) 최소한 5회 이상 교정했는가?
- 특별행사와 관련된 모든 곳에 단체의 주소, URL, 페이스북 페이지, 전화번호를 넣었는가?
- 온라인에서 입장권 구매가 가능한가?
- 여러분의 보이스메일에 행사에 대한 공지가 있는가?
- 단체와 관련된 모든 사람이 그들의 이메일 서명란에 행사명과 일정을 넣었는가?
- 행사 홍보자료와 웹사이트에 입장권 가격, 날짜, 시간, 장소, 찾아오는 방법, 참석 여부 회신 등에 대한 안내가 모두 포함되었는가?
- 놀이방이나 통역 서비스가 필요한가?
- 주변지역은 안전한가? 행사장에 혼자서 오는 여성들도 안심할 수 있는가?
- 모든 좌석이 잘 보이고 잘 들리는가?(여러 자리에 앉아보고 직접 확인한다)
- 회의장이나 연회장 또는 건물의 문은 누가 열어줄 것인가? 미리 열쇠를 갖고 있어야 하는가?
- 화재시 비상구는 어디인가?
- 조명은 모두 잘 들어오는가?
- 행사장의 사운드시스템을 잘 알고 있는 사람이 있는가?
- 청소는 누가 할 것인가? 쓰레기를 버리는 장소는 알고 있는가?

평가

특별행사 기획의 마지막 단계는 평가다. 행사를 마친 후 며칠 내로 기획위원회는 다음과 같은 평가보고서를 작성한다. 이 평가보고서와 함께 광고물, 초대장 사본 및 그 외 다음 해의 기획위원회에 도움이 될 만한 자료를 보관한다.

평가를 통해 이런 행사를 반복해서 개최할 것인지 여부를 결정할 수 있다. 또한, 같은 숫자의 인원과 시간을 투자해서 해마다 더 많은 돈을 모금할 수 있는지도 확인시켜 줄 수 있다. 이 장에서 설명한 기획 문건은 한 번만 만들면 된다. 그런 다음, 새로 구성된 위원회가 이전 위원회의 지식과 경험을 바탕으로 일부 수정하고 덧붙이기만 하면 될 것이다.

특별행사 평가보고서 양식

위원회는 이 행사에 대략 어느 정도의 시간을 투자했는가? (투자 시간을 평가할 때는 불필요하게 소비한 시간은 제외한다. 하지만, 업무 때문에 운전을 한 시간이나 전화하는 데 사용한 시간은 포함한다)
_____
이번 행사를 통해 신규 기부자를 얻었는가? _____ 몇 명이나 되는가? _____
행사 참석자에게 기부자가 될 것을 권유했는가? _____
이번 행사를 통해 새로운 기부금을 모았는가? _____
이번 행사가 연례행사로 발전할 역량이 있는가? _____
다음에도 이번과 똑같이 하려는 것은? _____
_____
다르게 할 일은 무엇인가? _____
_____
무료 또는 저가로 얻은 물건 목록과 기부를 요청한 사람을 기록하고, 다음에도 이 품목들을 확보할 가능성이 있는지?
_____
_____
필요한 후속 조치는 무엇인가? (예, 열성으로 도와준 사람들에 대한 감사편지, 청구서 지불, 경품 추첨식에 참석하지 않은 사람에게 경품 발송, 테이블보 및 쟁반 등 반납)
_____
_____

각 위원이 맡은 임무는?

다음 해에도 이 행사 준비에 참여할 의사가 있는 위원은 누구인가?

기타

온라인 콘텐츠

- Sample House Party Invitation

제18장

서비스에 대한 자발적인 수수료

'원 모아 챈스'(One More Chance)는 13년 된 프로그램이다. 우리 모두는 이 프로그램이 정상적이고 지속적으로 운영되기를 바란다. 이 프로그램은 법을 어긴 경험을 가진 저소득 계층의 10세부터 13세 사이의 소년들을 위한 것이다. 이들 소년은 아마도 절도의 공범자이거나, 마리화나를 소지하거나, 무단결석 등을 해 온 경험이 있었을 것이다. 이들의 행위는 폭력적이라기보다는 흔히 잘못된 판단이나 동료들 간의 압력(peer pressure)으로 인해 초래되는 경우가 많다. '원 모아 챈스'는 무료 여름캠프를 열어 이들 소년이 자신감과 사회성을 위한 기술, 동료들 간의 압력을 극복하는 방법, 장래의 희망 등에 대해 배우고 익히게 한다. 프로그램을 잘 마치고 나면 그 보상으로 관련 전과 기록을 없애준다. 따라서 이 프로그램은 매우 성공적이었고 많은 사람의 찬사를 받기도 했다. 그러나 3년 후 단체에 대한 주 정부의 지원이 점차적으로 줄어들었고, 다양한 노력에도 불구하고 민간으로부터는 필요한 자원을 모금할 수 없었다.

그러던 중 몇 차례에 걸쳐 부유한 학부모로부터 그들의 아들을 캠프에 참여할 수 있게 해달라는 요청이 있었다. 그러나 저소득층 소년을 지원한다는 단체의 사명이 이를 허락하지 않았다. 단체의 활동에 감사하는 마음을 갖고 있었던 부모들은 종종 기부를 했고, 단체도 역시 감사하는 마음으로 프로그램을 위해 이 기부금을 사용했지만 아무도 이들 기부자에 대해 후속조치를 취하지는 않았다. 단체가 처한 상황이 심각하다는 판단 하에 '원 모아 챈스'는 모든 부모들에게 서비스 수수료를 요청하기로 결정하고, 캠프 실참가비는 4,500달러이기 때문에 50딜리 혹은 그 이상을 서비스 수수료로서 납부해줘야 한다는 사실을 설명했다. 또한 단체는 20명씩 참여하고 있는 캠프의 각각 그룹에 위법한 행위로 문제를 일으킨 부유층 자제 7명을 받아들이기로 결정했고, 이에 따라 '원 모아 챈스'는 추가 요청을 수용하기 위해 추가 캠프를 바로 개설해야만 했다. 일부 부모들은 4,500달러 이상을 지불했고 대부분은 50에서 500달러를 지불했다. 아무도 이런 정책 변화에 반대하는 사람은 없었으며, 부모들 대다수는 이렇게 지불하게 된 것에 대해 기쁘게 생각했고 이는 자신의 아이들에게 본보기가 되기도 했다.

이와 같은 자발적 서비스 수수료 프로그램의 시행과 함께 계층과 인종이 서로 섞이도록 캠프 프로그램을 발전시켜 갔고, 캠프를 마치고 나온 소년들도 그 이전보다 한층 더 나은 행실을 보여줬다. 많은 부모들이 자원봉사자로 참여하게 되었으며, 캠프에 참여했던 아이들도 그곳의 참여 경험을 자랑삼아 이야기하곤 했다. 모금의 관점에서 보자면, '원 모아 챈스'가 다양한 모금 출처를 갖게 되고, 아울러 흑자 운영을 하게 되었다는 점이 가장 눈에 띄는 성과라 할 수 있다. 물론 여기에는 주 정부의 지원, 서비스 수수료, 캠프에는 참여하지 않았지만 기부를 해준 개인기부자도 포함되어 있었다. 어쩔 수 없이 수혜자들에게 기부를 요청해야 했던 많은 단체가 수혜자들이 기꺼이 대가를 지불하고자 한다는 사실을 잇달아 경험하고 점차 이 대열에 합류하는 추세다. 무료 서비스를 제공하면 서비스를 받는 측과 서비스를 제공하는 측 간에 돌봄과 위계의 체계가 영속화된다는 사실을 점점 많은 단체가 인식하고 있다. 또 능력껏 대가를 지불함으로써 수혜자는 더 나은 서비스를 요구할 권리를 획득하고, 서비스 제공자에게 질문을 하고 필요한 것은 요청을 할 수 있게 된다. 그리고 단체는 좀 더 정확한 피드백을 받을 수 있기 때문에 조직의 체질을 더 강화할 수 있다. 모금의 측면에서 볼 때도 수수료는 단체의 지속가능한 운영을 유도하는 수입원으로 작용한다.

비영리단체 중에는 수수료를 의무화한 곳도 많다. (물론 시장가보다는 낮은 수준이지만) 서비스를 받으려면 고정 수입이나 보험 환급금 등 특정 기준을 바탕으로 정한 수수료를 내야 한다. 헬스클럽, 상담 서비스, 직업훈련 및 재교육 서비스, 공공수영장과 유흥지, 국립 및 주립 공원 등이 수수료를 받는 기관의 예가 될 수 있다.

이 장에서는 그동안 무료로 제공한 서비스에 대해 이제부터 자발적인 수수료를 부과하려는 단체가 어떻게 수수료를 책정하고 징수할 수 있는지를 알아볼 것이다.

무엇에 대한 비용지급인가?

자발적 서비스 수수료를 수입원의 하나로 염두에 둘 때 여러분 단체가 마주칠 질문은 다음 세 가지다.

1. 특정 그룹에게 무료 서비스가 제공될 때 다른 그룹이 기꺼이 수수료를 지불하고자 하겠는가? 사업과 관련하여 한 가지 이상의 언어를 사용하는 단체, 즉 이민자 혹은 다인종 도시에서 사업을 진행하는 단체는 번역서비스를 원하는 사람이나 단체가 있으며 이들에게 판매도 할 수 있다는 사실을 인지해 왔다. 이들 구매자 중에는 증언 녹취록을 필요로 하는 변호사, 워크숍이나 기조연설 동시통역을 원하는 회의 기획자, 기타 그들이 제공하는 다양한 서비스를 원하는 시정부에 이르기까지 다양하다. 이런 우호적인 환경 하에서 수익도 올리기 위해 사람을 고용할 수 있고 이를 통해 핵심 프로그램을 중지하지 않아도 된다. 예를 들어, 지역 동물애호협회는 스페인어를 사용할 수 있는 직원과 함께 무료동물병원을 접촉해서 단체 및 입양 관련 안내책자를 스페인어로 번역해 줌으로써 훗날 스페인어를 사용하는 가족 혹은 개인이 반려동물을 입양하거나 동물애호협회의 무료 불임 및 중성화 수술을 받고자 할 때 활용할 수 있게 했다.

2. 다른 전문가 집단이 우리한테 뭔가를 배우고자 한다면 우리가 어떻게 해야만 하는지 알고 있는가? 흔히 풀뿌리단체는 큰 규모의 사회서비스 정부기관보다 자신의 잠재적 서비스 대상자가 원하고 필요한 것이 무엇인지를 더 잘 알고 있다. 그렇지만 풀뿌리단체는 이런 지식이 잠재적 시장성이 있는지는 알지 못할 수도 있다. 예를 들어, 사회서비스 정부기관이 야간조명을 설치하면 청소년들이 어두워지더라도 코트에서 농구를 할 것인지 여부를 알기 위해 청소년들과 함께 활동하는 공공주택 프로젝트 관련 단체를 접촉했다. 정부기

관에도 사회복지사가 있기는 했지만 공공주택의 세입자들은 공공기관이 경찰과 연계되었을 것이라는 이유로 이들을 믿지 않았기 때문에 분명하고 정확한 답을 얻을 수가 없었다. 그러나 간접적인 접촉을 통해 해가 진 후 청소년들이 농구코트를 사용하지 않을 것이지만 숙제도 하고 게임도 할 수 있는 컴퓨터들이 놓인 안전한 공간을 원한다는 사실을 알 수 있었다. 이렇게 마련된 컴퓨터 공간은 사회서비스 공공기관과 공공주택 프로젝트 간의 협력적 프로젝트를 이끌어 냈고, 어떻게 일자리를 찾고 지원하는지, 이웃들과 함께 지역사회를 어떻게 일궈나가는지에 대해 모든 거주자들이 학습하는 계기가 되었고 도움을 주었다.

3. 현재 무료로 제공하는 서비스를 위해 어떤 것, 특히 자발적인 기부의 형식을 빌어 지불을 요구할 수 없다면, 그 증거는 무엇인가? 이들 질문에 대해 시간을 갖고 생각해 볼 기회를 가져라. 그리고 여러분 단체가 어떤 기술과 능력을 제공할 수 있으며 제공되었으면 좋은지 다른 비영리단체 사람들의 생각을 탐색해봐라. 아마도 여러분이 아는 것보다 더 많은 것을 알게 될 것이다. 여러분의 지식을 돈 주고 사겠다는 사람이 있다는 사실에 놀랄지도 모를 일이다.

자발적 수수료

자발적 수수료를 매기는 방법에는 두 가지가 있다. 서비스는 계속 무료로 제공하되 비용의 일부를 충당하기 위해 기부금을 요청하는 것과 수혜자가 각자 형편에 따라 서비스 수수료를 내도록 하는 것이다.

  어떤 방식을 택할 것인가는 제공되는 서비스의 성격에 따라 달라진다. 노숙자에게 서비스를 제공하는 단체라면 기부를 요청하기는 어려울 것이다. 반면, 문화단체나 가난한 근로자를 대상으로 하는 단체, 심리상담 서비스 제공 단체 등은 수수료 요청을 선택할 수도 있을 것이다.

  두 가지 방법을 섞어 쓸 수도 있다. 예를 들어, 어떤 노숙자 쉼터는 잠자리와 샤워, 옷가지를 무료로 제공하며 앞으로도 이에 대한 비용을 요구할 생각이 없다. 그렇지만 식사에 대해서는 자발적으로 50센트를 내도록 요청하고, 직업 알선에 대해서는 (첫급여를 받은 후에) 의무적으로 10달러를 내도록 한다. 현재

이 시설에서 식사를 제공받는 수혜자의 70%가 식사비를 기부하며, 그중 상당수는 1달러를 낸다. 직업 알선 수수료도 80% 이상 걷히고 있다.

　박물관이나 극장, 그 밖의 문화 시설은 보통 입장료를 받는다. 하지만, 하루 낮이나 밤을 정해 입장료를 받지 않거나, 지역주민이나 16세 이하 청소년 또는 노인들에게는 입장료를 감해준다. 기업이 홍보 효과를 노려 미술관이나 식물원의 하루 입장료를 부담하는 때도 있다. 그러면 해당 단체는 이 기업의 후원으로 그날은 시설 이용료가 무료임을 홍보한다.

합법적인 기부

수수료를 부과하는 일이 불법은 아니다. 그러나 수수료 대신 기부금을 요청할 때는 수혜자가 이 기부를 자발적인 것으로 생각해야 비영리조직의 목적에 맞을 것이다. 자발적인 수수료를 받을 때는 어떠한 강요도 있어서는 안 된다. 여기서 강요란 서비스 수혜자가 그 서비스가 사실상 무료가 아니라는 느낌이 들게 하거나, 소수 사람만 무료로 서비스를 이용하는 것 같은 부담을 주거나, 수혜자 자신이 원하는 것보다 더 많은 금액을 지급하도록 하는 등의 행위를 말한다. 강제성의 정도는 개개인의 인식에 따라 차이가 있겠지만, 겉으로 보기에도 명백히 강제적인 분위기가 있어서는 안 된다.

　예를 들어보자. 무료 급식 프로그램을 운영하는 단체가 기부금을 낸 사람과 내지 않은 사람을 구분해 기부금을 낸 사람에게는 깨끗한 천이 깔린 식탁과 디저트를 제공한다. 또 무료로 취업 인터뷰 강좌를 제공한다고 해놓고 수강자가 기부금을 낼 때마다 등록을 받는 사람이 큰 소리로 수강자의 이름을 불러서 건너편 책상에 앉은 사람이 기록할 수 있게 한다. 이러한 행동은 전혀 의도한 바가 아닐 수도 있지만, 무료 또는 소액의 수수료를 내고 그 강좌를 듣고자 했던 사람들은 더 많은 돈을 내라는 압력으로 받아들일 수 있다. 그래서 결국 등록을 포기하고 그 자리를 뜨는 사람도 있을 것이다.

　사람들은 자기가 가진 것이 별로 없다는 느낌이 들면 매우 당황해 한다. 그리고 그러한 상황을 맞닥뜨리면 자신이 원하는 것 이상 또는 능력 이상의 돈을 내야 한다는 압박을 느낄 것이다. 그러면 이 수수료는 너는 자발적인 것이 아니다.

  그 다음은 법률 규제와 관련된 것이다. 자발적이건 의무적이건 수수료는 시장에서 영리조직이 제공하는 유사한 서비스 가격과 같거나 낮아야 하며, 해당 서비스에 대한 지불 능력이 안 되는 사람에게 우선적으로 제공되어야 한다는 점이다. 만일 영리조직이 동일 가격대에서 동일 소비자에 제공하는 것을 여러분의 단체도 제공한다면, 이는 자선적 목적의 활동과 사업을 하는 것은 아니다. 따라서 여러분의 단체와 영리기업과의 차별점이 어떤 것인지 분명하게 구분될 수 없다면 국세청은 면세 지위에 대해 문제 제기를 하거나 그 지위를 박탈할 수도 있다.

수수료 책정

수수료를 책정하는 방법 몇 가지를 살펴보자. 기부금의 수준으로 볼 때 효과는 가장 낮지만 강제성 역시 가장 낮은 방법은 기부금 상자 옆에 "기부", "기부 환영", "여러분의 기부로 다른 분들께도 서비스를 계속 제공할 수 있습니다. 감사합니다"와 같은 말을 붙여놓는 것이다. 이 방식으로는 주머니 속의 잔돈밖에 받지 못할 수도 있다. 하지만, 기부를 강요했다는 비난을 받을 일이 없으며, 아울러 수혜자들에게 기부의 개념을 소개하는 데도 좋은 방법이다.

  제공하는 각종 서비스의 비용이 모두 비슷한 경우에는 자발적 기부금의 범위를 제시할 수도 있다. "저희 서비스를 제공하는 데 드는 비용은 10~25달러입니다. 얼마든 가능한 금액을 기부해주시면 필요한 분들께 지속적으로 서비스를 제공할 수 있습니다. 감사합니다"와 같은 안내문을 붙인다. 원하면 설명을 덧붙일 수도 있다. "여러분께 제공하는 서비스의 예산은 지금까지 정부(유나이티드웨이 혹은 재단)가 제공해왔지만, 정부예산의 삭감으로 단체가 지금 많은 어려움을 겪고 있습니다. 서비스를 받는 여러분이 여력이 되는 만큼 기부에 동참해주시면 서비스를 지속하는 데 도움이 될 것입니다. 감사합니다."

  가장 효과적인 시스템은 이전에 살펴봤던 청소년캠프에서 사용했던 예다. 각 캠프의 실제 비용을 이야기하고 그것에 대해 일정 부분을 요청하는 것이다. 만일 다양한 서비스를 제공하고 있다면 각각의 것에 대해 비용을 공개하

고 요청한다. 이와 관련하여 다양한 서비스를 제공하고 있는 이민자 지원단체의 예를 살펴보면,

- 서류 번역: 페이지당 0.1~5달러
- 영주권 및 부속 서류 수속: 50~500달러
- 면담 약속 동반서비스(사회서비스, 의료): 10~30달러
- 자녀 학교 등록서비스: 자녀당 5~25불

개인 기부자들에게 기부를 요청할 때 특정 금액을 제시하면 각자 알아서 금액을 정하도록 하는 것보다 더 많은 기부를 끌어들이는 것처럼, 여기서도 서비스에 대해 특정 금액을 제시하면 전반적으로 더 많은 기부를 유도할 수 있다. 그리고 단체가 진지하게 모금에 임하고 있으며 일을 잘한다는 인상을 준다.

대부분의 서비스 제공기관은 현관 옆 안내데스크에 접수 담당 직원을 배치한다. 이 직원은 기부 요청 훈련을 받은 사람이어야 한다. 특히 수혜자 중에 글을 읽지 못하는 사람이 있다면 이들이 구두로 기부를 요청해야 할 것이다. 접수 직원은 들어오는 수혜자들과 인사말을 하고 나서 반드시 "저희 서비스는 무료입니다. 하지만, 원하시면 기부를 하셔서 저희가 계속 이 일을 하도록 도와주실 수 있습니다. 저쪽에 기부 상자가 있습니다"라고 덧붙인다. 수혜자가 먼저 요금이 얼마냐고 물으면 설명이 더 쉬워질 것이다. 무료 서비스에 익숙한 수혜자들에게는 서비스가 여전히 무료이기는 하지만, 도울 수 있는 사람은 도와주면 좋겠다는 말을 전한다. 수혜자들에게 편지를 보낼 때에는 단체의 상황을 설명하는 카드와 회신 봉투를 함께 넣는다. 그러면 회신 봉투에 기부금을 넣어 상자에 집어넣거나 우편으로 보낼 수도 있다. 자발적 수수료를 소개할 때는 언제나 지나치게 단호한 것보다는 지나치게 조심하는 태도를 보여야 한다. 시간이 지나면 수혜자끼리 이 일에 대해 생각해보고 서로 이야기를 나눌 기회도 늘어나서 자연스럽게 기부도 증가할 것이다.

수수료 징수 방식을 도입할 때

우선 어떤 방식을 채택하든 서비스 대상자에게 돈을 요구한다는 것은 편안하지 않다. 기부 요청 방식으로 전환하는 문제를 논할 때는 먼저 사람들이 갖는 감정을 인정해야 한다. 사실 돈을 요청하는 것은 어려운 일이다. 가진 것이 거의 없는 사람들에게 요구하기는 더욱 어려울 것이다. 우리가 주거나 보건, 교육, 음식과 같이 삶에 필수적인 것들에 대해 돈을 내지 않고 또 무료 서비스를 받는 것에 당황해 할 필요가 없다면 세상은 훨씬 좋은 곳이 될 것이다. 하지만, 현실적으로 생각해보자. 단체는 계속 서비스를 제공해야 한다. 정부(또는 다른 곳)에서 받는 보조금은 점점 줄어드는데 물가는 계속 올라가고 있다. 서비스 대상자들은 단체가 사업을 중단하는 것보다는 어쨌거나 계속 서비스를 제공할 수 있기를 바랄 것이다. 할 수만 있다면 기꺼이 도울 것이며 자신이 도움이 된다는 사실을 매우 기뻐할 것이다. 일단 몇 차례 기부를 요청해보고 돈을 내는 사람들이 기뻐하는 것을 보고 나면 처음의 불편함은 곧 사라질 것이다.

전화 또는 이메일로 서비스를 제공할 때

지금까지는 접수대에서 또는 서비스를 제공하는 자리에서 직접 수수료를 받을 수 있는 단체에 대해 설명했다. 하지만, 전화나 우편을 통해 서비스를 제공하는 단체는 어떨까? 아마도 수수료를 받기가 더욱 어려울 것이다. 위급한 상담 전화를 걸어온 사람을 일단 진정시키고 나서 기부 이야기를 꺼낼 수는 없지 않은가. 이런 때에는 서비스에 대한 자발적인 기부가 불가능하다. 하지만, 위기 상황이 아닌 정보를 제공할 때도 있을 것이다. 그러면 정보를 제공하고 나서, 단체에 대한 설명을 듣고 단체를 후원하는 방법에 대해 자세히 알고 싶은지를 물어볼 수 있다. 자료를 보낼 때는 기부를 요청하는 편지와 회신 봉투를 함께 보낸다. 전화를 걸어온 사람에게 단체의 웹사이트 주소를 알려주는 것도 잊지 않는다.

사람들에게 우편으로도 정보를 제공한다면 우편물을 보낼 때 회신 카드와 봉투를 끼워 보낸다. 카드에는 후원 방법을 설명하고 가능한 한 이른 시일 내에 회신 봉투에 기부금을 넣어 보내달라는 내용을 담는다. 편지보다 카드가 더 효과적인데, 동봉된 다른 정보를 읽으면서 편지는 옆으로 밀어놓을 수 있기 때문이다. 하지만, 일단 단체가 보낸 정보가 유용하다고 판단하면 카드와 봉투를 집어 들고 기부할 생각을 할 것이다. 지갑처럼 반으로 접히는 봉투를 써서 바깥 면을 회신 카드로 사용하는 것도 좋은 방법이다(제14장 참조).

웹사이트 각 페이지에도 기부를 요청하는 '지금 기부하세요' 버튼을 배치한다(제15장 참조). 웹사이트 방문자는 대체로 재정적으로 어려움을 겪고 있는 사람일 가능성이 낮으므로 기부 자체를 행복하게 느낄 것이다.

서비스 대상자로부터 서비스 수수료에 대한 자발적 납부를 유도하기 위한 시스템을 마련하면, 안정적인 수입원을 확보할 수도 있고, 생각했던 것보다 많은 금액이 들어 올 수도 있다. 이런 시스템은 또 서비스 대상자가 아닌 사람들로부터도 기부를 유도할 수도 있으며, 서비스를 받았던 사람이나 단체의 진가를 알아보고 기부하려는 사람을 더욱더 독려할 수도 있을 것이다. 함께 일을 하는 자원활동가들도 단체가 어떤 식으로 후원을 받는지 모르는 경우가 많은데 상황을 알고 나면 자원활동가도 종종 정기적으로 기부하고자 하는 숫자가 늘어나게 된다. 궁극적으로 명목적이기는 하지만, 서비스 수수료 요청은 무료 서비스보다는 조금이라도 내는 것이 더 많은 사람을 편안하게 할 것이고, 여러분 단체의 사명을 완수해 가는 데도 이바지할 것이다.

제19장
방문과 캔버싱 기부 요청

캔버싱이란 단체 사람들이 팀을 이루어 가가호호 방문을 하거나, 거리에서 기부를 요청하는 활동을 말하며, 일부 단체는 전화 캔버싱을 운영하기도 한다. 이 장에서 논의하는 원칙 대부분은 제16장에서 언급한 전화 캔버싱에도 적용할 수 있다. 그렇지만 이 장에서는 가가호호 또는 거리 캔버싱의 주된 요소라 할 수 있는 면대면 캔버싱에 초점을 둔다.

캔버싱은 원래 지역을 기반으로 한 단체나 주 또는 전국 조직의 지부에서 사용하는 기법이며, 캔버싱의 대상자들이 익히 잘 아는 이슈인 경우 유용하다. 캔버싱은 기본적으로 조직화 전략으로, 모금만 할 것이라면 이 방법을 사용하지 말아야 한다. 캔버싱은 단체의 활동에 직접적인 영향을 받는 사람들을 대상으로 할 때 최상의 효과를 발휘한다. 정치캠퍼인과 관련하여 선거 운동에서도 표를 끌어내거나 특정 후보 또는 이슈에 대한 지지율을 높이기 위해 캔버싱 기법을 활용한다. 조직화라는 맥락에서 볼 때, 캔버싱은 새로운 기부자를 확보하는 탁월한 전략이 될 수 있다. 이웃에게 관심을 돌려 기존 기부자들을 관리하는 데도 좋은 방법이다.

캔버싱의 종류는 두 가지다. 하나는 집집이 방문하는 것이고, 다른 하나는 점차 증가하고 있는 길거리 캔버싱이다. 방문 캔버싱과 길거리 캔버싱은 장단점이나 조직화 측면에서 볼 때 상당히 유사하다. 자원활동가를 활용해 시간제로 또는 단기간 캔버싱을 진행할 수도 있지만 대부분 경우에는 직원이나 외부에서 고용한 사람이 풀타임으로 진행하며, 일주일에 40시간 정도 상업지역과 주거지역을 정기적으로 돌아다닌다. 성공적인 캔비싱은 연간 총 5만 달러에서 50만 달러 정도의 수입을 올릴 수 있다. 하지만, 워낙 노동 강도가 높은 일이라 전체 수입의 60%에서 80% 정도가 제반 경비로 지출된다. 흔히 비영리단체를 대신해서 영리회사가 수행하는 길거리 캔버싱은 수입보다 이에 들어가는 비용이 더 클 수도 있다. 따라서 모든 모금 전략과 마찬가지로, 단체의 헌신적 노력과 기부자와 함께할 수 있는 능력이 있다면 캔버싱은 효과적인 방법이 될 수 있다.

장점과 단점

캔버싱은 모금 전략으로서 세 가지 큰 장점이 있다. 첫째, 캔버싱이 제대로 자리를 잡으면 안정적이고 때로는 상당한 수입원이 될 수 있다. 둘째, 매일 십여 명의 사람들을 면대면으로 만나기 때문에 홍보 우편만큼이나 많은 신규 회원을 얻을 수 있다. 셋째, 단체의 활동에 대한 일반인들의 의견과 인식을 수집할 수 있다. 캔버싱의 목적이 모금보다 조직화에 있다면 모금액은 그 중 하나일 뿐이며, 또 다른 목적, 즉 청원서 서명, 선거 참여, 지역 이슈에 대한 대중 교육 등과 함께 우편을 받지 못하거나 온라인으로 응답하지 못하는 저소득층, 문맹자, 이민자에게 다가가기 위한 것 등이 포함된다.

물론 단점도 있다. 풀타임으로 진행하면 전담 직원과 사무실 공간이 필요하고 회계와 감독 업무도 가중될 것이다. 소규모 사업과 마찬가지로, 캔버싱 사업의 책임자가 조직 능력이 떨어지거나 직원 관리에 유능하지 않을 때 또는 한 지역에서 진행되는 캔버싱이 너무 많을 때는 안정적인 수입원이 되지 못할 것이다. 캔버싱 진행자가 옷차림이 단정치 못하거나 무례해서 상대방에게 불쾌감을 줄 때는 단체의 평판에 오히려 흠이 될 수도 있다.[영국에서는 길거리 모금이 도처에서 행해지기 때문에 이들을 부르는 별명, '채러티 머거'(charity mugger, 자선 노상강도)의 약어인 '처거'(chugger)로 불리기도 한다. 거리에서 행인들을 대상으로 한 자선 모금 행위를 금하기 위해 몇 가지 조치가 시행되기도 했다.]

캔버싱 모금의 가장 큰 단점은 캔버싱을 통해 걷은 기부금의 상당 부분이 제반 경비로 지출되어 원래의 단체 목적대로 사용되는 자금이 얼마 되지 않는다는 사실을 기부자가 알게 되면 불편한 심기를 느끼게 되고 결국 해당 단체에 기부하기를 꺼리게 된다.

캔버싱 진행에 필요한 요소

캔버싱을 효과적으로 진행하려면 네 가지 요소를 갖추어야 한다. 그중 가장 중요한 것은 단체가 지역 문제를 다루거나 캔버싱 대상에게 영향을 끼치는 사안을 가지고 활동해야 한다는 점이다. 사람들이 문 앞에서 기부금을 내거나 가던 길을 멈추고 길거리 모금원과 이야기를 나누는 것은 해당 이슈가 자신과 연관되어 있다고 여길 때다. 전국적으로 영향을 끼치는 단체도 있고 전국 조직의 지부인 경우도 있을 것이다. 하지만, 특히 방문 캔버싱을 할 때는 해당 이슈가 지역주민에게 어떠한 직접적인 영향을 끼치는지를 설명해야 한다. 고래보호나 인권과 관련된 이슈와 같이 좀 더 광범위한 이슈라면 방문 캔버싱보다는 길거리 캔버싱이 더 잘 어울린다. 그 이유에 대해 아는 사람은 없지만 아마도 사람들이 밖에 있을 때보다 자신의 집에 있을 때 위협 혹은 기회를 더 의식하기 때문일 수 있다. 거리 캔버싱을 하는 곳에 멈춰서는 사람은 해당 단체를 지원하고 있을 가능성이 낮지만(그것이 멈춰서는 이유기도 하지만), 가가호호 캔버싱 하는 사람의 경우에는 똑같은 방법으로 미리 알아차릴 수가 없다.

둘째, 사람들이 작은 기부도 큰 보탬이 된다고 느낄 수 있게 해야 한다. 캔버싱에서는 현금 기부를 하는 사람이 많고, 신용카드나 수표로 기부하더라도 100달러를 넘는 경우는 거의 없다. 이렇게 작은 기부도 큰 도움이 되며 잘 쓰일 것이라는 느낌이 들 수 있어야 한다(길거리 캔버싱의 경우 흔히 월정액 기부자를 찾는데 초점을 맞추는데 그 이유는 기부자의 숫자는 작지만 년간 기부액이 더 클 수 있기 때문이다).

셋째, 단체가 신뢰를 얻어야 한다. 사람들은 단체의 활동 성과를 보고 신뢰감을 가지며, 성과가 분명할수록 이야기하기도 쉬울 것이다. 신문에 단체의 활동에 대한 기사가 실리면 캔버싱에 큰 도움이 된다. 단순명료하게 전달할 수 있고 그 효과가 타당해 보이는 구체적인 행동 계획도 반드시 포함해야 한다. 단체의 사업이 대다수 주민들의 관심사와 편익에 관련된 경우, 즉 전체 주민을 대상으로 하는 보건사업이나 공공시설 사용료 인하, 공원 지정 등의 활동은 그 성격상 캔버싱에 꼭 들어맞는다. 민사소송에서도 소송 내용이 이해하기 쉽고 '좋은 쪽'(단체)과 '나쁜 쪽'이 명확히 구분된다면 캔버싱이 효과적이다. 역사적 배경이나 법률 지식이 필요하며 인내심을 갖고 긴 설명을 들어야 하는 복잡한 법률문제는 캔버싱에 적합하지 않다.

마지막으로, 비슷한 일을 하는 다른 단체와 차별화 하되 상대 단체를 경시하는 듯한 태도는 보이지 말아야 한다. 유사한 단체가 여럿이고 그들 대부분이 같은 지역에서 캔버싱을 한다면 잠재 기부자들은 매우 혼란스러워할 것이다. 서로 연관되어 보이는 문제들을 가지고 계속해서 기부를 요청받으면 화가 날 수도 있다. 아니면 지난주에 기부했다고 하거나, 같은 단체에서 지난주에 방문했었지 않느냐고 되물을 수도 있다. 이럴 때는 아무리 아니라고 항변해봐야 소용이 없다. 해결책은 다른 단체와 분명하게 차별화 하는 것이다.

이러한 요건들은 지역 활동과의 연관성만 빼면 다른 모금 전략에서도 필요한 것들이다. 특히 우편과 전화모금처럼 신속하게 기부자의 관심을 끌어 이후에도 오랫동안 그 관심을 유지해야 하는 모금 전략에 유용하다.

캔버싱 착수

먼저, 캔버싱과 관련된 활동을 규제하는 지역 법규와 조례를 검토한다. 캔버싱을 강력하게 규제하는 지역에서는 그 모든 법규를 준수하느라 시간만 허비할 수도 있다. 일부 지역에서는 캔버싱을 할 때 할 수 있는 말과 없는 말을 지정하고, 인가 수수료를 높게 책정하며, 캔버싱 진행자의 요건을 엄격하게 규제해서 사실상 캔버싱을 금지하기도 한다. 방문 캔버싱과 길거리 캔버싱에 서로 다른 법규를 적용하는 곳도 있을 수 있다. 사소한 규정 하나만 위반해도 시나 주 당국이 강제로 캔버싱을 중지시킬 수 있고, 그 사실이 지역에 알려지면 단체의 명성에 해가 될 수도 있다. 상당수의 이러한 조례에 대해 소송이 있었고 위헌 결정을 받아 내기도 했지만, 대부분 단체는 시간과 비용을 잡아먹는 이런 식의 법정 공방을 하기에는 당장 해야 할 일이 너무나 많다.

캔버싱에 관한 각 주의 법률은 주 검찰청에서 확인할 수 있는데, 주 검찰청은 자선 기부 요청과 관련한 제반규정을 감독하고 있다. 캔버싱 관련 규정을 담은 지침서를 배포하는 주도 많다.

지역 조례는 주 법률보다 확인하기가 더 까다로울 수 있는데 캔버싱의 각 분야를 서너 부서에서 나누어 관리할 때가 있기 때문이다. 경찰서에 연락해 캔버싱 신고와 신청 절차를 물어보자. 그리고 경찰 관계자가 하는 말을 꼼꼼히 기록하고 이름도 받아두자. 그래야 나중에 다른 이야기를 하더라도 처음 전화했을 때 들었던 내용을 제시하며 확인할 수가 있다.

자선행위를 위해 기부금을 요청하는 문제와 관련해서는 시 검찰청에 연락해서 알아본다. 지역에 따라 시청에서 이 문제를 담당하는 곳도 있다. 가능한 많은 관계자에게 캔버싱을 하겠다는 사실을 알려 두어야 나중에 관청의 간섭을 최소화할 수 있다.

인구통계 조사

관련 법규를 확인하고 난 다음에는 해당 지역이 캔버싱에 적합한지 파악해야 한다. 여러 지역의 인구 밀도와 집값, 주택 소유자 수, 주요 직업, 소득 수준 등 지역의 인구통계 자료를 수집한다. 이런 정보는 인구조사기관, 신문, 해당 지역에 거주하는 자원활동가 및 이사, 상공회의소, 직접 지역을 둘러보고 얻은 인상 등 다양한 출처를 통해 수집할 수 있다.

인구통계 자료를 평가할 때 꼭 기억해야 할 점이 있다. 부유한 동네에서는 캔버싱이 거의 성공하기 어렵다는 것과 캔버싱 진행자들이 종종 '부자'들에 대해 인정머리 없는 구두쇠라고 결론짓는다는 것이다. 부자들이 자기 집 앞에서 기부하지 않는다는 것은 사실이다. 이들은 주로 고액 기부 요청, 개인적인 우편 기부 요청, 특별행사 등을 통해 기부한다. 캔버싱이 가장 큰 성과를 거두는 곳은 중산층과 저소득층 거주지다. 이 사람들은 방문 기부 요청에 더 관대한 경향이 있다.

인구통계 항목 중 검토해야 할 또 한 가지는 지역의 인구밀도가 캔버싱을 할 수 있을 만큼 소밀한지다. 캔버싱 진행자는 하루 저녁에 80에서 100가구 정도를 방문할 수 있어야 한다(그중 다수가 집에 없을 것을 고려한 것이다). 따라서 해당 지역에 그만큼 많은 사람이 거주해야 하고, 또 대체로 평지여서 빠른 속도로 이집 저집을 다니는 데 무리가 없어야 한다는 뜻이다. 그래서 집들이 드문드문 떨어져 있고 인구가 많지 않은 농촌 지역에서는 캔버싱을 진행하기가 훨씬 더 어렵다.

마지막으로, 해당 지역이 캔버싱 진행자의 안전에 위협이 되지 않는지 확인해야 한다. 유능한 캔버싱 진행자는 근무 시간이 끝날 무렵이면 500달러가 넘는 돈을 가지고 있을 것이다. 범죄율이 높은 지역에서는 캔버싱 진행자를 둘씩 짝을 지어 보내기도 하는데 이렇게 하면 인건비가 두 배로 들 것이다(물론 이런 곳에서도 성공적으로 캔버싱을 할 수 있다). 그래서 진행자들이 안전하게 현금을 거둬들이도록 자동차로 이동하는 때도 있다.

길거리 캔버싱을 위해서는 많은 사람이 오가는 장소여야 한다. 예를 들면, 다운타운 지역, 쇼핑몰, 지하철역이나 기차역 주변, 농산물 직거래시장과 같은 곳이다. 이 경우, 많은 사람이 쇼핑을 하거나 식당을 가거나 직장을 오가는 유동인구가 많은 곳을 인구통계자료에서 찾고자 할 것이다. 그러나 이런 곳일수록 멈춰서는 사람은 제한적일 것이고, 말을 나눌 수 있는 사람을 찾을 때까지 이 사람 저 사람에게로 바쁘게 움직여야만 한다. 길거리 캔버싱의 장점은 낮에 이뤄지면 항상 성공적이란 점이다. 왜냐하면 모금하는 사람도 안전을 확보할 수 있어 사람들이 쉽게 다가와 서로 대화할 가능성이 높아지기 때문이다. 따라서 수많은 사람을 만날 수 있는 캔버싱 모금가는 가가호호 방문하는 것보다 더 많은 잠재 기부자를 만나 이야기를 나누고 기부를 유도할 수 있다.

캔버싱을 할 때 여러분이 만난 사람들의 30%는 기부자가 아니라는 사실을 염두에 두는 것이 좋다 — 그들은 여러분에게 기부하지 않는다. 왜냐하면 누구한테도 기부하지 않기 때문이다. 물론 이들 중 일부는 훌륭한 예비 청원서명자가 될 수는 있지만, 예상하듯이 모금 전략은 기부하는 70퍼센터에 맞춰졌을 때 훨씬 더 나은 결과를 낳을 수 있다.

캔버싱 실무자 고용

해당 지역이 캔버싱을 하기에 적절하다는 판단이 서면, 이제 캔버싱 실무자들을 고용하고 이들이 쓸 비품을 준비할 차례다. 지역에 따라 조금씩 다르기도 하지만 전형적인 캔버싱 실무자는 다음과 같이 구성된다.

캔버싱 책임자. 캔버싱 실무자의 고용과 해고, 대상 지역 조사, 1년간 차례로 캔버싱을 진행할 구역 확정, 법규 준수, 신규 법 규정 확인, 비품 기획 및 보충 등 캔버싱 진행 전체를 총괄한다.

현장 매니저. 1인당 7~10명의 캔버싱 진행자를 관리하고 이들에게 차량을 지원한다. 팀원들을 캔버싱 지역에 배치하고, 업무를 마감할 때 현금을 거둬들이며, 새로 들어온 캔버싱 진행자를 훈련시킨다. 또한, 현장에서 팀의 일원으로 직접 캔버싱에 참여한다.

후방 지원 담당자. 후방 지원 담당자는 비서, 접수원, 회계사, 사무실 관리자 역할을 도맡아 한다. 각각의 캔버싱 진행자가 모금한 금액을 기록하고, 모자라는 비품을 보충하고, 캔버싱을 하겠다고 지원한 사람들과 캔버싱 책임자와의 면접 시간을 잡고, 전화에 응대하는 등 캔버싱 진행에 필요한 제반 지원업무를 책임진다. 후방 지원 담당자는 캔버싱에 직접 참가하지는 않는다.

캔버싱 진행자. 실제 캔버싱을 수행하는 인력이다. 가가호호 캔버싱 진행자는 오후 2시부터 10시까지 근무하며, 길거리 캔버싱 진행자의 근무시간은 탄력적으로 정한다. 그러나 주 5일 8시간씩 근무한다. 보통 일별 혹은 주별로 모금 목표액을 배정받는다. 급여는 모금액의 일정 비율(커미션)로 하거나 고정 급여를 받는데, 기본급에 커미션을 더한 형태가 가장 일반적이다.

실무자는 단체에 대해 정확하게 설명할 수 있어야 하며, 단체의 대변자로서 존경받을 만해야 한다. 캔버싱 진행자는 대체로 기부자가 만나는 유일한 단체 사람일 것이며, 잠재 기부자들이 단체를 생각할 때 떠올리는 유일한 얼굴이 될 것이다.

캔버싱 진행자는 긴 근무 시간과 고된 일과 낮은 급여 때문에 이직률이 높나. 여름에는 대학생을 활용할 수 있지만, 겨울에는 사람을 구하기가 더욱 어렵다. 실업률이 높은 지역에서는 캔버싱 진행자를 찾기가 쉽겠지만, 일반적으로 캔버싱은 힘들기만 하고 보상은 못 받는 일로 간주된다. 나는 지금까지 캔버싱 경력자를 만나보거나 들어본 적이 없다.

비품 준비

캔버싱 진행자는 신분을 증명하는 명찰, 시나 주 정부가 발급한 인가증, 단체를 설명하는 브로셔, 회신 봉투, 단체에 관한 신문기사 자료, 이러한 자료를 넣어가지고 다닐 수 있는 서류철, 영수증, 신용카드 조회 및 단말기 등 다양한 비품을 갖추어야 한다.

캔버싱 상대의 주의를 끌기 위해 청원서를 활용할 때도 많다. "…에 대한 청원서에 서명해주시지 않겠습니까?"라고 말하면서 간단하게 단체의 대의를 설명한다. 상대가 서명하는 동안 기부를 요청하는 것이다.

진행자는 그 자리에서 바로 기부금을 받도록 노력해야 한다. 하지만, 좀 더 생각해 보겠다거나 배우자와 상의해야 한다는 사람에게는 브로셔와 회신 봉투를 제공한다. 기부를 한 사람에게도 브로셔를 줘야 한다. 자세히 읽어보거나 인터넷을 통해 단체 사이트를 살펴보고 나서 기부를 더 하겠다고 생각할 수도 있기 때문이다. 단체 웹사이트 또한 캔버싱에서 이야기한 것과 같은 내용을 게시하고 강조해야만 한다(제12장 참조). 캔버싱 진행자는 상대방이 생각해보겠다고 말할 때 이것을 기부에 대한 거절로 받아들여서는 안 된다. 이것은 상당히 흔한 실수다. 하지만, 당장 그 자리에서 마음을 정하지 못하는 사람들도 많고, 좀 더 생각해본 다음에 고액 기부자가 되는 경우도 적지 않다.

청원서, 브로셔, 기타 라이센트 등 모든 자료는 클립보드에 끼워 넣어 게시한다. 그래야 보여주기도 쉽고 캔버싱 진행자에게 일종의 권위를 부여하는 효과도 있다. 단체 이름을 새긴 티셔츠를 입는 것도 또한 좋은 아이디어다. 합당한 이유가 있어 보이는 사람에게 사람들은 더 쉽게 거리에서 멈춰서거나 문을 열어주는 법이다.

가가호호 캔버싱 진행자의 일과

방문을 시작하기에 앞서 현장 감독에게 캔버싱 대상 지역에 관한 설명을 듣고 주민에게 제시할 새로운 정보나 특별히 강조할 점들을 검토한다. 팀원들은 함께 늦은 점심이나 이른 저녁을 먹고, 현장 감독이 운전하는 차를 타고 지역에 도착한다. 오후 4시쯤 캔버싱을 시작해 9시쯤 끝내며 사무실로 돌아갈 때는 현장 감독이 다시 차량 지원을 한다. 그날 기부받은 현금을 내어 놓고 보고서를 작성한 후 저녁 10시쯤 일과를 마친다.

캔버싱은 단체에 대해 아무것도 모르는 낯선 사람들을 만나 직접 얼굴을 맞대고 기부를 요청하는 고된 일이기 때문에 직원과 이사들 모두 캔버싱 실무자들을 단체의 활동에 꼭 필요한 동료로 인정해주는 것이 중요하다. 이들에 대한 단체의 지지와 공감을 높이기 위해서 일부 단체들은 캔버싱에 참여하지 않는 직원들이 두 달에 한 번씩 직접 캔버싱을 체험하도록 하고 있다. 더구나 방문했을 때는 기부하지 않았던 사람이라도 나중에 온라인으로 기부를 할 수 있기 때문에 캔버싱이 완료된 후 기부액이 일시적으로 증가하게 되면 단체는 해당 진행자에게 보너스를 지급할 수도 있을 것이고 혹은 시급을 더 높여 지급할 수도 있다. 이는 다른 날보다 더 많은 모금을 했다는 것에 대한 인정이자 답례다.

캔버싱 실무자들의 자질 다음으로 성공에 중요한 요소는 효율적인 기록 체계다. 한 지역을 캔버싱하고 나면 지역의 인구통계 자료와 함께 전반적으로 해당 지역을 평가하여 기록해둔다. 이러한 자료는 캔버싱 진행자의 경험을 바탕으로 다시 검토할 수 있다. "가로등이 없음"과 같은 특이 사항도 평가에 반영한다.

많은 사람은 캔버싱 진행자가 기부금을 유용할 가능성도 있으리라고 우려한다. 하지만, 캔버싱 진행자가 기부금을 유용할 가능성은 다른 사람이 유용할 가능성보다 절대 크지 않다. 그러나 회계 업무가 제대로 이루어지지 않았을 때는 추가 비용이 들 수도 있고 실제로 돈이 사라졌다는 느낌이 들 수가 있다. 일과가 끝나면 진행자와 현장 감독이 함께 그날 모금한 기부금을 계산한다. 현장 감독은 '일일 업무 일지'에 각 진행자의 이름을 적고 그 밑에 해당 금액을 적어 넣는다. 그런 다음 기부금과 일지를 금고에 넣어 잠그면, 다음 날 아침 담당 직원이나 재무 담당자가 총액을 다시 한 번 세어 은행에 입금한다. 한 주를 마감할 때는 재무 담당자가 각 진행자의 1주간 모금 총액을 계산하고 급여를 준비한다. 기부원 란에 '캔버스'라고 기재하고 기부자의 이름을 데이터베이스에 입력한다.

캔버싱을 통해 확보된 기부자 유지하기

캔버싱을 통해 기부자가 된 사람에게도 다른 방법을 통해 기부자가 된 사람과 같이 감사편지를 보내고 뉴스레터 발송 리스트에 포함시키고 단체에 대해 지속적으로 알려야 한다.

첫 번째 기부가 이뤄진 3개월 내에, 그리고 1년 동안 매 2~3개월에 한 번씩 우편이나 이메일을 통해 감사하다는 뜻과 함께 추가적인 기부를 요청을 받도록 한다. 해당 기부자가 캔버싱을 통해 단체의 기부자가 되었으나 이제는 직접적으로 단체에 기부할 수 있도록 해야 한다. 만일 기부자가 이런 요청에 응답하지 않는다면 전화를 하거나 혹은 가능하다면 집을 다시 방문하도록 한다.

가가호호 캔버싱의 경우, 기부 갱신을 요청할 수 있지만, 길거리 캔버싱의 경우는 불가능하다.

> 나의 첫 번째 모금활동 중 하나는 집집마다 방문하는 캔버싱이었다. 이는 요양원 개선을 위한 것이었고 이 주일 간 진행되었다. 이 일은 내가 해 본 일 중 가장 힘든 일 중에 하나였다. 내 경험에 비춰 볼 때 캔버싱 진행자가 유의할 점이 하나 있다. 캔버싱 진행자가 우리 집에 방문을 하게 되면 나는 항상 친절하고 아주 잠시 간단하게 이야기를 나눈다. 환경 정의와 관련된 단체에서 일하는 한 캔버싱 실무자가 있었는데 5년 동안 일 년에 서너 번씩은 내 집을 방문하곤 했다. 그녀는 50대 중반 정도 되어 보였고, 방문할 때마다 항상 "우리는 좀 더 나은 미래를 위해 노력하고 있다. 아직 이루지는 못했지만 결국 이뤄낼 것이다"라는 말로 시작을 했다. 그녀는 내게 혹시 방해가 되지 않았는지 묻고 내 강아지를 쓰다듬고 간략하게 소개할 것이라고 말하는 등 정해진 규칙에 따라 자신의

일을 했다. 그녀는 자신의 단체가 어떤 일을 해왔는지를 소개하는 간략한 보고서를 건네주며 재빠르게 묻곤 했다. "50달러 정도를 기부할 수 있으신지요? 기부해 주시면 많은 도움이 될 것입니다." 또 한 가지는 그녀가 좀 더 나은 방법으로 대화를 할 수 있는 방법을 추천해 주고 싶을 때도 있었다. 그녀는 내 이름을 결코 말하지 않았으며, 이전 기부에 대한 기록을 참고하지 않았던 것 같다. 왜냐하면 내가 3개월 전에 50달러를 기부했는데도 그녀는 이런 사실을 전혀 기억하지 못했기 때문이다. 만일 내가 "기부한 지 얼마 안 되는데요"라고 하면, 그녀는 "예 그렇지요. 사실 선생님은 지난 3월에 하셨지요"라고 답할 것이다. 나는 그녀가 캔버싱하는 단체에 대해 잘 알고 선호하기도 한다. 나는 종종 아주 추운 날 그녀를 내 집에 들여 커피를 대접하기도 했다. 만약 그녀가 나와의 관계를 만드는 데 더 관심을 갖고 노력했다면 아마도 더 많은 기부를 받았을 것이다. 캔버싱이 진정으로 성과를 내려면 진행자는 **기부 그 자체만이 아니라 기부자 발굴에 더 많은 관심 가져야만** 한다. 이는 모든 모금 행위에 적용할 수 있는 고전적인 교훈이기도 하다.

일주일 이상 할당액을 채우지 못한 진행자는 재교육하거나 해고한다. 캔버싱을 성공적으로 진행하려면 규정이 엄격해야 한다. 실적을 잘 기록하는 것도 팀의 성과를 유지하는 데 도움이 된다.

일부 단체에서는 캔버싱이 아주 효과적인 전략이다. 잘 진행하기만 하면 신규 회원과 기부금을 확보하는 좋은 방법이다. 반면, 함정도 많고 업무가 복잡하며 비용도 적지 않게 든다. 캔버싱이 단체의 구조를 바꾸기도 한다. 직원 규모가 두세 배 커지고, 사무실 공간과 집기도 추가로 필요하다. 캔버싱 전략을 고려할 때는 이 방법의 장단점을 철저히 검토하고 나서 결정해야 한다.

제20장

모금 기회 포착

최근 나는 한 컨퍼런스에서 기회포착 모금에 대한 워크숍을 한 적이 있다. 주된 이슈는 모금 이슈와 관계없이 어떤 일을 하기 위해 여러분이 누군가와 함께할 때가 언제인지를, 혹은 모금을 요청하는 가장 적절한 때가 언제인지를 어떻게 인지하느냐는 것이었다.

그런 기회에 대해 생각해 본 적이 있냐고 나는 물어봤다. 한 참가자가 자신이 참가한 모금이벤트에서 트위터를 했었다고 말하면서, 그녀의 트윗은 자신의 그룹에 대해 긍정적인 평가와 함께 당시 발표자의 발표 내용과 정보였다는 것이었다. 그녀는 또한 "나는 사람들이 기부하고 그 링크를 트위터에 올리라고 제안할 수 있을 것이다"라고 언급하기도 했다. 모든 청중이 감탄해 하면서 속삭였다(어떤 사람은 그 워크숍은 아니지만 이런 제안을 사람들에게 또 다시 트윗했을 것이라고 했다). 또 다른 참가자는 가족 구성원이 함께 모이는 날 모든 구성원이 블로그를 통해 알게 된 자신의 선행에 대해 칭찬을 아끼지 않았었던 것을 이야기했다. 그리고 그 다음 블로그에는 특정 단체에 대한 그의 기부와 함께, 연이은 가족 구성원의 기부에 대한 기사를 포스팅하기도 했다. 이 내용을 들은 청중 대다수는 마찬가지로 감탄해 마지않았다.

그러고는 또 어떤 이가 발언권을 얻어 이야기를 계속해 나갔다. 그녀와 그녀의 단체 몇몇 사람이 항상 극찬을 받는 코치와 교사들을 위한 대중적인 워크숍을 진행했고, 그런 연후에 워크숍에 참가한 사람들에게 후속 우편 발송을 단체에 제안했었다는 것이다. 나는 어떤 것이든 모금과 관련된 노력을 선호하기 때문에 "훌륭한 아이디어다. 훨씬 신속하고 더욱 효과적인 방법은 워크숍

말미에 절제된 방법으로 기부를 요청하는 방법을 찾는 것이고, 그곳에서 기부를 바로 하고 싶은 사람들에게 봉투를 나눠주는 것이다"라는 콤멘트를 했다. 청중들은 이에 동의하면서 칭찬의 말을 되뇌었지만, 그녀는 실망한 표정을 지으면서 당연한 것이지만 말하기를, "결국 내가 그것을 해야 한다는 뜻이겠지요."

실제 우리는 매일 기부 요청의 기회와 맞닥뜨리고 있지만 그 기회를 포착하지 못한다. 우리가 빠뜨린 것은 "테이블 위에 남겨진 돈"이라 할 수도 있다. 사람들은 기부할 준비가 되어 있으나, 그 순간이 지나가 버리면 그들은 또 다른 삶으로 이동하고 그 순간을 잊는다. 가장 먼저 알아야 할 것은 바로 그 순간을 인지하는 것이고, 그 다음은 그것을 활용할 방법을 찾는 것이다.

이를 가능하게 하기 위해서는 **현재 여러분이 하는 일 전부를 철저하게 기록해 목록으로 만들어 보는 것이다.** 그런 연후에 모금이라는 행위가 그 위에 어떻게 구축될 수 있는지를 확인하는 것이다. 이를 '모금 기회 포착'(opportunistic fundraising)이라 칭하기도 한다. 이는 어떤 상황에 처하더라도 기회를 포착, 그 장점을 취한다는 것을 의미한다. 이런 종류의 모금에는 추가 시간도, 더 많은 진전된 계획도 필요 없다. 그러나 그 자체로서 표출되는 기회에 대한 지식과 민감성이 필요하다.

어느 출산권 관련 애드보커시 단체의 일과를 2주일간 따라가 보면서 어떻게 기회포착 모금이 작동하는지 살펴보자.

모금 기회 포착을 위한 2주일 일과

일요일

애드보커시 단체의 자원활동가들이 식료품 상점 5곳, 진보적인 개신교회 3곳, 대형 쇼핑몰의 커피숍 근처 등 지역 곳곳에 자리를 잡았다. 이곳은 공감할 수 있는 많은 청중이 모일 것이라고 기대되는 장소이기도 하다. 성교육 과정 중에 성이라는 단어가 나오는 것은 성적 금욕을 설명할 때뿐임에도 지역 교육위원회가 학교 내 성교육 자체를 폐지했다는 사실을 알리기 위해서다. 이들이 배포하는 문건은 성교육 폐지 이후 오히려 10대 임신이나 성병 발병률이 높아졌음을 보여주는 자료와 다른 지역에서 시행하는 '금욕' 중심의 성교육이 형편없는 결과를 낳고 있음을 설명하는 자료를 함께 제시하고 있다. 자원활동가들은 사람들에게 온라인 캠페인에 등록해서 더 자세한 정보를 받아보고, 교육위원회에서 이 문제를 논의할 때 회의에 꼭 참석해 달라고 당부했다. 또 학부모나 교사들이 이 문제를 학부모/교사모임에서 논의하도록 제안했다. 그리고 이와 관련한 사실 자료와 교육위원회에 압력을 넣기 위해 할 수 있는 행동 목록이 담긴 자료를 보여주고, 이 자료들을 다운받을 수 있는 웹사이트 주소가 적힌 카드도 함께 나눠주었다. 하지만, 오늘 행사의 목적은 모금이 아니라 교육이기 때문에 사람들에게 단체 회원이 되어달라고 요청하거나 기부금을 넣을 항아리도 준비하지 않았다.

이 활동을 마치고 나서 알게 된 것은, 식료품 가게나 교회에서 나오는 사람 중 상당수가 학령기 아이들이 없거나 아예 자녀가 없고 쇼핑몰에는 십대 청소년들이 대다수였음에도, 충분한 수의 부모와 교사들이 온라인 캠페인에 서명했다는 점이다. 하지만, 가장 흥미로운 것은 사람들이 계속해서 "기부를 하려면 어떻게 하나요?", "회원이 되려면 어떻게 해야 합니까?", "학교에 다니는 아이가 없는 사람은 어떻게 해야 하죠?"와 같은 말을 하는 것이었다. 십대들은 "정말 말도 안 되는 정책이군요", "우리 엄마가 바보 같은 정책이래요"라고 말했다. 어떤 학생은 친구들에게 이런 제안을 하기도 했다. "우리 세차 같은 걸 해서 기부금을 모으는 건 어때?"

월요일

일요일 행사를 통해 얻은 경험을 두고 논의를 하면서 학부모와 교사들에게 사실을 알린다는 목적은 달성했지만, 많은 사람을 끌어들일 좋은 기회를 놓쳤다는 결론을 내린다. 특히 이후에 기부로 이어질 수 있는 사람들을 끌어들이지 못했다. 따라서 다음 주말에는 전술을 다소 수정해서 진행하기로 한다.

다음 일요일

다시 한 번 자원활동가들이 똑같은 자료를 들고 여기저기 흩어진다. 하지만, 오늘은 회원 가입 신청서, 기부금을 모금할 항아리, 웹사이트 주소와 회원 가입 정보가 담긴 명함 크기의 카드도 준비했다. 쇼핑몰에 나간 자원활동가는 커피숍의 무선 인터넷을 활용해 노트북 컴퓨터와 프린터를 설치하고, 사람들이 웹사이트를 보면서 원하면 무료로 자료를 내려 받아 인쇄하거나 사이트에 접속할 수 있도록 했다. 십대 청소년들에게 배포할 자료도 별도로 준비했다.

그 결과, 이번 일요일에는 35달러의 회비를 내고 회원에 가입한 사람이 30명이나 되고 100달러짜리 수표도 2장이나 받았다. 나중에 보니 웹사이트를 통해 가입한 사람도 10명이나 되었다. 또 기부 항아리에도 200달러가 모였다. 지난 일요일보다 조금 더 수고했을 뿐인데 사람들에게 정보를 제공하고 1,500달러가 넘는 돈까지 모금한 것이다.

화요일

이 단체의 상임이사가 상공회의소 오찬 모임에 참석한다. 이사가 상공회의소에 가입한 것은 그곳에서 제공하는 교육 프로그램을 활용하고 소규모 사업자들에게 단체를 알리기 위해서였다. 오찬 도중에 사무용품점을 운영하는 사람이 다가와서 단체에 대한 안부를 묻는다. 그러고는 명함을 건네주면서 "제가 도움이 될 만한 일이 있으면 알려주세요"라고 말한다. 상임이사는 나중에 그 사장에게 전화를 걸어 두 가지를 부탁한다. "이번 수요일에 사장님 점포 앞에서 저희 자원활동가들이 안내 책상을 놓고 홍보 활동을 해도 될까요? 그리고 저희 단체가 쓸 사무용품을 기부해주시거나 할인해주시면 감사하겠습니다." 이렇게 뒷부분에서 기부를 부탁한 것은 지난 일요일의 경험 덕분이었다. 결국 두 가지 부탁 모두 승낙을 받았고, 1년간 사무실 용품을 50% 할인받아서 2,000달러 이상을 절약할 수 있었다.

목요일

공공정책 담당 이사가 이러저러한 사유로 출산권 문제에 관련된 다른 단체 사람들과 회의를 한다. 사회복지시설과 교육 분야에서 일하는 사람도 있고, 이 단체와 같이 애드보커시 단체에서 일하는 사람도 있다. 이 회의는 교육위원회 건과 관련하여 언론에 공동성명서를 발표하고 각 단체의 활동을 비교해보기 위한 것이다.

참가 단체들은 모두 자금 문제로 압박을 받고 있다. "시간이 오래 걸리지 않으면서도 우리가 다 함께 모금할 방법이 없을까요?" 누군가 이런 질문을 던졌다. 여러 가지 아이디어가 나왔지만, 웹사이트를 서로 링크해두자는 안이 그중 가장 간단했다. 이런 활동이 가시적인 수익을 창출하지는 않겠지만 적은 수고로 더 많은 관심을 끌 수 있게 될 것이다.

금요일 저녁

개발 담당 이사가 친구들을 만나 저녁을 먹고 영화를 본다. 그중 한 명이 자기 어머니가 교회 앞에서 단체 활동가들이 뭘 하는 걸 보긴 했지만 바빠서 가보지는 못했다는 이야기를 한다. 이 이사가 마침 친구 어머니에게 전해 드릴 자료를 갖고 있을까? 물론 그렇다. 그는 지난 일요일에 쓰려고 만들어 둔 명함을 친구들에게 한 장씩 돌린다. 그리고 그다음 주 화요일에는 친구 어머니가 보낸 500달러짜리 수표를 받는다.

일상에서 모금 기회를 찾자

논쟁이 되고 있는 긴급한 사안이 있을 때는 돈을 모으기가 훨씬 수월할 것이다. 하지만, 그렇지 않더라도 어느 단체든지 매일 모금 기회가 찾아온다. 다만, 그걸 이용하지 못할 뿐이다. 일과를 찬찬히 뜯어보면 이런 기회를 찾아낼 수 있다. 일상적으로 벌어지는 다음 일과 중에서 여러분의 단체가 모금 기회로 삼을 만한 것이 있는지 검토해보자.

연락과 만남

대부분의 단체는 매일 전화나 이메일을 통해 또는 직접 만나서 사람들과 소통을 한다. 물론 대부분의 대화는 모금 이야기를 끼워 넣기 어려운 것들이다. 하지만, 조금만 신경 쓰면 지금보다는 더 자주 할 수 있을 것이다.

직접 대화. 이사나 직원, 자원활동가가 다른 사람들과 단체에 대한 이야기를 나누는 자리에서는 뒷면에 기부 방법이 인쇄된 단체의 명함을 전달할 수 있다 (명함의 앞면에는 단체명과 주소, 전화번호, 웹사이트만 있고 사람 이름은 없다). 명함 뒷면은 다음과 같다.

다음 기부금을 통해 귀 단체를 돕겠습니다.
☐ $45 ☐ $100 ☐ $_____

수표에 수령자를 Good Group으로 기재하고 앞면에 있는 주소로 보내주십시오. 또는 www.worldpeacesoon.org에서 온라인으로 기부하실 수도 있습니다.

여러분 단체의 모든 사람이 이 명함을 항상 지니고 다니도록 하자. 이사진과 자원활동가는 물론 자신 이름을 이 명함에 새겨 넣을 수 있다. 모든 사람이 이 명함을 갖고 다니면서 사탕을 건네는 것처럼 명함을 나눠주는 데 익숙해지도록 한다.

사람들 대부분은 이메일에 자기 서명을 한다. 이 서명란에 다음과 같이 한 줄을 추가하자. "선생님이 도울 수 있습니다. 지금 www.ourgroup.org에서 기부하세요." 이사진은 자신 개인 이메일의 서명란 위에 "내가 가장 선호하는 비영리단체인 nomoretoxicwaste.org를 방문해 주십시오"라는 문구를 추가할 수도 있다.

페이스북이나 SNS를 하는 사람들은 일종의 프로파일이라는 것을 갖고 있다. 단체의 모든 구성원에게 홈페이지 URL과 함께 우리 단체를 자신의 프로파일에 추가할 것을 부탁하자.

음성메시지. 음성메시지를 사용할 때는 언제나 "기부를 하시거나 모금 담당 이사에게 남길 말씀이 있으면…" 또는 "기부 방법을 알고 싶으시면 저희 웹사이트 www.goodgroup.org를 방문하시거나 주소를 남겨주세요. 무료 정보를 보내드리겠습니다"와 같은 말을 녹음해둔다.

즉 메시지에 모금과 관련된 말을 집어넣는 것이다. 기부 요청을 이렇게 살짝 끼워 넣는 것에 기분 나빠할 사람은 없으며 오히려 모금에 도움이 될 것이다.

간행물. 대부분의 단체가 브로셔, 보고서, 소책자를 발간하고 책을 출판하기도 한다. 모든 간행물에 기부가 왜 필요한지, 어떻게 기부할 수 있는지에 대한 정보를 담아야 한다. 만일 단체의 웹사이트에서 관련 정보를 다운로드할 수 있다면, 적은 액수라도 다운로드의 한 부분으로서 기부를 요청해라. 일반적으로 간행물의 앞뒤 표지와 같이 독자의 눈에 잘 띄는 곳에 이런 정보를 싣는다. 이들 간행물을 온라인에서 쉽게 주문할 수 있게 하고, 만일 온라인 선물가게가 있다면 장바구니 섹션에 기부를 유도하는 문구 한 줄을 추가하는 것도 좋다.

그 밖의 기회. 원하기만 하면 기부를 통해서도 도울 수 있다는 것을 사람들에게 알리자.

- 이메일로 문의하는 사람에게는 답변과 함께 웹사이트 주소를 링크해서 보낸다.
- 고액 기부자를 방문할 때는 기부에 관심 있을 만한 사람을 소개해 달라고 부탁한다.
- 많은 사람 앞에서 강연한다면, 도움을 제공하는 방법에 대해 언급할 때 반드시 기부에 대한 이야기와 다른 사람들에게도 기부를 권유하라는 말을 꼭 집어넣는다.
- 생일, 결혼식, 크리스마스, 그 밖의 다른 기념일이나 명절이 되면 선물 대신 기부를 해달라고 부탁한다. 더 필요한 물건이 없어서 굳이 선물을 받을 필요가 없다고 생각하는 사람들도 많고, 또 의미 있는 기부를 하게 되어서 기뻐하는 사람들도 많다.

모든 프로그램 담당자, 조직화사업 및 총무 담당자 등 직접 모금에 참여하지 않는 모든 직원에게도 언제 어디서 모금할 수 있는지 알고 있어야 한다. 각 직원의 일상을 정리해서 언제 모금 요청을 할 수 있는지를 보여준다.

직원회의에서는 각각의 직원이 어느 상황에서 모금했는지, 하지 않았다면 왜 그랬는지를 보고한다. 우리가 생각하는 것보다 기부를 요청할 기회가 많다는 점을 인식하면 언제 기부 요청이 부적절한지도 파악할 수 있게 된다. 이런 정보를 함께 공유함으로써 모금 요청이 적절한 때와 적절하지 않은 때를 구분할 수 있을 것이다.

다양한 단체의 사례를 좀 더 들어보자.

- 어떤 소극장은 연극을 시작하기 전과 중간 휴식 시간에 간식, 커피, 차, 와인, 음료수를 판매하며, 현금계산기 옆에 모금함을 두고 여기에 넣은 거스름돈은 극장 프로그램을 개선하는 데 사용된다는 안내문을 붙여 놓았다. 매일 저녁, 30~50달러의 거스름돈이 여기 모인다.
- 어느 노숙자 지원 단체는 미술 프로그램을 운영하고 있는데, 여기에 참가한 노숙자 중 몇몇은 실력이 상당하다. 지역의 미술관에서는 노숙자들의 작품 전시회를 열고 작품을 판매해주기도 한다. 단체는 어느 날 관람객 서너 명으로부터 엽서나 티셔츠에 그림을 인쇄한 것이 있으면 좋겠다는 말을 듣고, 노숙자들의 작품을 활용한 엽서 시리즈를 만든다. 엽서가 성황리에 판매되자 이제 웹사이트에서도 엽서를 판매하기 시작한다. 엽서는 작지만, 안정적인 수입원이며, 홍보 효과도 있어서 추가 기부를 유인하는 역할을 한다.
- 어느 청소년 단체가 운영하는 생태정원이 원예점 한 곳으로부터 식물, 씨앗, 배양토 대부분을 기부받고 있다. 이 정원은 유동 인구가 많은 지역에 자리 잡고 있는데, 정문 앞에는 정원 설명과 함께 이 원예점에 대한 감사의 말이 적혀 있다. 그래서 원예점 주인은 손님들로부터 좋은 일 한다는 말을 자주 듣는다. 그래서 이 원예점 주인은 손님들의 긍정적인 반응을 이용하기 위해 청소년 단체의 브로셔와 기부 카드를 비치하고, 가게 영수증 하단에는 "가치 있는 대의를 찾고 계십니까? www.youngsprouts.org에 있습니다"라는 내용을 인쇄해두었다. 이러한 조치 이후, 이 단체의 온라인 수입은 증가 일로에 있다.

위와 같은 기회를 조사해보면 어느 단체든지 약간의 수고로 좀 더 많은 모금 기회를 얻을 수 있음을 알게 될 것이다.

제 IV 부
작은 기부에서 큰 기부로
― 현재 기부자 초대하기

☙☋

효과적 모금에서 가장 중요한 요소는 기부자가 고정되어 있지 않다는 사실과 함께하는 것이다. 우리는 가끔 "그는 50달러 기부자야"라는 말을 하곤 한다. 그러나 이는 어떤 특정 시점에 누군가에 대한 정체성을 부여했을 따름이다. 누군가는 어떤 이유 때문에 50달러로부터 여러분의 단체에 기부를 시작할지도 모른다. 그 이유는 단지 그렇게 할 수밖에 없는 상황이라든지, 그만큼만을 요청했기 때문이라든지, 그 커플은 항상 그 정도 수준에서 시작한다든지, 혹은 여러분의 단체가 해당 기부자에게는 그 정도의 가치가 있을 것으로 판단되었다든지 등등일 수도 있다. 그 이유는 정확히 아무도 모르지만, 50달러로부터 기부를 시작한 누군가가 항상 그 수준에 머무르리라고 가정한다면 이는 큰 실수이자 모금의 기회를 잃는 결과를 가져오게 될 것이다. 기부자의 재무상황은 변화하며 다행스럽게도 대개는 향상된다. 또한, **단체에 대한 기부자의 충성도 및 호의의 정도는 항상 변하는** 것이며, 따라서 이를 독려하고 이를 통해 더 많은 기부가 이뤄질 수 있도록 하는 것이 모금전문가인 여러분의 일이기도 하다.

"이곳은 내가 기부하는 단체 중 하나다"라는 출발에서 "이곳은 내가 기부하고 싶은 우선순위 상위 세 곳 중 하나다"로 여러분의 기부자를 만들어 가는 방법을 탐색하는 것이 제IV부의 주제이자 역할이다. 그것은 또한 현재 기부자에게 더 큰 규모의 기부와 또 다른 기부를 독려하는 과정이기도 하다. 우선 연중 주요 기부자 프로그램을 준비하는 방법으로부터 시작해서 월정액 기부자로 업그레이드해 가는 특별한 방법을 살펴볼 것이다. 그리고 유산 기부 프로그램에 대해 개략적인 내용을 살펴보면서 기부자가 세상을

୫୦୦୪

떠났을 때 그들로 하여금 기부한 돈과 기부한 단체 및 이슈에 어떤 일이 발생할 수 있을지 생각해보게 한다. 끝으로 기금은 어떻게 준비하고 설치해야 하는지를 언급한다. 기금 설치는 원금 투자로부터 일정한 수입을 확보하고 이를 통해 단체의 영속성을 담보하는 전략이기도 하다.

비록 이와 같은 전략을 통해 여러분이 출발할 수 없더라도 돈이 있는 곳에 기부자가 있는 법이다. 사람들은 적은 액수로 존경하고 선호하는 단체에 기부를 시작하지만 결국 이 단체에 큰 규모의 기부를 하게 된다. 그들은 이들 단체가 단기간에 좋은 일을 하면서 오랫동안 지속하기를 바란다.

여기서 언급한 전략은 제Ⅳ부에서 서술한 것들에 대한 실천을 전제로 하며, 이런 실천에 대한 반대급부라 할 수 있다. 즉 **기초가 없으면 이러한 전략은 작동하지 않는다.**

제21장

고액 기부 프로그램

모든 모금활동이 재정적으로 성과를 거두기 위해서는 일부 기부자로부터 고액 기부를 받아야 한다. 이에 필요한 고액 기부자 프로그램을 구축하려면 우선 단체의 규모에 상관없이 직원, 이사, 자원활동가 대다수가 편하게 기부를 요청할 수 있어야 한다(제8장 참조). 사람들 대부분이 처음으로 기부 요청을 편하게 여기는 계기는 댄스파티 같은 20달러짜리 자선행사 입장권을 판매하거나 35달러 회원에 가입해달라고 요청하면서부터다.

그 이상을 요청하는 일에는 절대 익숙해지지 못하는 사람도 있겠지만, 단체가 성장하고 번성하려면 상당수의 이사와 자원활동가, 직원들이 그보다 훨씬 큰 금액인 500달러, 5,000달러, 5만 달러, 심지어 그 이상까지도 편하게 요청할 수 있어야 한다.

남에게 돈을 달라고 하는 일을 좋아해야 한다는 말이 아니다. 내가 아는 가장 성공적인 모금가들도 기부를 청할 때마다 항상 마음이 불안하다고 고백한다. 다만 이들은 불안하더라도 기부 요청을 중단하지 않으며, 불안하기 때문에 오히려 더욱 철저히 준비하고, 성공적으로 기부를 받으면 스스로에 대해서, 그리고 자신이 속한 단체에 대해서 더욱 뿌듯한 마음을 갖게 된다는 것이 다를 뿐이다.

> **요청의 두려움 극복하기**
> 나는 모금분야에 몸담아 온 수십 년 동안 100만 달러의 기부금을 요청했던 세 번을

포함하여 (그중 한 명은 100만 달러를 기부했고, 한 명은 30만 달러를, 나머지 한 명은 우리 단체에 돈을 기부하는 것 이외에는 모든 것을 하겠다고 했었다. 그건 좀 긴 이야기이다) 수천 명의 사람에게 다양한 액수의 기부 요청을 할 수 있는 특권을 누려왔다. 기부를 요청하는 동안 나의 감정은 "내가 정말 해야 해?"라는 질문에서부터 "이거 정말 재미있는 걸"이라는 기분까지 진화해왔다. 하지만, 어떤 날은 여전히 "내가 정말 해야 해?"라는 질문, 혹은 "다른 누군가가 대신 할 수는 없을까?"라는 질문을 던지곤 한다.

물론 나는 다른 이들에게 거절을 사적으로 받아들이지 말라고 이야기한다. 그럼에도 불구하고 나 역시 때로는 사적으로 받아들일 때가 있으며, 그 감정이 지나갈 때까지 기다리곤 한다. 내 경험에 의하면, 기부를 요청할 때 온전히 평온한 마음으로 할 수 있는 사람은 아무도 없다. 그저 가끔은 좀 더 평안하게, 또 어떨 때엔 걱정과 좌절, 심지어는 이 일을 하는 것을 후회하기도 하며 해낼 뿐이다.

종종 나의 평온한 감정은 "네, 기부하겠습니다"라는 말로 행복감의 절정을 경험하게 되고, 누군가의 엄청난 너그러움에 대한 감사함, 혹은 단체를 위해 성취해냈다는 자부심에 이르기도 했다. 어떤 기부자는 단체의 일에 감명을 받거나 아니면 그들이 그저 마음이 따뜻하고 배려 깊은 사람들이라는 이유로 기부 요청을 하기 쉽다. 때로는 내가 정말 안도의 숨을 내쉴 때가 있는데, 기부자가 바로 기부를 수락하거나 그가 부재중일 때다! 감정은 사실관계와는 다르다. 감정은 왔다가 가는 것이기 때문에 종종 비논리적일 때도 있다. 내가 지금까지 발견한 가장 마음 편하게 기부 요청을 하는 방법은 바로 내 스스로 준비가 잘 되었다는 자신감을 갖는 것, 고액 기부 요청을 하기 전에 나 자신도 시간은 물론 상당한 정도의 돈도 기부했다는 자부심을 갖는 것이다. 내가 잠재적 기부자에게 나와 함께하여 기부를 하도록 요청할 때엔 자신도 굳건한 믿음을 가져야만 하는 것이다.

이사진, 직원, 자원활동가에 이르기까지 고액 기부 요청을 기꺼이 할 수 있는 조직문화가 있다면, 해당 조직은 잠재적 기부자를 발굴하고 이들에게 기부 요청을 하는 시스템을 하루빨리 개발해야만 한다. 왜냐하면, 바로 이런 시스템이 고액 기부자 프로그램이기 때문이다. 때때로 이 시스템은 캠페인의 형태를 취하기도 한다(제27장 참조). 고액 기부 프로그램을 시작하기 전에 여러분 단체는 많은 결정을 해야만 한다. 즉, 고액 기부자로부터 얼마나 많은 기부금을 모금할지, 고액 기부의 최소 금액은 얼마로 할지(이 책에서는 500달러), 기부 규모별 필요 건수는 어느 정도인지 등등의 결정을 사전에 해야만 한다. 게다가 기부자를 위한 인센티브 제도를 만든다면 이를 어떻게 해야 할지, 기부 요청을 위한 자료는 어떻게 만들어야 할지, 그리고 기부 요청을 할 사람들을 위한 교육이 반드시 사전에 이뤄져야만 한다.

목표 설정

고액 모금활동의 첫 단계는 고액 기부자에게서 모금할 목표액을 정하는 것이다. 이 금액은 단체가 개인 기부자로부터 모금하고자 하는 기부금 총액과 관련이 있을 것이며, 어느 정도는 다음 정보에 따라 결정될 것이다(제29장, 제30장 참조).

모금가들이 여러 해 동안 관찰한 바로는, 건강한 단체의 모금은 다음과 같은 패턴을 보인다.

- 10%의 기부자에게서 총기부금의 60%가 나온다.
- 20%의 기부자에게서 총기부금의 20%가 나온다.
- 70%의 기부자에게서 총기부금의 20%가 나온다.

다시 말해, 단체에 들어오는 기부 건수의 대부분은 소액 기부인 반면, 수입 대부분은 고액 기부에서 나온다는 말이다. 이러한 패턴을 바탕으로 목표 달성에 필요한 기부 규모별 건수를 정하고, 그만한 기부를 얻기 위해서는 각 기부 규모별로 몇 명의 잠재 기부자에게 접근해야 할지 판단할 수 있다.

예를 들어, 10만 달러를 보통 사람들로부터 모금해야 하는 단체의 경우, 그중 6만 달러(60%)는 고액 기부자에게 개인적인 요청을 통해, 2만 달러(20%)는 습관적인 기부자를 대상으로 한 전화나 우편물 또는 특별행사를 통해, 나머지 2만 달러는 신규 혹은 두 번째 기부자를 대상으로 한 우편물이나 온라인 기부 요청, 강연, 특별행사, 물품 판매 등을 통해 모금할 계획을 세워야 한다는 사실을 쉽게 예견할 수 있다.

따라서 기부자가 500명이라면, 그중 50명 정도는 고액 기부자, 100명 정도는 습관적 기부자, 350명 정도는 첫 번째나 두 번째 기부로 그칠 사람 또는 매년 소액을 기부하기는 하지만, 단체에 대한 헌신도가 그리 크지 않은 사람이 될 것이라고 예상하면 된다. 고액 기부로 요청하는 최저 금액은 대다수 기부자가 내는 돈보다는 많지만, 일반 근로자가 감당할 수 있는 수준은 넘지 말아야 한다. 이것은 약정을 받을 때 특히 중요하다. 저소득층이라 할지라도 많은 사람이 매달 20달러를 낼 여력은 있으며, 이는 단체와 가까운 모든 사람에게 고액 기부자가 될 가능성을 열어 놓는 것이기도 하다(제11장 참조).

굳이 목표액을 설정하지 않으려는 단체도 있다. 최대한 많은 사람에게서 최대한 많은 금액을 모으겠다는 것이 이들의 생각이다. 하지만, 이런 생각은 잘 통하지 않는다. 잠재 기부자는 얼마가 필요하냐고 물을 것이다. "내실 수 있는 만큼"이라고 답하면 단체가 제대로 운영되고 있다는 느낌이 들지 않는다. 그저 들어오는 만큼 쓰는 곳이라는 인상을 주면 잠재 기부자는 자기 능력보다 적게 내거나 아예 안 내려고 할 것이다. 또 목표가 없으면 계획에 따른 성과를 측정할 방법도 없다. 무의미한 주장이나 막연한 주장만으로는 기부자 베이스를 구축할 수 없다. 그건 마치 건축가에게 집을 지어달라고 하면서 "필요한 만큼 대충 크게" 또는 "돈 되는 만큼 크게"라고 주문하는 것과 똑같다.

기부금 예상 규모 결정하기

"자, 10%의 기부자로부터 4만 달러를 모금해야 합니다. 200명에게 200달러씩 모금하면 되겠군요"라고 간단히 말할 수 있다면 더할 나위 없이 좋겠지만, 그 200명이 모두 똑같은 반응을 보일 리가 없다. 그중 몇 명은 더 내기도 하겠지만, 대부분은 그보다 덜 낼 것이다. 그래서 이런 경험을 바탕으로 모금가들이 택하는 전략은 다음과 같다. 개인 기부자들로부터 모금해야 하는 연간 기부금 중에서 목표액의 10% 이상을 차지하는 기부가 1건 있어야 한다. 그다음, 둘을 합해서 목표액의 10%에 달하는 기부가 2건(각각 5%), 그다음 또 합쳐서 10% 이상에 해당하는 기부가 4건에서 6건 정도 필요하다. 그 이하는 금액은 줄고 건수는 늘어나는 형태가 된다. 이 공식을 사용해 기부금 분포표를 만들 수 있다. 다른 말로 기부금 피라미드라고도 한다. 어떤 단체가 개인 기부자를 대상으로 20만 달러를 모금해야 한다고 상상해보자. 앞서 간단히 설명한 패턴으로 보면, 그중 12만 달러는 500달러 이상의 기부를 통해 모금하게 된다. 이 단체의 기부금 분포표는 대략 다음과 같을 것이다.

고액 기부자 기부금액 분포
목표: 200,000달러

	기부 숫자	기부 규모	계
고액 기부	1	20,000달러	20,000달러
	2	10,000	20,000
	5	5,000	25,000
	10	2,500	25,000
	20	1,000	20,000
	30	500	15,000
계	68	500~20,000달러	120,000달러 (60%)
기타 기부 250여개		100~499달러	40,000달러 (20%)
남은 기부 100여개		5~99달러	40,000달러 (20%)

이 분포표에서 가장 중요하고 유용한 부분은 고액 기부의 규모와 건수를 적은 가장 윗부분이다. 하지만, 이것을 확정된 청사진으로 여겨서는 안 된다. 만일 목표액의 15%를 채워줄 수 있는 기부자가 한 명 있다면, 그 사람에게 그만큼을 부탁해야 한다. 그런 다음 분포표 아랫부분에 적힌 기부 건수를 줄여서 조정한다. (인구규모가적은) 농촌 지역에서는 필요한 만큼의 기부 건수를 확보하지 못할 수도 있다. 이때는 기부 건수는 적게, 기부금 규모는 높게 조정하면 된다.

기부금 분포표는 모금활동의 지침이자 현실성을 검토하는 도구이기도 하다. 예를 들어, 모금 목표액을 10만 달러로 정했는데 들어올 수 있는 최고 기부금이 500달러라면 아마도 목표액을 낮춰야 할 것이다. 10만 달러라는 말을 듣고 너무 큰 금액이라고 생각했던 이사나 모금가들도 기부금 분포표를 보고 나서는 서른 명에게 250달러씩은 모금할 수 있겠다고 긍정적으로 생각할 수도 있다.

몇 명에게 기부를 요청할 것인가

모든 모금 전략에는 제대로 시행되었다고 가정할 때 저마다 예상 응답률이라는 것이 있다. 고액 기부의 경우, 해당 잠재 기부자를 개인적으로 알며, 그 사람이 단체의 대의에 공감하고 요청한 금액을 낼 능력이 있다는 것을 확실히 알고 있는 사람이 만나서 기부를 요청할 경우, 승낙을 얻을 확률은 50% 정도이다. 하지만, 그렇게 승낙한 잠재 기부자가 요청받은 금액보다 적게 기부할 확률 또한 50%다.

그렇다면 특히 개인적인 요청을 통해 분포표의 상단에 있는 고액 기부를 얻고자 할 때는 기부 1건당 최소한 4명의 잠재 기부자가 필요할 것이다. 그리고 그중 둘은 기부를 승낙하고, 둘은 거절할 것이다. 승낙한 두 명 중에서도 한 명은 요청한 것보다 적은 금액을 기부할 것인데, 이들이 분포표의 중간과 하단을 채울 것이다. 따라서 중간과 하단 부분에서는 필요한 기부 건당 2~3명의 잠재 기부자만 새로 접촉하면 된다. 전체적으로 필요한 잠재 기부자의 숫자는 필요한 기부 건수의 3배 정도다. 따라서 20만 달러를 모금하려면 다수의 잠재 기부자를 포함하도록 기부 분포표의 상단을 넓혀야 한다.

기부 분포와 잠재 기부자
목표액: 고액 기부자로부터 120,000달러

기부 숫자	기부 규모	잠재 기부자 수	합계
1	20,000달러	4	20,000달러
2	10,000	8	20,000
4	5,000	15	20,000
10	2,500	30	25,000
20	1,000	40	20,000
30	500	60	15,000

고액 기부 요청을 위한 물품

기부 분포표와 잠재 기부자 명단 외에도 고액 기부를 요청하기 전에 갖추어야 할 것이 세 가지 더 있다. 바로 인센티브, 단체의 활동 내용 및 기부 방법을 설명한 자료, 기부를 요청할 인력이다.

인센티브

우선, 고액 기부자에게 기부에 대한 감사 표시로 답례할 것인지, 한다면 어떻게 할 것인지를 결정해야 한다. 기부자는 단체를 돕는 것만으로도 큰 만족을 느끼지만 머그컵이나 특별행사 초대장, 티셔츠 같은 인센티브를 더해주면, 단체로서는 도움을 준 기부자에게 감사를 전할 수 있고, 기부자로서는 그 단체에 기부한 사실을 되새기는 효과가 있다. 어떤 특정한 인센티브가 다른 것보다 효과가 더 좋다는 증거는 없다. 물론 인센티브로 사용하는 사은품이 너무 비싸서는 안 된다. 미국 국세청 법규에 따르면, '감사의 표시'라고 정한 기준을 벗어날 때는 기부금 중 사은품 가격을 제외한 나머지 금액에 대해서만 면세가 인정된다. 예컨대, 어떤 사람이 단체에 500달러를 기부하고 50달러짜리 동판화를 받았다면 450달러에 대해서만 세금 환급을 받을 수 있다. 50달러는 '감사의 표시' 기준을 넘어서기 때문이다. 국세청은 기부자들에게 고가의 사은품을 제공하는 행위를 문제시하고 있다.

　사은품은 우편 배송이 쉬워야 하기 때문에 머그컵이나 책자를 보내는 곳이 많다(이들은 원사이즈와 특정 색에 대한 선호도 없고 오래되어도 상하지 않는다). 공영방송국이나 도서관, 기타 단체에 기부금을 내고 받는 사은품이 워낙 많아서 규모가 작은 단체는 아마도 자기 프로그램과 연관된 물품을 제공하는 것이 나을 것이다. 예를 들어, 농약 사용에 대한 엄격한 규제와 대안을 촉구하는 단체는 고액 기부자에게 정원과 실내 화분에서 사용할 수 있는 해가 없는 유기 농약에 대한 설명을 담은 소책자를 보낼 수 있을 것이다. 대도시의 저소득층 거주지역에서 8세에서 11세 아동들을 대상으로 방과 후 프로그램을 운영하는 어느 단체는 교사들에게 아이들이 그린 그림 중 집에 가져가지 않은 그림을 버리지 말고 모아

달라고 부탁했다. 그러고는 그중 잘된 그림을 감사편지와 함께 기부자에게 보냈다. 이런 사은품은 정말로 감사의 뜻 외에는 아무런 값어치가 없지만, 기부자가 무척 좋아한다. 덕분에 이 단체는 아이들이 "감사합니다" 그림을 그리는 날을 따로 잡아놓고 있다.

전체 기부자에게 발송하는 소식지 같은 것 외에는 별도의 사은품을 제공하지 않고도 고액 기부자 프로그램을 성공적으로 운영할 수 있다. 그러나 이런 방법이 효과를 발휘하려면 기부를 받는 즉시 기부자에게 개인적인 감사 표시를 해야 하며, (이 장의 후반부에서 설명하는) 고액 기부를 갱신하는 방법을 활용해 기부자들과 지속적인 관계를 유지하도록 노력해야 한다. 기부자의 개인적인 관심과 기부 덕분에 성공적으로 수행할 수 있었던 사업을 알려주면 어떤 사은품보다도 효과적으로 오랫동안 기부자를 유지할 수 있다.

사업 설명 자료

모든 단체가 유용하면서도 텍스트와 더불어 사진, 그래픽, 짧은 동영상이 잘 어우러진 풍부한 정보를 제공하는 세련된 웹사이트를 원하고 있다는 것은 너무도 자명한 일이다. 하지만, 고액 기부자를 설득하기 위해서는 실제로 인쇄된 자료도 필요하다. 어떤 단체는 고액 기부자층을 위한 브로셔를 따로 제작하기도 하지만, 대부분은 그런 고비용을 쓰는 대신 현재 진행 중인 프로그램이나 캠페인에 대해 '자주 묻는 말'(FAQ)이나 진행 중인 캠페인의 기부금 분포표, 그리고 기부금을 통해 어떤 물품을 구매하는지 등 관련 정보가 실려 있는 간단한 목록 같은 것을 선호한다. 그리고 이들은 앞표지에 그림이나 단체의 로고가 새겨져 있는 세련된 폴더 안에 들어가게 된다. 각각의 자료에는 단체 웹사이트주소가 포함되어 있어 온라인 기부를 할 수 있게끔 하지만, 여전히 수표를 사용하는 사람들을 위한 반송용 봉투도 넣는다. 이 자료들은 개인 기부 요청에서 주로 사용되기 때문에 배려 깊은 기부가 성사되도록 하는 것에 초점이 맞추어져 있다. 예를 들어, 사람들로 하여금 매달 약정을 하도록 권유하면서 많은 금액을 기부할 때 세금 관련 혜택이 있음을 설명하는 식이다.

자료들에 포함된 정보는 단체설명서를 압축해서 만들 간행물이라 할 수 있다(제3장 참조). 또한, 브로셔가 있다면 모금가가 기부자에게 뭔가를 줄 수 있어서 좋고, 깜빡 잊어버리고 알려주지 않은 정보가 있더라도 기부자가 브로셔를 통해 그 내용을 알 수 있다. 물론 모든 브로셔에는 기부자로 하여금 온라인 방문을 할 수 있도록 하는 안내, 기부하는 법과 이와 관련된 다양한 선택에 대한 내용 등이 반드시 들어가야 하며, 이들은 사전에 꼭 확인해야 한다.

기부 요청 인력

마지막으로, 기부 요청 작업을 할 핵심 그룹이 필요하다. 여기에는 이사진이 포함되어야 하지만, 자원활동가도 참여할 수 있다. 이때 자원활동가는 기부 요청 훈련을 받은 사람이어야 한다(제6장과 제7장 참조). 고액 기부를 요청해본 경험이 있어야 할 필요도 없고 다수의 잠재 기부자를 개인적으로 알고 있어야 하는 것도 아니다. 하지만, 반드시 자기 자신이 기부자, 이상적으로는 고액 기부자여야 한다.

고액 기부자와의 관계 유지

고액 기부자에게서 가장 자주 듣는 불평은 단체가 기부자를 현금인출기처럼 여겨서 원하는 돈을 낚아채고 나면 다시 돈이 필요해지기 전까지 거들떠보지도 않는다는 것이다. 기부자가 단체에 지속적인 관심을 두기 원하면 단체도 기부자에게 지속적으로 관심을 보여야 한다. 특히 기부자가 해당 단체에 관심을 두는 이유, 바로 그 점에 관심을 보여야 한다. 고액 기부자에게 특별한 관심을 기울이는 일은 수고롭지만, 몇 가지 이유에서 그렇게 수고할 가치가 있다. 첫째는 예의상 당연히 그렇게 해야 하기 때문이고, 둘째는 기부자를 단체의 활동에 좀 더 가깝게 끌어들임으로써 잠재적인 활동가 혹은 지지자로 만들 수 있기 때문이며, 셋째는 더 많은 기부를 유도할 수 있기 때문이다.

고액 기부자에게는 기부 갱신을 요청할 때 말고도 1년에 2~3번가량 연락을 취해야 한다. 그보다 더 자주 연락을 취할 때도 생기는데, 그렇게 연락 횟수가 달라지는 것은 기부금 규모 때문이기도 하지만, 대체로는 기부자의 성격과 단체에 대한 관심 정도에 달려 있다. 고액 기부자는 피드백과 조언, 자원활동 역량, 다른 고액 기부자에 대한 정보를 제공할 수 있는 훌륭한 자원이라는 점을 잊지 말자.

많은 시간과 비용을 들이지 않으면서도 고액 기부자에게 개인적으로 감사받고 있다는 느낌을 주는 쉬운 방법이 몇 가지 있다. 이 책에서 제안한 방법을 사용해도 좋고 독자적인 시스템을 개발해도 좋다. 중요한 것은 그 시스템이 자리를 잡고 안정적으로 운영되는 것이다.

12월에 크리스마스카드나 연하장을 보낸다. 성탄카드나 연하장에 이사장이나, 기부자와 개인적인 친분이 있는 이사 또는 직원이 서명한다. 가능하면 짤막한 인사말을 보태는 것이 좋다. 카드는 회신 봉투나 기부 요청 편지 없이 그냥 보낸다(고액 기부자에게는 한 해를 마감하면서 기부 요청 편지를 따로 보낼 수도 있다). 종교단체인 경우를 제외하고는 산타클로스나 요정, 크리스마스트리와 같은 기독교 문화나 다른 종교적인 의미가 있는 그림이나 내용이 들어가지 않도록 주의한다. 우표를 고를 때도 마찬가지다.

연례보고서에 개인적인 메모를 첨부하거나 개인 이메일에 단체의 웹사이트에 있는 보고서 링크를 넣는다. 기부자에게는 언제나 연례보고서를 보내야 한다. 그리고 고액 기부자에게 보내는 보고서에는 개인적인 메모를 첨부하는 것이 좋다. 포스트잇을 써도 좋고, 꼭 길지 않아도 된다. "선생님께서 저희 활동에 많은 기여를 해 주셔서 이 보고서에도 관심이 많으실 거라고 생각합니다" 혹은 "선생님께서도 저희처럼 단체의 활동에 자부심을 느끼실 것으로 생각합니다. 이 모든 성과가 선생님의 기부 덕분에 가능했습니다"와 같은 말을 쓸 수 있다. 기부자를 모르더라도 괜찮다. 메모를 넣는 이유는 기부자에게 감사를 표하기 위해서다. 보고서 내용 중에 기부자가 특별히 관심을 둘 만한 부분이 있다면 "전에 물어보셨던 사업 내용이 5페이지에 있습니다" 혹은 "뒤표지 안쪽에 실린 사진을 확인해 보세요"와 같은 말을 적어 보낸다. 일반적으로 이런 메모는 직원이 쓰겠지만, 기부자와 친분이 있는 이사가 써도 좋다. 그리고 보고서가 단체의 웹사이트에도 올라가 있다고 노트에 남기고 기부자가 그 링크를 그들의 친구나 동료와 공유하도록 장려한다. 보고서 복사본은 사무실의 응접실에 있는 커피테이블이나 잡지꽂이를 우아하게 장식해줄 수 있을 것이다. 연례보고서는 아주 중요한 소통 수단이 된다. 규모가 아주 작은 비영리단체일지라도 예산을 잘 활용하면 사진과 글, 세련된 편집을 통해 매우 매력적인 보고서로 보일 수 있다.

그 해 거둔 성공을 보고한다. 정적인 언론 보도가 있었거나, 조직사업이나 소송에서 이겼거나, 지역단체나 정치인 등으로부터 추천받는 일이 생기면 이 기회를 활용해 고액 기부자에게 이를 알리는 편지를 보낸다. 가능하면 해당 기사나 추천서를 복사해 함께 보낸다. 이런 편지는 개인적인 형태를 갖추지 않아도 된다.

기부자의 일에 관심을 보인다. 기부자의 생일을 알 때는 카드를 보낸다. 대학을 졸업했거나 상을 탔거나 아기가 태어난 걸 알면 그때도 카드를 보낸다. 따로 시간을 들여 이런 정보를 알아낼 필요는 없지만 스쳐 지나가는 정보는 놓치지 말고 거기에 반응하자. 기부자의 이메일 주소가 있는 경우에는(이메일 주소는 반드시 알아두는 것이 좋다) 온라인 카드를 보내 우표값을 절약할 수도 있다.

모든 우편물에 짤막하고 개인적인 메모를 첨부한다. 특별행사 초대장이나 모임 공지 등 고액 기부자에게 보내는 것이라면 어느 것에든 짧은 메모를 덧붙일 수 있다.

전체에게 발송하는 우편물은 고액 기부자에게도 보낸다. 기부자 베이스를 넓히기 위해 다른 기부자들에게 추가 기부를 요청하는 우편물을 보내면서 고액 기부자는 제외하는 경우가 많다. 하지만, 특별히 시기상 적절하거나 고액 기부자의 관심을 끌 만한 사안과 관련해서 추가 기부를 요청할 때는 고액 기부자에게도 발송한다. 언제든 우편물에 "이것은 참고용입니다"라고 쓰인 포스트잇을 붙이면 된다. 이메일 요청도 마찬가지다. 제목 줄에 "참고용"이라고 넣으면 된다.

이메일을 보낸다. 이메일로 고액 기부자와 접촉하는 일도 많을 것이다. 특히 온라인 소식지를 발송한다면 이메일을 받는 고액 기부자가 더 많아질 것이다. 이때도 가끔 개별적으로 간단한 이메일을 보내거나 기부자가 관심 둘 만한 내용을 전달한다.

기부를 받은 지 1년 후에 다시 기부해달라고 요청하거나 2년 후에 기부금을 높여달라고 요청하려면, 그전까지 지속적으로 고액 기부자와 관계를 유지하고 있어야 한다. 기부를 요청하지 않았는데도 기부가 들어왔거나 그 기부자를 아는 사람이 단체에 한 명도 없더라도 이와 같은 개인적인 메모와 편지를 통해 친분을 쌓아갈 수 있다. 그러면 나중에 직접 만날 때 더 편할 것이다.

고액 기부 갱신

고액 기부자에게 기부 갱신을 요청하는 과정은 그때까지 기부자가 기부한 금액에 따라 달라진다. 여기서는 다양한 기부 규모에 따라 갱신을 요청하는 방법에 대해 이야기해보자.

250달러에서 499달러의 기부

이 분류에 속하는 기부는 엄밀히 말해서 고액 기부는 아니지만, 다른 기부자보다도 더 개인적인 관심이 필요할지 모른다. 기부한 기념일이 가까워져 오면 이메일이나 편지를 보내어 재기부할 수 있게 요청을 한다. 한 해 동안 일어난 주요 활동을 설명하고, 그러한 성과가 상당 부분 기부자의 기부 덕분이란 점을 밝힌다. 딱딱하게 사실만 나열하지 말고, 가능한 이야기를 많이 집어넣어서 단체가 한 활동을 생생하게 전달한다. 그중 한 문단에서는 이듬해에 단체가 해야 할 사업에 대해 이야기한다. 그리고 그다음 문단에서 기부자에게 기부 갱신을 부탁한다. 요청하는 기부 금액은 지난해 기부자가 낸 금액과 같이 명기해, 기부자에게 작년 기부 내역을 상기시키고 단체가 세심하게 기록을 관리하고 있음을 보여준다. 만약 기부자가 기부하고 싶다면 더 이야기를 이어나갈 수도 있지만, 온라인 기부를 원할지도 모르기 때문에 웹사이트 링크를 알려준다. 만일 편지를 보낸다면 회신카드와 봉투를 동봉해야 한다.

500달러에서 999달러 사이의 기부

500달러 미만의 기부자에게 보내는 이메일이나 편지 형식을 그대로 사용하되 편지를 발송한 후 10일 이내에 전화를 건다. 편지에는 10일 내에 전화하겠다는 내용을 적는다. 전화 내용은 다음과 같은 형식이 될 것이다.

"메이, 저 준이에요. 얼마 전에 보낸 편지 때문에 전화 드렸어요. 잠깐 통화 가능하세요?"

"물론이죠, 준. 전화까지 해주시다니 정말 감사해요. 그런 훌륭한 일을 해내셨다니 축하해요."

"고마워요, 메이. 선생님도 아시다시피 선생님 같은 사람이 없었더라면 절대 해낼 수 없었을 거예요. 그래서 제가 이번 달에 새로 시작하는 캠페인에 대해 조금 더 설명해 드리고 싶네요. [최대 2~3문장으로 설명하기] 저희가 이제까지 해온 일의 연장선이 될 거예요."

침묵이 흐른다 – 메이가 먼저 말하게 한다. 그다음으로 준이 말할 내용은 메이가 어떻게 대답하느냐에 달렸다. 만약 메이가 "와, 좋네요. 필요한 일이에요"라고 한다면, 준은 "올해에도 500달러의 기부로 저희를 도와주시겠어요?"라고 말할 수 있을 것이다. 만약 메이가 질문을 한다면 준은 그에 대해 대답을 하고 요청을 할 수 있다.

그런 다음 기부 갱신에 고맙다는 말을 하고 다른 궁금한 사항은 없는지 물어보거나, 편지에 적지 않은 내용을 얘기해준다(단, 짧게). 기부자가 다른 질문을 하지 않는 한 통화 내용은 5분을 넘지 않을 것이다.

분명한 것은, 만약 메이가 많은 질문을 하거나 단체가 가고자 하는 방향에 동의하지 않는다면, 준이 기부 요청을 하기 어렵겠지만, 다음 기회에 더 긴 대화를 나눌 수 있을 것이다.

준은 아마도 메이의 보이스메일을 받을 확률이 높다. 그녀의 메시지는 늘 같을 것이다. "메이, 저 준이에요. 전에 보낸 이메일 때문에 전화했어요. 작년에 저희를 후원해주셔서 정말 감사드려요. 그래서 올해에도 재기부를 요청하고 싶은데요. 수요일에 한번 연락드릴게요."

두 번의 시도 후에도 기부금이 들어오지 않고 다음과 같은 내용의 이메일이 간다.

"친애하는 메이에게. 저희 단체가 하는 일에 대해 이야기를 나누고 싶지만, 선생님이 정말 많이 바쁜 것 같네요. 내일이나 모레쯤 10분 정도라도 통화가 가능할까요?"

이러한 식의 상호작용이 이메일을 통해 여러 번 이뤄질 것이고, 메이는 이렇게 답할 것이다. "제가 요즘 일이 너무 바빠서요. 하지만, 정말 돕고 싶어요. 한 달쯤 후에 다시 연락해주시겠어요?" 이메일은 이렇듯 잘 쓰이면 기부자 요청에서 큰 혜택을 가져오기도 한다.

1,000달러 이상의 기부

기부자를 직접 만나기를 원하며 미리 전화해서 약속시각을 잡고자 한다는 내용으로, 훨씬 짧은 편지를 보낸다. 기부 갱신을 요청하면서 시간을 내달라고 부탁하는 전화는 흔히 다음과 같다.

"프랭크, 저 어니스트입니다. 제가 보낸 편지 받아보셨나요?"

"네, 어제 왔더군요."

"그럼 언제 한번 만나뵙고 기부 갱신을 요청하고 싶은데요."

"그것 때문이라면 굳이 오실 필요 없어요. 기꺼이 갱신하도록 할게요."

위의 대화에서처럼 이미 기부를 갱신할 계획이었더라도 단체가 이런 관심을 기울여준 데 대해 프랭크는 흡족해할 것이다. 이번에도 기부자와의 통화는 아주 짧다. 기부자가 만나기로 동의한다면, 이 기회를 이용해 해당 기부자를 좀 더 가깝게 끌어들일 수 있고 사려 깊은 기부자들이 단체를 어떻게 생각하고 있는지 알아볼 수 있을 것이다.

고액 기부자, 특히 단체와 멀리 떨어진 곳에 거주하는 사람은 전화통화보다는 이메일로 일하는 것을 선호하기 때문에 기부에 관한 전반적인 소통은 이메일로 이루어질 수도 있다.

언제 기부금을 높여달라고 요청할 것인가

이와 관련해서는 두 가지 질문이 흔히 제기된다. 업그레이드를 권하기 전에 몇 번이나 같은 금액으로 갱신을 요청해야 하는가? 그리고 기부를 한번 업그레이드하고 나서 나중에 다시 업그레이드를 요청하기 전에 얼마나 시간을 두는 것이 적절한가? 두 질문 모두 대답은 간단하다. 기부자에 대해 알고 있으면 된다. 기부자를 직접 만나 그 사람에 대해 더 잘 알게 되면, 그가 직접 만나는 것을 좋아하는지, 지금으로서는 현재의 기부금이 최대한도라서 금액을 더 높이기가 어려운지, 기부 증액 시기와 방법을 스스로 결정하고 싶어 하는 타입인지 등을 더 빨리 알 수 있을 것이다.

물론, 고액 기부자에 대한 모든 정보를 단번에 알아낼 수도 없고 어떤 사람은 영영 만나지 못할 수도 있다. 기부자에 대해 잘 모를 때는 다음의 공식을 따른다. 첫해에 기부를 받고, 다음 해에 갱신을 부탁하고, 세 번째 해에 업그레이드를 부탁한다. 업그레이드 요청으로 기부 금액이 늘어나면, 그다음 해에 같은 금액의 갱신을 요청하고, 그다음 해에는 3분의 1 업그레이드를 다시 한 번 요청한다. 이런 식으로 2년 동안은 갱신을, 그다음 해에는 다시 업그레이드를 부탁하는 사이클을 계속한다. 기부 액수가 변하지 않을 때도 기부자의 경제 사정상 그 이상을 감당할 수 없다는 사실을 확인하기 전까지는 계속해서 증액을 요청하도록 한다.

공식 외에 상식도 필요하다. 어떤 사람이 5,000달러를 기부했다면 서너 해 동안은 갱신만 요청하고, 그다음에 증액을 요청해야 할 것이다. 어떤 사람이 250달러를 기부한 경우에는 기부금을 두 배로 늘려달라고 부탁해도 되지만, 1,000달러를 기부한 사람에게 두 배 증액을 요청하기 전에는 다시 한 번 생각해볼 필요가 있다. 얼마를 더 요청해야 할지 가늠이 되지 않을 때는 그냥 "혹은 그 이상"이란 말을 덧붙이면 된다.

또한, 반드시 합당한 논리로 기부금 증액이 필요한 이유를 설명할 수 있어야 하며, 단체가 하는 사업과 관련하여 설득력 있게 전달해야 한다. 예를 들어, 직원 한 명을 더 고용해야 한다는 것보다는 어린이 스무 명에게 서비스를 더 제공해야 한다(직원 한 명이 더 필요한 바로 그 일)고 이야기하는 것이 더 설득력 있다.

첫해가 가장 힘들다

단체의 모금 전략에 고액 기부 요청을 새로 추가하고 고액 기부자를 모집할 때는 첫해가 가장 힘들다는 사실을 기억하자. 따라서 목표를 너무 높게 설정하지 않는 것이 좋다. 비현실적인 목표를 설정해 놓고 이를 달성하지 못하면 자원활동가들의 사기만 떨어진다. 고액 기부 요청은 제23장에서 설명하는 것처럼 시작과 종료시각을 정해놓고 그 행사에 필요한 자료와 위원회를 만드는 캠페인 형식으로 진행하거나, 자원활동가를 서로 다른 시기에 교대로 투입하는 상시 프로그램으로 진행할 수도 있다.

고액 기부 프로그램을 진행할 때는 시작 단계가 가장 중요하다. 잠재 기부자가 단 한 명뿐이더라도 그 사람에게 기부를 요청하자. 예상되는 최대 기부금이 250달러라면 그 금액을 요청하는 것부터 시작하자. 고액 기부 프로그램은 일련의 과정이다. 프로그램의 기초를 착실히 다져나가는 일부터 고액 기부 과정이 시작된다.

제22장

자동이체 약정 기부자 프로그램 만들기와 유지하기

기부자로 하여금 매달 기부를 하게 하거나 어떤 방식으로든 정기적으로 기부하게 하는 것은 한 번에 낼 수는 없지만 고액 기부를 원하는 기부자를 위한 가장 좋은 방법임과 동시에 기부자의 충성도를 구축하는 방법이기도 하다. 『히든골드』(Hidden Gold)의 저자이며 캐나다에서 가장 존경받는 모금가 중 한 명인 하비 맥키넌(Harvey Mckinnon)은 매달 기부하는 사람의 평생가치는 매년 기부하는 사람의 그것보다 600에서 800%나 높다고 했다. 기부자가 자선단체에 안전하게 기부할 수 있도록 돕고자 인터넷과 모바일기술을 활용하는 온라인모금 플랫폼, 네트워크포굿(Network for Good)은 매달 정기기부를 하는 사람과 일회성 기부자를 일 년 동안 비교해 봤을 때 전자가 후자보다 42% 더 많이 기부한다고 보고하기도 했다. 자동이체 약정 기부자 프로그램(월정 기부자 혹은 '지속반복 기부자' 프로그램)은 교회를 논외로 하면 미국보다 캐나다와 호주에서 훨씬 활발한 편이다.

온라인 기부의 출현으로 자동이체 약정 기부자 프로그램은 기부자와 단체에 점점 더 인기 있는 프로그램이 되고 있는데 이는 프로그램을 만들고 진행하기 수월하기 때문이다. 만들기 아주 쉽다는 점 말고도 단체가 자동이체 약정 기부자 프로그램을 튼실하게 만들어 갈 수 있는 세 가지 이점은 다음과 같다.

1. 단체에 매달 안정적인 수입을 가져다준다. 몇몇 단체는 월정 기부의 지속으로 운영비 대부분을 충당해 왔다.
2. 기부자가 단체나 은행, 혹은 신용카드회사에 자동이체를 취소하기 전까지

기부금은 계속 들어올 것이다. 이는 기부자가 기부 요청을 받을 때마다 기부할 것인지 말 것인지 고민하는 것과는 완전히 다른 종류의 고민이다. 결국, 자동이체 약정 기부자의 기부유지율은 80% 혹은 그 이상에 달하며, 이 수치는 다른 기부자의 적정한 기부유지율인 65~75%보다도 훨씬 높다.
3. 매달 정기적인 기부를 하는 사람들과의 관계가 적절하게 유지되고 있다면, 이들이 바로 가장 충성도가 높은 기부자들일 것이며, 다른 다양한 방식으로 여러분의 단체에 참여하고 싶어 하는 이들이다.

이 프로그램은 또한 기부자에게도 유리하다. 단체 활동에 헌신적인 사람은 한 번에 내는 것보다 매월 적은 금액을 기부함으로써 더 큰 기부에 대한 자신의 열의를 표현할 기회를 얻을 수 있기 때문이다. 근로자 대부분은 한 번에 300달러를 내기가 어렵지만 한 달에 25달러는 낼 수 있을 것이다. 한 번에 100달러나 500달러 혹은 1,000달러까지도 낼 수 있는 사람이라면 이런 금액을 1년에 네 번, 심지어는 매달 반복해 기부할 수 있을지도 모른다. 물론, 기부자가 아무 단체에나 이렇게 헌신적으로 참여하는 것은 아니다. 하지만, 자신이 가장 좋아하는 단체가 이런 시스템을 갖고 요청해 오면 이는 할 수 있고 또 기꺼이 하고자 하는 일이 될 것이다.

자동이체 약정 기부자 프로그램 만들기

자동이체 약정 기부자 프로그램은 만들고 진행하기가 상대적으로 쉽기는 하지만, 다른 모든 모금활동처럼 최대 효과를 거두기 위해서는 정성과 사려 깊음, 제대로 된 절차를 통해 진행되어야 한다.

첫 번째 단계는 신용카드나 직불카드를 사용할 수 있도록 하여 여러분의 웹사이트에 있는 '기부하기' 버튼을 누르면 기부자가 자신의 카드를 이용해 기부할 수 있도록 하는 것이다.

다음 단계는 자동이체 약정 기부 프로그램에 적당한 이름을 지어주는 것이다. 대부분 단체는 자동이체 기부자를 위한 이름을 짓거나 기부자클럽을 만듦으로써 더 많은 유인 효과가 있다는 것을 알게 되었다. 대규모 단체의 웹사이트를 방문해보라. 그리고 그들이 얼마나 자신의 자동이체 약정 기부 프로그램을 홍보하고 있는지를 확인해 보도록 하자. 그중에 여러분이 확인해볼 만한 단체는 해비타트의 '희망건설자들'(HopeBuilders), ACLU의 '자유수호자들'(Guardians of Liberty), 그리고 동물애호협회(The Humane Society)의 '인도적 영웅'(Humane Hero)과 같은 곳이다. 비록 이들 프로그램에 부가된 모든 기능을 다 파악할 순 없지만, 참고할 만한 아이디어를 얻을 수도 있고, 앞으로 프로그램을 확대해 가면서 변화를 모색한다면 모델 역할을 해줄 수도 있을 것이다.

　프로그램의 이름을 지을 때는 여러분 단체를 인지할 수 있도록 반영하는 것이 좋다. 너무 흔하게 쓰는 것이나 '부양자 클럽'(Sustainer Club)이나 '월정 기부자 서클'(Monthly Donor Circle)처럼 재미없는 이름은 피하는 것이 좋다. 그리고 나중에 추가되더라도 이상적으로는 이름이 이미지나 로고와 함께 있는 것이 좋다. 하지만, 이 단계에 너무 많은 시간을 할애해서는 안 된다. 왜냐하면, 프로그램을 시작하고 지속적으로 홍보하면서 성공적인 결과를 낳는 것이 중요하지 이름이나 로고가 중요한 것은 아니기 때문이다.

　이름을 정하는 것과 더불어, 자동이체 약정 기부자가 되면 어떤 혜택이 있는지를 정하는 것도 중요하다. 반드시 필요한 것은 아니지만, 자동이체 약정 기부자만이 참석할 수 있는 행사에 초대한다거나, 기타 다른 행사에서 할인혜택을 제공하는 것, 혹은 특별 브리핑이나 보고서 같은 것이 괜찮은 방법일 뿐만 아니라 기부자에게 전달하기도 쉽다(제14장 참조).

　보통 매달 정기적인 기부 기회를 제공한다는 것 이면에 깔린 생각은 기부자 프로그램과 관련하여 여러분이 할 만한 일은 이미 다했다(혹은 필요할 것이다)라고 생각하는 것과 크게 다르지 않을 것이다.

자동이체 약정 기부자 프로그램 시작하기

자동이체 약정 기부 프로그램을 시작하기 위해서, 혹은 이미 있는 프로그램을 새롭게 선보이기 위해서 다중채널 접근방식을 사용하는 것이 좋다. 그리고 동시에 다음과 같은 것들이 사전에 모두 준비되어 있어야 한다.

- 웹사이트의 메인페이지에 프로그램에 대한 공지를 넣고, '기부하기' 페이지에는 프로그램에 대한 좀 더 긴 설명을 넣어 자동이체 기부 방법을 확실하게 알려주도록 한다.
- 3단계 이메일 초청장을 보내 기부자가 세분화된 분류 기준에 따라 가입하도록 한다(곧이어 설명예정).
- 종이 뉴스레터와 전자 뉴스레터에 프로그램에 대한 기사를 싣는다.
- 여러분이 사용하는 모든 소셜미디어에서 프로그램을 언급한다.

누가 이메일 초청장을 받을 것인가를 결정하기에 앞서 몇 명의 기부자를 보유하고 있는지를 확인하라. 만약 여러분이 500명 미만의 기부자를 보유하고 있다면 모두에게 초청장을 보내거나 고액 기부자를 제외한 사람에게 보낸다. 만약 기부자가 500명 이상이라면 250달러 미만을 기부하는 사람에게만 초청장을 보낸다. 그 이상의 금액을 기부하는 사람은 좀 더 개인적인 주목을 받아야 한다. 강조하지만, 기업 기부자나 재단 지원자에게는 절대 초청장을 보내지 않는다. 그리고 휴면상태인 기부자들에게는 다른 내용의 메시지를 써서 보낸다.

여러분이 보내는 이메일의 내용에는 강한 어조의 제목과 짧고 이해하기 쉬운 내용의 메시지가 들어가 있어야 한다. 다음은 한 애드보커시 단체의 이메일 사례다.

첫 번째 이메일

제목: 제자리에, 준비...
'모든 사람에게 보금자리를!'이라는 저희의 목표에 다가가십시오. 선생님의 기부 덕분에 저희가 올해 날마다 활동을 할 수 있었습니다. Coalition to End Homelessness의 위대한 승리는 우리 지역에 곧 저소득 주거시설 8개 단지가 생기게 됨을 의미합니다. 그리고 정원사들과 함께하는 Gardens for All 프로젝트를 통해 작은 텃밭을 원하고 있는 지역의 모든 사람에게 그것이 곧 실현될 것으로 기대됩니다. [언급한 프로그램의 사진과 상세한 정보가 실린 링크를 첨부하여 사람들이 월정 기부자가 될 수 있도록 유도한다.]
저희가 하는 일은 연중 계속되기 때문에 지속적인 지원이 필요합니다. 그래서 수입원으로서 프로그램을 시작하게 되었고, 선생님의 동참을 기다리고 있습니다. 매달 50달러,

25달러, 100달러, 혹은 어떤 금액이든 상관없이 정기적으로 기부하실 의향이 있습니까? 의향이 있으시다면 선생님께서는 새로운 월 정기 기부프로그램인 Win the Race의 설립 회원이 되실 수 있습니다. 올해가 가기 전에 가입하시면 내년 1월 24일로 예정된 Taste of the Harvest 행사 입장 티켓 2매를 보내드립니다. 더 많은 정보는 이곳을 클릭하십시오. [기부페이지로 이동하는 링크]

두 번째 이메일 (3-7일 후)

제목: 충분한 주거시설을 위한 경주에서 승리할 수 있도록 도와주세요!

"일을 서두르면 망친다"라는 속담을 아십니까? 저희는 선생님처럼 꾸준히 저희를 도와주시는 분들을 위해 매달 정기적인 기부자클럽을 시작하게 되었습니다. 부디 가입하셔서 함께해주시길 기대합니다. 저희는 매달 5달러에서 100달러까지 기부하는 100명의 정기 기부회원을 모집하고 있습니다. 이처럼 지속적이고 신뢰할 만한 수입원의 확보는 때로는 극적인 승리를 할 수 있도록 해거나 [주거시설 링크], 혹은 의미있는 선거자 교육 노력이 결실을 맺을 수 있도록 해주기도 합니다. ['기부하기' 버튼을 삽입하고 링크].
함께해 주시겠습니까? 50명의 회원 중 한 명이 되어주셔서 다시 또 100명의 회원을 향해 함께 갑시다. 지금 바로 가입해 주시면 감사하겠습니다. [가입 링크]

세 번째 이메일 (7-10일 후)

제목: 선생님께서 함께해주시면 결승선에 도달 할 수 있습니다!

제 이름은 라켈 이스피노자이고, 저는 방금 'Win the Race'에 가입을 하였습니다. 저는 Advocacy Organization이 이룩한 훌륭한 일을 목격하였고 제가 더 할 수 있는 일이 없을까 늘 고민했는데 이제야 제가 할 일을 발견하게 된 것 같습니다! 저는 매달 15달러를 기부하는데 이 액수는 제가 커피 몇 잔을 절약하면 충분히 낼 수 있는 금액이라 생각했고 그래서 기분이 정말 좋습니다!
이제 우리는 지부를 구성하려 하고 그러기 위해서는 회원 25명이 더 필요합니다. 선생님께서 그 중 한 분이 되어주시지 않겠습니까? 선생님의 신용카드를 사용하여 일정 금액을 약정, 기부할 수 있습니다.
가입을 진심으로 부탁드립니다. 우리 지역은 점점 더 좋아지고 있기는 하지만, 아직 갈 길이 멀고 할 일도 많습니다. 저는 매달 소량의 기부로나마 그 일에 동참할 수 있다는 것이 기쁩니다.
[라켈의 사진 첨부]

각각의 이메일을 보낸 후에는 몇 명의 사람이 가입했는지를 업데이트하여 웹사이트에 공지한다. 그리고 여러분의 웹사이트에 포스팅을 하기 위해 가입한 사람이나 페이스북 페이지를 통해 가입한 사람을 트윗한다. 이런 식으로 하면 약 3~4주 동안 지속적인 모금 메시지는 "자동이체 약정 기부자가 되세요"가 된다.

시작을 위한 집중적 시기가 지나면 뉴스레터의 작은 공간을 활용하여 월정 기부자 프로그램에 대해 이야기하고, 모든 회신 양식에 가입할 수 있는 칸을 넣는다.

하지만, 여전히 많은 기부자가 우편 기부 요청에 응답하고 있기 때문에 월정 기부 클럽에 초대하기 위해 홍보 우편물 역시 사용해야 할 것이다. 한 번도 온라인 기부를 하지 않은 사람과 2년 동안 1년에 최소 한 번씩은 기부한 사람을 분류한다. 다음은 그들에게 보낼 우편물 내용의 예다.

친애하는 노라에게,

선생님께서는 지난 5년 동안 1년에 한 번씩 50달러 기부를 여러 번 해주셔서 저희 단체는 많은 도움을 받을 수 있었습니다. 저희가 선생님의 넓은 마음에 얼마나 큰 감사를 하고 있는지 알아주시면 감사하겠습니다. 아울러 선생님의 기부로 아래와 같은 일이 가능해지게 되었습니다.

[성취의 내용]
[또 다른 성취의 내용]

저희 단체의 프로그램이 매우 효과적으로 운영되어 프로그램에 대한 수요가 증가 일로에 있고 이를 일일이 따라 가기 힘든 상황이 되었습니다. 따라서 저희의 활동 영역을 확대하기 위해서는 선생님과 같이 오랜 세월을 같이한 기부자 분들께서 'Say Yes to Everyone' 서클에 가입하시는 것이 필요합니다. 서클은 선생님께서 50달러, 100달러, 혹은 그 어떤 금액이라도 저희 단체에 기부약정을 해주시면, 선생님의 신용카드, 직불카드 혹은 선생님의 은행계좌에서 매달 자동이체가 됩니다. 만약 수표로 지불하길 원하신다면 회신용 봉투와 함께 우편으로 처리해 드릴 수 있습니다.

200명의 장기 기부자께서 매달 정기적인 기부를 해주시게 되면, 저희는 매년 10만 달러를 모금할 수 있게 되어 저희 서비스를 필요로 하는 모든 이들에게 "네!"라고 말할 수

> 있게 될 것입니다.
> 동봉한 양식에 기입해서 반송해 주시거나 온라인에서 가입하실 수 있습니다. [링크를 달 것]
>
> 당신이 해주신 모든 일에 감사드리며,
> 대표 올림

만약 여러분이 이러한 분류를 통해 훨씬 높은 응답률을 얻고 싶다면 후속 전화를 건다. 이 경우엔 편지의 끝이 다음과 같아야 할 것이다.

> "매달 정기적인 기부자로 가입하는 것은 당신에게 큰 액수를 기부하는 것처럼 부담스러운 일일 것입니다. 그리고 저는 당신이 이 편지 한 장만으로 그런 결정을 내리는 것을 원치 않습니다. 좀 더 같이 고민하면 좋을 것 같아요, 며칠 내로 전화를 드리겠습니다."

고액 기부 캠페인에서처럼 편지를 보낸 이후엔 전화를 걸어 더 깊은 이야기를 나누도록 한다. 명심해야 할 것은, 어떤 기부자들은 요청에 승낙하겠지만 어떤 이들은 이미 그들이 할 수 있는 한 그들 나름대로 많은 양을 기부하고 있다는 점이다. 일 년에 100달러나 200달러를 기부하는 것이 충분치 않다는 인상을 주고 싶지는 않을 것이다!

월정 기부 프로그램을 홍보할 수 있는 또 다른 방법은 마치 편지를 추천의 글처럼 작성하는 것이다. 편지 내용은 거의 같지만, 톤은 좀 더 개인적이다.

> "Good Works Organization에 기부해온 것을 생각하면서 저는 제가 좀 더 많은 것을 해야 한다고 느꼈어요. 하지만, 일 년에 그것도 한꺼번에 1,200달러를 기부하는 것은 감당하기가 어려웠죠. 그러나 약간의 계획을 세우고 커피숍에서 더블에스프레소를 좀 덜 마시면 한 달에 100달러 정도는 기부할 수 있을 것 같았어요. 저는 제가 이런 방식으로 기부의 폭을 넓히게 되어서 정말로 기뻐요. Good Works가 하는 일에 큰 변화를 만들어 나갈 수 있을 테니까요. 당신도 저와 동참하지 않으시겠어요? 여기 방법이 있습니다."
> [등등]

진행 중인 프로모션

자동이체 약정 기부 프로그램이 기억하기 쉬운 이름을 갖게 되는 것도 중요하지만, 기부자는 여러분의 단체가 필요로 하는 것이 채워질 것으로 생각하게 되면 아마도 그때 응답을 가장 많이 할 것이다. 다른 기부 요청 방식들과 마찬가지로, 자신의 기부금이 정확히 어떻게 쓰이는지를 알게 된다면 주저 없이 가입할 것이다. 아래의 예를 보자.

- 한 달에 25달러는 40명의 난민에게 음식과 물을 제공합니다.
- 한 달에 50달러는 열 명의 학생에게 교육비를 제공함으로써 그들이 고등학교를 졸업할 수 있도록 돕습니다.

이러한 숫자를 웹사이트와 전자 뉴스레터, 진행 중인 프로모션에 공개한다.

월정 기부 모집하기

정기 기부자 프로그램이 지속되지 않는 경우는 대체로 단체가 기부금을 받는 데 공을 들이지 않거나, 납부 확인 시스템을 제대로 갖추지 않았기 때문이다. 신용카드는 몇 년이 지나면 만료가 되기도 하고, 어떤 사람들은 다양한 이유로 카드를 취소하기도 한다. 기부자가 새로운 카드로 월정 기부금 자동이체를 잊어버릴 수도 있는데, 이런 경우엔 그에게 전화를 걸어 새 카드로 갱신하도록 요청해야 한다. 자동이체 약정 기부자가 유효기간이 만료된 후에도 갱신하지 않는다면 그 이유는 대체로 해당 단체가 새로운 기부자를 모으는 데 성공적이었으나 이를 유지하기 위해 아무런 일도 하지 않은 경우다. 그런 실수를 해서는 안 된다.

자동이체 약정 기부금을 받는 데 우편시스템을 사용하고 있다면(수표를 선호하는 기부자들을 위해 제안한 옵션) 사후에도 기부자와 연락을 취하기 위한 시스템을 갖추어야 한다.

나는 여러 해 동안 십여 곳이 넘는 단체에 기부 약정을 했는데 그중 몇 군

데는 한두 번 기부금을 낸 다음에 약정 사실을 잊어버리고 말았다. 어떤 경우는 내 카드가 만료되었는데도 불구하고 단체에서는 전화를 걸어온 적이 없었다. 그런데 그중 대부분이 내게 약정 사실을 환기시켜 주지 않았거나 아주 드문드문 일러줬기 때문에 나도 드문드문 기부금을 보내는 데 그쳤던 것 같다. 한번은 마음은 끌리지만 잘 알지 못하는 단체가 기부를 권하기에 매달 25달러를 내기로 약정을 했다. 그리고 몇 달이 지나 편지를 받았는데 약정 금액을 한꺼번에 내줄 수 있겠느냐는 것이었다. 이유인즉슨 "매달 그렇게 수표를 입금하는 데 시간이 너무 많이 든다"는 것이었다. 여러 번 나누어 내면 한 번에 낼 수 있는 것보다 더 많은 금액을 기부할 수 있다는 것 때문에 약정했던 터라 그 단체가 약정 프로그램의 의미를 제대로 파악하지 못하고 있다는 말로 들렸다. 게다가 나와 같은 약정 기부자를 단체의 소중한 시간을 좀 먹는 하찮은 사람으로 취급하는 듯한 인상 때문에 기분도 좀 상했다. 결국, 나는 기부를 중단하고 말았다. 그 단체는 내가 기부를 중단했는데도 아무런 연락을 취해오지 않았는데 그것도 어쩌면 당연하다 싶었다.

자동이체 약정 프로그램 유지하기

여타 다른 기부자의 기부와 같이 자동이체 약정 기부를 기록하고 관리하는 일은 어렵지 않다. 대부분 데이터베이스에는 약정 기록과 독촉 편지 발송을 간단하게 기록할 수 있는 필드가 있으며, 만일 없다면 약정 프로그램 관리용으로 설계된 모듈을 구매하면 된다. 지금 사용하는 데이터베이스에 이런 기능은 없지만, 굳이 다른 프로그램을 추가하고 싶지 않을 때는 기존 데이터베이스에 약정 내용과 납부 기일을 기록할 필드를 추가하면 된다. 약정액이 납부되면 이를 기록한다. 매달 혹은 매 분기별로 약정을 상기시키는 편지를 보내되 사람들 대부분이 월급을 받는 날짜인 매월 1일 이전에 도착할 수 있게 한다.

즉시 그리고 자주 기부자에게 감사하라

기부금이 잘 접수되었고 성공적으로 쓰이게 되었음을 즉시 개별적으로 알려주는 것도 매우 중요하다. 그렇지만, 월정 기부자가 자동이체 약정 기부를 약속하고 나서 며칠 내에 감사를 표현하는 것 역시 중요하다. 되도록 빠르게 그리고 다른 일보다도 우선하여 행하도록 한다. 감사편지를 쓰는 것 말고도 직접 전화를 하여 감사를 표현하는 방식도 고려한다.

첫 감사의 표현 이후 몇 주가 지나면 이메일을 보내어 기부자의 정기 기부가 얼마나 중요하고 감사한지에 대해 다시 한 번 강조한다. 사례를 들거나 스토리를 적는다든지 해서 좀 더 개인적인 표현이 되도록 한다. "친애하는 친구에게"보다는 "사라에게"라고 쓴다.

자동이체 약정 기부 프로그램에서 절대 피해야 할 것 두 가지

자동이체 약정 기부 프로그램을 시작할 때 유의해야 할 점이 두 가지 있다.

먼저, 기존의 기록 관리 및 회계 시스템이 약정 업무를 감당하기 어려울 때는 어떠한 약정 프로그램도 시작하지 말아야 한다. 특히 직불카드와 신용카드 업무는 빈틈없이 처리해야 한다. 자동이체나 신용카드 약정 프로그램을 시작하는 일은 이사회나 자원활동가에게 부탁하자. 직원들은 그동안 시스템에 결함이 없는지를 확인하고 기부자 베이스를 검토한다. 이렇게 좀 더 복잡한 방식으로 시스템을 갱신할 때는 흔히 단체의 인프라 자체가 갱신될 것이다. 그래서 모금 증대뿐 아니라 조직 운영의 효율성도 전반적으로 개선하게 되는 것이다.

두 번째로, 고액 기부자들과 지속적으로 연락하는 것처럼 여러분의 정기적인 기부자와도 지속적인 연락을 취해야 한다. 많은 정기적인 기부자들이 불평하는 것이 바로 그들이 가입한 이후에 단체로부터 어떤 연락도 받은 적이 없었다는 것이다. 감사편지, 개인적인 노트, 전화통화는 이들에게 매우 중요한 수단이다. 그들을 절대 당연시하면 안 된다. 그들은 여러분의 주 수입원이자 가장 안정적이고 충성도가 높은 기부자이기 때문이다.

제23장

유산 기부

기부자가 여러 번 신중하게 생각한 끝에 하는 기부는 모두 유산 기부라고 할 수 있다. 하지만, 우리가 일반적으로 부르는 유산 기부(legacy giving, 또는 계획 기부planned giving)란 기부자의 재산에서 일정 부분을 단체에 물려주도록 하는 것을 말한다. 이러한 기부는 보통 기부자 자신이 사망한 후에도 단체가 지속하여야 한다고 믿으며, 더욱 중요하게는, 단체가 계속해서 좋은 일을 이어갈 것이라는 강한 신뢰를 지닌 장기적인 기부자가 한다. 이들이 항상 고액 기부자인 것은 아니다. 유증은 여러 해 동안 소액 기부자였던 사람에게서 나오는 수가 많다. 나는 이사회 회의에 참석할 때마다 주위를 둘러보면서 30년 안에 (사실 얼마나 짧은 시간인가?) 아직 태어나지도 않은 사람들이 이 단체를 운영하겠구나 하는 생각을 하곤 한다. 그때쯤 나는 아마도 이 세상에 없을 것이다. 이 단체가 (아직 태어나지도 않은) 사람들을 이사와 직원으로 끌어들여 세상에 필요한 선한 일들을 계속해나갈 것이라는 믿음을 내가 가지려면, 단체에 대해 어떤 것들을 알아야 할까? 이러한 확신을 심어주는 정보가 바로 기부자들로 하여금 유산 기부를 고려하게 하는 기초이다.

    어느 단체는 유산 기부를 연간 경비로 지출하기도 한다. 하지만, 반복할 수 없는 기부를 이런 식으로 사용하는 것은 현명하지 않다. 또 유산 기부를 시설 개량자본금에 활용하는 곳도 있다. 하지만, 대부분 단체는 영구기금(endowment)을 구축하는 데 쓴다. 영구기금이란 이자 수익을 얻기 위해 투자해둔 영구적인 비축금으로, 유산 기부가 들어올 때마다 원금에 추가는 하지만 원금을 쓰지는 않는다. 이자 수입은 기부자가 용도를 따로 지정하지 않는 한, 단체의 필요에 따라 사용할 수 있다. 보통 일반 운영비로 쓰는데, 운영비 항목이 모금하기가 가장 어렵기 때문이다. 영구기금에 대해서는 다음 장에서 좀 더 자세히 알아보겠다.

유산 기부 프로그램의 준비

유산 기부 프로그램을 준비한다고 하면 세미나에 참석해서 복잡한 재무계획 용어들을 암기하고, 단체에서 가장 나이 많은 기부자를 찾아내서 자신이 배운 것을 설명해준 다음, 이들이 유증 서약서에 서명하도록 하는 것으로 생각하는 단체가 많다. 하지만, 유산 기부 담당자가 유증 세미나에 참석하기 전에 확인하고 고려해야 할 일들이 많다.

첫째, 단체가 먼 미래까지 지속적으로 존재할 필요가 있다는 사실에 대해 논의하고 모두 동의해야 할 필요가 있다(제24장 참조).

둘째, 단체의 존립 기간을 정하는 것에 더하여, 사람들이 현재 우리 단체의 활동을 신뢰하며 자금이 필요하다는 점을 이해하는지를 살펴봐야 한다. 단체가 지금껏 달성한 성과뿐 아니라 자원 관리와 정직한 회계 처리, 성실한 모금 방식 측면에서도 좋은 평판을 얻고 있는가? 대부분 풀뿌리단체는 이러한 질문에 긍정적인 대답을 할 수 있을 것이다. 하지만, 기부자들이 단체의 재정현황에 대해 얼마나 무지한가를 안다면 아마도 매우 놀랄 것이다. 만일 단체가 연간 재무보고서를 제공하지 않는다면, 기부자 명단을 정기적으로 공개하지 않는다면, 모금 방법에 대해 정기적으로 알려주지 않는다면, 기부자 역시 단체의 재정적 필요에 대해 생각해본 적이 없을 것이다. 하지만, 누군가 지역의 동물애호가협회나 대학, 교향악단이 어디서 자금을 마련한다고 생각하느냐고 물으면, 많은 사람이 개인과 유증 기부에서 얻는다고 답할 것이다. 그래서 사람들이 유언장을 쓰면서 재산의 일부를 동물애호가협회나 출신 대학, 지역 예술단체에 남길 생각을 하는 것이다. 단체가 돈을 모으고 지출하는 방식을 사람들이 잘 모르더라도 유산 기부 프로그램을 시작할 수는 있다. 하지만, 그 정보가 널리 알려지지 않는다면 프로그램이 오래가지 않을 것이다.

셋째는 위의 두 번째 내용과 밀접한 관련이 있는 것으로, 서너 해 동안 단체에 기부를 해왔으며 능력이 닿는 한 계속해서 단체를 후원할 생각이 있는 사람들이 기부자 베이스를 구성하고 있어야 한다. 단체는 유산 기부 프로그램을 시작하기에 앞서 숫자 면에서뿐 아니라, 기부자의 충성도 면에서도 기부자 베이스를 구축해야 한다.

위에 설명한 것 중에서 한두 가지가 빠져 있는 단체는 이 장을 건너뛰어 다음 장으로 가는 것이 낫다. 거기서 제안된 사항들을 실행에 옮기면서 한두 해를 보내고 나면, 유산 기부 프로그램을 시작할 준비가 되어 있을 것이다.

유산 기부에 관한 논의 준비

기부자 베이스가 안정적으로 구축되어 유산 기부 프로그램을 시작할 수 있는데도 불구하고 죽음에 대한 이야기를 꺼리는 사회적인 금기 때문에 이를 망설이는 단체들이 많다. 사람들은 자신의 죽음에 대해 이야기하는 것도 꺼리지만, 돈과 죽음에 대한 이야기를 한꺼번에 하는 것은 두 배로 꺼리는 경향이 있다. 예의 없는 정도가 아니라 아예 심각한 사생활 침해로 들리는 것이다. 하지만, 미국에서는 유증이 비영리단체 전체 기부금의 10% 정도를 차지한다는 점을 기억하자. 사실, 유증을 통한 기부금은 거의 재단 지원금과 동등한 수준이고, 기업 기부금보다는 언제나 많다(모금계의 오래된 농담 중에 기업보다 망자가 더 많이 기부한다는 말이 있다). 사람들이 유언장을 쓰면서 여러분의 단체를 기억해주기를 바란다면, 어떤 방식으로든 그것을 요청해야 한다.

유증을 요청한다고 해서 상대방이 죽기를 바란다는 뜻은 아니다(하지만, 우리 모두는 언젠가 죽을 것이다). 그것은 단체와 단체가 필요로 하는 것에 대해 설명하는 것이고, 대의에 대한 기부자의 충성도와 헌신을 인정해주는 것이며, 그러한 헌신을 실행으로 옮길 수 있는 또 다른 기회를 제공하는 것이다.

유언장의 중요성

유산 기부의 현황을 보면, 먼저 사망 전에 유언장을 남기는 사람은 전체의 50%에 못 미친다. 유언장을 작성하는 사람 중 유산 기부를 포함시키는 사람은 약 8%에 지나지 않는다. 유산 기부를 통해 상속세를 낮출 수 있는 부자들도 남긴 유산 중에서 기부는 18%에 불과했다. 따라서 단체 입장에서는 기부자 자신이 선택할 수 있는 옵션에 대해 가르쳐 주면서 향후 부동산 계획에 대해 조언할 수 있는 많은 기회가 존재한다. 그렇지만 우선은 이런 형식의 기부에 대해 사람들을 교육시켜야만 한다. 다행스럽게도 비영리단체를 건설해 온 베이비부머 세대는 유언장과 재단을 통해 기부하는 것에 대해 매우 익숙한 첫 번째 세대이며, 우리 대부분은 이전 어느 세대보다 그런 기부를 더 잘해 갈 것이다. 기부자가 돈과 재산을 비영리단체에 남길 수 있는 다양한 방법이 있음에도 불구하고, 유산 기부의 절대다수를 이루는 것은 유증이다. 계획 기부가 열이면 그중 여덟이 유증이다. 따라서 단체들 대다수, 특히 풀뿌리단체에는 든든한 유증 프로그램을 확립하는 일이 앞으로 지속적으로 유산 기부의 혜택을 얻는 밑바탕이 될 것이다.

누구나 유언장을 작성해야 한다. 사람이 언제 사망할지 알 수 없고, 생전에 소유했던 모든 것은 사후에도 그 사람의 소유로 남기 때문이다. 따라서 사후에 자신의 재산이 사용될 방법을 정할 권리가 있다. 유언장을 작성하지 않고 사망했을 때는 국가가 그 일을 대신할 것이다. 따라서 기부자에게 유산 기부를 소개하는 일은 매우 유익한 정보를 제공하는 것이라고 할 수 있다. 유언장 작성 문제를 생각해보도록 도와주기 때문이다. 그러한 도중에 비영리단체가 얼마간의 기부를 받을 수도 있을 것이나, 유언장 작성은 궁극적으로 기부자의 가족과 금전적 이해를 보호해주는 일이 된다.

유언장을 남기지 않고 사망하면 그 유산은 법에 따라 다음과 같이 처리된다.

- 부모나 자녀 없이 배우자만 남은 경우, 배우자가 전 재산을 가진다.
- 부모와 배우자만 남은 경우, 배우자와 부모가 재산을 나누어 가진다.
- 부모와 자녀, 배우자가 모두 남은 경우, 배우자와 자녀가 재산을 나누어

가진다. 이 경우, 부모는 재산을 상속받지 않는다.
- 부모와 자녀, 배우자가 모두 없는 경우, 형제자매와 사망한 형제자매의 자녀가 재산을 나누어 가진다.

유언장 작성의 동기 부여

중산층, 근로자층, 저소득층 기부자를 유지하고 있는 풀뿌리단체의 경우, 유산 기부 프로그램의 첫 단계는 기부자들이 유언장을 작성하도록 동기를 부여하는 것이다. 그다음 단계는 단체를 유산 상속인에 포함하도록 하는 것이다. 유언장을 남기지 않고 사망하여 법률에 따라 재산이 처리된 몇 건의 사례를 들려주면, 기부자들은 대개 유언장을 써야겠다는 생각을 한다. 다음 세 사례는 가명을 썼으나 실제 있었던 일들이다.

유언장의 중요성

[사례1]
메리 스프링힐은 50세에 유방암으로 사망했다. 이 여성은 자녀도 없었고 부모님도 이미 돌아가셨다. 남편과는 별거 중이었지만, 이혼 상태는 아니었다. 메리는 상당히 성공한 화가로 주택과 새로 구입한 차, 약간의 은행 예금을 포함해 40만 달러가 넘는 유산을 남겼다. 메리는 전에도 유언장 작성 같은 것은 생각해보지도 않았지만, 암 투병 중에는 몸이 너무 안 좋아서 엄두를 내지 못했다. 메리가 남편과 별거한 이유는 15년 동안이나 남편으로부터 육체적, 정신적 학대를 받았기 때문이었다. 이제, 생존한 배우자이자 유일한 상속자가 된 남편은 메리가 남긴 유산 전부를 상속받게 되었다.

[사례2]
페이와 메리애너는 5년간 연인으로 지냈다. 페이는 아버지로부터 아파트 한 채와 상당한 우량 주식을 물려받은 상태였다. 둘은 페이가 이전에 사들인 집에서 함께 살고 있었다. 이들은 메리애너를 주택의 공동 소유주로 올리고 유언장도 작성하려던 참이었는데, 페이가 음주 운전자의 차에 치여 사망하고 말았다. 사망 당시 유언장도 자녀도 없었던 탓에 페이의 부모가 법적 상속인이 되었다. 딸의 동성 애인을 인정하지 않던 부모는 페이가 남긴 유산을 한 푼도 줄 수 없다면서 메리애너를 살던 집에서 내쫓았다.

사람들 대부분은 자기 재산을 과소평가하는 반면, 유언장 작성에 드는 시간과 비용은 과대평가한다. 유언장이 없을 때 사망자의 유산을 처리하는 사람이 얼마나 많은 일에 시달려야 하는지를 알지 못한다. 유언장은 재산 분배 외에도, 자녀나 애완동물의 후견인 및 장례방식을 지정하는 등 여러 가지 법적인 의무와 망자의 바람을 전달하는 수단이다.

여기서 더 진행하기 전에 유념할 것은 비영리단체가 유언장 작성에는 관여할 수 없다는 사실이다. 유언장 작성을 독려하고, 변호사나 유산 설계사를 초청해서 유언장 작성 워크숍을 개최하고, 기부자와 유언장에 대해 논의하고 관련 자료를 제공하는 일은 가능하지만, 법적인 조언을 하거나 유언장 작성을 돕는 일에 관여해서는 안 된다. 비영리단체에 속한 사람이 유언장과 관련해서 기부자들에게 해줄 수 있는 유일한 조언은 변호사나 유산 설계사에게 가서 상담해보라는 것뿐이다. 이는 비영리단체가 '부당한 영향력을 행사'했다는 빌미를 주어 법적 소송에 휘말리는 일을 미리 방지하기 위해서다.

유산 기부

비영리단체에 하는 유산 기부 중에서 가장 간단하고 흔한 것이 유증이다. 기부자가 현금, 주식, 채권, 미술품 등 고가의 재산을 단체 앞으로 남기겠다고 유언장에 적는 것이다. 이미 작성한 유언장을 고치고 싶지 않은 사람은 추가 사항이나 수정안을 달면 된다.

가장 유명하고 오래된 유증의 한 예가 1790년에 벤저민 프랭클린이 남긴 것이다. 그는 4,000달러에 상당하는 유산을 펜실베이니아주의 주민(76%)과 필라델피아시의 주민(24%)이 나누어 갖되, 앞으로 200년간 손대지 않고 보존해야 한다는 조건을 달았다(프랭클린은 자신의 주와 시의 미래에 엄청난 믿음을 갖고 있었나 보다). 200년이 지나 1990년이 되자, 프랭클린이 남긴 유증은 그 가치가 230만 달러에 이르렀다. 이 돈의 가장 좋은 용도를 찾도록 그 권한을 위임받은 일단의 프랭클린 연구자들은 필라델피아시에 배당된 돈은 필라델피아재단의 영구기금으로 만들고, 펜실베이니아주에 배당된 돈은 프랭클린연구소와 지역재단 연합체에 배분했다.

유증을 남기는 법

유증은 누구나 남길 수 있다. 필요한 요건은 당사자가 생존해 있어야 하고, 유언장 작성 시 합리적인 판단을 할 수 있는 상태여야 하며, 가치있는 뭔가를 소유하고 있어야 한다는 것뿐이다. 사람들은 흔히 유증은 부자들이나 남기는 것으로 생각하지만, 사실은 그렇지 않다. 예를 들어, 신형 도요타 자동차가 있는 사람은 그 차를 비영리단체에 남겨 그걸 판 돈을 갖게 하면 되는 것이다.

유증은 기부자 생전에 취소하거나 변경할 수 있다. 유언장은 몇 번이라도 바꿀 수 있기 때문이다. 처음 유언장을 쓸 때 단체의 이름이 들어가 있다가도 다음번 개정할 때 빠질 수도 있다. 따라서 윤리적으로 볼 때 실현되지 않은 유증, 즉 생존하고 있는 기부자가 약속한 유증을 총 모금 목표액에 산정하는 것은 바람직하지 않다.

유증 문구

비영리단체는 사람들에게 유언장에 넣는 문구를 알려줄 수는 없지만, 소식지나 기타 인쇄물을 통해 다양한 형태의 유증과 거기에 적합한 문구를 기부자들에게 알려줄 수 있다.

일반 유증. 가장 단순한 형태의 유증으로, 아무 조건을 달지 않은 상태로 단체에 기부하는 금액을 명시하는 것이다. 유증의 내용은 다음과 같은 형태다.

> 본인은 총액 __달러(또는 구체적인 자산)를 (단체의 정확한 법적 명칭과 주소)에 유증으로 기부해서 이사회가 이를 사용할 수 있도록 합니다.

유증에 적은 단체가 어디인지 헷갈리지 않도록 반드시 주소를 함께 적는다. 사용하는 문구와 의도가 일반 유증과 비슷한 형태의 유증을 두 가지 더 살펴보자.

일정 비율을 할당하는 유증. 이 유증에는 다음과 같은 문구를 사용한다.

> 본인은 본인 유산의 전체 가치에서 ____%를 *(구체적 % 지정)* *(단체의 정확한 법적 명칭과 주소)* 에 유증으로 기부해서 이사회가 이를 사용할 수 있도록 합니다.

잔여 재산을 남기는 유증. 잔여 재산의 유증은 모든 유언장에 들어가는 조항으로, 다른 유증이 모두 실현된 후 남은 유산을 특정 단체나 개인에게 남기는 것을 말한다. 종종 이러한 유증이 가장 규모가 큰 유증이 되기도 한다. 문구는 다음과 같다.

> 본인은 본인 유산 중 모든 잔여 재산을 *(단체의 정확한 법적 명칭과 주소)* 에 유증으로 기부해서 이사회가 이를 사용할 수 있도록 합니다.

다음의 세 가지 유증은 단서가 붙거나, 특정 조건에서만 효력을 발휘한다.

불확정 유증. 불확정 유증은 유증 상속인이 사망이나 기타 조건으로 유증을 상속받지 못할 때 비영리단체에 남기는 유증을 말한다. 유언장 작성 때와 상황이 달라질 것을 대비해서 유언장에 불확정 유증을 포함하는 것이 좋다.

> *(상속자 이름)* 이 본인에 앞서 사망할 경우, *(상속자 이름)* 에게 유증하기로 한 재산은 *(단체의 정확한 법적 명칭과 주소)* 에 유증으로 기부합니다.

수입 사용 조건부 유증. 이 형태의 유증은 다음과 같은 문구를 쓴다.

> 본인은 ____달러의 유증을 투자 또는 재투자하여 발생한 이자만을 사용하는 조건하에 *(단체의 정확한 법적 명칭과 주소)* 에 기부하여 이사회가 이를 사용하도록 합니다.

지정 유증. 이 유증은 구체적인 프로그램이나 프로젝트를 지정해 일정 금액을 기부하는 것이다.

> 본인은 *(단체의 정확한 법적 명칭과 주소)*가 *(프로그램, 장학금, 건물 등 구체적인 사업)*
> 에 사용하도록 달러(또는 부동산이나 전체 유증의 일정 비율)를 유증으로 기부합니다.

지정 유증은 다음과 같은 불확정 조건을 붙이는 것이 바람직하다.

> 상기 프로그램이 더는 필요하지 않거나 다른 기금원으로부터 충분한 자금을 확보할
> 경우, 본 유증의 사용처는 이사회의 결정에 따른다.

단체로서는 유증의 사용처가 유연할수록 좋다. 따라서 그러한 문구를 홍보하는 것이 바람직하다.

위에 제시한 다양한 형태의 유증을 통해, 시간이 지나면서 기부자가 유언장을 수정하여 단체를 좀 더 직접적인 상속인으로 지정하는 법을 배웠을 것으로 생각한다. 어떤 기부자들은 발생가능성이 적은 한두 가지 일을 정해서 그 일이 발생할 때 단체가 유산을 받도록 하는 불확정 유증부터 시작한다. 그런 다음, 일정 금액이나 일정 비율로 옮겨 갈 수 있다. 그 이후에는 잔여 재산 유증으로 변경해서 기부자가 아직 생각하지 못한 나머지 유산을 모두 단체가 받을 수 있게 할 수 있다. 이렇듯, 유증의 취소와 변경 가능성은 기부자나 단체 모두에게 불이익이 아니라 상호 이득이 된다는 점을 주목할 필요가 있다.

보험 및 퇴직 기금을 활용한 기부

보험이나 퇴직 기금에 투자한 자산이 있을 때는 이 기금의 상속인을 적게 되어 있다. 해당 상속인을 비영리단체로 하거나, 또는 상속자 이름을 적고 나서 2차 수령인으로 비영리단체를 지정하여 1차 상속자가 먼저 사망하는 경우 단체가 해당 기금을 상속받도록 할 수 있다. 일반적인 예를 두 가지 들어보자.

생명보험

사람들이 생명보험에 가입하는 이유는 충분한 자산을 축적해 놓지 않은 상태에서 본인이 사망하더라도 남은 가족들이 생계를 위협받지 않도록 하기 위해

서다. 이 보험금은 주택담보대출금을 갚거나 운영하던 사업체를 지킬 수 있는 정도일 것이다. 보험 계약자가 나이가 들면서 이러한 보호장치가 필요 없어지면 보험 수령인을 비영리단체로 바꿀 수 있다. 보험 종류에 따라서는 계약 기간이 오래될수록 보험금이 커지기도 한다. 어떤 사람들은 보험이 더는 필요 없다는 생각을 하면서 생전에 보험증권을 기부하기도 한다(물론 이때는 보험금이 사망 시 지급액만큼 크지 않다).

기부를 위한 생명보험 가입

자신이 축적한 자산으로 기부할 수 있는 것보다 훨씬 더 큰 금액을 기부하고 싶다면 생명보험에 가입해서 단체를 상속인으로 지정하는 것도 한 방법이다. 이런 보험은 세금 공제가 가능하다는 장점이 있다.

사실, 단체로서는 그다지 바람직한 방식은 아닌데, 비영리단체를 돕기 위해 기부자가 계속 돈을 내고는 있지만, 기부자가 사망하고 난 먼 미래에야 그 돈이 단체에 들어올 것이기 때문이다. 게다가 기부자가 보험료를 내지 않으면 단체는 기부자와 보험 둘 다 잃게 된다.

과세유보 퇴직연금(IRA 연금) 또는 기타 퇴직연금

미국인 대부분은 과세유보 퇴직연금에 가입할 수 있다. 기부자가 연금에 가입하면서 1차나 2차 또는 3차 상속인에 단체의 이름을 올리거나, 아니면 단체가 영구기금의 일정 비율을 받을 수 있도록 할 수 있다. 그러면 기부자가 퇴직 전이나 영구기금을 다 쓰기 전에 사망하면 단체에 지정된 금액이 기부된다.

기부자에게 유산 기부 프로그램을 소개할 때

내가 그랬던 것처럼 여러분도 아마 이런 생각을 했을 것이다. "사람들에게 유증 기부 이야기를 어떻게 꺼내야 할지 모르겠어. 내가 방법을 안다고 해도 그녀는 아마 기겁할 걸. 그렇지만 그렇지 않다면 벌써 누군가가 그녀에게 요청을 했고 나는 너무 늦은 요청을 하게 된 경우일 거야."

이런 생각을 하는 것은 지극히 정상적이다. 생전에 풀뿌리단체에 기부도 많이 하고 자원활동도 한 사람이 정작 유산은 자신이 졸업한 대학교나 다른 큰 기관에 하는 것을 여러 차례 보았다. 그 이유를 물어보면 이 단체가 오래 살아남아서 유증의 혜택을 볼 수 있을지 또는 유증 재산을 잘 운용할 수 있을지 확신이 없어서 그랬다고 말한다. 이런 것은 악순환의 고리를 만드는 중요한 원인이 된다. 우선은 소규모 풀뿌리단체 모금가들이 유산 기부에 대해 많이 알아야 하며, 그런 연후에 담대한 기부자들을 설득함으로써 이 고리를 깨야 한다. 처음에 몇 사람이 시작하면 다른 사람들도 뒤따를 것이다.

유산 기부 프로그램을 도입하는 가장 좋은 방법은 편지와 소식지, 웹사이트를 통해 가장 쉬우면서도 요란하지 않게 접근하는 것이다. 현재 단체의 기금과 미래의 비전을 이야기하면서 기부자들에게 유언을 생각할 때 단체를 기억해달라고 부탁하자. 그리고 몇 가지 형태의 유증에 대한 설명을 덧붙이고 기부자가 유언장을 작성할 때 단체의 이름을 상속인에 올려달라고 요청한다.

소식지부터 시작해보자. 1년에 한두 번 정도 지면을 할애하여 관련 기사를 싣고 단체 웹사이트에 대한 더 많은 정보를 원하는 사람들로 하여금 참고하도록 하자. 웹사이트 '기부하는 방법'이라는 메뉴 아래 '유증 형태'라는 항목을 둬서 좀 더 자세한 내용을 설명하고, 관심있는 사람들이 보거나 유언 보충서를 다운받을 수 있게 한다.

1년에 한 번은 전체 기부자를 대상으로 특별히 유언장에 초점을 맞춘 우편물을 보낸다. 기부자를 구분하는 것이 바람직할 것 같으면 3~4년간 연속해서 기부해준 기부자들에게만 발송한다. 유증에 관한 설명을 담은 브로셔를 우편물과 함께 보내는 것도 좋다. 이들 브로셔에 사용되는 용어는 '리브어레거시'(Leave a Legacy, LeaveaLegacy.org)와 같은 유언장 만들기 공공서비스 캠페인을 통해 도움을 받을 수 있다. 그곳에는 또한 기부자의 재산 양도 계획의 중요성과 관련하여 매우 흥미로운 스토리가 있다. Gaywill.com은 LGBTQ공동체를 위해 유사한 서비스를 제공하기도 한다.

소식지와 웹사이트에 단체가 유증 프로그램을 운영하고 있으며, 유언장을 작성할 때 단체를 기억해달라는 (줄광고와 같은) 공지를 지속적으로 게재한다. 공지

문구는 다음과 같을 수 있다.

> 유언장을 작성하실 때 저희 단체를 위한 유산 기부를 생각해주십시오. 저희 단체의 법률상 정식 명칭과 주소는 _____ 입니다. 이것과 관련한 자세한 정보를 원하시면 *(전화번호)* 로 전화하시거나, *(우편주소, 이메일 주소)* 로 연락해주십시오.

혹은

> 유언장에서 ___*(단체명)*___ 를 상속인으로 지정하신 경우에는 저희에게 알려주시기 바랍니다.

IRA 연금이나 보험, 유언장, 기타 유산 관련 문서에서 단체를 1차나 2차 또는 3차 상속인으로 지정할 수 있다는 것도 알린다.

이러한 정보를 자주 제공하면 사람들이 점차 그 내용에 익숙해질 것이고, 그러면 유언장을 쓸 때 단체를 기억하게 될 것이다. 유산 기부 프로그램을 시작해서 성과를 얻기까지는(즉 실제로 유증이 들어오기 시작하거나 기부자가 유언장에 단체를 포함하는 데) 보통 3년에서 5년이 걸린다. 따라서 이 전략은 당장 재정난을 해결하는 데 사용하기는 어렵다.

유산 기부 우편발송 대상자 명단 작성

유산 기부 관련 우편물이 증가하고 유산 기부에 대한 정보를 요청하는 사람들이 늘어나면, 이렇게 정보를 요청한 사람들로 명단을 만든다. 이 명단에는 단체를 돕기 위해 유산 기부를 고려하는 진지한 잠재 기부자들이 포함된다. 다른 단체에서 모금활동을 하면서 여러 단체의 자료를 참고하고자 정보를 요청한 사람과 우편물 받는 것을 좋아하면서 기부 요청에도 잘 응답하는 사람도 포함한다. 하지만, 진지한 잠재 기부자와 기타 후보들은 구분하는 것이 좋다. 계획 기부를 요청할 만한 핵심적인 잠재 기부자에게 개인적인 관심을 집중할 필요가 있기 때문이다.

많은 단체가 유언장에 단체 이름을 거명한 기부자들을 대상으로 '유산 기부자회'(heritage society)를 운영하고 있다. 그리고 이 모임의 회원에게 가끔 특별 우편물을 보내서 실제 사례와 이야기를 통해 유산 기부의 여러 유형에 대해 자세히 설명한다. 또 이들을 대상으로 하는 리셉션이나 강좌를 기획할 수도 있다. 이런 모임에는 여러 계층의 사람들이 섞여 있는데, 기부의 규모와 상관없이 유증을 한 사람은 누구나 회원이 될 수 있기 때문이다.

유산 기부에 관심 있는 사람들에게는 메일링리스트에 등록하도록 권한다. 그리고 이메일로 보낸 내용은 웹사이트에도 올리고, "유증을 남기려면", "저희의 미래를 지켜주세요"와 같은 아이콘을 사용한다. 규모가 큰 단체의 웹사이트를 둘러보고, 이들은 어떻게 유산 기부를 홍보하고 있는지 살펴보자.

세미나 개최

유산 계획에 대한 세미나는 유산 기부를 이끌어낼 수 있는, 지역사회에 대한 훌륭한 서비스다. 유산 기부에 관심을 보였던 사람들을 초청하고, 원한다면 지역 전체에 이 세미나를 홍보할 수도 있다. 유산 계획 전문가를 부르고, 유산 계획에 관한 자료는 물론 단체에 대한 자료도 넉넉히 준비한다. 자신의 유산 계획에 단체를 포함하게 된 경위를 이야기해줄 만한 사람이 있으면 더욱 좋다.

세미나의 목적은 사람들이 유산에 대해 생각해보도록 돕는 것이기 때문에 단체에 대한 이야기로 시간을 너무 많이 보내지 않는다. 하지만, 단체에 관해 몇 번 언급해서 유언장에 비영리단체를 포함한다면 그 대상이 여러분의 단체가 되기를 바란다는 점을 환기시킨다.

단체로서는 세미나를 통해 사람들을 만날 수 있기 때문에 후속 작업이 더 쉬워지기도 한다. 예를 들어, 단체가 앞장서서 전문가의 도움을 받아 유산 계획을 세우고 싶어 하는 사람들의 모임을 추진할 수 있다. 매월 또는 정기적으로 이런 잠재 기부자들이 모여 전문가와 함께 특정 주제를 깊이 있게 논의할 수 있는 자리를 마련하는 것이다(모임에서는 유산과 관련된 개인적인 문제들, 예를 들어 자녀가 몇 살이 되어 유산을 사용하도록 하는 것이 좋은지, 주인 사망 시 애완동물은 어떻게 하는 게 가장 바람직한지 등에 대해 알아본다. 또 병이 위중할 때의 의료 조치를 선택할 수 있는 사망 선택 유서 등에 대해서도 논의할 수 있다).

위에 설명한 것과 같은 세미나를 다른 단체와 함께 주최해서 성공하는 때도 잦다. 이때는 참석자 수도 더 많아지고, 특정 단체를 홍보하려는 것이 아니라는 점도 분명히 할 수 있다.

유증 외에도 다른 여러 가지 계획 기부 전략이 있는데, 그중 일부는 기부자가 사망한 후에 비영리단체에 물려줄 유산을 신탁해 놓고 생전에는 기부자가 그 신탁금의 배당금을 받을 수 있는 프로그램도 있다. 운이 좋은 단체들은 지역 내의 재단과 공동으로 이러한 신탁이나 비슷한 기금을 받아서 관리하기도 한다. 지역재단은 원래 복잡한 기부 사업을 다루는 곳이기 때문에 이러한 일을 처리하는 노하우를 가지고 있다. 재단은 또 견실하고 안정되었다는 인상을 주기 때문에 기부자들은 자신의 기금이 제대로 관리될 것이라는 확신을 가진다. 이 경우 단체는 자산을 직접 관리할 때와 똑같은 이자를 받지만, 골치 아픈 일거리는 덜어낼 수 있다. 이 경우 서비스 수수료를 내야 하고 그 재산을 소유할 수는 없지만, 기부금은 다른 투자금과 합쳐져서 좀 더 안정적으로 운영될 수 있고 이를 통해 자신만의 신탁기금을 운영 관리할 때보다 더 많은 수입을 얻을 수 있다.

유산 기부라는 말을 꺼낼 때의 두려움과 거북함만 극복할 수 있다면, 유산 기부가 기부자나 단체 서로에게 아마도 가장 큰 이득을 가져다주는 기부 형태라는 것을 알게 될 것이다. 어떤 유형의 기부이건 간에 단체는 기부를 통해 금전적 이득을 얻고, 기부자는 자신이 필요하다고 믿는 활동이 지속되리라는 안도감을 얻는다. 기부 규모가 클수록 기부자는 더 큰 확신을 할 필요가 있다. 단체는 감사편지나 특별행사 초대, 그리고 기타 다양한 관심을 통해 단체의 활동이 지속하도록 도와준 데 대해 기부자에게 감사를 표한다.

효과적인 유산 기부 프로그램을 시행하고자 하는 단체는 효과적인 모금 프로그램에 필요한 모든 요소를 제대로 갖추고 있어야 한다. 기부자와 함께하고자 하는 열망, 기부자에 대한 데이터를 수집하고 정리할 수 있는 능력, 기부 요청을 두려워하지 않는 사람들, 미래를 향한 계획과 목표, 단체의 활동이 영속적인 가치를 갖는다는 믿음이 바로 그것이다.

제24장

기금 설립

경기가 좋을 때는 규모가 아주 작은 NGO라도 수입 일부를 영구기금이나 비축금 또는 저축성 예금에 넣어둘 여유가 있다. 이 돈은 뮤추얼 펀드나 양도성 예금증서에 투자하는데, 어느 정도 관리하면 (때로는 폭발적으로) 원금이 불어난다. 영구기금 수입은 단체의 연간 예산에서 안정적인 수입원이 되며, 기금 규모가 클 때는 주요 수입원이 될 수도 있다. 하지만, 경기가 침체되었거나 주식시장이 곤두박질칠 때는 아무래도 이런 방식으로는 돈을 비축하지 않게 된다.

우리가 퇴직이나 어려운 때를 대비해 미리 저축을 해두는 것과 마찬가지로, 단체 역시 가능하다면 따로 영구기금을 마련해두는 것이 좋다. 특히 비영리조직으로서 지속적으로 활동하고자 하는 단체라면 영구기금 마련을 시작해야 한다. 투자의 안전성을 보장하면서 장기적으로 원금이 늘어나고 얼마간의 수입을 보장받는 방법이 적지 않게 존재한다.

영구기금의 정의

영구기금이란 어떤 기관이 영구적으로 적립하는 저축성 예금을 뜻한다. 원금은 그대로 두고 원금의 일정 비율(일반적으로 5%)을 기관의 연간 예산으로 사용한다. 몇 년 동안 원금이 5% 이상 증액되면 전체 영구기금의 가치가 커지고, 따라서 5%라는 수치를 유지하면서도 단체가 쓸 수 있는 금액이 커지게 된다. 몇 년간의 원금 증액이 5%에 미치지 못하더라도 원금을 크게 훼손하지 않고도 여전히 자산의 5%를 가져다 쓸 수 있다. 반면, 시장이 크게 곤두박질칠 때는 원금 손실도 피하기 어렵다. 따라서 이런 시기에 영구기금에서 운영 경비를 가져다 쓰는 것은 일반적이지 않으며, 만일 그렇게 하게 되면 영구기금의 가치가 더욱 하락할 것이다.

투자를 다양화하면 시장이 불안정할 때도 수익을 얻을 수 있다. 모든 돈이 그렇듯이 영구기금 역시 손실이 나거나 심지어는 완전히 사라져버릴 수도 있다. 따라서 단체는 수입 구조를 다변화하여 영구기금 투자 수익에 지나치게 의존하지 않도록 해야 한다.

영구기금의 장점

영구기금의 장점은 너무나 분명해 보이지만, 그래도 한 번 더 살펴보자.

- 저축성 예금과 마찬가지로 어느 정도 재정적인 안정성을 제공하여 연간 모금에 대한 부담을 덜어준다.
- 영구기금은 단체의 영속성을 내포하기 때문에 장기적인 측면에서 단체의 계획을 세우게 된다.
- 영구기금이 있으면 기부자들이 연간 기부금 수준을 넘어서는 고액 기부를 할 수 있다. 또 기부자들은 자신의 기부금이 금방 소모되지 않을 것이라는 확신을 하고 일생에 한 번 정도 할 수 있는 고액의 기부를 할 수 있다.
- 영구기금이 있으면 기부자들이 유언을 통해 단체에 대한 헌신을 표현할 수 있다. 영구기금을 운용하지 않는 단체에 유산을 남길 사람은 거의 없기 때문이다(제23장 참조).
- 영구기금에 응답하는 기부자들은 단체가 계획을 잘 수립하고 장기적으로 사고한다는 표시로 간주하는 사람들이다.
- 필요하다면 시설개량(건물 구매 등)이나 융자 담보로 영구기금의 원금을 사용할 수 있다.
- 극단적인 상황에서는 다른 수입원이 발생할 때까지 단체의 재정을 유지하는 데 사용할 수도 있다(원금 사용은 될 수 있으면 피해야 하지만, 이것이 최선이거나 유일한 해결책이 되는 상황이 발생할 수도 있다. 그러한 상황에서도 의지할 구석이 있다는 것 자체가 좋은 일이다).

영구기금의 단점

믿기 어렵겠지만, 영구기금에도 단점은 있다.

- 단체가 아주 큰 영구기금을 가지고 있을 때는 사실 이미 문을 닫았어야 하거나 적어도 활동 방향을 수정했어야 할 단체가 아무런 변화 없이 영속적으로 유지될 수 있다.
- 대규모 영구기금에서 나오는 수입이 있으면 단체가 이해관계자에게 무심해질 수 있다.
- 영구기금은 안전성에 대한 잘못된 인식을 줄 수 있다. 이자율은 들쑥날쑥하고, 주식시장은 바닥으로 곤두박질치고 따라서 잘못된 투자의 가능성은 항상 존재한다.
- 영구기금이 있으면 지원이 더 필요한 곳에 기부하기를 좋아하는 기부자들을 멀어지게 할 수 있다. 반면, 연간 운영비보다는 영구기금에 기부하는 것을 더 선호하는 기부자도 있을 것이다.
- 특정 프로그램에 배정된 대규모 자금원이 흔히 그렇듯이, 영구기금이 특정 프로그램에 할당되어 있으면 단체 고유의 사명보다 기부자가 제시한 조건에 따라 단체의 활동이 좌우될 수 있다. 또 프로그램을 변경하거나 폐지해야 할 때가 되면 영구기금 기부자가 이미 사망했을 가능성이 크고, 이 기금의 용처를 변경할 조건도 마련되어 있지 않은 상황이 올 수 있다. 기금규모가 상당할 때는 시간과 비용이 많이 드는 법정 소송이 뒤따를 수 있다.
- 영구기금 운영은 이사회와 직원에게 또 다른 일거리가 된다. 특히 투자 방법이나 영구기금 수입의 사용처를 둘러싸고 불협화음이 생길 때는 영구기금 운영에 소비하는 시간이 더 늘어나 주객이 전도된 상황이 일어날 수 있다.

사회정의를 추구하는 단체는 영구기금에 대한 철학적 숙고가 필요하다. 영구기금의 돈은 내야 할 세금으로부터 오지만, 그 돈이 세금을 면제받는 해당 활동에 직접 쓰이는 것은 아니다(사실 투자란 그 성격상 흔히 단체의 활동을 통해 근절하고자 하는 자본주의적 방식을 지지한다). 따라서 정부 지원이 줄어들고, 정부가 세금으로 제공해야 할 서비스는 점진적으로 민영화됨으로써 어려움을 겪고 있는 단체들은 딜레마에 봉착하게 될 것이고 이를 해결하기 위해 노력해야만 할 것이다. 즉 정부의 세수로 해결해야만 하는 일, 즉 사회서비스, 예술, 학교, 도서관 등에 대한 지원과 같은 일을 해오고 있다고 인식된 단체와 기관이 민간의 비축된 자금에 의해 본질적인 '민영화'가 추진되고 있는 중이다(역사적 관점에서 보자면, 1791년 프랑스혁명 와중에서 혁명가들은 교회나 사립기관에 속한 기금을 장악하고 해체했다. 이는 자코뱅의 신조, 즉 국가는 시민의 삶의 질을 증진하는 데 필요한 것을 제공해야만 하며, 사립중간기구, 특히 '죽은 기부자의 긴 팔'을 통해서는 건강한 사회를 만들 수 없다는 믿음을 반영하는 것이었다. 따라서 프랑스에서는 이 이후로부터 1987년에 이르기까지 재단의 신설을 근본적으로 금지한 법률이 지속되었다).

영구기금 또는 비축금 설치에 앞서 고려할 사항

두말할 것 없이, 효과적인 연간 모금 캠페인을 가진 단체만이 기금을 시작할 수 있다. 영구기금을 시작하고자 하는 단체는 보통 얼마를 어떻게 모으고 누구에게 요청할 것인지를 궁리하며 돈에만 초점을 맞추는 경우가 많다. 하지만, 단돈 1달러라도 영구기금에 투자하려면 반드시 다음 두 질문에 먼저 답해야 한다.

단체가 영속적으로 존재해야 한다는 것에 구성원 모두가 동의하는가

사회 변화를 위해 활동하는 비영리단체들은 대체로 자신들의 활동이 성공해서 더는 단체가 필요하지 않은 상황이 올 수 있다는 생각을 하고 있다. 일반적으로 설립자도 단체가 영구적으로 필요하리라고 생각지 않으며, 목표로 하는 문제를 해결하는 데 생각보다 시간이 오래 걸리는 것을 보고 놀랄 수도 있다. 예술단체, 대안학교, 유적보존단체, 공원 및 자연보존단체, 일부 사회복지서비스단체는 언제나 그 필요성이 존재하기 때문에 단체가 영속적으로 존재할 것이 분명하다. 반면 환경단체, 페미니스트단체, 해방운동단체, 애드보커시 단체는 활동이 성공하면 존재 이유가 사라질 것이다.

가끔은 이 첫 질문, 즉 우리가 항상 이 자리에 있을 것인가에 대한 논의가 기금 수립 과정에서 가장 흥미로운 부분이 되기도 한다. 영구기금과 관련해서 이 "영구적"이라는 단어는 여러 의미가 있다. 전통적인 의미대로 "언제나 항상"이 될 수도 있고, "현 시점부터 50년간"이 될 수도 있다. 하지만, 영구기금은 단체 구성원이 모두 사망한 후에도 지속한다는 의미를 내포하고 있으며, 따라서 단체는 아직 태어나지도 않은 사람들이 이사가 되고 직원이 되어 일할 때를 상상해봐야 한다. 그때도 이 단체가 존재해야 할 것인가? 그렇게 믿는 증거는 무엇인가?

이사회, 직원, 핵심 자원활동가, 기부자 등 모든 구성원이 단체의 영속적인 존립 필요성에 동의하는 것이 중요하다. 그렇지 않으면 영구기금 설립의 근본적인 이유는 물론이고 기금 모금의 추진력도 문제에 봉착할 것이다.

영구기금 수입을 어디에 쓸 것인가

부부가 저축한 돈을 어디에 쓸지를 두고 생각이 다르듯이, 이사와 직원들도 기금 수입의 사용처를 두고 의견이 갈리는 수가 많다. 어떤 사람들은 영구기금 수입이 있으면 모금 압박에서 한숨 돌릴 수 있을 것이고, 단체의 안정적인 수입 흐름을 예상할 수 있을 것이다. 다른 사람들은 그동안 비용 때문에 하지 못했던 특별 프로그램을 진행하자고 제안할 수 있다.

영구기금 수입의 사용처는 영구기금의 규모와 관련된다. 예산이 25만 달러 정도인 단체에서 약간의 재정적인 보조와 안정성을 꾀한다면 영구기금 규모가 10만 달러면 충분할 것이다. 연간 기금수익이 5,000달러 정도이고 필요할 때 꺼내 쓸 수 있는 원금이 있다는 사실만으로 충분하기 때문이다. 이 돈은 직원 건강지원비를 늘리거나 사무실을 수리하는 일 등에 쓸 수 있을 것이다. 단체의 사업 방향을 바꿀 정도는 아니지만 삶이 좀 더 편해질 것이다. 반면, 지부를 열거나 새로운 프로그램을 탐색할 수 있을 정도의 영구기금 수입을 원한다면 100만 달러 이상의 영구기금을 마련해서 연간 5만 달러의 수입을 안정적으로 얻을 수 있어야 한다.

이 두 질문에 답하고 나면(이 논의에만 1년이 걸릴 수도 있다), 초기 계획 단계에 들어설 수 있다. 여기에는 기금 승인, 수령할 수 있는 기부의 유형, 투자 정책 결정 등이 포함된다.

영구기금 승인

먼저, 이사회가 영구기금 설립과 기금의 영구적 지속성에 동의한다. 이 기금은 앞으로 모든 재정보고서에서 별도 항목으로 반영될 것이다. 이 결정을 내리고 난 다음에는 영구기금과 관련한 일련의 정책을 결정해야 한다.

기금 이자 사용 정책

영구기금에서 나오는 이자 수입의 사용처를 명시하는 정책은 대략적인 테두리를 정하는 정도로 충분하지만, 지나치게 포괄적이어서 두 가지 상충하는 해석이 가능하면 곤란하다. 예를 들어, 어느 정책이 "영구기금 수입은 운영 경비로 사용한다"고 되어 있다고 생각해보자. 나중에 단체가 지부를 내고 신규 프로그램을 추가하게 되었을 때, 어떤 이사는 영구기금 수입의 사용처를 확대해서 전체 프로그램 운영에 드는 경비로 쓸 수 있게 해야 한다고 생각하는 반면, 다른 이사는 정책을 수립할 당시에 운영 중이던 프로그램 운영 경비로만 한정 지어야 하고 신규 프로그램에 필요한 자금은 다시 모금해야 한다고 생각할 수 있다.

원금 사용 정책

단체가 영구기금의 원금을 사용하게 되는 상황이 있을까? 여기에는 옳고 그른 답이 없지만, 대부분 아주 절박한 상황이나 혹은 빌딩 구입시 선금 지급과 같이 장기 자산을 구입할 때는 사용할 수 있을 것이다.

어떤 단체도 모든 비상 상황에 대해 생각해 둘 수는 없지만 그리고 이런 것을 준비하기 위해 많은 시간을 쓰고 싶지도 않지만, 이런 뜻하지 않은 상황들까지도 일일이 문서에 명시해두는 것이 좋다. 나는 다음과 같은 상황도 종종 목격했다. 어느 단체에서 이사와 직원들이 애써 영구기금을 설립해 놓았다. 그런데 시간이 지나면서 그들이 모두 단체를 떠나고 새로 들어온 이사들이 예산 수지를 맞추는 데 원금을 사용할 수 있도록 투표로 결정했다. 결국, 이들은 야금야금 원금을 모두 고갈시키고 말았다. 또 다른 예는 지원이나 기부를 전혀 받지 못해 직원을 해고하고 결국은 한 이사의 차고로 사무실을 이전한 경우다. 재무제표 상으로는 40만 달러가 기금으로 잡혀 있었다. 나는 왜 이것을 사용하지 않느냐고 물었고 그들은 "이것은 궁할 때 쓸 돈입니다"라고 답을 했다. 나에게는 지금이 바로 그때였는데 그들은 아직 그때가 오지 않았다고 생각했다.

이와 관련된 의문은 원금의 사용처를 결정할 권한을 누가 갖고 있는가다. 대부분은 전체 이사회에서 사용처를 승인해야 한다는 규정을 두고 있다. 또 어느 단체는 원금의 일정 비율은 집행위원회의 투표를 통해 사용처를 결정할 수 있다고 규정한다. 그 비율을 넘어설 때는 전체 이사회가 결정한다. 이사회 총회에서는 이를 만장일치로 결정해야 한다고 명시한 곳도 있고, 반수 이상이 찬성해야 한다고 정한 곳도 있다. 이런 절차는 단체가 문제를 결정하는 방식에 따라 다를 것이다.

기부 수령 정책

또 하나 결정해야 할 큰 범주는 어떤 유형의 기부를 받을 것인지, 기부금 수령 권한은 누가 갖는지, 기부자와 계약서를 작성할 때 누가 서명할 것인지, 어떤 상황에서 기부를 받거나 사절할 것인지 등에 대한 것이다(영구기금을 운영하지 않거나 앞으로도 운영할 의사가 없더라도 기부금 수령 정책을 만들어 두면 유용하게 쓸 수 있다. 아래 사례에서 보듯이 모든 모금활동에서 나오는 질문들은 비슷하기 때문이다).

예를 들어, 주택을 기부하려는 사람이 나타나면 이것을 받을 것인가? 사람들은 "그게 어때서요?"라고 말한다. 하지만, 이런 것을 생각해보자. 어떤 NGO가 주택을 기부받았는데, 알고 보니 기부자가 큰 금액을 손해 보면서까지 매각하려고 했는데도 팔리지 않은 집이었다. 또 어떤 단체는 선취특권이 있는 주택을 기부받았다. 이 단체는 세입자를 내보내면서 "싱글 맘을 내쫓은 사회단체"라는 제목으로 신문에 보도되는 등 한바탕 악몽을 치러야 했다.

그렇다면 보석이나 미술품, 골동품은 어떤가? 이런 물건도 생각을 해봐야 한다. 어떻게 팔 것인가? 적당한 미술품 감정인과 구매자를 알고 있는가? 이런 물건은 값이 매우 비싸면서도 팔지 못하는 경우가 있다. 그래서 어떻게든 팔아보려고 한참 동안 애쓰다가 결국 직원과 자원활동가들의 시간만 낭비하고 마는 수가 있다.

무기 제조회사, 환경을 훼손하는 기업, 노동자 착취 기업의 주식은 어떤가? (주식을 받으면 실질적으로 해당 기업을 지지하는 셈인데도 불구하고, 주식을 기부받은 즉시 매각해야 하기 때문에 거기에 따른 별다른 문제의식 없이 받는 때가 있다. 그러나 실제 주식이 단체에 기부되기 전에 이에 대해 논의하는 것은 원칙적으로 매우 중요하다).

사용처가 제한적인 기금은 어떤가? 예를 들어, 어린이 대상 프로그램에만 한정해서 영구기금을 제공하려는 기부자가 있다면, 그 기금을 받을 것인가? 또는 프로그램을 새로 하나 만들어서 거기에 기금을 내겠다고 한다면 받을 것인가?

대부분의 풀뿌리단체에서 일을 간단히 하려면 처음에는 현금이나 유가증권(주식과 채권), 생명보험만을 받고 제한 조건도 거의 또는 전혀 없는 기부만을 받는 것이 좋다. 기타 자산은 기부 건이 들어올 때마다 협상하면 된다.

"○○ 단체의 이사회는 단체의 사명에 적합하지 않거나 단체가 처리하기 어렵다고 생각되는 기부는 거절할 권리를 가진다"와 같이 기부 수령 정책을 아주 간단하게 만들 수 있다. 이렇게 문구를 만드는 것보다 더 중요한 일은 이사와 직원 등 모든 사람이 기부 수령에 대해 논의하고 그것을 이해하는 것이다. 대부분 단체는 어떤 기부든지 무조건 받으려고 한다(*받은 선물에 대해서는 왈가왈부하지 마라*). 하지만, 어떤 기부는 그 값어치보다 부담이 훨씬 더 클 수도 있다는 점을 알아야 한다.

받아야 할 기부 유형과 거기에 수반되는 일이 무엇인지 의문이 생길 때는 기금 정책을 작성해본 적이 있는 전문가에게 자문을 의뢰한다. 그렇게 하는 것이 나중에 시간과 경비를 절약하는 일이다.

투자 정책

마지막으로, 투자 정책이 필요하다. 투자의 목적이 오로지 수입을 얻는 것인가, 아니면 수입과 함께 원금 증대가 가능한 혼합 투자를 할 것인가? 사회적으로 책임 있는 투자를 할 것인가? 그렇다면 사회적 책임을 가려낼 심사 기준은 무엇인가? 예를 들어, 담배나 대형 할인매장, 벌목 회사 등 특정한 제품이나 기업에는 투자하지 않는다는 규정을 둔 곳도 있다. 또 해당 기업이 노조 해체에 관여하지 않았는지, 직원이나 이사회의 구성이 인종적으로 다양한지, 협력업체에 의료보험 및 기타 혜택을 제공하는지 등을 확인하도록 규정하는 단체도 있다. 사회적 책임을 심사할 때는 우선순위를 정할 필요가 있다. 나쁜 것들을 모두 걸러내려고 하면 투자할 곳이 한 군데도 없을 것이다.

단체가 영구기금을 받기 시작하면 이사회는 투자위원회를 만들어야 할 것이다. 이 위원회에는 이사가 아닌 사람도 참여할 수 있다. 친분 있는 은행가나 최고액 기부자, 재단의 프로그램 담당자 등은 적절한 사람을 위원회의 후보로 추천해주거나 자신이 직접 위원으로 봉사할 수도 있을 것이다. 대체로 풀뿌리 단체의 이사진이 개인적으로 하는 가장 큰 투자는 고작해야 새 차를 구입하는 정도다. 따라서 영구기금을 투자하기 위해서는 이사진이 상당히 많은 개념을 새로 배워야 한다. 투자의 책임을 다른 사람에게 위임할 수도 있지만, 그렇더라도 영구기금을 제대로 관리, 감독하려면 공부를 해야 한다. 좋은 투자와 나쁜 투자를 구별하는 일이 항상 쉽지만은 않다. 이사진이 투자 지식이 부족한 것을 이용해 단체가 아닌 제삼자가 금전적인 이득을 보고 있는지도 분간하기 어려울 것이다. 투자 전문가를 고용할 수도 있지만, 그때도 한 사람 또는 끼리끼리 서로 친한 집단에 전적으로 투자 결정을 맡겨서는 안 된다.

다음은 영구기금을 시작하기에 앞서 준비 사항을 점검할 수 있는 확인목록이다.

여러분의 단체는 기금을 시작할 준비가 되었습니까?

개인 기부자를 대상으로 한 프로그램이 현재 튼튼하게 자리를 잡고 □예 □아니오
있다. 감사편지, 소식지, 기부 요청 편지를 정기적으로 발송한다.
또 고액 기부자와 정기적으로 만나며, 직원과 이사 대부분이 직접
대면해서 기부를 요청하는 일을 어려워하지 않는다. 그리고 지난
3년간 개인 기부자로부터 얻은 연간 수입이 금액과 기부자 수 측면
에서 지속적으로 증가해왔다.

이사, 직원, 핵심 자원활동가 전원(이하 '우리')이 단체가 향후 50년 이상 존속할 필요가 있다는 데 동의한다.	☐예 ☐아니오
우리는 영구기금 설립의 문제점들에 대해 논의했으며, 그와 같은 위험부담을 감수할 만한 이점이 있다고 결론지었다.	☐예 ☐아니오
우리는 영구기금 수입의 사용처를 결정했다.	☐예 ☐아니오
우리는 바람직한 영구기금 규모를 결정했다(또 이러한 기금액을 달성하는 데 몇 해가 걸릴 수 있다는 사실을 인지하고 있다).	☐예 ☐아니오
이사회가 영구기금 설립을 승인했으며, 이사회 회의록에도 승인 사실을 기록하였다.	☐예 ☐아니오
이사회는 모든 관련자와 논의를 통해 이자 사용 정책, 원금 사용 정책, 기부 수령 정책, 투자 정책을 수립하였다.	☐예 ☐아니오
우리는 영구기금을 받기 시작하면 투자위원회를 수립할 계획을 하고 있다.	☐예 ☐아니오
우리는 단체가 다음 단계로 발전하는 것에 대해 기대를 하고 있다.	☐예 ☐아니오

영구기금 설립 과정에서 위의 사항들을 허술하게 처리하고 넘어가서는 안 된다. 너무 많은 시간을 쏟을 필요는 없지만, 단체의 미래에 대해 깊이 있게 논의하는 계기가 될 수 있다. 그런 논의는 어떤 식으로든 필요하기 때문이다. 앞으로도 오랫동안 단체가 존속해야 할 필요성에 합의하여 영구기금 관련 정책들을 마련하고 나면, 영구기금 수립 사실을 홍보하고 지속적인 모금활동의 일환으로 영구기금 마련에 동참해 달라고 요청한다. 유증을 비롯한 여러 계획기부를 영구기금으로 돌리고, 원하는 경우 영구기금 모금 캠페인을 진행할 수도 있다. 영구기금 모금 캠페인에 관한 내용은 제25장에 자세히 설명되어 있다.

제 V 부
고액 모금을 위한 캠페인 전략

제V부의 앞 세 개 장에서는 고액 기부와 관련된 수요에 대해 살펴보고 기부 캠페인을 통한 모금과 관련된 **시간제한 집중전략**(time-limited intensive strategy)에 대해 언급하고자 한다.

언급할 세 가지 캠페인은 제6장에서 소개한 바와 같이, 재정적 수요에 기초한 조직 형태의 세 가지 유형을 반영한다.

우선 **연간 지원**(annual funding)은 단체가 매년 필요로 하는 자금과 관련된다. 기부자의 연간 지원은 보통 그들의 연간 수입으로부터 온다. 단체의 연간 지원금의 규모를 키우기 위해서는 가능한 한 많은 기부자를 주요 기부자로 만들어야 하며, 이는 주요 기부자 캠페인을 통해서 만들 수 있다.

자본금 지원(capital funding)은 매년 필요한 것은 아니지만, 단체가 때때로 필요로 하는 어떤 것을 충당하기 위해 사용된다. 즉 연간 예산 이외에 추가 소요가 있을 때 필요한 것이라 할 수 있다. 새로운 컴퓨터, 인체공학적인 사무실 가구 등등 소규모의 수요일 경우 단순히 연간 예산에 반영하고 추가적인 요청을 통해 해결하거나, 재단과 같은 곳에 지원신청서를 제출하거나 혹은 후한 주요 기부자에게 요청해서 해결할 수 있을 것이다. 그렇지만, 빌딩을 사들이거나 신축하거나 혹은 리빌딩하는 경우에 해당 단체는 일반적으로 다양한 자금원과 출처로부터 모금하기 위해 캠페인을 벌일 필요가 있다. 따라서 자본금 지원을 위한 캠페인은 고액 기부자를 대상으로 하게 되고 주로 이들의 자산으로부터 온다.

기금 지원(endowment funding)은 영속성을 확보하고자 하는 단체 혹은 적어도 기획된 프로젝트가 존속할 미래의 일정 시점까지 단체가 존재하기를 바랄 때, 해당 단체는 원금을 투자하고 그 금융수입, 즉 이자를 통해 단체의 연간 수입의 일부를 충당한다. 이런 경우, 투자를 위해 사용한 원금이 기금(endowment)이 된다. 기부자는 전통적으로 사후 유서에 남긴 부동산 유증이라는 방식을 통해 기금에 기부한다. 그렇지만 제V부에서는 사후가 아닌 생전에 자신의 자산으로부터 기부할 수 있도록 기부자를 독려하는 캠페인을 소개하고 이를 통한 기금 지원 모금 옵션을 제시하고자 한다.

제V부의 마지막 장은 타당성과 관련된 연구를 살펴볼 것이다. 대규모의 캠페인이 성공할 것인지 아닌지를 어떻게 평가할 것인가, 그런 캠페인을 언제 어떻게 행할 것인가, 아니면 더 중요하게는 언제 행해서는 안 되는지와 같은 이슈가 여기에 해당한다.

때때로 단체들은 좀 더 정교한 인프라가 갖춰져 있어야 자본금이든 기금이든 캠페인을 제대로 할 수 있다고 느낀다. 실제로 이런 대규모 모금 캠페인의 시작은 단기간에 인프라를 정교하게 만들어 신속한 시행을 가능하게 하는 아주 좋은 방법이다. 특히 캠페인은 흥미로워야 한다. 우리 사이에 잠재한 경쟁을 일깨우고 목표에 다가가기 위해 자극과 창의적 긴장 속에서 서로 경쟁하면서 참여하게 된다. 자본금 및 기금 캠페인은 흔히 필요한 것보다 훨씬 더 강력하게 자원활동가의 참여와 노력을 독려한다.

대규모 모금 전략은 매우 자세하고 구체적이며, 특별 행사와 마찬가지로 이들 구체성은 다른 것들과 긴밀하게 연관되어 있다. 따라서 실수나 소홀함과 같은 것들이 발생할 가능성은 거의 없다. 더구나 기금의 사용을 원하지 않으며, 자본금캠페인을 시작하더라도 의욕이 사라지면 그만둘 수도 있다. 모든 다른 모금활동과 마찬가지로 지속성, 세밀함과 구체성에 대한 관심, 위험을 기꺼이 감수하려는 의지 등은 성공적 모금을 위해서는 필수적인 요소가 된다.

제25장

대규모 캠페인들의 공통점

시설개량자본금 캠페인과 영구기금 캠페인은 여느 성공적인 모금캠페인과 동일한 원칙으로 운영되고 있다. 즉, 단체의 목표달성을 위해 기부금액의 범위와 타임라인을 결정하는 재정적인 목표가 있으며, 기부 요청 자원활동가 위원회 및 잠재 기부자 리스트가 있고, 캠페인과 그에 따른 편익을 설명해놓은 창의적인 자료가 있어야 한다. 이 두 캠페인의 규모 때문에 어떤 단체는 캠페인의 목표와 타당성조사를 의뢰하여 확신을 얻고자 하기도 한다. 이는 대상이 되는 잠재 기부자가 자금 능력과 의지를 가졌는지, 결정할 수 있는지를 사전에 확인하기 위함이다. 물론 어떤 경우에는 캠페인 자체를 해야 할지 말아야 할지를 고민할 때도 있다(제28장 타당성조사 관련 내용 참조).

캠페인과 진행 중인 프로그램의 차이점을 간단히 말하자면 캠페인은 시작과 끝이 있다는 점이다. 주요 기부금 프로그램은 연중 내내 지속하지만, 그동안 사람들은 시간제한이 있는 캠페인에 관심을 돌릴지도 모른다. 건축이나 다른 큰 규모의 지출을 위한 시설개량자본금 캠페인은 지속적인 필요사항이 아니므로 항상 캠페인 형식으로 진행되고, 영구기금 캠페인은 일단 시작하면 일 년 내내 관심을 두고 지켜볼 수 있기 때문에 그 시기가 연장되기도 한다. 시설개량자본금 캠페인과는 달리 고액기부캠페인이나 영구기금캠페인은 사실상 끝이 없다.

다음에 소개할 내용은 모든 캠페인의 주요 단계이기도 하고 만약 여러분이 고액기부캠페인을 하려고 결정했다면 꼭 밟아야 할 단계이기도 하다. 다음 장에서는 시설개량자본금 캠페인과 영구기금캠페인의 차이점에 대해 좀 더 살펴보도록 하자.

1단계: 목표를 정하고 기부금 분포표를 작성하라

지금쯤 여러분은 목표를 갖는 것이 가장 중요하다는 점을 강조하는 것을 읽는 데 진력이 났을 것이다. 그렇지만 딱 하나만 상기시키고자 한다. 목표를 갖게 되면 캠페인에 필수요소인 기부금액 분포표를 작성해 볼 수 있다. 연례 핵심 기부프로그램을 위해서는 기부금 분포표의 선도 기부금액이 목표액의 10%이어야 하고, 시설개량자본금과 영구기금은 선도 기부금액이 목표액의 20%에 달해야 한다.

100만 달러의 목표액을 가진 캠페인의 분포표를 한번 살펴보자. 이 분포표는 기부금액 하나가 목표액의 20%와 같아야 하고(시설개량자본금과 영구기금도 마찬가지임), 두 금액이 목표액의 10%, 세 개에서 다섯 개의 금액이 목표액의 다음 10%와 같아야 한다. 그렇다면 다섯 명 내지 열 명의 기부자들이 전체 목표액의 3분의 1에 이바지하는 셈이다.

캠페인 기부금 분포표
(목표액: 100만 달러 / 기부 총액: 총 87개, 100만 달러)

기부금의 수	기부금액	누적 기부액
1	$200,000	$200,000
2	100,000	400,000
4	50,000	600,000
5	25,000	725,000
10	10,000	825,000
20	5,000	925,000
20	2,500	975,000
25	1,000	1,000,000

일반적으로 1,000달러 미만의 기부금은 거의 없다(물론 모든 기부금은 감사히 받고 있다). 모든 기부금에 대해 기부자는 서약하고 몇 년 사이에 그 서약을 성공적으로 수행할 것이다. 이는 그들이 한 번으로 끝내는 것이 아니라 더 큰 액수의 기부를 할 수 있도록 이끌 수도 있다. 기부자는 기부금을 성공적으로 기부하는 데 수년이 걸리기 때문에 1,000달러의 서약은 아마도 저소득층 사람들에게는 달성할 수 있는 서약일 것이다. 그들이 매달 27달러를 기부하면 3년 후에 1,000달러의 서약을 성공적으로 완료할 수 있기 때문이다.

2단계: 시간표를 정하라

보통 대규모 캠페인의 시간표는 2년 미만이고 장담컨대 5년을 넘지 않는다. 이 시간표에는 캠페인을 할 것이냐를 결정하거나 타당성 연구를 수행하는 기간이 포함되어 있지 않지만, 잠재 기부자를 조사 연구하고 자료를 만드는 데 필요한 준비기간은 분명히 포함되어 있다. 적합한 자료를 작성하고 주요 기부자에게 요청하는 데 걸리는 시간이 가장 중요한 시간일 것이다(주요 기부자 중 대다수를 설득하려면 여러 번의 요청이 필요하기 때문이다). 그리고 나서 나머지 기부자에게 요청하는 데 1년이 더 걸릴지도 모른다.

예상치 못했던 사안들을 처리하고 최대한 많은 수의 기부자들에게 기부 요청을 하는 데에는 3년 정도가 걸린다. 따라서 한 단체가 연례 모금을 하면서 캠페인에 대한 관심과 열정을 유지하는 데 필요한 시간은 최대한 5년 정도이다. 일반적으로 캠페인을 진행하는 데 가장 이상적인 시간표는 2~3년이다. 그리고 4년째가 되는 해는 '서서히 쉬는 기간'일 것이고, 캠페인단계에서 기부 요청을 하는 기간이 대략 2년 정도에 끝난다 해도 약정액을 받는 데에는 5년 이상이 걸릴 수 있다.

3단계: 기부 요청팀을 만들어라

기부 요청팀을 꾸리는 데 기부자에게 자산 기부 요청을 불편하게 여기지 않는 사람들을 찾아야 한다. 이런 사람들은 대개는 그들 스스로 이미 자산을 기부한 이들이다. 따라서 기부 요청팀 구성원은 이사진을 포함, 기부캠페인을 통해 기부 요청을 받고 큰 규모의 기부를 이미 한 사람들이다. 이러한 기부캠페인에서는 자원활동가의 역할이 매우 중요한데, 직원이 요청할 수도 있지만 좀 더 확실하게 하기 위해서는 그들이 연중 기부 이외에 캠페인 기부를 이미 해야 한다.

기부 요청팀을 구성하기 위해 가장 먼저 해야 할 일은 여러분의 단체와 가장 가까운 관계의 사람 중 캠페인의 목표를 신뢰하고 많은 금액을 기부할 수 있는 사람을 찾는 일이다. 이사진과 직원들로 구성된 팀은 잠재 기부 요청자들에게 먼저 기부하도록 요청해야 하고, 이후에 기부 요청팀의 구성원이 되어 달라고 해야 할 것이다. 기부 요청팀의 어떤 구성원은 시설개량자본금 캠페인과 영구기금캠페인을 수행할지 혹은 타당성 연구를 수행할지 의논할 때 이미 드러나게 될 것이다. 영구기금캠페인을 찬성하면서 자신도 직접 영구기금에 기부하겠다고 말하는 사람들이 바로 그들이다.

재무계획과 관련된 전통적인 지침에 따르면 "절대 원금을 건드리지 마라"는 것이다. 그러나 여러분이 요청해야 하는 것은 바로 원금이다. 어떤 의미에서 자금 일부를 여러 단체의 필요나 영구기금을 위해 넘겨주기를 요청하는 것이다. 기부자로서 이런 과정은 생각, 헌신과 약속, 그리고 주의 깊은 배려가 필요하다. 보통 사람들은 자신의 일생에서 이러한 종류의 기부를 그리 많이 하지 않는다. 따라서 모든 기부 요청자는 기부자가 이러한 과정을 거치고 난 후에도 신뢰할 수 있는 사람이어야만 한다. 게다가 누군가가 이렇게 말한다고 생각해보라. "제 남편과 저는 수년간 저축을 통해 100만 달러의 비상금을 만들었어요. 긴급상황이 생기거나 은퇴 후에 쓸 자금이지요. 하지만, 우리 자손이나 세계평화에 위협적인 상황은 우리 자신만을 위한 용도보다 더 중요하다고 생각해요. 우리는 임포턴트그룹(Important Group)이 미래를 위한 일을 잘 수행하고, 또 경제적으로 안정적이길 원하고 있기 때문에 비상금의 10%인 십만 달러를 우리가 사는 공동체의 미래를 위한 투자로 생각하고 기부하려고 합니다."

부동산을 소유하지 않은 사람도 적잖은 금액을 기부했다면 좋은 기부 요청자가 될 수 있다. 한 단체에서 이사진 중 한 명이 새 차 구매를 미루며 이렇게 말했다고 한다. "제가 가진 낡은 자동차는 앞으로 몇 년 정도만 더 쓸 수 있긴 해요. 하지만, 저는 대신 앞으로 2년 동안 새 차를 살 수 있는 만큼의 돈을 시설개량자본금 캠페인에 기부할 겁니다. 5,000달러 정도 되는 금액입니다. 저는 부동산을 갖고 있지 않지만 새로운 것에 대한 소유를 잠시 미루는 거죠. 저의 기부는 새 차를 사는 것보다 영속성을 지니게 되겠죠."

또 다른 예로, 한 기부 요청자가 자신의 기부를 이렇게 설명하기도 했다. "저는 매달 약간의 돈을 저축하고 1년에 한 번 2주간의 휴가를 위해 지출해왔어요. 그렇지만, 올해엔 그냥 집에서 휴가를 보냈지요. 친구들을 만나고 정원을 가꾸고 책을 읽거나 도서관에서 하는 무료행사에 참여하면서 말이에요. 그렇게 절약한 돈을 기부했어요. 전 즐거운 휴가를 보냈고, 물론 기부한 금액이 제겐 적잖은 금액이긴 했지만, 전혀 아깝지 않았어요."

기부 요청팀은 천천히 구성할 수도 있다. 두 명 내지 세 명의 기부자로 시작하여 몇 명이 더 추가되고 새로운 기부자가 팀에 합류할 수 있다.

4단계: 잠재 기부자의 리스트를 모아 정리하라

모든 캠페인에서 잠재 기부자를 조직하는 방식은 '위에서부터 아래로, 안에서 밖으로'다. 미국 초창기 최고의 모금가 중 한 명이었던 벤 프랭클린은 이렇게 조언한 적이 있다. "우선 여러분이 아는 모든 사람 중 기부할 사람에게 적용하라. 그러고 나서는 기부할지 확신할 수 없는 이들에게 적용하고, 그들에게 기부자들의 리스트를 보여주어라. 마지막으로는 전혀 기부하지 않으리라고 확신하는 사람들을 무시하지 마라. 혹시라도 여러분이 잘못 생각한 사람들이 있을 수 있기 때문이다."

프랭클린의 이러한 조언이 바로 '안에서 밖으로' 원칙을 의미한다. 단체와 가장 가까운 사람들로 시작하라. 그들은 이사진이거나(만약 이들이 가장 가까운 사람이 아니라면 시설개량자본금이나 영구기금 기부 요청을 재고하라), 기타 중요 기부자, 자원활동가, 전 이사진이나 전 자원활동가나 직원 등일 것이다. 그다음에는 이 리스트의 가장 상위에서부터 시작하여 아래로 작업하라. 즉, 첫 기부 요청은 단체와 가장 가까우면서 가장 큰 규모의 기부를 할 수 있는 사람에게 해야 한다. 물론 그 금액이 여러분이 원하는 금액이 아닐 수도 있지만 당장 얻을 수 있는 가장 큰 금액이어야 할 것이다.

때때로 가장 먼저 요청해야 할 가장 가까운 사람들이 누구인지 판단하기 어려울 때가 있는데, 이럴 때에는 리스트에서 누가 가장 큰 금액의 기부를 할 수 있을 것인지 생각해 봐야 한다. 그렇게 함으로써 여러분의 리스트를 어느 정도 좁혀갈 수 있기 때문이다. 자, 이제는 누가 이 캠페인을 가장 열렬하게 지지할지 생각해보라. 그리고 단체가 하는 일을 좋아하기는 하지만, 캠페인을 지지하지 않을 기부자도 있다는 사실을 잊지 마라. 이는 특히 영구기금과 관련하여 더 그러한데, 매우 열정적인 기부자 중 일부는 풀뿌리단체가 이런 영구기금을 가져야 한다는 의견에 동의하지 않기 때문이다. 또한, 경솔한 이사회가 기금 용도로 기부된 자금을 일반적인 연간 수요 및 지출에 사용하는 것을 확인하기 위해 또 다른 기금에 기부해 온 사람도 있을 것이고, 단체가 기금을 위해 노력하는 것을 지지하지만, 좀 더 시급한 일을 위한 지원에만 관심을 보이는 사람들도 일부 있을 것이다. 앞선 세 가지 전제-단체가 현재 재정적 안정을 필요로 하는 경우, 영원히 유지하고 싶은 경우, 이러한 기금을 잘 관리할 수 있을 정도로 성숙한 경우-에 모두 동의하는 동시에 기부할 능력을 갖춘 기부자를 찾는 일은 결코 쉬운 일이 아니다. 시설개량자본금 캠페인에 대한 논쟁은 좀 더 단순하지만, 여전히 의견충돌의 가능성이 있다. 아마도 가장 거물급 기부자들은 단체가 빌딩을 사지 않고 사무실을 빌려야 한다고 생각할지도 모른다. 또는 시설개량자본금 캠페인에만 집중하다가 단체의 사명에서 벗어나게 될지도 모른다고 염려할 수도 있는 일이다.

이러한 잠재 기부자를 찾기 위해서는 상식에 의존해야 한다. 리스트에 있는 사람들에 대해 무엇을 알고 있는지 한번 생각해보라. 예를 들어, 분기별로 50달러를 기부하는 사람은 단체와 꽤 가까울 수도 있지만, 고액 기부자는 아닐 가능성이 크다. 그러나 만약 그 사람이 기부하는 50달러가 투자를 통해 얻는 수익에서 온 것이라면, 그는 리스트의 상단에 올라가야 할 것이다. 왜냐하면,

아마도 그 사람은 매 분기 50달러를 발생시키는 자산을 기부할지도 모르기 때문이다. 만약 누군가가 기존에 25달러를 기부했다가 복권당첨금인 1,000달러를 기부했다면, 그리고 그가 사실은 근근이 살아가는 예술가라면, 그 사람이 리스트의 상단에 올라가긴 힘들 것이다. 그러나 자신을 위해 사용할 수도 있는 자산을 기부하였기 때문에 아주 훌륭한 기부 요청자가 될 가능성은 있다. 절실할 수도 있는 돈을 기부했기 때문이다.

대다수 사람은 기부자의 자산상태를 알 수가 없다고 할 것이다. 만약 정말 모르겠다면 기부자에게 기부 요청을 하기 전에 반드시 그들에 대한 많은 연구가 선행되어야 할 것이다. 그러나 시설개량자본금이나 영구기금 요청을 하기 위한 간단한 원칙은 해당 기부자의 연간 기부 총액의 열 배를 요청하는 것이다. 그리고 이것은 기부자가 낼 연간 기부금에는 포함되지 않은 추가된 것임을 여러분은 분명히 하고 싶어 할 것이다 — 왜냐하면 이 캠페인을 진행하면서 여러분의 연간 수입이 줄길 원하지 않을 것이기 때문이다. 기부자에게 요청할 때 "저는 모든 분께 자신의 연간기부액의 열 배를 요청합니다"라고 말한다면, 예상한 금액보다 훨씬 큰 금액이라 할지라도 기분을 상하게 하지는 않을 것이다. 오히려 이러한 규칙을 따를 때 감수해야 할 진짜 위험은 어떤 이에게는 너무 적은 금액을 요청하게 될지도 모른다는 점이다.

잠재 기부자리스트를 정리하는 마지막 단계는 충분한 잠재 기부자들을 확보하고 있는지 확인하는 일이다. 시설개량자본금이나 영구기금에 대한 잠재 기부자는 비영리단체에 대한 헌신을 마다하지 않으며, 수년간 기부를 해오는 것 이외에도 적극적 참여를 하는 사람을 의미한다. 그는 돈도 있고 단체가 이미 알고 있거나, 단체가 접촉할 수 있는 사람이다.

시설개량자본금 캠페인의 경우에는 얻고자 하는 기부금액의 세 배 정도의 기부자 숫자가 있어야 하는데, 잠재 기부자의 절반 정도가 거절할 것이고 요청을 수락하는 절반의 사람이 여러분이 요청하는 금액보다 적은 액수를 기부할 것이기 때문이다. 따라서 리스트 아래로 내려갈수록 2만 5,000달러를 기부하기는 어렵지만 1만 달러는 기부할 수 있는 기부자로 채워질 것이다.

앞서 보여준 100만 달러의 기부금 분포표에서 목표달성을 위해서는 261명의 잠재 기부자들을 확보해야 할 것이다. 물론 처음부터 모든 잠재 기부자를 확보할 필요는 없지만, 적어도 그 중 몇몇 사람이 고액 기부자일 필요는 있다. 2,500달러 혹은 그 이상의 기부자가 백 명 이하일 때 100만 달러 영구기금캠페인을 시작한다면 경솔한 생각이다. 차라리 안 하는 것보다 못한 경우는 부릉부릉 거리며 시동이 걸렸다가 다시 천천히 움직이는 경우와 같다. 캠페인을 하고자 하는 힘과 추진력은 성공 여부를 결정하는 중요한 역할을 한다. "저희 캠페인은 순조롭게 진행되고 있습니다"라는 보고는 사람들에게 기부하고 싶은 욕구를 불러일으킨다. 하지만, "저희 캠페인은 시작이 저조합니다" 혹은 "저희는 여러 사람에게 요청했지만 거절당했습니다"라는 보고는 전혀 호소력이 없다.

5단계: 기부를 요청하라

고액 기부를 요청하는 과정에 대한 자세한 설명은 제8장과 제10장에 있으며, 제21장에는 요청을 편하게 하는 법과 요청 실행계획, 주요 기부금 프로그램을 만드는 방법에 대해 언급한다.

고액 기부금이나 시설개량자본금 캠페인, 영구기금의 가장 큰 차이점은 각각의 상황에 따라 다르다. 고액 기부금 요청을 할 때에는 단체가 맞닥뜨린 긴급한 상황과 해결이 다른 무엇보다도 큰 기부금액에 의해 가능하다는 것을 설득할 수 있어야 한다. 시설개량자본금 캠페인의 경우는 단체의 긴급상황이 단체의 시설만으로는 해결이 안 되고 더 큰 투자가 있어야 해결할 수 있다는 사실을 알려야 한다. 영구기금은 한 단계 더 나아가 단체가 현재뿐만 아니라 미래의 안정성이 필요하다는 점을 설명해야 한다. 그래야만 기부자는 그들의 헌신이 굉장히 중요하고, 그들의 기부가 여러분의 공동체와 미래에 큰 영향을 미칠 수 있음을 인식하게 되는 것이다.

가장 진보적인 사람들조차도 시설개량자본금이나 영구기금에 대해 기부를 요청받으면 재정적으로는 보수주의자가 되기도 한다. 물론 그들은 단체가 인종차별철폐를 위해 아주 훌륭한 일을 하고 있거나 장애아동에게 창의적 교육을 제공하거나 좀 더 공정한 세금정책을 옹호하고 있다고 믿고 있겠지만, 과연 이와 동시에 해당 단체가 건물을 관리하거나 큰 규모의 돈을 투자하는 일에 능하다고 생각할까? 기부자들은 이러한 유형의 질문을 할 것이고, 단체는 이러한 질문에 답할 수 있어야만 한다. 한 단체가 영구기금캠페인을 시작하고 싶다면 아무도 답할 수 없는 다음과 같은 질문에 대해 생각해보아야 한다. "만약 현재 이 단체와 관련된 모든 사람이 사라진다면 어떤 일이 일어날까?" 기부자가 이런 질문을 할 수 있는 권리(사실상, 의무)를 갖고 있다는 사실을 심각하게 받아들이고, 이에 대한 사려 깊고 이성적인 대답을 준비하는 것이 바로 시설개량자본금과 영구기금 프로젝트를 준비하는 단체가 해야 할 일인 것이다.

제26장

시설개량자본금 캠페인

시설개량자본금 캠페인(capital campaign)이란 연간 예산과 별도로 일회성으로 필요한 특별 프로젝트를 위해서 기한을 두고 집중적으로 시행하는 모금활동을 말한다. 시설개량자본금은 연간 예산에 넣기에는 규모가 너무 크다. 예를 들면, 새로운 컴퓨터 몇 대는 매년 구입할 필요가 없더라도 연간 지출항목에 들어간다. 하지만, 구 시스템이나 트레이닝 같은 것에서 아주 새로운 네트워크 시스템으로 전환하는 작업은 엄청난 규모의 지출이 있어야 한다. 시설개량자본금 캠페인은 전통적으로 자본재 구매, 건축, 건물 개보수 등에 필요한 자금을 마련하고자 시행하며, 최근에는 장애우가 접근 가능한 공간을 만든다든가 친환경적인 사무실을 만들기 위해서 시행하는 예도 늘어나고 있다(즉, 환경적으로 지속가능한 재료나 시스템을 사용하는 것을 말한다).

시설개량자본금 캠페인의 목표액은 최소한 조직의 연간 예산 정도에 달하며, 그보다 몇 배 이상이 되는 경우도 많다. 대부분의 시설개량자본금 캠페인은 2년에서 3년 동안 이어지고, 5년까지 지속하기도 한다. 이 캠페인을 통해 기부자는 큰 금액을 약정할 수 있고, 납부 기간도 5년(기부 규모가 아주 클 때는 10년)까지 연장된다. 또 이 캠페인은 기부자가 정기적으로 하는 기부 이외에 추가로 기부해 달라고 요청하는 것이다. 기부를 요청할 때는 이 캠페인에 기부하느라 정기 기부를 줄이는 일이 없도록 분명히 당부해야 한다. 시설개량자본금 기부는 금액이 매우 커서 기부자의 수입으로 감당하기가 어려워서 일반적으로 저금이나 기타 다른 자산(주식, 부동산, 예술품)을 통해 기부한다. 이러한 요청은 기부자들이 단체와 전혀 새로운 관계로 돌아가도록 요청하는 것과 같다.

시설개량자본금 캠페인에서는 기부자의 저축이 수입보다 더 중요하다. 몇몇 비영리단체가 시설개량자본금 캠페인을 성공적으로 수행한 것을 본 적이 있는데, 그 뒤에는 아주 안정된 주식을 보유하여 고정적인 수입이 있거나 부동산을 소유한 언제든지 기부할 의향이 있는 나이 든 기부자가 존재하고 있었다. 그 기부자는 자신의 기부금의 시장가치를 공제받아 해당 부동산에 부과된 양도소득세를 회피할 수 있기 때문에 그가 생각했던 것 이상으로 큰 금액을 기부할 수 있었던 것이다.

시설개량자본금 캠페인을 가장 잘 활용하는 방법

일부 풀뿌리단체는 시설개량자본금 캠페인이란 이름으로 돈을 모아 작은 목표, 즉 새로운 사무실로 이사 가거나 직원을 컨퍼런스에 보낸다. 이 캠페인의 목표액은 5,000달러 미만이었고, 기간은 몇 주 정도이고 기부 요청도 기존의 기부에 조금 더 기부해달라는 정도다.

그렇지만 시설개량자본금 캠페인을 가장 잘 활용하려면 기존 기부자의 연간 수입에서 "약간 더" 받는 것이 아니라, 다양한 범위의 사람들과 기관에 기부를 요청해야 한다. 시설개량자본금 캠페인이 성공하려면 단체의 기부자 중에 자산이나 유가증권을 보유하고 있을 만한 사람, 매년 기부하지는 않지만, 가끔 고액 기부를 할 수 있는 사람을 찾아야 한다. 따라서 캠페인의 목표액이 최소한 10만 달러는 되어야 한다. 필요한 돈이 10만 달러 미만일 때는 고액 기부 캠페인을 준비해서 1년 이내에 단기간 시행하든지, 아니면 캠페인을 하지 말고 재단이나 기업 지원금을 두어 군데 알아보는 편이 낫다.

충성도가 높은 연간 기부자도 할 수만 있다면 자본금 기부를 할 것이다. 하지만, 정기적인 연간 기부자가 아니면서도 고액 기부를 할 사람은 많이 있다. 일례로, 3년 전에 앨라배마주의 소규모 지역단체가 시를 상대로 소송을 제기했을 때 이를 도와준 변호사가 한 명 있었다. 이 변호사는 위험을 무릅쓰고 자신의 목표를 달성하고자 하는 이 단체의 의지에 감탄했다. 변변찮은 급여를 받고 일하는 직원 한 명과 본업이 따로 있음에도 불구하고 단체를 위해 기꺼이 많은 시간을 내놓는 자원활동가들에게 큰 감동을 했던 것이다. 소송을 지원한 이 변호사는 수임료도 받지 않았을 뿐 아니라, 소송이 끝난 후에는 100달러를 기부했다. 정기적인 기부자가 될 생각은 없었던 터라 그 후에 이어진 연간 기부 요청에는 응답하지 않았지만, 가끔 사무총장과 점심을 같이하고 필요할 때는 법률 조언을 제공하기도 했다. 이 변호사는 2년 연속으로 단체의 연례행사에서 1,000달러짜리 테이블을 하나씩 샀고, 한 번은 단체 회원 몇 명을 컨퍼런스에 보낼 수 있도록 지원해달라는 요청을 받고 2,000달러를 기부한 적도 있었다. 몇 년 후, 단체는 건물을 사기로 결정하고 이 변호사에게 2만 달러의 기부로 캠페인을 선도해달라고 요청했다. 앞서 있었던 소송 수임료도 그만한 값이 되었고, 이 변호사가 여전히 단체의 활동에 감동하고 있다는 사실을 알고 있었기 때문에 가능한 요청이었다. 사실 이 변호사로서는 그만한 금액을 요하는 대담함에 또 한 번 감탄할 수밖에 없었다. 그래서 당장 1만 달러를 기부하고, 다른 변호사에게 기부를 요청하겠다며 별도로 1만 달러를 약정했다.

대학이나 사립학교도 시설개량자본금 캠페인을 시작하면서 최소 금액만을 기부해오던 동문으로부터 상당한 규모의 기부를 받는 경우가 자주 있다. 건물과 같이 실체가 있는 일에 기부하기를 좋아하는 사람들이 있는 것이다.

기부자에게 추가 기부를 요청하고, 기존 기부자 집단을 넘어서까지 기부원을 물색하는 것은 그만큼 높은 목표를 설정했다는 의미다. 기업이나 정부 기관, 재단, 종교 단체 등 연례 기부자에 속하지 않는 집단을 포함한 모든 잠재 기부자들이 볼 때, 단체가 그저 몇 사람에게 큰 기부를 요청하거나 지원신청서를 한 번 작성하는 것만으로는 그만한 돈을 모으지 못할 것이라는 인상을 줄 필요가 있다.

시설개량자본금 캠페인의 시작

시설개량자본금 캠페인은 단체에 일회적으로 상당한 자금이 필요한 일이 발생했을 때 시작한다. 이를 위해서는 이사회의 만장일치 동의와 적극적인 지원이 있어야 한다. 이 캠페인을 시작하면 모든 사람의 업무가 대폭 늘어나며, 임시 직원을 채용하고 자료를 개발하는 데 초기 자금이 들어갈 수도 있다.

이사회에 참여하지 않는 핵심 자원활동가와 오랫동안 고액 기부자로서 단체에 기여해 온 사람에게도 시설개량자본금 캠페인을 시행할 것인지에 대한 의견을 묻는다. 단체의 모든 주요 이해당사자에게 의견을 낼 기회를 줘 의사결정 과정에 참여한다는 느낌이 들도록 한다. 건물 신축에 대해 핵심 인물들의 의견이 엇갈리는 상태에서 시설개량자본금 캠페인을 밀어붙여 결국 건물을 신축하기는 했지만 제대로 활용하지 못하고 있는 곳만 수십 군데에 이른다. 건물 신축 비용을 대줄 몇몇 기부자나 자금 제공자가 있었을지는 모르지만, 지역사회의 전폭적인 지지가 없다면 이런 건물은 자산이 아니라 골칫거리로 전락할 가능성이 크다. 때로는 충분한 자금은 모았지만, 모금 캠페인에서 기부자를 모두 소진시켜 정작 프로그램 운영 경비를 마련하지 못하거나, 건물을 완공하고도 내부 시설을 갖추지 못하는 상황이 발생하기도 한다. 이렇게 되면 결국 초기의 목적과 달리 건물을 충분히 활용할 수 없게 된다. 또 어떤 경우에는 시설개량자본금 캠페인을 도중에 중단하는 때도 있다. 처음부터 많은 자원활동가와 기부자가 이 캠페인에 반대해서 단체를 떠나버렸기 때문이다. 시설개량자본금 캠페인은 가시성이 매우 큰 사업이다. 따라서 반드시 단체 내부의 전폭적이고 폭넓은 지지가 필요하다.

비용 산정

모든 당사자가 캠페인의 필요성에 동의하면 이제 목표를 설정해야 한다. 근사한 레스토랑에서 식사할 때(음료, 디저트, 팁까지 포함한) 총 식사비가 앙트레, 즉 주요리 앞에 먹는 음식값의 두 배가 넘는 것처럼 캠페인의 실질적인 비용도 프로젝트 자체 비용 외에 추가 비용을 고려해야 한다. 이 사실을 아주 뼈저리게 배운 단체가 있다. 이 단체는 더 큰 사무실이 필요했는데, 장기적으로 볼 때 건물을 매입하는 것이 계속 임대료를 내는 것보다 비용을 절감할 수 있다는 결론을 내렸다. 마침 50만 달러에 나온 적당한 건물을 찾았고, 단체는 50만 달러를 목표로 캠페인을 시작했다. 그런데 그만 부동산 취득에 드는 제반 비용과 보험, 집기 및 설비, 캠페인 진행비 등을 계산에 넣는 것을 잊어버린 것이다. 건물을 인수하는 데 실제로 든 비용은 61만 달러였다. 이 단체는 건물 구매할 때에 수반되는 비용을 제대로 알지 못한 탓에 11만 달러의 적자를 메우느라 2년 동안 무척이나 고생해야 했다.

건물 매입이나 신축에 필요한 실제 비용에는 다음과 같은 항목을 추가해야 한다.

모금용 자료. 캠페인에 필요한 자료에는 캠페인 설명서, 브로셔, 약정 카드, 기부 요청자에게 나눠줄 배경 정보, 그림, 건축가의 설계도면, 기부자에게 진행 과정을 알려줄 특별 캠페인 소식지, 사업 설명서 등이 있다.

직원 시간. 누군가는 기부 약정을 처리하고, 감사편지를 쓰고, 이사회에 보고하고, 건축가와 의논하고, 페인트 색과 카펫 선정을 승인할 사람을 결정하고, 주식 기부가 들어 왔을 때 처리 방법을 알고 있어야 하며, 기타 긴급한 일들을 처리해야 한다.

회계시스템. 연간 예산과 별도로, 캠페인의 수입과 지출을 기록하고 약정 기부금을 수납하는 절차를 마련해야 한다(이 일은 캠페인이 끝나고 한참 뒤까지 이어질 수도 있다). 기존 직원에게 이 일을 맡기려면, 그 직원이 하던 일은 또 다른 누군가에게 맡겨야 할 것이다. 캠페인이 몇 년 동안 계속될 때는 추가 직원을 채용하지 않고 버티기 어렵다.

사무실 집기 추가 구입. 전화선을 새로 깔거나 컴퓨터를 더 사야 할지도 모른다. 직원을 새로 채용하면 그 사람이 앉을 자리도 필요할 테니 책상과 의자도 있어야 할 것이다.

건축 프로젝트

이 분야에 전문 지식을 가진 사람을 찾아서 건축 보험, 허가, 설계비, 재난 대비, 소화기, 조경, 배관, 전기 등 건축비를 산정하는 데 도움을 받아야 한다. 또 비용 초과나 예상치 못한 공기 지연에 대비한 비용은 얼마나 책정해야 하는지도 자문해야 한다.

가구 및 비품. 현재 사무실에서 무엇을 가져갈 것이며, 그밖에 더 필요한 것은 무엇인가? 이런 물품들을 사들이는 데는 비용이 얼마나 들 것인가?

대출 이자. 약정한 기부금이 다 들어오기 전에 청구서가 도착할 것이다. 그리고 약정받은 수입과 실제 받은 수입 사이의 간격을 메우기 위해 대출을 받아야 할 수도 있다. 대출 이자도 캠페인 목표액을 산정할 때 계산에 넣어야 한다. 은행은 약정액을 담보로 대출해 주겠지만, 이자를 내해야만 한다.

추가 비용. 약정했지만 내지 않는 사람들을 생각해 15%를 추가한다. 그러고 나서 총액에 다시 5~10%를 추가하면 캠페인 비용으로 안심해도 좋을 적당한 비용이 나올 것이다. 모든 모금활동에서 마찬가지지만, 특히 건물처럼 큰 품목을 위한 자금 마련 캠페인에서는 "비용은 높게, 수입은 낮게 잡는다"라는 격언을 상기하자.

캠페인 설명서 준비

단체의 필요가 명확하고, 그 돈을 마련하기 위한 캠페인 비용을 산정해서 이사회의 잠정적인 승인을 받고 나면, 이제 캠페인 설명서를 작성해야 한다. 물론 단체설명서를 많이 참조하겠지만 그래도 캠페인 설명서는 단체설명서와는 별개의 것이다. 시설개량자본금 캠페인을 위한 설명서는 오로지 캠페인의 목표에 초점을 맞추고, 이 목표가 단체의 다른 목표를 수행하는 데 어떠한 도움을 주는지 설명해야 한다. 캠페인의 목표가 달성되면 단체의 활동이 크게 성장할 것이고, 달성되지 못할 때 사업의 진행이 크게 지연되거나 저해될 수도 있다는 사실을 넌지시 또는 직접적으로 설명한다. 캠페인 설명서의 마지막 페이지에는 기부금 분포 차트를 통해 캠페인의 재정 목표를 제시한다.

타이밍

이제 단체는 마지막으로 캠페인 시기를 결정해야 한다. 캠페인을 진행하고자 하는 시기에 다른 단체가 이미 시설개량자본금 캠페인이나 집중적인 모금 캠페인을 진행할 계획이 있는지 확인한다. 또 우리 단체의 잠재 기부자 중에서 타 단체의 핵심 잠재 기부자로 겹치는 사람은 없는지도 파악한다. 가장 바람직한 시기는 몇 년 동안 연간 모금 캠페인에서 좋은 결과를 얻었고, 시설개량자본금 캠페인을 하더라도 연간 수입이 감소하지 않으리라고 예견되는 때이다. 시설개량자본금 캠페인을 진행하는 동안에는 연간 수입이 오르지 않으리라고 예상해야 한다. 따라서 시설개량자본금 캠페인 프로젝트 외의 다른 대규모 프로그램은 시작하지 않는 것이 좋다.

최종 승인

캠페인 설명서와 비용, 기부금 분포표를 준비하고 진행시기를 결정했으면 다시 이사회와 핵심 자원활동가, 직원 모두에게 보여주고 재승인을 받는다. 처음에 호의적으로 반응했다가도 거기에 들어갈 돈과 시간을 보고 나면 마음이 바뀔 수도 있다. 이사회와 직원 전체의 주인의식이 없으면 캠페인은 실패한다. 따라서 시간이 걸리더라도 캠페인에 수반되는 내용을 모든 사람에게 이해시키는 것이 절대적으로 중요하다. 일단 캠페인을 시작하면 끝까지 가야 하기 때문이다.

사업 설명서

승인되면 아래에서 언급하듯이 정숙 단계 동안 선도 기부 요청을 위한 준비가 완료될 것이다. 이를 위해 사업 설명서라 불리는 문서를 작성해야 한다. 이 설명서는 브로셔나 소책자 혹은 파워포인트나 동영상의 형태로 단체설명서의 내용을 좀 더 짧고 세련되게 담은 것으로, 모든 잠재 기부자들에게 배포할 것이기 때문에 보기에도 좋아야 한다. 사업 설명서는 단체가 캠페인의 의미를 잘 파악하고 있으며, 고액의 기부금을 관리하고 이와 같은 대규모 프로젝트를 이끌어갈 능력이 있음을 보여주기 위한 것이다. 웹사이트에도 사업 설명서를 올리고, 캠페인 진행 상황을 정기적으로 업데이트하며, 기부금 분포표와 기부 방법 등도 함께 홍보한다. 웹사이트를 통해 들어오는 기부는 거의 없다고 봐야 하겠지만, 캠페인의 노출을 높이고 메시지의 일관성을 유지하는 데는 도움이 될 것이다.

캠페인 진행의 네 단계

시설개량자본금 캠페인은 네 단계로 이루어진다. 첫 번째는 '정숙' 단계로, 캠페인 설명서를 작성해서 승인을 받을 때까지를 말한다. 두 번째는 '개시' 단계로, 캠페인 시작을 공표하고 나서 내부 기부자를 넘어선 외부의 후원을 물색하기 시작하는 때다. 세 번째는 흔히 '공개' 단계라고 부르는데, 기부 요청자가 잠재 기부자를 방문하면서 모금을 진행하는 시기로 가장 집중적이면서도 오랫동안 이어지는 단계다. 캠페인 목표가 85에서 95% 정도 달성되면 '마감' 단계가 시작된다.

정숙(사전 캠페인) 단계

어느 단체가 시설개량자본금 캠페인의 개시를 공표하면서 "우리는 오늘 자랑스러운 마음으로 300만 달러에 달하는 건축 캠페인을 시작하는 바입니다. 그리고 약정금이 이미 230만 달러가 넘었다는 기쁜 소식을 알려 드립니다"라고 선언한다면, 그것이 어떻게 가능했는지 눈치를 채겠는가? 그 많은 돈을 어떻게 하루 만에 모금했다는 것인지 의아하게 생각되지 않는가? 물론, 하루에 그 돈을 모금했을 리는 없다. 실은 여러 달, 심지어 몇 년에 걸쳐 모금한 금액일 것이다.

사전 캠페인의 목적은 크게 두 가지다. 첫째, 실제 기부를 할 사람들이 캠페인의 개념을 어떻게 받아들이는지 시험하는 것이다. 캠페인의 필요성에는 모두 공감할 수 있다. 하지만, 진정으로 성공 가능성을 시험하려면 그 공감 수준이 고액 기부를 할 정도인지 가늠해 봐야 한다. 초기 기부에 참여하는 사람들이 충분하지 않다면 이 단계에서 캠페인을 포기하거나, 계속 진행 여부를 심각하게 재고해야 할 것이다. 이 단계에서는 아직 캠페인을 공표하지 않았기 때문에 여기서 중단하더라도 실질적인 손해를 입지는 않는다. 두 번째 목적은 캠페인을 공표한 이후 더욱 추진력을 내기 위해서다. 캠페인 개시를 공표할 때 사람들로부터 "야, 벌써 저만큼 모금했다니 대단하네. 내 기부금까지 보태면 금방 목표를 달성하겠어"라는 반응을 이끌어내고자 하는 것이다.

사전 캠페인의 목표는 최상위 기부자 3~5명에게서 목표액의 40%에서 50%를 기부받는 것이다. 대부분 모금가가 경험한 바로는, 최고 금액을 먼저 기부받으면 나머지 기부도 모두 받아낼 수 있다(이러한 최고액 기부를 '선도' 기부라고 한다. 물론 이사들이 가장먼저 기부할 것이기 때문에 진정한 의미의 '최초 기부'는 아니다). 선도 기부의 힘이 믿기지 않을 수도 있지만 이를 뒷받침하는 일화가 아주 많다. 선도 기부는 모금에 추진력을 제공하고, 캠페인에 자신감을 불어넣으며, 다른 대규모 기부를 독려하는 효과가 있다. 목표를 어느 정도 달성하고 나면 그보다 규모가 작은 기부도 더 도움이 되는 것처럼 보일 것이다.

반대로, 선도 기부 없이 캠페인을 시작하는 것은 추진력이 떨어지기 때문에 위험하다. 캠페인을 시작할 때 선도 기부자를 찾지 못한다면 나중에 어디서 찾을 수 있겠는가? 캠페인을 몇 달, 심지어 몇 년을 미루는 한이 있어도 최고 금액으로 첫 번째 기부를 받는 것이 좋다. 중언부언하는 것처럼 들리겠지만, 다시 한 번 이야기해야 할 것 같다. 캠페인을 시작하면서 모든 잠재 기부자를 파악할 필요는 없다. 하지만, 선도 기부를 할 사람들은 반드시 찾아야 한다. 아울러 캠페인 동안 필요한 모든 기부자를 결국 다 찾아낼 수 있을 것이라는 심증이 있어야 한다.

선도 기부. 선도 기부자는 고액 기부를 할 능력이 있어야 할 뿐 아니라, 선두에 서서 모범이 되고 리더십을 발휘하는 일을 좋아하는 사람이어야 한다. 맨 앞에 서는 이들 고액 기부자는 단체와 함께 캠페인이 성공하는 쪽에 내기를 거는 사람들이며, 위험을 무릅쓰는 것에 대해 자부심을 느끼는 사람이다. 또한, 당연히 단체의 대의에 관심을 두고 있으며, 시설개량자본금 캠페인의 의미를 뚜렷이 인식하고 있는 사람이기도 하다. 선도 기부는 (이상적으로) 캠페인을 계획하고 승인하는 일에 관여했던 사람들에게서 나오는 경우가 많다. 이들이 최고액 기부를 할 능력이 없다면 그만한 능력이 되는 사람이나 기관을 알고 있어야 한다.

선도 잠재 기부자에게 접근하기. 잠재적인 선도 기부자에게 접근하는 일은 고액 기부자에게 다가설 때와 똑같다. 먼저 편지를 보내고, 전화를 걸어서 만날 약속을 하고, 그다음에는 직접 만나 기부를 요청하는 것이다. 시설개량자본금 기부는 만났을 때 그 자리에서 대답이 나오지 않는다는 것만 다를 뿐이다. 잠재 기부자는 보통 더 자세한 정보를 원하기 마련인데, 그러면 단체는 추가 정보를 보내주거나 다음번 만날 때 직접 가져다준다.

잠재 기부자가 시간을 더 갖고 싶어 하거나 더 많은 정보를 원하면 좋은 신호로 받아들이자. 실제로 모금가들은 고액의 기부를 부탁했을 때 "생각해봐야겠다"는 말을 들으면 알맞은 금액을 요청했다고 생각한다. 만난 자리에서 쉽게 승낙할 금액은 아니지만 그렇다고 도저히 감당할 수 없는 수준도 아닌 금액, 자주는 아니지만 한 번쯤은 기부할 수 있는 금액인 것이다. 처음 만난 자리에서 1만 달러를 덥석 기부하는 사람은 캠페인에 대해 무척 많이 고민하고 결정을 내렸을 수도 있지만, 그 사람의 형편에서 1만 달러가 그리 무리한 수준이 아닐 가능성이 크다. 그러니 잠재 기부자가 더 많은 정보를 요구하거나 여러 번 만나야 하더라도 낙담하지 말자. 이렇게 고액의 기부를 하는 것은 큰 결정이다. 사람들 대부분은 기껏해야 평생에 네다섯 번 정도 시설개량자본금을 기부한다. 엄청난 부자라 하더라도 이러한 기부를 자주 하기는 어려운 탓에 자신의 기부가 제대로 쓰일 것이라는 확신을 하고 싶어 하는 것이다.

기부를 요청할 때는 두 사람이 팀을 이뤄서 나가야 한다. 보통은 이사 한 명과 직원 한 명 또는 이사 두 명이 같이 나간다. 이사는 반드시 자신도 어느 정도 무리한 금액을 기부했어야 하고, 그 사실을 잠재 기부자에게 알리는 것이 바람직하다. 예를 들어, "저도 매년 내는 기부금의 열 배가 되는 금액을 이 캠페인에 기부했습니다. 5년에 걸쳐 지급하기로 약정을 했죠" 혹은 "저와 제 아내는 이번 사업이 우리의 자동차만큼 중요하다고 생각했습니다. 그래서 지금부터 2년 동안 차값에 맞먹는 금액을 기부하기로 했답니다"라고 말할 수 있을 것이다. 자신만 괜찮으면 실제 기부액을 밝히는 것도 좋다. 요점은 기부를 요청하는 사람도 자신의 능력이 닿는 최대한도에서 기부했고, 수많은 생각 끝에 그러한 결정을 했음을 잠재 기부자에게 알려주는 것이다. 그리고 잠재 기부자도 자신과 같이 참여해주기를 바라는 것이다.

캠페인 설명서를 선도 기부자에게 나눠줄 수도 있다. 이들이 기부에 동의하면, 다른 사람들에게 기부를 요청하는 일을 도와줄 의향이 있는지도 타진해본다. 어떤 사람들은 최고액 기부자에게서 기부 요청을 받은 것에 우쭐해 하고 때로는 크게 감동하기도 한다.

피라미드의 가장 윗부분을 채우고 나면, 이제 두 번째 단계로 옮겨갈 준비를 한다.

개시 단계

시설개량자본금 캠페인을 개시할 때는 특별행사로 세간의 이목을 끄는 것이 좋다. 언론, 기부자, 자원활동가, 재단 및 기업 담당자를 초대한다. 언론에는 단체와 캠페인에 대한 정보를 담은 보도자료를 만들어 미리 배포하거나 행사 당일에 제공한다. 캠페인 개시를 알리는 행사의 초대장은 시설개량자본금 캠페인의 첫인상으로 작용하기 때문에 사람들의 마음을 끌게 해야 한다. 행사 자체는 오래 진행할 필요가 없다. 진짜 특별한 행사처럼 보이려면 댄스 공연이나 연설자를 동원할 수도 있지만, 이것도 굳이 필요하지 않다. 큰 화면에 그래픽을 띄워 캠페인의 전반적인 목표를 설명하고 기부금 분포표와 현재 모금액을 보여준다. 이사 한 명이 참석자들에게 캠페인의 중요성을 설명하고 그때까지 모인 기부금에 대해 모두 함께 축하해 달라고 요청한다. 샴페인, 음료수와 가벼운 스낵 등을 대접할 수도 있다.

공개 단계

공개 단계는 캠페인 개시 직후부터 시작된다. 이 기간에는 한 팀에 2명씩 해서 여러 팀이 최대한 빠른 속도로 잠재 기부자를 만난다. 모든 잠재 기부자를 적어도 한 번씩 찾아가야 하는데, 기간으로 보면 이 단계가 가장 오래 걸린다. 기부를 받을 때마다 목표까지 남은 금액을 수정해서, 적어도 직원과 이사, 기부 요청자들에게 공지함으로써 목표를 향해 나아가고 있음을 느끼게 한다. 이 단계에서 가장 중요한 세 가지 요소는 기부자와 잠재적 기부자에 대한 정확한 정보를 확보하는 것, 각각의 잠재적 기부자와 어느 단계에 와 있는지 꼼꼼히 기록을 남기는 것(종종 진행상황 관리라고도 한다), 그리고 기부 요청 자원활동가와 연락을 지속적으로 유지하는 일이다.

감사편지도 곧바로 보내야 한다. 몇 년에 거쳐 약정할 때는 약정계약서에 서명을 받아야 한다. 약정계약서는 아래 예와 같이 간단히 만들 수 있다.

약정계약서

본인 _____ (이름)은 향후 _____년 동안 매달(매분기) $_____씩 총 $ _____를 _____ (날짜)부터 시작하여 _____ (날짜)까지 기부할 것을 약정한다.
이 약정계약서는 법적 효력을 지닌다. 본인은 또 위에 명시한 약정액을 바탕으로 단체가 계획을 수립하고 예산을 지출할 것임을 알고 있으며, 이 약정계약서의 사본을 본인의 유언장에 첨부한다.

O O O (서명 날인)

단체는 또 기부금이 들어올 때마다 기부 요청자에게 알려야 하고, 단체의 사무실과 매주 연락을 취하며 매달 한두 번은 정기적으로 만나 진척 상황을 공유해야 한다. 또 문제가 생기면 신속히 해결해야 한다. 이런 문제 중 하나는 조건부 기부다. 잠재 기부자가 "다른 세 명이 내 기부에 매칭 기부를 하면 기부하겠습니다", "회의장에 제 어머니 이름을 붙여주신다면 기부하겠습니다" 또는, "이사 자리를 주신다면 기부하죠"와 같은 조건을 내걸며 기부를 제안하는 것이다. 조건부 기부는 그 조건이 아무리 괜찮은 것이라도 승인 과정을 거쳐야 한다. 승인은 이사회에서 하는 것이 바람직하다. 그리고 기부자에게는 "정말 친절하신 제안이군요. 돌아가서 그렇게 할 수 있는지 알아보겠습니다. 제가 결정할 일은 아니거든요"라고 말한다. 그런 다음, 단체가 조건의 수락

여부를 결정해야 한다. 조건을 들어주지 않을 생각이면 기부를 받지 말아야 한다. 예를 들어, 이사회의 이사 자리는 돈으로 "살 수" 있는 것이 아니기 때문이다.

마감 단계

목표액의 5분의 4 이상이 약정되면 이제 마감 단계로 접어든다. 이 시점에서는 목표액을 마무리해서 채워줄 사람을 한두 명 찾는다. "존스 씨, 현재 저희 모금액이 목표에서 5만 달러가 모자랍니다. 저희가 캠페인을 성공적으로 마치도록 이 금액을 기부해 주시겠습니까?" 이런 식으로 캠페인을 마감해줄 사람을 찾기 위해 선도 기부자용으로 작성한 원래의 잠재 기부자 명단으로 돌아가 보자. 선도 기부를 해줄 것 같지 않아서 기부 요청 대상에서 제외했던 사람이나 "캠페인이 좀 더 진행되는 걸 보고 나서 이야기합시다"라고 했던 사람이 있었는지 확인하자. 마감 단계는 다수의 소액 기부를 부탁하기에도 좋다. 이 단계에서는 1,000달러 기부도 목표 달성에 확실한 도움이 되기 때문이다.

 캠페인 종료는 큰 축하행사와 함께 끝맺는다. 건물 매입이나 신축을 위한 모금이었다면 리본 커팅이나 기공식으로 축하행사를 진행할 수도 있다. 물론 이미 이런 행사를 치르지 않은 경우다.

캠페인 이후

근사한 레스토랑에서 저녁 식사를 대접하는 등 기부 요청자로 수고해준 자원활동가를 위한 파티는 별도로 열어야 한다. 감사 선물도 제공해야 하는데, 감사패와 같이 보기에 좋으면서도 그다지 비싸지 않은 물건이 좋다. 또 직원들에게도 상품권이나 주말 여행권 같은 것을 줘서 그간의 노고를 위로하고 보상한다.

 직원과 자원활동가는 캠페인 기부자 전원의 기록을 검토해서 기록이 정확한지, 필요한 서류가 모두 갖추어졌는지 확인한다. 캠페인의 성공 소식을 담은 특별보고서를 만들어 모든 기부자와 기금 제공자에게 보내고 새 건물에서 단체가 할 수 있는 많은 일을 다시 한 번 강조한다.

시설개량자본금 캠페인이 끝나고 나면 머지않아서 연간 모금액을 늘려야 할 것이다. 캠페인을 진행하는 2~3년 동안 연간 모금액을 늘리지 못했을 것이기 때문이다. 시설개량자본금 캠페인이 성공하면 보통 연간 수입도 늘어나는데, 기부자가 단체를 좀 더 가깝게 느끼고 또 자신이 생각보다 더 많은 금액을 기부할 능력이 있다는 사실을 깨닫기 때문이다. 또한, 시설개량자본금 캠페인이 널리 알려지면서 신규 기부자를 끌어들이는 경우도 많다.

짐작했겠지만 시설개량자본금 캠페인은 상당히 많은 시간이 소요되고 챙겨야 할 사항도 아주 많은 사업이다. 추진력이 강한 이사회, 충실한 기부자 베이스, 잘 정착된 고액 기부 프로그램을 가진 조직만이 이러한 캠페인을 할 수 있다.

제27장

영구기금 캠페인

영구기금을 모으는 두 가지 방법이 있다. 전통적인 방법은 제24장에서 설명된 바와 같이, 기금을 유지 보호하고 올바르게 투자하기 위한 원칙을 사전에 정해 기금을 만든 다음, 여기에 보태가는 방식이 한 가지 방법이다. 모든 유산 기부금이 바로 여기에 속한다. 또한, 많은 단체가 원칙을 정해 연간예산에서 일정액을 떼어 정기적으로 영구기금에 넣기도 한다. 그들은 영구기금이 일정 금액(대개는 최소 100만 달러)에 도달하기 전에는 절대로 그 돈을 사용하지 않는다. 그러나 캠페인전략을 사용하여 영구기금을 시작하고 확장하는 또 다른 방법도 존재한다. 이 전략은 영구기금의 원금이 어느 정도 의미 있는 수준의 금액이 되도록 하는 데 특히 유용하다.

저소득층의 기부자를 많이 보유하고 있는 단체는 영구기금 캠페인을 시작하기 전에 좀 더 신중해질 필요가 있다. 그러한 노력이 성공해서 단체는 재정적인 안정을 갖게 된다고 하더라도 단체의 후원자는 그렇지 못하게 될 것이다. 결국, 모든 영구기금이 위험에 노출되어 상황이 악화될 수밖에 없음을 의미한다. 즉, 기부자들에게 단체가 연간 기부금이 더는 필요하지 않다는 인상을 주게 되고, 실제로 기부자 베이스를 상실할 수도 있다. 더 위험한 것은 기부자들이 연간 모금보다도 영구기금에 더 기부하게 될 것이라는 점이다. "피터에게서 돈을 훔쳐 폴에게 갚는다(한쪽에서 돈을 빼내어 다른쪽에 갖다 쓴다는 의미)"라는 말이 있는 것처럼 말이다.

시설개량자본금 캠페인과 마찬가지로, 영구기금 캠페인을 시작하려면 기부요청자 위원회를 구성하고, 잠재 기부자 명단을 수집하며, 캠페인과 그 이점을 설명하는 자료를 개발해야 한다. 이러한 작업을 마치면 잠재 기부자를 우선순위별로 분류해서 기부 요청을 하기 시작한다. 다른 캠페인과 달리, 영구기금 캠페인은 캠페인 기간이 끝난 뒤에도 언제나 열려 있어서 새 기부를 받을 수 있다. 이 캠페인이 대상으로 하는 기부자는 앞으로 3~4년에 걸쳐 기부금을 낼 사람이다. 이 캠페인의 초점은 자산 기부자가 아니다.

영구기금 캠페인의 각 단계는 다른 캠페인과 거의 비슷하지만, 약간 혹은 제법 눈에 띄는 차이도 존재한다.

목표 세우기

영구기금 캠페인의 목표를 정하려면 단체가 어느 정도의 이자 수입을 원하는지, 그만한 이자 수입을 얻으려면 원금이 얼마나 되어야 하는지를 생각해봐야 하는데 이때 재정 자문가의 도움을 얻으면 편리하다. 단체가 이자 수입만 원하는지 또는 이자와 원금 증액 둘 다 원하는지도 생각해봐야 한다. 또 기금의 원금이 물가상승률에 맞춰 상승하기를 원하는지도 고려해야 한다. 그러자면 이자 수입의 일부를 원금에 추가하거나 최소한 원금의 일부를 성장주에 투자해야 한다. 일반적으로 단체는 해마다 원금의 5%에 달하는 이자 수입과 지속적인 원금 증액을 기대할 수 있다.

이자 수입으로 연간 5만 달러를 얻자면 100만 달러의 기금이 필요하고, 20만 달러를 얻자면 400만 달러의 기금이 필요하다. 따라서 영구기금은 단체의 현금 흐름에 문제가 있을 때 사용할 방법은 아니다. 영구기금의 원금이 항상 증가하는 것은 아니며 이를 보증할 수도 없다. 왜냐하면, 인플레이션도 그렇고, 더 분명하게는 시장의 붕괴와 같이 경제적 안정이 깨질 수 있기 때문이다. 따라서 필요로 하는 자금을 기금으로부터 빼내면 원금 잠식이 일어날 수밖에 없을 때도 있을 것이다.

이러한 목표를 달성하는 데는 두 가지 방법이 있다. 하나는 캠페인을 진행하는 것이다. 100만 달러가 필요하면 100만 달러 모금을 목표로 캠페인을 진행한다. 하지만, 너무 큰 금액이다 싶으면 좀 더 가능성 있어 보이는 금액,

즉 2만 5,000달러 정도의 종자돈을 모으는 캠페인을 우선 시작할 수도 있다. 이런 식으로 캠페인을 할 때는 어느 정도의 금액을 모아서 예금해놓고 처음 설정한 목표에 도달할 때까지 꺼내 쓰지 않는다. 그리고 캠페인이 끝난 후에도 강도만 덜할 뿐 지속적인 모금활동을 통해 기금 모금을 계속한다.

어느 정도의 모금을 해두면 기부자들이 이미 존재하는 기금에 힘을 보탠다는 생각으로 좀 더 안심하고 기부할 수 있게 된다. 하지만, 이러한 '종자돈' 접근방식의 문제는 최종 목표액이 캠페인에서 모금한 금액 수준으로 하향 조정되는 경우가 많다는 것이다. 하지만, 그 수준에서 안착해 버리면 한꺼번에 쓰기에는 크지만 거기서 나오는 이자 수익의 혜택을 보기는 어려울 것이다. 따라서 종자돈 캠페인으로 진행할 때는 캠페인이 끝난 후에도 애초 목표액을 달성할 때까지 계속해서 기금을 증액할 계획을 마련해두어야 한다.

가끔은 "자금난을 약간만 덜겠다"는 생각으로 잠깐 집중해서 영구기금을 모아보자고 생각하는 단체도 있다. 이들은 1년에 5,000달러에서 1만 달러 정도의 이자만 원하기 때문에, 필요한 원금도 10만 달러에서 20만 달러 정도에 그친다. 이렇게 적은 규모의 돈을 모을 때는 영구기금 캠페인이 그리 좋은 방법이 아니다. 1년에 2만 5,000달러 미만의 자금이 필요하다면 전략을 다양화하거나, 기존 기부자들에게 좀 더 적극적으로 기부를 요청하는 등의 방법으로 연간 예산 모금액을 높이는 편이 더 낫다. 통상적으로 50만 달러 미만을 모금하고자 할 때는 영구기금 캠페인을 하지 않는다.

캠페인 목표액을 얼마로 정하든지 간에 영구기금을 위한 기부는 계속해서 물색하고 받아야 한다. 이때도 상당한 수준의 목표를 잡은 상태에서 시작하도록 하자.

경고: 실현되지 않은 유증을 영구기금 캠페인 목표액에 포함하는 단체도 있는데, 이는 어리석고 윤리적으로도 옳지 않은 일이다. 유증은 기부자가 사망하기 전에 언제라도 바꿀 수 있기 때문에 기부자가 유증을 약속했다 하더라도 기부자의 마음이나 상황이 변할 수 있다. 취소할 수 없는 유증만 목표액에 포함할 수 있다.

기부 요청팀

또 다른 점은 바로 기부 요청팀의 구성에 있다. 전에도 언급했지만, 전통적으로 영구기금은 부동산에 기반을 둔다. 그래서 전통적인 의미의 영구기금은 캠페인으로 진행하기가 어렵다. 그보다는 오히려 기부자는 기금에 기부하고 투자가 활성화되어 원금이 증가하게 된다. 영구기금 기부 요청팀은 스스로 먼저 많은 액수의 기부를 한 사람들로 구성이 되어야 하고, 그들의 유언장이나 부동산 계획에 해당 단체가 기부처로 포함되어 있어야 한다. 아울러 기부 요청팀은 왜 단체가 영원히 존속해야 하는지에 대한 명확한 사례와 함께 이를 분명하게 설명할 수 있어야 한다. 물론 이는 왜 새 건물이나 기타 다른 시설개량자본금 지출이 필요한지와는 전혀 다른 이유다. 또한, 시설개량자본금 캠페인에서와 마찬가지로 기부 요청자는 기부자 대부분이 부동산을 통해 할 수 있는 기부를 기꺼이 요청할 수 있어야만 한다.

기부금의 원금이란

영구기금에 대해 내가 가장 좋아하는 일화 중 하나는 수백만 달러의 유산을 받은 한 여성과의 대화였다. 그녀는 그 돈을 '죽은 백인 남자'에게서 받았다고 표현했다. 그 돈이 대체 어디에서 왔느냐고 아무리 물어도 "너무 많은 끔찍한 곳에서요"라는 말로 늘 웃음이 터지곤 했었다. 하루는 그녀의 재정자문가가 알려준 격언인 "원금에는 손대지 않는다"는 말에 대해 이야기를 나누었다. 그녀는 다음과 같은 질문으로 재정자문가를 놀라게 했다. "어떤 원금이요? 내가 18살 때에 받았던 돈이요? 아니면 서른두 살 때 내가 두 번째로 물려받은 돈의 총 원금을 말하는 건가요? 레이건 정부 시절 시장이 회복되었을 때 줄어든 원금? 아니면 내가 마흔일 때인 클린턴 정부 시절 늘어난 원금?" 그녀는 내게 이렇게 말했다. "그들은 마치 원금이 고정된 돈인 것처럼 말을 하더군요. 하지만, 원금처럼 빠르게 변하는 것도 없지요. 오르락내리락하는 원금을 고정한다는 건 터무니없는 말이지요." 내가 그녀를 만났을 무렵엔 그녀는 마흔두 살이었고, 그녀가 물려받은 돈의 절반을 쓴 상태였다. 나는 그녀의 넉넉한 씀씀이에 놀라지 않을 수 없었다. 하지만, 그녀는 다시 웃으며 말했다. "당신이 만약 굉장한 부자라면 돈이라는 건 당신의 욕조에 핀 흰 곰팡이와 같을 거예요. 그게 한번 생기고 나면 절대 제거할 수 없는 것처럼 말이에요."

기부 요청팀을 구성하는 데 시간이 걸리기도 한다. 처음에 두세 명의 기금 기부자로 시작해서, 기부가 좀 더 많이 들어오면 새로운 기부자가 추가로 참여 의사를 밝힐 수도 있다.

후원을 위해 사례가 분명해야 한다

고액 기부나 시설개량자본금 캠페인과 영구기금 캠페인이 갖는 근본적인 차이는 기부가 필요한 상황에 따라 다르다. 고액 기부를 요청받은 사람은 단체에 긴급한 사안이 있다는 것, 그 사안을 반드시 해결해야 한다는 것, 이를 위해 특별히 고액 기부가 필요하다는 것을 믿을 수 있어야 한다. 시설개량자본금 모금은 단체가 갖는 현재의 시설이나 장비로는 단체의 중요한 사업을 제대로 해낼 수 없으며, 반드시 대규모 투자가 있어야 한다는 점을 내세운다. 영구기금 기부는 그보다 한 걸음 더 나아가 단체가 지금은 물론 앞으로도 재정적으로 안정될 필요가 있음을 내세운다. 단체설명서는 이사진과 직원을 위한 내부 문서다. 즉 기부자에게 기부 요청을 하기 위한 자료의 토대가 되어야 한다. 따라서 여기에는 단체의 활동이 지역사회 내에서 지속가능하기 위해서는 현재 단체 프로그램에 대한 기부자의 도움이 절실하다는 사실을 강조해야만 한다.

제28장
타당성 조사

타당성 조사란 프로젝트의 성공을 위해서 사전에 동의와 지지를 받아야 하는 사람들을 대상으로 시행하는 설문을 말한다. 보통 도움을 부탁하는 대상, 즉 잠재 기부자, 이사, 지역의 지도자, 재단과 기업의 프로그램 책임자에게 무기명으로 해서 단체의 시설개량자본금 또는 기금 프로젝트에 대해 어떻게 생각하는지, 개인 또는 해당 기관이 어느 정도를 지원해줄 수 있는지를 묻는다. 일반적으로 설문은 두세 부분으로 이루어지며, 고액 기부를 요청할 모든 잠재 기부자에게 보내는 설문지, 선도 기부를 부탁할 소수 기부자에게 하는 전화 설문, 그 외에 소수의 대면 인터뷰나 핵심 지도자들로 구성된 포커스그룹 등이 있다.

타당성 조사는 누가 시행하는가?

대부분 단체는 타당성 조사를 위해 컨설턴트를 고용한다. 이유는 간단하다. 잠재 기부자로부터 가능한 솔직하고 거리낌없는 답변을 들으려면 익명으로 조사해야 하기 때문이다. 개인적으로 전혀 알지 못하는 컨설턴트에게서 우편물을 받고, 설문에 답하여 다시 무기명으로 (단체가아닌) 컨설턴트에게 돌려보내면 최대한의 익명성이 보장될 것이다. 하고 싶은 말은 누구에게든 상관없이 하는 사람도 있지만, 보통 사람들은 남의 감정을 상하게 하거나 갈등 상황을 만들고 싶어 하지 않기 때문에 자기가 한 말이 아는 사람에게 들어갈 것 같으면 노골적인 말을 삼간다.

설문은 대개 여러 개의 답 중에서 하나를 고르는 방식으로, 결과를 도표화하기 쉽게 되어 있다. 주관식 질문도 몇 개 넣어 잠재 기부자가 단체의 지도부나 방향에 대해 하고 싶은 말을 적도록 한다. 설문지가 회수되면 컨설턴트는 설문응답자의 답변에 나타난 패턴과 해결해야 할 사안에 대해 통계를 낸다. 서면 설문조사에서 얻은 결과는 전화 설문 조사의 기초 자료가 된다. 전화에서는 좀 더 깊이 있는 조사를 할 수 있고, 일화와 사례를 기록하고, 설문에서 나온 결과나 의견에 동의하는지도 물어볼 수 있다. 대면 인터뷰까지 진행하는 조사는 많지 않은데, 캠페인의 명분을 좀 더 분명히 밝히거나 서면 또는 전화 설문조사에서 나타난 결과를 좀 더 구체화할 필요가 있을 때 시행한다. 그렇지 않은 경우는 그 이전의 정보만으로도 충분하다.

타당성 조사는 복잡하고 시간도 많이 걸리기 때문에 비용이 많이 든다. 전문가가 진행하면 적게 잡아도 최소한 5,000달러는 필요하고 2만 5,000달러까지 드는 경우도 적지 않다. 조사비용은 캠페인의 목표액과 상관이 없는데, 목표액이 낮다고 해서 조사를 적게 하는 것은 아니기 때문이다. 따라서 타당성 조사는 그 비용 때문에 보통 대규모 캠페인을 진행할 때 시행한다.

타당성 조사를 할 것인가?

다음 상황에서는 굳이 타당성 조사를 시행할 필요가 없다.

- 조사 결과에 관계없이 캠페인을 진행하고자 하는 경우. 타당성 조사를 통해 예상 수익이 목표치에 미달하리라고 나왔지만, 조사 결과가 틀렸다고 생각하며 캠페인을 밀어붙인 단체가 내가 아는 것만 해도 십여 곳이 된다. 이들 중에는 캠페인에 성공한 곳도 있고 실패한 곳도 있다.
- 오로지 목표 달성 가능성을 확인하기 위해 조사를 시행하는 경우. 목표 달성의 가능성을 확인하려면 캠페인을 개시하기 전에 잠재적인 선도 기부자에게 기부를 요청해 보는 것만으로 충분하다. 잠재 기부자들이 모두 거절하거나 요청한 기부금보다 적게 기부하고자 한다면 캠페인 계획을 재고해야 한다.
- 목표액이 200만 달러 이하일 때는 그만한 돈을 들여 전면적인 타당성 조사를

할 필요가 없다. 구체적으로 알아볼 사항이 있으면 서면 설문이나 일부 전화 설문 정도를 시행할 수도 있지만, 실제로 필요한 것은 잠재적인 선도 기부자들의 답변을 들으면 대충 다 알 수 있다.

다음 상황에서는 타당성 조사가 필요하다.

- 단체의 핵심 지도부에 대한 평가가 엇갈린다. 한 사람이 13년 동안 계속해서 사무총장을 맡고 있던 어느 단체가 시설개량자본금 캠페인을 진행한다기에 내가 타당성 조사를 시행한 적이 있다. 그 사무총장은 많은 사람에게서 좋은 평을 듣고 있었지만, 어떤 핵심 잠재 기부자가 말했듯이, "그 사람 혼자서 감당하기에 단체가 너무 커지고 있었고, 이사회나 사무총장이 건물 신축을 제대로 관리하기에는 무리"였다. 조사 결과, 사무총장의 역량을 뒷받침할 수 있도록 행정 및 인사관리 능력을 갖춘 부총장을 채용하는 등 상당한 인사 조정을 거치지 않으면 기부에 참여할 사람이 거의 없으리라는 결론이 났다.
- 건물 신축 프로젝트가 어떤 측면에서 논쟁이 될 수 있다. 노숙자 쉼터를 건립하려던 어느 단체는 타당성 조사 결과, 이웃들의 반대에 부딪힐 것을 알게 되었다. 단체는 쉼터 건립을 연기하고, 대신 공공교육 프로그램에 대한 주민들의 고민을 해결해주었다. 그 후 캠페인은 성공적으로 진행되었다.
- 200만 달러 이상을 모금하려는데 전에 그 정도 금액을 모금해본 적이 한 번도 없다.
- 기부를 요청하기 전에 단체와 가장 가까운 사람들의 기부 능력이 얼마나 되는지 알고 싶다. 각각의 기부자가 얼마를 기부할 것인지를 정확히 알 수는 없지만, 적어도 가까운 곳에 대규모 기부를 할 능력과 의사가 있는 사람이 있는지는 알 수 있을 것이다. 그 사람들이 누구인지 알아내는 것은 단체가 할 일이다.

타당성 조사를 시행하면 좀 더 확신하고 캠페인을 시작할 수 있으며, 사전에 큰 문제를 파악해서 처리할 수 있다. 타당성 조사는 상대방의 재산 규모에 대해 이야기하는 것을 금기시하는 사회에서 거액의 자금을 모금하고자 할 때 잠재 기부자의 실제 기부 능력을 알 수 있는 좋은 방법이다.

내 경험으로 볼 때 5~10명의 기부자로부터 목표의 1/3을 먼저 모금하는 풀뿌리 단체는 목표의 나머지 금액도 채울 수 있다. 따라서 나는 단체들이 캠페인의 성공 여부를 가늠할 때 이 기준을 가장 믿을 만한 지표로 사용하기를 바란다.

타당성 조사를 시행하지 않고도 확신을 얻을 방법이 있다. 선도 기부로 캠페인의 성공을 책임져줄 사람들과 이야기를 해보는 것이다. 캠페인 시행 여부에 대해 이야기를 나누면서 그들의 의견을 물어본다. "가능성을 모색 중"이거나 "캠페인 시행 여부에 대해 의견을 듣는 중"이라고 말하고 격의 없이 의견을 나누되, 이들의 말에 세심한 주의를 기울이자.

타당성 조사로 알 수 있는 것

단체들은 보통 타당성 조사에서 예측한 것보다 더 많은 기부금을 모은다. 컨설턴트들이 모금 가능액을 실제보다 낮게 평가하는 경향이 있기 때문이기도 하지만, 가장 주된 이유는 캠페인이 진행되면서 생성되는 열기와 흥분이 잠재 기부자들에게 영향을 끼치기 때문이다. 이론적으로 볼 때, 잠재 기부자들이 전화상으로 질문에 응답할 때와 자신이 존경하는 사람이 직접 찾아와서 기부를 부탁하는 것은 전혀 다른 문제다. 전화에서는 보통 차분하고 진지하며 질문자의 오해를 불러일으키지 않으려고 애쓰게 된다. 그리고 약간 무리가 되기는 하지만, 그래도 자신이 낼 수 있는 금액을 언급할 것이다. 하지만, 나중에 캠페인이 실제로 진행되고 친구나 동료가 단체의 직원과 함께 와서 기부를 부탁하면 기부 요청자의 열정에 감동하여 전화에서 응답한 것보다 더 많은 금액을 약속한다. 또 전화로는 기부하지 않을 것처럼 말했다가도 실제로 캠페인이 진행되면 거기서 빠지고 싶지 않은 심리가 생기기도 한다. 전화상에서 상당히 강해보였던 반대 의견도 캠페인이 빛을 발하면 사라질 수 있다. 타당성 조사에서 예측한 것보다 수십만 달러나 높게 예상 모금액을 잡아도 좋다는 말은 아니지만, 그 조사가 제대로 시행되었다면 분명히 예상액만큼 또는 그 이상을 모금할 수 있을 것이다.

캠페인의 성공

물론, 어떤 계획이든지 반드시 성공하리라는 보장은 없다. 하지만, 계획이 있으면 없을 때보다 성공 가능성이 커진다. 또 계획이 있으면 성공 여부를 평가하기도 훨씬 수월해진다. 사실 계획이 없으면 평가 자체가 불가능하다.

성공을 위해서는 또 이사회의 참여가 필요하다. 이사회가 캠페인에 열심히 참여하지 않으면, 그 캠페인은 길을 잃을 것이다. 사람들은 이사회가 리더십을 보여주기를 기대한다. 이사회가 시설개량자본금 캠페인이나 기금 캠페인에 고액 기부를 하기 어려운 사람들로 구성되어 있을 수도 있다. 그건 상관없다. 다만, 어떤 식으로든 기부해야 하며, 캠페인을 계획하는 데 참여해야 한다.

성공을 가늠할 수 있는 가장 좋은 방법은, 시설개량자본금과 영구기금 캠페인에 대한 장에서 설명한 것처럼, 시간을 갖고 제대로 된 계획을 세운 다음 본격적으로 캠페인을 개시하기 전에 비공개로 계획의 첫 부분을 실행해보는 것이다. 이때 기부를 요청해 보면 공개의 위험이 가장 적은 상태에서 가장 정확한 정보를 얻을 수 있다.

온라인 콘텐츠

- Sample Feasibility Study Cover Letter
- Sample Questions for Feasibility Study
- Sample Feasibility Study Report
- Case Study of a Feasibility Study: Family Matters, by Kim Klein

제 VI 부
예산과 계획

⊰⊱

나에게 가장 어려웠던 의뢰인 중 한 명은 오랫동안 지역사회 조직가, 활동가로 일해 왔던 사람인데 그는 나의 제안에 항상 문제를 제기했었다(물론 그도 역시 나를 어렵게 생각했을 것이다). 그가 이사로 있는 단체의 이사진은 수탁의 책무에 대해 학습을 해 오고 있었고 예산을 한 번 검토해 달라는 요청이 있었다. 하나로 통합하기 위해 나를 채용했지만 나는 모금 계획 수립을 제안했다. 나중에 밝혀진 것처럼 그는 모든 것을 하기 원하지 않았고 모두가 다 시간 낭비라고 생각했다. 결국, 그는 화를 내며 말하기를, "우리는 현재 보유하고 있는 돈을 갖고 해야 할 필요가 있는 일을 합니다. 그것이 내 계획이고 내 예산입니다." 나는 계획이라는 것에 대해 생각할 때마다 그를 종종 생각하곤 한다. 많은 점에서 그는 내가 같은 방식으로 함께 일했던 대다수 단체보다 자신의 방법에 대해 단순 솔직했다.

어느 비영리단체든지 자유롭게 활동할 수 있을 정도로 충분한 자금을 원하지만, 정확히 얼마가 필요한지를 말할 수 있는 단체는 그리 많지 않다. 자원활동가의 시간과 기부금을 현명하게 사용하여 목표를 달성하고자 하는 것은 분명하지만, 그것의 의미를 정확히 규정하는 일을 간과하는 경우가 많다. 단체의 설립자와 그 동료들은 자신의 머릿속에는 완벽한 계획을 세워두고서 다른 사람들에게는 "필요한 만큼만 가르쳐주는" 경우가 심심치 않게 있다. 이것은 기밀사항이어서가 아니라, 시간을 들여 이야기하고, 문서로 만들고, 단체 내의 모든 구성원이 그것을 이해하도록 하는 일을 게을리 하기 때문이다. 예산 수립은 보통 이렇게 이루어진다. "우리는 돈이 필요해요. 모을 수 있는 건 최대한 다 모아야죠. 들어오는 만큼 쓰겠지만 충분치는 않을 거예요." 모금 계획도 크게 다르지 않다. "도와주세요! 빨리 지원신청서를 냅시다! 행사를 하나 합시다! 뭐가 제일 빠르죠?" 이렇게 산

☯

만한 '땜빵'식 접근법으로 예산을 책정하고 계획을 수립해도 단체가 번성할 수 있다고 생각한다면 이 장을 읽을 필요가 없다. 그렇지만 "이것보다 더 쉬운 길이 있을 거야"라고 생각한다면 읽는 것이 좋다. 시간은 우리에게 가장 소중하고도 되돌릴 수 없는 자원이다. 따라서 **효율적으로, 즐기면서, 최대의 결과를 얻을 수 있는 방식으로 시간을 활용하는 것이 우리의 지상 과제가 되어야** 한다. 예산과 모금 계획을 개발하면 시간을 최대한 효과적으로 사용하게 될 것이다

제29장
예산 개발

모금 계획을 개발하는 첫 단계는 실행 예산을 개발하는 것이다. 예산의 가장 간단한 형태는 쓸 돈(지출)과 들어올 돈(수입)의 내역을 기록한 것이다. 예산은 수입과 지출이 같을 때 균형을 이룬다. 바람직한 예산은 지출보다 수입을 높게 책정하는 것이다. 예산은 통상적으로는 1년 단위로 한다. 대개의 단체가 2년 혹은 3년에 걸친 재정계획을 수립하곤 한다. 그렇게 함으로써 1년 동안 사용된 돈이 세 번째 연도까지 만회되지 않는지를 알 수 있거나, 혹은 2년 동안만 지원하고 세 번째 해에는 지원하지 않는 지원금의 효과를 생각하게 한다.

예산을 수립하는 방법은 여러 가지가 있다. 단체가 성장함에 따라 단체에 맞는 가장 정확한 방법을 찾을 때까지 기존의 예산 수립 과정을 수차례 고치는 때도 있을 것이다. 일부 단체에서는 단 한 명의 직원이 조직 전체의 예산을 짜서 이사회의 승인을 받기도 하지만, 이 모든 일을 혼자서 준비하기는 상당히 벅차다. 따라서 여기서는 소규모의 담당 위원회가 있어서 예산 수립을 책임지는 것으로 가정한다. 이 위원회는 이사회에 소속된 상임 재무위원회로서 예산을 감시하는 기능을 하거나, 2~3명의 이사와 1명의 직원으로 구성된 특별위원회 형태가 될 수도 있다. 많은 풀뿌리단체가 예산 개발에 대한 전문지식이 부족하기 때문에 예산위원회에 경험자를 앉혀서 도움을 얻고자 한다. 특히 시스템이나 회계 연도를 바꿀 때 또는 다년간의 계획을 수립하는 경우라면 재정 전문가를 고용함으로써 큰 도움을 얻을 수 있다.

위원회를 만든다면 위원의 수를 4~5명으로 한정해야 한다. 위원들은 어느 정도 단체에 대한 지식을 갖고 있어야 하며 직무 수행에 필요한 시간을 할애할 용의가 있어야 한다.

간단한 2단계 예산 수립 과정을 이용하면 소규모 비영리단체들도 효과적으로 예산을 세울 수 있다. 이 절차는 광범위한 조사나 도표 없이도 상당수의 변수를 반영할 수 있고 간단하게 스프레드쉬트를 사용할 수도 있다.

제1단계: 지출과 수입을 별도로 추정한다

먼저, 예산위원회를 두 개의 하위 그룹으로 나누고, 한 그룹은 지출을 다른 그룹은 수입을 담당한다. 두 그룹이 각자 맡은 작업을 완료하면 두 번째 단계에서 다시 모여 서로의 작업을 조합한다. 한 두 사람이 예산 작업을 하게 되면 하루는 수입을, 또 다른 하루는 지출을 각각 나눠서 처리할 필요가 있다. 그렇지 않으면 그들이 가는 대로 모든 것을 맞추고자 하는 유혹에 빠질 수밖에 없고, 그것은 수입을 부풀리고 지출을 축소한다. 예산위원회는 모금 분야의 옛 격언을 따르는 것이 바람직하다. "지출은 크게, 수입은 적게 잡아라."

지출 산정

지출 계획 수립을 맡은 그룹은 아래 예제에서 보는 것처럼 생존 수준, 합리적 수준, 최대 수준 지출액이라는 세 항목을 준비한다. '생존' 수준에는 단체를 유지하는 데 소요되는 금액을 적는다. 이 금액을 모으지 못하면 단체가 문을 닫아야 한다는 의미다. 여기에 포함되는 세부 항목으로는 사무 공간, 최소 필요 직원, 우편물, 복사, 전화, 기기 등이 있다. 신규 사업비나 임금 상승, 추가 직원 또는 컨설턴트, 신규 장비 및 기타 추가 비용 등은 포함되지 않는다.

다음으로, '최대' 수준에는 최대의 효과로 단체를 운영하는 데 필요한 자금을 산정한다. 이 항목은 그랬으면 좋겠다는 희망 예산이 아니라, 단체의 최적 운영에 필요한 기금을 현실적으로 추정한 것이다.

마지막으로, '합리적' 예산은 생존 수준보다는 높지만 그래도 아직은 단체의 모든 목적을 달성할 수 있지는 않은 수준에서 단체를 운영하는 데 필요한 금액이다. 이 숫자는 앞선 두 항목의 중간값이 아니다. 여기에 들어가는 하위 항목의 예를 보면, 단체가 업무 성과를 높이기 위해서 좀 더 넓은 사무 공간이 필요하거나, 컴퓨터를 업그레이드해야 하거나, 직원들의 사기를 높이기 위해서 급료를 인상하는 일 등을 들 수 있다. 임대료 상승이나 신규 장비 구입, 급료 인상 등은 단체의 생존을 결정하는 필수 요건들은 아니므로 생존 예산에 들어가지 않는다. 그러나 합리적 예산 항목에 포함될 정도의 중요성은 있다.

이렇게 생존, 합리적, 최대 수준의 지출을 보면 다양한 수준에서 단체를 운영하는 데 필요한 재정 범위를 알 수 있다. 단체가 1~2년 정도의 회계 기록을 갖고 있다면 품목별 예산과 전년도의 지출을 근거로 예산을 짤 수도 있다.

지출을 산정할 때는 세부사항도 놓치지 않는 철저함과 집중력이 요구된다. 예를 들어, 인쇄비를 책정하려면 인쇄할 것이 모두 몇 가지인지, 각각 얼마나 필요한지를 정확히 파악하고 있어야 한다. 간단한 기부 요청 편지에도 최소 세 종류의 인쇄물(편지지, 회신 봉투, 그리고 이 둘을 담을 겉봉투)이 필요하다. 웹사이트 유지 예산에는 웹마스터 인건비 또는 사이트를 갱신하는 직원의 시간 비용, 방문객 유치를 위한 마케팅, 이메일에 대한 답신이나 온라인 기부 또는 주문서 다운로드 등을 담당하는 직원의 시간 비용이 포함되어야 한다. 비용을 예측하기 어렵다고 막연히 추측해서는 안 된다. 시간을 갖고 정확한 자료를 찾아야 한다. 모금 비용도 반드시 단체의 총지출에 포함해야 한다. 모금 예산을 책정하는 첫해에는 아무리 잘해도 '합리적인 추측' 수준을 벗어나지 못하겠지만, 이 책에 설명된 대로 상세하게 기록하고 전략을 평가한다면 두 번째 해부터는 훨씬 더 정확한 예산 수립이 가능하게 될 것이다.

좀 더 완벽하고 정확하게 예산을 수립하기 위해서 많은 단체가 담당 이사와 직원을 재무 교육 프로그램에 보내 이와 관련된 교육을 받게 하고 있다.

비용 산출 사례

항목	생존 수준	합리적 수준	최대 수준
인사 관련			
사무총장			
자원개발담당 이사			

- 지역사회 조직가
- 프로그램 코디네이터
- 혜택과 세금(급여, 고용보험, 의료보험)

인사 소계

- 교육 훈련
  (세미나, 수업, 코칭)
- 스텝 출장비
- 사무실 임대비용
- 사무용 가구 및 집기
  - 복사기 임대
  - 컴퓨터
  - 프린터
  - 사무실 사무용품
  - 전화와 인터넷
  - 전화 서비스
  - IT서비스/컨설턴트
  - 인터넷서비스 제공자
  - 소프트웨어 업데이트
  - 웹 관리 유지
- 모금과 마케팅
  - 모금 비용(인건비 제외)
  - 컨설턴트
  - 행사 기획자
  - 기타
  - 데이터베이스 기술지원 수수료
  - 매매수수료
  - 기타
  - 행사비
  - 출력비
  - 출간물 디자인비용

연례보고서	
우편모금(횟수 및 통수)	
행사 초청과 초대장	
뉴스레터	
기부자 프리미엄	
기타	
모금과 마케팅 소계	
우표	
등기우편	
대량 우편	
대량 우편 인가	
기타	
우표 소계	
기타 계약	
일반 관리	
이사진과 직원 교육 훈련	
이사진 출장	
연간 미팅 혹은 수련회 발표자	
자원활동가 평가	
기타	
소계(인사 비용 제외)	
총계	

수입 산정

위와 같이 한 그룹이 지출 예산을 산정하는 동안, 위원회의 또 다른 그룹은 수입 예산을 산정한다. 이 과정에서는 단체가 취할 모금 전략과 그러한 전략들을 통해 모금할 수 있는 금액에 대한 정보가 중요하다. 이러한 정보는 대부분 이전 연도의 기록에서 얻는다. 아래 예에서 보는 것과 같이, 수입은 최악, 보통, 이상적이라는 세 가지 상황으로 나누어 예측한다.

'최악' 수준에서의 수입을 예측하려면 전년도의 수입을 기준으로 해서 단체가 그만한 노력을 기울였을 때 최소한 동일한 수준의 금액을 모금할 수 있을 것으로 가정한다. 단, 일상적으로 하기 어려운 고강도의 모금 사업을 진행했거나 일회성 기부금을 받았던 경우, 혹은 지역사회가 심한 불경기에 빠졌던 경우는 제외한다. 재단, 기업, 정부 지원금은 다시 받는 것이 분명한 때가 아니면 '최악' 상황으로 분류해서 '0'으로 기재하는 것이 현명하다.

그다음, '이상적' 수준으로 분류된 수입을 산정해보자. 이 수치는 단체의 모든 모금 전략이 성공하고 제출한 모든 지원신청서에 대해 지원을 받았을 때의 상황을 나타낸다. 다시 말하지만, 이 항목에는 그랬으면 하는 희망 금액을 적는 것이 아니다. 어느 독지가가 홀연히 나타나 100만 달러를 기부할 수도 있다는 등의 비현실적인 일은 가정하지 않는다는 뜻이다. 이상적인 수입 예산은 모든 일이 가능한 최고의 상태로 잘 진행될 때를 가정한 것이다.

'보통' 수준은 일종의 절충안이다. 합리적인 수준의 성장과 근면한 노력, 구성원들의 성실한 약속 이행을 통해 기대할 수 있는 수입으로, 기존의 모금 전략을 확대하며, 새로운 시도 일부는 성공하고 일부는 실패할 수 있는 상황이다.

모금 전략을 토대로 수입 예산과 지출 예산을 세우는 두 가지 방법이 있다. 하나는 (위의 사례에서 보듯이) 지출 쪽에 모든 지출이, 수입 쪽에 모든 수입이 보이도록 하는 것이다. 소규모 단체의 경우, 아마도 이런 방법이 가장 간단할 것이다. 또 다른 방법은 총예산에 비용을 제하고 순수입만을 보이도록 하는 것이다. 그리고 각각의 전략에 따른 별개의 스프레드쉬트에 구체적인 지출과 수입 예산을 첨부한다. 특별 행사나 컨퍼런스를 빈번하게 개최하는 단체 혹은 수수료 및 판매할 상품이 있는 단체—즉 총수입은 많으나 순수익은 적은—의 경우, 이는 전반적으로 정확한 방법이 될 수 있을 것이다.

총 예산의 수입과 지출은 숫자로 기재하지만, 각 소위원회는 이들 숫자에 대한 산출 근거를 적고, 모금 전략이 성취하려는 재정적 목표 이외의 것에 대해서도 기록해야 한다.

수입 산정 사례

출처	불가 수준	적합 수준	이상적 수준
고액 기부			
신규			
갱신 혹은 업그레이드			
월정 기부자			
250달러 이상 기부자			
신규(특정 전략)			
갱신			
기부 중단 기부자 복원			
특별 요청			
산출물 판매			
티셔츠			
기타(　　　)			
특별 행사(총수입 혹은 순수입)			
하우스 파티			
댄스파티			
컨퍼런스			
이사진 기부			
서비스 수수료			
재단(　　　)			
기타(　　　)			
총수입			

제2단계: 만나서 비교하고 협의한다

전체 위원회가 다시 한자리에 모였을 때 '합리적' 수준의 지출 예산과 '보통' 수준의 수입 예산이 거의 비슷하기를 바랄 것이다. 그때는 별다른 이견 없이 이 예산안을 확정 예산으로 채택할 수 있다. 또는 '보통' 수준의 수입액이 '최대' 수준의 지출액과 비슷한 것을 보고 아주 기뻐할 수도 있다. 하지만, 대부분은 절충 과정이 필요하다. 보통 현실적인 수입 예산에 맞게 지출을 조정하고, 그 역으로는 하지 않는다. 만일 다른 단체가 하듯이, 균형을 맞추기 위해 수입을 증가시키게 되면 곧 재정적으로 문제를 일으킬 수밖에 없다.

지출과 수입 예산의 숫자가 전혀 비슷하지 않을 때는 위원회에서 해결책을 찾아야 한다. 이런 협의 과정에는 옳고 그른 방법이 없다. 각 그룹이 맡은 일을 충실히 수행했다면 각 항목이 정확한지를 다시 검토할 필요는 없을 것이다. 하지만, 좀 더 조사해보면 지출을 줄이거나 수입을 추가할 방법을 발견할 수도 있다.

다음 그림에서 보는 것처럼 수입과 지출 예산을 맞추는 데는 9가지 방법이 존재한다.

수입과 비용 산정을 맞추는 방법	
비용	수입
생존	최악
합리적	보통
최대	이상적
비용	수입
생존	최악
합리적	보통
최대	이상적
비용	수입
생존	최악
합리적	보통
최대	이상적

그리고 사례에서는 절충과 조사를 통해 예산안에 합의하는 두 가지 방법을 보여 줄 것이다.

지역사회 예술 진흥을 위한 이니시어티브

'지역사회 예술 진흥을 위한 이니시어티브'는 2000년에 설립되었다. 대부분 자원활동가로 구성된 소규모 단체로 운영되었으며, 가끔 특별 프로젝트를 위해 유급 인력을 외부에서 불러 쓰기도 했다. 이후 지역 예술협의회에 지원을 요청하여 지난 5년간 해마다 5만 달러의 지원금을 받았다. 이런 지원 덕택에 코디네이터를 고용하여 모금활동을 강화했다. 그러나 5년이 경과할 즈음 협의회는 더 이상 지원을 할 수 없다고 통보해왔다. 15만 달러에 달하는 총 예산 중 이 지원금이 차지하는 비중은 30%가 넘는 상황이었다. 이 단체의 예산위원회는 다음과 같은 예산안을 내놓았다.

	지출		수입
생존	$60,000	최악	$50,000
합리적	$100,000	보통	$75,000
최대	$150,000	이상적	$100,000

위에서 보는 것처럼 수입 예상액은 모든 상황에서 각각에 상응하는 지출 예상액보다 낮다. '생존' 지출 예산은 서비스를 대폭 축소한 상황을 반영한 것으로, 일부 이사들은 이렇게 되면 단체의 문을 닫는 것이나 마찬가지라고 생각한다. 이에 반해 '합리적' 지출 예산은 협의회 지원을 통해 지출했던 것을 제외한 작년도의 모든 지출을 포함한 것이고, 생활비 인상에 따른 품목의 고정 비용 인상분도 반영한 것이다. 이사와 직원들은 오랫동안 토론을 거친 끝에 구성원들의 사기 저하와 프로그램 축소를 막기 위해 현 수준을 지속하기로 결정했다. 이에 따라, 이사진은 수입은 '이상적' 수준, 지출은 '합리적' 수준을 채택하는 데 동의했다. 아울러 이사진은 합의한 예산 내에서 운영이 가능한지 여부를 판단하기 위해 우선 첫 번째 회계연도 초반부에 고액 기부자 발굴을 위해 최대한의 역량을 기울이기로 했다. 그들은 또한 향후 하나의 자원에만 올인해서 의존해서는 안 된다는 사실을 깨닫기도 했다.

노스포크 하천유역 보호협회

노스포크 하천유역 보호협회는 활동한 지 2년밖에 안 된 단체이다. 출범 첫 해에는 전적으로 자원활동가들에 의해 운영되었는데, 대부분이 하천유역에 사는 주민들이었다. 2년째 되는 해에는 비영리단체로서 법인화하고 이사회도 조직하였다. 생물학자를 직원으로 채용할 정도의 자금도 모았다. 이 직원의 전문성에 힘입어 단체는 지역 내의 하천 유역으로 유입되는 오염물질을 조사하여 문서화하는 일에 착수했고,

그 사업으로 인해 상당한 홍보와 지역 보건당국의 관심을 받았다. 그러나 당국이 적절한 조치를 취하도록 지속적인 압력을 가하려면 모금과 행정, 언론 홍보 등을 담당할 파트타임 직원이 필요했다. 초기에 이사회의 모금이 성공한 것은 몇몇 기부자들이 거액을 내놓은 덕분이었지만, 이러한 기부가 또 들어올지는 아무도 확신할 수 없었다. 또한 이러한 모금활동을 지속할 자원이 거의 없었기 때문에 과거의 경험에 입각해서 수입 예산액을 예측하는 것도 어려운 일이었다. 예산위원회가 산정한 예산안은 다음과 같다.

	지출		수입
생존	$158,000	최악	$160,000
합리적	$175,000	보통	$175,000
최대	$220,000	이상적	$290,000

'생존'과 '합리적' 지출 간에 유일한 차이는 파트타임 직원의 인건비였다. '보통' 수입이 '합리적' 지출과 맞아 떨어졌지만, 이사회는 처음 6개월 동안은 '보통' 수입을 목표로 하되 즉각적인 채용은 유보하면서 '생존' 지출을 채택하기로 결정했다. 과거의 모금 성과가 좋기는 했지만, 미래를 확신할 정도로 모금 프로그램이 확립되어 있지는 않다고 판단했기 때문이다. 그리고 6개월 후에 수입을 재검토해서 '보통' 수입 예산을 적어도 절반 이상 달성하면 그때 직원을 채용하기로 결정했다. 이 전략으로 인해 이사들은 숨 고를 시간을 벌었고, 혼자서 일을 도맡아 하던 직원은 자신의 업무량이 과다하다는 데 대해 사람들이 동의했으며 조만간 해결책이 나올 것이라는 확신을 갖게 되었다. 그 후 이사와 자원활동가들은 사무실 업무를 돕고 언론 홍보도 더 적극적으로 맡아 하기로 했다.

위의 두 사례를 통해서 예산은 융통성을 갖고 수립될 수 있으며, 진척 상황을 측정하는 척도가 되고, 돈을 쓰고 모으는 방식에 대한 틀을 제공한다는 것을 알 수 있었다. 따라서 예산을 이렇게 활용하면 골치가 아픈 것이 아니라 오히려 사업에 큰 도움이 될 수 있다. 소규모 단체들은 앞으로 얼마나 모금을 할지, 임대료나 임금 등의 고정비를 초과해서 지출이 발생할지를 정확히 예측하기는 어렵다. 하지만, 예산에 따른 기준과 범위는 필요하다.

지속적인 모니터링

예산안이 확정되면 그 후에는 반드시 모니터링이 뒤따라야 한다. 시중에 보면 수입과 지출 내역을 기록할 수 있는 저렴한 회계 프로그램들이 많이 있다. 월별로 각 예산 항목에서 단체가 얼마나 지출하고 얼마나 모았는지를 한눈에 볼 수 있다. 분기별로는 해당 분기의 지출과 수입 내역이 어떻게 되는지, 예산안과 실제 발생 비용이 같은지를 검토한다. 따라서 필요에 따라 예산을 조정하고 신속하게 문제를 파악할 수 있다. 예산안을 바꾸지 말고 하나의 학습 도구로 활용하자. 예산이 실제 결과와 어떤 차이를 보이는지 비교해보고, 그 차이에 대해 논의한다. 이 과정을 반복하다 보면 예산안이 점점 정확해질 것이다.

온라인 콘텐츠

- "'Outgoing' Overhead," Kim Klein, Grassroots Fundraising Journal, Nov/Dec 2003

제30장

모금 계획안 만들기

나는 예산을 만들고 계획을 세우는 일에 매우 관심이 있기는 하지만, 오랜 된 모금계의 격언, "모금의 10%는 계획이고 나머지 90%는 확인 전화다"라는 것으로 시작하고자 한다. 대개의 사람들은 계획 세우는 일을 싫어하기는 하지만, 계획을 위해 많은 시간을 허비하고 실제 일하는 데는 시간이 늘 부족하다고 하는 사람들을 아주 자주 보게 된다. 이 장은 상대적으로 짧다. 왜냐하면 계획은 가능한 한 철저하게 만들어져야 하지만, 계획 없이 일을 하는 것보다 실천되지 않는 계획을 세우는 것이 더 문제가 되기 때문이다.

모금 계획을 세우는 일은 어렵지 않다. 대부분의 시간을 계획을 세우는 데 허비해서는 안 되겠지만, 계획하는 데 1시간을 쓰면 이를 실행에 옮길 때 3시간을 절약할 수 있다는 것 또한 사실이다.

모금을 계획할 때 어떻게 하면 실행 가능한 계획을 세울 수 있을까? 여기에 그 다섯 단계가 있다.

1단계: 목표액을 정한다

이 숫자는 예산안에 있을 것이다. 제29장에 서술된 원칙을 활용하여 만들 수 있다.

2단계: 각각의 수입 전략의 구체적 내용을 설명한다

계획에 대해 사람들이 갖는 가장 큰 한탄은 "계획은 작동하지 않는다"는 것이다. 이것은 진실이다 – 계획은 예언이 아니며, 진실이라고 여겨진 것의 대부분은 계속적으로 진실일 것이라는 가정 하에 만들어진다 – 이미 실천이 완료된 계획은 거대한 자연재해, 방화 혹은 사기와 같은 사건에 대해 보험을 들게 하거나 준비하게 하겠지만, 통상적으로 계획은 그것을 염두에 두지는 않는다. 그러나 계획이 실패하는 주된 이유는 기대치 않은 뭔가가 발생해서 그런 것이 아니라, 소위 '계획'이라 칭하는 구체적인 것이 존재하지 않기 때문이다. 많은 모금 계획은 희망 사항과 개요와 초안이 혼합되어 만들어진다. 계획은 다음과 같은 구체적인 것을 포함한다.

- 각각의 전략을 위해 – 확보, 유지, 업그레이드 – 필요한 특정 과제
- 각 과제의 완료 시한
- 각 과제의 책임자
- 전략을 이행하는 데 드는 비용과 모금 예상액

3단계: 개인 기부 요청을 위한 계획을 만든다

여러분 단체는 여러 가지 방법으로 모금활동을 할 수 있다. 그러나 여기서는 개인 모금에 초점을 맞추고자 한다. 물론 재단, 기업, 정부로부터 혹은 시장에서 물품을 판매하거나 서비스 수수료를 통해서도 자원을 개발하기 위한 계획을 세울 수 있다.

개인 기부 요청을 통해 반드시 확보해야 하는 기부금을 산정한 다음, 제6장에서 설명한 대로 신규 기부자, 갱신 기부자, 업그레이드 기부자의 각 그룹에서 얼마를 모금할 것인지를 결정한다. 제21장 '고액 기부 프로그램 구축'에서 설명한 바에 따라, 전체 기부금의 60%는 10%의 기부자에게서, 기부금의 20%는 20%의 기부자에게서, 그리고 나머지 20%는 70%의 기부자에게서 모금한다. 첫 번째 수치인 60%는 고액 기부 전략의 목표액이다. 두 번째 20%

는 유지 전략을 사용하여 1년에 몇 차례에 걸쳐 기부하는 습관적 기부자들에게서 모금할 목표액이다. 신규 전략을 바탕으로 하는 마지막 20%는 1년에 1~2번 기부하는 사람들에 대한 목표액이다.

다음 질문을 활용해서 단체의 기부자 현황을 분석해보자.

- 고액 기부자, 습관적 기부자, 최초 기부자의 범주에 현재 각각 몇 명의 기부자가 있는가?
- 전환율, 즉 두 번째 기부를 하는 신규 기부자의 비율은 얼마인가?(20% 정도는 되어야 한다)
- 유지율, 즉 2회 이상 기부한 기부자 중 계속 기부하는 사람들의 비율은 얼마인가?(70% 정도는 되어야 한다)
- 갱신율, 즉 한 해에 기부한 사람이 다음 해에도 기부하는 비율은 얼마인가?(55% 정도는 되어야 한다)
- 기부자와의 관계에서 단체의 장점은 무엇인가?
- 신규 기부자 확보는 잘하지만, 유지율이 평균 이하인가? 또는 유지율이 평균 이상으로, 단체에 대한 충성도가 높은 습관성 기부자들이 많은가?
- 상위 10%의 기부자들을 잘 찾아내서 이들에게 정기적으로 고액 기부를 요청하거나 기부금을 증액하도록 권하는 일을 잘하는가?
- 단체의 기부자 수가 지난 3년간 증가, 감소 또는 그대로 유지되었는가?(감소했다면 신규 기부자 확보를 소홀히 하고 있으며 기부자 유지에도 문제가 있다는 의미이다. 기부자 수가 동일하게 유지되었다면, 기부자 유지나 신규 확보 중 하나는 잘하고 있으나 둘을 모두 잘하는 것은 아니다. 둘 다 잘하고 있다면 기부자 숫자가 당연히 증가했을 것이다).

4단계: 각 범주별로 필요한 기부자 수를 결정하고, 이를 전략과 연결한다

3단계에서 행한 분석을 바탕으로 목표 달성에 필요한 기부자 수를 정하고, 각 범주의 기부자들에게 가장 적합한 전략 – 확보, 유지, 업그레이드 – 을 수립한다.

5단계: 일정에 따라 구체적으로 계획안을 작성하고, 업무 내용을 기재한다

그럼 이제 모금 계획안이 만들어진 것이다(다음 두 가지 모금 계획안을 참고하자).

이처럼 다섯 단계를 이용하면 계획 과정이 간단명료해진다. 일단 계획을 수립했으면 이를 실천하여 목표로 하는 금액을 모아야 한다.

다음은 많은 풀뿌리단체가 유용하게 사용하는 통합된 모금 계획이다.

연간 개인 기부자 계획 작성

* 이 표는 프리실리아 형이 만든 워크쉬트를 기반으로 스테파니 로드가 수정 보완했다.

단체의 전략적 모금 목표는 [성공적인 기부자 프로그램을 구축하는 데 핵심적 요소라 할 수 있는 비현금적 목표를 고려해 보자. 예를 들면, 모금 팀워크 강화하기, 개인 기부자 수 늘리기, 고액 기부자와 면대면 방문 수 늘리기 등등]이다.
1.
2.
3.

전략기획 가이드

전략:
☐ 확보　　　　☐ 유지　　　　☐ 업그레이딩/고액 기부

청중:
청중의 숫자:

모금목표액: $　　　　　　기타:
기부 건수:
응답률: %

기부 분포표

기부금	필요 기부자	필요 잠재 기부자	총액
계			

작업 내용과 일정표

현장 모금 계획: 두 가지 사례

1. 대중극장

'대중극장'은 지역에서 활동 중인 극작가들의 작품을 공연하고, 어린이나 노인, 장애인들이 마음껏 재능을 발휘할 수 있는 기회를 제공하며, 예술에 대한 일반인들의 관심을 고양하기 위해 다양한 작품들을 공연하는 지역 극장이다.

연간 예산은 50만 달러이며 정규직 직원은 4명으로, 각각 예술, 개발, 프로그램 및 마케팅, 행정을 담당하고 있다. 행정 담당자는 모금 업무도 맡고 있다. 13명으로 구성된 이사회는 극장의 활동에 적극적으로 참여한다. 올해는 티켓 판매, 정부 보조금, 강습료 등으로 30만 달러를 조달하고, 나머지 20만 달러는 기부금으로 충당할 계획이다. 특히 올해는 그동안 해마다 5만 달러씩 받아오던 재단 지원금이 중단되어서 그만큼 기부금으로 모아야 할 돈이 늘어났다.

위의 세 번째 단계에서 설명한 방법대로 보자면, 이 극장은 고액 기부자들로부터 12만 달러, 소수의 습관성 기부자들로부터 40만 달러를 모으고, 나머지 2만 달러는 신규 기부자를 확보하기 위해 현재 진행 중인 3건의 특별 이벤트와 올해 말 온라인 캠페인을 통해 조달해야 한다. 행사들은 대부분 '확보' 전략 단계, 즉 온라인 캠페인을 통해 현행 기부자와 신규 기부자로 기부를 이끌어 내야 한다.

지역사회에서 상당히 높은 신망을 얻고 있는 이 극장은 현재 1,000명의 기부자를 유지하고 있으며, 그 중 100달러 이하 기부자가 800명 이상이고, 100~249달러 사이 기부자는 100명 정도다. 기부는 대체로 공연이 끝나고 이사 중 한 명이 무대에 올라와서 기부를 권유할 때 이루어진다. 최고액 기부는 2,500달러로, 오랫동안 이 극장의 고액 기부자였던 사람이 낸다. 그다음으로는, 현 이사진과 과거 이사진 5명이 각각 1,000달러, 정기 관람객 20명이 각각 500달러, 40명이 각각 250달러, 지역 내 예술프로그램을 지원하는 수녀회 두 곳에서 5,000달러를 기부한다. 따라서 기부금의 총액은 8,500만 달러다.

이 극장의 기부자 탈퇴율은 50% 이상이다. 지난 3년간 1,500명에서 1,250명 그다음 1,000명으로 기부자 숫자가 계속 줄어들었다. 이사 중 일부는 이 원인을 예술 담당자가 작품 선정을 잘못했기 때문으로 돌렸다. 지난 2년간 이 극장은 장애인 인권에 대한 연극을 상연해서 일부 관객들로부터 불평을 들었고, 두 편의 전위적인 연극에 대해서는 지나치게 모호하다는 평을 받았다. 또 한 연극은 어느 나이 든 신부의 성에 대한 시각, 가톨릭 교단과의 갈등, 이로 인한 제명 과정을 보여줬는데 이에 대해서 일부 관객들이 반가톨릭적이라고 항의하기도 했다. 또 어떤 사람들은 반동성애적이라고 하고, 또 다른 사람들은 지나치게 동성애적이었다고 비판했다. 반면, 일부 이사들은 가족들이 함께 볼 수 있는 작품이나 어린이들이 직접 쓰고 제작한 연극들을 적절히 혼합하고 있기 때문에 지역사회 내의 다양성을 잘 대변하고 있다고 주장했다. 따라서 예술에 대한 일반인들의 관심을 고양하는 것이 극장의 사명이라면 어느 정도는 관객들의 비판을 감수해야 하는 것 아니겠냐고 반문한다.

이사회와 담당 직원들은 공연물과 관객의 반응에 대해 많은 논의를 해왔으며, 그러한 논의가 상당부분 도움이 된다는 것을 잘 알고 있었다. 하지만, 모금은 정체 상태에 있었다. 이사회와 직원들은 관객 수가 줄어든 것은 아니기 때문에 우선 모금에 집중하고, 그다음에 공연물의 유형과 기부 감소 사이에 직접적인 상관관계가 있는지를 조사하기로 했다. 1,000명이라는 기부자 수에 위의 공식을 적용해보면 다음과 같은 숫자를 얻을 수 있다.

- 100명의 기부자가 250달러 이상을 기부해서 총 12만 달러가 모금되어야 한다(현재는 250달러 이상 기부자가 68명으로, 총 3만 7,500달러다).
- 200명의 기부자가 100~249달러를 기부해서 총 4만 달러가 모금되어야 한다(현재이 범위의 기부자 수는 100명으로, 총 기부액은 2만 달러다).
- 700명의 기부자가 100달러 이하를 기부하여 총 4만 달러가 모금되어야 한다(현재 소액 기부자는 800명으로 총 기부액은 4만 2,500달러다).

- 게다가 1,000명의 기부자 수를 유지하기 위해서는 연간 30%의 정상 탈퇴율을 감안해 최소한 300명의 기부자를 새로 모집해야 한다.

네 번째 단계에 접어들면 다음과 같은 사항들을 파악하게 된다.

목표1: 250달러 이상 기부자의 수를 100명으로 늘리고, 총 기부금을 3만 7,000달러에서 12만 달러로 증액시켜야 한다. 이를 위해서는 기존 고액 기부자들의 기부금을 대폭 증가시켜야 하며, 일부 기부자들을 고액 기부자 그룹으로 업그레이드시켜야 한다. 이것은 충분히 가능해 보인다.

목표2: 100~249달러를 기부하는 기부자 수를 2배로 늘려야 한다. 그렇게 하려면 이 정도의 기부금을 낼 수 있는 신규 기부자를 모집해야 하고, 기존 기부자 300명에게도 기부금을 높여달라고 요청해야 한다. 특히 상당수가 현재 기부금을 2배로 증액해야 한다. 다소 무리가 있어 보이나 필요한 일이다.

목표3: 신규 기부자 300명을 모으고, 기부자 유지 전략을 강화하여 1,000명의 기존 기부자들 중 700명 이상이 기부를 갱신(상당수는 증액)하도록 한다. 이 목표를 달성하면 기부자 감소를 예방하고 기존 기부자 수 1,000명을 유지할 수 있을 것이다. 이렇게 하려면 일회성 티켓 구매자를 정규 기부자로 전환시키기 위해 적극적인 노력을 기울여야 한다.

위의 목표를 달성하기 위해서 극장은 2개의 기부 캠페인을 시행할 계획이다. 봄에 진행하는 캠페인은 고액 기부자를 중심으로 하며, 가을에 진행하는 캠페인은 현재의 소액 기부자들을 100~250달러 기부 그룹으로 업그레이드하는 것이 목적이다.

봄 캠페인: 고액 기부자

고액 기부자를 위한 기부 차트를 만들고, 32명의 신규 기부자를 확보하며, 기존 기부자들의 갱신 또는 업그레이드를 유도한다. 32명의 신규 기부자를 찾으려면 250~1,000달러를 기부할 수 있는 잠재 기부자 100명이 필요하다(50%는 거절하고, 승낙한 사람들 중 50%는 요청받은 것보다 낮은 금액을 기부할 것이기 때문이다).

가을 캠페인: 업그레이드

이사나 담당 직원이 개인적인 인사를 담은 기부 요청 편지를 작성하여 깔끔하게 인쇄한다. 이 편지는 3년 이상 50~249달러를 기부한 기부자들에게 발송하고 후속 전화를 한다. 이 범주에 속하지 않으면서 2회 이상 기부한 모든 기부자들에게도 현재 극장에 대한 관심 혹은 반응에 따라 개인적인 편지나 이메일을 보내 기부 증액을 요청할 것이다. 일년에 두 번 이상 기부하는 기부자나 혹은 웹사이트에서도 기부를 요청하는 내용을 공지하되, 캠페인의 진행 상황을 보여주기 위해 온도계 같은 것을 설치해서 기부가 들어올 때마다 온도계의 눈금을 올라가게 만들어 놓으면 좋다.

연중 캠페인 전략: 모든 기부자

기존 기부자의 유지율을 높이기 위해서는 1년에 세 차례에 걸쳐 극장의 다양한 프로젝트와 현황을 소개하는 편지를 기부자들에게 발송할 것이다. 또 약정 프로그램을 도입하고, 기부를 증액한 모든 기부자들에게는 금액에 상관없이 특별 인센티브를 제공할 것이다.

마지막으로, 매회 공연과 1년에 3회 개최하는 특별행사 말미에 기부 요청을 하는 등 효과적인 신규 기부자 모집 전략을 지속해 나갈 것이다.

다섯 번째 단계에 도달했을 때는 이 계획안에 따른 일정이 나와야 한다. 연극 공연 일정을 연간 일정표에 적는다. 정부 보조금 지원 마감일을 기록하고, 특별행사 일정과 분기별 소식지 발행 일자도 표시한다. 그다음, 추가 기부를 요청할 날짜를 잡는다. 이 날짜는 첫 3회의 연극 공연 직후로 하되, 각 특별행사 전후로 최소한 3주의 여유를 두어야 한다. 마지막으로, 남아있는 일정 중에서 2회에 걸쳐 고액 기부 캠페인을 잡는다(예: 1월 15일~2월 15일, 11월 1일~추수감사절).

이 계획이 확정되면, 대중극장 이사회를 신규기부자위원회, 기부자유지위원회, 고액 기부자 및 업그레이드 위원회의 3개 위원회로 나눈다. 각 위원회는 작업 목록을 준비하고 업무를 분담하며, 행정 담당자는 각 위원회의 일을 지원한다.

2. 노동자를 위한 주거시민연대

'노동자를 위한 주거시민연대'는 도심에서 1시간 정도 떨어진 작은 마을에 위치해 있다. 이곳은 사방이 공원으로 둘러싸인 전원 지역이기 때문에, 상당수의 주택이 인근 도심에 사는 사람들의 휴양지나 주말 별장으로 이용되어 왔다. 이러한 관심과 도시 인구의 유입으로 인해 이 지역에서 일하는 사람들이 치솟는 집값을 감당하지 못해 쫓겨나는 상황이 되었다. 지역민들은 외부에서 들어온 주택 소유주들이 필요로 하는 서비스의 대부분을 제공할 뿐 아니라, 이 지역의 매력인 전원풍의 멋진 경관을 유지하는 데도 기여하고 있다. 따라서 '노동자를 위한 주거시민연대'는 현재 지역에 남아 있는 주택들을 구입해서 지역 근로자들에게 적절한 가격으로 다시 판매하거나 임대할 생각이다. 또 전국적으로 진행되는 지역토지신탁 모델과 같이, 지역신탁을 통해 토지의 가치를 유지하고자 한다.

이 단체는 출범한 지 5년 만에 최초의 자산을 소유하게 되었고, 두 가정에 주택을 공급하게 되었다. 단체는 성공적인 모금 캠페인을 통해 주택 매입가에서 임대료로 충당하지 못하는 재정을 마련해왔으나, 금년도 운영비 4만 2,000달러를 확보하기 위해서는 회원 수를 확대할 필요가 있다. 예산은 2명의 파트타임 직원과 소규모 사무실을 기준으로 작성했다. 수입 예산은 지방 정부가 매년 제공하는 운영 보조금 1만 달러(마지막 해), 지역 재단의 후원금 1만 달러, 지역 기업에서 받은 5,000달러, 행사 수익금 5,000달러로 구성하였으며, 나머지 1만 2,000달러의 운영 예산은 회비 수입에서 충당하기로 했다. 그렇지만 지방 정부의 운영비 지원금이 끝날 것을 예상하여 회원들로부터 2만 2,000달러 – 야심찬 계획이지만 – 를 모금해서 금년도에는 5만 2,000달러를 총예산으로 잡기로 하고, 내년에 다시 4만 2,000달러로 돌아가기로 결정했다.

이 단체는 작년에 회원 130명으로부터 기부금 1만 2,000달러를 모았다. 그러나 갱신율은 50%에 불과했다. 따라서 신규 기부자 모집에 좀 더 적극적으로 나서고, 기존 기부자 유지율을 높여야 할 필요성이 절실해졌다. 이러한 상황을 고려하여 앞의 공식에 따라 이사회는 개인 기부금 2만 2,000달러 모금 계획을 다음과 같이 수립했다.

- 고액 기부자 10%의 기부자들로부터 총액의 60% 조달(이사진을 포함한 25명으로부터 각 500~750달러씩 모금): 1만 2,600달러
- (신규 및 갱신을 모두 포함하여) 중간 규모의 기부자 20%로부터 20% 조달. 특히 1년에 한 번 이상 기부하는 기부자(45명의 기부자에게서 연평균 1인당 100달러 정도): 4,400달러
- (소액 기부자에 해당하는) 70%의 기부자들로부터 20% 조달(200명의 신규 및 갱신 기부자로부터 1인당 30달러씩 모금): 4,400달러

이 단체는 목표, 전략, 실천 방안, 주도 인력, 각 전략의 이행 시점, 관련 비용 등을 상세하게 기록한 모금 계획안을 세웠다.

예산은 줄이지 마라

두 사례 모두에서 수입 쪽은 주의 깊게 모니터링을 할 필요가 있으나 예산을 감액하지 않고 모금액을 증액한 것은 현명한 선택이다.

지출을 줄이기 위한 방법을 모색하는 조직보다 모금에 주력하는 조직이 더 건강하고, 더 영속적이며 전반적으로는 좋은 성과를 거둔다고 나는 굳게 믿고 있다. 일반적으로 풀뿌리단체는 사정이 좋을 때 소액의 자금으로 조직을 운영하고자 하며, 적은 비용을 들여 모든 것을 처리하고자 하는 것이 본능이지만, 아울러 더 많은 자원을 개발함으로써 맞닥뜨린 재정적 문제와 위기를 극복할 수 있는 능력을 발전해 갈 필요가 있다.

온라인 콘텐츠

- Sample Monthly Fundraising Report
- "Fundraising Planning Worksheet: A Tool for Creating Your Annual Fundraising Plan," Stephanie Roth, Mimi Ho, and Priscilla Hung, Grassroots Fundraising Journal, Sep/Oct 2007
- Sample Fundraising Plan

제31장

깨끗한 돈과 더러운 돈에 대한 끝나지 않는 질문

오랫동안 나는 거의 모든 조직이 어느 시점에서든 한 번쯤 직면하는 문제 하나에 대해 여러 차례 질문을 받았다. 이 문제는 아래 소개한 편지에 잘 드러나 있다.

> 킴 클라인 선생님께,
>
> 저희 단체는 제가 생각하기에 계속 반복되는 문제로 어려움을 겪고 있습니다. 바로 더러운 돈의 문제입니다. 이와 관련해서 두 가지 질문이 있습니다. 더러운 돈을 받아야 하느냐와 그걸 어떻게 결정하느냐의 문제입니다. 한 기업이 운영비의 상당 금액을 기부하겠다는 제안을 저희 단체에 해왔는데, 단체 내 몇몇 사람들은 이 기업이 직원들에 대한 처우가 나쁘다며 그 기부금을 거절해야 한다고 주장합니다. 문제는 지금 저희에게 돈이 시급하고 운영비를 지원해주는 기업이 흔치 않다는 거죠. 이럴 땐 어떻게 해야 할까요?

나는 진보적인 단체들이 다른 어떤 주제보다 더 많은 시간을 소모하며 논쟁하는 것이 바로 이 문제라고 답했다. 사실, 어느 단체가 위의 편지에서 필자가 제기한 바로 그 질문, '더러운 돈'에 대한 긴 논의를 할 때마다 1분당 약정을 받았다면 지금쯤 엄청난 규모의 기금을 모아서 이제는 '더럽고 그리고 깨끗한 투자 정책'으로 주제를 바꿔 논의할 수 있었을 것이다. 하지만, 위의 편지에서 제기된 문제에 답하기란 쉽지 않다. 그래서 이 문제가 끊이지 않고 계속 튀어나오는 것이다.

이 질문을 두 가지 측면, 즉 '더러운' 돈의 의미와 그러한 돈을 받았을 때의 결과로 나누어 생각해보자. 나는 '더러운' 돈과 '깨끗한' 돈이 따로 존재한다고 생각하지 않는다. 돈은 망치와 같은 하나의 도구일 뿐이다. 망치를 사용해서 집을 지을 수도 있고 누군가를 죽일 수도 있다. 하지만, 우리는 '깨끗한' 망치와 '더러운' 망치가 있다고 생각하지 않는다. 망치에 힘(권력)이 있다고 생각하지 않기 때문이다. 돈도 그렇게 봐야 한다. 돈은 현명하게 쓸 수도 있고 낭비할 수도 있다. 정직하게 모을 수도 있고 부정한 방법으로 축적할 수도 있다. 직접 벌 수도 있고, 물려받을 수도 있고, 기부 받을 수도 있고, 훔칠 수도 있고, 분실할 수도 있고, 다시 찾을 수도 있다. 아니면 이 중 몇 가지를 혼합한 방식으로 가질 수도 있다. 돈 그 자체는 더럽거나 깨끗한 것이 아니다.

더러운 돈과 깨끗한 돈이라는 생각에서 벗어나면, 이제 다음과 같은 실질적인 문제에 집중할 수 있다. 고용정책이 부당하다고 생각되는 기업에서 돈을 받는다고 생각하면 어떤 느낌이 드는가? 그 돈을 받으면 다른 사람들에게 어떻게 비칠 것인가? 단체의 선의와 신념, 그리고 모금활동에는 어떤 영향을 끼칠 것인가?

나는 그간 다양한 방식으로 이 문제에 대한 답을 찾는 단체들을 보아왔다. 그 중 가장 적절하다고 생각한 방법은 1980년도에 미국 샌프란시스코에 소재한 여성보건권리연대(Coalition for the Medical Rights of Women)라는 단체에서 채택한 방법이다. 이 단체는 플레이보이사로부터 출판비를 지원받을 것인지를 두고 며칠에 걸쳐 긴 논쟁을 벌였다. 플레이보이사는 시민의 자유와 재생산 권리 활동을 하는 단체를 꾸준히 후원해왔고, 그러한 비영리단체에 인쇄지와 봉투, 초청장, 소식지 등을 제작할 수 있는 용지 비용을 후원하고 있었다. 이 후원금을 사용한 단체는 인쇄물에 "플레이보이사가 후원한 용지입니다"라는 문구만 간단히 삽입하면 되었다.

내가 자원개발 책임자로서 첫발을 내디뎠던 이 단체는 가끔 플레이보이사의 인쇄 지원 서비스를 이용했었다. 재정적으로 큰 도움이 된 것은 사실이지만, 기본적으로 사회 각 분야에서의 성차별을 폐지하기 위해 노력하는 단체로서 플레이보이사의 지원을 받는다는 사실이 항상 떨떠름했다. 그래서 우리는 전체 회의를 열고 이 지원비를 계속 받을 것인가에 대해 논의했다. 당연히 찬성과 반대 의견이 나왔다. 찬성 측에서는 "『플레이보이』는 여성을 이용해서 돈을 버니까 우리는 그 돈을 좋은 일에 쓰면 되는 거 아닐까요? 우린 그럴 자격이 있다고 봐요"라고 주장했다. 반대 측은 플레이보이가 여성을 착취하고 있으며 성차별주의를 조장하고 있기 때문에 그들의 인쇄 지원 서비스를 이용하는 것은 성을 팔아 돈을 버는 플레이보이의 사업을 돕는 격이라고 주장했다. 같은 논쟁을 수차례 되풀이하다가 어느 날 저녁에 한 사람이 이런 말을 했다. "이 돈을 받는 것이 좋은지 안 좋은지 저는 잘 모르겠습니다. 하지만, 플레이보이사의 돈을 받는다는 것을 생각하면 구역질이 날 것 같아요."

그때 이후 우리는 지원금 수령을 결정할 때 '구역질 테스트'를 적용하기로 했다. 직원이나 이사진, 자원활동가, 오랜 지인 등 단체의 핵심 인사들이 "이러저러한 이유로 그 돈을 받는다는 생각에 구역질이 납니다"라고 말하면 우리는 그 돈을 받지 않기로 했다. 단체의 구성원과 그들의 지속적인 헌신이 돈보다 훨씬 소중하기 때문이었다.

나는 "우리가 반대하는 관행을 일삼는 기부자에게서 돈을 받는다고 생각하면 어떤 느낌이 드는가?"보다 더 적절한 방법을 아직 찾지 못했다.

두 번째 질문 "그 돈을 받으면 다른 사람들에게 어떻게 비칠 것인가?"는 좀 더 실용적인 것을 묻고 있다. 때로 '구역질 테스트'를 통과하더라도 두 번째 테스트에서 걸리는 수가 있다. 뉴멕시코의 어느 시골에 소규모 보건단체가 있었다. 그런데 이 단체의 이사 중 한 명이 지역 인근에서 방사능 우라늄 찌꺼기를 무단으로 내다 버려서 주변을 오염시키고 있는 대규모 우라늄 광산의 부사장과 절친한 친구 사이였다. 이러한 인맥으로 그 광산 회사는 단체에 거액의 후원금을 제공하기로 약속했다. 하지만, 단체의 몇몇 고액 기부자들이 크게 격분하여 기부를 중단하는 상황에 이르렀다. 이 단체는 연이은 부정적인 평판으로 기부금을 계속 잃었고 결국 이듬해에 문을 닫게 되었다.

논쟁의 여지가 있는 기부원으로부터 지원금을 지원받고자 할 때는 다른 기부자들과 후원자들이 어떻게 받아들일지도 고려해봐야 한다. 다른 사람들의 생각을 가늠하기가 어려울 때도 있겠지만, 단체의 대의와 목적에 반하는 기부원으로부터 돈을 받는다면 사람들은 상당히 충격을 받을 것이다. 어느 보건단체가 무책임한 관행으로 환경과 보건에 심각한 문제를 초래하고 있는 광산

회사로부터 돈을 받는다면 단체의 다른 구성원들이 반발할 것은 불을 보듯 뻔한 일이다. 하지만, 보건단체가 아니라 공공도서관이었다면 불만의 소리가 한결 작았을 수도 있다.

그 외에도 논쟁의 여지가 있는 기부원에게서 기부금을 받을 때는 이 돈이 단체 예산에서 어느 정도의 비중을 차지하는가, 그리고 기부자가 돈을 주는 대가로 원하는 것이 무엇인가를 생각해봐야 한다. 악명 높은 기업으로부터 혹은 그 기업의 종업원으로부터 50달러를 받을 것인가 말 것인가 긴 시간 논쟁하는 단체는 없을 것이다. 이 정도의 금액은 아무런 영향력이 없기 때문이다. 또 부도덕한 사업 관행을 일삼는 기업에서 부를 축적했을지도 모르는 한 개인이 거액을 기부하겠다고 할 때 어느 단체가 이를 거절했다는 이야기도 들어본 적이 없다. 왜냐하면, 그 기부로 해당 기업이 이득을 얻는 것은 아무것도 없기 때문이다.

기부받은 사실을 외부에 알릴 필요가 없을 때는 받지만, 외부에 알려야 할 때는 거절하는 때도 있을 것이다. 따라서 그러한 이중적인 태도를 점검해보는 것도 기부금 수령 여부를 결정하는 데 도움이 될 수 있다. 자신에게 이렇게 물어보자. "이 기업에서 지원금을 받은 사실이 내일 신문 1면에 나온다면 우리는 기뻐할 것인가, 당황해 할 것 인가, 사람들의 반응에 불안에 할 것인가?" 기뻐할 것 같으면 그 기부금은 받아도 된다. 다른 사람들이 이 사실을 몰랐으면 한다면 아예 받지 말자.

깨끗한 돈, 더러운 돈의 문제는 보통 기업 기부금과 관련되어 있다. 기업 기부는 민간 기금에서 겨우 5% 정도이고, 어떤 형태로든 기부하는 기업도 전체의 11%에 불과하다는 점을 기억하자. 따라서 비영리단체는 기업보다 광범위한 개인기부자층에 모금활동을 집중해야 한다는 점이 분명해 보인다. 단체가 필요한 자금의 대부분을 개인 기부자에게서 얻으며, 기부자들이 단체의 감사 표현에 감동해서 계속 기부하고자 한다면 깨끗한 돈과 더러운 돈에 대해 고민할 필요도 없을 것이다.

제32장

재정 위기를 극복하는 방법

사람들 대부분처럼 단체도 때로 재정적인 어려움에 직면한다. 하지만, 당황하지 말자. 당황하고, 희생양을 찾고, 탄식을 해봐야 문제가 해결되지는 않는다. 대신, 가장 먼저 할 일은 지금 겪고 있는 재정난의 성격을 분석해보고 어떻게 이 상황에 부닥치게 되었는지를 살펴보는 것이다. 그러면 문제를 해결할 수 있는 전략을 찾을 수 있을 것이다.

재정 문제도 단순한 현금흐름에서부터 심각한 경영부실이나 자금 횡령에 이르기까지 그 유형이 다양하다. 이들 각각의 문제에 대해서는 아래에 자세히 설명하였다. 그러나 재정상의 문제는 좀 더 심각한 경영상의 문제가 있음을 보여주는 신호로 간주하는 것이 옳다. 그리고 그러한 문제는 특히 모금과 지출 영역에서 가장 먼저 나타나곤 한다. 이사회가 연간 계획을 부실하게 수립하여 그로 말미암아 재정 위기가 초래되었거나, 직원이 솔직하고 자세하게 이사회에 재무 상황을 보고하지 않아서 이사회가 비현실적인 예산안을 승인하도록 한 데 근본적인 원인이 있을 수 있다. 이보다 더 심각한 문제는 수입 예산에 대한 타당성 조사를 제대로 하지 않아서 모금 예산을 잘못 산정한 경우다. 문제가 어떤 것이든 이는 반드시 해결하고 넘어가야 한다. 하지만, 단순히 재정적인 문제만 해결하고 좀 더 근본적인 단체 운영상의 문제들을 덮어둔다면 재정 위기는 또다시 발생할 가능성이 크며 그 강도도 점차 심해질 것이다.

재정상의 문제에는 현금흐름, 적자 지출, 심각한 회계 상의 오류 또는 자금 관리 부실, 자금 횡령 등 네 가지 유형이 있다.

현금흐름

예상하고 있던 수입이 제때에 들어오지 않아 지출과 수입이 일시적으로 맞지 않으면 현금흐름에 문제가 발생한다. 이 문제는 보통 끝나는 시점을 알 수 있다. 해당 고액 기부나 지원금, 지방 정부의 보조금 등을 받으면 일시에 밀린 청구서를 처리할 수 있기 때문이다. 하지만, 그전까지는 비축금에 의존해야 할 것이다. 그 비축금마저 바닥나면 단체가 곤경에 처하게 된다.

이 상황에서 취할 수 있는 선택은 여러 가지다. 지출을 동결해서 수입과 지출을 같게 하거나, 할부 또는 가능한 청구서 지급을 연기해서 채무 변제를 지연시킬 수도 있다. 이때는 채권자에게 연락해서 상황을 설명하고 채무 상환 기한을 연기하는 것이 좋다. 또는 대출을 받아서 비용을 지급하고 자금 흐름이 호전되면 그때 대출금을 상환하는 것이다. 필요한 돈의 액수에 따라, 단체에 헌신적인 이사진이나 고액 기부자에게서 저금리나 무이자로 돈을 빌려서 외부에는 알려지지 않도록 하는 방법도 있다. 일부 지역 재단이나 기업들은 긴급 대출 기금을 두고, 단체 내부의 잘못이 아닌 이유로 현금흐름에 어려움을 겪고 있는 단체들을 도와주기도 한다. 마지막으로, 은행에서 저금리 신용 대출을 받는 방법이 있다. 금리에 따라 높은 비용을 낼 수도 있다는 점이 한 가지 단점이다.

현금흐름 문제는 대체로 유동성 문제이기 때문에 어려울 때를 대비해서 예비비를 마련해두면 이러한 위기를 피할 수 있다. 아울러 신용카드나 마이너스 통장과 같은 대출 계정을 열어 두는 것도 좋다고 생각한다. 이러한 카드나 대출 계정은 돈의 여유가 있을 때 만들어야 한다. 왜냐하면 카드 회사나 은행가 대출금을 되갚을 수 있다고 믿을 것이기 때문이다. 단체는 누가 카드를 사용할 것이며, 대출금 인출은 누가 허락할 것이고 사용 한도는 어떻게 할 것인지 등을 사전에 미리 명확하게 정해 두어야 한다. 이런 정책은 어렵지 않게 만들 수 있으며, 필요하다면 회계사나 컨설턴트의 도움을 받을 수도 있다.

적자 지출

적자는 현금흐름에 만성적인 문제가 있을 때, 더 정확히 말하면, 모금보다 쓰는 돈이 더 많으며 이 상황이 개선될 기미가 보이지 않는 상황을 말한다. 무책임하고 근시안적인 단체는 비축금에서 적자를 메우거나(이것도 비축금이 있는 경우다), 특별프로그램용으로 남겨 둔 돈을 돌려쓰기도 한다. 하지만, 이러한 행위는 특별프로그램 자체에도 그렇지만, 그 프로그램의 담당자나 기부원에게도 악영향을 끼칠 것이다. 결국, 어느 시점에 가서는 그 돈도 다 떨어지고 더는 적자를 해결할 수 없는 지경에 이르는 것이다.

적자 지출을 해결하는 방법은 딱 한 가지다. 지속적으로 더 많은 돈을 모을 방법을 찾거나, 장기적으로 지출을 줄이는 것이다. 그리고 과다지출이 발생하는 지점을 찾아 이를 봉쇄한다. 담당 직원이나 이사를 임명하여 250달러 이상의 지출은 모두 결재를 받도록 하는 것이 좋다. 예산 규모가 작은 단체에서는 복사, 우편료, 사무용품비만 잘 따져봐도 큰 변화가 생길 수 있다.

단체의 모금 계획과 수입 보고서도 세밀하게 검토해서 정확성을 기해야 한다. 하지만, 결국 더 많은 돈을 모으는 것이 장기적인 해결책이 될 것이다. 적자는 즉시 해결해야 한다. 상황이 지속될수록 더욱 악화할 것이기 때문이다. 일단 적자 상황에서 벗어나면, 앞으로는 모금한 만큼만 지출해서 다시는 이러한 상황이 발생하지 않도록 각별히 주의한다.

심각한 회계상의 오류, 자금관리 부실 및 횡령

회계상의 오류, 부실 관리 또는 횡령과 같은 심각한 상황이 발생했을 때는 즉시 이사회에 보고하고, 그러한 오류나 범죄의 책임자에 대해서도 신속하게 조처를 해야 한다. 횡령이 발견되었을 때는 해당인을 해고하는 것이 마땅하고, 이사회는 그 사람이나 책임자에 대해 법적 조처를 할 것인지를 결정해야 한다. 심각한 오류가 발생했을 때는 상황에 따라 정상을 참작할 수도 있을 것이다. 즉 담당자가 한 번도 이런 실수를 한 적이 없거나, 바로 잘못을 시인하고 즉각 조처를 한 경우, 또는 발생한 오류가 부주의나 사기의 목적이 있는 것이 아니라 순전한 실수임이 분명한 경우 등이 해당한다. 그럼에도 불구하고 상황이 해결될 때까지는 담당자에게 정직 처분을 내려야 할 것이다.

이사진은 발생한 상황과 이에 대해 단체가 취하고 있는 조치에 대해 간단한 해명서를 작성해야 한다. 그래서 기부자나 기금 제공자에게 보내거나, 사건이 신문 등 언론에 알려졌을 때 단체의 해명 자료로 사용할 수 있다. 정직과 신속한 조치가 후유증을 최소화하는 가장 좋은 방법이다.

이보다 해결이 더 어려운 문제는 그로 말미암은 금전적 손실을 어떻게 메울 것인가이다. 이때는 단체와 가까운 고액 기부자에게 추가 기부를 요청하거나, 대출, 지출 동결, 무급 휴가, 임금 체불 등의 방법을 생각해볼 수 있다. 최후의 수단으로 감원이 필요할 수도 있다.

어떤 방법으로도 상황이 호전되지 않는다면 이 단체는 해산을 고려해야 한다. 결정에 앞서 이사회는 조직개발 컨설턴트 등 전문가의 도움을 받을 수 있다.

부실 관리나 횡령 등 단체의 근간을 뒤흔드는 심각한 문제는 모든 관계자의 사기를 떨어뜨린다. 구성원 모두가 의기소침한 상황에서 일이 잘 진행될 리가 없다. 단체의 사기는 직원과 이사진이 의기투합하여 무언가를 해내고자 할 때 올라가는 것이다. 조직이 생명력을 유지하려면 이러한 문제를 신속하게 해결해야 하고, 구체적인 실천 방안도 즉각적으로 나와야 한다. 구성원들이 단체와 끝까지 함께할 것을 다짐하고, 조직의 존속이 최우선 과제라는 데 합의하면 이러한 위기를 거치면서 조직이 더욱 굳건해질 수 있다(이 주제와 관련해 좀 더 많은 정보를 얻으려면 Kim Klein, Reliable Fundraising in Unreliable Times 참조).

제 VII 부
모금 관리

※

나는 한때 마가렛(Margaret)이란 분과 아주 가깝게 일을 함께한 적이 있었다. 그녀는 카리스마가 있는 매력적인 여성이었으며 당시 인권단체 연대조직의 사무총장직을 수행하고 있었다. 그 단체에는 그녀와 또 다른 스텝 한 분만이 일하고 있었고, 모든 행정업무는 물론 프로그램과 관련된 일도 두 사람이 모두 처리했다. 마가렛은 기부자와 지원자를 만나기 위해 대부분 시간을 외근하는 데 썼다. 그녀는 행정업무 담당자에게 간결한 이메일을 보내곤 했다. "샌디를 만나세요. 그녀에게 전략기획안을 보내주세요", "씨리어스재단이 회계보고서를 보고 싶어 합니다. 노트와 함께 이메일 보내주세요", "헤리와 마이크가 1만 달러를 기부하기로 했어요, 감사 인사 보내주세요", "라라 남편이 누구인지 다시 한 번 알려주세요, 20분 안에 그녀를 만납니다" 등등이 그런 내용이었다. 이렇듯 수많은 노트가 며칠이 지나면 쌓이게 되고 행정업무를 처리하는 날이 되면 이를 뒤따라가느라 정신이 없을 지경이다. 이 모든 것은 사람을 만나고 이들로부터 기부 약속을 받아내는 그녀의 엄청난 능력으로부터 나온다. 행정을 담당하는 어느 누구도 마가렛을 보조하면서 자신의 업무를 완벽하게 처리하기란 애당초부터 쉬운 일은 아니다. 결국, 행정을 담당하는 직원이 왔다가는 가고 또 왔다가는 그만두게 된다.

궁극적으로 갈라진 틈은 벌어지게 되어 있다. 데이터는 입력되지 않았거나 부정확했다. 지원신청서와 지원자를 위한 보고서는 제시간에 발송되지 못했고 기부자에게 감사편지를 보내지 못했다. 간혹 기부된 수표가 몇 주 이상 은행에 예금되지 않기도 했다. 컨설턴트가 마가렛에게 충고하기를 "당신은 참으로 훌륭한 현장 활동가다. 그러나 이런 현장 활동을 위해서는 누군가가 뒤에서 보조해 줘야만 한다." 마가렛은 이런 상황을 충분히 인식하고 사무실 기능을 강화했다. 그녀를 보조할 인력, 프로그램의 확장과 마가렛 자신이 하는 것 이외의 관계를 유지 강화하기 위한 자원개발 책임자, 그리고 연대 운영과 관련된 또 다른 업무를 유지해 갈 프로그램 책임자를 채용했다.

마가렛은 전형적인 사무총장은 아니다. 여러분도 적극적이고 수완 있는 사무총장이 갖는 이와 같은 문제를 가져봤으면 하고 바랄지도 모른다. 그러나 흔히 무시되곤 하는 경영과 관련된 이슈를 그녀의 사례는 잘 보여준다. Ⅶ부는 우선순위를 어떻게 정하며 시간관리는 어떻게 하는지 등등 인프라와 관련된 논의로부터 시작한다—흔히 재능있는 모금전문가와 성공적인 모금가를 구분하는 것은 시간관리를 얼마나 잘하느냐에 달려있다고 한다. 그러고는 기부자를 유지 관리하기 위해 여러분이 필요로 하는 데이터를 살펴볼 것이다. 따라서 여기서 살펴볼 두 개의 장은 '집중(focus), 집중(focus), 집중(focus)'이란 세 단어로 압축해 정리해 볼 수 있다.

마지막으로 자원개발 책임자를 언제 어떻게 채용해야 하는지를 살펴보고, 컨설턴트나 교육전문가를 외부에서 데려와야만 할 때 고려할 점에 대해 알아볼 것이다.

제33장

모금을 위한 인프라

효과적인 시간관리는 흔히 성공하는 모금가와 그렇지 못한 모금가를 구분하는 기준이 되기도 한다. 왜냐하면, 모금에는 끝이 없고 언제나 할 일이 밀려 있기 때문이다. 따라서 우선순위를 정하는 것이 매우 중요해진다. 또 파킨슨의 법칙에 따라 수입이 늘어나면 지출도 늘어나기 때문이다. 모금이 성공할수록 단체는 그 돈을 쓰느라 더 많은 계획을 수립한다. 그래서 결국 돈을 아무리 모아도 충분하지가 않다. (유급이건 무급이건) 모금담당자는 스스로 한계를 정해야 한다. 단체가 아무리 모금담당자의 일을 잘 지원해준다 하더라도 단체는 끊임없이 돈이 필요할 것이기 때문이다.

하지만, 효과적인 시간관리가 자질이 충분한 사람을 구분하는 기준이 되는 주요 이유는 바로 시간관리의 목적이 여러분을 행복하게 해주는 것이기 때문이다. 훌륭한 모금가는 천성적으로 낙관주의자이다. 예를 들면, 내가 기부를 요청할 다음 사람이 매우 열정적으로 "네!"하고 요청을 승낙해 줄 거라고 믿긴 하지만, 이런 열정은 권한보다는 엄청난 책임감과 이로 말미암은 스트레스로 말미암아 점점 더 약해지곤 한다. 만약 여러분이 일의 경계를 잘 세워놓지 않고, 스스로 정한 우선순위가 자신의 시간과 능력의 최대치를 활용하고 있지 못하다고 느낀다면, 곧 자신의 업무에 대해 만족하지 못하고 즐겁지도 못할 것이다. 악순환은 되풀이될 것이고 점점 더 비효과적인 상태로 빠져들게 될 것이다.

자, 여기 여러분의 시간을 최대한 활용할 수 있도록 도와주는 유용한 지침이 있다.

가이드라인

여러분에게는 다음과 같이 매일 혹은 매주 마무리해야만 하는 일이 있다.

매일

방해받지 않는 시간을 가진다. 매일 한 시간(가끔은 2~3시간)은 다른 사람이나 자동응답기가 전화를 받도록 한다. 다른 직원과 이야기도 하지 말고 이메일에도 답하지 말자. 이 시간은 집중해서 해야만 하는 일, 즉 계획 세우기라든지, 글쓰기, 여러분의 지금까지 모금 결과에 대한 분석 등에 사용하자.

하루 일을 마감할 때 업무 목록을 작성한다. 하루 일을 마감하면서 15분이나 30분쯤 시간을 내서 다음 날 할 일의 목록을 작성한다. 그리고 다음 날은 이 목록을 검토하면서 시작한다. 정말 시급한 일이 발생하지 않는 한, 목록에 적힌 과제만 수행한다. 새로운 일은 내일 목록으로 넘긴다. 하루의 절반 내지는 4분의 3 정도가 걸려야 할 수 있는 일은 계획하지 않는다. 그 나머지 시간은 계획하지 않았던 것들을 처리하느라 다 쓰게 될 것이다. 하루에 여덟 시간을 일하기로 계획한다면 총 열두 시간을 일하게 된다. 네 시간에서 다섯 시간 정도 일하기로 한다면 결국은 여덟 시간 혹은 아홉 시간 이후에 일을 마감할 수 있을 것이다.

감사편지를 잊지 않는다. 이사나 자원활동가가 정기적으로 사무실로 와서 감사편지를 써주거나, 주요 기부자에게 갈 감사편지에 사무총장이 개인적인 메모를 덧붙이는 것이 가장 이상적이다. 이 과정을 책임지고 관리하는 것이 여러분이 할 일이다.

데이터베이스를 업데이트한다. 데이터 입력은 다른 급한 일에 비해 뒤로 밀려나기 쉬운데 이것이 바로 실수를 범하는 일이다. 이상적으로는, 데이터 입력을 대신 해줄 인력이 있으면 좋겠지만, 섬세하고 구체적인 일에 강점을 가진 자원활동가나 인턴, 혹은 파트타임 직원이 있어야 한다. 아주 작은 규모의 단체도 자원개발 책임자가 직접 데이터를 입력하는 것보다는 데이터를 입력하는 인력을 고용하는 것이 훨씬 효율적임을 알게 되었다(물론 자원봉사자를 쓰거나 누군가에게 임금을 주고 고용할 때에는 해당 데이터가 보안 유지가 필요한 것임을 분명하게 이해시켜야만 한다). 이뿐만 아니라, 자원개발 책임자가 늘 데이터 입력에 필요한 정확성을 갖추고 있지는 않으며 이 일을 급히 처리하다 보면 철자가 틀리거나 중복입력을 할 수도 있다. 따라서 이 업무는 '매일' 해야 할 업무에 넣어서 매일 업데이트를 하는 것이 가장 효율적이다. 하지만, 더 중요한 것은 데이터 입력을 위한 시스템과 일정을 확보하고 있어야 할 것이다.

매주
한 달 치 모금 계획을 검토한다. 계획을 정확히 수행하고 있는지 검토한다. 인쇄소에 편지사본 전달, 재단에 전화 걸기, 고액 기부위원회나 특별행사위원회 회의 일정 잡기 등과 같은 일을 미루지 않는다.

매주말엔 한 주를 되새겨본다. 어디에서 뒤처졌지? 어떤 것은 제때에 해냈지? 갑작스럽게 일어났던 일은? 계획을 실천하기 위해 변경해야 할 것은? 변화를 결정하는 데 누가 함께해야 하나? 꼭 누가 있어야 하나? 누가 영향을 받으며, 누가 영향을 받은 사람에게 말을 할 것인지?

따라잡기 위한 계획을 세우지는 않는다. 위임하거나 분류할 일을 정한다. 매주 이러한 작업을 하다 보면 놀랄만한 일은 최소한으로, 계획을 실천할 가능성은 최대한으로 될 것이다.

허비하는 시간에 유의하라

"벌써 네 시야?" "언제 하루가 다 갔지?" 시계를 올려다보면서 믿기지 않는 표정으로 이런 말을 할 때가 얼마나 많은가? 이것은 때로 우리가 중요한 일에 폭 빠져 있었다는 의미다. 하지만, 때로는 언뜻 중요한 듯 보이지만 실은 그렇지 않은 자질구레한 일을 하느라 또는 정말 중요하기는 하지만, 자투리 시간에 할 수 있었던 일을 하느라 시간을 허비했다는 뜻이기도 하다. 시간을 쓸데없이 소비하는 가장 일반적일 때는 다음과 같은 것을 들 수 있다.

이메일

시간을 절약하기 위해 사용하는 도구가 때로는 엄청나게 시간을 잡아먹는 도구로 돌변하기도 한다. 스팸이나 스팸 필터 때문만은 아니지만, 일부 책임이 있는 것은 사실이다. 또한, 전자 뉴스레터를 읽다가 링크를 따라가서 블로그를 읽고, 친구의 강아지 동영상을 잠깐 보며 휴식을 취하다가 다시 동물보호소의 웹사이트로 이동하는 등 매우 많은 시간을 쓰게 되기 쉽기 때문이기도 하다. 받은 이메일의 양은 조절할 수 있다. 불필요하거나 업무와 무관한 메일링리스트는 탈퇴하자. 장난이나 탄원 형식의 이메일이 분명할 때는 읽어볼 것 없이 그냥 삭제한다. 이메일마다 답장을 보내야 한다는 의무감에 시달리지 말자. 단체 측면에서 볼 때 현재도 그렇고 앞으로도 그다지 중요할 것 같지 않은 사람이나, 지금까지 한 번도 전화비를 들이지 않고 이메일만 보내오는 사람이라면 특히 그렇다. 이메일 확인은 하루 서너 번으로 제한한다. 아침에 출근해서 한 번 확인하고, 점심시간이 되기 전에 한 번, 오후에 한 번, 그리고 퇴근 전에 한 번 점검한다. 집에 가서는 업무용 이메일을 보지 말자. 이메일은 사람으로 하여금 늘 일을 하게 만든다. 하지만, 우리는 그럴 이유도 필요도 없다. 이메일이 우리를 책임지는 것이 아니라 우리가 이메일을 책임져야 한다.

소셜미디어

페이스북, 트위터, 텀블러, 링크드인, 인스타그램 등등은 아주 재미있으며, 십여 년 전에는 생각지도 못했던 방식의 소통을 가능하게 해주었다. 이 플랫폼과 현재 존재하고 또 곧 사라지게 될 수십 개의 소셜미디어가 모금의 새로운 창구 기능을 하면서 관심을 두고 있는 새로운 사람들을 만나게 해주고 있다. 하지만, 순전히 시간관리의 관점에서 본다면, "이게 정말 우리 단체가 모금하는 데 도움을 주는가?"라는 질문에 대한 답변에 따라 사용시간을 조정해야 할 것이다.

전화

전화가 산만하게 하지는 않지만, 이메일이나 소셜미디어로 교체되는 중이다. 그러나 실제 특정한 목적이 없는데도 시간을 소비하게 하기도 한다. 전화의 대부분 음성사서함으로 연결될 테니 전화를 걸기 전에 어떤 말을 남길지 생각해둔다. 두서없이 길거나 요점 없이 횡설수설하는 메시지는 누구나 다 싫어하는 걸 알면서도 그런 메시지를 남기는 사람이 많다. 이것은 전화를 거는 사람뿐만 아니라 받는 사람에게도 시간 낭비다. 친절하고 호감 어린 전화도 좋지만 그래도 둘 중 하나만 하자. "좋은 하루 보내세요"라고 할 때는 굳이 "주말도 잘 보내시고요", "날씨도 좋은데 바람이라도 쐬면서 즐겁게 보내세요"와 같은 말을 또 할 필요가 없다. "그럼, 안녕히 계세요. 곧 또 통화하죠. 목소리 들으니 반가웠습니다"도 마찬가지다. 이 말 중에서 하나만 고르되, 기왕이면 짧은 것으로 하자. 가능하다면 전화보다는 텍스트가 좋다. 이는 간략하게 소통할 수 있는 가장 효율적인 방법이 될 수도 있다.

잡담하기 좋아하는 동료

동료애를 유지하고 타인에 대한 관심을 표현하는 중요한 대화와 괜히 일하기 싫어서 시간을 허비하는 대화를 구분하자. 동료와 이야기할 시간을 따로 잡아서 잡담으로 시간을 허비하는 일이 없도록 한다. 업무 시간에 다른 사람과 이야기를 나누면 그 대화를 즐기기도 어려울뿐더러 일도 제대로 할 수 없다.

일정표

수백 개의 다양한 일정표 관련 시스템이 있으므로 여러분과 맞는 것을 찾으면 된다.

많은 사람이 전자일정표 시스템이 가장 효율적이라고 생각한다. 전자일정표의 가장 큰 미덕은 동기화가 되어 스마트폰, 태블릿, 노트북에서도 내용을 공유할 수 있다는 점이다. 어디에 있건 언제라도 어떤 약속이 있는지를 확인할 수 있으며, 회의에 어떤 동료가 오는지도 알 수 있다. 종이로 된 일정표보다 전자일정표가 더 훌륭한 점은 언제나 백업 복사본을 가질 수 있다는 것도 있다. 그리고 클라우드와 마찬가지로 다른 기기와 동기화가 되므로 만약 스마트폰이나 태블릿을 분실했을 때도 복사본을 가질 수 있다.

그렇긴 하지만, 난 사실 종이 일정표를 선호하는 사람이라는 것을 고백하고 싶다. 내 사무실에는 일 년 일정을 한눈에 볼 수 있는 일정표가 있고, 나는 늘 월별 일정표를 지니고 다닌다. 내가 가진 '백업' 시스템은 집에 있는 또 다른 일정표인데 내가 항상 가지고 다니는 일정표의 복사본이다. 이런 이야기는 누군가에게 잘 맞는 시스템을 찾으라고 조언할 때 주로 해주곤 한다.

어떤 시스템을 쓰든 간에 여러분이 일하지 않는 날을 알려주는 것에서부터 시작하도록 한다. 다음은 일하지 않아도 되는 날이다.

- 주요 공휴일과 대체 휴일
- 휴가기간(꼭 챙기도록 한다!)
- 자기 생일(생일에는 일하지 말자)
- 녹초가 될 것이 뻔하거나 끝나면 먼 곳에 여행이라도 다녀와야 할 것 같은 업무회의나 컨퍼런스 다음 날(원하면 이틀)

이렇게 하면 대충 실제 일할 수 있는 날짜만 남는다.

그다음에는 이사회 회의, 연례회의, 특별행사, 제안서 제출 마감일, 소식지 마감일, 기타 다른 회의나 마감일에 큰 점을 찍고, 그 일을 준비하는 데 필요한 날이 얼마나 되는지 표시해 두자. 그리고 그 기간은 긴 시간이 있어야 하는 미팅 혹은 대형 프로젝트는 계획해서는 안 된다. 그러면 이제 "이 일을 맡아도 될까?" "직원 워크숍을 치르느라 잔뜩 지친 상태에서 이 컨퍼런스에 참석할 수 있을까?" "감사가 있는 기간에 고액 기부 캠페인을 진행할 수 있을까?" 등을 금방 생각할 수 있는 가시적인 도표가 생긴 셈이다.

1년에 며칠은 (본인이나 배우자, 아이들 등) 병이 나서 빈둥거리거나 효율적으로 일하지 않아서, 또는 먼저 처리해야 할 급한 일이 생겨서 그냥 보내게 될 것이라는 점도 기억하자.

여러분의 해야 할 일 목록(to-do-list)과 일정표를 동기화해야 한다. 여러분의 주요 할 일을 일정표에 입력해라. 여기에는 '감사편지 보내기', '데이터베이스 업데이트', '뉴스레터 원고 마감일', '연간보고서 편집 교정' 등이 그런 것들이다. 이 일정표는 해야 할 일 목록을 대신하지는 않지만 많은 사람이 해야 할 일 목록과 일정표 간의 관계를 분명히 이해하지 못하고 있는 것 같다. 예를 들어, 누군가 전화를 해 약속을 하자고 하면, 약속 일정표를 먼저 보면서 빈 날짜에 약속한다. 그러고는 후에 약속 당일이 마감일과 중첩된다는 사실을 해야 할 일 목록을 통해 확인하게 된다. 어쨌든 간에 여러분의 전체 일정표를 참고해서 미팅도 잡고, 약속도 하고 점심 예약도 해라. 그리고 하루하루가 모두 연결되어 있다는 사실도 명심하는 것이 좋다. 저녁 10시까지 진행된 이사회 다음 날 아침, 주요 기부자와 아침 7시에 조찬 하기를 진실로 원하는가?

마지막으로, 자기 자신과 약속을 하자. 내 친구 빌은 무슨 일이든 거절하는 것을 어려워해서 자기 일정표에 항상 HH와의 약속을 표시해 놓는다. 그러면 약속을 잡으려고 하던 사람이 빌의 일정표를 흘깃 들여다보고는 "오후가 비는 날이 딱 하루 있네요"라고 말할 수밖에 없다. 실제로는 약속이 없지만 ("하하"라는 뜻의) HH와의 약속을 표시해놓고는 방해받지 않고 열심히 일하는 것이다. 또 이렇게 가짜 약속을 해놓으니 상대의 제안을 거절하기가 훨씬 수월해졌다. 다른 사람들도 마찬가지지만, 빌 역시 "연간보고서를 만들어야 해요"라고 말하는 것보다 "약속이 있어서요"라고 말하는 편이 더 쉽다. 또 "20분만 내주시면 돼요. 쉬어가면서 해야 더 잘 써지죠"라고 하는 사람에게 대꾸할 말을 찾느라 고생하지 않아도 된다.

다음에 열거하는 것은 일정표에 일정 잡기와 관련하여 피해야 할 내용을 정리한 것이다.

바쁜 일과를 한탄하지 않는다

자신에게나 다른 사람에게 "너무 바빠", "이 일을 어떻게 다 할지 모르겠어"라고 자꾸 말하면 그대로 될 것이다. 또 이런 말을 해봐야 그만큼 시간을 허비하는 것 말고는 달라질 것이 아무것도 없다. 사람들은 대체로 다들 바쁘고, 일을 모두 끝마쳐서 한가한 사람은 거의 없다. 그러니 대신 이렇게 말하자.

"이건 해낼 수 있어. 시간은 충분해."

불필요한 회의나 컨퍼런스는 건너뛰자

컨퍼런스, 교육, 온라인 세미나, 워크숍, 오프라인 세미나가 무슨 시대의 유행처럼 되었다. 이런 것들은 시간과 비용이 많이 드는데 대부분 그만한 값어치를 하지 않는다. 정말 뭔가를 배울 수 있거나 만나보고 싶은 사람을 볼 수 있는 곳만 선택해서 가자. 그리고 가서 진지하게 참여한다. 막상 컨퍼런스에 가서는 사무실에 돌아가서 해야 할 업무 목록을 작성하거나, 문자 메시지를 보내거나, 아니면 휴대전화를 받느라 회의나 워크숍을 살짝 빠져나가는 일이 얼마나 많은가? 컨퍼런스나 세미나에 참석하기로 했으면 실제로 '참석'을 하자. 회의 중에 휴대전화를 받거나 그렇게 중요한 일도 아닌데 사무실에 전화하는 일은 삼간다.

회의를 너무 많이 잡지 않는다

회의를 통해 해결해야 하는 일도 있고, 또 회의라는 것이 일정 부분은 사교의 목적이 있기도 하지만, 꼭 필요하지 않은 회의도 많을뿐더러 한번 시작하면 끝도 없이 이어지곤 한다. 그러니 모든 회의에 대해 의문을 갖자. 꼭 필요한 회의인가? 꼭 필요하다면 내가 꼭 참석해야 하는 회의인가? 중간에 일부만 참석할 수는 없는가? 회의에서 발언권을 사용할 때는 의제마다 논의 시간이 정해져 있다는 것을 유념하여 정해진 시간만큼만 발언하고, 그래도 발언할 것이 남았다면 시간을 좀 더 사용할 수 있는지 양해를 구하자.

실천 계획

개인 기부자를 관리하는 일에서 어려운 점 하나는 외적으로 정해진 마감일이 없기 때문에 일하는 사람이 스스로 마감일을 정해야 한다는 점이다. 일정표를 다 짰으면 이제 체계적인 모금 사무실 정리의 다음 단계인 실천 계획 작성으로 들어간다.

기존 기부자나 잠재 기부자를 대상으로 일할 때는 해당 기부자의 기록에 다음 할 일을 메모한다. 이를 실천 계획이라고 하는데, 데이터베이스에 있는 각 기부자 및 잠재 기부자의 이름 아래 별도의 필드를 만들어 기록하는 것이 좋다. "마리안의 하우스 파티에 초대", "전화로 로안카운티 조직화 사업 결과 알리기", "유독성 쓰레기 투기 보고서는 입수 즉시 보내기"와 같이 짤막하게 적으면 된다. 다음에는 그 행동을 취할 날짜를 적고, 그 날짜를 일정표에도 기록한다. 해당 기부자가 누구인지 알아볼 수 있을 만한 단어를 적어두면, 그걸 보고 그날 할 일이 무엇인지를 확인할 수 있다. 일정 관리 소프트웨어는 사용자에게 이런 실천 계획을 계속 상기시켜 주기 때문에 아주 유용하며, 대부분의 스마트폰에 들어 있는 일정표나 업무 기능도 효과적이다. 하지만, 종이와 펜만 갖고도 수십 년 동안 아무 문제없이 일 해온 사람들도 아주 많다. 자신에게 맞는 도구를 골라 쓰면 된다.

기부자 정보를 체계적으로 관리하는 사람이라면 고액 기부자 개개인과의 관계 구축을 위해서 할 일을 날짜 옆에 적어둘 것이다. 이런 날을 연중 일정에서 고르게 분포되도록 넣어두면 기부자 개개인에게 좀 더 개인적인 관심을 기울일 수 있고, 연말이나 캠페인 기간에 사업과 무관한 기부자 회의를 한꺼번에 잡지 않아도 될 것이다. 기부자 수가 수천 명에 달할 때는 별수 없이 개인적인 관심을 보일 대상을 선별해야 하는데, 이때도 '10월 1일: 50~249달러 기부자에게 기부 기한 만료 통지문 발송'과 같이 실천 계획의 개념을 활용할 수 있다.

모금가의 일은 흔히 가느다란 막대기로 위험스럽게 이쪽저쪽으로 옮기면서 접시를 돌리는 서커스 공연자와 비교된다. 조금이라도 실수하면 접시가 깨지고 말 것이다. 일정표는 막대기고 실천 계획은 접시며, 지금까지 설명한 방법은 접시를 떨어뜨리지 않고 돌리는 기술이다. 이 방법을 쓰는 이유는 가능한 기억할 것을 줄이기 위해서다. 종이에 적거나 컴퓨터에 저장할 수 있는 것은 머릿속에 넣어두지 말자. 그래야 마음에 여유가 생기면 새로운 사람들에 대한 새로운 정보를 알아내고 창의성을 발휘할 수 있다. 그렇게 알아낸 정보와 아이디어도 적어두자.

모금에 필요한 일은 무척이나 다양하다. 덕분에 업무가 재미있기도 하지만, 그만큼 어려운 것도 사실이다. 비교적 간단한 절차를 통해 사무실을 효율적으로 관리하면 일을 좀 더 쉽게 할 수 있다. 일정표와 실천 계획을 활용하면 축적된 정보를 바탕으로 최대한의 모금 성과를 얻어낼 수 있다.

제34장

자원개발 책임자의 채용

작은 단체의 규모가 점차 커지면 단체는 지속적으로 더 많은 자금이 필요하며, 이에 필요한 인프라(데이터베이스, 자원활동가, 웹사이트, 연구, 의사소통, 보고서 등)를 관리하느라 많은 시간을 보내게 된다. 이렇게 되면 아무래도 모금사업을 책임질 사람의 채용을 고려할 수밖에 없다. 하지만, 이 결정이 그리 만만하지는 않다. 소규모 단체로서는 현재보다 더 많은 금액을 모금할 수 있다는 보장이 없는 상태에서 상당한 금액을 투자하는 것이기 때문에 도박을 하는 것이나 마찬가지다. 채용한 사람이 유능하고, 이사회가 모금에서 자신들이 해야 할 역할을 잘 알고 있으며, 기록 시스템, 명확한 목적 및 목표가 있는 모금 계획 등 기본적인 인프라가 갖추어져 있다면 이 도박은 성공할 것이다. 하지만, 이 중 하나라도 잘못되어서는 안 된다. 채용한 사람이 기술도 충분치 않고 일도 열심히 하지 않는다면 어떻게 할 것인가? 모든 것이 잘 갖추어져 있지만 정작 모금 프로그램이 효과를 거두는 데 (즉필요한돈을모으는데) 생각보다 시간이 오래 걸린다면 어떻게 할 것인가? 그동안 단체는 어떻게 유지할 것인가? 단체에 아직 인프라가 갖추어져 있지 않아 이를 위해 또 다른 전문가가 필요하다면 어떻게 할 것인가?

이런 문제를 방지하려면 모금을 운영 관리할 스텝을 채용하기에 앞서 세 가지를 명확히 해두어야 한다. 즉 모금가(fundraiser) 혹은 자원개발 책임자(development director)의 명확한 역할과 업무, 그리고 모금책임자를 채용하면 과연 단체가 갖고 있는 문제가 해결될 것인가 여부이다. 이에 대해 좀 더 자세히 살펴보자.

모금가 또는 자원개발 책임자의 역할

먼저, 모금에 대한 책임을 맡은 직원이 직접 모금을 하러 뛰어다니는 것은 아니라는 점을 모든 사람이 이해하는 것이 가장 중요하다. 자원개발 책임자의 역할은 이사회 및 직원과 함께 단체의 모금 목표를 정하고 그 목표를 달성하기 위해 합당하고 이해하기 쉬운 모금 계획을 개발하는 일이다. 즉 단체가 사용할 모금 전략에 대해 설명하고, 이와 관련하여 모든 사람이 각자 할 일을 인식하여 그 일을 충실히 수행하도록 돕는다. 효과적인 모금 계획을 수립하는 일 외에 자원개발 책임자가 직접 수행하거나 관리 감독해야 하는 일은 다음과 같다.

- 정확하고 접근 가능한 기부자와 잠재적 기부자 정보 유지 관리
- 감사편지 발송
- 재단 및 고액 기부자에게 관련 프로젝트 보고서, 연간사업보고서와 같은 각종 보고서 집필
- 잠재 기부자에 대한 조사
- 기부자의 확보 및 유지, 캠페인 및 갱신 요청 편지 등등 모든 요청과 관련된 업무 조정
- 특별행사와 기타 다른 수입원 관련 업무 협조
- 소셜미디어 관련 업무 협조
- 필요시 고액 기부자 방문과 관계 유지 관리 감독

그중에서도 가장 중요한 일은 이사진 및 자원활동 모금가와 긴밀히 협조하면서 이사회가 모금활동에 관심을 두고 맡은 바 임무를 성실히 수행하도록 돕는 것이다. 또 단체가 재단이나 기업으로부터 지원금을 받고자 하는 때는 지원신청서를 작성하며, 기타 모금 전략을 수행하고 관리 감독한다. 많은 단체는 또한 '커뮤니케이션 책임자'를 채용해서 비영리단체로 들어오고 나가는 수많은 정보, 특히 지역사회 조직화 혹은 애드보커시와 관련된 일들을 신속하게 처리하고자 한다. 커뮤니케이션과 모금은 서로 연관되어 있으나 똑같지는 않다. 그렇지만 이들이 서로 소통하며 서로 어울려 함께 일하는 것은 매우 중

요하다.

자원개발 책임자는 기본적으로 무대 뒤에서 일하면서 직원 및 자원활동 모금가가 효과적으로 모금활동을 수행할 수 있는 구조를 만든다. 또 기부를 받으면 단체가 곧바로 기부자에게 감사편지를 보내고, 기부자의 이름 철자가 정확히 인쇄되도록 하며, 각 기부자에 관한 정보를 정확히 기록하는 등의 일을 철저히 관리함으로써 자원활동가가 확신을 갖고 기부 요청에 나설 수 있도록 한다.

단체의 이사와 직원은 흔히 자원개발 책임자를 채용하면 자신들은 더는 그 일에 관여하지 않아도 된다고 생각한다. 그래서 "한 사람을 채용해서 이 일을 시키고 우리는 진짜 일을 하자고요"라고들 말하는데, 이는 잠재적으로 볼 때 매우 치명적인 위험을 내포하는 말이다. 첫째, 모금은 진짜 일이라는 점을 인식해야 한다. 단체가 일상적으로 수행하는 프로그램 및 조직화 사업에 모금이 통합되어야 한다. 둘째, 모금을 담당하는 유급 직원이 있으면 분명히 다른 직원들의 업무량이 줄어들고 아마 이사회의 일도 어느 정도는 줄어들 것이다. 하지만, 확장된 모금 프로그램이 성공하기 위해서는 모금과 각자의 역할에 대한 인식이 이전과 같거나 오히려 더 높아져야 한다.

모금가의 업무

'모금가'(fundraiser), '모금 코디네이터'(fundraising coordinator), '자원개발 책임자'(director of development), '자원개발자'(resource developer) 등 모금 일에 붙는 직책명이 왜 그렇게 다양한지 의아해하는 사람들이 많다. 소규모 단체의 경우, 모금 코디네이터라고 부르고, 그보다 규모가 큰 단체에서는 같은 직책을 자원개발 책임자 혹은 자원진흥 책임자(director of advancement)라고 부르거나 좀 더 승격해서 '자원개발 최고책임자'(chief development officer)라고 부르기도 한다. 일부 운 좋은 조직은 자원개발부서에 한 명 이상의 직원이 있으며, 이런 경우에는 연간 기부, 자원개발 및 조사, 계획 기부 등과 관련하여 책임자가 있을 수 있다. 이 장은 개발부서에 첫 번째 직원 한 명이 채용되었다는 것을 전제로 서술되었다.

모금(fundraising)과 자원개발(development)은 용어 면에서뿐만 아니라 실제로 중요한 차이가 있다. 모금은 단체가 해마다 프로그램을 진행하는 데 필요한 돈을 모으는 과정이다. 반면, 자원개발은 운영 예산 모금을 통합·조정하는 것 외에 다음의 활동 대부분을 포함한다.

- 모금은 가축사료 창고에 저장하여 비축하는 그런 것이 아니라 단체가 해야 할 모든 것 중 한 부분이라는 문화를 조성한다.
- 마케팅과 대외 협력 관계를 통괄하고 책임진다. 혹은 이들 분야에서 커뮤니케이션 책임자와 함께 일한다.
- 새로운 이사진의 초빙 및 임명 과정을 성공적으로 수행하기 위해 사무총장 및 담당 이사와 함께 일한다.
- 이사진, 직원, 자원활동가를 위한 모금 교육과 훈련을 제공한다.
- 2~3년 후 단체의 재정적 수요를 예측하고, 이에 대처하거나 혹은 지금의 추세를 유지할 수 있는 모금 능력을 증진시키기 위해 필요한 것이 무엇인지 평가한다.
- 또 다른 수입원, 특히 계획 기부와 관련된 수입원을 발굴할 수 있는 단체의 능력을 증진시킨다.

어떤 자원개발 책임자는 모금과 개발의 차이를 이렇게 이야기한다. "모금은 현재 있는 자원을 가지고 빚을 지지 않고 단체를 운영해 나갈 수 있도록 하는 거죠. 개발은 현재 가진 자원으로 시작해서 더 성장해 갈 수 있도록 하는 일입니다."

문제 해결

누군가를 고용하기 전에 먼저 단체의 문제가 모금 때문인지 또는 그렇게 보이는 것뿐인지 정확히 상황을 분석해야 한다. 단체가 가진 모든 문제가 돈에서 드러나며, 또 돈에서 가장 먼저 불거지기도 한다. 하지만, 돈, 즉 모금 이슈는 다른 문제들이 있다는 신호에 불과할 수 있는데, 이때는 모금을 하기 위해 누군가를 채용하는 것으로 문제를 해결할 수 없고 오히려 악화시킬 수 있다.

분석을 시작하면서 다음과 같은 질문에 답해보자.

- 이사진 혹은 자원활동가들이 모금에 적극적인가?
- 거의 모든 이사진이 어떻게 해서든 모금에 참여하고자 하는가? 특별행사의 조직, 하우스 파티 개최, 직접대면 요청에 나서고 있는가? 또는 전면에 나서지는 않더라도 다양한 방식으로 모금에 참여하고 있는가?
- 이사와 직원들이 실제 모금활동보다 모금 계획에 더 많은 시간을 들이는 것처럼 보이는가?
- 모금활동에 관여하고 있는 이사와 자원활동가들이 열정은 있지만 무엇을 해야 할지 몰라서 우왕좌왕하는가?
- 직원들이 어디에 우선순위를 두고 시간을 할애해야 할지 갈피를 잡지 못하고 있는가?
- 예산이 25만 달러 이상인가? 또는 정부나 재단 지원 외에도 10만 달러 이상을 별도로 모금해야 하는가?

위의 질문에 대해 그렇다는 답이 세 개 이상이면 자원개발 책임자 고용을 진지하게 고려하는 것이 좋다. 이들 질문에 세 개 이상 "예"라고 답할 수 있다는 것은 단체에 대해 긍정적 표현이라 할 수 있다. 이는 여러분의 단체가 튼튼한 기초를 갖고 있으며, 지금까지 노력해서 쌓아 온 여러 장점을 활용하기 위해 유급 스텝의 도움이 필요하다는 의미이기도 하다. 뛰어난 자원개발 책임자는 이사회의 모금 역량에 불을 지피고 방향을 제시하며, 모금 계획을 세우고, 다른 사람들을 교육하며, 프로그램 담당 직원들이 프로그램 업무를 지속할 수 있도록 할 것이다.

이와 달리 이사회의 참여가 지지부진하다면 모금담당자를 고용하기 전에 이사회 역량 강화와 동기부여를 위한 워크숍을 하는 것이 바람직하다.

자료 입력, 연간 사업보고서 작성, 재정보고서 간행, 전화 및 이메일 응대, 우편물 취급, 수표 및 신용카드 처리, 감사편지 발송 등을 할 사람이 없다면 단순히 총무 역할을 하는 지원 인력을, 보고서를 집필하고 종합하는 일이라면 프로젝트 별로 프리랜서를 고용해야 할 것이다.

또한 대규모 행사나 고액 기부 프로그램과 같이 시한이 있는 모금 프로젝트를 계획하고 진행하는 일을 도와줄 사람이 필요하다면 행사기획자나 컨설턴트를 고용하는 것이 낫다.

모금가의 급여

다음과 같은 시나리오를 상상해보자. 어떤 단체가 자원개발 책임자를 채용하는 문제를 검토하고 있다.

선수금이 거의 없는 터라 제대로 된 사람을 찾을 수 있을지, 원하는 급여 수준을 맞출 수 있을지 걱정이다. 그런데 마치 간절한 기도에 응답이라도 받은 것처럼, 말쑥하게 생긴 어떤 사람이 나타나 (이 단체의 예산인) 25만 달러에다 자신의 커미션(20%)으로 5만 달러까지 더해 총 30만 달러를 모금해주겠다고 제안을 한다. 이 커미션은 모금액에서 가져갈 것이기 때문에 모금을 한 푼도 못하면 급여도 받지 않을 것이지만, 얼마라도 모금이 되면 그 총액에 상관없이 20%를 커미션으로 받겠다고 한다. 그러면서 단체의 전체 예산에 자기가 받을 커미션까지 모금하는데 6개월이면 된다는 것이다. 이 사람이 성공하면 5만 달러를 받아갈 것이다.

(그 낯선 사람이 말쑥하건 그렇지 않건 간에) 이런 거래를 받아들이는 단체가 하나도 없는 데는 몇 가지 이유가 있다. 먼저, 단체에 소속된 다른 사람들은 커미션을 받고 일하지 않는다. 직원들 각각의 업무는 일련의 과정 중 한 부분으로 인식되며, 거기에 대해 급여를 지급한다. 인종차별 철폐나 공해 방지 등의 문제에서 급속한 진전을 보이지 않더라도 직원들은 아주 유능하게 맡은 일을 해낼 수 있다.

둘째, 커미션은 급여 체계를 왜곡하는 경향이 있다. 위의 경우, 모금가가 6개월 만에 사무총장의 1년 치 급여를 벌 수도 있기 때문이다.

셋째, 이 사람은 자신이 가진 인맥을 끌어오지 않을 것이며, 단체의 기부자만으로 일을 진행할 것이다. 이전에 일하면서 알게 된 인맥이 있다고는 하지만, 그들이 우리 단체에도 맞을지는 아무도 모르는 일이다. 게다가 이 사람은 우리 단체의 기부자 정보를 갖고 다음 일자리로 옮겨갈 수도 있다. 이런 유형의 모금가는 기부자의 승낙 여부에 자신의 생계가 걸려 있는 사람이다. 따라서 아무리 정직한 사람이라도 이런 상황에서 일하면 잠재 기부자가 자신의 전셋돈으로 보일 것이고, 정보를 왜곡하고 싶은 유혹을 받을 것이다. 더욱이 고액 기부의 경우, 기부자를 서너 번씩 방문하는 등 소위 '공을 들여야' 하는 것이 많다. 하지만, 커미션을 전제로 한 모금가는 기부자의 헌신도를 높여서 최대 기부액을 끌어내기보다는 빨리 성과를 내기 위해서 더 적은 금액에 만족할 수 있다.

넷째, 기부금의 20%가 커미션으로 나간다는 걸 알면 기부자가 어떻게 생각하겠는가? 기부금의 상당 부분이 부적절한 모금 비용으로 사용되었다는 것보다 기부자를 더 화나게 하는 일은 없을 것이다.

다섯째, 앞서 강조한 바와 같이, 한 사람이 전체 캠페인의 모금을 도맡아서는 안 된다. 이 모금가가 정직하며 성공적으로 일을 수행했다고 치자. 그렇다해도, 이 사람이 혼자서 모든 일을 처리하다가 프로젝트가 끝나서 단체를 떠나고 나면, 물론 단체는 25만 달러는 벌었을지 몰라도 모금에 대한 지식과 경험은 쌓지 못했을 것이다.

마지막으로, 모금활동을 조율하는 사람은 단체의 대의를 확신해야 하고, 캠페인에 투입되는 사람들과 한 팀이 되어야 한다.

이런 이유로 모금 분야에서 커미션 형태의 급여 이야기를 들으면 눈살이 찌푸려지는 것이다. 한 번은 모금전문가협회(Association of Fundraising Professionals), 병원자원개발자협회(National Association of Hospital Developers), 교육발전과 지원협회(Council for the Advancement and Support of Education) 등을 포함한 모든 모금관련 단체들이 이처럼 커미션을 받는 모금활동에 반대하는 성명을 발표한 적이 있다. 여기에서 유일한 예외가 되는 것은 기본급에 커미션을 추가하는 식으로 급여를 지불하는 캔버싱이다(제19장 참조). 하지만, 캔버싱에서는 자원개발 책임자가 고액 기부자를 상대하는 경우가 거의 없다. 그럼에도, 이처럼 커미션으로 급여를 지급하는 방식이 캔버싱에서도 일부 문제를 유발하고 있으며, 모금 영역에서 조심스럽게 다루어야 할 부분으로 간주하고 있다.*

---

* **역주** "한국진출 국제비영리단체들은 왜 '거리회원모집'에 올인할까"(경향신문, 2016.08.06.)라는 기사에서 그린피스, 컨선월드와이드, 세계자연기금, 옥스팜 등 국제NGO단체들이 후원회원 모집에 마케팅 업체

자원개발 책임자의 급여는 커미션이 아니라 다른 직원들의 급여와 마찬가지로 책정해야 한다. 공통의 급여 체계를 가진 단체라면 모금가의 급여가 다른 사람들과 똑같을 것이다. 급여에 차등을 두는 단체라면, 아마 사무총장보다는 적지만 사무직 관리자보다는 많을 것이다. 위계 구조상의 위치를 굳이 언급하자면, 자원개발 책임자는 보통 사무총장에게 직접 결재를 받는 경영관리직이라 할 수 있다.

유능한 자원개발 책임자를 구하려면 많은 돈이 들 것으로 생각하는 단체가 많다. 하지만, 그렇지 않다. 여러분의 단체에 맞는 사람은 무엇보다도 여러분의 단체를 믿고, 그 일부가 되고 싶어 하는 사람이다. 다른 사람들이 직접 서비스와 조직화, 정책 개발 업무 등으로 자신의 신념을 표현하듯이 자원개발 책임자는 모금 업무를 통해 자신의 신념을 표현한다. 단체의 활동에 신념을 갖고 있고 마침 모금 기술도 갖춘 사람을 찾았는데, 단체의 급여가 맞지 않는다고 하자. 그러면 모든 직원의 급여를 재평가해야 할 필요가 있을지도 모른다. 정말 그런 상황이라면 다른 직무에도 적합한 사람을 찾기 어려울 것이기 때문이다.

유능한 자원개발 책임자를 찾는 방법

자원개발 책임자가 필요하다고 결정되면, 채용 절차의 첫 단계로 합리적이고 정확한 직무기술서(job description)를 작성해야 한다. 상당히 많은 직무기술서가 지원자의 관심을 끌지 못하는데, 너무 많은 책임을 몰아넣었기 때문이다. 모금이나 홍보와 무관한 일을 여기에 덧붙이고자 하는 유혹을 피하자. 자원개발 책임자에게 소식지를 편집하고 발행하는 일을 관리하라고 할 수는 있지만, 회계까지 맡아달라고 하는 것은 현명하지 않다.

와 아르바이트생을 동원, 다단계식 마케팅 방식으로 길거리모금을 하고 있다는 내용의 인터뷰 기사를 내보냈다. 이에 대해 시민공익활동 플랫폼을 표방한 '더 플랜B'(http://nowplanb.kr)라는 곳에서 기사를 쓴 기자와 시민단체 활동가들 사이에 논쟁이 이어졌다. 논자들이 밝히고 있듯이, 이 논쟁의 주제는 1) 길거리 대면모금이라는 뜻의 F2F(face to face)라는 모금 방식 자체의 문제, 2) 모금의 외주화와 에이전시들의 마케팅 방식 문제, 3) NGO들의 모금액 재투자 문제, 4) NGO 재정 공시의 투명성 문제, 5) 거대 NGO가 자금력을 앞세워 시장을 장악할 신자유주의적 조짐, 6) NGO, 에이전시의 과도한 진출과 경쟁 문제 등을 중심으로 전개되었다.

직무기술서는 두세 페이지로 충분하다. 비영리 분야 출판물이나 구인구직 사이트에 사용하려면, 반드시 필요하지는 않은 기술은 제외하고, 핵심적으로 필요한 기술이 무엇인지 생각한다(다음 박스의 예 참조). 모금가의 직무에는 글쓰기가 큰 부분을 차지하니 지원자에게 작문 샘플을 보내달라고 요구하자.

직무기술서 견본 – '유방암퇴치행동'(Breast Cancer Action)

'유방암퇴치행동'(Breast Cancer Action, BCAction)은 역동적인 자신의 팀에 경험 많고 능력있는 자원개발 책임자를 찾고 있다. 자원개발 책임자는 올해로 25주년을 맞는 이 단체의 모금 노력을 이끌고 가야 한다. 즉, 향후 4년 동안 수입을 증가시켜 균형 예산을 구축하고, 전략 기획 실천을 위한 충분한 예산을 마련해야 한다. 그(녀)가 맡아야 할 중요한 임무는 단체의 수입을 증가시키는 것인데 (증가된 예산의 약 65%는 개인 기부자로부터) 이를 위해서는 여러 해에 걸친 포괄적인 모금 계획을 수립하고 집행해야만 한다.

이상적인 후보자라면 풀뿌리 모금 전략에 대해 해박해야만 하고, 성공적인 개인 기부자 운영 관리에 필요한 일상적인 업무를 효율적으로 처리해야 한다. 아울러 이러한 개인 기부자 모금의 경험에 더해, 지원신청서, 모금 행사, 기업 후원, 재래식 우편 및 온라인 요청 등에 입증된 실적을 갖고 있어야 한다. 자원개발 책임자는 하루 반 정도의 전일 노동력이 투여되는 모금관련 스텝의 일은 물론, 지원신청서 작성자를 관리 감독하고, 모금 담당 이사진을 지원해야 하며, 자원활동 모금가들에게도 일정한 도움을 줘야 한다.

우리는 BCAction의 일에 대해 열정을 갖고 조직의 기부자 베이스를 발전시켜 갈 수 있는 결과 지향적인 팀플레이어를 찾고 있는 중이다. 현재 연간 예산은 100만 달러를 조금 넘는 수준이고, 자원개발 책임자는 2019년까지 100만 5,000달러를 목표로 이에 맞는 전략을 수립하고 실천해 갈 것이다. 그(녀)는 사무총장의 지시를 받고 업무 보고를 할 것이고 단체의 리더십 능력 향상을 위해 복무할 것이다.

BCAtion은 전국적인 교육 훈련 및 활동가 비영리단체이며, 그 사명은 위기에 처한 그리고 유방암으로 고통 받고 있는 모든 여성의 보건 정의를 이뤄 나가는 것이다. BCAtion는 병의 근본 원인을 해결하고 폭넓은 공공보건의료의 편익을 제공하기 위해 체계적인 참여 및 간섭에 활동의 초점을 맞추고 있다. 우리는 유방암 퇴치운동의 감시자로서, 다음 세 분야에 시스템 변화를 위해 교육하고 조직하고 실천한다: 1) 유방함 검진, 분석, 치료, 2) 유방암의 근본적 원인, 3) 핑크리본 마케팅과 문화. 이해 충돌(interest of conflict)을 경계하며, 암에 기여하거나 이로부터 이익을 얻는 어떤 기업으로부터도 후원을 받지 않는다는 내부 정책과 규약을 갖고 있다.

BCAtion은 샌프란시스코에 소재하고 있다. 웹사이트 www.bcation.org 혹은 www.thinkbeforeyoupink.org를 방문하면 더 자세한 정보를 얻을 수 있다.

직무 책임
- 수입 증가를 위한 다년간 지속가능한 모금 전략의 개발
- 연간 예산을 충족하기 위한 BCAtion의 연간 모금 계획의 개발과 집행, 개인 기부자, 재단, 기업을 위한 월별 프로젝트의 개발
- 모금을 지원하기 위한 조직 문화 구축과 증진
- 자원개발 스텝의 지원과 관리
- 이사진의 기부와 모금 약속 지원
- 전국적으로 모금 자원활동가를 육성하고 지원하고 확대
- 전국적으로 개인과 개인이 직접 연계하는 모금활동의 확장 및 지원
- 기부자의 탐색, 육성, 기부의 과정, 데이터 입력 및 축적 등을 포함한 기부자 운영 관리 시스템의 개발 및 강화
- 모금 행사 기획 및 집행과 관련하여 자원개발 담당자 지원 및 관리 감독
- 재단 지원신청서 작성, 정보 관리, 필요 보고서 검토 등의 업무 조정 및 관리 감독
- 중간 규모 및 고액 기부자에 대한 개별화된 기부자 구축 계획 개발을 포함한 개인 기부 프로그램의 강화와 지원
- 고액 기부자에 대한 지속적인 관계 유지 및 개발
- 약정 및 계획 기부 프로그램의 개발 및 확대

자격 조건
- 모금 전략 수립부터 성공적인 실천까지 최소한 5년 근무 조건
- 월별 프로젝트 및 감사 준비 등을 포함, 모금 및 예산과 관련된 경험과 능력
- 풀뿌리 모금의 전문성 및 기부자 관계 탐색, 육성, 운영 관리에 대한 입증된 실적
- BCAction 사명에 대한 열정과 사회 정의에 대한 헌신
- 책무성과 투명성에 대한 약속, 지원자(기관)와의 이해 충돌 회피에 대한 적극적 자세
- 강력하고 스마트하고 열정적인 동료와 함께 일할 수 있는 뛰어난 팀플레이어
- 결과 지향적인 자세
- 단체의 가치를 유지하면서 좋은 방법을 통해 선행하고자 하는 태도와 헌신
- 뛰어난 조직화 및 대인관계 기술을 겸비한 구체성과 기한 약속 준수
- 주말 근무와 야근 등 유연한 근무 가능
- 엑셀 및 마이크로소프트 오피스 운영 능력 및 기술
- 뛰어난 서면 및 구두 커뮤니케이션 기술
- 페미니스트 관점에서 여성 보건 이슈에 대한 헌신과 이해
- 영업직에 대한 익숙도

> **응모 방법**
> 원하는 급여 수준과 함께 관련 경력에 하이라이트를 한 이력서와 커버 레터를 제목 줄에는 '자원개발 책임자'라고 써서 info@bcation.org로 이메일로 보내십시오. 전화를 받지 않습니다. 채용이 될 때까지 지속적으로 접수합니다.
>
> **급여**
> 급여는 경력에 따라 차등 책정하고, 의료 보험과 정해진 유급 휴가 등 복리후생과 관련된 수당이 제공됩니다.

구인 공고를 여러분 단체의 웹사이트에 공지하는 것에 더해, Idealist, GIFT (www.rootsfundraising.org), The Chronicle of Philanthropy 와 같은 비영리분야와 어울리는 웹사이트나 출판물에 광고를 낸다. 다른 비영리단체에도 공문을 보내고, 단체와 친분이 있는 이사나 자원개발 책임자들에게 전화를 걸어 사람을 구한다는 이야기를 전한다. 이런 공지는 이메일에만 의존해서는 안 된다.

"딱 들어맞는" 자격과 경력을 갖춘 사람을 찾으려고 너무 애쓰지 말자. 그런 사람을 발견했다면 당장 고용해야 하지만, 그렇지 않다면 소규모 사업체를 운영했거나, 교직이나 인사관리 등 모금과 관련된 경력과 그러한 경력을 뒷받침하는 자격을 갖춘 사람들을 찾으면 된다. 스스로 일을 찾아서 하고, 계획을 수립하며, 다양한 집단의 사람들과 협력하고, 뛰어난 조직 능력을 발휘해야 하는 직종이라면 어떤 것이든 모금 사업에 훌륭한 경력이 될 것이다.

자원봉사활동 경력을 잘 살피고, 또 지원자가 자원봉사활동 경력에 대해 설명하도록 권장하자. 많은 사람들은 자원봉사활동 경험을 통해 자신이 깨닫고 있는 것보다 모금에 대해 더 많은 것을 배운다. 자원봉사활동 경력이 거의 없는 사람은 좋은 후보라고 하기 어렵다. 자원활동가와 일하는 법을 전혀 모를 터이기 때문이다.

채용 기준을 넓게 잡는 것에 더해, 일시적으로 몇 달 간만 컨설턴트를 고용해서 새로운 직원이 처음 접해보는 직무에 익숙해지도록 돕거나 새로운 자원개발 책임자를 다양한 모금 강좌나 코스에 보내서 교육시킬 생각이 있다면, 경력은 없으나 자질이 충분한 사람을 생각해 보는 것이 더 쉬운 방법일 수도 있다. 모금의 이론과 방법은 특별히 이해하기 어려운 것이 아니다. 다만, 실행에 옮길 때 일이 많은 것뿐이다. 똑똑하고 헌신적이며 일을 잘 해내고자 하는 열의만 있다면, 자격이 좀 부족한 사람도 숙련된 사람만큼이나 잘할 것이다.

제35장

컨설턴트, 코치, 멘토, 트레이너의 활용

개인적인 일에서도 그렇지만 단체에서도 외부 전문가에게 돈을 지급해서 일을 쉽게 해결하는 경우가 종종 있기 마련이다. 비영리단체의 모금 프로그램이 다음 중 한두 가지 상황에 부닥쳐 있을 때도 그러한 예에 해당한다.

- 단체의 전반적인 모금 사업 또는 특정 국면을 개선하는 방법에 대한 조언이 필요하다. 단체의 이슈에 관심이 있고, 단체와 적당한 거리가 있기 때문에 "숲을 볼 수 있는", 기술과 지식을 갖춘 사람이 필요하다.
- 일련의 행동을 결정하는 데 도움이 필요하다. 지금 시설개량자본금 캠페인을 시작할 수 있을까? 월별 기부 프로그램이 우리 단체에 좋은 전략일까?
- 한시적으로 진행되는 일을 맡아줄 사람이 필요하다. 특별행사 개최, 이사회 대상의 모금 교육, 고액 기부 캠페인 기획, 웹사이트 디자인, 기금 제공기관 조사, 기금 제안서 작성 등.
- 모금 직원의 업무 계획을 짜고, 지침을 제공하고, 질문에 대답하고, (특히) 똑똑하고 열정적이지만 경험이 부족한 직원이 빨리 자리를 잡을 수 있도록 도와줄 사람이 필요하다.
- 직원을 구할 때까지 단체의 개발 업무를 잠정적으로 맡아줄 사람이 필요하다.
- 단체의 조직을 개편할 때나 방향, 목적, 구조에 대대적인 변화가 있을 때, 또는 단체의 명칭을 바꿀 때 모금을 도와줄 사람이 필요하다.
- 이제껏 의존해온 정부나 재단 지원이 삭감되어 재정적으로 위기를 맞고 있다.

컨설팅, 코칭, 멘토링, 트레이닝의 기술은 모두 비슷하며 어떤 경우에는 한 사람이 이 모든 역할을 수행할 수도 있다. 하지만, 차이를 알면 단체에 필요한 사람을 찾는 데 도움이 될 것이다. 컨설팅 업계에서는 이런 말을 한다. 무엇이 필요한지 알면 이미 90%는 된 것이다. 각각의 기술이 모금에는 어떻게 적용되는지 알아보자.

컨설턴트

컨설턴트는 한시적으로 진행되는 프로젝트에서 단체와 협력한다(보통 단체의 한두 사람과 긴밀히 협력한다). 컨설턴트와 프로젝트의 성격에 따라 컨설턴트가 직접 관여하는 수준이 달라지기도 하지만, 그(녀)의 역할은 일반적으로 단체가 컨설턴트에 의존하지 않고 가능한 이른 시일 내에 현 상황에서 빠져나오도록 돕는 것이다. 컨설턴트는 조언과 답을 제공하는 전문가다. 그리고 일차적으로 그들이 가진 지식과 그 지식을 전달하는 능력을 보고 고용된다. 컨설턴트는 효과성을 개선하고 성공 가능성을 높이는 데 주력한다.

트레이너

트레이너는 특정 그룹의 사람들을 모아놓고 짧게는 20분, 길게는 며칠에 걸쳐 워크숍이나 세미나, 연수를 제공한다. 피교육자들은 모두 동일한 내용을 알고자 하며, 이상적으로는 함께 모금 일을 맡을 사람들이다. 트레이너는 이사회나 고액 기부위원회 등 단체 내 특정집단을 대상으로 교육을 제공하는 경우가 많다. 또한, 한꺼번에 여러 단체와 일할 수도 있다.

멘토

멘토는 한 사람을 상대하며, 안내자이자 선배, 그리고 역할 모델이 된다. 수십 년의 모금 경력을 지닌 사람과 이제 막 모금 일을 배우기 시작한 사람이 만나는 것이다. 멘토링을 받는 사람은 멘토에게서 닮고 싶은 태도와 자질, 능력을 찾는다. 트레이너나 컨설턴트가 특정 기간 특정 과제를 위해 고용되는 반면,

멘토는 보통 자원활동가이며 멘토링을 받는 대상과 몇 년씩 함께하기도 한다. 멘토가 멘토링을 받는 사람과 함께 일하는 때도 잦은데, 이때는 서로 상대하기가 더 편할 것이다.

코치

코치는 한 명이나 여러 명, 또는 조직 전체를 대상으로 하며, 의사 결정, 미래에 대한 꿈, 그리고 그 꿈에 도달하기 위한 계획 수립 등을 돕는다. 코칭은 개인적으로, 그리고 직업적으로 성공하고자 하는 의뢰인의 욕망에서 시작된다. 코칭은 어떻게 해서 현재의 상태에 이르렀는가가 아니라, 어떻게 하면 현재의 상태에서 벗어나 원하는 미래로 옮겨갈 수 있는가를 다룬다. 코치는 목표를 명확히 하고, 의뢰인이 역경이나 대대적인 전환기를 무사히 통과하도록 돕는다. 트레이너가 단체 설립자의 유고에 대처하는 방법이나 사무총장이 좀 더 나은 경영자가 되도록 돕는 일을 하지 않듯이, 코치는 구체적인 방법이나 실질적인 훈련을 제공하는 사람은 아니다.

물론 위의 네 역할을 가르는 선이 딱히 정해져 있다고 보기는 어려우며 서로 겹치는 경우도 많다. 또 각 전문가의 성향도 개인차가 크다. 이 장에서는 주로 컨설턴트를 활용해야 하는 시기와 그 방법에 대해 이야기하고자 한다. 하지만, 코칭, 트레이닝, 멘토링의 정의를 알아두면 단체에 구체적으로 어떤 사람이 필요한지를 좀 더 잘 파악할 수 있을 것이다.

컨설턴트와 일하기

컨설턴트가 단체에 제공하는 일은 세 가지 특징이 있다. 즉 기간이(1주에 몇 시간, 1달에 며칠 또는 몇 개월과 같이) 한시적이라는 점, 일상 업무에 참여하지 않는다는 점, 직접 모금활동을 수행하기보다는 조언과 지침을 제공하는 역할이 더 크다는 점이다.

컨설턴트의 서비스가 한시적이라는 점 때문에 컨설턴트 고용을 부정적으로 생각하는 사람들이 많다. "컨설턴트에게 시간을 물어보면 당신에게 시계를 빌려달라고 할 것이다", "컨설턴트는 돈을 받고 무료 자문을 제공한다"와 같은 뼈있는 농담도 있다.

믿을 수 있고 능력 있는 컨설턴트를 구하기가 어려운 데는 전 세계적으로 컨설턴트의 수가 엄청나게 많다는 점도 한몫을 한다. 어느 직업이나 마찬가지로 모금계에도 얄팍하고 무책임한 컨설턴트들이 있다. 하지만, 더 큰 문제는 이 일에 대해 아는 것이 거의 없는 컨설턴트가 많다는 것이다. 가끔 내게 컨설턴트가 되려면 어떻게 해야 하는지 묻는 사람들이 있다. 그래서 내가 그간의 경력을 물으면 한결같이 읽은 책이나 참석했던 강좌 목록을 나열한다. 이들은 단순히 여행을 많이 하고 돈을 많이 벌 것이라는 생각에 컨설팅이 재미있을 것으로 생각한다. 또 컨설턴트가 모금의 성공이나 실패에 대해 궁극적으로 책임을 지지 않는다는 점도 아주 매력적으로 보는 것 같다.

하지만, 이들은 컨설턴트가 다른 차원의 책임을 진다는 사실을 간과하고 있다. 바로 컨설턴트의 조언이 정확해야 한다는 점이다. 조언을 실행에 옮겼을 때 실제로 효과가 있어야 한다. 그리고 컨설턴트는 자신이 수립한 계획을 의뢰인이 수행할 것이라는 믿음이 있어야 한다. 다시 말해, 계획을 분명하게 전달해야 하며, 또한 그 계획이 실제로 수행할 사람들의 기술과 자원에 맞아야 한다는 것이다. 또한, 컨설턴트는 교육과 안내, 조언으로 배울 수 있는 것과 경험을 통해서만 배울 수 있는 것을 구별할 줄 알아야 한다. 그리고 자신이 단체에 제공할 수 있는 일과 단체가 스스로 해야만 하는 일도 구분해야 한다. 이러한 측면을 제대로 파악하지 못하면 컨설턴트 생활을 오래 하기 어려울 것이다.

모금 컨설턴트가 할 수 있는 일

모금 컨설턴트는 다음과 같은 과제를 수행할 수 있다.

- 모금 계획을 수립하고 계획의 이행과 평가를 돕는다.
- (개인, 기업, 재단, 종교기관 등의) 잠재 기부자를 조사하고, 필요 시 기금 제안서를 작성한다.

- 기부자 정보 관리를 위한 데이터베이스를 만든다.
- 타당성 조사를 시행한다.
- 우편모금을 시행한다.
- 온라인모금 전략을 설계하거나 웹마스터 역할을 한다. 또는 둘을 다 할 수 있다.
- 홍보 계획을 마련하거나 홍보 캠페인을 시작한다.
- 단체의 기능과 모금 효율성을 증대할 수 있는 조직 구조 개선안을 조사하여 제안한다.
- 직무기술서 작성, 모집 공고, 지원자 면담 등 모금 담당직원의 채용을 돕는다.
- 특별행사를 조직한다.
- 단체의 기타 모금 전략을 수립하고 착수하는 일을 돕는다.
- 우편 발송 목록과 기부자 정보를 관리한다. 여기에는 기부자에게 약정을 상기시키는 편지, 감사편지, 갱신 요청 편지를 발송하는 일이 포함된다(일반적으로 소규모 단체가 이런 작업에 컨설턴트를 고용하는 것은 비용 면에서 효율적이지 않다).

컨설턴트가 트레이너를 겸할 때에는 다음과 같은 과제를 수행할 수 있다.

- 모금 교육을 제공하고 동기를 부여한다.
- 이사들이 자신의 책임을 이해하도록 도우며, 또한 단체가 좋은 이사들을 충원하여 교육하는 일을 돕는다.

모금 컨설턴트가 할 수 없는 일

모금 컨설턴트는 다음과 같은 일을 하지 않는다.

- 개인에게 직접 기부를 요청하는 일. 단체 사람과 팀을 이루어 가는 경우는 예외다.
- 컨설턴트의 개인적인 친분을 이용해서 모금하는 일. 컨설턴트는 상당수의 지역사회 부유층 인사들을 아는 경우가 많다. 잠재 기부자를 조사할 때 이러한 정보를 단체와 공유할 수는 있지만, 이때도 신중을 기해야 한다. 하지만, 자신의 잠재 기부자 명단을 갖고 이 단체 저 단체로 옮겨 다녀서는 안 된다.

- 실제로 모금하는 일. 설령 컨설턴트가 모든 모금을 자신이 하겠다고 나서더라도 그렇게 해서는 안 된다. 왜냐하면, 결국 언젠가는 이사회와 직원, 자원활동가들이 직접 모금을 해야 하기 때문이다.
- 성공을 장담하는 일. 모금에는 '반드시'라는 것이 없다. 모금에 대한 지식은 대체로 상식에 따른 것이며, 이러한 지식은 다양한 방식으로 응용할 수 있다. 모든 단체에 언제나 백발백중 통하는 전략이란 것은 없다.

컨설턴트를 선정하는 방법

단체의 현재 상황에서 컨설턴트가 도움이 될 것이라고 결정했다면 지원자에게 다음과 같은 사항을 요구한다.

활동 내역

그동안 어느 정도의 모금을 했으며 얼마나 성공적이었는지를 묻는다. 전에 모금활동을 했던 곳이 여러분 단체의 목적과 전략 또는 활동 영역과 비슷한 곳이었는지도 알아본다. 노스 다코타의 농촌지역에 있는 단체가 컨설턴트를 구하고 있다면 맨해튼에 있는 큰 시민단체와 일했던 컨설턴트보다는 농촌지역 모금에 익숙한 사람이 더 유용할 수도 있다. 대규모 단체에서는 탁월한 컨설턴트였지만 예산 규모가 2만 5,000달러 이하이고 자원활동가만으로 움직이는 단체에는 적합하지 않을 수도 있다. 성별, 성적 지향, 인종, 계급, 장애의 문제를 매우 중요하게 생각하는 단체라면 지원자에게 이에 관한 의견을 묻거나 이와 관련된 단체에서 일 해본 경험이 있는지도 물어본다.

추천

지원자의 평판에 대해 들은 바가 없을 때는 그(녀)가 최근 일했던 단체 세 곳 정도에 연락해서 자문한다. 지원자가 해당 단체에 도움이 되었는가? 단체의 상황을 귀 기울여 듣고 잘 이해했는가? 이 컨설턴트를 또 고용할 생각이 있는가? 추천자에게 물어볼 수도 있지만, 지원자의 추천자가 아닌 사람이 더 솔직히 평가해줄 수도 있다.

단체와의 조화

하루나 이틀 진행되는 교육이 아니라 그 이상의 기간 동안 컨설턴트를 활용하고자 할 때는 그 사람을 직접 만나보는 것도 좋은 생각이다. 컨설턴트는 별도의 비용 없이 30분 정도의 시간을 내주어야 한다. 이 만남을 통해 그 사람이 마음에 드는지, 기분 좋게 그 사람의 조언을 받아들일 수 있을지를 살펴본다. 모금 컨설턴트로서는 능력이 탁월하지만, 단체와 성격이 안 어울릴 수도 있다. 단체가 컨설턴트를 싫어하면 결국 컨설턴트의 조언과 단체의 돈을 낭비할 뿐이다.

신뢰

컨설턴트에게 여러분의 단체를 위해 어떤 것을 해줄 수 있는지, 어떤 제안을 하고 싶은지 묻는다. 장문의 기획서를 요구하지는 말자. 이렇게 받은 업무 기획서나 제안서는 대부분 판에 박은 내용이다. 단체 이름만 바꾸었을 뿐 내용은 이 단체에 낸 것이나 저 단체에 낸 것이나 똑같다. 필요하다면 이력서를 요청하는 것이 좋다. 지원자를 처음 만난 자리에서는 지원자가 모금에 대해 얼마나 알고 있는지가 아니라 그 지식을 과연 성공적으로 활용할 수 있는지를 확인해야 한다. 그리고 이렇게 자문해보자. "이 사람이 믿을 만한가?" "자신감과 열정, 선의가 보이는가?" "같이 일할 사람들이 이 사람을 좋아할 것인가?"

믿음

마지막으로, 컨설턴트는 단체의 사명을 설명할 수 있어야 하고, 여러분 단체의 존립 이유를 확고히 믿어야 한다. 컨설턴트는 여러분 단체의 기부자여야 할 필요도 없고, 여러분의 단체가 최고라고 믿을 필요도 없다. 하지만, 단체가 추구하는 대의를 소중히 생각하고 확신을 하고 단체를 도우려는 마음이 있어야 한다. 논쟁적인 이슈를 다루거나 현 사회의 구조에 도전하는 단체일수록 이러한 믿음이 특히 더 중요하다. 메시지의 "톤을 낮추라"거나 목적을 좀 더 확대해서 "모든 사람을 포함시키자"라고 조언하는 컨설턴트는 피하자. 모금 컨설턴트는 단체의 모금을 돕는 것이 일이다. 단체의 메시지나 철학에 물을 타서 더 새롭고 가벼워진 모습으로 모금하도록 돕는 것이 아니다.

컨설턴트의 수수료

컨설턴트의 수수료에 대한 기준이나 지침은 없다. 수수료가 높다고 반드시 성과가 더 좋거나 책임을 더 잘 이행하는 것은 아니다. 오히려 적은 수수료에 비해 아주 훌륭한 결과를 얻을 수도 있다.

컨설턴트를 고용한다는 것은 미래에 더 많은 돈을 모금하기 위해 현재에 투자하는 것이다. 컨설턴트는 대개 시간급 또는 일급으로 수수료를 책정하지만 일 전체를 기준으로 해서 건당 수수료를 계산하는 사람도 있다. 일급으로 계산할 때는 시간급보다 시간당 수수료가 낮아야 한다. 또 하루 일할 때의 일당보다 여러 날 일할 때의 일당이 낮아야 한다. 컨설턴트는 또 일을 진행하는 동안 발생하는 비용을 청구할 수 있는데, 호텔, 식사, 전화, 복사, 교통비가 가장 일반적으로 포함된다. 단체의 어떤 사람이 집에서 숙박과 음식을 제공하면 경비를 절약할 수도 있지만 컨설턴트가 편히 쉬고 잘 수 있는 조건이어야 한다. 나도 한번은 다른 사람의 집에서 숙식을 해결하기로 한 적이 있었는데 막상 가보니 거실에 접이식 침대를 펴고 자야 했고, 그 집 아이들이 아침 6시부터 시작하는 텔레비전 만화를 보고 싶어 해서 새벽잠도 설쳐야 했다. 편안한 휴식을 위한 비용을 줄이면 컨설턴트의 피로가 늘어나 결국 단체에 도움을 줄 수 있는 능력도 제한될 것이다.

수수료 지급 기준은 명확히 해야 한다. 시간급으로 하기로 했다면 그 시간의 시작은 언제부터인가? 어떤 경우에는 컨설턴트가 의뢰인의 사무실이나 교육 장소에 도착할 때부터 계산한다. 도착하는 데 하루가 꼬박 걸린다고 해도 일할 장소에 도착한 순간부터 시간을 계산하는 것이다. 그런가 하면 자기 집이나 사무실에서 출발하는 순간부터 계산하는 사람도 있다. 또 컨설턴트가 전화 통화에 대해서도 수수료를 매기는지, 그렇다면 요율이 얼마인지도 확인한다.

며칠 또는 몇 달이 소요되는 일에 컨설턴트를 고용할 때는 평가 시점을 정한다. 예를 들어, "한 달 후에 진행 상황을 평가해서 계획의 지속 또는 수정 여부를 결정하겠다"고 할 수 있다. 이것은 컨설턴트의 입장에서도 필요한 조건인데, 일정 기간을 해보고 나서 작업에 소요되는 예상시간을 수정해야 하거나 예기치 못한 장애물을 만날 수도 있기 때문이다. 컨설턴트의 역할, 수수료, 비용에 관한 내용은 서면으로 작성하여 서로가 이 조건을 분명히 이해한 다음 문서에 서명해야 한다.

앞에서 자원개발 책임자의 고용에 대해 설명한 바와 같이, 성공 조건부 후지급계약이나 커미션 조건으로 컨설턴트를 고용하는 일은 삼간다.

기적을 만드는 사람은 없다

단체의 모금 역량을 높이고 문제를 해결하며, 이사진과 자원활동가들이 모금에 참여해야 하는 이유, 그리고 참여하는 방법을 이해하는 데 컨설턴트의 역할이 점점 커지는 추세다. 하지만, 심리상담과 마찬가지로, 컨설턴트가 관여하더라도 단체의 1/3은 개선되고, 1/3은 악화되며, 1/3은 그대로다. 컨설턴트는 참여할 동기가 없는 사람들에게 억지로 동기를 부여하거나 사람들의 나쁜 습관을 강제로 바꿀 수도 없다. 문제는 타이밍이다. 단체가 변화하고자 하는가? 새로운 것을 시도할 의지가 있는가? 아니면 변화를 바라기는 하되 실제로 변화할 준비는 안 되어 있는가? 단체가 듣고 싶은 소리만 들으려 하는가? 아니면 컨설턴트의 조언에 기꺼이 귀 기울이려고 하는가? 모금활동을 시작하기 전에 구성원 간의 갈등을 먼저 해결해야 하는가?

좋은 컨설턴트라면 단체와 처음 만나는 자리에서 단체가 과연 컨설팅을 필요로 하는지 아니면 다른 것을 필요로 하는지 구분하도록 도와줄 것이다. 결론적으로, 컨설턴트의 시간을 정말 유용하게 쓰려면 컨설턴트가 하는 말에 기꺼이 귀를 기울여야 한다.

제36장

불안에 대처하는 방법

35여 년 동안 모금을 해오면서 내가 관찰한 바로는, 모금가가 지치거나 모금 일을 떠나는 가장 큰 요인은 일 자체도 아니고 사람들에게 돈을 요청해야 한다는 불편함도 아니었다. 기부금이 안 들어올지도 모른다는 불안감에 끊임없이 시달리는 것, 그리고 모금을 한번 마치고 나면 곧바로 다음 모금을 시작해야 한다는 사실이 가장 큰 요인이었다.

소규모 단체를 위한 모금은 휴식이 거의 없고, 성공의 기쁨은 순간이며, 실패는 곧바로 드러나기 마련이다. 모금은 또 고립적인 일이 될 수도 있다. 왜냐하면 단체의 모든 필요 자금을 한두 명의 모금가에게 전적으로 의존하기 때문이다.

나는 모금담당자들로부터 걱정 때문에 한밤중에 잠에서 깼다거나, 휴가는 고사하고 주말에도 계속 일하는 느낌이라는 말을 수차례 듣는다. 모금담당자들은 대개 끝나지 않는 일의 성격, 일에 대한 끊임없는 중압감 때문에 자신의 열정과 자존감이 조금씩 상실되는 것을 경험한다.

이러한 불안감을 극복하는 데는 심리치료를 받거나 일을 그만 둘 수도 있지만 이런 불안을 탈출하는 데 다음 다섯 가지 방법은 참고할 만하다.

자원활동가와 대리인을 구한다

20세기 지역사회 조직화 분야에서 가장 중요한 인물로 여겨지는 사울 알린스키(Saul Alinsky)가 남긴 철칙이 있는데, 이것은 모금에도 그대로 적용된다. "다른 사람이 할 수 있는 일을 당신이 대신하지 마라." 사람들은 돕기를 좋아한다. 지금 여러분이 하는 일 중에 분별력 있고 어느 정도의 지적 능력이 있는 사람이 최소한의 훈련만으로 할 수 있는 일이 있다면, 그 사람을 찾아 참여시키자. 그러면 고립감을 줄이고 생산성을 높일 수 있다. 자원활동가를 활용하는 일은 시간 측면에서는 그다지 효과적인 방법이 아니다. 자원활동가를 모집해서 교육하고 감독하며 감사를 표하는 데 상당한 시간이 들기 때문이다. 하지만, 이렇게 자원활동가를 참여시키면 많은 사람을 모금에 끌어들인다는 목표를 달성할 수 있고 모든 것을 혼자서 도맡아야 한다는 느낌도 줄일 수 있다.

우선순위를 명확히 한다

자신의 일차적인 역할이 모금이라면 매일 출근했을 때 이 역할을 중심으로 업무의 우선순위를 정한다. "오늘 할 일 중에서 가장 오랫동안 가장 많은 금액을 모금하는 데 도움이 될 일이 무엇인가?"라고 자문해본다. 가장 많은 기부금을 모금할 수 있는 일을 제일 먼저 하고, 두 번째로 많은 금액을 모금할 수 있는 일을 그다음에 하는 식으로 순위를 정해나간다. 그러려면 상당한 판단력을 발휘해야 한다. 일례로, 재단에 1만 달러를 요청하는 지원신청서를 작성하는 일과 1,000달러 추가 기부를 부탁하기 위해 고액 기부자에게 연락하는 일 중에서 선택해야 할 때 후자를 먼저 선택할 수 있는데 올 한해뿐 아니라 매년 기부를 해줄 사람은 재단이 아니라 고액 기부자일 것이기 때문이다. 또는 좀 더 많은 사람을 모금에 참여시킨다는 원칙에 따라 고액 기부자를 만나는 일은 이사회에 넘기고, 모금담당자는 지원신청서를 쓸 수도 있다. 자기가 맡은 일을 모두 완벽하게 해내는 사람은 세상에 한 명도 없다는 사실을 기억하자. 하지만, 미처 하지 못한 그 일은 모금과는 관련없는 것이어야 한다. 아래의 예를 보자.

   직원이라고는 대표 한 명뿐인 단체가 있었다. 모든 일을 도맡아야 했던 이 대표는 자기가 할 줄 아는 일과 끝낼 수 있는 일들을 처리했다. 정확하고 꼼꼼하게 회계 장부를 기록했고, 제때에 공과금을 냈고, 회의록과 회의 의제를 챙겼으며, 소식지의 기사를 작성하고 편집하고 발간하는 일도 했다. 이사회는 대표의 지시에 따라 여러 가지 프로그램 사업을 했다. 얼마 지나지 않아 단체의 자금이 거의 바닥났고, 단체의 존립 자체가 위험에 처했다. 그래서 이 대표는 기민하게 우선순위를 바꿨고, 지금은 하루에 최소 4시간을 모금활동에 할애한다. 회계는 아웃소싱을 통해 해결하고, 이사회 회의록과 의제는 이사회 간사가 맡아서 하며, 이사회 회의를 할 때마다 모금 관련해서 이사들이 해야 할 일의 목록을 전달한다. 일부 이사들은 모금보다 프로그램 활동에 치중해야 하는 것 아니냐며 여기에 반대하기도 하지만, 대표는 돈이 없으면 프로그램도, 조직도 존재할 수 없다는 사실을 들며 끊임없이 이들을 설득하고 있다. 어느 단체든 이사회와 직원의 기본적인 책임은 단체를 지속시키는 일이며, 이는 곧 적극적이고 상시적인 모금활동이 이루어져야 함을 뜻한다.

일의 결과와 자신을 분리한다

모든 일을 다 할 수 없다고 해서 한 인간으로서의 가치가 떨어지는 것은 아니다. 기부 요청이 거절당하거나 우편 캠페인이 성공하지 못했다고 해서 모금가로서도 실패한 것은 아니다. 실수를 저질렀다고 해서 여러분이 낙오자라는 의미는 아니다. 소식지를 오늘 보내느냐 다음 주에 보내느냐가 과연 10년 뒤까지 큰 영향을 끼칠 것인지 생각해보자. 한 사람이 할 수 있는 일에는 한계가 있다. 지금 할 수 있는 일을 하고 나머지는 흘려보내자. 너무도 많은 단체가 그 누구도 달성하기 어려운 모금 목표를 정하곤 한다. 불가능한 기대를 충족시키기 위해 고생할 것이 아니라 설정된 목표를 다시 검토하자.

자신이 통제할 수 없는 외부의 힘이 있음을 인정하자

여러분이 매사에 완벽하게 일을 처리하고, 단체가 효율적으로 운영되며 여러 사람으로부터 존경받는 곳이더라도 필요한 자금을 모으는 데 실패할 수 있다. 해마다 빈부 격차가 심화하고 정부 보조금이 대폭 축소되면서 점점 더 많은 단체가 예산 확보를 위한 경쟁에 뛰어들고 있다. 특히 미국의 경우, 돈은 많지만, 분배는 매우 불공평하다. 기업의 이윤보다는 사람을, 군사력보다는 평화를 우선시하는 방향으로 사회 정책이 대폭 바뀌지 않는 한, 모든 비영리단체가 계속해서 고전을 면치 못할 것이다. 이런 상황이 여러분의 잘못은 아니다. 이런 거대한 힘에 맞선다는 것은 이제 단체들이 서로 연대하여 세금 정책을 바꾸고, "서민들"의 생활을 보호하며, 전반적인 비영리부문의 역할을 재고해야 하는 시기에 접어들었다는 뜻이다. 이제 모든 단체는 각자의 사명을 넘어서는 이슈 영역에도 적극적으로 참여해야 한다. 이렇게 넓은 시야를 가지고 일하면 불안감이 좀 줄어들 것이다.

어떤 이들은 비슷한 일을 하는 사람들끼리 지지 모임을 만드는 것도 도움이 된다고 말한다. 이런 모임은 저녁 시간에 하는 비공식적인 모임이 될 수도 있고, 좀 더 공식적이고 조직화된 모임이 될 수도 있다. 지지 모임에 참여한다면 거기에서 자신의 일에 대한 지지를 받고 전략적인 도움을 얻을 수 있어야 한다. 자신이 하는 일이 얼마나 지긋지긋한지를 비교하는 불평 대회가 되어서는 안 된다. 그렇게 되면 기운만 더 빠질 뿐 아무런 도움도 되지 않을 것이다.

자신을 돌본다

> 지금 우리 주변에는 폭력이 만연하고 있다. 비폭력적인 수단으로 평화를 위해 싸우는 이상주의자들이 가장 쉽게 굴복하는 폭력, 바로 행동주의와 과로다. 이러한 폭력의 본질이 가장 일상적으로 나타나는 형태는 바로 현대 생활의 분주함과 압박감이다. 수많은 걱정으로 머리가 꽉 차 있는 것, 지나치게 많은 프로젝트에 매달리는 것, 모든 일에서 모든 사람을 돕고자 하는 것, 이것이야말로 바로 폭력에 굴복하는 행위다. 아니, 굴복이 아니라 폭력에 일조하는 것이다. 활동가의 일상적인 과로는 평화 운동의 활력을 반감시킨다. 깊은 지혜의 뿌리가 죽음으로써 활동의 열매를 맺을 수 없기 때문이다.
>
> 토마스 머튼

시간 외 근무가 일상적으로 반복되어서는 안 된다. 휴가를 내자. 도움을 청하고, 다른 사람에게 일을 대신 맡기자. 사회 정의 활동이란 인간적이고 정의로운 사회를 만드는 것이다. 그런 사회에서는 다른 무엇보다 일과 휴식이 조화를 이루어야 한다. 이를 위해 노력하지 않는 단체는 사회 변혁에서 긍정적인 이바지를 할 가능성도 적다고 봐야 한다.

제 Ⅷ 부
당신이 바로 모금가다

⊹⊱⊰⊹

이 책은 단체의 모금방법을 다루고 있다. 이는 모금을 어떻게 하면 효과적으로 할 수 있는지에 관심을 두고 있는 단체와 그곳에서 일하는 사람이라면 누구라도 읽을 수 있다는 뜻이기도 하다. 그렇기는 하지만, 모금을 직업으로 하는 사람들이 훨씬 더 친밀하게 느낄 것이고, 이 책을 읽을 때마다 "도대체 이런 일을 할 수 있는 여유와 시간을 어디서 찾을 수 있지?" 혹은 "정말로 이런 일을 사무총장과 함께 이야기하고 동의를 이끌어 내라고! 제 Ⅷ부에서 나는 **자원개발 책임자가 다뤄야 할 네 가지 큰 주제**를 소개할 것이다. 사무총장과 함께 일하면서 매일 발생하는 일, 아주 가끔 일어나기는 하지만, 열정 혹은 고민거리와 관련된 일, 그리고 일어나길 바라지는 않지만, 윤리적 딜레마와 관련된 일 등이 그것이다.

모금에 종사해 왔던 대부분의 시간 동안 모금종사자들의 평균 재임 기간이 2년에 채 미치지 못한다는 연구 보고를 계속 봐왔다. 어떤 자원개발 책임자는 사무총장으로 승진하기도 하고 어떤 사람은 나와 같은 컨설턴트로 일하기도 하지만, 대부분은 이직한다. 더 슬픈 현실은 상당히 재능있는 사람이 아예 이 일에서 떠나는 경우다. 시그너스리서치(Cygnus Research)에 따르면, 채용 공고, 면접, 선발, 신규 직원 교육을 포함해 직원을 다시 채용하는 데 드는 비용은 해당 직원 연봉의 10%에서 70%에 달한다. 이들 직업을 좀 더 매력적이게 그리고 지속가능하게 만들 수 있는 그 무엇인가를 해야 할 때인 것 같다.

넉넉지 않은 급여, 모금담당자가 단체의 사업과 프로그램에 참여하기 어려운 점, 과다한 직무 스트레스 등 높은 이직률의 이유를 설명하는 다양한 이론이 제기되기도 한다. 게다가 연방정부의 교부금 및 지원금과 관련된 권한이양 정책은 모금가들로 하여금 불가능한 요구, 즉 정부 지원을 대체할 개인, 재단, 기업 기부자를 개발하도록 압박하기에 이르렀다. 비영리 운영비의 증가, 점점 복잡해지고 어려워지는 사업 등은 자격을 갖춘 숙달된 자원개발 전문가의 부족이라는 또 다른 문제에 영향을 미친다. 특히 사회 변화를 추구하는 단체의 경우, 그 정도가 심하며, 이러한 현상은 이곳에서 일하는 직원들에게 과부하가 걸리게 함으로써 과로의 원인을 제공하기도 한다.

모든 요인이 자원개발을 담당하거나 책임을 맡은 자가 일을 그만두는 중요한 이유 두 가지와 연관된다.

- 자원개발의 책임은 크지만, 권한은 적은 일이다.
- 단체 내에서 모금책임자의 일이 무엇인지 정확히 아는 사람이 많지 않다.

제VIII부에서는 이 중 두 번째 사유와 이 때문에 발생하는 문제를 해결하는 방법, 그리고 이를 적극적으로 예방할 방법을 찾아보고자 한다. 열정은 있지만, 경험이 없는 초보 모금책임자를 채용하는 풀뿌리단체가 많다. 그래서 단체도 그렇고 새로운 스텝도 그렇고 모금가나 자원개발 책임자의 일이 무엇인지를 명확히 아는 사람이 없어서 큰 기대는 큰 실망으로 바뀌게 된다. 제대로 된 역할을 하지 못하는 조직에 사람과 자리는 유지하게 하지만, 결국에는 잘못된 결과를 초래하게 되고 사람들로 하여금 조직을 떠나게 만드는 원인이 되는 것이다. 또한, 제VIII부에서는 자원개발 책임자의 성공 여부에 영향을 미치는 그들의 역할과 관련된 두 가지 중요한 요소, 즉 사무총장과 함께 일하기와 자원활동가와 함께 일하기에 대해 살펴볼 것이다. 마지막으로 윤리적 문제와 관련된 딜레마를 맞닥뜨렸을 때 자원개발 책임자는 무엇을 어떻게 해야만 하는지도 알아볼 것이다.

제37장
미리 알아야 할 것은 알아야 한다

 나는 어떤 것을 설명할 때 '단언컨대 가장 위대한'이라는 표현을 즐겨 쓰지는 않는다. 만약 여러분이 이런 식으로 쓴 그렇지만 논쟁의 여지가 있는 자신의 글을 수정해야 한다면 왜 그런 주장을 하는 것일까? 그렇지만 나도 모금 정보와 관련하여 엄청난 변화를 설명하고자 할 때엔 불가피하게 이런 표현을 쓸 수밖에 없다. 우리는 주요 기부자들에 대한 정보가 필요하다. 예를 들어 '그들은 어디에 기부할까?' '실제 경제적 능력은?' '반응할 만한 이슈는?'과 같은 것이다. 그리고 '광고 우편물의 효과는?' '어떤 경우 기업이 행사를 후원할까?' '훌륭한 로고의 중요성은?' 등과 같은 것에 대한 또 다른 정보도 필요하다.
 오늘날, 우리는 위와 같은 질문에 답하기 위해서 검색엔진을 통해 수백, 때로는 수천 개가 넘는 정보를 얻을 수 있다. 그리고 나면 그중에서 어떤 정보를 신뢰할 수 있는지, 어떤 것이 우리에게 적용 가능한지, 어떤 것이 가장 최신 정보인지 등을 선별해야 할 것이다. 이처럼 정보를 필터링하는 것, 즉 우리가 필요하지 않은 정보에 시간을 낭비하지 않는 것은 굉장히 어려운 과제가 되어버렸다. 사이트를 돌아다니고, 모금 관련 블로그와 온라인뉴스레터를 읽고, 무료 혹은 참가비가 저렴한 모금 온라인 보고회에 참여하거나 전망하고 조사하는 일에 금세 많은 시간을 써버리게 된다. 하지만, 성공적인 모금이란 알아야 할 것을 분명히 알고 그것을 잘 모아서 모금 계획을 실천에 옮기는 것이다. 좀 더 구체적으로 말하면, 적시에 적절한 사람에게 적절한 기부금을 요청하는 것, 적절한 행사를 기획해서 참가할 가능성이 큰 사람을 초대하여 많은 사람이 여러분의 단체에 기부자로 등록하고 그들과 연락을 지속하면서 자원활동가로 활용할 수 있도록 하는 것이다.

모금에 관한 한, 사람들은 그들이 해야 할 일과 그 일을 하기 위해 어떤 도구가 필요한지에 대해 명확히 알고 있어야 한다. 이 장에서 우리는 이와 관련된 것들에 대해 좀 더 살펴볼 예정이다.

모금을 위해 필요한 정보

개별적인 기부자들의 리스트를 구축, 유지, 확장하기 위해서는 다음과 같은 형식의 정보가 필요하다. 각 항목은 또 다른 질문으로 이어지고, 그 질문은 사람마다 달라지겠지만, 모금가의 대부분은 아래의 항목에 대해 잘 알고 있어야 한다.

- 이사진을 포함한 현재 기부자에 대한 데이터
- 잠재 기부자와 관련된 정보
- 단체가 더 많은 기부자와 잠재 기부자를 얻기 위해 사용할 전략에 대한 정보
- 현재 예산과 손익계산서
- 단체 대표와 모금 관련 직원을 위한 업무계획
- 지난 모금활동에 대한 평가
- 현재 모금의 목표, 벤치마크(기준점) 및 과제
- (이 책과 같은) 유용한 how-to 정보

여러분의 컴퓨터에 있는 모든 서류와 파일은 다음의 질문을 거쳐야 한다. 이 항목은 모금하는 데 도움이 되는가? 혹은 누군가로부터 우리가 필요한 것을 얻기 위해 유용한가? 그렇다면 누구이며 어떻게 도움이 되는가? 만약 그렇다면 적절한 장소에 저장해 두어야 한다. 하지만, 도움이 되지 않는다면, 삭제하거나 해당 정보가 도움이 될 만한 다른 직원에게 전달해주어라.

양질의 데이터베이스를 보유하라

기부자에 대해 알아야 할 정보를 접속하고 관리, 검색하기 위한 가장 중요한 도구는 바로 데이터베이스다. 현재 이미 사용 중인 수백 개의 기부자관리시스템이 있으며 새로운 시스템이 계속 생겨나고 있다. 그 중 하나를 선택하는 작업은 시간이 걸리는 일이긴 하지만, 여러분이 정말로 적합하다고 여기는 데이터베이스를 찾는 동안 쓰거나 잃어버리는 데이터와 시간은 그리 많은 양은 아닐 것이다. 물론 이러한 시스템은 입력하는 데이터 그리고 사용 정도에 따라 그 유용성 여부가 정해진다.

처음 작업을 시작할 때에는 엑셀 스프레드시트를 통해 기부자의 정보를 관리할 수 있을 것이다. 그러나 곧 다음과 같은 이유로 모금 데이터베이스를 사용하고 싶을지도 모른다. 첫째, 데이터베이스가 있으면 보고서 작성이 쉬워진다. 문의사항에 기반을 둔 보고서는 데이터베이스에서 작성하는 것이 훨씬 쉬울 뿐 아니라, 고정적 형태인 스프레드시트와 달리 관계형 환경의 데이터베이스에서 데이터를 짜 맞추고 재분류하기도 쉽다. 둘째, 데이터베이스는 특히나 많은 양의 변수가 존재할 때에 스프레드시트보다 미래의 결과를 예측하기 쉽게 해준다. 그리고 마지막으로, 데이터베이스는 사용자의 능력과 크게 상관없이 사용할 수 있으며, 훨씬 정확하다. 만약 스프레드시트에 잘못된 숫자를 입력하면 모든 것이 바뀌지만, 데이터베이스에는 그럴 확률이 낮다. 그리고 기부자에 관한 종이서류를 갖고 데이터베이스를 늘릴 수는 있지만, 나중에 정보를 찾기 위해서 두 군데 모두를 확인해 봐야 하기 때문에 문제가 될 수 있다. 그러므로 기록할 수 있고, 기록하기에 적합한 모든 것을 데이터베이스에 기록하라.

데이터베이스는 다음과 같이 여섯 가지의 기능을 수행해야 한다:

- 주소, 전화번호, 이메일, 기부 기록 등이 적힌 많은 이름을 보유하기
- 컴퓨터나 소프트웨어가 고장 났을 때를 대비하여 접근이 쉽고 백업 가능한 클라우드에 정보를 저장하기
- 필드값을 빠르고 쉽게 분류하기

- 단순한 질문으로 이루어진 보고서 만들기(하계 기부금 요청 후 기부금 총 개수, 약정한 기부금과 받은 기부금, 기부자 갱신과 기부자 유지율, 작년 대비 올해의 특정 모금비용과 수익)
- 여러분의 이메일 시스템과 연계하여 이메일 뉴스레터, 전자 통지, 이메일 기부 요청 보내기
- 각기 다른 분류 기준에 따라 기부자를 분류, 기부 요청편지와 감사편지를 개별화하기
- 특수한 요청에 응답하기. 예를 들어, 다른 기관과 정보를 공유하지 말 것, 전화하지 말 것, 일 년에 한 번만 기부 요청할 것 등등의 요청(예를 들어 설명하면, 샐리 베시는 그녀의 응답 장치에서 가을에만 기부를 할터이니 더는 자주 연락받고 싶지 않다고 요청했다. 이 경우 단체에서 봄 기부 요청자를 분류해 낼 때 그녀의 이름은 리스트에 나타나지 않아야 한다).

데이터베이스를 선택할 때 너무 많은 돈을 지출하지 마라. 그리고 기술지원이 훌륭한지 꼭 확인하라.

데이터베이스에 관한 정보를 얻을 수 있는 좋은 자료는 다음과 같다:

- 비슷한 규모의 비영리단체에서 일하며 여러분이 신뢰할 수 있는 동료
- 아이디얼웨어(Idealware, http://www.idealware.org/reports/consumers-guide-donor-management-systems), 어떤 기부자관리시스템이 단체에 가장 적합한지를 결정하는 데 도움을 줄 수 있는 보고서가 자주 업데이트되는 유용한 웹사이트. 큰 규모의 단체뿐 아니라 소규모의 단체에도 효과적인 시스템을 추천해준다.
- 테크숩(TechSoup, http://www.techsoupglobal.org/), 다량의 유용한 정보가 실린 웹사이트로 다양한 소프트웨어를 무료로 사용할 수 있게 해준다.

데이터베이스는 기부자와 잠재 기부자의 정보, 보고서작성에 필요한 데이터, 기부자와 주고받는 많은 서신을 저장, 관리, 분류하고 검색하게 해줄 것이다. 훌륭한 데이터들이 입력된 데이터베이스와 그것을 잘 사용할 수 있는 정교한 지식을 갖고 있다면 많은 시간을 절약할 수 있다. 그렇지만 이런 일은 마법처럼 일어나지는 않는다. 기술을 가장 잘 이용할 수 있도록 하기 위해서는 소프트웨어와 사용규칙을 계속해서 배워나가야 할 필요가 있다.

기부자 기록의 중요성

기부자 관리의 핵심요소는 기부자에 대한 정보를 체계적으로 모으고 기록을 철저하게 관리하는 것이다. 이를 위해 다음의 세 가지 점을 꼭 기억하라.

정보를 기록하지 않으면 잊어버릴 것이다

정보가 아예 없다면 정보가 있을 때만큼 효과적으로 모금하기 어려워질 것이다. 많은 사람이 '생일책'(birthday books)을 가지고 있어 그들이 기억하고 싶어 하는 모든 생일날짜를 적어놓는다. 하지만, 아무도 이를 프라이버시 침해라고 생각하지 않는다. 사실 모든 사람이 자신의 생일날 카드를 받는 것을 좋아하기 때문이다. 여러분은 기부자의 정보를 최대한 잘 이용하고자 할 것이며, 그것이 바로 기부자들이 원하고 있는 바이기도 하다. 아울러 그들은 스스로 받을 자격이 있다고 생각할 것이다. 만약 1년에 딱 한 번만 기부하는 사람에게 여러 번 기부를 요청하는 것은 별 소용이 없는 일이겠지만, 단체에 호감이 있고 기꺼이 더 기부할 의지가 있는 사람에게 기부 요청을 하지 않는 것은 더욱 딱한 일이다. 게다가, 여러분의 오랜 기부자인 타니아 로페즈가 근무 중에 전화 받는 것을 극도로 싫어한다는 것을 누군가가 기록해놓지 않는다면 대체 그 사실을 어떻게 알겠는가? 또는 식품판매점 주인인 스티브가 만일 3월 내에 연락하면 연차주주총회 때에 음식을 무료로 제공해주겠다고 말한다면? 또한, 법적으로도 250달러 이상의 기부에 대한 기록을 해야 하는 것이 의무인데, 이는 만약 기부자가 국세청의 조사를 받게 될 때 입증이 필요하기 때문이기도 하다.

알 필요가 없는 것들은 기록하지 마라

모든 기부자가 단체에 대한 충성도를 높여 그들이 할 수 있는 가능한 많은 돈을 기부할 수 있도록 하는 것이 목표일 것이다. 이때 그들이 기부하는 이유는 바로 그들이 가진 충성심인데 이는 단체에 대해 가진 지식과 단체로부터 존중받는다는 느낌이 들 때 더욱 증가한다. 기부자에 대한 모든 기록은 바로 이 목표에 도달하기 위한 밑바탕이 되어야 한다. 따라서 맥스가 한때 프레드와 연인관계였다는 것이 아무리 흥미로울지라도 절대로 그것을 기록하지는 마라. 만약 여러분의 친구이자 기부자인 사람이 감옥에 수용된 적이 있었고 가석방심의위원회와 문제가 있다고 털어놓는다고 할지라도 그것을 기록하지는 마라. 한번 생각해보라, 만약 어떤 기부자가 자신의 기부자 기록을 보고 싶다고 요청해 오면 보여주기가 난처하지 않겠는가? 만약 그렇다면 왜일까? 있지 말아야 할 무엇인가가 적혀 있어서? 따라서 쉽게 얻을 수 있는 정보나 사람들이 알기를 바라는 것들만 기록해야 한다. 예를 들어 그들이 몇 명의 자녀가 있고 어디에서 일하는지와 같은 일반적인 정보 말이다.

정보 보안과 관리

데이터접속을 할 수 있는 믿을 만한 사람 이외에 상임이사나 개발담당이사, 이사회의 회계담당자, 그리고 때로는 회계장부 담당자나 행정담당자와 같은 소수의 제한된 사람만이 데이터베이스의 모든 정보에 접속할 수 있어야 한다. 하지만, 그보다 더 적은 수의 사람들이 정보를 수정하거나 추가할 수 있도록 허가받아야 할 것이다. 반드시 정보를 암호화하여 보호하라. 그렇게 함으로써 기부자 기록 변경을 관리하고 데이터베이스 담당자가 실수로 정보를 뒤바꾸거나 삭제하지 않도록 할 수 있다. 종이서류처럼 암호화되지 않은 기부자정보는 파일캐비닛 안에 잠가 보관해야 하고 소수만이 접근하도록 관리해야 한다. 정보를 열람할 수 있는 사람은 정보의 특성을 이해하고, 그것을 기록할 때처럼 신중하게 열람해야 한다.

리스트를 잘 유지하라

기부자기록을 정기적으로 업데이트하라. 열 개 이상의 이름을 빠뜨리지 마라, 그렇게 되면 연락처와 스펠링에 대한 기록이 사라질 것이다. 특히 메일링리스트를 사용할 때 중복된 명단을 쓰지 않도록 조심하라. 기부자는 한 개 이상의 같은 메일 – 우편이건 이메일이건 간에 – 을 받는 것을 매우 싫어한다. 데이터베이스 프로그램은 J.P.밀러와 존 밀러가 같은 사람인지 알지 못한다. 그리고 메리 존스가 더는 사우스 스트리트 22번지에 살지 않고, 메리 문도터는 현재 노스 스트리트 44번지에 살게 되었다는 것 또한 알지 못한다. 가끔 전체 메일링리스트를 인쇄하여 중복된 이름이나 스펠링 오자, 주소 오류 등이 없는지를 확인하는 것이 좋다.(만약 리스트가 너무 방대하다면 알파벳이나 기록숫자로 분류하여 인쇄하면 된다. 이런 확인 작업은 구체적이고 세밀한 작업에 능숙한 자원활동가가 할 수 있을 것이다.)

한 번도 기부를 하지 않은 사람이나 아무도 모르는 사람을 더는 메일링리스트에 올려놓지 마라. 내가 아는 많은 단체가 4,000명 이상의 메일링리스트를 갖고 있기는 하지만, 실제 기부자는 700명 정도에 지나지 않는다. 그래서 내가 나머지 3,300명은 어떤 이들이냐고 물어보면 그들은 이렇게 답한다. "저희 단체가 확장해야 할 명단입니다."

그러나 대부분 단체는 이런 확장 방식을 통해 기부자를 얻는다는 증거를 갖고 있지 않으며, 심지어는 그 사람들이 살아 있는지 아니면 그 주소에 살고 있는지조차도 모르는 경우가 많다.

매년 메일링리스트에 있는 사람들을 관리하는 데 한 사람당 3달러에서 10달러의 비용이 든다는 점을 고려하면—그들에게 적어도 두 개의 종이 뉴스레터와 한 번의 기부 요청을 보낸다고 가정하고—잘 모르는 사람들을 관리하느라 수백에서 수천 달러의 돈을 낭비하는 셈이 된다. 실제로 그 돈은 다른 모금 전략을 연구하거나 더 많은 기부자를 끌어 모을 수 있는 프로그램에 쓸 수 있는데도 말이다.

리스트에 있는 사람들의 3분의 1 정도는 일 년 중 이사를 하고, 다른 3분의 1은 이메일주소를 변경하기 때문에 현재 가지고 있는 주소가 정확한지 확인하는 일은 매우 중요하다. 우편물의 경우, 우체국에서 봉투 겉면에 '주소변경 요청' 도장을 찍어달라고 함으로써 주소변경을 할 수 있다. 되돌아온 우편에 대해서는 일정금액을 내야 하지만, 우편물에 새 주소가 표시되어 있다면 리스트를 변경할 수 있게 된다. 따라서 주소변경요청은 적어도 일 년에 한 번씩은 해야 한다. 또한, 반송된 이메일 주소를 삭제하고 새로운 주소로 변경해야 할 때도 있다.

파일시스템

온라인과 오프라인의 파일시스템을 정리하는 데 시간을 투자하라. 파일시스템을 시험해보기 위해 친구나 다른 직원에게 사무실로 와서 이름을 부른 후 정보를 찾을 수 있게 해보라. 정보를 찾는 데 2분 이상이 소요되어서는 안 된다. 만약 그게 불가능하다면 시스템을 재검토해야 한다. 만약 시스템이 이러한 테스트를 통과한다면 이번에는 다른 사람이 해보도록 하라. 여러분이 기차에 치였다고 가정해보자: 정보가 얼마나 명확하게 정리되어 있을까? 만약 다른 사람이 정보를 찾는 데 5분 이상이 걸렸다고 한다면 그 시스템은 너무 비밀스럽다고 말할 수 있을 것이다.

깔끔하게 정리를 잘하는 많은 사람이 실제로는 엉성한 가상파일들을 가지고 있다는 점은 매우 중요하다. 나 또한 그런 사람 중 한 명이기 때문이다. 가상파일은 그것들이 얼마나 많은 용량을 차지하고 있는지 종종 구분하기 쉽지 않기 때문에 속아 넘어가기 쉽다. 즉 그 '잡동사니'(clutter)는 눈에 보이지 않으므로 하드드라이브에 있는 정보를 제어할 수 없는 지경에 이르게 하기도 한다. 종이 한 장도 한 번 이상 들여다보지 않는 나는 마치 미친 과학자처럼 내 파일 속에서 이리저리 헤매며 몇 시간을 낭비할 것이 뻔하다. "그러니까 그 일이 11월에 있었으니까 내가 '11월'이라는 이름으로 저장했나? 아니면 '특별행사_아이디어_가을계획'으로? 아니면 '문서_모금_특별행사_11월'로? 대체 내가 왜 이런 파일시스템을 가진 거지?"라고 투덜대면서 말이다.

다시 한 번 강조하지만, 기준을 적용하라. "만약 내가 기차에 치였다면, 다른 누군가가 이 정보를 나대신 찾을 수 있을까?"라고 물어보자. 그러므로 누구나 이해 가능한 이름으로 저장해야만 한다.

유지하고 지키기

일단 파일을 잘 정리하고 나면 그 파일을 훤히 파악하기 위해 중요한 것을 잘 메모해두어라. 다음은 어떤 사람의 스크린세이버에 있는 메모이다.

- 기부자인가?
- 잠재 기부자인가?
- 기부자 혹은 잠재 기부자가 될 수 있는가?

또 어떤 이는 컴퓨터 스크린 옆에 작은 포스트잇 메모를 다음과 같이 해두었다.

- 의심되면 삭제하라.
- 결국 일어날 수 있는 가장 최악의 시나리오는 무엇인가?

일 년에 두어 번 정도 단체의 모든 직원이 모여 사무실을 청소하도록 하라. 그리고 다음과 같은 질문을 하면서 파일을 정리하도록 하라.

- 만약 오늘이 내가 일하는 마지막 날이고 내 물건들을 정리해야 한다면 내 후임자에게 어떻게 전해줄 것인가?

우리가 하는 사업에서 정보란 마치 음식과 같아서 우리는 그것을 먹고, 다른 사람들에게 제공하고, 며칠 동안 저장해놓기도 한다. 그러나 그것을 영원히 저장해놓지는 않는다. 음식은 우리에게 매우 유용하지만 에너지와 기쁨으로 전환되는 것 이외의 쓰임은 없다. 그리고 우리가 이야기하고 있는 사업의 경우, 기부자와 기부라는 것으로 바꾸어 설명할 수 있다. 기부자에 관한 정보를 이런 시각으로 이해한다면 그 정보를 잘 관리할 수 있을 것이고, 사업을 위해 훌륭하게 사용할 수 있을 것이다.

온라인 콘텐츠

- A Donor Bill of Right
- Code of Ethical Principles and Standards, Association of Fundraising Professionals

제38장

사무총장과 함께 일하기

이 책을 읽는 많은 사람에게 이 장은 "자기 자신과 일하기"라고 불러도 될 듯하다. 단체에 유급 직원이 단 한 명일 때는 어디에나 갖다 붙일 수 있는 '직원'이라는 직책처럼, 사무총장이라는 직책도 바로 그 사람을 지칭할 것이기 때문이다. 하지만, 그렇더라도 나중에 단체의 규모가 커져서 자원개발 역할을 담당할 사람을 고용할 때 실수를 피하려면 이 장을 잘 읽어두는 것이 도움이 될 것이다. 모금에 전념하는 한 명 혹은 그 이상의 자원활동가가 있는 일부 단체는 운이 좋다고 할 수 있다. 그들은 본질적으로 무급 직원이기 때문이다. 만일 여러분이 이들을 관리하고 있다면 이 장을 살펴보기를 원할 것이지만, 반면, 여러분이 모금책임자이고 현재 사무총장과 함께 일하고 있다면 이 장은 바로 여러분의 이야기가 될 것이다.

자원개발 책임자에게 사무총장은 가장 큰 동지가 되거나 가장 큰 골칫거리가 될 수 있다. 둘 사이의 어디쯤인 경우는 거의 없다고 보면 된다. 모금책임자는 사무총장에게 결재를 받고 설명을 해줄 의무가 있으며, 모금과 관련해서 사무총장의 시간을 효율적으로 조정해야 한다는 점, 즉 자신의 상사에게 이래라저래라 한다는 점에서 매우 독특하다고 할 수 있다. 사무총장과 효율적으로 일하려면 자원개발 일을 맡은 초기에 사무총장과 이야기를 나눠서 사무총장이 할 모금 업무를 배정해줘도 되는지, 그 일을 책임지고 할 것인지를 물어봐야 한다. 다음은 사무총장과 모금책임자가 이상적으로 협력할 때의 시나리오다.

연초에 사무총장과 자원개발 책임자가 모금 계획 초안을 작성한다. 아마도 계획 대부분을 자원개발 책임자가 작성해서 사무총장에게 보여주고 논의하는 수준이 되겠지만, 사무총장도 이 계획안을 잘 이해하고 있으며 적절한 연간 계획이라고 생각한다. 이제 두 사람은 좀 더 확대된 모임, 즉 모금위원회나 재정위원회와 함께 계획안을 꼼꼼히 검토해서 완성한다. 이사회가 제안한 변경사항까지 반영한 다음 이사 한 명이 전체 이사회에 계획안을 상정하면 전체 이사회가 이 안을 열렬히 찬성한다(적어도 계획된 업무를 기꺼이 수행하기로 결의한다). 자원개발 책임자는 사무총장이 자신을 지지하고 있음을 느끼며, 사무총장은 단체의 미래 재정 업무를 이끌어 가는 데 자원개발 책임자를 자신의 파트너로 생각한다. 정확히 말하면 직급이 아래인 파트너지만 그래도 자원개발 책임자의 권고와 직관력을 신뢰하며, 조언이 필요할 때면 그(녀)를 찾는다. 자원개발 책임자 역시 사무총장에게서 배우며 그(녀)를 좋아하고 존경한다. 친구라고 할 것까지는 없어도 두 사람은 조직 운영과 관련된 다양한 분야에서 서로의 의견을 존중하는 돈독한 동지가 된다.

어떤 동료는 이런 관계를 자연스럽게 발전시킨다. 이들은 유능하지만, 경쟁적이지 않고, 상대를 제어하려고 하지 않으며, 자신의 야망보다 단체의 사명에 헌신하고, 다른 사람을 믿고 일을 맡기며, 정보를 공유할 수 있는 사람이다. 이들도 당연히 갈등과 의견 차이를 경험하지만 솔직하게 대화하고 상대의 의견에 귀 기울임으로써 문제를 해결한다.

단체의 활동에 자연스럽게 동화되지 않는 사람도 조금만 노력하면 동료 관계를 돈독하게 할 수 있다. 이런 사람들은 보통 유능하지만, 상대를 제어하려 하고, 단체의 사명에 헌신적이지만 개인적인 인정을 원하며, 업무 과다에 시달리면서도 다른 사람에게 일을 맡길 줄 모르며, 꼭 숨기려는 것은 아니지만, 정보를 공유하지 못해서 혼자만 갖는 경우가 많다. 이런 사람들도 솔직한 대화를 통해 효과적인 동료 관계를 만들어갈 수 있다. 노력에 대한 칭찬도 인정도 없는 만성적인 과로는 누구든지 함께 일하기 어렵게 만들 수 있다.

좋은 관계 유지하기

그러나 안타깝게도 실제 사무총장과 자원개발 책임자의 관계가 삐거덕거리는 상황은 너무도 흔한 일이다. 기본적으로 자원개발 책임자의 잘못인 경우도 있지만 대체로 사무총장의 업무 스타일에서 기인하는 경우가 많다. 두 사람이 생산적인 관계를 구축하는 데 실패하는 가장 일반적인 원인을 살펴보면 다음과 같다.

- 성공적인 사무총장이라는 말은 결국 단체가 사무총장의 운영 능력 이상으로 성장했다는 말이다. 사무총장은 자신의 능력의 한계를 인정하는 대신 점점 더 통제하려 들고, 사실상 단체를 자신이 관리할 수 있는 규모로 다시 축소할 수도 있다. 사무총장이 단체의 설립자인 경우 특히 그러하다.
- 사무총장이 단체에 너무 오래 있었다. 지치고 일에 대한 열정도 잃어버렸지만, 이 일을 그만두면 다음에 뭘 해야 할지 몰라서 그리고 또 다른 일자리를 찾기 어려울지도 모른다는 두려움에 자리를 지키고 있다. '적당히'가 이 사람의 업무 기준이 되어 버렸다. 결국 사무총장뿐만 아니라 직원, 이사진, 자원활동가도 이런 기준을 따르게 된다.
- 사무총장이 비판에 민감하며 방어적이다. 자신에 대한 전적인 충성만이 용납되는 환경을 만들고, 자신의 지시나 방침에 대해 질문하는 것을 불복종으로 간주한다. 창의성은 발 디딜 틈이 없다.
- 사무총장이 기부 요청을 두려워해서 개인 기부자를 대상으로 하는 모금에 참여하려 하지 않는다. 그리고 이러한 두려움을 "내가 소액 기부에만 매달릴 수는 없어요. 나는 재단 지원을 얻는 데 주력하겠어요"라는 말로 포장하곤 한다.
- 사무총장이 이사회를 믿지 않거나 권한을 내놓고 싶지 않아서 이사회와 정보를 공유하지 않는다. 정책 결정이나 기타 이사회 활동에 참여하지 못하는 상태에서 모금활동에 적극적으로 나설 이사는 없다. 따라서 이 단체의 이사회는 모금에 아무런 쓸모가 없다.
- 사무총장이 자원개발 책임자의 모금 지식에 위협을 느끼면서 자신의 지식 부족이 무능력으로 비춰질까 두려워한다. 따라서 자원개발 책임자의 아이디어를 비하하거나 아예 무시해버린다.
- 사무총장의 일이 너무 많다. 일주일에 보통 60~70시간씩 일하느라 주말에도 사무실에 나오는 일이 잦다. 휴가도 거의 가지 않고, 행여 휴가를 가더라도 하루에 서너 번씩 이메일과 전화 메시지를 확인하며, 자신은 그렇지 않다고 하지만 다른 직원들에게도 자신과 똑같이 일할 것을 기대한다. 하지만, 이런

유형의 사람은 사업 운영에 드는 비용을 위장하고 있다는 것을 인식하지 못하며, 직원 이직률이 왜 이렇게 높은지 의아해 한다.
- 사무총장은 자원개발 책임자의 일이 단체에 필요한 돈을 구해오는 것으로 생각한다. 그래서 자원개발 책임자가 아무런 질문도 하지 않고 돈만 가져오기를 바란다. 단체의 자금이 궁하다는 사실을 좀 당황스러워하는 편이다.

약간씩 다를 수는 있지만, 위의 상황이 가장 일반적으로 나타난다. 지금 일하고 있는 단체의 사무총장이 위의 몇 가지 성향을 보인다면, 그 관계를 변화시키는 것이 아주 불가능하지는 않지만 아마 다른 직장을 구하는 것이 더 나을 것이다. 이런 식의 역학관계가 있는 직장을 피하려면 먼저 여러분이 단체와 사무총장으로부터 어떤 것을 기대할 권리가 있는지, 그리고 반대로 그들은 여러분에게서 어떤 것을 기대할 권리가 있는지 분명히 알아야 한다.

원만한 업무 관계를 만드는 가장 좋은 방법의 하나는 직무의 범위를 명확하게 규정하는 것이다. 자원개발 책임자의 직무는 단체의 모금 업무를 조율하는 것이다. 이들은 모든 모금 업무를 완수해야 하며, 여기에는 사무총장이 맡은 모금 업무를 완수하도록 돕는 일도 포함된다. 자원개발 책임자가 할 일은 다른 사람들이 맡은 과제를 완료하도록 이끌고, 가능한 많은 사람이 모금에 참여하도록 해서 자신이 관리할 수 있는 범위 내에서 단체가 최대한 많은 자금원으로부터 최대한 많은 돈을 모을 수 있도록 하는 것이다.

사무총장은 자원개발 책임자의 역할이 이러한 것임을 이해해야 한다. 그리고 사무총장과 자원개발 책임자가 긴밀히 협력하여 사무총장의 모금 업무 목록을 작성하며, 아울러 모금책임당자가 사무총장에게 모금 관련 업무를 상기시켜주고 그것을 완수하도록 책임을 물을 권한이 있음을 인식해야 한다. 반대로, 사무총장은 자료나 감사편지, 보고서 등과 관련하여 자원개발 책임자의 지원을 기대할 것이다. 사무총장은 단체의 최고책임자라는 것을 기억하자. 통상적으로 기부자들은 단체 사람을 만날 때 최고책임자, 즉 제일 윗사람과 만나는 것을 더 좋아한다. 자원개발 책임자는 사무총장이 수많은 과제를 균형 있게 처리해 나가는 것에 감사해야 한다. 모금은 아주 중요한 일이지만 사무총장에게는 수많은 일 중 하나일 뿐이다.

사무총장이 자원개발 책임자보다 모금에 대해 훨씬 더 많이 알고 있는 경우도 있다. 이때는 사무총장이 자원개발 책임자의 멘토 역할을 해주는 것이 좋다. 하지만, 대부분은 자원개발 책임자가 사무총장보다 모금에 대해 더 많이 알고 있을 것이다. 그때 사무총장은 자신이 모금 일을 맡아서 할 시간이나 기술이 없었기 때문에 자원개발 책임자를 고용했다는 점을 인정하고 자원개발 책임자의 지식과 기술을 기꺼이 받아들여야 한다.

이사회와 자원활동가의 모금활동을 조율하는 것 역시 자원개발 책임자의 직무다. 자원개발 책임자는 모든 이사진과 만날 수 있어야 하며, 사무총장의 적극적인 지원으로 이사회와 협조할 수 있어야 한다. 사무총장과 자원개발 책임자 모두 이사회와 긴밀히 협조해야 하는데, 기부자를 직접 만나서 기부를 요청할 때는 이러한 협조가 특히 중요하다.

자원개발 책임자와 사무총장은 서로의 업무 스타일을 알고 있어야 한다. 일을 시작하는 초기에 서로의 업무 방식에 대한 이야기를 공개적으로 나누는 것이 좋다. 즉 업무 중 방해를 해도 괜찮을지(사무실에서 나가는 모든 글은 사무총장의 마음에 들어야 하며 모든 서면자료는 다른 사람이 읽어보고 교정해야 하므로), 서로 쓴 글을 편집해도 기분이 상하지 않을지, 어느 정도나 업무를 재촉할 수 있는지, 어떤 식으로 갈등을 처리할지, 비판해야 할 때는 어떻게 할지 등에 대해 의견을 나눈다.

자원개발 책임자와 사무총장이 원만한 관계를 유지하려면 처음부터 각자의 직무 범위를 분명히 하고, 그러한 내용에 서로 동의해야 한다. 결국, 두 사람은 모금 업무에 최대한의 협력관계를 다져야 하고, 이사회를 단체의 중요한 자산으로 개발해 나가야 한다. 자원개발 책임자는 단체의 사명을 추구해야 하며 자신이 충성할 대상은 단체의 이익임을 인식해야 한다. 또한, 사무총장과 언제나 견해가 일치하지는 않을 것이며, 이때 최종 결정권은 사무총장에게 있음을 인정해야 한다. 무엇보다도 중요한 것은 자신이 솔직해야 하고 상대에게도 그러한 솔직함을 요구해야 한다는 점이다. 두 사람의 관계는 우리가 세상에서 동경하는 그러한 관계가 되어야 한다. 서로 존중하고 배려하며, 함께 성장해갈 수 있도록 돕고, 서로에게 진정한 관심을 기울이며, 개인보다 큰 어떤 대의를 위한 공통의 믿음을 공유하는 그런 관계다.

방어적 태도

'방어적임'(defensiveness)은 중요성과 그 고유적 특질을 갖고 있어 그것 자체에 대해 짧은 논의를 해볼 만한 가치가 있다고 생각한다. 사전적 정의에 따르면 '방어적임'이란 "비판 혹은 공격에 저항하는 것"이다. 방어적임은 생각 혹은 행동이 잘못되었다는 말은 물론, 심지어 이런 생각과 행동의 가능성 있는 대안이 존재할 것이라는 사실도 부정하는 태도로 나타난다. 처음에 언급했듯이 사무총장은 매우 방어적일 수 있다. 이는 부분적으로는 단체의 재정 상태를 건전하게 유지하기 위해 모든 것을 제대로 운영 관리해야만 한다는 막중한 책임감에서 비롯된다. 그렇지만 불행하게도 방어적인 태도는 단체 모든 부분에서 발견할 수 있고, 조기에 그리고 자주 언급하면서 문제 제기를 할 필요가 있다.

사람들이 방어적인 데에는 몇 가지 이유가 있지만 가장 기본적인 원인은 의견 불일치를 무례한 것과 동일시하기 때문이다. 이런 점에서 의견이 불일치한 사람하고는 토론을 한다는 것은 불가능하다. 방어적인 사람은 모든 것을 개인적인 차원에서 판단함으로써 개성과 행동을 구분하는 데 제한적일 수밖에 없다. 그들은 "나는 당신 의견에 동의하지 않는다"를 "당신을 잘못된 판단을 하고 있으며 어리석다"라고 듣는다. 개 주인이 자신의 개에게서 기대하는 것과 같이 자신의 직원들이 충성스러움을 보여주길 바라는 그런 유형의 리더십을 가진 사람과 나는 일을 많이 해봤다. 그들은 변할 수 있지만 그러기 위해서는 일반적으로 그들이 존경하는 사람에 의해 개입 조정되거나 비판을 어떻게 받아들여야 할지 훈련이 필요하다. 때때로 사람들은 자신이 방어적이라는 사실을 (방어적으로) 부정한다. 그러나 그들은 자신의 톤 혹은 보디랭귀지의 효과를 인식하지 못할 수도 있다. 작은 변화가 엄청난 차이의 만들어 낼 수도 있다. 예를 들면, 몹시 난처한 상황에 부닥친 사무총장이 모금책임자와 긴장 관계를 해결하기 위해 고용한 퍼실리테이터로부터 피드백을 받았다. 즉 "모금책임자가 말을 다 끝나기도 전에 당신은 종종 그 이유를 스스로 설명하기 위해 그녀의 말을 막아선다. 이는 그녀의 말을 듣기 싫다는 신호를 주게 되며, 그녀 또한 자신의 생각을 이어갈 수 없게 된다." 사무총장은 이 말에 놀라면서 자신도 누가 방해하면 참을 수 없다는 사실에 주목한다. 이제 그는 반응하기에 앞서 직원들의 말을 다 듣기 위해 의식적으로 기다리게 되었다.

또 다른 사무총장은 유튜브에 올려진 한 직원의 멘토링 프로그램 동영상을 통해 피드백을 받았다. 1분짜리 짧은 동영상이었지만, 이사회를 포함해 그녀가 나온 부분이 꽤 되었다. 사무총장은 이사회가 비효과적이고 단체에 어떤 리더십도 보여주지 못한다고 느끼고 있었다. 그녀가 본 것은 제안한 모든 아이디어에 부정적인 의견을 내는 자신의 모습이었다. "그것은 별 효과가 없을 것이다. 누가 그것을 지원하겠는가" 혹은 "당신이 이사회에 참여하기 몇 년 전에 해봤다. 그것은 완전한 실패작이었다." 그녀는 자신이 단호하며 무시하는 태도를 보이고 있어 누구도 말하지 않는다는 사실을 알게 되었다. 코치의 도움을 받아 듣는 법과 독려하는 법을 배웠다. 아이러니하게도 그녀가 지적했듯이, 단체가 찾는 바로 그 기술을 그녀가 배울 필요가 있었던 것이다.

사무총장이 아닌 경우에도 방어적인 태도는 자신이 일을 그렇게 잘하지는 못한다는 자격지심과 그 두려움으로부터 종종 나타나곤 한다. "나는 당신의 의견에 동의하지 않습니다"라는 의미가 "당신은 형편없는 직원입니다"가 된다. 이렇게 되면 뭔가를 비판할 때 다른 사람들로 하여금 자동적으로 짜증나게 만든다. 이들은 그들이 옳다는 자세를 취하거나 그런 체함으로써 과잉 보상받으려 한다. 매우 많은 사람이 이를 좋아한다는 사실을 내가 알기 때문에 나는 이것에 'NIMF—Nothing is My Fault'라는 약어를 붙여주었다. 리더로서 이런 방어적 태도를 극복할 수 있는 방법 중 하나는 비판보다 진정한 인정과 칭찬을 좀 더 자주 하는 것이다. 이러한 균형을 통해 직원들은 신뢰감을 높이게 되고 실수나 의견 차이를 충분히 받아들일 수 있게 된다.

우리는 갈등을 싫어하는 문화 속에 살고 있다. 사람들이 대중 연설이나 모금 같은 것을 두려워한다는 사실을 이해한다면, 갈등을 초래할지도 모르는 대화를 우선적으로 시작해야 한다고 생각한다. 일부 단체는 상호 간의 직원과 자원활동가의 창의적인 대화 능력을 강화하기 위해 그리고 잠재된 갈등이 폭발하기 전에 의견의 차이를 드러내기 위해 갈등 해소와 관련된 교육 훈련 프로그램을 운영하기도 한다.

어떤 방어적 태도의 징후도 좋은 리더십일 수는 없다. 물론 모두 가끔은 방어적인 태도를 느끼기도 한다. 무엇이 여러분을 방어적이게 만드는가, 그리고 그런 방어적인 태도로부터 벗어나게 도와주는 것은 무엇인가를 생각해봐라. 그것이 다른 사람과 공존할 수 있는 길이다. 효과적인 리더가 되기 바라는 사람들은 개인적인 차원에서 뭔가를 하려 하지 않으며, 건강한 직장이 되기를 원하는 단체는 시민 논쟁을 독려하는 과정, 실수와 잘못을 받아들이고 서로 격려하는 과정, 그리고 긍정적이건 그렇게 긍정적이지 않건 간에 피드백을 주고받는 방법에 대해 학습하는 과정이 있어야만 한다.

제39장

자원활동가와 함께 일하기

최근 교수인 내 친구가 그의 학생 한 명을 나에게 추천해 주었다. 그녀는 대학을 졸업하자마자 비영리부문 일이 어떤 것인지 탐색하고 싶어 했다. 그녀는 거의 풀타임 자원활동가로 일하고 싶었고 이를 통해 경험을 얻은 후 자신의 미래를 맡길 수 있는 곳인지 알아보고 싶었다. 특히 그녀는 모금에 대해 배우고 싶어 했다. 나는 친구의 판단을 믿고 나름 괜찮다는 여러 사회정의 관련 단체에 이메일을 보내 사람이 필요한지 물었다. 그렇지만, "좋은 제안이기는 하지만 우리가 그녀에 뭘 하게 할 수 있는지 잘 모르겠다"는 답변이 거의 대부분이었다.

최근 은퇴한 나의 또 다른 친구는 기후변화와 관련된 일을 하고 싶어 했다. 관련 단체와 인터뷰하면서 모금관련 일을 돕고 싶다고 이야기하기도 했다. 한 책임자가 묻기를 "부자 친구가 좀 있으신지요?" 그녀가 답하길, "2,000달러에서 5,000달러 정도는 쉽게 모금할 수 있습니다." 그렇지만 그는 다시 답하길, "우리는 좀 더 많은 기부를 받기를 원합니다."

이는 친구들로부터 기꺼이 모금도 하겠다는 경험 많은 사람, 그리고 거의 풀타임으로 자원활동을 시작하겠다는 스마트한 사람을 어떻게 활용할지 그 방법을 알지 못하는 사회운동단체에 대한 슬픈 기록이다. 일자리를 잃은 사람, 비정규직에 있는 사람, 은퇴한 사람 등 다양한 나의 친구에게 물어본 결과, 나는 이런 반응이 하나의 패턴을 이루고 있다는 사실을 발견하게 되었다. 일부는 자원활동가를 온라인으로 모집하는 곳에서 요구하는 대로 양식에 관련 내용을 입력해서 신청해 봤지만 어떤 응답도 받을 수 없었다.

경제 불황 이전 십여 년 동안 많은 단체가 자원활동가를 모집하고 유지하는 데 어려움을 겪었다. 전통적인 의미의 자원활동가들-배우자나 파트너가 가족이 생활하기에 충분한 돈을 벌기 때문에 돈을 벌기 위해 일할 필요가 없는 사람들-은 훨씬 더 줄어들었다. 많은 사람들이 하나 이상의 일을 가지고 있었고 자원활동을 할 시간을 가질 수도 없었다. 2007년 이래 상황은 변해왔다. 2008년에 시작된 경제 불황은 수천수만의 사람들로부터 일자리를 빼앗아 갔으며 많은 사람이 자신의 정규직 일자리로 돌아가지 못하게 했다. 또한 앞으로 20여 년에 걸쳐 수백만의 잠재적 자원활동 봉사자를 제공할 베이비붐 세대의 은퇴가 시작된다. 베이비붐 세대는 비영리부문을 건설하는 데 이바지해 왔으며, 그들 중 다수는 비영리부문이 활성화되고 지속되기를 원한다.

많은 단체의 모금 프로그램이 직원들에게 너무 의존적이다. 대규모 단체의 경우, 모금 프로그램에 대한 흔한 해결책은 직원을 더 채용하는 것이다. 그러나 한 단체가 효과적인 모금 프로그램을 운영할 정도로 많은 직원을 채용할 수는 없다. 또한 예산이 충분하다고 해도 이는 기부된 돈을 제대로 사용하는 것이 아니다. 단체가 기부금과 직원의 시간을 지혜롭게 사용하기 위해서는 자원활동가에게 다시 눈을 돌릴 필요가 있다. 만일 한 단체가 자원활동가를 관리 운영하는 데 도움이 필요하다면 해결책은 자원활동가를 없애는 것이 아니라, 자원활동 관리책임자를 고용하거나 모금책임자로 하여금 해당 부분의 기술을 익힐 수 있도록 도움을 주는 것이다. 자원활동가를 동원하기 위해 시간을 활용하는 것은 여러분 스스로 모든 일을 처리하기 위해 시간을 활용하는 것보다 훨씬 유용하다. 물론 그렇게 할 수도 없지만 말이다.

공정하게 말하자면, 수십 명의 정규 자원활동가가 활동하는 풀뿌리단체도 있다. 그들 중에는 전일제 직장에 다니고, 자녀가 있고, 여러 단체에서 자원활동을 하는 사람도 있다. 복지 수당을 받는 사람, 편부 혹은 편모, 직장 일로 절반은 출장을 다니는 사람, 노인, 밤에는 회의에 나올 수 없는 사람도 있다. 다른 말로 하자면, 어떤 단체는 자원활동가를 성공적으로 모집하고 유지한다. 여기에는 그들을 제대로 활용함으로써 단체나 자원활동가 양자 모두로 하여금 기울인 노력이 의미 있고 가치 있는 것이라 느끼게 한다. 그러자면 성공적인 자원봉사활동 프로그램을 운영하기가 얼마나 어려운지가 아니라 어떻게 그것이 가능한지에 초점을 맞춰야 한다.

이 장에서는 모금활동을 기꺼이 돕고자 하는 자원활동가를 어떻게 모집하고 유지하는지 다음 여섯 가지 것을 중심으로 살펴보고자 한다. 이들 행위는 기부자를 모집하고 유지하는 것과 크게 다르지 않다. 또한, 좋은 이사진(어떤 점에서 이들은 궁극적인 자원봉사활동가다)을 모집하고 유지하는 데 필요한 것과도 아주 유사하다.

사람들을 초대해 모금에 참여시켜라

모금책임자 대부분은 모금활동을 하는 자원활동가는 아무도 없다는 사실에 비통해한다. 이로부터 그들은 누구도 원하지 않는다고 결론 내린다. 그러나 이것은 틀린 이야기다. 사람들은 모금과 관련된 기술과 일의 범위, 자신들이 이와 관련하여 얼마나 많은 기술을 실제 가졌는지 잘 모른다. 모금관련 자원활동가 대부분이 나에게 이야기하길, 모금위원회나 모금활동에 참여하기 전에는 모금이란 것에 대해 잘 알지는 못하지만, 지원신청서를 쓴다거나, 아니면 친구에게 기부 요청을 하는 것으로 생각했고, 따라서 그들은 일반적으로는 모금활동에 참여하는 방법이 없다고 결론을 내렸다는 것이다.

그렇지만, 잘 드러나지는 않아도 자원활동가가 할 수 있는 수십 가지의 일이 있다. 유급 모금 직원은 자신의 일을 관찰할 필요가 있다. 즉 꽤나 지식이 있는 사람이 교육 훈련과 관련된 어떤 것을 수행하고 있는 것을 봤을 때 "자원활동가도 이런 일을 할 수 있다면 내가 왜 이 일을 하지?"라고 질문을 던져봐야만 한다. 상당히 구체적이고 복잡한 일 혹은 실제로 경험과 기술을 필요로 하는 일을 위해 자신을 아껴라. 그리고 이를 제외한 모든 일은 될 수 있는 대로 이사진과 다른 자원활동가에게 넘기는 것이 바람직하다.

그런 연후에 첫 번째 단계는 다양한 방법으로 모금을 묘사해보고 자원활동가에게 수많은 자원개발 사업을 성공적으로 완수할 수 있음을 보여주면 된다. 감사편지, 감사전화, 잠재 기부자 연구조사, 데이터 입력, 소셜미디어 계정 유지 관리 등이 잘 드러나지는 않지만 그리고 누구에게 돈을 요청하지는 않지만 모금과 관련된 업무의 좋은 예가 될 수 있다. 여러분의 웹사이트에 '구함'(wanted)이라는 칼럼을 만들어 특별한 필요가 어떤 것인지 설명하고 사람들이 여러분에게 연락해오게 하고, 뉴스레터에 비정기적인 칼럼도 게재해 모금에 참여할 것을 독려해라. 재미와 흥미를 유발하는 것은 매우 중요하다. 연락해오는 사람이 있다면 이에 응답하면 된다.

어떤 사람은 좀 더 어려운 일에 혹은 팀 단위로 일하는 것에 흥미를 느끼기도 한다. 그런 사람에게는 특정 관심을 갖고 위원회에 참여할 것을 권하는 것이 좋다. 사람들을 초대해 한시적이고 목표를 가진 모금 전략에 관여하도록 하고, 그들에게는 적절한 안내와 학습의 기회를 제공하라. 고액 기부 캠페인, 하우스 파티 프로그램, 특별 행사 등이 그런 활동의 예가 될 수 있다.

무엇보다도 자원활동가는 이 모든 것이 유용할 것으로, 그리고 모금보다 더 유용한 것은 없다고 느끼길 원한다.

자원활동가들의 숨겨진 이야기

벤, 은퇴한 소프트웨어 엔지니어. 아침 일찍 일어나 그가 자원활동을 하는 단체의 웹사이트를 확인한다. 그는 현재 직원 혹은 자원활동가가 보내온 스토리와 데이터를 추가하지만, 오래된 정보나 이미 발생한 지 좀 되는 것은 제외한다. 링크를 확인해 깨진 링크는 복구를 하기도 한다. 또한 기부관련 링크가 제대로 작동하는지 확인하기 위해 매주 5달러씩 기부한다. 그리고 지난 12월 31일에는 과도한 트래픽 때문에 웹사이트가 다운되었을 때 그가 단체 웹사이트를 구해내기도 했다. 그는 또한 페이스북에 기사나 스토리를 포스팅하거나 코멘트를 하고, 하루 몇 번에 걸쳐 단체를 대신해 트위터에 글을 올린다. 직원들은 그에게 아이디어, 기사, 사진 등을 전달하기도 한다. 그는 사실상 작은 규모 단체의 웹매니저이자 소셜미디어 코디네이터라 할 수 있다. 벤은 심각한 폐질환을 앓고 있어 항상 산소가 필요하다. 이 때문에 집을 떠나기가 쉽지 않다. 그러나 단체를 위해 하는 바로 그 일 때문에 그는 단체의 활동에 참여할 수 있으며, 가치있는 서비스를 제공할 수 있는 것이다.

메델린은 학비와 기타 비용을 벌기 위해 풀타임으로 일하고 있는 대학교 4학년 학생이다. 그녀의 수업은 4시에 끝나고 병원에 가서 간호조무사로서 일을 하는데 일주일에 3번,

오후 7시 30분에 시작해 오전 6시 30분에 끝난다. 그녀는 또 비영리단체에 가서 기부금에 대한 모든 감사편지를 만든다. 그녀는 데이터베이스를 이용, 그녀가 사인할 수 있는 것은 어느 것이며, 직원, 특히 사무총장이 사인해야 하는 것은 어느 것인지를 정한다. 그녀는 종종 모금책임자와 저녁을 하면서 일을 마무리하곤 한다. 여기서 감사편지의 내용을 요청의 성격과 기부자에 따라 어떻게 바꿔야 할지 논의하고, 메델린이 문안을 교체한다. 6~8시간 정도 걸려서 메델린이 이 일을 처리하는 동안 모금책임자는 그 시간을 이용, 고액 기부자에게 좀 더 초점을 맞춰 일을 하게 된다. 메델린이 일을 시작한 이후 단체의 수입은 상당한 정도 증가했다. 모금책임자는 그녀가 졸업한 후 정규 직원으로 오기를 희망하고 있다.

에그네스는 관리자로 일했지만 2011년에 일자리를 잃었다. 그녀는 그 후 일자리를 찾기가 어려워 지금은 생계비를 벌기 위해 집 봐주기, 개 산책시키기, 정원 가꾸기 등의 일을 하고 있다. 방과후 교사 양성 프로그램을 이수하는 등 공립학교에서 수학 방과후 교사로 자원활동을 하길 원했지만, 뜻대로 되지는 않았다. 그녀는 또한 자력으로 지역 비영리단체와 함께 '기부 중지자 회복 전문가'라는 자원활동가의 직무를 개척하여, 기부를 중단한 기부자에게 전화를 걸어 다시 갱신하도록 요청하기도 했다. 그녀는 자신의 일정에 맞춰 전화를 했는데 일주일에 4~6시간 정도 수준으로 밤이나 주말을 이용했다. 지금은 그녀가 훈련시킨 3명의 사람과 팀을 이뤄 일하고 있으며 기부를 중단한 기부자뿐만 아니라 현재 기부자에게도 전화를 해 추가 기부 요청도 하고 있다. 이런 유형의 일은 단체에서는 이전에는 없었던 것이어서 단체로서는 모든 기부금이 추가 수입이 된다.

이들 모두는 창의적인 자원개발 스텝과 함께 일해 오면서 자신이 가용한 시간에 할 수 있는 일을 찾기 위해 노력해 왔다. 이 모든 것이 값진 일이라 아니할 수 없다.

모금 프로그램에 대해 자원활동가들에게 충분한 오리엔테이션을 제공한다

단체의 예산, 모금 목표, 현재의 진행 상황을 설명하는 두 시간짜리 연수 프로그램을 통해 투명한 단체 운영의 실례를 보여주고, 궁금한 점이나 우려사항에 대해 이야기를 나눈다. 1장에서 설명한 것과 같이 자금이 어디에서 나오는지, 비영리단체가 몇 곳이나 되는지, 기부자는 어떤 사람들인지 등 모금 계획을 개발하는 전반적인 상황에 대해서도 설명할 수 있다. 이 모임에서는 특히 단체설명서에 초점을 맞추고, 자원활동가들끼리 서로 단체에 대해 설명하고 질문에 답하는 연습을 하도록 한다.

자원활동가는 자신이 "내부 사정을 잘 안다"는 느낌을 갖고, 더불어 단체의 사명과 목적 및 연간 목표들을 자신감 있게 설명할 수 있어야 한다. 자원활동가들이 기부 요청을 꺼린다고 생각하는 경우가 많은데, 실제로는 단체에 대해 설명하는 일을 더 부담스러워할 수 있다. "단체의 사업에 대해 설명하다가 괜히 실수해서 오히려 더 해가 되지 않을까 싶어서 모금 요청을 안 했어요"라는 말을 자원활동가들에게서 흔히 듣는다.

자원활동가가 가장 선호하는 모금 전략을 선택하도록 돕는다

자신이 선호하는 모금 전략을 선택하도록 해서 개개인의 역량이 충분히 발휘되도록 돕는다. 『어쩌다 보니 하게 된 모금활동』(The Accidental Fundraiser)의 저자인 스테파니 로스와 미미 호는 자원활동가들이 선호하는 활동을 성격과 자신감에 따라 세 가지로 나누어 설명하고 있다. 첫째, 오락거리를 통해 모금하는 것을 좋아하는 사람이 있다. 이들은 하우스 파티 여는 것을 좋아하고 특별행사에서도 뛰어난 능력을 발휘한다. 어떻게 하면 사람들에게 환영받는 느낌이 드는지도 알고, 함께 모인 사람들이 재미있어하거나 흥미를 느낄 만한 일이 무엇인지도 잘 생각해낸다. 이들은 보통 그룹으로 일하기를 좋아한다. 특별행사위원회에서 찾아야 하는 사람이 바로 이런 유형이다. 둘째, 뭐든 판매하는 일을 좋아하는 사람들이 있다. 이들은 물건도 잘 팔고 행사도 잘 판다. 단체가 만든 티셔츠나 머그컵, 책 등의 판매 부스를 맡기기에 가장 좋다. 이들은 자신의 친구와 이웃, 가족들에게도 물건을 팔 것이며, 행사 티켓 판매도 믿고 맡길 수 있다. 하지만, 직접 모금에는 그렇게 적극적이지 않다. 셋째, 숫자상으로는 가장 적지만 직접 기부 요청을 좋아하는 사람이다. 여기에 속한 사람들은 모금활동을 경험하고 싶어 한다. 이들은 많은 사람에게 기부를 요청하면 필요한 자금을 얻을 수 있다는 사실을 잘 알고 있다. 물건 판매 또는 부동산 중개를 해본 적이 있거나 현재 그러한 일을 하는 사람이 많으며, 기부 요청에 따른 심리적인 부담감을 스스로 극복한 사람들이다. 여기에는 미국만큼 돈을 금기시하지 않는 나라에서 온 사람들도 있다. 판매자나 기부 요청자 유형에 속하는 이런 유형의 사람들은 상대방의 거절을 개인적인 것으로 받아들이지 않는 성향을 갖고 있다.

물론 위의 세 가지에 모두 뛰어난 사람도 있고, 무엇이든 돈 이야기를 해야 하는 일은 무조건 불편해하는 사람들도 소수지만 존재한다. 돈 이야기를 불편해하는 후자의 사람들에게는 감사편지를 작성하거나, 데이터베이스에 기부자의 이름과 주소를 입력하거나, 기금을 지원하는 재단 현황을 조사하는 일 등 모금활동에 꼭 필요하지만 직접 사람을 상대할 필요가 없는 일을 부탁하면 된다.

자원활동가들이 할 수 있는 업무 목록은 간단하게 작성할 수 있다. 매일 업무 하나를 시작할 때마다 생각해보는 것이다. "합리적이고 어느 정도의 지적 능력이 있는 사람이 최소한의 교육으로 이 일을 할 수 있을까?" 그렇다는 대답이 나오면, 그다음에는 직원이 꼭 그 일을 해야 할 이유가 있는지 자문해본다. 자원활동가에게 맡기기 어려운 일은 직원이 맡아서 집중하도록 한다. 유급 직원의 시간은 기술적 지식이 필요한 업무, 상당한 시간을 투자해야 하는 업무, 연속성을 갖고 진행되어야 하는 업무가 대부분을 차지한다.

적당한 수준에서 만족해야 한다

직원과 자원활동가 간에 긴장이 생길 수 있다. 직원은 스스로 '완벽'이라고 생각하는 수준에 맞춰 일이 완벽하게 수행되기를 바라기 때문이다. 예를 들어, 어느 작은 비영리단체에서 두 명의 자원활동가가 매월 셋째 주 목요일에 온라인 소식지를 작성해서 발송하는 일을 맡았다. 여섯 달 동안 제때 나간 소식지는 세 번이었고 나머지 세 번은 이틀이 늦었다. 대부분의 소식지에 약간씩의 오자가 있었다. 직원의 눈에 이 두 가지는 너무 큰 잘못이었고, 그래서 자원활동가의 일을 중단시켰다. 소식지가 일주일씩 늦어졌다거나 오자가 너무 많아서 글을 이해하기 어려울 정도였다면 직원의 행동이 정당화될 수 있을 것이다. 하지만, 이 두 자원활동가는 대체로 믿을 만했고 일을 꼼꼼하게 하는 편이었다. 자원활동가와 일을 할 때는 이렇게 최고를 추구하다가 오히려 일을 망치는 수가 많다.

진심에서 우러나온 감사를 자주 표현한다

세자르 차베즈의 조직화에 대한 금언을 기억하자. "사람들은 받은 것보다 준 것을 훨씬 더 크게 생각한다." 그래서 자주 감사해야 한다. 감사쪽지, 감사전화, 회의 때 건네는 짤막한 말들이 효과가 있다. 꽃, 명판, 리본도 좋지만 가끔씩 전하는 감사의 말이 더 중요하다.

자원활동가에게 쉴 시간을 준다

좋은 성과를 냈을 때는 휴식 시간으로 보상할 필요가 있다. 일을 마쳤더니 오히려 더 많은 일이 돌아오더라고 말하는 자원활동가를 자주 봤다. "루비, 경매에서 정말 대단했어요. 타고난 재주가 있더라니까! 이제 한숨 돌렸으니 회원 모집 운동을 해주시겠어요?" 이런 말은 루비에게 가능한 한 빨리 단체에서 도망가라는 말과 같다.

   자원활동가가 싫다고 하지 않는 한, 집중적인 모금이 끝나면 최소한 두세 달은 쉬면서 모금이 아닌 다른 부문에 참여할 수 있도록 도와줘야 한다.

   일을 철저하고 완벽하게 처리하기 위해 가장 효율적인 것처럼 보이는 것 - 모든 일을 만족스럽게 처리하는 뛰어난 스텝 - 이 새로운 리더십을 개발하고 단체를 발전시키는 데 가장 효과적인 것은 아니라는 사실은 유념할 필요가 있다. 또한 자원활동가와 함께 일하는 것에 집중하면서 중요한 직책을 맡은 사람에게 유고가 있을지라도 단체가 지속해서 유지되어야 한다는 점을 염두에 두어야만 한다. 단체의 지속성과 안정성에 중점을 둠으로써 지금과는 다른 방식으로 자원활동가들의 참여와 활동을 조직할 수 있다. 그리고 적극적으로 참여하고자 하는 사람들이 적지 않다는 사실도 알게 될 것이다.

제40장

윤리적 딜레마와 마주쳤을 때

매일 사용하는 언어를 보면 우리는 좋은 사람에 대한 표현으로서 수많은 문장과 단어를 사용하곤 한다. 물론 이들은 서로 바꿔 쓸 수 있는 것이기도 하다. 예를 들어, 그 사람은 정직하다, 매우 진실하다, 항상 사실만을 말한다. 그(녀)는 지조가 있다, 예의바르다, 공정하다 등등이 그런 표현에 해당한다. 비록 철학자나 언어학자(그리고 사전)는 이들 간의 미묘한 차이를 구별해 낼 수도 있겠지만, 나는 그냥 모두가 위에서 언급한 것을 이루기 위해 온 힘을 다하기를 희망할 뿐이다. 윤리적으로 행동한다는 것은 위에서 언급한 모든 것을 행하는 것이고, 정직한 사람이 그렇지 못한 사람보다 훨씬 더 쉽게 행동할 수 있다는 것은 분명하다. 그렇지만, 보통 윤리란 더 큰 도덕적 틀에 기반을 두고 있으며, 단순히 사람의 행동이라기보다는 더 광범한 범위의 특성과 이슈를 포괄한다. 이 장에서는 정직이라든지 성실이라든지 수용 기준의 적용만을 통해서는 해결할 수 없는, 그래서 좀 더 광범위한 윤리적 숙고가 요청되는 문제와 이슈에 대해 살펴보고자 한다.

    모금이 직업이든지 자원봉사로 하는 일이든지 간에 모금가는 일하는 과정에서 여러 가지 윤리적 딜레마에 부딪힐 것이다. 대부분은 올바른 길은 상당히 자명하게 드러난다. 일례로, 어느 기부자가 단체가 특정 사업을 시행하는 것으로 잘못 알고 거액을 기부하려고 할 때, 실제 없는 프로그램을 있다고 말하는 것은 옳지 않다. 마찬가지로, 누군가 특정 사업에 대해 지원을 하거나 그렇게 할 수 있다는 가능성만 가지고 해당 사업에 뛰어드는 것도 좋은 생각이 아니다. 이런 식으로 돈만 좇았다가는 단체가 가진 사명과 목적에서 금세

멀어지고 말 것이다. 고액 기부를 받는 대가로 품행이 좋지 못한 특정인을 단체의 프로그램 이사나 회계 담당자로 앉히는 것도 옳지 않다. 회계장부를 공개용과 내부용으로 해서 이중으로 만드는 것도 옳지 않은 일이다. 이와 같은 대다수의 윤리적인 문제들은 표준 회계 절차와 모금가협회의 윤리규정(제37장 온라인 콘텐츠 참조)에 따라 처리해야 한다.

위와 같은 문제 어떤 것이든지 간에 적절한 행위를 표현하기 위해 윤리적이란 말을 쓸 수는 있지만, 이보다 좀 더 경계가 모호한 부분이 존재하며, 이들 문제는 보통 자원개발 책임자가 해결해야 할 일이기도 하다. 이러한 딜레마는 흔히 옳고 그름이 명백하지 않으며, 자원개발 책임자가 조직에 대한 상충하는 충성심을 갖게 될 때 발생한다. 몇 가지 예를 살펴보자.

세 가지 도덕적인 딜레마

진실을 언제 누구에게 이야기해야 하느냐의 문제

다섯 명의 직원을 둔 LGBTQ(lesbian, gay, bisexual, transgender, queer)단체가 자체 건물을 살 수 있는 기회를 잡았다. 건물주가 제시하는 가격은 합리적인 수준이지만, 건물이 손봐야 할 곳이 많은데다 단체는 그동안 부동산을 소유하는 일을 한 번도 생각해보지 않았다. 이사장과 몇 명의 이사진은 건물 구매에 적극적인데 나머지 이사진과 사무총장은 반대하고 있다. 건물 운영도 큰일일뿐더러 건물을 손보느라 단체의 실질적인 활동을 충실히 하지 못할까 봐 걱정이다. 모금 책임자는 다수 의견에 따라 이 문제에 반대한다. 다수이기 때문만이 아니라, 적극성을 보이는 사람이 몇 안 되는 사안을 두고 모금하기는 어려울 것임을 잘 알기 때문이다. 이런 생각을 갖고 사무총장과도 의견을 나눴다. 다음 이사회 모임에서 사무총장은 부동산업자이자 단체의 최대 기부자의 의견, 즉 건물을 소유하는 것이 비영리단체로 하여금 재정적인 문제를 야기할 수 있다는 점에서 건물 구입에 반대한다는 의견을 이사회에 전한다. 그렇지만 모금책임자가 아는 한 그런 이야기는 없었다. 결국, 이사장은 사무총장의 말을 듣고 이 기부자의 의견에 따르기로 마음을 바꿨다.

부적절한 요청에 대한 문제

재정개혁 캠페인을 전개하는 단체는 한 부동산 개발업자로부터 2만 5,000달러를 기부받기로 했다. 이 기부자는 단체가 하는 일에 호감을 갖고 있던 차에 기부 문제를 논의하기 위해 단체의 이사 중 한 명에게 접촉해 왔다. 지금까지 개인으로부터 받은 액수 중 최대였기에 단체의 모든 구성원은 흥분을 감추지 못했다. 한 달 후 기부가 이뤄졌지만, 기부자는 모금책임자에게 전화를 걸어 뜻밖에 아들 이야기를 하기 시작했다. 아들은 대학을 중퇴했고 음주 운전 때문에 체포된 적도 있지만, 목적 지향적인 일을 했으면 좋겠고, 특히 대의에 헌신하는 사람들과 함께했으면 좋겠다는 뜻을 전해 오면서 자신의 아들이 이사직을 맡을 수 있는지 여부를 물어왔다. 모금책임자는 뜻밖의 제안에 내심 놀라기는 했지만, 일단 자신은 그럴만한 권한이 없고 사무총장과 이야기를 나눠보겠다고 답변을 했다. 그 후 모금책임자는 이사장에게 직접 이야기해 그녀로 하여금 전화하게 해서 왜 그 제안이 불가능한지 설명하게 하는 것은 어떨까 생각해 보기도 했다. 그렇지만 일단 이사장은 신뢰하기가 어렵고, 갈등을 회피하고자 하는 성향이 강하기 때문에 그녀가 전화하지 않을 것이란 사실을 잘 알고 있다. 결국, 모금책임자는 내심 기부자가 자신의 요청을 곧 잊어버리거나 그의 아들이 다른 일을 찾을 수도 있을 것이라는 기대를 갖고 이사장이 며칠 내에 전화할 것이라는 내용의 문자를 그에게 보낸다.

조건에 대한 문제

이사장이 단체의 활동에 관심을 둔 자기 숙모에게 모금책임자를 소개한다. 숙모는 조카가 권하는 대로, 단체가 시작하려는 모금 프로그램에 선도 기부를 하려고 마음먹고 있다. 게다가 그 정도의 금액을 3년 동안 연이어 기부할 생각마저 하고 있다. 이사장과 모금책임자는 이 말에 아주 날아갈 듯 기뻐했다. 그런데 기부 약정 날이 가까워지면서 숙모가 "그런데 한 가지 질문이 있어요. 직원들이 빠지지 않고 교회에 나가나요?"라고 물어본다. 모금책임자와 이사장은 교회에 나가지만, 사무총장은 무신론자이고 해당 프로그램을 운영할 직원 두 사람은 유대교인이다. 그중 한 명은 종교 생활을 하지만, 한 명은 아니다. 모금책임자는 자신은 교회에 다니며, 지난번 교회에 갔을 때 일어난 재미 있는 일에 대해 이야기를 한다. 기부자인 숙모는 더는 질문을 하지 않는다.

위의 사례에서 문제를 해결하는 쉬운 방법이 하나 있다. 그것은 그냥 내버려두는 것이다. 건물 구입에 대한 논의를 끝내려고 사무총장이 없는 이야기를 꾸며낸들 어떠한가? 어쨌거나 사지 않는 것이 옳은 결정이고 모금책임자인 여러분도 그 의견에 동의하고 있지 않은가? 전화하지 않을 것이라는 사실을 알고 있었지만, 이사장이 전화하리라고 말한들 어떠한가? 직원들의 종교에 대한 질문에 답하지 않는다고 해서 무슨 문제가 있는가? 기부자가 그 문제를 더는 물고 늘어지지 않을 텐데 말이다. 이들 세 가지 어떤 상황에서도 모금책임자로서 연관된 정도는 상대적으로 미미할 뿐만 아니라, 양심적인 판단에 근거해서 행동했다.

그렇지만, "그러면 어때"라고 그대로 넘어갔다가는 조만간 내리막길을 걷게 될 것은 자명한 일이다. 위의 각 사례를 윤리적인 면과 실천적인 면에서 다시 한 번 되짚어 보고 이에 대응할 수 있는 다른 방법이 있는지 생각해보자.

세 가지 도구

모든 모금 상황(그리고 아마도 다른 모든 상황)에서 감추고, 얼버무리고, 거짓말을 해야 한다는 생각으로부터 벗어나는 데 도움이 될 만한 세 가지 도구가 있다. 첫째는 퀘이커 교도들의 금언을 따라 "선한 의도가 있다고 추정"하는 것이다. 다시 말해, 여러분과 갈등상태에 있는 모든 사람이 긍정적인 동기에서 그런 행동을 한다고 생각하는 것이다. 둘째는 적극성 훈련의 원칙에 따라 '나' 진술문을 활용하는 것이다. "나는 …한 기분이다" 혹은 "나는 …(이)가 궁금하다" 등이 있다. 셋째, '직감 검사'를 해보는 것이다. 기분이 안 좋거나 이상하다는 느낌이 드는가? 이 내용이 모두 언론에 공개된다면 어떨까? 그 결과를 얻는 과정에서 내가 한 역할이 자랑스러울 것인가? 이 세 가지 도구를 사용해서 좋은 결말과 더 난감한 결말의 두 방향에서 이 딜레마들을 검토해보자.

좋은 결말

우선, 위에서 예로 든 상황이 어떻게 하면 좋은 결말에 이를 수 있는지 살펴보자.

첫 번째 사례에 대해 '직감 검사'를 해보면 "이건 이상해"라는 답이 나온다. 기부자가 그렇게 말했다고 사무총장이 이야기를 만들어 낸 것이기 때문이다. 모금책임자는 사무총장의 언급에 대해 당사자인 사무총장과 이야기를 해봐야 한다. 무엇보다 이사들 역시 그 기부자를 알고 있을 테고 나중에 그 기부자와 만나서 이 이야기를 꺼낼 기회가 생길 수도 있다. 그러면 사무총장의 거짓말이 들통 날 것이고 이사장은 아주 마음이 상할 것이다. 둘째, 만일 이사장이 개인적으로, 그리고 이사로서 좋은 사람이라면, 모두가 적극적으로 참여하지 않는 시설개량자본금 캠페인은 성공할 수 없다는 사실을 알려줄 수 있지 않겠는가? 하지만, 먼저 선한 의도를 추정하고, 사무총장에게 왜 그런 거짓말이 문제를 해결하는 제일 나은 방법이라고 생각했는지 물어보자. 그런 다음, 사무총장의 설명과 상관없이 '나' 진술문을 사용해 자신의 견해를 명확히 전달할 수 있다. 예를 들어, 사무총장이 이사장의 기분을 상하게 하고 싶지 않았다고 말하고 또 이사장은 그 기부자를 전혀 모르는 경우라면 이렇게 말할 수 있을 것이다. "저라면 먼저 이렇게 중요한 프로젝트는 직원과 이사회 전원이 만장일치로 지원해야만 성공한다는 사실을 이사장님께 말씀드릴 것 같아요. 안 그러면 나중에 또다시 이사장님만 찬성하고 나머지 사람들은 반대하는 상황이 생겼을 때 우리는 또 비슷한 상황에 빠질 거예요."

이 시나리오가 어떻게 전개될 수 있는지 한번 살펴보자. 사무총장이 모금책임자와 함께 이사장을 만나기로 한다. 사무총장은 이사장에게 자기가 이사장의 기분을 상하지 않게 하려고 기부자 이야기를 꾸며냈으며 잘못한 일이었다고 사과한다. 그 자리에서 사무총장은 자신이 건물 구매에 반대한 이유를 이사장이 충분히 이해할 수 있는 사람이라는 것을 알게 된다. 모금책임자는 사무총장의 입장을 두둔하면서 이사장에게 사무총장이 우리 단체에 얼마나 중요한 사람인지를 설명하고, 다른 사람의 열정에 찬물을 끼얹고 싶어 하는 사람이 아니라는 점을 이야기한다. 이해력이 있고 성격이 너그러운 이사장은 그 말을 듣고 "앞으로는 제 기분 때문에 너무 애쓰지 마세요. 제가 보기보다 단단하답니다"라고 가볍게 말한다.

두 번째 사례에서 모금책임자인 여러분은 불가능한 그리고 힘든 상황에 밀어 넣을 수도 있는 내용을 요청받고 있는 중이다. 그렇지만 연민을 갖고 상황을 자세히 보면 기부자는 아들에 대해 걱정을 한 나머지 지푸라기라도 잡고 싶은 심정이라는 것을 짐작할 수 있을 것이다. 기부와 요청이 이뤄진 시점이 다르다는 사실은 기부자의 마음에서 이 두 사건이 서로 연관되지 않았다는 것을 의미한다. 또한 기부자는 이사가 된다는 것이 무엇을 의미하며 어떤 책임을 수반하는지 전혀 경험이 없을 수도 있다. '나' 진술문을 사용하며 이렇게 말할 수 있다. "사실상 이사진에 합류하기 위해서는 일정한 과정이 필요하다. 이사로서 제대로 자격을 갖추려면 21살이 되어야 한다는 사실 외에 누가 이사가 되는지도 나는 정말 언급할 만한 것이 없다. 그렇지만 또 다른 자원봉사 활동을 할 기회는 있다. 저에게 전화 한 번 줘서 이야기 좀 해보자고 아드님께 이야기를 전해 주실 수 있는지요?"라고 말이다. 만일 그 기부자가 아들을 위한 마음에서 단순히 행동에 옮긴 것이라면, 이 문제를 해결하기 위한 일종의 구명 밧줄이 될 수도 있다. 그래서 만일 그 아들이 전화해 오면 다른 모든 사람에게 하듯이 자원활동 기회에 대해 설명해주면 된다.

세 번째 사례는 직원의 종교 활동에 대한 내용으로 '선한 의지의 추정'이 우선적으로 적용해야 하는 경우다. 단체의 직원들이 교회에 나가느냐고 기부자가 물었을 때는 그 질문의 의도가 무엇인지 아직 아무도 모른다. 숙모의 친구들 사이에서는 그런 질문이 아주 일반적이라서 그냥 대화를 이어가고자 꺼낸 말일지도 모른다. 그러니 모금책임자는 이렇게 대답할 수도 있을 것이다. "저는 제일감리교회에 열심히 나갑니다. 새 프로그램을 진행할 직원은 둘 다 유대인이고요. 한 사람은 엠마뉴엘 회당에 나가는데 다른 사람은 잘 모르겠네요. 선생님께서는 교회에 다니시나요?" 그러면 의외의 대답이 나올 수도 있다. "저는 영국성공회 교인이랍니다. 교회나 유대교 회당도 이 프로그램에 관심을 두어야 할 것 같아요. 몇 군데쯤은 기부나 자원봉사활동을 할 수도 있을 텐데요. 프로그램이 정상적인 궤도에 오르면 프로그램 관계자가 저희 여성 모임이나 그들 자신의 종교 모임에 가서 이 문제에 대해 설명을 하시는 건 어때요?"

좀 더 곤란한 결말
물론 세 상황 모두 다른 방식으로 해결될 수도 있다. 곤란한 쪽으로 결말이 나는 경우를 살펴보자.

첫 번째 사례에서 자원개발 책임자가 사무총장의 거짓말에 대한 이야기를 꺼내자 사무총장은 상당히 방어적이 되고 이사장에게 사실대로 말하자는 제안을 거부한다. 사무총장은 자신이 "일이 제대로 되게끔 하려고" 사전에 손을 쓴 것이며, 자원개발 책임자에게 좀 더 현실적이 될 필요가 있다고 말한다. 이제 자원개발 책임자의 딜레마는 좀 더 까다로운 수준으로 옮겨간다. 자기식대로 일을 처리하기 위해서 (필경 여러분에게도 언젠가) 거짓말도 불사할 사람과 함께 일할 것인가? 결정하기가 쉽지 않은 문제다. 자원개발 책임자가 단체를 좋아하거나 직장을 얻기 어려운 시기라면 더욱 그렇다. 하지만, 자기 식대로 일을 끌고 가기 위해 과장이나 거짓말을 거리낌 없이 하는 사람을 묵인하면 시간이 지나 더 큰 문제로 돌아올 수 있다.

두 번째 상황에서 기부자는 "매우 실망스럽다"고 하면서 자신의 기부에 대한 보답이 있어야 함을 강조한다. 이런 경우 모금책임자는 사무총장과 함께 기부자와 접촉해 그의 기부가 사후 요청한 내용에 따라 달라질 수 있는지 최종적으로 확인할 필요가 있다. 흔히 이런 식을 직접적으로 묻게 되면 기부자는 자신의 요청을 거둬들인다. 그렇지만 기부자가 자신의 요청을 계속 주장한다면 기부받은 돈을 돌려줘야만 할 수도 있다.

세 번째 상황에서는 직원 전체가 교회에 나가는 단체에 기부하고 싶다고 기부자가 말하면서 결말이 좀 더 꼬일 수 있다. 그때는 기부자에게 최종 결정을 내리기 전에 전체 직원들을 만나서 이야기를 나눠보도록 권할 수 있다. 그래도 전 직원이 교회에 나가는 기독교인이어야 한다는 원칙을 고수한다면 정중하게 그 기부를 거절해야 할 것이다.

어떤 상황에서도 협상을 지속하고자 한다면, 자신의 주장만 옳다고 고집하지 않으면서도 정직함을 지킬 수 있다. 나 역시 모금과 관련해서 여러 차례 심각한 도덕적인 고민에 빠진 적이 있다. 그럴 때마다 내가 진실이라고 여기는 것을 말하되 그것만이 유일하고 완벽한 진실이라고 주장하거나 우기지 않았다(그래서 나는 내가 틀릴 수도 있다는 사실을 기꺼이 받아들이고자 했다). 그렇게 했을 때가 나 자신이 가장 기분 좋았고 또 좋은 결과를 얻을 수 있었다. 선택의 여지를 주고 대화를 이어가면 보통은 화기애애한 상태에서 문제를 해결할 수 있었다.

앞서 본 것처럼, 철저하게 윤리적으로 경영하고자 하는 의지와 능력을 확보하는 데 도움이 되는 한 가지 방법은 **자원의 출처를 다변화하는 것이다.** 자금원이 다양하면 어느 한 사람에게 지나치게 의존하지 않기 때문에 돈을 위해 가치를 **희생하고자 하는 유혹을 떨칠 수 있다.**

물론 문제 해결이 불가능할 때도 있다. 결국, 문제는 정직함에 귀착되고 그것을 얼마나 오랫동안 유지할 수 있는지가 관건이 될 것이다. 아무리 많은 돈이라도 정직과 맞바꿀 수는 없다. 누군가의 기부를 거절해야 한다면, 정직에 가치를 두는 누군가가 존재하며 그런 존재에 의한 기부 또한 우리 주변에 늘 함께한다는 사실에 대해 확신과 자신감을 가져야만 한다.

제 IX 부
특수 환경에서 모금하기

❧❦

사람들이 "선생님은 OOO를 위해서 돈을 모은다는 게 어떤 건지 전혀 모르실 거예요"라고 말하고 나서 자신이 처한 지역의 특성이나 이슈, 자신이 만난 사람들에 대해 탄식하는 이야기를 들을 때마다 1달러씩을 받았다면, 지금쯤 아마 그 돈으로 내가 도와주고 싶은 모든 단체를 충분히 도와줄 수 있을 것이다. 물론 내가 그것을 잘 모른다는 건 맞는 말이다. 하지만, 물어보고 배울 수는 있다. 그래서 단체가 강사료를 지급하고 나를 초대해서 이야기를 듣는 것이다. 사람들이 내가 모를 거라고 말할 때는 그 일이 "얼마나 어려운지"를 내가 모른다는 뜻이다. "돈을 모으는 게 얼마나 쉬운지 모르실 거예요"라고 하는 사람은 단 한 명도 없다. 비영리단체의 사람들은 흔히 다른 단체라면 돈을 모으기가 더 쉬울 것으로 생각한다. 예술기관의 사람들은 사회서비스 제공기관에서 모금하기가 훨씬 수월할 것으로 생각하고, 권리옹호단체 사람들은 무료법률서비스 단체가, 환경단체 사람들은 노동자단체가 모금하기 쉬울 것으로 생각한다. '남의 떡이 더 커 보인다'라는 말처럼 사람들 대부분은 다른 영역에서 모금이 더 쉬울 것으로 생각하지만, 때로는 어떤 특수한 상황 탓에 특정 단체나 특정 기간에 모금이 더욱 어려워지기도 한다. 따라서 **모금 상황에 대한 정확한 분석이야말로 장기 모금 계획을 수립하는 데 필수적**이라 하겠다.

단체가 갖는 모든 문제점은 단체의 수입 내용에서 가장 먼저 나타나는 경향이 있다. 그런데 사람들은 이것이 모금의 문제라고 생각한다. 그러나 모금은 때로 다른 문제가 있음을 보여주는 통로라는 점을 인식하고, 모금을 시작하기 전에 시간을 할애해서 이 문제를 해결하는 것이 중요하다. 이 주제는 아주 광범위하기 때문에 나는 『지속가능한 활동을 위한 모금』(Fundraising for the Long Haul)이라는 책에서 별도로 이 문제를 다루었다. 모금이 아닌 다른 문제가 있다고 생각하는 단체에는 이 책을 권하고 싶다. 다음은 단체가 흔히 모금 문제라고 잘못 알고 있는 상황 몇 가지를 정리한 것이다.

- 이사회가 단체의 모금활동을 방해하고 있다고 생각하는 단체는, 실제로 사무총장이나 상임이사가 신임이나 존경을 받지 못하기 때문일 수 있다.

- 단체가 추구하는 프로그램에 동의하는 사람이 거의 없어서 모금하기가 어렵다고 생각하는 단체는, 실제로 왜 자신들의 단체를 지원해야 하는지를 사람들에게 잘 설명하지 못했거나 사업을 제대로 알리지 않았기 때문일 수 있다.

- 단체가 사명에서 벗어나 있다. 즉 단체가 진행하는 프로그램과 사람들이 해당 단체의 일로 생각하는 것 사이에 괴리가 있다.

- 단체 설립자의 역량을 넘어설 정도로 단체의 규모가 커졌다. 하지만, 일선에서 물러나기보다는 계속 대표 자리에 눌러앉아 무의식적으로 자신이 관리할 수 있는 수준으로 단체를 줄이려고 한다.

단체의 근시안적인 태도와는 별도로, 외부적인 요인도 생각보다 모금에 큰 영향을 끼친다. 다음과 같은 이유로 단체의 모금활동이 축소될 수 있다.

- 지역 경제가 침체하여 사람들 수중에 기부할 돈이 없다.

- 어느 유명 비영리단체에서 발생한 비리사건 때문에 비영리단체 전반에 대

80C3

한 신뢰도가 떨어져 일시적으로 단체의 수입이 감소한다. 금세기 초에 발생했던 것과 같은 일련의 비리사건이 터지면 전반적으로 대중의 신뢰도가 하락하여 모금에 악영향을 줄 수 있다.

- 기부를 요청하는 비영리단체가 너무 많아서 기부자가 피곤함을 느낀다.
- 자연재해가 발생하면 대중의 관심과 돈이 거기에 집중되어 서비스제공기관의 일상 모금에 영향을 끼친다. 최근 몇 년간 여러 차례의 자연재해를 겪으면서(게다가 빈곤과 인종차별로 상황이 더 악화하여) 단체들은 주요 위기를 극복하기 위해 매진하는 한편, 자기 자신을 위해서도 지속적으로 모금을 해야만 하는 상황에 처하게 되었다.
- 전쟁은 흔히 생각하는 것보다 더 큰 폐해를 낳는다. 금전적으로 보면 다른 곳에 쓰여야 할 자금을 탕진하는 것이고, 사상자 수가 너무 많아 소규모 단체가 감당할 수 없는 수준에 이르기 때문에 막대한 심리적인 피해를 유발한다.
- 이슈도 유행을 탄다. 하지만, 어떤 이슈에 대한 대중의 관심이 사라지더라도 그 문제는 여전히 남아 있을 것이다.

나는 단체가 처할 수 있는 가장 일반적인 네 가지 특수 상황을 선정했다. 그것은 일시적일 수도 있고(신규), 영구적일 수도 있다(농촌). 이 책 전체가 전부 특수한 상황과 관련이 있고 그들 각각에 대해 일정 부분 기여하는 바가 있겠지만, 이 네 가지 상황만 잘 알아도 단체가 처한 특수 상황을 역으로 이용해서, 그러한 역경을 극복할 수 있는 적절한 모금 계획을 수립할 수 있을 것이다.

제41장

농촌 지역에서의 모금

모금에 대한 오랜 믿음 중 하나는 농촌지역 모금이 도시나 교외 지역 모금보다 훨씬 어렵고 또 원하는 만큼 모금하기가 쉽지 않다는 것이다. 이 설은 나름대로 논리가 있다. 즉 농촌에는 주민 수가 적어 그만큼 기부를 요청할 사람의 수도 적다. 물론 기부할 비영리단체의 수가 적긴 하지만, 제공해야 할 기본 서비스는 마찬가지이며, 병원이나 학교, 도서관 등과 같은 서비스를 제공하기 위해 세율이 높을 수도 있다. 더구나 National Rural Funders Collaborative의 연구에 의하면 농촌 지역의 비영리단체는 수요 대비, 심지어 인구수에 대비해서도 재단 지원을 받지 못한다는 점이다. 이는 곧 농촌 지역의 모금이 훨씬 어렵다는 사실을 반증하는 것이기도 하다. 그렇지만 어렵다는 것이 불가능하다는 것은 아니다. 나는 농촌에서도 모금할 수 있으며 때로는 더 큰돈을 모을 수도 있다는 사실을 확인해 왔다.

농촌 지역에 대한 많은 정의

우선, 매우 다양한 농촌 지역이 존재한다는 사실에 관심을 두는 것이 중요하다. 즉 안정적인 모금 프로그램을 만드는 데 각각의 농촌 사회가 갖는 자산과 도전의 수준을 면밀하게 검토해야만 한다. 예를 들면, 동질한 토대에서 동질한 삶을 살고 있다는 농촌 사회에 낭만적 이미지는 대개는 단순한 신화에 불과하다. 농촌 지역사회에 사는 대다수 사람이 농업이나 목축업에 종사하지는 않는다. 예를 들어, 일부 농촌 지역은 은퇴 후 삶을 사는 곳이어서 대다수 사람이 그곳 출신이 아니다. 따라서 애향심 같은 것이 덜할 수밖에 없다. 해당 지역에 대한 자선적 기부가 시간이 흐름에 따라 증가하겠지만, 그들 기부의 대부분은 그들이 떠나 온 지역과 그곳에서 활동하는 단체에 계속해서 이뤄질 가능성이 크다.

주요 도시에서 몇 시간 정도 떨어진 농촌 지역은 출퇴근을 위한 사람들의 베드타운인 경우가 많다. 더구나 더 많은 사람이 재택근무자일 가능성이 있으며 필요할 때만 도시에 나가기도 한다. 그들이 지역에 갖는 애착은 그곳에서 가족과 함께 살면서 부양을 하는지 여부 그리고 얼마나 강하게 해당 지역에 흡수되고 연계되는지에 따라 다를 것이다. 귀농하는 소농, 포도주 양조장의 상인, 여관 주인, 연수센터 직원, 와이너리의 포도주 생산 및 판매업자에서부터 마리화나를 키우는 사람에 이르기까지 다양한 유형의 사람들이 농촌 지역 발전에 이바지하면서 살아간다. 이들의 재무 상태와 가치는 매우 다양할 수밖에 없을 것이고 따라서 이곳에 존재하는 비영리단체가 해야 할 일은 이들로 하여금 지역사회에 대한 애정을 심화시키면서 더 나은 곳으로 만들어 갈 수 있도록 하는 일일 것이다.

광산업에서부터 임업에 이르기까지 삶을 영위해 가는 다양한 방식이 존재하고 이에 기반을 둔 수많은 형태의 농촌 지역사회가 존재한다. 이민자는 흔히 그들만으로 이뤄진 대규모 지역사회를 형성하고 다른 사람의 농장이나 목장에서 일하기도 하고, 어떤 농촌 마을은 대학이나 교도소를 중심으로 형성되기도 한다. 또한, 농촌 지역의 인구는 계절에 따라 많은 변화를 보이기도 하는데 여행자나 일시적 방문자 탓에 년 중 특정 기간 한시적으로 증가하기도 한다. 이들은 주로 리조트 고객이거나 농촌에 별장을 가진 경우가 많다. 또한, 인기 있는 여행지 대다수는 주말에 객지 사람들로 들끓게 되며, 이들 여행자는 지역사회를 지탱하는 주요 경제적 자원이 되기도 한다. 한편 지역사회 주민은 흔히 이들에게 서비스 제공자로서 역할을 자연스럽게 떠맡게 됨과 동시에 비영어권 이민자 혹은 멕시코, 라틴아메리카, 러시아, 범아시아 지역으로부터 온 난민이 점차 해당 농촌 지역의 다수를 점해 가는 현상이 나타나기도 한다. 따라서 이와 같은 다양성, 즉 인구 구성과 조건이 다양해지면서 농촌 지역 모금활동이 점점 더 복잡할 수밖에 없는 이유가 된다.

그럼에도 불구하고 어떤 성격의 농촌 지역이건 간에 모금활동을 시작하려면 꼭 염두에 둬야 하는 것이 있다. 그것들 각각에 대해 살펴보기로 하자.

모든 것에 시간이 더 오래 걸린다

농촌 지역에서 시간이 더 오래 걸리는 이유는 두 가지다. 먼저, 이웃이나 마을 간의 거리가 멀어서 한 곳에서 다른 곳으로 이동하는 데 시간이 많이 든다. 둘째, 측정하기는 어렵지만 도시 사람보다 시골 사람이 손님을 더 환대하는 경향이 있기 때문이다. 예를 들어, 고액 기부자를 만나기 위해 약속을 정한 다음 3시간 정도를 운전해서 그(녀)의 농장에 도착한다. 일단 집에 들어서면 도시에서처럼 간단히 인사말을 건네고 기부를 요청한 뒤 45분 만에 자리를 털고 나올 수가 없다. 시골 사람들은 멀리까지 온 손님을 대접하느라 목장을 구경시켜 주거나, 점심이나 저녁을 같이하자고 제안할 것이고, 때로는 하룻밤 묵고 나와야 할 수도 있다. 이러한 호의는 정말 감사한 일이지만 들어가는 시간이 많다. 하지만, 기부자와의 관계를 위해서는 감수해야 할 일이다.

목장이나 농사일의 사정상 기부자가 시간을 내기가 어렵다

때로는 기부자와 대면하는 것조차 어려울 수 있는데, 기부자가 경작이나 수확, 목축 등으로 거의 종일 밖에서 일하기 때문이다. 바깥일을 안 하는 날은 날씨가 안 좋아서 그곳까지 운전하기가 어렵다. 그래서 자원활동가가 모임이 나오지 못하거나, 기부자가 특별행사에 참석하지 못하거나, 잠재 기부자를 만나지 못하는 경우가 종종 있다.

모금활동에 더 큰 비용이 든다

도시 사람들이 생각하듯이 농촌에서는 물건이 더 싸거나 공짜로 얻을 수 있다는 것은 잘못된 생각이다. 물자 대부분이나 장비를 외부에서 들여와야 하기 때문에 화물운송비가 추가되고, 사업체 간 경쟁도 부족해서 값이 더 올라갈 수 있다. 컴퓨터 수리나 회계 업무를 도와줄 전문가도 별로 없고 서비스료도 더 비싸다. 도시보다는 사무실 임대료가 저렴할 수 있지만, 임대할 사무실이 없을 수도 있다. 두 장소 간 거리가 멀어 이동 경비가 많이 들고 대중교통도 열악하다.

휴대폰과 인터넷이 고르게 분포하지 않거나 존재하지 않는다

휴대폰과 인터넷, 특히 이메일은 농촌 사회를 변화시켜 왔다. 더욱 빠르게, 더욱 신뢰도 높은 의사소통을 가능하게 했다. 그렇지만 어떤 지역에서 휴대전화 신호는 끊기거나 아예 닿지 않는 곳도 있다. 와이파이 신호 또한 불안정할 수도 있다. Pew Research에 따르면 미국 성인 84%가 인터넷을 사용하며, 농촌 지역 성인은 78%만이 이를 사용한다고 한다. 인터넷 사용률이 높은 지역조차도 폭풍우와 쓰러진 나뭇가지로 인해 단전이 된다면 21세기의 문명의 이기는 존재하지 않을지도 모른다.

관계가 복잡하다

시골 사람들은 오랫동안 서로 알고 지냈으며 때로는 몇 세대에 걸쳐 집안끼리 호형호제하는 예도 많다. 그래서 하나 이상의 단체에 관여하는 사람들이 종종 있다. 일례로, 어느 단체의 모금담당자가 자신이 가장 신망하는 두 명의 자원활동가에게 지역의 소기업에 행사 후원 요청하는 일을 부탁했다. 그런데 두 사람 모두 광고 요청을 꺼린다는 사실을 알게 되었다. 나중에 알고 보니, 그들은 연초에 이미 다른 단체를 위해 후원을 부탁한 적이 있었다.

시골에서는 어려울 때나 긴급한 상황이 발생했을 때 서로 상부상조하는 관행이 있다. 그래서 적극적으로 모금을 하거나 기부를 요청하는 것처럼 상대방에게 폐가 될 만한 일을 꺼리는 경향이 있다. 다시 말해, 한겨울에 응급 상황이 발생하거나 차가 고장 났을 때 이웃에게 아쉬운 소리를 해야 할 수도 있기 때문에 너무 부담 주는 일은 피하려고 한다.

문화적 경제적 힘이 농촌 지역을 바꾼다

최근 들어 시골도 계속 변화하고 있다. 따라서 그러한 곳에서 활동하는 비영리단체는 거기에 빠르게 적응해야 한다. 월마트와 같은 대형 할인점이 들어서거나 싼값으로 손님을 끌어가는 온라인 쇼핑몰 때문에 지역의 영세 사업자들이 문을 닫고 있다. 또 외곽에 들어선 쇼핑몰 때문에 마을 내 실업률이 높아지고 젊은이들도 일을 찾기 위해 떠나게 되어 점점 마을의 모든 상업활동이 쇠락의 길에 접어들기도 한다. 거대한 농업기업 탓에 영세한 가족농은 몰락하게 되고 교외지역은 농경지로 바뀌어 왔다. 모금과 관련해서 보자면, 이런 변화는 이들 지역에 사는 사람들끼리 잘 알지 못하며 서로 소외되어 있다는 사실을 뜻한다. 여러분의 단체에 기부는 고사하고 누가 기부자인지를 확인하는 것 자체가 도전일 수도 있다.

농촌 지역에서 원하는 금액만큼 모금할 수 있다

농촌 지역 모금의 첫 단계는 해당 지역의 특성을 생각해보는 것이다. 이 지역의 상주인구는 얼마나 되는가? 그들의 주요 생계수단은 무엇인지? 경쟁해야 하는 다른 비영리단체가 있는가? 비상주인구가 있다면 누구인가? 주말 이용객, 관광객, 학생, 농장 근로자인가? 그들의 기부 가능성은 어떠하며, 어떻게 하면 기부를 받아낼 수 있을 것인가?

위와 거의 동시에 일어나는 두 번째 단계는 목표 수립이다. 얼마를 모금할 것인가? 사람들은 내게 "여기서는 도시에서처럼 수백만 달러씩은 모금하지 못해요"라고 말한다. 수백만 달러가 필요하지 않다면 그걸 못 모은다고 한들 무슨 문제인가. 단체에 필요한 것만 보면 된다. 시골에 있는 단체들도 상당한 돈을 모을 수 있다. 어느 지역에나 고액 기부의 필요성을 이해하고 그 돈을 낼 여력이 있는 재력가가 있다.

예를 들어보자. 멕시코와 미국의 텍사스주 및 뉴멕시코주 사이의 국경 근처에는 '꼴로니아스'라고 불리는 지역들이 많이 있다. 이곳에서는 수돗물이나 전기가 끊기는 상황이 종종 발생한다. 학교와 도로, 지역 정부와 같은 시설이 아주 열악하거나 아예 없는 곳도 있다. 이 지역에 사는 사람들은 공장이나 인근 농장에서 일하며, 대부분이 지역 토박이다. 저소득층 지역에서 비영리단체를 위한 모금활동이 쉽지는 않지만 몇몇 단체들은 아주 훌륭하게 수행해냈다. 이들 단체는 배식대를 설치하고 주민에게서 소액의 돈을 받았으며, 지역에 애정을 갖고 있고 더 많은 금액을 기부할 수 있는 사람들이 누구인지 조사했다. 십대 청소년을 위한 단체의 한 직원은 100달러 정도를 기부할 수 있을 것으로 생각하는 농부를 찾아 그에게 100달러 기부를 요청했다. 농부는 질문을 약간 오해하고는 "물론이죠. 매달 드리리다"라고 흔쾌히 답했다. 그러고는 상당한 금액을 기부할 수 있을 만한 사람들을 함께 찾아주었다. 그는 또 모금과 조직화의 관계를 설명하면서, 도로와 상하수도, 공립학교 문제와 관련하여 주민들을 모아 지역 정부에 청원을 넣기도 했다. 그는 지역주민에게 자신들이 낸 세금만큼 서비스를 받을 권리가 있다는 점도 가르쳤다.

둘째, 지역의 규모가 작더라도 장기간에 걸쳐 다양한 대형 프로젝트를 위해 상당한 금액을 모금할 수 있다. 일례로, 북캘리포니아주에 전체 주민 수가 2,000명 정도인 마을이 있다. 이곳에서는 '도서관 친구들'이라는 비영리단체가 소형 주택을 고쳐 새로 도서관을 만들고 기존의 낡은 도서관을 여기로 옮겨 오기 위해 3만 5,000달러를 모금하기로 결의했다. 하지만, 지역 내의 모든 비영리 관계자들은 입을 모아 이 계획에 반대했다. 금액이 너무 커서 잘못하면 지역사회를 마비시키고, 다른 고액 모금 캠페인에도 악영향을 미칠 것이라는 의견이었다. 하지만, '도서관 친구들'은 도서관의 활용도가 매우 높을 것으로 믿고 많은 사람의 성원에 힘입어 계획대로 밀고 나갔다. 그리고 모금을 시작한 지 8개월 만에 목표를 달성했다. 그리고 곧 이어서 지역의 커뮤니티센터가 새로운 주민 공간을 건립하기 위해 75만 달러를 모금하기로 했다. 이 단체 역시 3년간의 캠페인을 통해 목표를 달성했다. 그러자 더는 모금할 자원이 없다는 사실에 다들 동의했다. 그러나 다시 2년이 지난 후, 지역 보건소에서 설비를 현대화하고 시설을 확장하기 위해서는 시설개량자본금 캠페인을 할 수밖에 없다고 결론을 내렸다. 그리고 이 모금도 성공적으로 끝났다.

각각의 모금활동은 몇 년에 걸쳐 이루어졌고, 특별행사, 고액 기부 요청, 우편 발송, 정부와 재단 지원금 신청 등 다양한 전략을 사용해 모금이 이루어졌다. 참가자들의 자발적인 헌신과 노고가 있었던 것은 두말할 필요가 없다.

물론 이 지역에는 일부 부유한 은퇴자들이 있었고, 이들 중 다수가 상당한 금액을 기부한 것이 사실이다. 그러나 지역사회 전체가 동참했고, 심지어 관광객으로부터 모금한 돈도 있었다. 관광자원이 없는 가난한 지역에서는 정부 보조금이나 재단 지원금에 더 의존해야 할 것이다. 그러나 그런 지역에도 몇 사람은 상당한 금액을 기부할 수 있을 것이고, 나머지 사람들도 소액이지만 다수가 참가하면 큰돈을 모을 수 있을 것이다. 그러니 언제나 가능성을 열어 둘 필요가 있다.

여기서 우리가 배울 수 있는 교훈은 시골이든 어디든 간에 모금활동이 아주 무의미한 일은 아니라는 점이다. 모금할 수 있는 돈은 언제나 존재하고 대규모 캠페인을 몇 번 했다고 해서 완전히 사라지지 않는 법이다. 농촌 지역에서 활동하는 단체는 캠페인 시기를 조절해야 할 것이다. 예를 들어, 두 개 단체가 같은 시기에 시설개량 캠페인을 시행한다면 몇 년에 걸쳐 차례로 하는 것보다 성공 가능성이 줄어들 것이다. 지역사회의 수요와 욕구를 정확하게 조사해야 하며, 또 지역 전체가 캠페인에 적극적으로 동참해야 성공적인 결과를 낳을 수 있다. 돈은 풀처럼 다시 자라나고 더 많은 돈을 만들어 낸다.

잠재 기부자

단체는 크게 세 그룹에서 모금을 할 수 있다. 바로, 지역주민, 파트타임 근무자나 관광객, 인근 도시나 지역에 거주하는 사람들이다. 그럼, 마지막 집단부터 살펴보자.

만 명 이상의 인구가 거주하는 교외지역에 단체가 자리하고 있다면, 그리고 유사한 프로그램을 시행하는 경쟁 단체가 없다면, 비교적 부유한 사람들이 거주하는 이 지역을 중심으로 모금활동을 집중해라. 지역사회 현재 기부자에게 단체를 위해 소규모 파티를 열어달라고 요청하거나 혹은 단체의 대의에 공감하는 교회, 유대교 회당, 서비스클럽 같은 곳을 접촉을 통해 지역사회의 구성원과 함께 후원그룹을 만들어라. 여러분의 단체에 대한 정보를 소셜미디어에 공유하도록 사람들에게 요청하고, 라디오 인터뷰를 할 수 있는 방법을 모색하

라. 여러분의 단체가 위치한 지역의 사람들이 아니더라도 흥미롭게 웹사이트를 구성하고 지속적으로 업데이트하라. 여러분 리스트에 있는 사람들뿐만 아니라, 그들의 친구와 가족도 함께 캠페인을 공유할 수 있도록 특별 프로젝트를 위해 크라우드펀딩 방법도 고려하라. 인근 도시에 친구들을 둔 지역주민이 있다면, 이들을 활용해서 단체의 활동을 알리고 잠재 고액 기부자를 개발하도록 하라. 도시 사람들에게 흥미를 유발시킬 수 있는 특별행사 기획을 고려하라. 종종 이런 유형의 행사는 지역 비영리단체와 함께한다면 성공적으로 치러낼 수도 있다. 또한 지역 구성원이 아닌 사람으로부터도 예술 축제, 음식 축제, 자전거타기 등과 같은 행사를 통해 많은 자원, 즉 모금을 해낼 수 있다.

그다음에는 우리 지역에 오는 관광객과 방문객들부터 모금할 방법을 찾아본다. 어떤 지역에서는 관광객을 위한 행사를 별도로 개최하기도 한다. 요즘은 여러 지역에서 박람회나 축제를 연다. 캘리포니아주의 길로이에서 열리는 마늘축제, 캘리포니아 남부의 램프축제, 테네시주 존스보로의 만담가 대회 등이 대표적이다. 이러한 행사를 열면 관광객들의 돈이 유입될 것이다.

단체가 있는 지역이 (국립공원이나 해변처럼) 자연경관이 수려하거나 휴양지로 각광받는 곳이라면 관광객들이 좋아할 만한 상품을 개발해볼 수도 있다. 지역 수공예품이나 집에서 직접 만든 젤리와 잼은 언제나 인기품목이고, 사진첩과 달력, 지역 안내 책자, 원주민들의 민화나 민간요법 모음집 등도 지역단체에 지속적인 수입원이 될 수 있다. 또한 일부 지역은 역사박물관 선물가게에 지역 비영리단체의 특징을 반영한 상품을 판매할 수도 있을 것이고, 지역의 빵가게나 식품점에서는 달력, 나무조각품, 수예품과 같은 것을 판매해 비영리단체에 도움을 줄 수도 있을 것이다. 상상력과 협력만이 이런 것들의 성공을 약속할 수 있다.

통행량이 많은 도로나 고속도로 근처에 있다면 휴게소를 마련해 트럭운전사와 여행으로 지친 운전자들에게 커피나 도넛, 과일 등을 판매하는 것도 한 방법이다. 이런 휴게소는 추운 겨울, 특히 야간에 더욱 붐빈다. 또 졸음운전을 방지하기 때문에 일종의 공익서비스를 제공하는 것이기도 하다.

지역사회 차원에서는 고액 기부를 할 수 있는 사람들을 찾아보자. 어느 지역이든 선뜻 기부하는 사람들이 있는 법이다. 이들 중 일부는 요청을 받았을 때 고액을 기부할 가능성이 크다. 가능하면 언제든지 기존 기부자들에게 잠재 기부자를 소개받도록 한다. 사람들은 보통 자신과 가치를 공유하고 경제적 상황이 비슷한 사람들과도 친분을 맺고 산다. 그래서 단체에 500달러를 기부하는 사람들은 같은 액수를 기부할 수 있는 사람 2~3명과 1,000달러 정도를 기부할 수 있는 사람 1~2명을 알고 있을 것이다. 그렇게 계속하다 보면 2,500달러 정도를 기부할 만한 사람도 소개받을 것이다.

전체 지역사회를 대상으로 모금할 수도 있다. 몹시 가난한 오지에서도 교회나 자원활동가로 구성된 소방서, 인명구조대, 자원봉사클럽들은 지역주민의 지원을 받는다. 바이블 벨트(기독교인들이 몰려 있는 지역)에 있는 가장 작고 가난한 마을에도 최소한 2개의 교회가 있다. 유급 담임목사는 없지만, 교인이 중심이 되어 교회를 유지하는 것이다.

특별행사를 통해서도 지역에서 모금할 수 있다. 직접적으로 기부를 요청하는 일을 꺼리는 시골 사람들의 성향을 고려해서 기부에 대해 특정한 혜택을 제공하는 것이다. 복권, 경매, 빵 판매와 같은 행사도 좋은 생각이다. 혼잡한 교차로에서 양동이를 들고 서서 운전자들에게 거스름돈을 기부하라고 요청하는 단체도 많다. 쇼핑객이 많은 날에는 서너 시간 만에 몇 백 달러를 모금할 수도 있다. 벼룩시장 역시 아주 인기가 많다. 주민들의 입장에서는 현금보다 물품을 기부하는 것이 더 쉬울 수 있고, 또 다른 사람들이 내놓은 물건을 사는 것도 좋아한다. 알래스카의 시트카라는 섬에는 '화이트 엘리펀트'라 불리는 자원봉사단체가 운영하는 중고품 할인매장이 있다. 이 매장에서 지역주민과 여름철 관광객을 통해 벌어들이는 돈이 한 해 평균 10만 달러에 이른다. 이 수익금은 지역에서 활동하는 여러 비영리단체에 분배된다. 또한 행사복, 정장 등은 완전히 폐기되기 전까지 두세 번에 걸쳐 재활용되어 판매되기도 한다. 노스캐롤라이나의 Outer Bank Hotline Crisis Intervention and Prevention Center와 같은 단체는 Endless Possibilities라 불리는 가게를 개발해 왔는데 이 단체는 이를 통해 가정폭력 예방프로그램의 운영비를 지원한다.

모금을 위한 전략

앞서 설명한 농촌 지역의 모금 현실을 염두에 두고, 농촌 지역에서 활용할 수 있는 가장 일반적인 모금 전략을 살펴보자. 이러한 전략을 실행할 때 도시와의 공통점과 차이점에 대해서도 설명할 것이다.

특별행사

도시에서는 사람 대부분이 대규모 골프 토너먼트나 시상식을 겸한 오찬 행사, 정장 디너파티 등에 익숙하고, 이러한 행사를 통해 10만 달러 심지어 100만 달러까지도 모금한다. 이러한 행사를 치르려면 수천 달러의 비용과 수십 명의 인력이 필요하고, 준비 기간도 수개월이나 걸린다. 따라서 농촌 지역에서는 일반적으로 이러한 유형의 행사를 개최하기가 어렵다. 하지만, 작은 마을이나 농촌 지역에서는 특별행사가 주요한 사교 장소로 활용되기도 한다.

따라서 지역단체는 소수 자원활동가로 3~4개월 정도 준비해서 1,000달러나 5,000달러 또는 그 이상을 모을 수 있다. 사람들이 오고 싶어서 기꺼이 인근 마을까지 이동하게끔 하는 행사로 시작해보자.

예를 들어, 댄스파티를 보자. 댄스파티는 보통 주민센터나 학교 체육관에서 개최하며 무료나 최소 비용으로 장소를 빌릴 수 있다. 음식은 단체 회원들이 준비하면 되지만 재미를 더하기 위해 경쟁을 붙일 수도 있다. 음식 경연대회를 열어 지역의 요리사들이 저렴한 참가비를 내고 메인 코스와 샐러드, 디저트 등 다양한 종목에서 경합하도록 한다. 요리사들에게는 100명 정도가 맛볼 수 있는 음식을 준비하도록 요청한다. 행사 참가자들은 각 요리사의 음식을 시식한 후 가장 맛있는 음식을 투표로 정한다. 그런 다음, 참가자들은 일정 금액을 내고 자기가 좋아하는 음식을 즐기는 것이다. 사람들 대부분이 샘플 음식으로 배를 채울 것이기 때문에 음식이 부족하지는 않을 것이다. 음료바에서는 스무디와 청량음료, 주스 등을 팔아서 추가 수익을 얻는다(운전해야 하는 사람에게 술을 팔지 않도록 주의한다. 또 행사를 공공건물에서 한다면 주류 판매 허가를 받고 보험에도 가입해야 한다). 지역에서 자신을 알리고 싶어 하는 밴드가 있다면 무료 또는 저렴한 비용을 주고 초청해서 댄스음악을 연주하도록 한다. 이것이 여의치 않을 때는 단체 회원과 친분이 있는 DJ에게 연락해서 음악을 맡아달라고 할 수도 있다.

행사 마케팅과 홍보는 입소문으로 해결할 수 있으며, 지역방송국을 통해 안내 방송을 하거나 우체국, 슈퍼마켓 등에 안내문을 붙여놓을 수도 있다. 이사들은 1장당 10~25달러 하는 티켓을 10장씩 구매한다. 단체의 행사가 토요일 저녁에 지역에서 개최되는 유일한 행사라면, 100명 정도는 쉽게 모을 것이다. 1인당 티켓 가격이 10~25달러, 사람들 대부분이 행사장에서 구매하게 될 음식이나 음료가 평균 10~15달러, 음식 경연 참가비 5달러 등을 더하면 총 2,500달러에서 4,000달러 정도는 쉽게 모을 수 있다. 티셔츠 같은 물품을 판매할 수 있다면, 약간의 노력으로 수입을 추가할 수 있다.

행사 비용으로는 식음료비, 음식경연대회 우승자에게 줄 상장 및 리본 제작비, 행사 후 자원활동가들과 참가자들에게 보낼 감사편지 작성비 등이 들어갈 것이다. 물론, 음료 중 일부는 기부받을 수 있고, 단체 회원이 집에 있는 컴퓨터로 상장을 출력해서 만들 수도 있다. 비용은 1,000달러 정도 들어가더라도 "모든 참가자에게 즐거운 시간을 제공하면서" 단체는 2,000달러에서 4,000달러 정도의 순수익을 얻게 된다. 이렇게 몇 해가 지나면 더 많은 사람이 음식경연대회에 참가하고자 할 것이다.

또 다른 비영리단체는 학생을 포함해 총인구수가 8,000명 정도인 대학 타운에 자리를 잡고 있다. 이 단체는 위에서 설명한 방식에 따라 17만 5,000달러의 예산으로 '초콜릿 애호가들을 위한 축제'를 열었는데, 8년째가 되자 단체 예산의 절반이 넘는 6만 달러의 순수익을 낼 정도였다. 나중에는 브라우니나 핫초콜릿을 먹고 싶어 하는 사람들뿐 아니라 인근 도시의 최고 요리사들까지도 끌어들이게 되었다.

위의 댄스파티는 특별행사가 얼마나 다양하게 변화할 수 있는지를 보여주는 한 예일 뿐이다. 행사의 각 부분은 별개의 요소로 간주해서 자원활동가의 수나 준비할 수 있는 시간에 따라 각 요소를 추가하거나 뺄 수 있다. 댄스파티에 입찰 방식의 경매를 추가하거나, 댄스파티를 경매로 대체할 수도 있다. 해변에서의 바비큐 행사로 만찬을 대체할 수도 있고, 댄스 대신 게임을 할 수도 있다. 이런 행사는 어린 자녀를 둔 가족에 적합할 것이다. 어떤 주제에 대해 강연을 하고 차와 디저트 시간을 갖는 행사는 학구적이거나 나이가 많은 사람들에게 매력적이다.

이러한 행사의 성공 비결은 가능한 많은 행사를 무료 또는 저렴한 가격으로 제공하는 데 있다. 참석자들이 시선을 두는 곳마다 돈을 내야 한다는 생각을 하지 않도록 하면서 행사마다 일정액을 부담토록 유도하는 것이다. 효과적인 광고를 통해 최소의 비용으로 가능한 많은 사람을 행사에 끌어들여야 한다. 입소문은 최소 비용으로 최고의 효과를 올리는 광고방법 중 하나다. 따라서 단체의 이사진은 가는 곳마다 행사에 대해 이야기를 해야 한다. 폭탄 이메일을 보내서는 안 되지만, 페이스북이나 웹사이트, 주간지 기사로 게재하는 것 또한 중요하다.

직접 대면 요청

직접 만나서 기부를 요청하는 방식은 단체의 규모나 지역에 관계없이 모든 단체에 가장 효과적인 전략이다. 단체가 해당 지역 외에는 그다지 알려지지 않았고 이사회에도 유명 인사가 없지만 이사와 자원활동가들이 성실하고 신뢰할 수 있다고 하자. 기부자들은 선뜻 1,000달러 이상을 내놓을 것이다. 왜냐하면, 이사로 활동하는 그들의 친구가 이 단체는 믿을 만한 곳이라고 강력히 추천했기 때문이다.

직접 대면 요청은 가장 쉬우면서도 가장 어려운 전략이다. 가장 쉬운 이유는 가까이 있어서 찾기 쉽고 말을 꺼내기도 쉬운 친구들에게 그냥 기부 이야기만 하면 되기 때문이다. 자원활동가의 시간과 친구를 만났을 때 드는 커피나 점심값을 제외하고는 실제 들어가는 비용도 없고, 만나는 장소도 자원활동가나 친구가 편한 곳으로 할 수 있다. 가장 어려운 이유는 돈을 요청해야 하고 거절당할 위험이 있고 친구의 기분을 상하게 할 수도 있기 때문이다. 친구는 자주 만나게 될 테니 그 친구와의 관계에 해가 되는 일은 하고 싶지 않을 것이다. 특히 시골은 도시와 문화가 달라서 더욱 조심스럽다. "500달러로 좀 도와줄래?"하고 묻고는 그 자리에서 답변을 기다리는 대신 "500달러 정도로 도움을 줄 수 있다면 정말 좋겠는데. 시간을 갖고 생각해보면 어때?"와 같이 조심스럽게 말을 건넬 것이다. 후속 작업이 중요하긴 하지만, 일단 친구가 그 자리에서 거절하지 않아도 될 만큼 여유를 주는 것도 우정을 유지하는 데 도움이 될 것이다.

결론

결국, 농촌 지역 모금의 핵심은 모든 모금활동의 핵심과 같다. 바로 관계 형성이 가장 중요하다는 것이다. 모금 전략을 불문하고 그 캠페인이 성공하려면 성실성, 대의를 향한 실천 의지, 인간에 대한 사랑, 상식, 기꺼이 모금을 요청하려는 의지, 인간 본성(특히 칭찬받고자 하는 본능)에 대한 깊은 이해가 필수다.

제42장
연합단체를 위한 모금

미국에는 수백 개의 연합단체가 있다. 연합단체는 집단의 힘을 이용하기 위해 유사한 단체끼리 한 데 모여 연합체를 구성하고 각 단체의 이사들을 대표로 세운 조직을 말한다. 일례로, 캠퍼스 선교회의 이사진은 대학 캠퍼스 인근에 있는 교회들이 임명한다. 연합기금은 연합체의 회원이 이사회의 다수를 차지한다. 대부분 주에는 가정폭력 반대연합이 있는데, 이 연합체의 이사회는 지역 내 가정폭력피해자 지원단체들의 이사로 구성된다. 대부분 지역연합단체와 전국연합단체도 같은 방식으로 운영되며 이사의 대부분이 회원 단체 출신이다.

이러한 형태의 이사회는 명백한 장점이 있다. 지역단체의 세력 강화와 특정 사안에 대한 인지도 향상을 사명으로 하는 연합단체는 의사결정에 직접적인 영향을 받고 또 거기에 깊이 관여하는 사람들이 가장 잘 운영할 수 있을 것이다. 자원을 공유하고, 서로 협력하며, 공동 프로젝트를 개발하고, 활동의 영향력을 확대하는 일 등은 지역 단위에서 힘을 가진 사람들이 모여 연합체를 구성할 때 최적의 성과를 낼 수 있다. 지부의 이사나 직원들은 전국연합체에서 해당 지부의 관심사를 가장 잘 대변할 수 있는 사람들이다. 이들은 또 연합체의 필요성을 잘 알고 있기 때문에 연합단체에 대한 헌신도 높다. 이상적으로 보면, 이들이 연합단체의 정책과 계획을 수립하고 연합단체의 사업을 다시 지역 단위로 전달하는 데 가장 적격인 사람들이라고 할 수 있다.

그러나 모금 측면에서 보면 이러한 구조가 연합단체에 장애물로 작용한다. 왜냐하면, 연합단체의 사무총장이나 자원개발담당자가 이사진과 함께 협력해야 하는데, 이 이사진의 일차적인 모금 노력과 관심이 자신의 지역단체에 있기 때문이다. 또 어떤 사람들은 자발적으로 연합체의 이사직을 선택한 것이 아니라 자신이 속한 단체에서 지명되어 온 경우다. 그래서 지부의 일이 많으면 연합단체의 이사직은 건성으로 할 가능성이 있다. 이러한 구조의 이사회와 모금 사업을 함께한다는 것은 인내와 끈기, 그리고 어느 정도의 전략도 필요한 일이다. 하지만, 불가능한 일은 아니라는 점을 기억하자.

문제점 조사

첫 번째 단계는 문제점을 조사하는 일이다. 연합단체의 이사진이 모금하기 어렵다고 한 이유를 살펴보자. 대부분은 자신이 속한 단체를 위해 모금을 해야 하기 때문이라고 말할 것이다. 한 사람에게 기부를 요청하면서 자신의 단체뿐 아니라 연합단체를 위해서도 기부해달라고 요청할 수도 없고, 기부자들에게는 지역 사업이 더 와 닿는다는 것이다. 그다음으로, 직접 대면 모금 외의 다른 모금 전략은 연합단체가 수행하기 어렵다고 말한다. 예를 들어, 특별행사는 행사에 관심을 끄는 지역 인사가 참석해야 하기 때문에 안 되고, 우편모금 방식은 연합단체의 활동이 너무 복잡해서 설명하기 어렵고 또 지부들이 잠재 기부자 명단을 제공하지 않으려고 하기 때문에 어렵다는 것이다. 적극적인 온라인모금 캠페인도 지역단체 기부자를 혼란스럽게 할 수 있다고 주장한다. 나는 여러 차례 연합단체의 이사진과 일을 한 적이 있는데, 그때마다 이사진은 내가 제안한 모든 전략이 왜 성공할 수 없는지를 설득력 있게 그럴듯한 이유를 제시했다. 그들은 자신이 연합단체에 적극적으로 참여했다고 주장할 것이다. 하지만, 모금에서만큼은 아무런 도움도 되지 않았다.

나는 오랫동안 이 문제에 봉착해 있었는데, 그러다 어느 연합단체에 소속된 지역단체와 일을 하게 되었다. 어느 날 이 단체의 이사장은 허심탄회하게 내게 이런 말을 했다. "우리 단체의 문제는 사무총장이 연합체를 위한 모금을 하느라 막상 우리의 모금활동엔 시간을 충분히 할애하지 않는다는 겁니다." 이 말을 듣고 나는 상당히 놀랐다. 왜냐면 당시 나는 그 사무총장이 속해 있던 연합단체와 일을 하던 중이었는데, 자기 단체를 위해 모금을 해야 하기 때문에 연합단체를 위한 모금에 적극적으로 임하기가 어렵다고 가장 강력히 주장하던 사람이 바로 그였기 때문이다.

그 후 나는 연합단체를 위한 모금이 얼마나 어려운지를 강변하는 사람들을 좀 더 자세히 살펴봤는데, 대다수가 이 사무총장과 비슷했다. 즉 지역에서나 연합단체에서나 모금을 효과적으로 하지 못하는 사람들이었던 것이다. 그리 놀라운 사실도 아니지만, 지역단체에서 효율적인 모금위원회와 잘 기획된 캠페인으로 성공적인 모금을 이끄는 사람들은 연합단체에서도 모금을 잘하는 경우가 많다.

지역을 선호하는 개인 기부자나 재단, 기업이 있는가 하면, 지부나 연합단체를 가리지 않는 사람이나 기관이 있고, 유난히 전국적인 단체를 선호하는 때도 있다. 이것이 내가 아는 모금의 현실이다. 따라서 지역단체에 기부하는 사람이 연합단체에도 기부할 의사가 있는지를 알아보려면 당사자에게 직접 물어봐야 한다.

연합단체에 기부하고 싶어 하는 사람들이 있는지를 알아보는 데는 지역단체가 가장 적임자라고 할 수 있다. 그리고 그 사람들에게 연합단체를 위해 기부를 요청해야 한다. 또 어떤 사람들은 우연히 연합단체를 찾아 기부를 시작하게 되었지만 실은 지역 활동에 더 관심이 많은 예도 있다. 연합단체는 모든 기부자에게 회원 단체 명단을 공개해야 한다. 기부자 중에는 또 지부와 연합단체 모두의 중요성을 이해하고 두 곳에 함께 기부하는 사람도 있을 것이다.

지역단체 이사들이 하는 또 하나의 변명은 자신이 속한 단체와 연합단체에서 맡은 일을 모두 하자면 모금에 참여할 시간이 없다는 것이다. 이것은 합당한 이유다. 하지만, 이런 사람들을 보면 인사나 정책 문제를 논의하면서 수시간씩 허비하고, 돈을 들여가며 예산 삭감 항목을 찾는 사람들이다. 이런 일에 들어가는 시간을 몇 분씩만 아껴도 모금할 시간이 생길 것이다.

솔직히 말하면, 지역단체의 이사나 사무총장을 데려다 연합단체를 위해 모금하도록 설득하는 일은 어렵고도 의미 없는 일이다. 그러니 연합단체를 위해 모금할 이사들은 따로 모집해서 개발하는 것이 훨씬 효과적으로 시간을 활용하는 방법이다.

몇 가지 해결책

연합단체를 위한 모금 방법은 여러 가지가 있다. 첫째, 연합단체의 모든 이사회에서 적어도 세 자리는 지역단체와 연계되지 않은 사람들을 앉혀야 한다. 이들은 지역단체의 전직 직원이나 이사인 사람이 될 수도 있고, 회원 단체에서 일하지 않으면서 대의에 동참하는 사람이면 된다. 따라서 이 사람들은 일차적으로 연합단체에 헌신해야 하고 주된 업무도 모금이어야 한다. 단체 역시 그러한 목적으로 이 세 자리를 채워야 한다.

둘째, 연합단체는 보통 지역단체의 대표로 이사회를 구성한다. 그런데 연합단체의 이사가 될 사람이 반드시 지역단체의 현직 직원이거나 이사일 필요는 없다. 전직 이사나 직원이면서 현재는 자원활동가로 참여하고 있는 사람도 단체를 대변할 수 있다.

어느 사회정의 관련 공동모금 연합단체는 지역단체의 지속성과 관련하여 중요한 책임을 지고 있지 않은 사람을 공동모금단체에 대표로 파견해달라고 회원 단체에 요청했다. 이 단체의 이사회는 모금에 적극적이며 회원의 충성도도 분열되어 있지 않다. 이사들은 자신이 지역단체를 대변하지만, 주된 업무는 연합단체를 지원하는 것임을 잘 알고 있다. 더구나 그들은 강력한 연합단체를 만들고 이런 단체의 일원이 되는 것이 자신의 지역단체를 위한 최선의 길임을 잘 이해하고 있다.

셋째, 연합단체는 회원 단체에 필수적인 서비스를 제공한다. 따라서 그러한 서비스의 가치를 반영한 회비 구조를 마련할 수도 있다. 내가 일했던 몇몇 연합단체에서는 회원 단체에서 연 50달러 이하의 회비를 받았고, 또 일부는 회비를 걷지 않기도 했다. 그런데 이렇게 소액의 회비를 받으면 회원 단체들이 연합단체의 재정을 책임질 필요가 없다는 생각을 하게 되곤 한다. 단체의 규모에 따라 회비에 차등을 두되, 회비 수입이 적어도 연합단체 총수입의 20%가 되도록 해야 한다.

이사 개개인과 긴밀히 협력하고, 회원 단체들이 가장 적절한 사람을 연합단체의 이사로 지명하도록 로비를 하며, 모든 구성원이 모금활동에 참가하는 조직 문화를 만들면 연합단체도 이사회의 자원을 최대한 활용하여 모금할 수 있다. 다음은 성공적으로 모금하는 연합단체의 사례다.

지역예술연합의 모금에 대한 고민과 노력

35개의 예술문화 단체로 구성된 전국 연합체가 몇 년 동안 자금난을 겪고 있었다. 이사회는 회원 단체 대표로 구성되었으며, 이사진은 모두 모금 경험이 있다. 이 연합단체의 직원은 총 3명이다. 사무총장은 예술문화의 중요성에서부터 지역사회의 삶의 질에 이르기까지 다양한 이슈와 관련하여 강연, 세미나, 워크숍, 인터뷰 등을 하느라 시간의 대부분을 외부에서 보낸다. 사무총장은 감동적인 연설가이며, 예술 홍보에서도 중요한 역할을 하고 있다. 부총장은 회원 단체에 재무 관리, 평가, 마케팅과 홍보, 모금 등에 대한 기술적인 지원을 제공하며, 대부분의 모금활동까지 책임지고 있다. 지역의 회원 단체는 이 두 사람을 신뢰하며, 연합단체에 상당히 헌신적이다. 나머지 직원 한 명은 연합단체의 행정과 재무를 담당한다.

짐작했겠지만, 이 세 직원은 언제나 과로에 시달린다. 야근하기 일쑤인데다 부총장은 스트레스 때문인 여러 질병에 시달리고 있다. 현재도 예산에 필요한 자금을 모을 수는 있으나 최소한 2명의 직원이 더 필요한 상황이다. 현 상태에서는 더 이상의 업무를 감당할 수 없어서 다른 지역단체가 연합에 들어오고 싶어도 거절해야 한다. 또 학교 내 예술 및 음악 프로그램, 도서관, 스포츠 시설 등에 대한 보조금을 늘리도록 주정부에 로비를 하는 공립학교 및 관련 단체들의 연합체에서 회원으로 참여하라는 초대를 받았지만 역시 거절해야 했다. 이것은 지역예술연합의 사명에도 도움이 되는 활동으로 가능한 참여하고 싶던 것이었다. 결국, 직원들과 이사회는 자신이 소중한 기회를 놓치고 있으며 현 직원들의 업무량이 지나치게 많다는 데 동의했다. 그러나 대부분의 이사들은 자신이 속한 지역단체에서 모금을 해야 하기 때문에 연합단체의 모금에는 참여할 수 없다는 견해를 고수하고 있다.

그래서 지역예술연합은 컨설턴트의 도움을 받아 모금에 대한 접근법을 완전히 바꾸게 된다. 먼저, 회비 연동제를 도입하여 최소 회비를 100달러로 규정하고, 단체의 규모에 따라 최고 2,500달러의 회비를 받기로 했다. 모든 회원 단체는 회비의 필요성에 대해 동감하며, 연합단체가 제공하는 서비스가 그만한 가치가 있다는 점도 수긍한다. 그다음, 회원 단체에 제공하는 기술적 지원에 대해서 수수료를 책정했다. 35개 회원 단체들이 평균적으로 연간 4시간 정도의 기술 지원을 받고 있기 때문에 이 4시간에 대해서는 무료로 기술을 지원하되 이 시간을 초과할 때는 125달러 정도를 청구하기로 했다. 이 비용은 일반 컨설팅비보다 낮거나 비슷한 수준이다.

그런 다음, 이사회는 이사의 수를 현재의 35명에서 11명으로 축소하고, 모든 회원 단체가 분기별 모임을 하고 정보와 관심을 공유하기로 했다. 이 때문에 이사회의 운영이 좀 더 수월해지고, 거대한 이사회를 유지하는 데 드는(이동, 연락, 시간 등의) 비용을 줄일 수 있으며, 모금과 거버넌스에 주력할 수 있을 것으로 기대하고 있다.

그런 연후에 다시 현재의 35개 회원 단체를 5개 그룹으로 나누고 각각에 7명의 대표를 둔다. 각 그룹은 다섯 가지 모금 전략 중 하나를 선택하여 1~2달 동안 집중적으로 모금에 나선다. 다섯 가지 모금 전략은 1) 기업 명예 회원 모집 2) 아트쇼 3) 고액 기부 캠페인 4) 팬텀 이벤트 5) 예술가, 예술용품 공급업체, 미술관, 문화 교실, 강사 등에 대한 정보를 제공하는 온라인 디렉토리인 ART: Art-Related Things를 구축 – 여기에 이름을 올리고 싶은 사람은 연간 회비를 납부(이후 이 업무는 직원이 담당) – 하는 것이다.

지역예술연합은 부총장을 도와줄 모금책임자 1명, 회원 단체 업무를 맡을 회원 관리자 1명, 그리고 지원 스태프 1명을 추가로 고용하였다. 첫 두 해 동안은 많은 어려움이 있었지만, 이와 같은 새로운 조직구조를 기반으로 하여 단체 업무는 운영 관리할 수준으로 돌아왔으며, 조직 또한 성장을 지속했다. 더구나 직원들의 사기와 동료애 한층 고무되었다. 이런 유형의 연합단체의 직원과 마찬가지로, 이들도 매주 자신들이 받는 급여를 초과해서 일할 수밖에 없었으며, 점증하는 예술분야에 대한 감세 정책은 회원 단체로 하여금 애드보커시 노력을 조정하기 위해 또 다른 스텝을 고용하게끔 했다. 아울러 이 자리를 유지하기 위해 단체 회비 외에 추가 모금을 했다.

이 연합단체의 성공과 성장 사례는 자신들이 지역에서건 전국적으로건 모두가 함께하고 있다는 연대라는 느낌, 그리고 그것을 모든 구성원이 공유하고 있다는 사실의 중요성을 나타낸 것이라 할 수 있다.

제43장
자원활동가만으로 운영되는 단체

완전히 자원활동가들로만 구성되어 성공적으로 운영되고 있는 단체도 수천 개에 이른다. 로터리클럽, 라이온스클럽, 루리탄클럽, 학부모/교사모임, 병원 보조단체, '친구들'이라는 명칭을 가진 모임, 그리고 동네의 작은 단체에는 대체로 유급 직원이 없다. 농촌 지역에는 소방서조차 자원활동봉사자로 구성된다. 이들 단체의 대부분은 자원활동가에 의해 구성과 운영이 디자인되었고, 수십 년 동안 효율적으로 운영됐다. 유급 직원이 필요하지만, 아직 여력이 안 되는 단체도 자원활동가의 힘에 의존한다. 결국 시작부터 끝까지 자원활동가에 의해 운영되는 수많은 단기적 프로젝트가 존재할 수밖에 없다. 여기에는 새로운 놀이터의 건설, 시위 조직, 컨퍼런스, 동네 장터, 지역사회 정치캠페인 조직 등이 포함된다. 여러분의 단체가 여기에 속한다면, 이 장을 잘 읽어보자. 그런 단체를 원활하고 효과적으로 운영하는 데 도움이 되는 몇 가지 지침이 여기 있다. 전원이 자원활동가로 이루어진 단체에서 자원활동가는 자신을 무급 직원으로 생각해야 한다. 어느 단체나 마찬가지지만 특히 자원활동가만으로 운영되는 단체의 목표는 자신이 하겠다고 약속한 바를 실행하고, 자신이 할 수 없는 일은 맡지 않는 환경을 만드는 것이다. 따라서 자원활동가에게도 유급 직원에게 기대하는 것과 똑같은 수준의 업무 능력과 완결성을 요구해야 한다.

그러나 직원과 마찬가지로 자원활동가도 역시 단체 활동 외의 삶이 있기 때문에 사생활의 경계를 유지할 수 있도록 배려해야 한다. 예를 들어, 셀리 존스가 회계관리자로서 자질이 충분해 보이는데 셀리 자신은 바빠서 도저히 그 일을 맡을 여력이 안 된다고 몇 번 거절했다고 하자. 단체에서는 수차례 간청 끝에 그녀에게 일을 맡겼다. 기대했던 것보다 샐리가 그렇게 회계 일을 잘하지 못하는 것도 놀랄 일이 아니다. 단체는 서로의 시간에 대한 존중의 표시로서 자원활동가가 일을 적게 맡되, 맡은 일을 끝까지 해내는 문화를 만들어야 한다. 또 어떤 사람들은 다른 사람보다 시간에 여유가 있어 더 많은 일을 떠맡을 수도 있다. 단체는 이러한 차이를 인정해야 한다. 시간을 많이 내지 못하는 사람이 다른 사람만큼 일을 충분히 하지 못한다는 생각으로 힘들어하지 않게 배려해야 한다. 아이러니하게 들릴지 모르지만, 이처럼 협조적인 조직 문화를 만드는 가장 바람직한 방법의 하나는 바로 한두 사람이 거의 모든 업무를 떠맡지 않도록 하는 것이다. 다른 사람보다 훨씬 많은 일을 척척 해내는 '슈퍼 자원활동가'가 있으면 본의 아니게 다른 사람들의 열정에 찬물을 끼얹을 수도 있다.

자원활동가는 자신과 다른 사람의 시간을 소중하게 사용해야 한다. 모임은 정해진 시간에 시작해 정해진 시간에 끝낸다. 논의 의제가 명확해야 한다. 회의 진행자는 각 주제에 대해 논의 시간을 정하고 그 시간을 넘어가는 일이 없도록 해야 한다. 어느 주제든 할 말이 많고 보는 시각도 다양하겠지만, 우리가 학자들이 모인 싱크탱크가 아닌 이상 모든 가능성을 조사하려고 애쓸 필요는 없다.

사람들은 각자 특정 역할을 맡아야 한다. 회계를 담당하는 사람, 회의 안건을 준비하는 사람, 의장을 맡는 사람이 있어야 한다. 협동적 모델로 운영되는 조직에서는 이러한 역할을 돌아가면서 맡을 수 있다(사실 어느 조직이든 직무 순환은 필요하다). 그래서 "누가 세금보고서 담당이지?" 또는 "누가 수표책을 갖고 있지?"라고 묻는 일이 없어야 한다.

여러분의 단체를 하나의 운동경기팀이라고 생각해보자. 스포츠팀에서는 모든 사람이 각자의 위치가 있고 그 위치에서 팀원으로서의 역할을 담당한다. 시간이 제한되어 있고 규칙이 분명하며 이를 어겼을 때 벌칙도 존재한다. 어느 때든지 코트 밖에 있는 선수가 있으면 필드 위에서 뛰는 선수가 있고, 또 다른 선수들은 벤치에 앉아 휴식을 취하고 있다. 한 선수가 전 게임을 다 뛰거나 언제나 쉬고만 있지는 않는다. 단체 사람들과 함께 때때로 이런 스포츠팀의 이야기를 해보자. 그래서 단체가 어떤 점에서는 스포츠팀과 흡사하다는 사실을 공감하면서 개선해야 할 부분이 어디인지 살펴보도록 하자.

자원활동가로만 구성된 단체가 세대를 거쳐 지속하려면 기록에 특별히 신경을 써야 한다. 행사와 우편 기부 요청, 캠페인은 반드시 기록하고 평가해야 한다. 그래야 나중에 새로운 사람이 비슷한 일을 진행할 때 더욱 나은 성과를 얻을 수 있다. 현재 가동 중인 모든 체계를 기록으로 남긴다. 정보 부족보다는 정보 과잉이 언제나 더 나은 법이다. 자원활동가로만 구성된 단체는 활동가 교체율이 높은 편이고, 정보를 집중 관리할 방법이 없다면 관련 지식은 사라지기 쉽다. 특별행사를 계획할 때, 홍보 우편물을 발송할 때, 또는 지원신청서를 쓸 때 다음 사람에게 참고가 될 만한 모든 것을 기록해서 다음번 모금활동에 도움이 되도록 해야 한다. 100년 뒤에 어느 대학원생이 먼지가 자욱이 내려앉은 파일박스에서 여러분의 단체에 대한 자료를 찾아내는 광경을 상상해보자. 이것이 가능하겠는가? 그렇지만 그렇게 되어야 한다. 만일 여러분 단체가 한시적 프로젝트를 하기 위해 모인 것이라면 정보 보관과 관련하여 이런 식의 구체성을 띨 필요는 없다. 그렇지만, 몇 년간 혹은 영속해야 한다면 클라우드 기반 정보 저장 및 검색 시스템이 필요하다. 여기에는 데이터 보존을 위한 백업시스템, 누구나 접속이 가능한 위키 페이지나 '구글문서도구'(google drive: google docs)와 같은 중앙 관리 저장소도 포함된다.

여러분 다음에 올 사람들의 사용을 염두에 두고 보고서와 일어났던 일을 기록하고 준비하는 것은 단체가 자원활동가와 더불어 지속적으로 그 역할을 담당할 수 있게 하는 가장 좋은 방법이기도 하다. 이렇게 역사를 정리하고 발전시켜 나가면 실제로 단체가 성장해 나가는 데도 크게 도움이 된다.

새로운 자원활동가를 위한 효과적 오리엔테이션

'책무성'(accountability)의 문화를 만들어 가는 데 가장 중요한 두 가지 요소는 사람들로 하여금 자신의 일을 알아서 이해하고 받아들이게 하는 것, 그리고 일을 제대로 수행하는 사람에게는 평가와 휴식을 통해 보상하고, 그렇지 않은 사람에게는 공손하게 그렇지만 엄격하게 책임을 묻는 것이다.

여러 사람과 오랫동안 일해 본 내 경험에 의하면, 사람들 대부분은 자신이 한다고 이야기한 일은 대부분 완수한다고 분명히 이야기할 수 있다. 그들이 한다고 하면 모임 참가, 행사 참여, 음식 제공, 운송 및 운반 등의 일을 완수한다. 다만, 소수 사람만이 그렇지 못하며, 종종 약속을 지키지 못하기도 한다. 그러나 이사진과 자원활동가가 제대로 일을 하지 않는다고 조직적 차원의 한탄만이 있을 뿐, 그들을 필요로 하는 곳으로 안내하지 못했고 분명한 동의를 구하지도 못한 것에서 연유할 수도 있다는 사실에는 관심을 두지 않는다.

우리는 종종 오리엔테이션을 단체에 누군가를 확보하는 것, 즉 현재 진행 중인 프로젝트와 함께 단체설명서, 예산, 모임, 조직의 참여 의무 등에 적응해 가는 것으로 생각한다. 정확하기는 하지만 이는 반 정도만 맞는 이야기다. "또 다른 질문은?" 혹은 "다 이해하는지요?"라는 질문과 함께 오리엔테이션이 끝날 때 새로이 자원활동을 시작하는 사람들은 정도의 차이는 있어도 열정을 갖고 고개를 끄덕인다. 그들은 들은 것을 이해했고 질문은 없다. 그렇지만 우리가 묻지 않은 것은, "테리, 우리가 살펴본 것 중 어느 것을 지금 당장 해야 할 것 같습니까?" 혹은 "마지, 우리가 논의한 일 중 어느 것에 대해 더 교육을 받고 싶으십니까? 또는 생각할 시간이 더 필요한 것은 어느 것입니까?" 새로운 자원활동가를 가장 잘 활용하는 방법은 바로 어떤 것을 하려 하는데 이에 동의하느냐고 물어보는 것이다. 스스로 이해하고 동의한 일에 대해서 그들은 반드시 완수할 수 있다고 느끼게 된다.

어떤 일이 꼭 이뤄져야만 한다는 이론에 동의하는 것, 지금은 할 수 없지만 어떤 일을 할 사람이 되기를 원하는 것, 혹은 아마도 할 수 있을 것으로 생각하는 것조차도 "예, 나는 그것을 할 것입니다"라고 말하는 것과는 같지 않다. 물론 이렇게 말하는 것이 두렵고 힘들고 복잡하고 당황스럽기까지 하지만 말이다. 사람은 보통 자신이 잘 알고 있고 어떻게 하는지 아는 일에 대해서는 자신을 드러내 보인다. 예를 들면, 모임에 참석한다든지, 피자를 픽업해 온다든지, 문자로 인턴에게 지시한다든지 하는 일이 그런 것들이다. 그렇지만 행사를 위해 기업으로부터 후원을 얻는 일, 하우스파티에서 친구에게 기부 요청을 하는 일, 현재 기부자에게 전화를 해 또 다른 기부 요청을 하는 일 등은 어떻게 해야 하는지를 모든 사람이 알지는 못한다. 어떤 이는 이런 일에 매우 열정적이지만, 모임이 끝나기만 하면 그러한 열정이 급격히 식기도 한다.

오리엔테이션은 일을 하기 위해 사람들을 어떻게 훈련시킬 것인지, 집중해야만 하는 일을 선택하는 데 어느 정도의 범위에서 일을 하게 할 것인지 등에 대한 내용이 포함되어야만 하며, 마감일과 목표도 설정되어 있어야 한다. 즉 오리엔테이션이란 마치 캠페인이 시작하는 것처럼 해야 하는 것이다.

자원활동가 찾기

자원활동가들은 지속적으로 자원활동가의 수를 늘리기 위해 노력해야 한다. 초기에 열정적으로 참여했던 자원활동가도 할 일이 너무 많으면 금방 소진된다. 따라서 새로운 사람을 계속 끌어들여 일을 분담하고 단체의 철학과 모금을 확대해 나갈 수 있도록 해야 한다.

자원활동가로만 구성된 단체는 한두 명의 유급 직원을 둔 풀뿌리단체와 크게 다르지 않다. 사실 대부분 풀뿌리단체에는 저임금 직원과 무급 직원이라는 두 종류의 직원이 있으며, 이를 제외한 나머지 단체에는 무급 직원이라는 한 종류의 직원만이 있다. 단체의 활동도 소중하고 사람들의 시간도 소중하다. 이것을 염두에 두면 단체가 지향하는 중요한 사업을 해낼 수 있을 것이다. 다음의 사례는 자원활동가로만 구성된 단체가 빠질 수 있는 몇 가지 위험에 대해 설명하고 있다.

> 메리는 어떻게 해서 팀리더로부터 시작해서 원우맨쇼(one-woman show)까지 하게 되었나?
>
> 어느 학부모/교사모임이 20명의 적극적인 학부모들에서 시작되었다. 회장인 메리는 풀타임 자원활동가다. 다른 사람은 모두 직업이 있고 어떤 이들은 심지어 '투잡족'인 경우도 있다. 이 학부모/교사모임을 처음 가졌을 때는 모든 일이 순조로워 보였다.

메리는 자신이 시간 여유가 많아서 남들보다 더 많은 일을 하는 것으로 생각했고, 여기에 대해 메리 자신이나 다른 사람들도 별다른 불만이 없어 보였다. 하지만, 얼마 되지 않아서 메리는 다른 사람들이 쉽게 함께할 수 있는 일에도 자발적으로 나서기 시작했다. 한 예로, 퇴근 후에 모임이 있을 때면 언제나 한 사람이 스낵을 사오는데, 어느 날은 호세가 나서서 "일 끝나고 제가 슈퍼에 들러서 먹을 걸 좀 사올게요"라고 한다. 그러면 메리가 바로 나서서 "그럴 필요 없어요. 내가 시간이 많잖아. 내가 건강에 좋은 쿠키를 직접 만들어 올게요"라고 말하는 것이다. 그래서 이제 스낵은 항상 메리가 담당하게 되었다. 모임은 항상 누군가의 집에서 진행한다. 애들을 데려오는 사람도 많아서 부모가 모임을 하는 동안 애들끼리 모여서 함께 놀이를 한다. 셰런이 다음에는 자기 집에서 모임을 하자면서 최근에 강아지 두 마리를 입양했는데 혹시 개 알레르기가 있는 사람이 있느냐고 묻는다. 개 알레르기 있는 사람이 아무도 없고 몇몇 사람은 개를 아주 좋아한다고 거드는데 메리가 나서서 "그러지 말고 그냥 저희 집에서 모이는 건 어때요?"라고 말한다. 메리는 모임 구성원 중에서 가장 근사한 집을 소유하고 있다. 메리의 집에는 아이들을 위한 놀이방은 있지만 애완동물은 없다. 그다음부터는 누구도 자기 집에서 모임을 하자고 제안하지 않았고 으레 메리의 집에서 하게 되었다.

어느 날 이 학부모/교사모임은 '화이트 엘리펀트'라는 벼룩시장을 통해 기금을 모으기로 했다. 빌과 티파니는 아주 신이 나서 회장에게 이 아이디어를 제안했다. 그들은 장소를 섭외하고, 이메일을 보내 물품을 기증받고, 행사를 홍보하는 재미있는 팸플릿도 만들었다. 빌은 기증받은 물건을 자기 집 창고에 저장해두었다. 행사 2주 전에 열린 모임에서 빌과 티파니는 포크 하나가 빠진 6인용 식기 세트와 아름다운 골동품 책장, 근사한 천과 2장의 퀼트 등 정말 괜찮은 물건들을 확보해두었다고 발표했다. 티파니는 상당한 가격을 제시할 만한 골동품상 몇 명을 초대해 두었다. 빌은 벼룩시장 하루 전날 사람들이 함께 모여서 물건에 가격표를 붙이는 즐거운 시간을 갖도록 별도로 일정을 생각해두었다. 이때 메리가 나서서 "어, 안돼요. 이번 주까지는 가격을 조사해야죠. 제가 다 할게요. 창고 열쇠만 주세요"라고 말한다. 빌은 썩 마음이 내키지 않았지만, 그 방법이 더 낫겠다는 생각에 동의한다. 벼룩시장은 잘 진행되었다. 골동품상들은 메리가 정한 가격을 냈고 거의 모든 물건이 팔렸다. 행사 후에 티파니와 셰런, 빌이 돈을 세고 기록해서 은행에 예치하는 일을 맡겠다고 자원했다. 하지만, 셰런과 빌은 행사 후 3일 뒤에나 이 일을 할 시간이 난다. 이때 메리가 또다시 나섰다. "티파니와 제가 오늘 마감하고 바로 은행에 갈게요." 셰런은 자기도 참여하고 싶지만, 하루라도 빨리 돈을 예치하는 게 낫겠다는 생각에 결국 동의하고 만다. 빌은 메리의 독단적인 행동이 거슬리기는 하지만, 사실 그녀가 많은 일을 도맡아 하고 있으니 비난할 수도 없다고 생각한다.

다음 모임에서 메리는 먹음직한 케이크를 구워 와서는 "빌, 그리고 티파니, 도와줘서 정말 고마워요"라고 말한다. 모임에 참석한 다섯 명의 회원은 빌과 티파니에게 감사를 표했고, 두 사람도 그러한 칭찬에 기분이 좋았다. 하지만, 케이크가 너무나 완벽하고 맛있었기 때문에 대화의 초점이 다시 메리에게 쏠리며 모든 사람이 그녀의 정성에 찬사를 보내기 시작한다. 이에 기분이 언짢아진 빌은 일이 바빠서 당분간 모임에 참석하지 못하겠다고 말한다. 다음 몇 번의 모임에는 새로 온 학부모인 미미가 참석했다. 그녀는 이 동네로 갓 이사를 왔고 그녀의 아들은 6개월 후에 학교에 들어간다. 조직개발 컨설턴트인 미미는 모임에 참석한 지 얼마 안 돼서 (이제 8명으로 줄어든) 메리와 다른 학부모들 간의 역학관계를 알아차린다. 그리고 다른 학부모로부터 메리의 엄청난 에너지에 대한 찬사와 함께 독단적인 모습에 대한 불만을 듣게 된다. 미미는 메리를 저녁에 초대하고 학부모/교사모임에 그렇게 헌신하는 것이 힘들지 않은지를 물어봤다. 메리는 자기가 맡은 일이 많아 힘들기는 하지만, 자신이 유일하게 직업이 없으니 어쩔 수 없다고 말한다. 그래서 다른 학부모들이 좀 더 쉽게 이 모임에 참석할 수 있도록 자기가 가능한 많은 일을 한다는 것이다. 그리고 왜 그렇게 많은 학부모가 모임을 그만두는지 알 수가 없다고 말한다. 미미는 메리가 엄청나게 많은 일을 잘 해내고 있기 때문에 자기가 무슨 일을 해도 빛이 안 날 것으로 생각해서 미리 포기하고 마는 것 같다고 말한다. 그러고는 "애들은 내가 원하는 것만큼 깨끗하게 청소를 안 해도 칭찬을 해줘야 해요. 안 그러면 다시는 자기 방 청소를 안 하려고 하죠. 이것과 비슷한 것 같아요"라고 설명했다. 메리는 그 말을 즉시 이해하고는 "사람들을 다시 오게 하려면 어떻게 해야 하죠?"라고 물었다. 미미는 "일을 너무 많이 하지 마세요. 그리고 다른 사람들에게 일을 더 많이 시키세요. 다음번에는 호세한테 스낵을 준비해 오라고 부탁해 보세요"라고 조언했다.

1년 후에 이 학부모/교사모임은 다시 20명의 학부모가 적극적으로 활동하는 모임이 되었다. 메리는 아직도 회장직을 맡아 여전히 많은 일을 하지만, 모든 일에 나서지 않도록 주의하고 있다. 미미의 도움으로 학부모들은 함께 일하는 방법에 대해 진솔한 대화를 나눌 수 있었고, 한 팀으로서 더 많은 일을 해왔다.

제44장

사업을 막 시작할 때

마르티나, 제프, 그리고 루프는 최근 한 시골학교에서 은퇴한 교사다. 초등학교에 최소 열두 명의 학생들이 집이 없고, 학교 급식을 받지 못해 온종일 거의 먹지 못하고 있다는 사실에 그들은 함께 고민하고 있다. 그들은 또한 이런 학생들뿐만 아니라 매우 가난한 학생들이 지역사회로부터 소외되고 있다는 사실에도 많은 걱정을 하고 있다. 물론 이들 교사가 문제를 전적으로 해결할 수는 없지만 뭔가를 해야겠다는 판단 아래, 금요일 저녁에 학생과 그들의 부모 모두를 지역커뮤니티센터로 초대하는 저녁식사제공 프로그램을 시작하게 되었다. 저녁식사 후에도 계속 남아 있기를 원하는 사람들은 카드게임을 하거나 영화를 볼 수도 있다. 식사 비용으로는 1인당 2달러를 내면 공간사용료로 커뮤니티센터에 기부하게 된다. 처음에는 열몇 명의 아이들과 부모들이 왔고 시간이 지날수록 50명에서 75명의 정기적인 그룹이 형성되었다. 이들은 인종과 신분을 초월하여 집 없는 아이들과 그들이 함께 지내는 어른을 포함하고 있다. 차츰 노인들도 많이 참석하면서 매우 성공적인 프로그램이 되어 갔다. 비록 사람들 대부분이 2달러 이상을 내고 있고, 지역의 슈퍼마켓과 빵집에서 가끔 음식을 기부하고는 있지만, 참여자 스스로 개인적으로 프로그램을 보조하고 있는 셈이다. 몇 명의 자원활동가가 이 프로그램을 돕고 있고, 기부자도 차츰 증가하게 되면서 매우 성공적인 프로그램이 되었지만, 곧 그들만으로는 운영 관리할 수 있는 한계를 넘어서게 되었다. 즉, 이제는 자원활동가를 체계적으로 모집해야 하고 본격적인 기부 요청을 위해 기부자를 개발하는 등 한 발짝 더 나아가야 할 시점에 다다른 것이다.

이번 장에서는 마르티나, 제프, 루프가 맞닥뜨린 지점에서 필요한 모든 노력에 대하여 다루도록 하겠다. 일단 그들은 지역의 요구를 알게 되었고, 해당 지역 역시 그들을 도울 의사가 충분히 있다. 프로그램 또한 점차 이를 기획하고 수행하는 이들의 능력을 넘어설 정도로 규모가 커지고 있다. 이제 단체를 만들어 본격적으로 활동을 시작할 때가 온 것이다.

나는 이번 장에서 초기 단계에서 성공을 이룬 훌륭한 아이디어 하나가 지속가능하고 실행 가능한 프로그램이 되는 데 필요한 것에 대해 살펴보고자 한다.

가장 먼저 해야 할 일은 단체가 1년간 순조롭게 운영되기 위해서 돈이 얼마나 필요할지를 알아내는 것이다. 일단 예산을 세우고 나면 이달에 필요한 경비와 그다음 달에 필요한 경비로 나누어야 한다. 이처럼 가능한 한 가장 짧은 시간의 단위로 모든 계획을 세우면 크게 좌절할 일은 생기지 않는다. 한 달간 필요한 경비를 모금할 수 있다면 그달과 그다음 달에도 계속해서 모금을 진행할 수 있을 것이다. 때로 단체가 형성된 초기에는 주 단위로 하는 방법을 생각해 볼 수도 있을 것이다. 물론 이러한 전략은 몇 달 후에도 지속가능한 전략은 아니지만, 초기에는 어느 정도 숨을 돌릴 틈을 줄 수 있는 전략이다.

단체 설립에 참여한 자들은 단체를 위해 그들이 돈을 얼마나 기부하는지 파악하고 있어야 한다. 이는 단체에서 일하는 모든 사람 사이에서 기부하는 문화를 만들기 위해서도 중요하지만, 프로그램 실행에 비용이 얼마나 드는지에 대한 현실감각을 갖기 위해서도 필요하다. 그다음으로 중요한 것은 모든 설립자나 주요 자원활동가가 그들의 친구나 가족, 지인들로부터 기부금을 얼마나 모금할 수 있는지를 가늠해봐야 한다.

또한, 각자 자신이 아는 모든 사람의 리스트를 작성하되 그들이 단체의 대의를 믿든 안 믿든, 혹은 돈을 잘 쓰든 아니든 상관없이 작성해야 한다. 그저 전화를 걸었을 때 여러분의 이름을 기억할 만한 사람들의 리스트를 작성하면 된다. 그리고 나서는 여러분이 아는 모든 사람 중 새로운 단체가 표방하는 대의를 믿는 사람의 이름 옆에 표시해라. 만약 잘 모르겠으면 물음표를 적어 놓고, 대의를 신뢰하고 공감하는 사람 중 기꺼이 기부할 만한 사람을 표시해라.

자, 이제 여러분이 아는 한 대의를 믿고 공감하며 기부할 수 있는 각각의 사람들 이름 옆에 얼마의 기부금을 요청할지를 적어라. 만약 얼마를 요청할지 잘 모르겠다면 일단 작은 금액을 적어라. 50달러? 100달러? 아니면 35달러 정도도 괜찮다. 어떤 가족구성원이나 친구들은 여러분이 하는 일을 지지하고 있다는 정도의 의미만 갖고도 기부할 수도 있기 때문이다.

마지막으로 중요한 것은 기부금 요청을 위해 어떤 방법을 사용할 것인지 결정하는 것이다. 손님들을 저택에 초대할 것인가? 크라우드펀딩을 사용할 것인가? 개인적으로 편지를 보내고 전화나 이메일로 후속 연락을 취할 것인가? 아니면 앞서 말한 것들을 결합할 것인가? 아무튼, 그런 것들과 관계없이 리스트는 아마도 아래와 같은 모양일 것이다.

잠재 기부자

이름	대의를 신뢰하고 공감하는가?	기부하는가?	기부 요청액
프란시스코	예	예	100달러
에드워드	예	?	?
마리안느	?	예	35달러
글로리아	아니오		
샤메인	예	예	50달러

때때로 사람들은 새로 시도되는 일에 대해 돈을 기부하는 것을 거부할 때가 있는데 특히 기부에 대한 응답으로 뉴스레터, 사무실 및 공식적인 프로그램에 대한 증빙자료와 같은 것을 받지 못할 때 그러하다. 하지만, 이 시점은 아이디어에 대한 기부 요청이고, 위에서 예로 든 것처럼, 프로그램의 시작점이나 아이디어를 만들어가는 사람들을 위해 기부를 요청하는 시점이다. 여러분이 새로운 시도를 위해 시간과 돈을 들이는 것과 같은 이유로 그들도 기부한다. 즉, 그들은 기부의 필요성에 동의하고 단체가 하는 일을 통해 필요한 것을 채워줄 수 있다고 생각한다. 실제로 어떤 사람들은 신생단체에 기부하는

것을 좋아하고 심지어는 더 선호하기도 한다(사실 많은 단체가 발견한 사실인데 단체가 생겨난 초기 5년 동안 기부를 했던 사람들이 더는 기부하지 않고 다른 신생단체로 옮겨간다). 좀 더 안정적인 단체에 기부하는 것을 선호하는 사람들은 여러분의 단체에 지금 당장은 기부를 하지 않겠지만 그렇다고 모두가 그러리라고 단정할 수도 없다.

그다음 단계는 단체의 설립에 필요한 비용을 모으기 위해 1,000달러 혹은 그 이상의 큰 금액을 기부할 소수 사람이나 재단을 찾는 일이다. 이를 위해서는 제9장과 제10장에 나온 방법을 사용해봐라. 재단과 접촉하기 위한 정보를 찾으려면 지역에 있는 재단센터나 재단의 온라인프로그램을 찾아봐라. 어떤 재단에 연락해야 하는지, 제안서는 어떻게 작성해야 하는지 등에 대한 정보를 얻을 수 있을 것이다. 또는 자원개발부서에서 일하는 지인에게 도움을 요청해보는 것도 한 가지 방법이다. 아울러 제3장에서 다루었던 단체설명서에 예비예산안을 포함시켜 작성할 필요가 있다. 단체가 비록 아직은 역사가 없다 할지라도 단체설명서를 작성하는 사람에게는 역사가 있다. 따라서 단체를 설립한 사람들 각자에 대한 내용이 포함되어야 하고 이를 통해 박식하고 경험이 많은 사람이 단체 내에 존재하고 있음을 보여줄 수 있다.

그리고 시작단계에서부터 기부금을 기록하는 직원을 지명해두어야 한다. 아울러 항상 기부를 받고 나면 며칠 내로 감사편지를 써서 보내야 한다. 심지어 단체가 아직 단체로고를 만들기 전이라도 그래야 하며, 이메일리스트와 페이스북 페이지를 만들어 단체가 하는 일에 대해 계속 정보를 받을 수 있도록 하라. 소셜미디어를 이용하면 다른 어떤 수단보다도 메시지를 훨씬 빠르게 전달할 수 있고 사람들이 기부할 수 있는 기반도 마련해줄 것이다.

새로이 설립된 단체라는 사실만으로도 처음부터 모금을 제대로 할 기회가 부여되는 것이다.

■ 찾아보기

(ㄱ)

감사편지 60, 84, 88, 91-102, 141, 146, 150, 156, 171, 182, 197, 198, 204, 223, 230, 231, 237, 252, 274, 296, 314, 328, 337, 355, 362, 409, 412, 417, 422, 423, 425, 437, 452, 462, 469, 471, 473, 497, 518
고액 기부 캠페인 75, 238, 311, 352, 398, 416, 433, 470, 506
공공자선단체(public charity) 51
기부금 분포표 292, 293, 296, 342, 347, 357, 358, 361
기부자 권리장전(A Donor Bill of Rights) 39
기빙유에스에이(Giving USA) 23, 24, 26, 29

(ㄴ)

뉴욕주 비영리법인법 59

(ㄷ)

단체설명서(case statement) 37-40, 43-48, 72, 116, 296, 356, 357, 369, 471, 510, 518
동의서 65, 74
데이터베이스 프로그램 96, 169, 454

(ㅁ)

면세 19, 21, 58, 260, 295
모금전문가협회(AFP, Association of Fundraising Professionals) 427

미연방 국세청 24, 26, 51, 58

(ㅂ)

복권 60, 71, 77, 103, 241, 243, 347, 495
비과세 21
비전선언문 38-42
비정부기구(NGO) 19
비축금(reserve fund) 79, 83, 315, 329, 332, 406, 407

(ㅅ)

사명선언문 38-42, 48, 99, 100
사업 설명서 355, 357
수입 예산 383-388, 399, 405
신용카드 44, 171, 192, 208, 219, 221-226, 231, 251, 267, 272, 305-314, 406, 425
생명보험 323, 324, 336

(ㅇ)

501(c)(3) 지위 51, 58
약정계약서 362
약정 프로그램 313, 314, 398
연간 예산 72, 79, 82, 83, 87, 88, 329, 339, 351, 355, 367, 395, 429, 430
온라인 기부 146, 157, 169, 178, 179, 182, 203, 208, 212-214, 217, 291, 296, 301, 305, 310, 381
온라인 소식지 60, 300, 473
유나이티드웨이(United Way) 260
유언장 85, 86, 316-327, 362, 368
유증 문구 321
인디펜던트섹터 24, 26

인센티브 25, 192, 197, 198, 290, 295, 398
일정표 249, 395, 398, 415-420

(ㅈ)

자문위원회 72-75
자산 기부 86, 343, 366
잠재 기부자 리스트 123, 125, 341
지출 예산 181, 381, 384-387
직무기술서 견본 65, 428-431

(ㅌ)

특별행사위원회 246, 247, 413, 472
퇴직연금 324

(ㅍ)

프리미엄 197-199

(ㅎ)

하우스파티 88, 89, 196, 511
홍보 우편 49, 176, 177, 179, 181, 187, 196, 266, 310, 509

(C)

charity 19, 20

(P)

philanthropy 20

지은이 | 킴 클라인(Kim Klein)

킴 클라인은 국제적으로 알려진 모금 트레이너다. 모금과 관련하여 스텝으로서, 자원활동가로서, 이사진으로서, 컨설턴트로서 많은 일을 해왔다. 그녀는 전통적인 모금 기술, 특히 주요 기부자 캠페인과 같은 것을 사회정의를 추구하는 소규모 비영리단체의 필요에 어떻게 적용할 것인지를 고민하고 실천한 사람으로 널리 알려져 있다.

킴 클라인은 대표적 저작이자 모금의 고전적 텍스트북인 Fundraising for Social Chnage, 2010년 맥아담북 어워드(McAdam Book Award)를 받은 Reliable FUndraising in Unreliable Times 외 다섯 권의 책을 집필했다. 그녀는 또한 1981년 Grassroots Fundraising Journal이라는 잡지를 공동 창간했고 2016년까지 발행인을 역임했다. 이 저널에 '디어 킴'(Dear Kim)이란 칼럼을 매월 연재하면서 독자의 질문에 답을 했다. 그녀는 또한 공정한 조세정책과 관련된 애드보커시 비영리단체의 필요에 대해서도 많은 글을 남겼다. 아울러 그녀는 강연자, 컨설턴트로서 미국 55개 전 주, 캐나다 5개 주, 그리고 22개국에 걸쳐 교육과 훈련, 그리고 컨설팅을 제공해 왔다. 그녀는 또한 하스 경영대학원(Hass School of Business School)에서 오랫동안 강의를 맡아 왔으며, 현재는 캘리포니아 버클리대학교(University of California Berkeley) 사회복지 대학원에서 외래교수로서 강의를 진행하고 있다. 또한 덴버대학교(University of Denver)와 콩코디아대학교(Concordia University in Montreal)의 겸임교수로 재직하고 있다. 그녀는 현재 버클리에서 파트너, 고양이와 함께 살고 있다.

옮긴이 | 이형진

미국 케이스웨스턴리저브대학교(Case Western Reserve University)에서 비영리조직과 필란트로피(philanthropy)를 전공하고 석사(MNO, Master of Nonprofit Organization), 박사학위(Social Welfare Ph.D.)를 받았다. 『NPO란 무엇인가』, 『아름다운 제휴』, 『인디펜던트섹터』, 『비영리경제학』 등을 번역했다. 성공회대 NGO대학원과 경희대 공공대학원에서 학생들을 가르치고 있다.